馔

Economic
Logic

经济逻辑

[美]马克·史库森 著　苏娜 译

（第5版）

中国友谊出版公司

图书在版编目（CIP）数据

经济逻辑 /（美）马克·史库森著；苏娜译. — 北京：中国友谊出版公司，2021.3
书名原文：ECONOMIC LOGIC
ISBN 978-7-5057-5133-0

Ⅰ.①经… Ⅱ.①马… ②苏… Ⅲ.①经济学－通俗读物 Ⅳ.①F0-49

中国版本图书馆CIP数据核字(2021)第035758号

著作权合同登记号 图字：01-2020-7597
COPYRIGHT © 2017,2014,2010,2008,2000 BY MARK SKOUSEN
Published by arrangement with Regnery Publishing

书名	经济逻辑
作者	[美] 马克·史库森
译者	苏娜
出版	中国友谊出版公司
发行	中国友谊出版公司
经销	新华书店
印刷	唐山富达印务有限公司
规格	710×1000毫米　16开 39.5印张　580千字
版次	2021年8月第1版
印次	2021年8月第1次印刷
书号	ISBN 978-7-5057-5133-0
定价	98.00元
地址	北京市朝阳区西坝河南里17号楼
邮编	100028
电话	(010) 64678009

版权所有，翻版必究
如发现印装质量问题，请与承印厂联系调换
电话　(010) 59799930-601

献给 20 世纪的两位巨人：
弗雷德里希·哈耶克和米尔顿·弗里德曼

地还存留的时候，稼穑、寒暑、冬夏昼夜就永不停息了。

——《创世纪》

美国人民的头等要事是做事情。他们极为关心生产、购买、销售、投资和繁荣。我深信绝大部分的美国人会发现这是他们生活的命脉。

——美国第 30 任总统 卡尔文·柯立芝

没有哪门学科比经济学更不可或缺和有用了。

——瑞典自然学家 卡尔·林奈

推荐序

18 世纪,爱尔兰哲学家埃德蒙·伯克曾有一句预言:骑士时代已经过去,随之而来的是智者、经济学家和计算机天才的世界!

2300 多年前,古希腊哲学家、历史学家色诺芬的著作《经济论》问世,他第一次提出"经济"这个词语,但是,现代意义上的经济学科的发展,还是从 1776 年亚当·斯密的《国富论》的问世才开始,至今也仅有 400 多年。

相较于物理、化学等传统学科动辄千年漫长的发展历史而言,经济学无疑是一门年轻的学科,但随着新技术的出现,人类社会贸易和交流愈发频繁,经济学对社会、政治、商业的影响开始变得越来越大,在近百年突飞猛进的发展中,经济学逐渐出现微观经济学、宏观经济学、古典经济学、政治经济学等众多分支,各个经济学家又因观点不同分为不同的经济学派。

对于大多数普通人来说,经济学是一门枯燥而又晦涩的课程,无数人在这个极具专业的学科面前望而却步,但我们每个人的生活却又与经济学息息相关,让我们无法避开。物价通胀、货币贬值、房价上涨、股市暴跌,金融衍生品的纷繁复杂,投资机会转瞬即逝。

那么,经济学到底是什么呢?在本书中,马克·史库森给出了一个非常简单的答案:经济学就是研究财富是如何被创造出来,又是如何减少的。

马克·史库森为读者构建了一座雄伟的经济学大厦,在这座大厦中,以微观经济学作为地基、宏观经济学为建筑、政府政策为装修,三位一体地为大家展开了循序渐进的经济学图谱，即使是一个经济学基础相对薄弱的人，也能在这座大厦中获得曲径通幽、豁然开朗之感。

马克·史库森是如何做到这一点的呢？

秘诀就在于他并非按照传统经济学的讲解思路，而是创新性的提出了一个新模型：经济四阶段模型，分别是：资源、生产、配送、消费。这是一个非常通俗易懂的模型，几乎所有的经济现象都可以用这样的简单通用的模型来描述：把原始的材料和资源，进行生产和加工，然后经过物流进行配送，最后送到消费者手里。

而且，每个阶段的价值会逐步递增，资源阶段大都是经济体中价值最小的部分，而最终产品往往是价值最大的环节。随着材料向最终产品推移，价值也一直在不断增加。这就如同作为原材料的泥土，可能随处可见、价格低廉，但经过复杂的加工环节，那就会蜕变为最终的消费品：官窑出炉的"钧瓷"。于是，它就从低廉的泥土材料，蜕变为价值连城的艺术消费品。

事实上，对于刚入门的经济学读者来说，这是一个极度友好的模型：既符合日常的认知、又能够深入浅出地概括经济现象的本质，减轻理解难度。

在结构上，马克·史库森也从新颖的角度，分别对"地基"微观经济学、"建筑主题"宏观经济学、"装修"政府政策进行了耳目一新的安排。

在作为"地基"的微观经济学篇章。他巧妙地用"损益表"作为主要工具，深度解读了供应和需求的关系，让读者非常简单、清楚地理解，一个公司缘何创新或守旧、扩张或裁员、赚钱或亏损、发展或落后。同时，它还透彻地讲清了消费者的兴趣如何发生转移，消费者对价格变化的反应，如何传导给生产企业，如何影响企业的决策等。

而在作为"建筑主体"的宏观经济学部分中，马克·史库森继续深入剖析资源、生产、配送、消费的经济四阶段模型。在传统的宏观经济学中，大家可能都习惯用 GDP 来描述一个经济体的状况，而马克·史库森却启用了一个全新的指标：总产值（GO，国内支出总值），这是一个很多人陌生的概念，它用于衡量经济四个阶段的全部支出。

同时，马克·史库森还改进了"总供给"和"总需求"模型，并深入讨论了影响宏观经济的重要因素：货币。从货币的储蓄、供给、流通几个维度，分析其对经济发展的影响。

在大厦的"装修"部分，马克·史库森引用法国经济学家弗雷德里希·巴师夏的话："蹩脚的经济学家只将目光放在能看得见的效果上，而优秀的经济学家把看得见和能预见的效果都考虑在内。"通盘考虑"看得见及能预见的效果"，这正是本部分的核心所在，马克·史库森在本部分重点聚焦政府对经济的重大影响。

自从经济学家凯恩斯开创宏观经济学以来，政府在经济活动中的职能和定位，始终是经济学争论的焦点。但是，无论是支持政府干预经济的凯恩斯学派，还是倡导"看不见的手"的亚当·斯密学派，都不得不面临一个事实：在全球各个经济体中，政府的主导作用越来越强。比如：货币政策、利率涨跌、债务赤字、财政开支、产业政策、国际贸易、税收政策等，政府在经济体中的影响越来越大，也越来越成为一种潜移默化影响经济的强大力量。

西汉史学家、经济学家司马迁在《史记·货殖列传》中，以一句"天下熙熙，皆为利来；天下攘攘，皆为利往"道出了经济学的精髓，也留下了"贵出如粪土，贱取如珠玉"的经济学思维。东汉的班固在《汉书·货殖列传》中，也以"商旅之民多，谷不足而货有余"之句和前辈司马迁遥相呼应。

到了现代，经济学思维无论对个人的日常决策、商业判断、产业发展、国家战略都产生极大的影响，而且还对法律、犯罪行为、艺术、社会学、宗教学都产生了交叉影响。马克·史库森用循序渐进、层层递进的方式、通俗易懂的文笔，一层层解开经济学的神秘面纱，深刻透析经济运行的方式和本质。

本书集众家学派之长，采用了简单易懂的经济学通用模型，而且，马克·史库森并非只用简单的理想型模型来解读问题，而是全面考虑了个人、政府、政策、行为等对于经济产生的所有影响。正如书名《经济逻辑》，本书的逻辑性强、结构合理、通俗易懂、极具创新性，是读者研究经济学的一本极佳的读物。

是为序。

苏秦
2021 年 5 月 4 日于北大燕园
(《小白经济学》作者)

目录

01　本书特色
03　前言

第一部分／001
概述

第 1 章　什么是经济学？／002
第 2 章　经济行为的一般原理／017
第 3 章　生产、交换和消费：经济活动的结构／035

第二部分／057
微观经济学

第 4 章　公司理论：收益和损失的作用／058
第 5 章　价格和产出的决定因素：需求定律／090
第 6 章　供应和需求／102
第 7 章　成本如何影响价格？／125
第 8 章　垄断和竞争／143
第 9 章　生产要素：土地、租金和自然资源／161
第 10 章　生产要素：工资、就业和劳动生产率／175
第 11 章　资本和利息／212
第 12 章　企业的作用／232
第 13 章　股票和证券市场／245

第三部分／277
宏观经济学

第 14 章　理解宏观经济学／278
第 15 章　衡量经济活动的指标：收入和财富／293

第 16 章 物价膨胀和货币的购买力 / 312

第 17 章 经济发展：储蓄、投资和技术 / 323

第 18 章 货币和商业银行体系 / 343

第四部分 / 359
政府政策

第 19 章 通货膨胀、中央银行和货币政策 / 360

第 20 章 财政政策和政府的作用 / 389

第 21 章 政府收入和税收政策 / 412

第 22 章 赤字开支和国家债务 / 439

第 23 章 政府管控 / 469

第 24 章 环境经济学 / 492

第 25 章 经济扩张与收缩，是什么造成的经济周期？ / 506

第 26 章 全球化、保护主义和自由贸易 / 529

第 27 章 发展经济学：资本主义、社会主义和民主 / 551

第 28 章 经济学家是做什么的？ / 572

经济术语表 / 583

译后记 / 603

本书特色

1. 本书先讲微观经济学的基本理论（创造财富的理论、个体行为和公司），接着讲宏观经济学的基本理论（经济行为和政府政策），以一种逻辑、循序渐进的方式讲解经济学。

2. 读者能想到下一章会讲什么。所以，这是一本有逻辑的经济学读物。

3. 本书提出了崭新的、非常有用的经济四阶段模型（资源、生产、配送、消费/投资），并解释微观经济学和宏观经济学是如何有逻辑地相互交织的，以及"利益方"商业模型，见图4-1。

4. 本书首次且是唯一一本用损益表来阐述经济动力的著作，供给和需求原则就源自损益表。

5. 本书还融合了金融学、商务学、市场营销、管理学、历史学和社会学等学科知识。

6. 本书列举了不少经济大事件，比如货币起源、大萧条、经济学理论和术语的提出者（每章后面都有对经济学大师的介绍）。因此，读者会在本书中发现经济理论和历史是息息相关的，因为新的理论总是脱胎于历史事件，比如亚当·斯密的竞争模型起源于启蒙运动，卡尔·马克思的激进分配经济学对应工业革命，约翰·梅纳德·凯恩斯的总需求模型出自20世纪30年代的大萧条。

7. 本书用了整整一章的篇幅来介绍金融市场，因为金融市场在不断扩大的全球市场中发挥着越来越重要的作用。读者要了解华尔街及金融界才能对经济学有全面的认识。

8. 本书提出了全新的衡量国民收入的指标：总产值（Gross Output，GO），用于衡量生产四个阶段的全部支出，并解释总产值和国内生产总值（Gross Domestic Product，GDP）的关系。书中同时介绍了其他经济周期的统计数据，参见第15章。

9. 在对其他著作"循环流动"模型进行改进的基础上，本书提出了全新的"成长"模型，并阐述为什么经济是由储蓄和投资，而不是消费支出驱动的，见图17-7。

10. 本书为标准总供给（AS）和总需求（AD）曲线提供了一种新的替代方法，这些曲线被称为总供给向量（ASV）和总需求向量（ADV)，它们在解释商业周期方面做得更好。

11. 本书提出了新的最优政府规模图，见图20-1。

前 言

经济学是社会科学里最年轻的一门学科,但有时又被认为是一门很难的学科。保罗·海恩在《经济学的思维方式》一书中写道:"经济学有非常多复杂的知识点,读者很难理解。"马丁·布朗芬布伦纳则向读者敲了警钟:"你可能会发现你忘的比学的多,或者大脑一片混乱。"

但是经济学本不必艰深难懂。本书是一本缜密的经济学入门读物,全书没有特别复杂或难懂的地方,本书用一种全新的、融会贯通的方式阐述经济学的目标,并提出实现社会经济学目标所需采用的策略。本书由简入难,层层递进,就像盖一幢经济学大厦,希望竣工时这座大厦既美观又实用。本书也融入了商业、市场营销、管理学、金融学和社会学这些和经济学密切相关的学科。

当今的经济学著作通常充斥各种晦涩难懂的理论、不切实际的图表以及各种术语。章节安排也很混乱。经济学家对先讲述微观经济学还是宏观经济学争论不休,而没有将二者统一起来。供给和需求一般放在书的最开始,在随后的章节中还会再次出现,政府政策夹杂在全书中。国际贸易一般放在最后,有点像补充部分,当然,近来也开始涵盖全球议题了。

第一部分:概述

本书条理清晰、层次分明。第一部分先提出了经济学的基本原理,什么刺激经济活动，财富是如何被创造和毁灭的，生活水平是如何得到提升或下降的。稀缺、选择、刺激以及资源分配是经济生活和变迁的重要特征。贯穿全书的重点是个体作为消费者、劳动者、房东和资本家是如何独自以及协同创造财富的，以及政府可以在多大程度上促进或阻碍经济发展。

第一部分我们探讨所生活的这个世界的普遍特征：时间和资源的有限性，未来的不确定性，工作的必要性以及消费需求的多样性。基于对人类行为的最基本假设，我们提出了一个经济行为和消费者满意度的常识模型。实际上，所有具有使用价值的财富都要经历一系列从未加工的原材料到对最终被消费者和商业活动使用的过程，这个过程需要协作，需要投入时间，对有限的资源进行分配，历经诸多的生产环节。我们提出的经济模型的基础是所有的商品和服务都需要投入时间进行生产和消费。在此版中，我用更具普遍性的生产四阶段模型（资源、生产、配送和消费／投资）代替了工业四阶段模型（自然资源、加工、批发和零售）。

第二部分：微观经济学和供给需求理论

要建成一座为人津津乐道的大厦，我们需要从地基建起。第二部分从微观经济学讲起，阐述了消费需求理论，个体生产者是如何满足需求，公司是如何符合生产阶段模型以及经济的时间结构的。不管是采矿、保险、银行、国际贸易、通信、医疗服务还是零售业，公司一定要遵循从长期来看收入大于支出的原则，否则公司就要破产，或被迫进入能更好满足消费者需求的行业。公司要想赢利，就必须和众多的利益相关方合作，制定合理的价格，控制成本，对竞争对手和市场提出的新要求做出调整。

本书的一大特色是，一开始就介绍公司损益表（Income statement，也被称为 profit-and-loss statement）。损益表这个财务工具虽简单，但能极好地解释公司行为的动机，为什么公司要扩大或缩小规模，为什么要不停地开发新产品，为什么产品和服务的数量、质量和种类一直在变。损益表有助于读者从整体上理解经济学。

在公司损益表的基础上，我们将介绍个体商品和服务的需求模型，讨论消费者需求，消费者的兴趣如何发生转移，消费者对价格变化的反应，供给方和生产要素如何满足消费者需求，企业如何研发新产品，土地、劳动力、资本和企业如何协作来满足消费者需求；所有商品的生产都需要土地、劳动力、资本和企业。服务的特点是劳动力密集，但土地和资本在提供服务的过程中也发挥着至关重要的作用。

生产要素的协作至关重要，但是房东、工人和资本家之间的冲突以及出现的问题对于更全面地理解生产过程也非常重要。因此，我们研究公司和公司的投入如何应对供需变化，公司如何创造资本来维持和扩大生产，包括金融市场的发展。不同程度的竞争和垄断放到最后来分析。

第三部分：宏观经济学

在分析了个体和公司的经济行为后，我们将注意力转向宏观经济学——经济作为一个整体是如何运行的。第三部分研究总生产结构这个宏观经济模型，以及其他衡量经济活动的方法：总产值（Gross Output，GO）、中间投入（Intermediate Inputss，II）、国内生产总值（GDP）、国民收入（National Income，NI），还有其他统计数据。

本书还介绍了改进后的总供给和总需求模型，此模型强调利率在维持宏观经济平衡和发展中的重要作用。介绍了基本经济原理之后，将讨论储蓄、货币供给和技术变革所造成的影响，以及由此对经济发展的影响。货币是经济的重要组成部分，随后介绍货币和银行的起源，以及现代银行业是如何运作的。

第四部分：政府政策

在打牢市场经济的基础之后，第四部分研究政府政策对经济的影响。什么是国家的合法正当职能，政府在货币政策中的作用。此部分还包括税收原理、国家债务和赤字开支，政府财政和货币政策对通货膨胀、经济衰退和经济周期的影响。最后介绍和评论凯恩斯经济学的基本概念，凯恩斯经济学在议会、公司董事会和华尔街依然很流行。

政府政策另外一个重要的作用是管控，就是国家对环境、国际贸易、农业、住房和公司的影响。

最后一部分探讨诸如中央计划、社会主义和工业计划之类的"宏观"政府干预。我们列举了宏观政府干预的利弊，东欧和中国如何扬弃社会主义中央计划，转而实行自由市场经济，2008 年金融危机和 2011 年欧债危机，等等。

视 角

本书的重点是从个体劳动者、企业家、公司和政府角度来看财富是如何被创造出来的，以及生活水平是如何得到提高的。

最重要的是，我们集众家学派之长提出了能根据不同文化进行调整的经济学通用模型。英国经济学家莱昂内尔·罗宾斯曾说过：其实只有两种经济——好经济和坏经济。本书只讨论对大家都好的经济。

最后一点：问问自己，经济学家在经济理论和经济应用中应扮演什么样的角色。好的经济学家应具备什么样的品质？法国经济学大师弗雷德里希·巴师夏在 1850 年写道："优秀的经济学家和蹩脚的经济学家之间唯一的区别是，蹩脚的经济学家只将目光放在能看得见的效果上，而优秀的经济学家把看得见和能预见的效果都考虑在内。"[①] 经济学的艺术是能透过一个政策短期可见的效果预见长期还未显现的效果。不仅要跟踪政策对一个团体的影响，还要跟踪政策对所有团体的影响。这就是本书所采用的经济学研究方法——重视经济政策所产生的所有影响。

新版的变化

本书对旧版做了很大改动，以下是改动的重点。

◇ 第 3 章将约翰·麦基的资本主义"利益相关方"模型放到了生产过程阶段。生产过程需要全部经济要素或利益相关方的协作。

◇ 第 3 章微观部分和第 14 章、第 15 章宏观部分增加了"制造"

---

① 《经济学家》，《政治经济学论文选：看见的和看不见的》，经济教育基金会，1964，最早发表于 1850 年 7 月。

经济（GO）和"使用"经济（GDP）之间的显著差别。

◇ 第10章和第25章详细介绍了大萧条之后新的就业机会的缓慢增长、劳动参与率的下降，以及经济的缓慢复苏。第10章探讨了欧洲和美洲的失业危机。

◇ 第13章探讨2008年金融危机和伯尼·麦道夫诈骗案引发的政府新规（萨班斯－奥克斯利法案，多德－弗兰克法案，美国证券交易委员会）。

◇ 第17章比较了中美两国之间的消费和储蓄类型。这一对比可帮助揭示什么在推动经济发展、消费支出和储蓄/投资？

◇ 第19章探讨联邦储备局的零利率政策和量化宽松政策所带来的放松银根政策。

◇ 第22章增加了持续不断的财政紧缩和财政刺激之争。

◇ 经济周期内哪个因素更显著，是凯恩斯的总需求缺乏，还是哈耶克的"不善投资"？详见第25章。

◇ 第27章介绍了中国国家资本主义的崛起。

◇ 增加了术语表。

经济学不是仅仅对政府政策有影响，经济学现已成为经济学帝国，对世界上的巨额融资、商业管理、法律、犯罪行为、社会学、宗教学以及其他学科都能产生影响。想以经济学作为职业发展的人士可在此部分对经济学有所了解。

马克·史库森

纽约

第一部分 概述

Economic
Logic

第1章 什么是经济学?

……改善我们生存状况的愿望……与生俱来,一直伴随我们进入坟墓。

——亚当·斯密 《国富论》

资本主义是将奢侈品变成必需品。

——安德鲁·卡内基

自从亚当和夏娃被逐出伊甸园后,人类就辛勤劳作不休。对绝大多数人来说,生活艰辛不易,既要辛勤劳作,还要解决很多问题。很少有人既拥有大量的物质财富,又有大量的闲暇时间。

为什么人类要工作?纵观历史,放眼全球,人类以劳动谋生存。大自然像母亲,美丽却也严厉。如果自然资源不能被转换为有用的商品和服务,人类的愿望和需求就无法得到满足。人类使用或消费的一切几乎都是由人制造出来的。将原材料转换为有用的、有消费价值的商品需要熟练的技术、工具和想法。

对很多人来说,不工作意味着挨饿受冻,这在不发达国家尤其如此。托马斯·霍布斯曾说过,生活是"孤独、贫穷、肮脏、残忍而又短暂的"。在发达国家,以及生活在贫困国家的幸运儿来说,工作是为了更高的收入,享受更高的生活水平。更高的收入能提高生活水平。

学习经济学的原因显而易见,经济欲望推动个体去:

◇ 改善生活境况。

◇ 挣钱。
◇ 有一份薪水丰厚且有成就感的工作。
◇ 有更多的闲暇时间。
◇ 提高商品和服务的数量、质量和种类。
◇ 增加个体的选择范围。

处在求生存状态的人不会有这些欲望。相反，他们对未来可能持宿命论的态度。对经济状况不佳的人来说，他们无法享受这些需要用金钱来实现的乐趣。

现代社会人们的物质生活已得到极大提高。过去100年来社会和城市生活在交通、通信、能源、建筑、医疗和娱乐领域发生了天翻地覆的变化。经济学家经常用人均收入和工资（以不变美元计算）来衡量一个国家的生活水平。图1-1显示了美国人均实际收入的飞速增长。

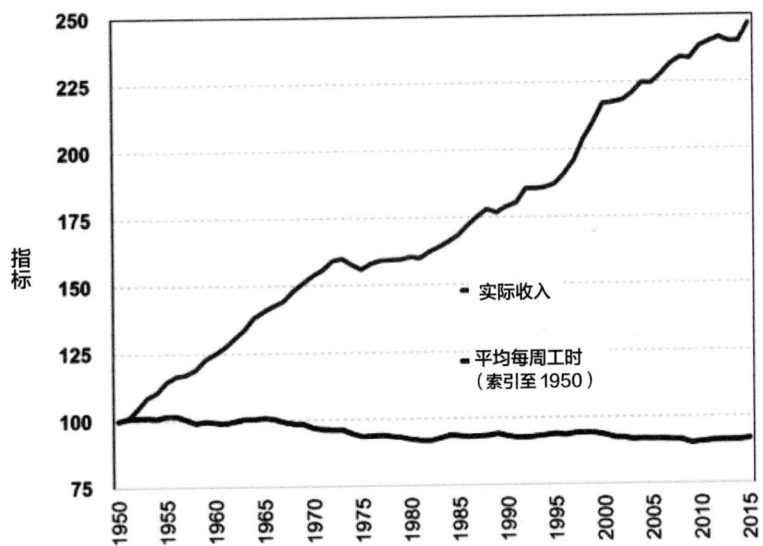

图1-1　1890年后实际工资（扣除公司收益）大幅增加，每周工作小时数却降低了

但是实际收入并不总能反映过去200年间物质财富的极大增长。进入21世纪后，美国人包括穷人也取得了巨大的经济进步。W. 米迦勒·考克斯和理查德·阿尔姆最近所做的一份研究表明，自20世纪70年代以来，几乎所有的美国人，包

括穷人，他们的物质生活都得到了极大提高。

其他领域也能说明这样的发展。自 20 世纪初以来，人类平均寿命从 42 岁增加到了 75 岁，而婴儿死亡率从 200‰降到了 11‰。

排水系统、供水、食物和医疗技术的进步极大地降低了死亡率和患病率。过去一个世纪以来工人伤亡率也大幅下降,整体事故死亡率也在持续下降(见图 1-2)。

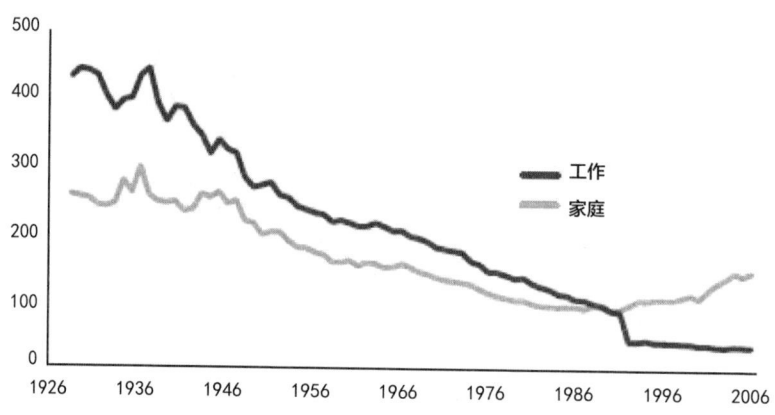

图 1-2　每十万人口事故死亡率

来源： 国家安全局，《华尔街日报》，1993 年 12 月 14 日。

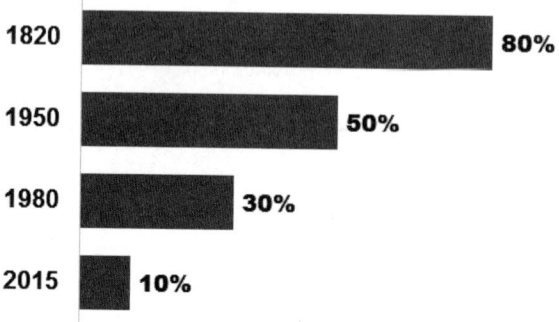

图 1-3　每天生活费不足 1 美元的世界人口百分比

过去一个世纪以来，度假时间从平均一年两天增加到两周。现在美国人在工厂、农场和商店工作的时间仅为 20 世纪初的一半。厨房电器、罐装食品和其他家用设备将做家务的时间从 1900 年的每周 70 小时减少到现在的每周 30 小时。一位家庭主妇在 1900 年每年要烧掉大量的木头或煤来做饭，用煤、石油或柴油来照明。几乎一半的美国家庭从井里打水来洗衣服、洗澡或者浇菜园。现在，几乎没人干这些家务了。[1]

考克斯和阿尔姆所做的进一步研究表明，几乎家庭行为的每一项经济指标都提高了。

从全球来看，贫困大大地降低了。图 1-3 列出了过去 200 年间，生活水平为一天 1 美元的世界人口比例。1820 年，超过 70% 的人口生活在严重贫困之中，1950 年，这一人口比例降至 50%，现在这一比例仅 10%。

上述生活水平进步的指标经常被其他统计数据掩盖——上升的犯罪率、堕胎率、单身母亲数量、污染和环境破坏、国家债务，等等。

不是人人都能分享不断增长的繁荣，比如贫困和低收入人群。但是全球范围内的经济发展、技术进步、生活水平的提高，使得更多的人可以提高他们的生活水平。

什么是经济学？

经济学关心的是阿尔弗雷德·马歇尔所谓的"日常生活"。财富的创造、收入、生活水平、商品和服务的生产和分配，所有这些都是为了改善我们的生活。因此，最广义的经济学可以定义为：经济学的研究对象是财富，以及财富是如何被创造出来，又是如何减少的。

生活水平的提高可以通过创造财富来实现这一核心概念贯穿全书。供需、技术、竞争、利率、就业或者政府政策如何影响经济生活是我们研究的根本目标。也可以从经济学的角度分析财富被破坏，以及个人、企业和国家生活水平的下降。经济学也分析负面经济影响，比如欺诈、盗窃、犯罪、虚假广告和政府管理不善。

---

[1] S. 莱伯格特，《追求幸福：20 世纪的美国消费者》，普林斯顿大学出版社，1993。

什么是财富？

财富是指用来满足我们目前和未来需求的商品和服务。

财富的增加和生活水平的提高意味着三个方面的扩大：商品和服务的数量、质量和种类。财富的增加还意味着更好的工作，愉悦的办公环境。当然，任何能提高生活水平的经济活动都能增加财富，让生活更丰富多彩，给人们带来满足感。从最宽泛的角度来看，经济发展意味着商品和服务的数量、质量和种类的扩大。

所有人，不管是穷人还是富人，白人还是黑人，男性还是女性，都想改善他们的生活状况。"如果大家想要一个繁荣的社会——穷人和富人都可拥有资源，生活水平得到提高，技术进步——从治病到打扫环境，那么大家需要市场经济。"[1]

货币和财富

货币是财富吗？

收入的增加意味着财富的增加吗？或许是，但只有增加的收入能购买更多的商品和服务时才如此。如果发生了通货膨胀，商品和服务的价格超过了增加的收入时，实质性的收益就不存在。因为如果将购买力的丢失考虑在内的话，实际收入反而减少了，整体生活水平反而下降了。

货币不是商品或服务，而是有助于购买商品和服务的交换中介。货币的形式有多种：纸币、金属、宝石和贝壳。货币的本质可以是商品、法定货币或信托，甚至可以是电子形式。法定货币和信托货币是代用币，和商品货币不同。代用币在现代社会中是最重要的货币形式。用货币换取商品和服务推动财富的创造。不论哪种形式的货币，只有在能够购买商品和服务时才有价值。随着通货膨胀的起起落落，货币的价值也在变。

---

[1] 班多、辛德勒，《财富、贫穷和人类的命运》，ISI Books，威尔明顿，DE.，2003。

1 美元的试验

一位经济学教授让一位学生到教室前面来,站在全班同学面前,老师让学生撕掉1美元。稍微鼓励一下,学生撕掉了1美元。

问题:这个学生毁掉财富了吗?

有的学生回答毁掉了。1美元代表的是过去劳动的凝结,不论是这位学生的劳动还是她爸爸的劳动,她爸爸给她1美元是用来买午饭的。撕掉1美元则意味着毁掉了她用来买午饭的能力。她丧失了她的财富,她的生活水平也降低了。

有的同学不同意这种看法。撕掉这一张钞票使得教室里的椅子、铅笔或纸张数量减少了吗?地球上的食物、衣服、车辆或者建筑的数量减少了吗?午饭消失了吗?很明显,答案是否定的。午饭依然存在,只是可能不属于这位学生了。因此可以得出财富没有被毁掉的结论。

哪种观点对呢?

两种观点都对。全球的或者这个国家的财富没有被毁掉。1美元被撕掉,但是商品和服务的总量没有减少。这个学生撕掉1美元,她的个人财富减少了,但是其他人的财富却增加了。她的个人财富减少,世界上其他人的财富稍微增加了一些,因为货币总量减少了,购买力因此增加了。换句话说,1美元被撕掉没有摧毁财富,只是将财富重新分配了。

但是如果这个学生折断了一支铅笔,这个铅笔不能用了呢?这样的行为就破坏了她和整个社会的财富。商品和服务被破坏了,每个人的生活水平都降低了。

只关注赚钱而不是商品生产会使人偏离提高生活水平的目标。在有些情况下,赚钱并不等于提高生活水平——商业和金融欺诈、盗窃、贪污都会降低生产率,有些人是赚了钱,但是无益于全社会的福祉。

生产要素如何影响财富？

财富被定义为能满足当前和未来需求的商品和服务。这个定义意味着商品和服务要对消费者有用才有价值。消费品包括食物、衣服、汽车、房子和乐器；服务包括医疗保健、金融服务、教育以及其他维系和改善生活的服务。

未成品也有价值——土地、铁矿、森林和其他物品。未加工的小麦没有面粉的价值高，市场上的价格也没有面粉的高。天然存在的铁矿石是没用的，但是钢铁制造商却愿意花大价钱购买铁矿石。未成品是从土地中获得的，需要借助生产资料来加工。这里的"土地"是指地球表面、自然资源以及可以获得的商品原料。生产资料是生产过程中使用的机器、工具和资料，目的是最终的消费。

生产商品和服务的第三个要素是劳动力。土地、劳动力和生产资料在生产过程中是三位一体的。生产过程中的第四个要素是企业，企业将一定数量的土地、劳动力和生产资料整合起来从而实现经济目标。这四个要素是将商品原料和投入转化为商品和服务的基本要素。

生产过程的四要素（土地、生产资料、劳动力和企业）能影响财富，是因为它们能够衍生消费者价值。消费品和服务有价值意味着生产资料也有价值，因为如果没有土地、劳动力、资本和企业，就无从生产消费品。财富是指能满足当前和未来需求的商品和服务，土地、劳动力和生产资料同样能满足未来的需求。

劳动力有价值吗？

在将原料转化为成品的过程中劳动力是个关键因素。人们用自己的体力或脑力生产有用的商品和服务。劳动者提供他们的服务来换取工资。一个国家的财富在很大程度上是用这个国家劳动力的知识、技术和付出衡量的。劳动力是财富的重要组成部分。

财富是如何被创造出来的？

经济过程中每个劳动者的目标都很明确。人们工作是为了赚钱，从而满足自己的需求，享受生活。隐藏在赚更多钱后面的是长远目标：支付孩子的教育费用，有足够的退休金，买房子，还账，有休闲时间，或者做其他事情。

每个劳动者都在将生产过程推向最终的消费、创造财富并提高大家生活水平的过程中发挥作用。当劳动者做他们最擅长的事情时，产出达到最大化。

矿井工人将矿产从地下开采出来，这样矿产可以被加工成有用的商品。铁矿被加工成钢铁，铜矿被加工成铜，金矿被加工成金子。

制造商将原材料和其他材料运过来，并加工成有用的产品。

化学家、生物学家、物理学家和工程师分析无机物和有机物成分，在实验室做实验，以便生产出更好、更有用的产品。

销售人员向消费者推销产品，通过向消费者提供相关信息从而实现销售。

艺术家为消费者设计产品形象。

银行为商人提供多种服务，这样商人可以经商获利；向消费者提供更便捷的付款和借款方式，满足消费者的欲望。

老师帮助学生学习知识和技能。

这样的例子可以一直列举下去，这些活动背后的目的是一致的——将未加工完成的产品变成可被消费者使用的终端产品。

经济学伦理

每种工作或每种职业中都存在个体行为危害社会的情况。制造商生产劣质产品，销售员欺骗顾客，雇主虐待员工，医生玩忽职守，律师钻法律的空子。他们利用自己的职位或技能危害社会。商业伦理包括：

◇ 让消费者满意。
◇ 公开、诚实并准确地描述商品、服务、条款。
◇ 按要求提供商品或服务。

◇ 恭敬有礼的沟通。
◇ 及时、有建设性地回应咨询和投诉。
◇ 制定相应的政策,采取措施来保护信息,防止信息泄露。
◇ 尊重顾客的权利和要求。
◇ 遵守法律。
◇ 保护人权和环境。

财富创造的过程

经济学关心以下这五个主要的问题。

◇ 应该生产什么?(消费商品还是资本商品?)
◇ 应该为谁生产商品、提供服务?(消费者、生产商还是外国人?)
◇ 应该生产多少?(100万辆汽车,一年12场音乐会?)
◇ 如何生产?(什么生产材料和生产程序,需要多少劳动力和机器?)
◇ 何时生产?(建造那幢大楼需要多长时间?何时完成学业?)

这些是制造商要考虑的最主要问题。每种商品和服务都有一个基本过程,如图1-4所示。

图1-4 财富是如何被创造出来的

经济活动的根本目的是将未加工的、没有使用价值的物品变成加工好的、有使用价值的商品。因此，经济可以分为两部分：制造经济（生产过程或生产阶段），使用经济（消费终端产品和服务）。

生产的每个阶段都需要原料、土地所有者、生产商、股东和工人的协调配合，这样才能将有用的商品和服务送到消费者那里。公司的所有利益相关方需要协作才能实现他们的目标。

经济学只关心物质商品吗？

经济学经常被批评为是一门过度关注物质的充满物质主义和贪婪的学科，秉持"多既好"的思想。这样的批评中肯吗？经济学关注的是生产什么，以及为谁生产。以下是亚伯拉罕·马斯洛提出的要按顺序满足的需求层次。

◇ 生物和生理的需要。
◇ 安全的需要。
◇ 归属和爱的需要。
◇ 自尊的需要。
◇ 自我实现的需要。

要想生存，每个人都必须满足最基本的对衣食住行的需求。这些基本需求本质上都是物质需求。一旦这些基本需求得到满足后，人们就可以去追求更多的非物质需求了，比如智识的、社会的和精神上的需求。经济学关注的大都直接和生物、生理以及安全需求相关。当然，经济上安全了可以让个体去追求其他的需要。医生、律师、牧师、教师、娱乐业从业人员以及体育明星提供的服务已经超出物质需求的范畴了。

自由企业制度一直重视企业提供和开发的产品和服务能否满足不断变化的需求，所以他们通常为消费者提供让人眼花缭乱的物质上的选择。处在物质世界的包围中，追求的更好，想要的更多，这就是消费主义过度发展的逻辑。但是能得到的商品和服务越多，并不意味着生活质量就得到了提高。

道德和经济学

市场提供的某些商品和服务可能会遭到某些消费者的排斥。比如，有些公司生产可以改变心神的药物、妓女、限制级电影、香烟、非法酒、斗牛和违法武器。经济学家不会为公众对这些有争议"商品"的需求进行辩解，但是认为自由市场能有效反映公众的需求和欲望，不管这些需求和欲望是好是坏。经济学家要避免做道德判断，要让消费者自己决定买什么，不买什么。经济学应该是一门"价值中立"的学科。

在一个自由的社会里，个体决定生产或消费什么样的商品和服务，这一点很重要。一个人可能下班回到家后打开电视喝啤酒，另一个人则可能在当地医院当义工。人们可以选择和"贪婪又物质"的资本主义世界划清界限。充足的收入可使个体从商业、金融世界退出，转而投身到慈善、宗教或政治事业中去。自由选择对经济的健康至关重要。

关于道德和经济学的问题如下。

- ◇ 生产什么，为什么要生产？
- ◇ 谁可以购买特定的商品和服务？
- ◇ 有什么样的消费者保护措施？
- ◇ 政府在生产中发挥什么样的作用？
- ◇ 如何能够获取提供给个体的商品和服务？
- ◇ 在生产过程中能实现质量和安全目标吗？
- ◇ 如何实现商品和服务的公平分配？
- ◇ 有没有可能平衡不同人群的不同需求和愿望？

收入和财富分配

经济学家对个体和团体如何参与经济也非常感兴趣，他们对以下问题很感兴趣。

◇ 商品和服务是为谁提供的？
◇ 只有富人才能消费得起诸如汽车、豪宅、教育以及高级医疗保健之类的商品和服务吗？
◇ 有特定的个体或群体享受特定的优待和特权吗？
◇ 在美国弱势群体能充分参与美国梦吗？
◇ 不熟练技术工人和熟练技术工人的工资涨幅同步吗？
◇ 政府对所有公民的收税公平吗？
◇ 中产阶级家庭的基本需求能得到满足吗？
◇ 公司高管的薪水和普通员工相比是不是太多了？

这些关于收入平等、机会平等和财富平等的话题常被讨论，也反映了在越来越商业化的社会中经济学对个体和群体的影响。

废弃物和污染

一个越来越引起关注的话题是污染、社区和环境。在自然资源被转成消费和生产资料时，生产的各个环节几乎都存在废物和污染的问题。随着经济体的发展和成熟，如何管理和降低废物和污染也变得愈加迫切。

政府的角色

政府的首要职能是经济。请看下面的问题。

◇ 有没有可能存在一个完全自由的社会能生产满足所有生活需求的产品和服务？有没有必要通过政府这个权力机构生产某些商品和服务（被称为"公共物品"）？
◇ 自由企业制度能充分提供道路、设施、警察局、监狱和法院服务吗？
◇ 自由企业制度能建立有效抵挡外国入侵的防御体系吗？
◇ 自由企业制度能建立自己稳定的货币体系吗？

◇ 自由市场如何应对欺骗消费者和商业欺诈行为？

◇ 在个人财产权无法得到严格保护的情况下，市场和交易能正常运转吗？

◇ 如果政府有必要生产一些公共物品，政府能仅靠主动捐款而不是强制性征税满足其开支吗？

◇ 什么样的政府以及多大的规模是最优政府？

这些问题将在后面的章节进行探讨。

总结

本章要点

1. 大自然能提供的有用的商品少之又少，几乎所有的消费商品（以及很多的服务）都必须被生产出来。

2. 经济学是研究财富以及个体如何提高生活水平的学科。

3. 财富包括能满足当前和未来需求的商品和服务。

4. 增加商品和服务的数量、质量和种类可使社会变得更富有。

5. 货币代表财富的条件是货币有购买商品和服务的购买力。

6. 财富的创造和毁灭不会改变社会的财富总量，只是重新对财富进行了分配。

7. 生产的三个主要要素——土地、劳动力和资本构成了财富，因为这三者从最终消费需求中获取价值。

8. 市场的要素——土地所有者、劳动者和资本家——不仅"赚钱"，还将未加工的产品变成可供消费者使用的商品和服务，从而提高人们的生活水平。

9. 市场不仅仅生产物质商品，也提供非物质的具有知识价值、社会价值或精神价值的服务。

10. 收入、财富和机会的相对平等总是引起争议，牵涉包括经济学家在内的社会全体成员。

11. 随着社会的发展和成熟，管理和控制废弃物和污染已变得越来越迫切。

12. 政府应该提供私营市场无法充分提供的某些公共商品和服务。

重要术语

经济学	土地
财富	劳动力
数量、质量和种类	资本
商品和服务	生产资料
货币和交换	衍生价值
生产要素	生产资料
"制造"经济	劳动力分工
"使用"经济	

经济学大师

亚当·斯密和《国富论》

姓名： 亚当·斯密（1723~1790）

背景介绍： 苏格兰哲学家、经济学家和教授。虽然重农学派代表人物理查德·坎蒂隆（1680~1734）和雅克·杜尔哥（1727~1781）被认为是有影响力的"前亚当派"，但亚当·斯密仍被认为是英国古典学派的创始人（大卫·李嘉图、约翰·斯图尔特·穆勒以及阿尔弗雷德·马歇尔紧随其后）。

主要著作： 1776年爆发了美国革命，签署了《独立宣言》，最著名的经济学著作《国富论》可能也出版于1776年，此书不遗余力地推崇民主资本主义。现在藏书家要收藏这部两卷本的初版得花20万美元，前提是能买得到。

优势： 亚当·斯密认为财富和经济增长是经济分析的焦点，我们也采用了这一方法。亚当·斯密摒弃了财富来自占有黄金白银的重商主义观点，认为财富来自生产的商品和服务。

只要有人肯花时间读斯密的这本恢宏巨著，就知道为什么这部著作广受赞誉——这本书里充满有趣的事实、雄辩的评论以及引人入胜的哲学观点。

斯密的优势在于他对个体自由、经济自由和资本投资如何创造财富的分析，以及政府高税收政策、赤字开支和商业管控如何制约生产力、增长和自由。

弱点：斯密有时会自我矛盾，将经济学家引入歧路，比如他对农业的歧视，对生产性劳动力和非生产性劳动力所做的荒谬划分，以及他的"劳动力价值理论"。劳动力价值理论被德国经济学家和革命社会主义之父卡尔·马克思充分利用。斯密10年前的讲义已经运用边际主观主义的原理（marginal subjectivism）解决了价值理论问题，但是《国富论》却没有解释"钻石与水悖论"。（为什么水如此有用却廉价，钻石没有实际价值却如此昂贵？）亚当·斯密这一令人发指的遗忘使得经济学这一行业倒退了几代人。直到差不多一个世纪之后，也就是20世纪70年代，卡尔·门格尔（奥地利人）、威廉·斯坦利·杰文斯（英国人）和里昂·瓦尔拉（瑞士－法国人）重新发现了边际主义革命。

名言：禁止大众制造他们所能制造的全部物品，不能按照自己的判断，把自己的资财与劳动，投在自己认为最有利的用途上，这显然是侵犯了最神圣的人权。

著名观点："看不见的手"，个人出于私利的无意识行为却可以提高公众福利。"不是由于屠夫、酿酒师或者面包师的仁慈才让我们得到了晚饭，而是因为他们重视自己的利益。"

个性：亚当·斯密是典型的心不在焉的教授。虽然他是很多俱乐部和协会的成员，但终生未婚，也未和任何女性认真交往过。他最亲密的朋友是大卫·休姆（1711～1776）。斯密工作太专注，以至经常走丢，或者走到泥坑里。从欧洲旅行归来，他花了10年的时间撰写他长达900页的鸿篇巨制。讽刺的是，亚当最后的工作是英国海关监督，他严格执行重商主义贸易法，打击走私贩，这和他提倡的自由贸易思想完全相反。斯密逝于1790年，葬于爱丁堡。

第 2 章 经济行为的一般原理

> 我可以计算天体的运行,却不能计算大众的疯狂。
>
> ——牛顿

第 1 章提出了经济行为的第一法则:人类的全部行为都旨在改善自己的状况,比如每份工作、每次交易、每个生产过程都是为了变得更好。并不是每个人都实现了改善自己状况的目标,奔向成功的路上失败数不胜数。大部分人最后变得更富有,因为他们可以使用更多数量、质量和品种的商品和服务。

本章将介绍人类行为的本质,这也是经济学的基础。先看看以下问题。

◇ 人们如何解决将自然资源转变成商品和服务这个经济学问题?
◇ 人们想要什么样的商品和服务?
◇ 人们如何才能获得财富并提高生活水平呢?
◇ 人类社会有什么样的限制和障碍,使满足个体的需求和愿望变得很困难?
◇ 在有限的资本和资源限制下,人们如何取舍不同的愿望?

垒砌世界经济的墙

经济活动是建立在两个最基本的特点之上,这两大基本特点也是进行经济分析的关键起点。以下是人类行为的两大特点。

◇ 人们的愿望和欲望基本上是无限的。
◇ 满足人们愿望和欲望的资源是有限的，而且大部分资源本身是无法被直接使用的。

这两大特点引发了一个普遍的经济问题：地球上有限的资源如何能满足人类无限的欲望？一方面，人类的欲望、需求和目标是无限的；另一方面，手段又是有限的，如何用有限的时间、有限的资本和有限的资源实现目标。

目标和手段，偏好和限制，供给和需求，这就是经济学的研究内容。正如"经济"这个词本身的含义：无限的欲望与有限的手段之间的冲突提出了经济的要求，比如合理使用资源，尽可能有效率地实现多个愿望。

无法满足的欲望

第1章介绍了经济活动的目的：创造用商品和服务的数量、质量和种类进行衡量的财富。人们总是不遗余力地去获取财富，这说明需求、欲望和目标还未被满足，欲望和需求是无法被满足的。财富（物质和非物质的）越多人们越富裕。

需求和欲望

需求和欲望有什么不同吗？需求是最基本的，商品和服务用来维持生存。食物、衣服和住房是最基本的需求。这些最基本的需求在生活中可以得到满足。我们有足够吃的，足够穿的，有车开，有房子住，可能不需要拥有其他的物质就满足了。

很难确切描述需求，扩大"需求"的范围是人类的天性。当今的需求可能是上一代人的奢侈品。现在的基本需求可能包括电视机、电脑、中央供暖和空调、洗碗机。昨天的奢侈品已成为今天的必需品。有的经济学家声称不可能从总体上来区分需求和欲望。

超出需求范围的就是欲望，人们想要更精美的食物，更好看的衣服，更精致的家具，更多的选择。有时候人们喜欢去电影院看电影，而不是坐在家里看电视。

他们想有闲暇时间来读书、娱乐、旅游、和家人朋友待在一起，或者帮助他人。一旦某个欲望得到满足，很快另一个欲望就冒出来了。

人们的欲望受收入、经验和影响的变化而发生变化。满足无限的欲望是个永无止境的过程。人们的欲望和品位各式各样，千差万别。萨缪尔森·约翰逊说过："我们有欲望，我们去追求，我们有收获，我们满足了；新的欲望出现，就此开始新一轮的循环。"[①] 人们的品位各不相同：有人喜欢开福特车，有人喜欢开本田车；有人喜欢中餐，有人喜欢意餐。对商品和服务的追求，不管是物质的还是非物质的，都永无止境。

资源和稀缺的问题

第一个推论：资源是有限的。

可获得性是限制人们满足各种欲望的一个因素。以下这些都是资源。

- 土地和自然资源。
- 供应（流动资本）。
- 设备、工具、机械（固定资本）。
- 货币（投资资本）。
- 劳动力（人力资源）。
- 企业。
- 时间。

每种生产活动都需要使用上述这些资源，用这些资源来生产商品和服务，以此来满足人们的需求和欲望。

资源：充足还是稀缺

地球有丰富的自然资源用来满足人类的需求和欲望，能为人类提供食物、衣

[①] 引自沃特·杰克逊·贝特《萨缪尔·约翰逊》，纽约，1977。

服、住房和其他生活必需品。地球上有充足的石油、森林、铁矿和其他的自然资源来满足人类及其子孙后代的需求。好像每次一有科学家警告说某种不可再生资源马上就要枯竭了，就有另外的科学家发现更多的这种资源，或者是这种资源的替代品。科学家在20世纪后期曾警告鲸油作为光源马上就要枯竭了，企业家很快就发现石油可以作为替代品，并且储量丰富。需求通常是创新之母。

当然，所有资源在某种程度上都是有限的。在特定的时间段，不论是石油、木材、小麦还是其他的自然资源，其数量都是有限的。

不仅自然资源是有限的，就连时间、技能、能力和资本也都是有限的。所有类型的资源可能由于分配不均，从而为某些个体、公司或国家带来了优势，他们占有的某些资源更多。为了获取更多的资源，从而带来了贸易、谈判、以货易货以及其他获取必需资源的方式。

让资源变得有用

第二个推论：几乎所有的资源都需要被加工改造才能变得有用。原材料在被消费或被使用之前需要进行加工。加工需要运用工具将原材料变成有用的产品。假设你是鲁宾孙·克鲁索，住在荒无人烟的小岛上，试问没有钓鱼竿你怎么捕鱼？你需要熊皮来御寒，但是没有枪或者弓箭你怎么杀死熊？你需要房子，但是没有斧子和其他的工具你怎么盖房子？有用的工具和加工完成的产品非常重要，但是大自然不会提供这些，这些都需要被制造出来。将自然状态下不可用的资源变成有用的产品不是一件简单的事情，这需要你的辛勤工作、聪明才智以及反复实验。

提出的需求/欲望
　　获得的原材料
　　　　分配的资源（工人）
　　　　　　材料转变成有用的商品/服务
　　　　　　　　商品/服务被使用
　　　　　　　　　　提出新的需求/欲望

随着世界人口的增长，已知的石油、天然气、矿产、木柴、化学品和其他基本物品被快速地消耗。人类一直在寻找新的储备以及替代品，同时致力于控制消费需求保存稀缺资源。

虽然有些国家如俄罗斯、巴西和南非的自然资源非常丰富，但是却无法立刻对这些自然资源进行开采，使之变得有用，因为开采自然资源需要对基础设施、设备、劳动力、知识和交通运输进行投资。

分配的成本

转移物品、人和信息对于满足人们的需求和欲望至关重要。将物品和服务从生产的一个阶段转到下一个阶段对任何公司来说都是不小的成本。要将货物从产地运到销售地，运输的过程需要投入钱、资源和时间。

污染和废弃物

不受限制的资源种类很少，空气是其中之一，并且是完全免费的。但空气也不是在任何情况下都是免费的。在太空，空气就不是免费的。在受污染的城市，新鲜空气也不是无限的。其他维持生命的资源，比如水可能也会受到生产过程的影响。

只要资源需要被转换成实际可用的产品，随之造成的无用的副产品和污染就在所难免。一个完全没有垃圾和副产品的环境是不存在的，但是污染可以被降到最低水平。比如，副产品可以被回收利用从而减少废弃物。对废弃物的管理也是企业家/资本家的责任之一。

时间和贬值

在经济活动中，时间也是一种宝贵的资源，一个关键要素。时间每24小时更新一次，不能透支，对每个人都是一样多。在生产过程中，时间是一种可控因素，但是人们却无法使时间变快或变慢。学生知道完成硕士学业需要多长时间，工程师计算要用几年的时间盖好一座大楼或者制造一台涡轮机，制片人要考虑制作、发行一部电影的时间，延期的成本是多少。顾客购买新车时会考虑这辆车的寿命是多少年。制造和使用商品的时间是经济的一个基本特征，时间的长短影响商品和服务的生产和成本。

假设一家公司正在考虑一种新的能将生产电视机的时间减少一半的流程，这家公司会采用这种突破性的流程吗？未必。如果安装这个生产流水线需要 5 年的时间，并且效益只是比目前的流程高一点点。这个新的生产流程可能不值得安装的时间和成本。但是有时候工程师和政治家很难理解一个项目的实际成本。一个新流程在技术上可行并不意味着有经济效益。时间的有效性是比较在特定时间内完成一件工作的成本和在这段时间内完成其他工作的成本得出的。

在所有的经济决策中时间都是关键因素。以下是关于时间的重要问题。

- ◇ 这项任务需要多长时间？（期限）
- ◇ 能分给这项任务的时间的多少？（分钟、小时、天……）
- ◇ 这项任务需要多少人？（劳动力）
- ◇ 这项任务一定要在特定时间段内完成吗？（关键点）
- ◇ 时间成本是多少？

时间限制也说明人造资本和消费品总是在贬值——有时候贬值得很慢，有时候很快。机器、房屋和衣服会磨损，需要经常维修或更新。成功的企业每年都会拿出一定的费用用作折旧费。

普遍的经济问题

在有限的资源和无限的欲望之间取得平衡是经济学的核心所在。有限的供应（包括资源和时间）怎样才能满足无限的欲望？所有的个体和社会都会面临这个经济学问题。每个经济参与者都必须做选择，每个选择都有成本。

很明显，消费者和生产商都要做选择。消费者：我是要买 X 牌还是 Y 牌的燕麦？是工作还是休息？是读书还是去听音乐会？生产商：是用工人（劳动力）还是机器人（资本品）生产汽车？是用塑料还是铝生产电视机？是用木头还是用砖头建房子？一家高速公路建筑公司是用便宜的只能维持 5 年的沥青，还是更贵的可以维持 10 年的沥青？一个城市是该修建高架桥还是地铁？哪种投入最能满足消费者的需求？经济社会要解决的都是诸如此类的问题。

交通可以很好地解释消费者和生产商都必须做的选择。假设你住在伦敦，希望去巴黎。你可以选择飞机、火车和渡轮，或者欧洲隧道（又称 Chunnel）。飞机更快，但更贵。作为乘客，你必须考虑你的时间有多宝贵。有钱的乘客倾向于选择飞机，没钱的乘客选择火车或渡轮。原因何在？高收入群体比低收入群体的时间更宝贵。

生产商也要做选择。假设你是欧洲隧道的老板，希望在英吉利海峡建一条海底隧道，修欧洲隧道意味着为乘客提供第三种选择——伦敦和巴黎之间的火车。一般从伦敦到巴黎坐火车要用 8 小时，但是欧洲隧道只用 3 小时。从工程和技术的角度衡量，修建一条海底隧道是可行的，但是成本呢？考虑到还有其他的交通方式，海底隧道要取得一定的利润，风险能得到有效控制吗？

这些就是消费者、生产商和投资者都必须做的选择。商品和服务供应商要衡量生产成本和潜在的利润，消费者则要衡量购买这种商品或服务带给他们的价值和其他可替代的商品或服务带给他们的价值。

竞争与合作

普遍的经济问题（平衡有限的资源和无限的欲望）提出了以下两大经济学原则。

◇ 竞争。
◇ 合作。

无法满足的需求与有限的供应之间必然会导致竞争。所有的社会都必须在有限的资源中做出取舍以便实现特定的目标。并不是所有的目标都能够实现，只有被认为最有价值的目标才能被实现。采取一种行为意味着放弃了其他的选择，至少在短期内如此。

采取一种选择就必须放弃其他的选择。比如：

选择 1	可能性 1
全日制教育	全职工作

(续表)

和苏结婚	和贝蒂结婚
到欧洲出差	参加儿子的足球比赛
将储蓄用于经营业务	在货币基金中赚取利息

经济学家将这些选择称为机会成本。机会成本的定义是放弃一种选择后所能得到的最大回报。

合作在经济世界普遍存在。土地、劳动力、资本和企业这些生产要素对于将间接的产品转变为有用的终端产品和服务不可或缺。地主、劳动力和资本家必须合作才能让产品变得有用。这种互补性需要不同的参与方实现经济上的和谐。如果有一方没有参与生产过程,那么生产过程就会中断,工作就无法完成。土地、劳动力和资本之间具有互补性。

市场经济不仅有竞争,合作也同样重要。市场经济既有竞争又有合作。人们通过互相竞争来建立合作关系。

不公平:福兮,祸兮?

人力资源和资本不仅是有限的,在世界和群体之间的分配也不公平。人和人之间,国家和国家之间的趣味、天赋和资源也不平等。人与人之间的智力、身体素质和状况也不同。有些国家,比如美国和沙特阿拉伯犹如天助般拥有丰富的石油,而有些国家比如日本和以色列就没有。每个人和每个国家都有优势,也有劣势,有资本,也有责任。

个体的智力、天赋和财富不同,这些差异又构成了不同的信仰、种族和文化,这些差异构成了我们的世界。对个体来说,每个人的财富是由不同的商品和服务构成的。人和人之间的不同就如同他们开的车、吃的饭、读的书不同一样。正是这样的差异才带来了分工和专业。如果没有差异和不平等,我们的生活就不会多姿多彩,也不会充满惊喜。

由于不平等和资源的有限性,几乎没有人可以做到自给自足。人们都需要他人的帮助和才能。每个人术业有专攻,然后再根据每个人的能力进行商品和服务的交换。每个人的职业专长也反映了他的能力和兴趣。个体的需求和欲望由有能力和技术满足这些需求的人提供。时间和资源的有限性带来了市场上个体和公司的专业化以及劳动力分工。

根据上面所描述的人类行为，企业家在财富创造过程中发挥核心作用。

比较优势法则

比较优势使得个体、企业和国家能凭借相对优势以最低的成本生产商品和服务。这个重要概念最早是由大卫·李嘉图于19世纪早期提出的。比较优势使得人人都能在经济中发挥作用。比较优势是指以最有效的方式生产或提供商品或服务时所获得的经济收益。

举个例子来说明比较优势，假设一个顶级外科医生也是城里打字最快的人，他能每分钟打150个字，就算他是打字高手，他也会雇一个秘书来为他打字。为什么呢？假设他当全职外科医生每年能挣50万美元，如果他花一半的时间来做秘书的工作，作为外科医生他一年能挣25万美元，作为秘书他一年能挣5万美元，这样他一年的收入是30万美元，比他当全职外科医生一年少挣20万美元。但是如果花5万美元雇一位全职秘书为他工作的话，他一年能挣45万美元（50万美元减去秘书的5万美元薪水）。他的机会成本就是他不当外科医生的损失，这个损失可不小。

医生的比较优势是做手术，而他秘书的比较优势是做秘书的工作。雇一个秘书，外科医生和秘书两人都受益。

企业的作用

企业在经济中发挥着举足轻重的作用。"企业"（entrepreneur）一词来自法语"entreprendre"，即"从事"的意思。这个法语单词是英文entrepreneur的基础。法国经济学家J.B.萨依创造了这个词，意思是"风险资本家"或者"冒险家"的意思。

企业家是指企业所有者和生产商，他们要承担经营一家企业所带来的风险、不确定性和责任。企业家通过创新、技术变革以及增加资本投入来满足消费者的需求和欲望。没有这样的决策者，经济行为和生活水平无法得到提高。历史学家罗伯特·索贝尔写道，企业家是"具有远见卓识、精力充沛之人，他们能看到别人看不到的机会，当别人彷徨犹豫时他们能抓住机会，当别人放弃时他们坚持不懈"。①

企业家是创新者，他们改造生产和分配类型，开发新产品和新流程，开拓新市场和供应源，采用新的组织方式，改进公司现状。他们对机会和完成任务的新方法尤为敏感。就像市场上的所有参与者一样，企业家也专注于他们擅长的领域。

企业家也是投资者，他们能嗅出股市、商品和外汇市场中的利润，对同一商品在不同市场中的差异加以利用。他们会试着接手被低估的或者管理不善的公司。他们既是机会主义者，又是有远见的管理家，对资本家、地主、工人、专业知识进行整合，创造出消费者会购买的商品和服务。对企业家来说，未来是不确定的，有时候风险很大。很多企业家失败了，但是成功的企业家通常都获得了优厚的回报。

投机者通常得到负面的评价，制造危机和混乱。价格波动影响农民、进出口商人以及市场上其他的套期保值者，只有投机者愿意冒价格波动不定的风险。

企业家是财富的引擎，是市场的决策者。实事求是地讲，整个市场过程都是由企业家推动的。

人类行为和有意义的行为

为了实现目标，人们的行动都是有目的的。所有的人类行为都是有目的的，都是为了用更令人满意的状况取代不是很令人满意的状况。为了实现自己的目标，人们思考、感知、学习、评估和行动，既生产又消费，既购买又销售。在每一种服务或商品的背后都是无数参与到经济过程中个体决策的总和，每一个个体都有明确的目的。

在每一个价格背后都是无数个体购买和销售的决策之和，每一个行动都有明确的目的，经济学家将之称为"理性"行为。虽然个体的行为可能看起来是随机或不理性的，这是因为我们不了解个体行为背后的原因，而人类行为从来都不是

---

① 罗伯特、大卫·西西里，《企业家：美国式探险》，波士顿，1986。

随机的。

人类有目的的行为不同于植物、动物、机器的行为。生物法则和自然法则都具有一致性和可量化性。物理学家和化学家在物理事件中发现可以重复的、有规律的模式。通过使用科学的方法，他们可以反复做控制实验，验证实验结果的一致性。植物和动物在相同环境下的反应也是一样的，比如巴甫洛夫的狗，或者旅鼠集体跳海。分子运动或乒乓球的移动看似随机，但是这些运动都符合物理定律。

但是经济学和其他研究人类行为的学科就不是这样了。人类不是机器，也不是旅鼠，不会一次又一次地重复自己，也不会对某个刺激的反应一直不变。因为能思考，能学习，可以改变自己的想法，所以不能将人类看成是哑巴动物或机器。中国哲学家林语堂曾说过："人类不像动物对于环境始终如一地机械地反应，而是有决定自己反应的能力，和随意改变环境的自由。这一点就是说人类的性格生来是世界上最不容易服从机械律的；人类的心思永远是捉摸不定，无法测度，而常常想着，怎样去逃避那些发狂的心理学家和未有夫妇同居经验的经济学家所要强置在他身上的机械律，或是什么唯物辩证法。所以人类是一种好奇的、梦想的、幽默的、任性的动物。"[①]

财富的创造需要大自然的帮助，地球资源的转化、动物的使役、工具和机器的使用。这需要统计数字、数学和精准的公式。而做这一切的是人类，人类是实施方，土地和资本品是被实施方。所以，财富的创造最终靠的是人类的思想、情感、评估，以及有目的的行为。

经济哲学家将人类和自然之间的区别称为"方法二元论"。他们对自然科学和社会科学做了明确划分，一边是动物、植物和无生命的世界，一边是人类的世界。

有没有牛顿经济学？

许多经济学家和社会学家沉醉在过去自然科学的精确无误之中，试图模仿物理学或生物学。经济学家借用了一些科学术语，比如弹性、速度和均衡，将之应用到经济学中。即使经济学（economics）这个词听起来也像物理（physics）

---

① 林语堂，《生活的艺术》，纽约，宝鼎出版社，1937。

或数学（mathematics）。经济学在20世纪被称为"政治经济学"（political economy），是逻辑学和自然法的一部分。更早时候，亚当·斯密在格拉斯哥大学教授经济学的身份是伦理学教授。

将自然科学的精准和可量化特征运用到经济学和金融活动中并不总能有效。将自然科学中的科学方法严格运用到经济学中不一定行得通，即使这种方法已经成为现代经济学家工具箱的一部分。

用事实检验经济理论

经济学理论可以像实验室里的实验一样被检验吗？答案是不能够被全部检验。经济学家能做的就是用历史数据或时间检验他们的理论，但结果有时也不确定。比如，肯尼迪总统的经济顾问于1962年向他建议英国经济学家约翰·梅纳德·凯恩斯的经济理论，凯恩斯认为人为进行联邦赤字开支可以刺激经济复苏。国会采纳了这个意见，缩减税收，美国在1964~1965年出现了赤字，结果国内生产总值大幅增长。

但是，其他经济学家不同意肯尼迪总统经济顾问的建议。由弥尔顿·费德曼领导的货币主义学派（或芝加哥学派）声称这个测试是无效的，并不能有效证明凯恩斯理论。费德曼指出在1964年至1965年间，联邦储备局采取了积极货币政策，大量的货币供给也有助于经济的复苏。

谁对谁错？凯恩斯学派还是货币主义学派？实证证据也不能下结论，因为两种变量一直都在发生变化。这个例子说明了用事实检测经济学理论所引发的问题。验证经济学理论可不像自然课在实验室里做实验那样简单。

很多经济学家都用卡尔·波普尔的方法来检验理论。卡尔·波普尔是20世纪奥地利哲学家，著有《开放社会及其敌人》一书，他声称科学并不能验证理论，只能用证据证明某个理论不成立或者是假的。因此，如果有证据和理论相矛盾，就可以推翻这个理论。这种方法在实证经济学家，比如弥尔顿·费德曼和马克·布劳格那儿很受欢迎，但是波普尔的方法在经济学中可不简单易行，因为造成经济事件的原因并不总是清晰明了的。

成功和失败

人类行为的另外一个特征对于理解经济学也至关重要:人们会犯错误。在采取行动前,人们会假设这个决策是明智的,但是在采取行动后可能意识到犯了错误。决策是根据当时的信息和分析得出的,结果可能会说明这些决策并不是最佳的行动计划。

个体和企业所犯的错误在世界经济中屡见不鲜:一家汽车厂商可能生产卖不出去的汽车;投资者可能会投资失误;燕麦生产商可能生产了口味不佳的燕麦⋯⋯企业家犯的错与日俱增。

幸运的是,个体和企业领导能从所犯的错误中吸取经验教训,将所犯的错误减到最少。汽车厂商会设计有市场的汽车。投资者会重新评估他们的战略,进行能带来回报的投资。口味测验可以改进燕麦的口感。如果出现了同样的情形,个体不会犯同样的错误。如果他们吸取了过去的经验教训,就会做出更好的选择。另一方面,在自然科学中,如果实验室的条件是一样的,那么结果总是一样。

因果原则和不确定性原则

经济学家能预测未来吗?一个有意思的说法是经济学家对过去出现的 5 次经济衰退,预测出了 6 次。有一个关于 20 世纪 20 年代耶鲁大学教授和证券投资商欧文·费舍的故事。在 1929 年股市大崩盘前一周,费舍教授预测:"股票市场已经达到了制高点。"[①]

要预测未来,经济学家必须牢记以下两点。

◇ 因果原则。
◇ 不确定原则。

---

① 《纽约时报》,1929 年 10 月 26 日。

因果原则反映了想法和行动之间的因果关系。每一个原因都有一个结果。每一个经济事件背后，不论是价格上升、货币贬值，还是就业率下降，总有原因。

通常经济事件总有多个原因，这些原因有可能自相矛盾，因此很难去解释某些现象。但是不管怎样，每个行动背后都是人类的经济行为。事件有时候看起来是随机的，无法解释，这是因为人类行为太复杂。

第二是不确定原则。人类行为的未来是不确定的。

社会学家试图研究人类行为的类型。心理学家研究人类的行为和反应，政治学家研究机构和政党，历史学家研究历史的成因，经济学家用过去的数据来验证他们的理论。所有这些社会研究都是为了更准确地描述和理解人类行为。

但是不论社会科学家的工作有多全面，他们得出的结论中总存在不确定性和无法预测性。比如，不论选举年政治问卷设计得多么科学，总有一定的"统计失误"。这个错误部分是因为人们总是重新评估自己的愿望和态度。无法预测人们如何改变主意。

不确定性原则极大地影响了经济学研究。可以对已经发生的事情进行报道和分析，但无法精确地对未发生的事情进行量化。比如下面这些现象。

◇ 要预测下一季度一国的经济增长，经济学家需要估计消费者、企业和政府对商品和服务的购买量。但这些仅仅是在过去关系或者方程式的基础上进行的"估计"，这样的估计在未来可能不会很准确。

◇ 一个期货交易员可以根据计算机程序预测商品和服务的价格。这些由计算机统计出来的购买和销售数据通常是根据复杂的价格和数量类型得出的。通常这些类型会失效，期货交易商会赔钱，因为决定价格变动的因素会随着时间而改变。

◇ 假设今年小麦的产量是去年的一半，全世界会面临饥荒。经济学家可以很权威地声称小麦价格会大幅上涨，但是他们却很难预测小麦的价格会准确地上涨多少，他们也无法准确地预测小麦的价格何时会上涨到一定的程度。他们可以根据历史进行有根据的预测，但是到了最后的分析阶段，只有当日的市场买家和卖家才能决定当日的价格。

经济会说"什么"会发生，通常不愿意说"什么时候"发生，以及"程度"如何。

经济学家因不确定性在市场中占多大的比例而产生分歧。在因果原则和不确定原则之间总存在拉锯战。

凯恩斯曾对经济中的不确定程度无可奈何。他说："我们对未来的认识是变化不定、模糊不清、不确定的……根本就没有可以计算概率的科学基础。我们就是不知道。"[①] 很多经济学家都承认他们对未来的经济形势、利率、通货膨胀和股市一无所知。有的经济学家利用复杂的计算机模型对未来的经济、利率、通货膨胀和金融市场的运行做出预测。

不确定性有两个原因：经济中牵涉无数的复杂因素，数字背后是不停地改变和重新衡量自己动机的个体。在人类的行为中总存在一定的不确定性。要想实现确定性，就必须回答谁、什么、什么时候、哪儿和为什么的问题，对于大部分的人类行为，这些问题都是无法回答的。个体变量的数量，比如某人会几点起床或睡觉，使确定性变得不确定。

天文学家能知道明天太阳几点几分升起，但是有人能预测某个学生明天会几点起床吗？如果这个学生明天8点有课，可以预测这个学生明天会7点起床，8点之前到学校。对这个学生的睡眠习惯研究几个月，根据他醒来的规律可以预测明天这个学生会7点起床，8点到教室。但是不确定性依然存在。要是这个学生明天卧病在床，或者闹钟坏了呢？要是家里有人去世，他必须回家呢？有无数的理由可以解释这个学生的行为出现异常。

尽管有诸多限制，但企业家还是迎难而上对他们的产品需求做出预测，并制定合理的价格。预测的结果有时候对，有时候错。亨利·福特说："我们能做的就是评估存在的机会和风险，以及我们应对风险的能力，然后充满信心地制定计划。"

总结起来就是过去的经济是精确可量化的，但是未来的本质是不准确的，定性的。经济学不像物理学，很少有常量及精确的关系。历史和事实是可以量化的，但是经济理论是定性的。

---

① 约翰·梅纳德·凯恩斯，《就业通论》，《经济学季刊》，1937年1月。

总结

本章要点

1. 人类的欲望是无限的，一旦欲望得到满足，又会有新的欲望，否则就不会有人类行为了。

2. 虽然地球提供了丰富的土地和自然资源，但是所有的资源都是有限的。

3. 需要对资源进行加工，将之变得有用。

4. 一个普遍的经济学问题是对资源进行分配和加工，将之最大限度地变成有用的商品和服务。

5. 竞争和合作是所有经济活动的普遍特点。

6. 劳动力的分工和专业化是提高生活水平的必要条件。

7. 个体很难做到自给自足，这需要进行专业分工，并和他人进行交易。

8. 企业家的定义是企业所有者和冒险者，在推动经济行为和提高生活水平方面发挥关键作用。他们要负责创新、技术革新、改变现存经济状况，以此满足消费需求。

9. 天赋、智力和资产的差异存在于所有的社会，正是这样的不同才使个体和公司有所分工。

10. 在所有的经济和金融事件背后都是有目的的人类行为。

11. 物理学和其他自然科学的精准不适用于经济学，因为经济学研究的是人类的行为。

12. 根据因果原则，未来的经济事件是可以进行预测的，但是由于人类行为的复杂性、多变性和不确定性始终存在，经济学中没有可以预测的恒定不变的关系。

13. 经济事实是可以进行量化的，经济理论却是定性的。企业家对"什么时候"和"多少"进行预测，预测对时他们就获利，预测错时就要蒙受损失。

14. 废物和污染是不可避免的，但是通过企业家的努力可以将废物和污染程度降至最低。

15. 时间在生产过程和消费过程中是个主要因素。资本和消费商品随着时间的流逝而贬值，需要维护，最终会被取代。

重要术语

相对优势	机会成本
比较优势	因果原则
贬值	竞争原则
商品分配	合作原则
企业	不确定性原则
不平等	资源的稀缺性
无法满足的欲望	专业化
土地	供给和需求
目的和手段	时间
方法二元论	流动资金

经济学大师

路德维希·冯·米塞斯的方法论

姓名： 路德维希·冯·米塞斯（1881~1973）

背景介绍： 米塞斯在维也纳大学教授经济学一直到"二战"爆发，随后在纽约大学执教，被认为是现代经济学奥地利学派的掌门人（追随者包括诺贝尔奖获得者经济学家弗里德里希·哈耶克、伊斯雷尔·柯兹纳和穆瑞·罗斯巴德）。其他经济学派如新古典学派和公共选择学派也把米塞斯当作他们的导师。

主要著作：《人的行为》。这是第一部运用经济主观主义和方法论个人主义系统论述经济学的著作。米塞斯对经济学的论述完全建立在演绎逻辑而不是实证观察或历史研究基础之上。米塞斯的体系是建立在对一些不言自明的公理的逻辑演绎之上。

名言： 经济学是一种演绎体系。一开始就是从演绎开始，对行为进行归类。如果经济学原理不是建立在不可辩驳的推理之上，那这种理论就是不完善的。

优势： 同亚当·斯密一样，米塞斯也强调经济学的作用是满足人类对物质的欲望。"绝大多数人的首要目标是改善物质生活条件。他们想要更多更精美的食物，更舒适的房子和衣服,以及其他便利设施。他们追求丰裕和健康。"米塞斯首次全面地提出了主观经济学理论。他将奥地利传统(由奠基人卡尔·门格尔于1871年创立)延伸至货币和银行、经济周期,以及政府政策。米塞斯强调人不是机器,警告独裁政权的"社会工程"以及强制性的生产计划是行不通的。米塞斯是最早站出来抨击社会主义中央计划行不通的经济学家之一。

米塞斯还谴责大部分的国家干预机制,认为这和财富创造是背道而驰的。他尤其反对提倡消费高于储蓄的政策,"凯恩斯经济学的核心完全没有看到储蓄和资本积聚在改善经济状况中的作用……好政府的基本功能之一就是清除所有阻碍资本积聚和新资本投资的障碍"。

弱点:米塞斯的一生经常被误解。批评者认为他太极端,因为他反对所有形式的实证研究和历史。没有几个人会同意米塞斯的观点:"历史不会教给我们任何的通则、原则和法则。"对米塞斯来说,事实从不会为自己讲话,历史事件需要正确的理论来解读。

同时米塞斯还否定计量经济学和数量经济学的价值。在他的著作中看不到任何的图表和统计数据。他的非数学研究方法和量化经济学以及用实证证据验证经济理论的趋势是相反的。

个性:米塞斯直到最近才在经济学家中声望鹊起。米塞斯在20世纪早期的维也纳遭到了三次打击:他是犹太人;主张放任自由资本主义;对自己的信仰太过教条,丝毫不妥协。在20世纪20年代和30年代早期,他给一小群他的跟随者开设了著名的私人学术班。纳粹上台后,米塞斯于1934年离开了瑞士(他的整座图书馆被纳粹没收了),1940年移民到美国。他在纽约城住了将近30年,在纽约大学兼职执教,但是从未在任何美国大学接受全职教职。米塞斯终其一生都在和时代精神抗衡,一直反对一切形式的政府干预机制,包括集体主义、共产主义和凯恩斯主义。当苏联共产主义解体时,经济历史学家罗伯特·赫尔布鲁纳说:"米塞斯是对的。"

米塞斯于1973去世,他对未来以及奥地利学派的前景持悲观态度,但是一年后,他的同事弗里德里希·哈耶克获得了诺贝尔经济学奖。

第3章 生产、交换和消费：经济活动的结构

> 生产的最终目的是为了满足消费者……消费是所有经济活动的唯一目标。
> ——约翰·梅纳德·凯恩斯
> 《就业、利息和货币通论》

电视剧《阴阳魔界》里有一集，时间静止不动了，所有的机器、动物和人一瞬间都静止不动了，只有一个人不受影响还能活动观察这个静止的世界。

如果经济学家也有这样的魔力，让一切活动都凝固，然后在一种静止的状态下观察一切，那么这个经济学的小插曲又会怎样？

如果时间静止，物品就会在生产的各个阶段固定不变。很多物品会被加工完毕，处在不同的使用阶段。这些物品会被用完，被消费以满足人类的需求和欲望。经济学家把这称为"使用"经济，这些物品包括人们居住的房子、开的车、吃的食物、生产商品的机器，以及其他生产完成的处在使用过程中的物品。

一些物品已加工完毕，等待被送往终端用户那里。这些物品处在库存状态，将会在零售店、杂货店和车行被销售。它们等待被消费者使用。

汽车可以很好地解释这种固定经济。几百上千万辆汽车被制造出来，在路上行驶，或者停在车库里。有的汽车是新的，有的已经旧了。成千上万辆汽车在展厅里等待出售，也有成千上万辆汽车被运往汽车经销商处，其他的车辆储存在工厂等待被运到汽车经销商处，更多的汽车从生产线上被生产出来。有的汽车被送到了废品厂，等待被回收利用。其他的物品也和汽车一样要经历同样的生产、购买、使用、贬值和回收的过程。

服务和商品一样也要遵循供应、需求和消费的原则。服务是履行责任，或者像他人提供有用的空间和设备。医生、律师、教师和清洁工人都在向别人提供服务。这些服务和商品一样也可以被购买和销售。

"制造"经济中的供应体系

大部分人经常去超市，在超市你也可以像个经济学家一样独立思考经济。首先请留意海量的可选购的商品。数一数面包的种类，看一看有多少种商品一部分人可以使用，但是其他人却不能使用。

成千上万种商品是怎样最后被摆在货架上等待顾客的购买？这些成千上万种商品背后发生了什么才能实现这个现代经济奇迹？

上千家企业的上万名员工都参与了超市的供给系统，这被经济学家称之为"制造"经济。超市雇用了几十名工人卸货，将货物上架，将更多的商品归类。在超市的库房里，理货工人为货架上货，保证满足消费者的需求。

生产和分配系统比超市的仓库要复杂得多。经济活动中的零售部分是生产的终点（也是消费的起点）。在到达最后的阶段前，要耗费时间、劳动和资本才能将这些产品送到最后的零售阶段。

大部分人时不时地都要看医生。医生要提供服务首先得接受一定的教育，取得一定的资质才能行医。一旦医生完成了取得资质的所有阶段——这类似商品的生产，用户就可以消费他的服务了。医生需要付出时间、劳动和资本才能到达最后的零售/使用阶段，提供自己的服务。

终端用户/消费者有能力购买能够满足他们需求和欲望的优质商品和优质服务。

商品和服务的经济模型类似下面这张表。

	商品	服务
资源	原材料	个体
生产	加工、生产设备	有知识/技能
分配	市场营销、运输	市场营销、运输
消费+投资	购买产品/商品	选择所需的服务供应商

批发业和运输系统

超市、购物商场、餐馆和其他零售渠道是由采购代理、贸易商和批发商直接提供服务。代理商、贸易商和批发商是零售商店和制造商之间的中间人,但是很少直接参与商品生产,他们的作用是推动成品的购买和销售,将零售商的需求和制造资源进行匹配,帮助零售商了解商品的种类。

管理专家将这个批发过程称之为"营销渠道"。图3-1列出了供应的几个阶段。

图 3-1 典型的消费品渠道结构

并不是每个生产过程都包括批发零售阶段。比如,个体自己砍了圣诞树在街角出售,这样市场上就不存在中间人了。有时候制造商是消费者,比如个体消费自己园地里种的水果和蔬菜。当然,在大部分的生产过程中,生产商和零售商之间都至少有一名中间人。

服务供应商有时也对他们的服务进行市场营销,将服务用户的需求和服务供应商的能力进行匹配。对商品和服务进行营销所使用的营销工具技巧是一样的。

营销的关注点都是商品和服务的可获得性、质量和用户满意度。商品的质量和看得见的物品相关,而服务的质量则和技术、能力相关。

制造环节

商品生产是批发交易之前的一个重要阶段。在这个阶段,汽车在进行总装,服装在加工,食品也在加工,教科书在印刷。经济体中的工业部门很庞大,每年都要生产大量的商品,且工业生产跨越国界,从世界各地进口投入品和制成品。

这个工业过程包含数不清的微生产阶段。亚当·斯密在《国富论》的第一章举了一个著名的生产大头针的例子。生产大头针需要 18 道程序,有的程序是同时进行的。虽然亚当·斯密用生产大头针来解释劳动力分工,这个例子也阐释了大头针工厂的"流水线"本质。斯密写道:"第一个人拉出铁丝,第二个人拉直铁丝,第三个人剪断铁丝,第四个人对准铁丝,第五个人在铁丝顶部压铁丝,制造出大头针的头需要两三个不同的程序。"①

现在,汽车、计算机和其他现代化商品的生产需要更复杂的程序和人造材料。随着时间的推移,工业过程变得越来越复杂,科学家和工程师要进行深入的研究和合作才能生产高级的机器和工具。

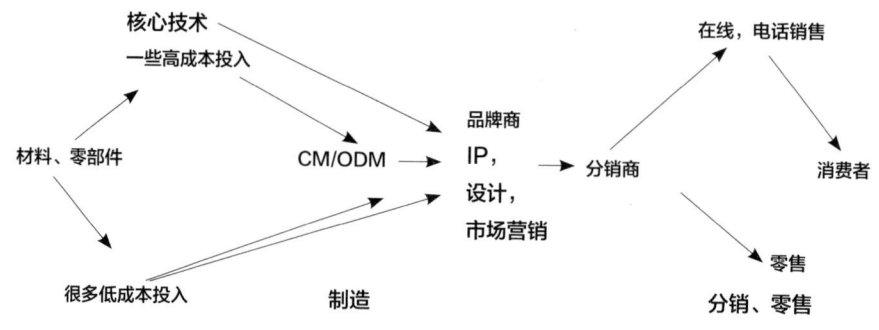

图 3-2 电子业供应链流程

来源:格雷格·林登、肯尼斯·L.克莱默、詹森·戴德里克,《谁在全球创新体系中获得价值?以苹果 iPod 为例》,个人信息技术产业中心,加利福尼亚大学尔湾分校商学院,2007。

---

① 亚当·斯密,《国富论》,纽约,现代图书馆,1965。

从这张图可以看出，生产商购买原材料，并增加原材料的价值，这又变成了下一个生产阶段的成本。我们可以看到，在第一个阶段，每个产品有很多低价值组件，比如电容和电阻，价格也就几美分。大部分的电子产品都有一些高价值组件，比如视觉显示器、硬盘和集成电路。这些组件有自己的跨国供应链，承包制造商（CM）以及原始设计制造商（ODM）。供应链由领军企业（如 IBM、惠普和苹果）研发出品牌产品，然后再由经销商卖给零售商，最后由零售商出售给终端消费者。

人类虽然不能"制造"技术和专长，但是生产的概念却可以应用于服务供应商。获得技术和专长需要投入时间、金钱和资源（人力资源），然后服务供应商才能将服务提供给顾客/消费者。相比较技术不熟练的服务供应商，消费者通常愿意为技术娴熟的服务支付更多的费用。

最早的阶段：基本资源

在加工制造阶段前是生产过程的"原材料"或者"自然资源"阶段。资源供应商帮助启动"制造"经济的第一个阶段。在生产的这个阶段，矿产被开采出来了，谷物被种植出来且被收割了，鱼从大海里被捕捞上来了，原油被开采出来了。

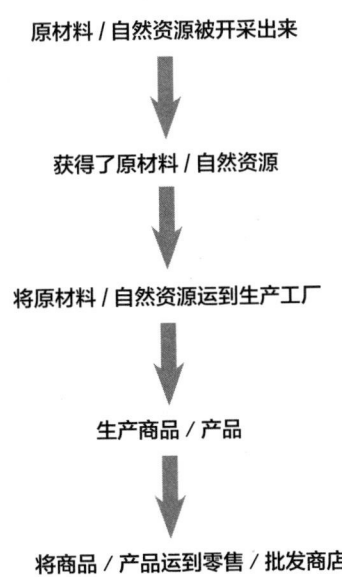

消费者挑选、购买商品／产品

在生产的各个阶段，货物被从一个地方运到另一个地方：从一个城市运到另一个城市，从一个州运到另一个州，从一个国家运到另一个国家。货物的运输和信息的传输在整个生产过程中都非常重要。

生产的所有阶段都需要时间，但是自然资源的生产有时候需要的时间最长。种一棵树可能需要 60 年的时间才能被用来造纸。纸张制造商和木材制造商种植林场，要保证林场里有各种树龄的树木可供开采。很多原材料，比如原油、铁矿和铜矿都在慢慢枯竭。能否继续开采取决于资本家和企业家找到新矿源的能力，或者开发新的开采自然资源的方法。同样，服务供应商也需要学习新的知识和技能才能为消费者提供服务。

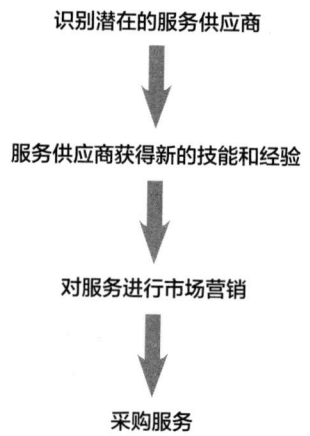

经济过程总结

所有有使用价值的物品都源自地球上的原材料，所有的服务都来自人类的劳动。自然资源或生长出来或被提炼出来，并被加工成产品，然后卖给批发商，接着被运到零售商店，最终被消费者使用。地球上的 90 种元素通过人类的加工，可以产生各种各样的物质，看起来取之不尽用之不竭，这真是大自然的奇迹。所有的服务都由具有一定知识和技能的人提供，知识和技能都可以被出售。

上述的经济过程是"制造"经济的本质。社会上使用的每一种物品都要经过这个复杂的从原材料被加工成消费品和资本品的生产过程。整个生产过程，以及忙忙碌碌的商业贸易只有一个目的：满足消费需求，创造财富，提高个人的生活水平。

科幻作家伊凡·阿马托写道："人类每年从地层中提炼出150亿吨的原料，再用这些原材料制造出你能找得到的各种各样的商品。矿产被开发出来成为金属，然后变成金属丝，接着变成发动机的一部分，最后变成了电脑里的风扇。砍下的树木变成木材又变成了房子。石油被开采出来变成了化学原料，再变成合成橡胶，最后变成了汽车轮胎。天然气变成了聚乙烯，又变成了牛奶罐和院子里五颜六色的玩具。开采出的石英砂变成了硅晶体，又变成了微电子芯片。每一种物质都和工业巨轮有关，这艘巨轮上的工人将地球上的原材料变成了有用的物品，正是这些物品构成了我们所建造的世界。"①

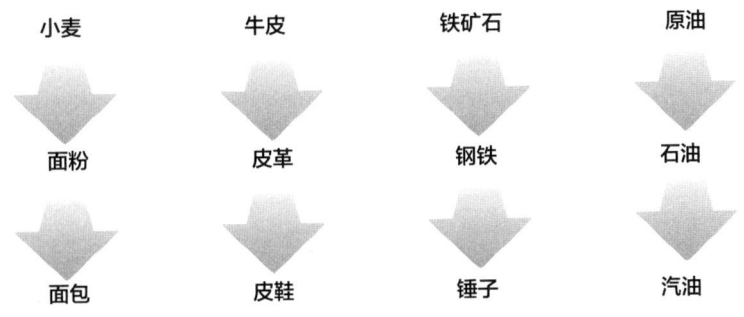

图3-3 "制造"经济中某些产品的生产阶段

请注意阿马托说的是这个转变过程总是从原材料变成半成品再变成成品，要么是消费品要么是资本品，也就是从未加工完成、没有使用价值的物品变成有使用价值的成品。

---

① 伊凡·阿马托，《物品：组成世界的物质》，基本书局，1997。

什么决定价值？

什么决定生产过程中的劳动力、资本品和其他要素的价格？大卫·李嘉图（1772~1823）和卡尔·马克思（1818~1883）提出了生产成本的价值理论，认为劳动力的量和成本决定了最终消费品的产量和价格。但是由卡尔·门格尔、威廉·斯坦利·杰文斯和莱昂·瓦尔拉斯于19世纪70年代发起的边际主义革命驳斥了这种劳动力价值论。他们注意到个体根据喜好和价值做出选择，除非有足够的最终需求能保证成本，否则劳动力或生产不会增加产品和服务的价值。价值是个体消费者的主观评价。总结起来就是，在生产商使用生产资源生产商品或服务之前，一定要确保有足够的终端消费需求。终端需求是决定生产什么并确定价格的最终决定因素。[①]

对个体产品的分析

下面的通用标准和商品的经济过程相关。

◇ 生产商品、提供服务需要时间，有的商品的生产时间比其他商品的生产时间长。
◇ 每种商品和服务都需要经过多个生产过程才能完成。
◇ 每个生产过程都会增值。随着产品在生产过程各个阶段的推进，生产商会投入土地、劳动力和资本以将半成品推到最后的消费阶段。随着产品在生产过程中的推进，各生产要素也将价值添加到产品中去。

图3-4用简化的方式解释简单的产品，如面包是如何被生产出来的，价值如何被添加到生产的各个阶段。这个生产过程图体现了经济过程中三个最基本的特点：生产需要时间；生产需要几个阶段；生产的每个阶段都会增值。

---

① 具体参见马克·史库森的《现代经济学的生成》，M.E.夏普出版社，2009，第2版。

图 3-4　面包生成的基本阶段

纵轴代表的是生产一件产品需要经过的阶段。点 A 代表的是农民种植小麦的时间，点 O 代表的是面包在杂货店卖给顾客的时间。在这个例子中，生产面包要经过四个阶段。第一个或者最早的阶段（小麦）在最上面，接下来的一个阶段排在其后，最后一个阶段（面包零售）是完成阶段——消费商品。

横轴代表每个生产阶段的产出，这用总收入或总支出来表示。比如，在最后的零售阶段，横轴表示杂货店一年销售面包的总收入，不是表示卖出的面包总量。不论买卖面包用的是美元、英镑、欧元，还是其他货币，收入都是货币数字。

建立经济模型

上面讨论的生产四阶段图被经济学家称之为经济模型。在经济学中，模型代表的是简化的现实世界，还是以制作面包为例，现实中制作面包可能需要几百道工序，但是在简化的模型中却只有四个阶段。

经济学中的模型不同于物理学和工程学上的模型。在自然科学中，模型像是现实事物的精确缩小版。但是在经济学中，模型并不是现实世界的复制，相反，模型是启发式的，是简化的假设。启发式模型用简化的经验法则来解释原理。简化的假设在经济学中通常很有必要，因为这可以让模型有用并且容易控制。有的假设可能不现实或者不合理，但是假设对于从模型中得出有意义的结论却至关重要。

简化的假设

图 3-4 列出了几个简化的假设。

第一个假设是每个生产阶段所用的时间是一样的。这样的时间分配不符合现实，因为面包生产的第一个阶段——收获小麦需要几个月的时间，但是将小麦加工成面粉和面包所用的时间不到一天。

第二个假设是生产面包只用面粉一种原料。实际上，制作面包还需要其他的原料，包括糖和盐，同样包装面包的材料也被忽略了。现实中，生产面包的每种原料和材料都有自己的经济家族，都需要经过好多道程序才能最终被使用。

第三个假设是生产的每个阶段都增值了。这个假设认为生产的每个阶段都能获利，并且每个生产要素——地主、工人和资本家的付出都得到了回报。现实中并不一定都是这样。有时候公司的生产会蒙受损失。大多数情况下，如果公司亏本生产，最终公司会倒闭或者转而生产其他的产品。

第四个假设是生产的每个阶段增加的价值是一样的。在商业世界中，每个公司的利润都不同，每个行业的利润也不同。但是，根据风险的不同，利润率最终的趋向差不多。为什么呢？因为个体和机构投资者会对盈利高的公司进行投资，对盈利差的公司撤资，时间久了，利润也会因此而调整。

第五个假设是生产面包的四个基本阶段。第一个阶段是农民种植小麦。农民以一定的成本播种，施肥，收获小麦，然后将小麦卖给面粉厂从而获得利润。第二个阶段是面粉厂将小麦加工成面粉，这也需要一定的成本，然后面粉厂将面粉卖给面包店获得一定的利润。第三个阶段是面包店将面粉加工成面包，并将面包卖给杂货铺，卖价当然要高于成本价。第四个阶段也是最后一个阶段，杂货铺将面包以更高的价格卖给消费者，以保证杂货铺有利可赚。

"制造"经济的一般模型

这个单一商品模型可以延伸为一般经济模型，如图 3-5 所示。

请注意这个一般模型和单个商品的模型是一样的，纵轴表示时间（生产阶段），横轴表示产出，产出用一年的总收入衡量（货币）。

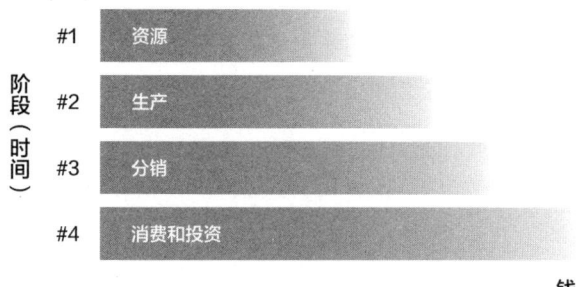

图 3-5 经济的一般模型

总生产结构

总生产结构是一个四阶段模型。每个阶段的总产出是指一财年中所有半成品和产成品的总值。

所有的商品和服务在具有使用价值前都要经历生产加工的过程。有的商品可能要经过上千道工序才能到最后的零售阶段。在我们的模型中,为了分析经济,生产加工阶段被简化为易于操作的四个阶段。

每个生产阶段都会根据生产商的利润增加一定的价值。

最后,生产和消费商品与服务需要时间。生产商总是要考虑生产商品或提供服务所需要的时间,以及在生产商品时商品的适用性。在任何经济中,生产和消费阶段都是最重要的。

总生产结构的全球性本质特征

总生产结构这个经济模型的范围是全球。明尼苏达州开采的铁矿在印第安纳州被加工成钢材,在密歇根州总装成汽车,在佛罗里达州销售。德国生产的汽车收音机可能在美国销售。加拿大种植的小麦会出口到波兰,然后在波兰被加工成面包。日本制造的电视机在墨西哥销售。油菜籽油在印度尼西亚被制成橡胶状的橡皮,在奥尔良州被装到铅笔的一头,然后又被出口到印度尼西亚。有的商品如汽车所需要的原材料和零部件可能来自全球各地——橡胶来自巴西,铜来自智力,铁矿来自加拿大,电子来自韩国,皮革来自阿根廷,铂来自南非,安全气囊来自密西西比州。每种原料或零部件都是根据最大比较优势而采购的。最近,肯塔基州一家汽车制造商在广告里说他们的汽车零部件来自 24 个国家。

过去,大型电子产品和计算机制造商用国内生产的零部件设计和研发产品。但是最近几十年来,全球电子行业供应链已逐步走出国门,尤其走进了亚洲国家。以前自己生产大部分产品的公司,比如 IBM 和惠普,已经将他们的生产外包出去,甚至将产品研发也外包给全球的合同制造商(CM)以及原厂设计制造商。

图 3-6 列出了一个产品(苹果 iPod)的供应链。iPod 的零部件供应商包括中国、中国台湾、韩国和日本的企业,最后被运到美国的批发商那里,最终出售给消费者。

零部件	供应商	公司总部	制造商所在地	预估出厂价(美元)	成本占全部零部件总价比例(%)	毛利润率(%)	预估价值(美元)
硬盘	东芝	日本	中国	73.39	51	26.5	19.45
显示模块	东芝-松下	日本	日本	20.39	14	28.7	5.85
视频/多媒体处理器	博通	美国	中国台湾或新加坡	8.36	6	52.5	4.39
PortalPlayer CPU	PortalPlayer	美国	美国或中国台湾	4.94	3	44.8	2.21
插入、测试和组装	英业达	中国台湾	中国	3.70	3	3.0	0.11
电池组	未知	中国台湾		2.89	2		0.00
显示器驱动	瑞萨	日本	日本	2.88	2	24.0	0.69
移动 DSRAM 内存芯片 -32MB	三星	韩国	韩国	2.37	2	28.2	0.67
后端盖				2.30	2	26.5	

（续表）

主板 PCB				1.90	1	28.7
10 个最贵的部件总价				123.12	85	33.37
其他部件总价				21.28	15	
全部部件总价				144.40	100	

图 3-6 第五代、30-GB iPod 最贵的零部件，2005

来源：格雷格·林登、肯尼斯·L. 克莱默、詹森·戴德里克，《谁在全球创新体系中捕获价值？以苹果 iPod 为例》，个人信息技术产业中心，加利福尼亚大学尔湾分校商学院，2007。

土地、劳动力、资本和企业是如何遵循这个以时间为导向的经济模型呢？生产要素在每个生产阶段和每家公司都发挥了关键作用，是生产要素完成了生产和分配产品的全部过程。图 3-7 列出了生产要素在经济结构中的应用。

比如，跨国石油公司艾克森将原油从地下开采出来，并冶炼成汽油和其他产品，然后出售给消费者。艾克森石油公司在阿拉斯加租了一块联邦所有的土地，投入资本和设备、雇用工人开采石油，将石油运到美国的炼油厂，炼油需要投入更多的劳动力和资本，而将汽油和其他产品运到加油站和其他销售端口同样需要投入更多的劳动力和资本。在大部分年头里，这样的协作都能产生利润，为经济社会创造价值。

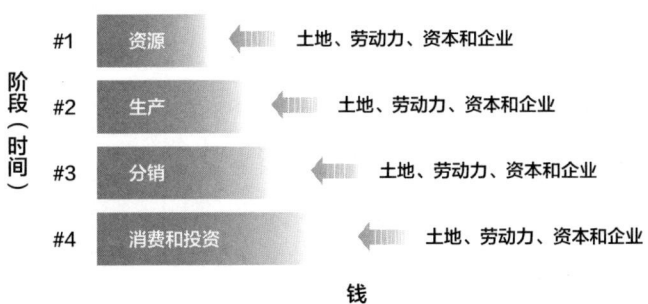

图 3-7 每个产出阶段的要素

协作以及资本主义利益相关方模型

图3-7说明土地、劳动力、资本和企业这些生产要素被投入到生产的各个阶段，从原材料持续到最终产出（消费和投资）的生产全过程。因此，我们可以看到每种经济投入都必须和其他的经济投入协作才能使生产过程顺利进行。

每个公司要通力合作才能取得成功。一个公司通常有如下的参与方。

◇ 所有者或者利益相关方（投资者）。
◇ 制定决策的管理者/企业家。
◇ 员工（有时被称为小组成员）。
◇ 供应商（原材料、工具、设备、咨询、服务等）。
◇ 出租土地或资本货物的地主。
◇ 资本投资渠道（银行、保险公司、私募基金公司）。
◇ 政府机构（法律服务等）。
◇ 购买企业产品和服务的消费者。
◇ 公司所在的社区。

要想盈利或者成功，公司必须和这些参与方成功进行合作。每一个参与方都是公司的利益相关方，如果公司和任何一个利益相关方或生产要素合作不畅，都不可能实现目标。比如工人罢工，工厂会暂时停工，这样就不能满足客户的订单。

服务的作用

生产阶段模型既可以应用于产品也可以应用于服务。服务既可以是推进生产过程的活动，也可以是直接满足个体需求的活动。比如，理发师是为消费者提供服务，但是石油公司会计的工作就被视为生产早期阶段的一部分。

经济学家强调生产要素——土地、劳动力、资本和企业协作从而将原材料转化为产品。原材料被称为库存（英国称Stock，美国称Inventory）。将原材料进行加工就变成半成品或在制品,进一步被加工成公司的产品。在炼钢厂,半成品可以是各种形式的钢材以及其他处在加工阶段的金属。在汽车制造厂,半成品是车身部件、轮胎、纺织品和其他用来制造汽车的材料。在炼油厂,半成品是经过冶炼的石油产品。

固定资本品是将半成品推向下一个生产阶段的机器和工具。固定资本品中的"固定"和固定资本相关,机器和工具都固定在工厂和公司,它们不像半成品那样会被转移到产出的下一个阶段。

商品和服务生产过程中的货币和交换

在经济的四阶段模型中,货币和交换推动商品的生产过程。单独一个公司可以参与从原材料到零售的全过程,但是大多数公司都是参与到生产的某个阶段(请记住比较优势原理)。

产品的经济过程一般遵循以下步骤。

◇ 企业家-业主用资本从供应商那里购买原材料,将原材料投入到生产过程中。
◇ 雇用工人,获取生产空间和固定资本(机器和工具)。
◇ 投入到生产过程中的原材料已经被加工成更有用的产品或服务。
◇ 资本家-业主出售产品。在下一轮中,之前的产出品变成了投入品,生产过程再一次重复到达最终的消费阶段,这时产品已生产完毕,可以被使用了。

货币和交换是全球、国家和地区经济的重要组成部分。商品的供给沿着生产过程往下走,货币用来购买货物往上走。图3-8列出了商品和货币的流动方向。

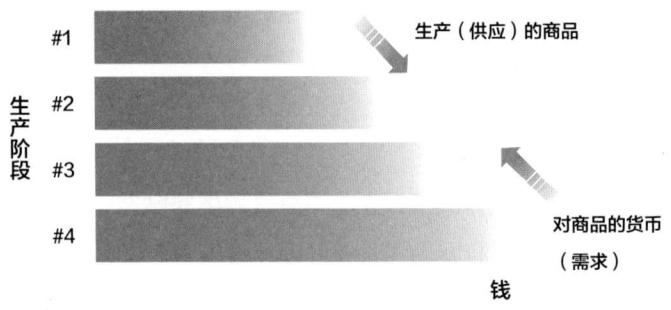

图 3-8　商品和货币在生产过程中流向相反的方向

在经济的四阶段模型中，货币和交换使服务更为便捷。服务的经济过程遵循下面的步骤。

◇ 服务提供商要获得提供服务所需的技术和专长。服务中投入的原材料是服务提供商从职业学院、大学、培训机构或者部队获得的知识和技能。

◇ 服务提供商根据市场对其知识和技能的需求销售他们的服务。

生产过程

对于大部分的商品来说，一家公司负责生产的全过程负荷太大。一般情况下进行纵向整合对公司来说既便捷又节省成本，他们可以收购资源供应商或者建立自己的零售渠道。这不同于横向整合，横向整合是公司直接收购竞争对手，有时是收购完全不同领域的公司。通用汽车收购它的欧洲竞争对手欧宝就是横向整合的例子，而收购费希·博德就是纵向整合的例子。几年前，烟草公司菲利浦·莫里斯为了使公司向多元化产业方向发展而收购了食品公司卡夫食品，这就是不同领域横向整合、混合并购的例子（2007 年菲利浦·莫里斯改名为奥驰亚，出售了卡夫食品）。

大型制造商经常依靠外部的供应商提供各种资源而不是自己生产。计算机行业是个典型，计算机行业的公司依赖外部服务（通常是美国之外的服务），这个过程被称为外包。

库存的重要性

库存几乎存在于生产的各个阶段，极大地降低了公司生产的等待时间。汽车制造商不必等待将铁矿石冶炼成钢铁，或者等待栽植橡胶树，只需从钢铁供应商和轮胎供应商处直接订购他们的存货。只有很贵重和特别的物品才需要"量身定做"。一切物品都有库存，所以生产商通常不必担心投入品的生产时间。有时会有意外的需求，这会造成恼人的短缺，不过短缺的情况（被称为"瓶颈"）可以通过库存被降到最低程度。

库存也有成本，维持供应品、原材料和成品的大量库存需要很高的成本。看看汽车经销商，他们有多少汽车和卡车在库存中待售。这些汽车和卡车所占的空间可以有其他用途（还记得机会成本吗）。这些在库存中的汽车和卡车代表"应付账款"，意思是经销商欠汽车制造商的账款，所以库存也需要进行资本投资。公司通过采用"即时库存"管理来减少库存成本。比如沃尔玛允许中间商直接进入沃尔玛的销售数据系统以减少沃尔玛超市的库存量。

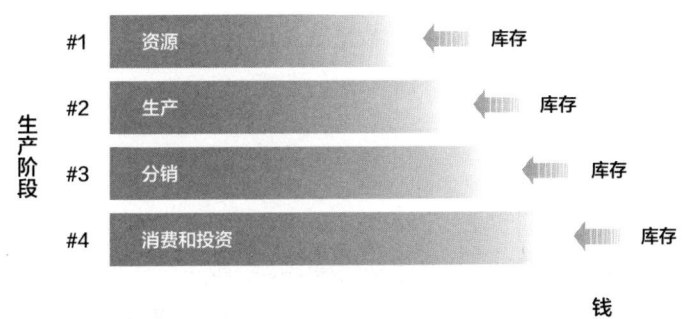

图 3-9　每个生产阶段的库存及其在生产中的重要性

竞争与合作

第 2 章提到竞争与合作存在于市场经济的每一个领域，用四阶段模型来解释就再清楚不过了。生产要素之间要协作，土地、劳动力、资本要协作才能将原材料变成有用的物品，将流动资本从生产的一个阶段推向下一个阶段最后到达终端用户。地主、劳动者和资本家之间的利益是一致的。

生产的每个阶段都存在竞争。竞争有几种方式。第一种是生产阶段内部竞争，比如一般中间投入品都有几家供应商，这些供应商之间相互竞争以争取给客户提供价格合理的营运资金。竞争活动一直持续到最终的零售客户那里，公司根据产品的价格、质量和数量在零售客户处进行竞争。

不同生产阶段之间也存在竞争。因为资源是有限的（经济学的第二大原理），资本家对有限的投入品进行竞争，是在"资源"阶段还是"消费"阶段投入他们的土地、劳动力和资本，还是在"资源"和"消费"之间的阶段进行投入呢？每个阶段的收益和损失程度决定了投入到各个阶段的资源。如果原材料阶段比零售阶段的利润更高，那么资源更有可能被投入到生产的早期阶段。

生产要素之间也存在竞争。业主之间有竞争，员工之间有竞争，企业管理者之间有竞争以获得更高的职位。竞争是个动态过程。如果德克萨斯州的油价飞涨，那么德克萨斯州可以吸引更多的工人和资本，从而带动工资、房租、土地价格和管理价格的上升。总之，在竞争市场中总有机会成本。

服务供应商之间也存在竞争。同一阶段内部的竞争来自提供相同或类似服务的供应商。从最初获取技术和专长，到最终的消费者（在消费者那里服务根据价格、质量和可获得性进行出售），服务的每个阶段都存在竞争。

消费和投资

商品和服务生产出来后，最终要被消费者（消费品）或企业（资本品）使用。消费商品的时间差异很大——新鲜蔬菜几天，罐装食品几个月，家用电器和汽车几年，建筑物几十年，消费时间从一会儿到几百年甚至更长的时间不等。

最终的零售商品不仅指消费品，分为消费品生产和资本品生产。资本品生产包括诸如机器、设备和工具之类的固定资本品，这些固定资本品被用于生产的中间阶段，是用来生产其他商品的产成品。

最终零售消费品和资本品的寿命非常重要。平均寿命为 20 年的汽车要比寿命只有 6 年的汽车价值高，寿命为 200 年的房子要比寿命为 30 年的房子价值高。

所有的耐用消费品和资本品都需要进行维护和维修，最终会被替换掉。第 2

章介绍了折旧的重要性，以及重置或替换折旧资产，比如建筑物和机器的必要性。所有的资本品和消费品的寿命都是有限的，最终都会被耗损完。像计算机这样的商品，即使没有耗损也会因为正常的报废而大幅贬值。总而言之，大部分的商品都会逐渐贬值。

资源在被加工成有用的消费品和资本品后增加了价值，随着商品被用完，它们的价值也逐渐（有时候是快速地）降低。图3-10说明了商品贬值这个普遍现象。

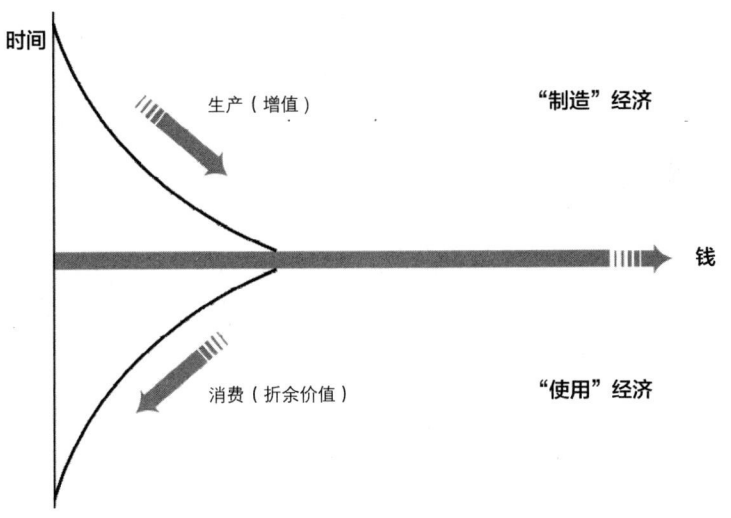

图3-10　价值添加到生产中去，在消费中消失

服务虽然不像商品一样会被用完，但是提供服务的时间和条件是有限的。买个医生是不可能的，但是能买他的时间，在这段时间内医生提供他的技术。购买的时间用完了，为了获得服务提供者的专业技能或知识，必须购买更多的时间。

服务提供者也要提升他们的技术和专长，以确保他们对潜在的消费者一直有价值。不提升技能，服务的价值就会降低。

总结

本章要点

1. 生产和提供服务的最终目的是满足消费者的需求。劳动力、资本和生产过程中其他要素的价值最终是由消费者的需求决定的。

2. 所有的商品和服务都要经过生产／获取技能、交换和消费阶段。

3. 每一个零售端口和消费服务背后都是一个"支持"供应系统。

4. 经济过程是有顺序的——将资源变成产品（"制造"经济），然后将产品运到最终消费者和投资市场处（"使用"经济）。

5. 总生产结构（APS）是一个经济模型，表示一年内生产的半成品、产成品和服务的全部价值。

6. 总生产结构横跨州和国家，产品被运到其他地方变成生产过程的投入。

7. 生产要素中的土地、劳动力、资本和企业在生产过程的每个阶段都至关重要。所有的利益相关方要协作才能取得经济回报。

8. 固定资本包括用来将半成品加工成产成品的机器、设备和工具。

9. 生产过程的每个阶段的货币、交换、运输和库存都能推进生产过程。

10. 消费品和资本品被生产出来后，会被消费，并逐渐耗损，最终会被替换掉。所有的消费品和资本品随着时间的推移都会贬值。

重要术语

总生产结构	营销渠道
消费	货币和交换
经济模型	自然资源
固定资本品	产出
半成品	零售市场
启发式模型	生产阶段
横向整合	利益相关方模型
投入	供应系统
不同阶段之间	"使用"经济

阶段内　　　　　　　　　　　附加值
库存　　　　　　　　　　　　价值损失
纵向整合　　　　　　　　　　制造业
"制造"经济　　　　　　　　　批发交易

经济学大师

卡尔·门格尔 奥地利学派创始人

姓名：卡尔·门格尔（1840~1921）

背景介绍：门格尔出生在奥匈帝国的加利西亚（现属波兰），在维也纳大学学习法律和政治学。1873年，门格尔成为维也纳大学的法律和政治学教授，随后当了两年奥地利皇储鲁道夫的私人教师，1879年门格尔被任命为维也纳大学政治经济学教授。

主要著作：1871年，门格尔在31岁时写下了开创性的著作《国民经济学原理》。门格尔不是从生产竞争要素（土地、劳动力和资本）的角度横看世界，而是从生产的合作阶段（高阶的资本品被转换为低阶的消费品）角度来看世界。门格尔的经济学视角构成了本书的逻辑基础。

门格尔是三位发现边际效用原则（随后解释边际效用原则）的经济学家之一，边际效用原则是现代微观经济学的基础。他解决了一直困扰亚当·斯密和大卫·李嘉图学派的价值交换悖论（钻石与水悖论）。另外两位发现者为英国经济学家威廉姆·斯坦利·杰文斯和法国经济学家里昂·瓦尔拉斯。

在某种程度上卡尔·门格尔是宏观经济学和微观经济学之父，称得上最伟大的经济学家之一。亚当·斯密对经济政策产生了巨大的影响，但是门格尔对经济理论的理解更深刻。

名言：……人们对烟草的消费需求完全不存在，或许烟叶和烟草种子的存货，以及其他很多和满足烟草需求有因果关系的高阶物品也会完全丧失他们的物品属性。但不是所有烟草行业所用的高阶物品都落得这个命运。比如用来种植烟草的土地和农业用具，或许还有很多用来生产烟草产品的工具和机器都会保留它们的物品属性，因为它们可以用来满足人类的其他需求，甚至在对烟草的需求完全消失之后，它们可以和其他的需求建立因果关系。

最著名观点：门格尔提出了两个革命性的概念：归因理论和边际效用原则。按照归因理论，商品和资本品的价格不是由它们的生产价格或者劳动时间决定的，而是由最终的消费者需求决定的。门格尔反对劳动价值论，他认为是最终的消费者需求而不是劳动力或生产的其他成本决定生产活动的方向。门格尔还引入边际分析的概念。比如对某种产品的需求大幅降低时（比如烟草），生产这种产品的要素价格并不一定也大幅降低。这些生产要素的价格是由它们的使用效用决定的。

评价：虽然《国民经济学原理》产生了巨大的影响，但此书只有一版。虽然门格尔将他的著作献给德国历史学派，但德国历史学派却反对门格尔的观点，门格尔认为经济学是建立在逻辑和法律之上的理论科学。1950 年，《国民经济学原理》出版几乎 80 年后才被翻译成英语。

门格尔于 1921 年去世，对西方世界以及他所创立的学派持悲观态度。"一战"后，奥地利遭受饥荒、恶性通货膨胀和社会主义的控制。奥地利学派的影响日渐式微。经过几代人之后，奥地利经济学才因对主流经济学思想所做的积极贡献而得到认可。

第二部分 微观经济学

Economic Logic

第4章 公司理论：收益和损失的作用

> 利润是衡量我们是否为顾客提供了能满足他们需求的最佳产品的终极标准。公司需要利润来生存和发展。
>
> ——亨利·福特二世
> 《企业使命说明书》

将原材料加工成有用的商品和服务可以提高生活水平，促进经济发展，因此，用商品和服务的数量、质量和种类来衡量的话，个人和国家的财富都增长了。前一章介绍了经济的四阶段模型，此模型引出了总生产结构（APS）的概念，接下来还会介绍这个模型。

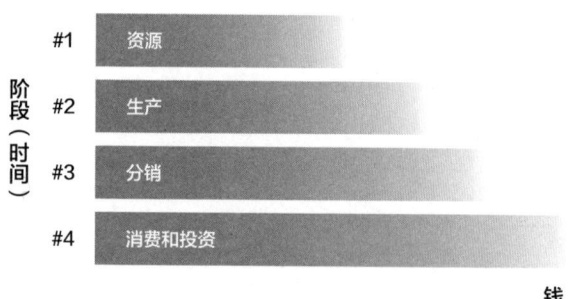

图 4-1 总生产结构

总生产结构是我们研究整个经济体的经济学核心。宏观经济学是经济学的分支，研究整个经济体的表现、结构和行为。

总生产结构也可以是微观经济的基础，研究的是关于个体和公司的消费需求。宏观经济学研究的是整个国家的产出、价格、利润、货币和贸易，和宏观经济学不同的是，微观经济学研究的是个体和公司满足其需求的经济行为。接下来的10章会讨论微观经济学，然后再讨论宏观经济学。

微观经济学要回答并解决以下问题

◇ 公司如何对其产品和服务定价？
◇ 什么决定消费需求？
◇ 如果对某种商品的需求上升，那么公司是提高商品价格呢，还是提高产量？还是两者都应该提高？
◇ 如果生产某种商品的成本增加了，公司能通过提高价格的方式将增加的成本转移到消费者身上吗？
◇ 如何决定工资、地租和其他费用？
◇ 利润的作用是什么？公司怎样才能将收益最大化，或者将损失最小化？
◇ 公司几年来都在亏本运营，这样的做法合理吗？
◇ 机会成本在公司决策中发挥什么作用？如何对其进行衡量？
◇ 什么促使公司增加商品和服务的数量、质量和种类？
◇ 利润有时会不会产生相反的效果，公司以损害消费者或员工的利益去追逐利润？
◇ 能否在利益相关方、员工、管理层、消费者、供应商和社区利益之间实现和谐？

公司想获得什么？

图 4-1 的总生产结构图列出了"制造"经济的四个生产阶段。每个公司都会参与到生产过程的某个阶段。采矿企业位于第一阶段（资源），汽车制造商位于第二阶段（生产），图书发行商位于第三阶段（批发），加油站位于第四阶段，也是最后一个阶段（零售／终端消费）。在某些情况下，很难确定某个公司位于

哪个阶段。比如一家大型石油公司参与了全部的四个阶段，开采原油和天然气，将其加工成汽油、机油以及其他能源产品，将这些能源产品进行运输和批发，在加油站出售汽油。

不论一个公司属于四阶段中的哪个阶段，它的经济活动一定处于总生产结构的某个阶段，都会对产品和服务的产出做出贡献，将生产过程向前推进。总生产结构是由公司组成的，公司将商品和服务从生产线底端推向最终的零售端。将公司的年收入相加就得到经济体的总支出，也是总生产结构的总值。

对于出售服务而不是产品的公司而言，生产的四阶段同样适用，只是术语不同而已。第一阶段，公司获得所需的人力资源；第二阶段，确保人力资源具备满足消费者需求的技术、专业和能力，此阶段类似商品生产的制造阶段；第三阶段，将人力资源的技术、专业和能力推向终端用户；最后是第四阶段，出售服务。在服务领域，第三阶段和第四阶段通常是合并的。每个公司的运营模式和总生产结构类似，只是规模小得多。请注意在上面的总生产结构模型中，每个生产阶段的价值都会增加，价值不断地添加到每个阶段。随着原材料被加工成有用的产品，它们的价值也增加了。人力资源获得技术、专业技能和知识，他们的价值也随之增加。

同样的生产流程也适用于微观层面。一家公司采购原材料（投入），通过生产过程增加价值，然后将最终的产品（产出）出售给销售者。资本家–企业家（公司的所有者/管理者）从资源所有者（供应商）处购买原材料，雇用和组织生产要素（土地、劳动力和资本），生产新的产品或服务，然后将新产品或服务出售给消费者（见图4-2）。

如果公司出售的商品或服务价格高于它们的生产成本，那么公司就有利润。如果生产成本高于收益，那么公司就会亏损。盈亏体系是所有企业交易的核心。

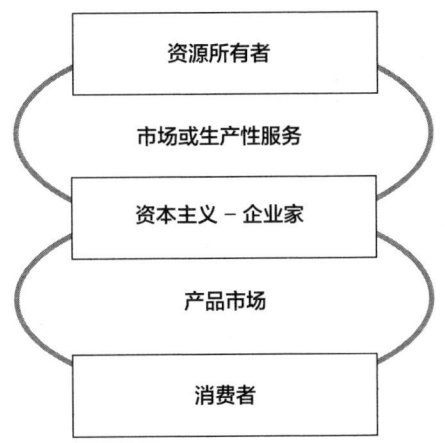

图 4-2 资本主义-企业家（公司）在原材料和消费者之间的作用

来源： 伊斯雷尔·柯兹纳，《市场理论和价格体系》。

企业家的核心作用

在微观经济中，企业家是公司盈利的核心要素。企业家是提出或投资新的商业项目的冒险家，是公司追求新产品或新服务的有识之士。

企业家（entrepreneur）这个词最早是由法国经济学家萨伊提出，entrepreneur是个法语单词，意思是进行商业冒险并承担商业风险以获利的人。企业家用自己的远见卓识和资本开展生产和服务活动。没有企业家，经济表现不会改善，生活水平也不会提高。

谁是企业家呢？罗伯特·索贝尔说过，企业家"有远见，精力充沛，能看到别人看不到的机会，在别人犹豫时能毫不犹豫抓住机会，当别人放弃时能坚持不懈"[①]。所有者/企业家是创新者，他们重组生产和分配结构，开发新产品和新流程，开拓市场和供应商，设计新的公司类型，改善公司现状。企业家是机会主义者，有远见的组织者，将资本、土地、工人和专业知识组织起来以创造满足消费者需要的商品和服务。伊斯雷尔·柯兹纳认为企业家对机会非常敏感，总能找到做事的新方法。企业家精神也是一个不断发现的过程。

---

① 罗伯特·索贝尔、大卫·B.西西利亚，《企业家美国人的创业精神》，霍顿·米夫林出版公司，1986。

案例分析：保时捷

很多事例都能说明企业家所发挥的积极作用。比如，保时捷是由德国工业家费迪南德·保时捷于20世纪早期创立的。他在20世纪30年代发明了大众汽车，意思是"国民的轿车"。"二战"摧毁了保时捷的工厂，保时捷需要从头开始。当时德国因战争变得很穷，但是保时捷却一反当时社会的普遍看法，转而设计昂贵的赛车。从商业的角度看，保时捷的决定很不理智。

在一个饱受战争摧残的国家，怎么会有对昂贵赛车的需求呢？但保时捷成功了，这在很大程度上归因于保时捷本人的赛车背景。《纽约时报》（1998年3月28日版）有过如下报道。

> 保时捷对赛车的敏锐嗅觉给自己带来了免费的宣传，人们口口相传，体育版面也对其进行报道。正是赛车使保时捷在技术方面领先于其他品牌的赛车。要赢得比赛就要不断改进汽车的设计、燃油效率和安全性，发动机更小，但是功率却更大。

多年来，保时捷对防抱死盘式刹车、防倾杆、发动机扭矩、进气歧管和排气歧管、排气尾管等进行持续不断的改进。为了保持竞争力，保时捷于20世纪90年代对企业进行精简，聘请日本顾问，裁员，将管理层由六级减到四级，结果使保时捷的生产力大幅提高。

本章所提出的两阶段微观模型可以让经济学家更灵活地解释市场经济的动力，以及老板／企业家在制定商业决策中的作用——开发新产品，淘汰旧的生产线，精简企业和对企业进行升级。

案例：微软公司

著名的计算机软件公司微软就符合总生产结构模型和微观模型。微软是由计算机天才比尔·盖茨于1975年创立的，到20世纪80年代后期已发展成为世界上最大的软件公司。

让我们从会计的角度来看微软的经济活动是如何实现增值的。下面是微软公司 2016 年的损益表（财务报表在附录内）。

微软 2016 年的利润为 168 亿美元。微软创造价值是因为公司的收入大于成本。微软为它的客户提供服务（计算机软件），从而创造了财富。

收入	85320
支出	
原料费用	32780
研发费	11988
员工工资／行政管理／市场营销	20370
纳税	2953
总支出	68522
净收入（利润）	16798

图 4-3　微软公司 2016 年的损益表（单位：百万美元）

企业微观模型

下面的微观经济图是以微软的财务报表为基础（见图 4-4）。

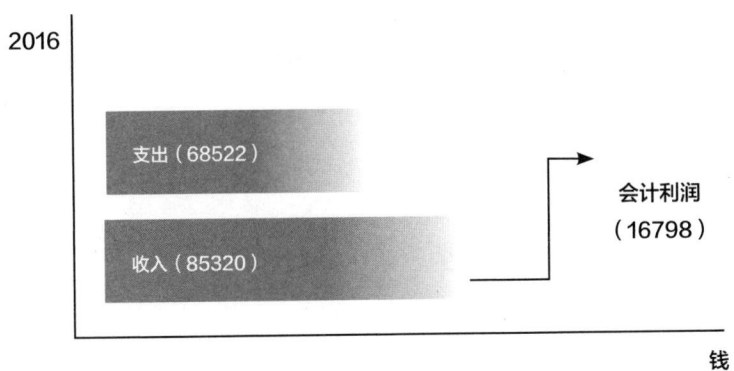

图 4-4　微软公司的微观模型（单位：百万美元）

这个图和宏观经济模型——总生产结构模型相吻合。上面的模型衡量的是一年内（2016）的两个变量：时间和金钱。纵轴指会计年度，横轴指一财年的费用（支出和收入，用美元表示），上面的长方形代表的是 2016 年的全部支出，为 685 亿美元。下面的长方形代表的是 2016 年的总收入，为 853 亿美元。两者的差为 168 亿美元，就是净收入（利润）。

这个表格被称为投入-产出模型。第一个长方形被称为"投入"，指公司一年的全部支出，第二个长方形是"产出"，指公司一年的全部收入。

这个表是财务报表的简化版。通常情况下，支出和收入是一年的总收入和总支出。在这个模型中，支出先发生，然后才产生收入。第 3 章已经说了投入-产出模型是一个简化的启发型模型，未必能很好地反映现实，但是用来说明概念时很有用。

连接微观和宏观

请注意图 4-1 的宏观模型和图 4-4 的微观模型之间的相似性。在每个图中横轴和纵轴都是"时间"和"金钱"，显示的是从一个阶段到另一个阶段的"增值"。一个公司的投入-产出模型就是微缩版的总生产结构模型。将一个国家的所有公司在一年内的收入相加就得到了总生产结构的总收入。微观模型是宏观模型的基础，微观经济学直接和宏观经济学相关。

但是这两个模型之间也有很多不同。微观模型只有两个阶段——"支出"和"收入"，而宏观模型则有四个阶段。微观模型的数轴代表的只是一个财年，而宏观模型的纵轴代表的是整个生产过程，这可能需要很多年。微观模型的横轴代表的是一个公司的总值（投入和产出），而宏观模型的横轴代表的是一年内所有公司的总产出。

公司的财政状况：三种可能性

◇ 公司盈利。
◇ 公司收支平衡。
◇ 公司亏损。

在下面的例子中，微软公司取得了丰厚的利润。在一般的经济环境下，成功的企业在大部分年份都是盈利的。

比较沃尔玛、凯马特和希尔斯的财务报表可以得出这样的结论。沃尔玛盈利，凯马特基本上收支平衡，希尔斯则亏损（为了比较起见，我们用的是这些公司1992年财政年的数据，现在凯马特被希尔斯收购了）。

	沃尔玛	凯马特	希尔斯
收入	44.3	38.1	25.4
支出			
工资	6.1	5.2	3.6
原材料	35.3	31.1	22.0
资本成本	1.3	1.7	1.0
总支出	42.7	38.0	26.6
利润（亏损）	1.6	0.1	(1.2)

图4-5 1992年美国零售商损益表（单位：百万美元）

利润和亏损的作用

市场经济不仅仅是利润经济，也是关于利润和亏损的经济。利润和亏损在公司和整个经济体中起什么作用？

利润和亏损是经济存在的必要条件，以此来决定生产什么、什么时候生产、生产多少，以及如何生产。

在不盈利的情况下公司可以继续生产，但不会一直这样做，利润对公司的长期发展至关重要。不盈利，公司最终会破产。公司可以通过借钱或出售重要资产来延缓清算日，但公司最终还是要盈利，或者将劳动力和资源转移到其他的业务领域。英国经济学家约翰·凯伊说过："从长期来说，不能在竞争市场上增值的公司都无法生存，也不值得存在。"①

公司的盈利和亏损都记录在公司的年度损益表中，损益表列出了一财年的收益、支出和纯收入（净亏损）。会计会做公司的资产负债表，列出公司的资产、债务和净资产，资产负债表很有用。公司的第三个财务报表是现金流量表。附录里列出了这三份公司财务报表，并讨论了财务报表如何决定一个公司的财务状况。在所有的财务报表中，损益表是最重要的，没有长期盈利，公司就无法生存。

资本的机会成本

此外，公司应赚足够多的钱来支付正常的投资回报。利益相关者和投资者要有足够的回报来补偿他们的投资风险，企业领导对此一定要足够警觉。如果企业预期不能获利，投资者投资国库证券或者股票市场的指数基金可能会有更好的收益，当然这取决于他们对风险的忍耐度。如果一家公司长期以来的资本回报率仅为2%，那么投资者和利益相关方都被企业欺骗了，因为如果他们投资证券的话，收益会更好，为3%。此外，这家公司通过在股票市场公开发行股票募集的资本是在和华尔街的其他投资资本进行竞争，这家公司的资本回报率要和其他股票或股票市场的指数相当。最近，美国证券市场的年均回报率约为6%。

经济学家将这个风险因素称之为资本的机会成本。用"经济附加值"（Economic Value Added，EVA）这个会计统计术语来量化资本的机会成本。经济附加值也被称为"超额利润"或"剩余收益"。以下是对经济附加值的说明。

◇ 税后营业利润（一般的会计利润）。
◇ 对公司经济附加值负债和股票的合理收费。
◇ 在本章的附录部分会详细介绍经济附加值。

通过对三种可能的结果——利润、亏损和收支平衡进行研究可以更好地解释利润和亏损在市场经济中的重要作用。

---

① 约翰·凯伊，《企业为什么能成功》，牛津大学出版社，1995。

西尔斯在 1992 年是亏损的，图 4-6 列出了希尔斯的投入 – 产出情况。西尔斯的收入不足以支付包括资本的机会成本在内的成本。

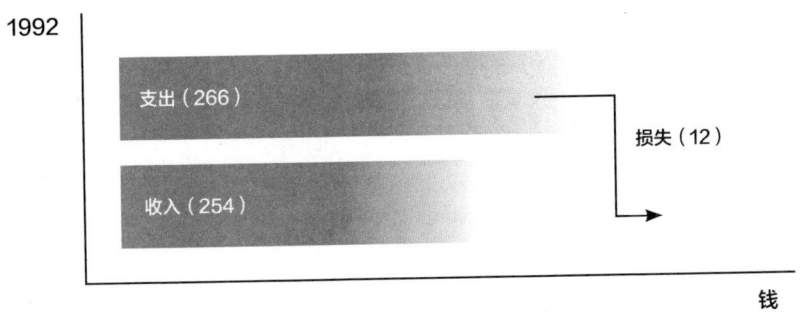

图 4-6　希尔斯在 1992 年的损失（单位：十亿美元）

企业领导应该怎样做才能重新盈利，博得利益相关者的欢心呢？有几种做法。西尔斯可以继续赔钱，同时还要支付工人工资、房租、税务以及其他费用，这不是长期的解决之道。这家大零售商一定要做出改变来加强产品或者削减成本，以此来提高效率。最终，西尔斯一定要盈利，否则它就要关门，它的投资人会带着他们的投资资本寻找更好的投资机会。

那么第二种凯马特的收支平衡的状况呢？（见图 4-7）

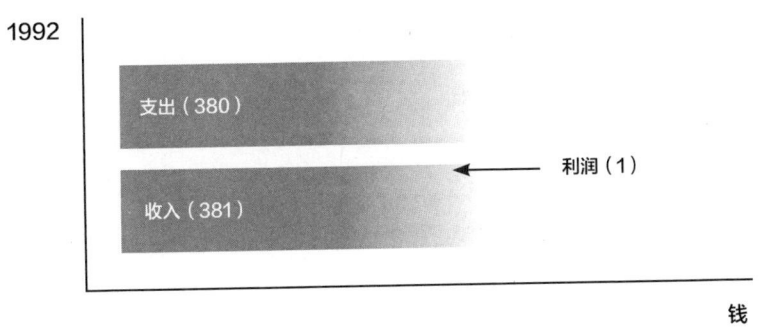

图 4-7　凯马特收支平衡（单位：十亿美元）

对凯马特来说，收支平衡是一种长期可接受的状况吗？当然，凯马特要支付所有的费用，包括高管的薪水，还要赚足够多的钱来支付流动资产的维修保养费（更换设备和其他折旧资产）。但是在 1992 年，凯马特无法留存收益，也没有多余的资本用来扩展业务。为什么这不是一个理想的长期解决方案呢？因为从本质上来讲，凯马特的资本没有实现正收益。凯马特1992年的投入为381亿美元（工资、物料和资本成本），产出为381亿美元（收入或公司的销售额）。如果将380亿美元投入到长期国债上，收益可能为3%，也就是11亿美元的利息收益，投资到股票市场的指数基金上收益可能会更好，有可能会带来23亿美元的收益。

收支平衡也不是理想的长期状态，资本家－企业家可以接受短期内的收支平衡，但从长期看，他们寻求的投资收益至少要超过和公司风险相当的平均投资收益。

对凯马特和其他类似公司来说，最低能被接受的长期状况应该是收益高于竞争对手。毕竟对资本家－企业家来说，他们是进行风险投资，如果回报不能高于他们在其他地方的投资，他们可不傻。

沃尔玛像微软一样在1992年取得丰厚的利润。不同于凯马特和希尔斯，沃尔玛实现了净值增值（经济体也增值了）。图4-8说明了这种盈利状况。

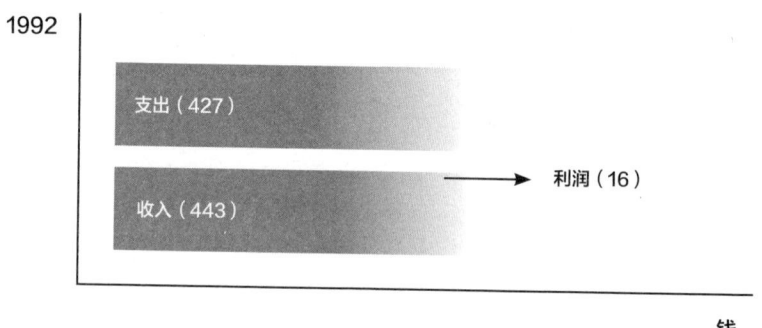

图4-8 沃尔玛盈利（单位：十亿美元）

公司只有赢利才能实现真正的发展，不仅公司增值，整个经济也增值了。不仅微观层面实现了增值（公司获得了发展），宏观层面也实现了增值（总生产结构扩大了）。

高资本回报率意味着公司可以进行扩张，有资本去购买新的设备、培训员工、采用新的生产线、开展研发和修建新的设施。

麦当劳就很好地阐述了长期赢利可以扩大公司规模。第一批麦当劳餐厅是汽车餐厅，公司开始盈利后就有资金设置室内餐位，随着利润越来越高，麦当劳的餐厅越来越大，环境越来越宽敞、舒适，产品的种类也越来越丰富，这一切都是为了增加销售，提高顾客满意度。现在，每一家麦当劳餐厅都有自己独特的风格和装修，有的还有儿童游乐场。麦当劳在国外也迅速扩大规模，大部分利润来自海外餐厅。麦当劳的长期扩张得益于其长期增长的税后盈利能力。

市场的约束

盈亏分析和经济福利有什么关系呢？公司实现盈利通常意味着公司很好地满足了公众的需求和欲望。惠普公司的创始人之一戴维·帕卡德曾说过："利润是衡量我们对社会所做贡献的最好标准，也是我们公司的力量源泉。"[①] 在上面列举的盈利和收支平衡的公司中，微软和沃尔玛的顾客愿意购买它们的产品，而这些公司也能支付公司的所有费用。高于预期的利润意味着消费者喜欢这些产品并想要更多。更高的利润释放的市场信号是，会有更多的资源投入到这些产品的生产中去。沃尔玛和微软会扩张，而它们的盈利使它们有能力进行扩张。

亏损的情况则刚好相反。凯马特和西尔斯的顾客不是很满意它们的经营之道，至少在1992年时如此。就西尔斯来说，顾客购买他们家的商品没有多到可以让西尔斯支付生产、市场营销和资本的机会成本费用。市场释放的信号是投入到盈利能力欠佳公司的资源会越来越少。西尔斯的亏损说明它应该开发其他产品，或者寻找能更好服务顾客的方法。

经济盈亏是公司根据顾客的需求决定增加还是减少产出的指南针。市场对公司有约束，公司才会对顾客的要求保持警觉。

麻省理工学院的管理经济学家夏罗默·麦特尔说过："大量企业，不论是小型、中型还是大型，它们的健康发展和财富决定一个国家的经济健康和财富。企业成功了，管理层为大众创造财富、收入和工作。企业失败了，工薪阶层以及他们的家人受到牵连。创造财富的是企业而不是国家和政府。在全球市场上保持竞争力的是企业，是企业决定我们是穷还是富。"[②]

[①] 戴维·帕卡德，《惠普之道》，哈珀出版社，1995。
[②] 夏罗默·麦特尔，《管理经济学》，自由出版社，1994。

如何实现企业盈利

有多种方法能实现公司盈利。比如，下面这五种方法都能带来长期赢利。

- ◇ 削减成本。
- ◇ 提高价格。
- ◇ 扩大产出或生产。
- ◇ 扩大生产线。
- ◇ 卖掉不良资产。

公司有多种做账方式来记录其盈利来源，主要是三种财务报表：损益表、资产负债表和现金流量表。所有的公司在财年里都要做这三种财务报表。损益表可以显示成本的削减和收入的增加，资产负债表可以显示资产的出售情况。最后，第四种财务报表是经济附加值表，可以从经济学的角度指出公司真正的赢利点。不熟悉这些财务报表的读者可以好好学习本章后面的附录。

利润总是可靠的指南针吗？

利润也会误导人。有时候企业会鼠目寸光，只盯住短期的利润，而以员工、供应商和客户的利益为代价。管理层欺骗他们的员工，不向消费者提供高品质产品，压榨他们的供应商，或者人为刺激消费需求，这一切都是为了投机赚钱。公司有时候甚至会进行赤裸裸的欺诈。

商业也不是明察秋毫。个体包括商业领导都会犯错误。幸运的是市场能抑制错误。短期的投机行为从长期来看注定会产生反作用，降低企业的利润，最终损失的是企业。总是亏损的企业最终会破产。目光短浅、不诚信的商家会失去顾客，惹怒员工，失去商业支持。

在理想的世界中，资本家-企业家将消费者的需求和欲望奉若神明。消费者是市场经济的上帝。最优秀的公司会满足客户的需求，积极妥善地管理他们的员工、供应商、社区和利益相关者，提供高品质的产品和服务。对公司的长期发展和利润而言，诚实为上策。

约翰·麦基在畅销书《理性资本主义》中批评华尔街和上市公司太过关注季度收益和短期的盈利目标。他说："只有当盈利不是公司的首要目标时才能实现盈利最大化。"利润实际上是"公司朝着更高目标奋进的结果"。

虽然利润对公司的长期生存和发展至关重要，但是"就像幸福一样，只有一心所念的不是幸福时才能获得幸福"。

麦基认为公司的首要目标是满足顾客的需求。满足了顾客的需求，利润就会随之而来。同样地，"实现股东利益的最大化也不应该是企业最优先考虑的目标，而是为顾客创造价值后的结果"。

麦基进一步解释他的观点："医生的首要目标是为他们医院的股东带来最大化的长期盈利，还是治病救人？你想让什么样的医生给你和你的家人看病——一心一意给你看病还是为所在医院带来最大化盈利的医生？老师的首要目标是为学校带来最大化的长期利润，还是教书育人？你想让哪类老师教育你的孩子？还有工程师、建筑师、护士、记者、牧师，等等。他们的目标是给他们服务的对象创造价值。"[①]

如何提高利润，降低亏损？

如果高利润率是扩大经济的关键，那公司如何才能提高利润？如果公司一直在赔钱，如何才能将亏损降到最低，并重新实现盈利？

微观模型可以让我们深入思考这些问题。有时候公司老板认为提高利润率的首要途径是增加收入，也就是扩大企业产出。比如，沃尔玛可能会为它的超市启动新的市场推广，并提高商品价格。进行市场推广的目的是希望提高价格不会影响销量。沃尔玛可能会开发自己的品牌产品，开更多的超市，或者涉足其他领域进行多元化尝试。这些都需要花钱，但是可能会增加沃尔玛的销量，所以，沃尔玛可能会成功。如果一家公司通过新的市场推广增加了收入，这样做能收回推广费吗？图4-9说明成功的市场营销如何获利。

---

① 约翰·麦基、拉杰·西索迪亚，《自觉的资本主义》，哈佛商业评论出版社，2013。

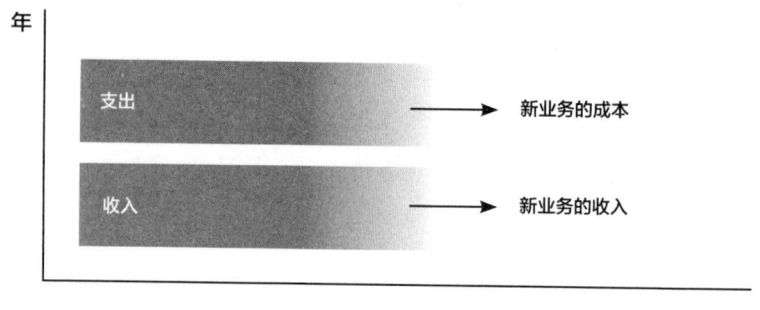

图 4-9 公司新业务的收入高于成本

企业还可以削减成本，但企业有时候会忽视这个方法。除了增加收入，就不能削减成本吗？公司可以关注"投入"方面，尝试下列策略：

减小公司规模——裁掉边际员工、定价过高的供应商，以及有问题的部门。

◇ 砍掉不盈利的部门。
◇ 重组，减少官僚作风。
◇ 搬到租金低的地区。

公司的净收入可能会减少，但是利润会增加，这样公司可以更好地为它的客户、员工、供应商和股东服务。

公司的行为有时候类似球队的行为。假设一个大学篮球队在去年的赛季表现平平，赢了17场比赛，输了16场比赛。比赛观众不多，电视转播费也低。要想扭转下一个赛季的表现，教练应该怎么做？优秀的教练依靠两个因素去赢得比赛：防守和进攻。教练可以鼓励球员勤加练习，提高投篮命中率，靠增加命中率来提高得分；也可以提高防守能力，进行全场盯人和一打一配合的训练。

如果教练只注重防守，可能收效甚微。但是如果同时提高进攻和防守能力，则可能取得巨大的进步。同样的思维也可以应用到商业中。优秀的经理通过增加销售额（进攻）以及降低成本（防守）取得不菲的业绩。公司用这样的做法既可以避免损失，又可以大幅提高利润。

公司的行为还可以和面临经济问题的个体行为相比较。如果一个人欠债，该如何解决问题？最简单的做法就是挣更多的钱解决债务问题。但是挣更多的钱不一定就能解决问题。有时候百万富翁也会破产，因为他们不知道如何控制他们的铺张浪费。更有效的解决之道是控制开销而不是赚更多的钱。

同样的解决方式也适用于商业。只有当公司建立了控制成本开销的体制时，进行市场推广和其他活动时才能增加公司的收入。销售额增加了，但支出增加的一样多甚至更多，那增加销售额就没有意义。图 4-10 就是一项新业务使收入增加了，但是因为成本增加得更多，纯收益反而呈负增长。

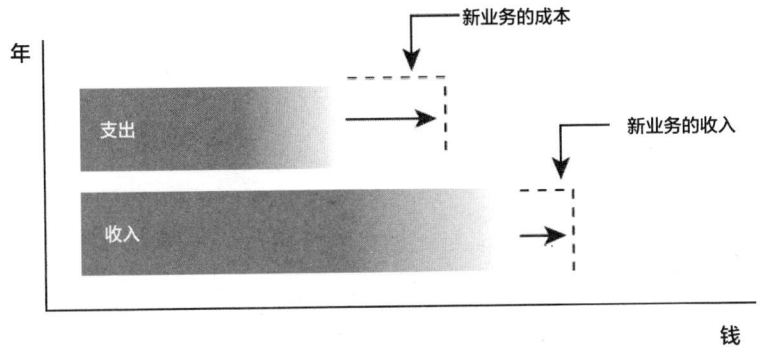

图 4-10　公司新业务的成本超过收入

成本 – 收益分析

比较收入的变化和成本的变化被称为成本收益分析。政府用成本收益分析来决定是否值得建一座新的大坝、修一条高速公路或者建设其他的公共项目。一个新的项目可能会带来收益，但是实施起来的成本是多少？这是个关键问题。如果收益高于成本，那么这个新项目是成功的；如果新项目的成本高于收益，那么新项目是就失败的。

历史上一个最失败的商业案例是于 20 世纪 50 年代推出的福特·埃德塞尔汽车。所有的市场研究都表明埃德塞尔会大获成功，但是当这款汽车上市后却遭遇了最惨重的失败，很多福特经销商也跟着遭殃。另一个失败案例是 20 世纪 80 年代中期推出的新可乐。市场营销专家期待新可乐会一举成功，但新可乐失败了，经典可乐胜出。与之不同的是，苹果公司于 2007 年推出了革命性的 iPhone，此款手机将通信、互联网和众多其他应用融合在一起。iPhone 的投资成本很高，但受到了消费者尤其是青年人的追捧。

在公司内部也能进行成本－收益分析，尤其是在部门很多的大公司。很多部门不知道他们部门的实际成本，因为行政杂项费用，比如办公地点、设备和其他服务费用是要平摊到每个人身上的。为了控制这些成本，很多办公室经理都要部门平摊这些费用。比如有的部门用加急邮件发资料，这个部门就要直接支付邮寄费。或者这个部门印刷资料，即使是在公司内部印刷，这个部门也要支付印刷费。这种做法能让每个部门清楚自己部门的成本、收入和为公司创造的价值。对这种类型的数据进行分析，并根据数据采取行动改善公司的业绩，能提高公司的效率和利润。

使用经济附加值提高经济表现

经济附加值是衡量公司利润包括资本的机会成本在内的经济方法，可以极大地提高公司利润和市场份额。（如何计算 EVA 请参见附录）

超过 300 家美国大公司，包括可口可乐、礼来制药和全食超市都使用经济附加值来辨别潜在的收购、扩张、不良资产，砍掉公司内部利润率低的业务。公司有的部门开支比其他部门高。如果不考虑资本的总成本，公司可能会在某个部门使用过多的人力资源和其他资源。经济附加值可以帮助在每个业务部门配置合适的资本。

经济附加值还被用做经理和员工的激励奖励体系。奖金是和经济收益相关，而不是和会计收益相关，经济附加值是一个非常有效的提高生产力的工具。

市场经济的两大特征

让我们从总体上来看一看市场经济。公司的微观模型可以解释市场经济的两大现象。

- ◇ 商品和服务的数量、质量和种类随着时间的增长而增长。
- ◇ 将浪费压缩到最低，资源能得到有效地利用。

数量、质量和种类是如何增长的？

可以从微观层面解释这两种现象。投入－产出的"收入"方面显示了市场上商品种类增加的趋势。在上面所举的三个例子中，资本家－企业家经常想方设法增加收入以获得更高的利润（或者避免损失）。公司尽可能开发新产品，提高现有商品和服务的质量，进行海外扩张，这都是为了赢得竞争，提高公司的利润。最终结果就是商品和服务的数量、质量和种类都增加了。

再来看一看过去的 20 年。为什么产品和服务的种类和质量在持续增长？因为企业家都是追逐利益的个体，他们知道如果能让顾客满意，就可以获得更多的利润。

以 3M 公司为例，3M 公司的经理开发了众多的新产品，以至于公司 30% 的销售额都来自过去 5 年开发的产品。3M 现在有 6 万多种产品，而 20 年前只有几千种产品。3M 公司为什么要开发如此多的新产品？因为开发新产品的长期结果是公司的利润率因为消费者满意度的提升而提高了。

效率的提高

市场效率又是怎么回事呢？投入－产出的"成本"方面显示了市场效率增加、浪费降低的趋势。上面提到的三个例子（西尔斯、凯马特和沃尔玛）说明公司为了提高收益或避免进一步的损失，总是要减少浪费，并提高效率。管理者通常面临的压力是提高公司所有部门的利润率。企业的每一个部门都必须实现增值。所以，企业有很强的动机去降低成本，清理重复的项目，减少未被充分使用的资源。

20 世纪 90 年代的 IBM 很好地阐释了精简规模和控制成本带来的好处。IBM 在 1990 年之前的公司政策是"一经雇用，绝不裁员"，劳资关系是只提高、绝不降低员工工资。IBM 的这一做法导致企业人员臃肿，劳动力效率低下，缺乏开发生产新产品的激励措施。最终 IBM 失去了竞争优势、市场份额和利润率，股价也从每股的 140 美元跌到了 20 世纪 80 年代后期的每股 40 美元。

20 世纪 90 年代早期，IBM 终于摒弃了终身雇用制的政策。公司经历了裁员和重组的困难期。在管理层、员工和管理机构上都进行了裁员。公司建立了新的激励机制，以便更好地满足客户需求。图 4-11 说明了企业精简的好处。

精简规模让 IBM 受益匪浅：公司的收入增加了，员工数量也再次增加，股票价格也翻了 4 倍多（截至 2013 年）。

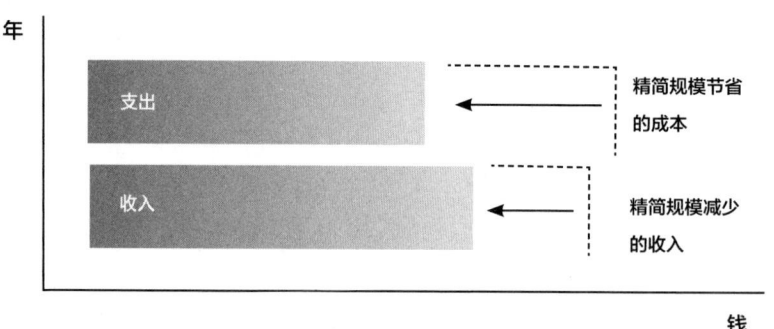

图 4-11　精简规模的潜在好处

在任何经济中都存在效率低下和浪费的情况，但是从长期来看，所有的公司不论大小，都要控制成本，否则就会失去竞争优势。后面的章节会提到政府的行为通常不受市场的约束，因为政府不是按照盈亏原则运作的，所以政府常常变得臃肿，效率低下，对顾客的需求反应迟钝。

提出供应和需求

上面讨论的模型可以解释个体经济在市场经济中的行为，以及个体经济如何应对盈亏。供给需求的经济法则是如何与企业核算一致的呢？答案就在本章提出的投入－产出微观模型中，可以用图 4-12 来说明。

供需法则可以从表示"产出"或是公司总收入的长方形得出，因为收入是指消费者的购买量和供应商的销售量。

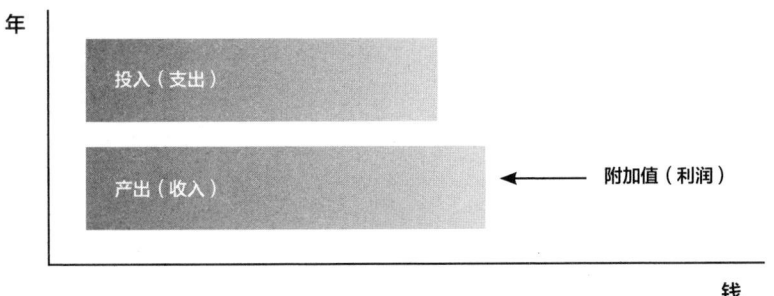

图 4-12 公司的支出和收入

生产要素的供给和需求法则，比如租金和工资，也可以从代表公司成本或者投入的长方形中得出。

对消费品和服务的供给和需求都反映在公司资产负债表的收入项上。收入是公司出售的、消费者购买的商品和服务的"数量"乘以"价格"得到的。全部收入可以表示为：

$$TR = P_1Q_1 + P_2Q_2 + P_3Q_3 + \cdots + P_nQ_n$$

或者

$$TR \sum_{i=1}^{n} = P_iQ_i$$

或者

其中，P_i = 单位价格，

Q_i = 已出售的某种商品或服务的数量。（i=1,……, n）

那么工资、租金和其他生产要素的供应和需求又是怎样的呢？这可以由公司财务报表的支出项看出来。全部的成本由投入到生产过程中的每种生产要素的数量乘以价格得到。全部的成本分解如下。

TC=LR+NW+KI+SP，其中，

L= 土地量

R= 单位租金

N= 劳动量

W= 工资

K= 资本

I= 利息率

S= 供给（资源）

P= 单位供给价格

供给和需求是由公司的支出和收入决定的。接下来的微观经济学章节会详细介绍供给和需求。下一章介绍消费者需求、价格的作用以及价格的发展。接着介绍供应的组成，以及土地、劳动力、资本和企业这些生产要素。

总结

本章要点

1. 微观经济学的研究对象是个体和公司为满足其需求而采取的经济行为。

2. 所有公司的行为都类似：投入，增加价值，出售产品来满足顾客需求。

3. 盈亏体系引导公司的经济决策和生产过程。

4. 要想长期生存，公司的收益率就要高于其他的竞争投资方式，比如银行的利率，股市指数（取决于风险性），这样公司才能够长期生存下去。

5. 资本家–企业家在将资源转变为生产品和消费品的过程中发挥着举足轻重的作用。

6. 税后利润中的留存收益提供了进行经济扩张以及开发新产品的资金。

7. 短期利润在满足消费者需求和欲望时有时会误导企业。

8. 为了长期生存，所有的个体和企业都必须具有成本意识；增加收入（对个体来说）以及增加销售额（对企业来说）都不是成功的保证。

9. 所有的企业都要进行成本收益分析来衡量公司的长期盈利能力。

10. 微观模型显示了经济增长的两大特征：商品和服务的数量、质量及种类的增加，对资源的有效利用。

重要术语

微观经济学	成本 – 收益分析
宏观经济学	效率
损益表	数量、质量和种类
损益表	机会成本
经济附加值	现金流量表
资产负债表	企业精简
收支平衡	供应与需求
资本家 – 所有者	

经济学大师

爱德华兹·戴明 让公司重新恢复活力

姓名： 爱德华兹·戴明（1900~1993）

背景介绍： 爱德华兹·戴明在美国怀俄明州长大，在俄怀明大学主攻数学和工程学，在科罗拉多矿业大学教授物理学，在耶鲁大学获得博士学位。"二战"期间，戴明开发并教授控制战时生产成本的统计学方法，"二战"后戴明去了日本，在日本培训日本的工业家，通过强调质量控制而不是增加生产来重建日本的竞争优势。直到93岁去世，戴明一直都是经济顾问。

爱德华兹·戴明有物理学的背景，为什么还要将戴明视为经济学大师呢？虽然戴明将自己看成统计学家，但是戴明提出的质量控制和管理技巧对公司理论以及公司如何提高生产效率都产生了广泛的影响。戴明的方法是对公司进行动态分析而不是静态分析，这一点和本书的方法不谋而合（本书强调生产阶段，以及数量、质量和种类的变化）。公司不应该仅仅是接受市场现状，而是应该积极应对市场的变化。

主要著作： 在《走出困境：质量、生产率和竞争地位》中，戴明强调质量管理和消费者调研。戴明被视为日本制造业奇迹之父，尤其是在消费电子业（电视机、相机、录像机等）。日本从1951年设立了戴明奖来奖励改进质量控制的个人和公司。

名言：我的工作是找到改进的地方，有问题的地方……质量提高了，成本就会降下来。上乘的质量，较低的价格再加上一点独创性就可以创造自己的市场。公司一直有生意，创造就业机会以及更多的就业机会……还必须进行消费者调研，着眼未来，制造未来数年内都会有市场的产品。①

著名流程图：戴明有两个非常著名的流程图。第一个是"戴明连锁反应"，见图4-13。

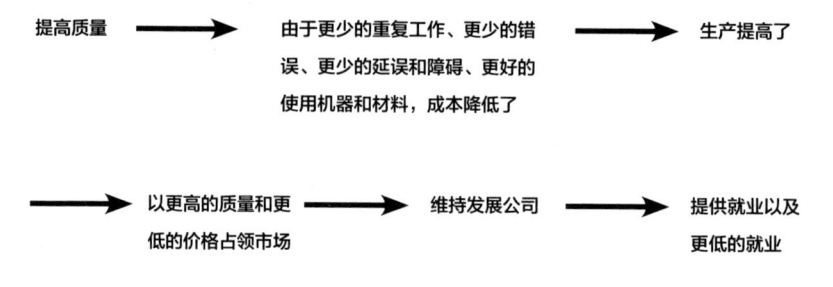

图4-13 戴明连锁反应

第二张图被称为"戴明流程"，这张图和生产四阶段以及生产模型（参见第17章）有很多相似之处。下图是戴明流程图。在提到戴明流程图时，戴明说道："第一步是改进原材料品质，而且要持续改进，这就意味着要和供应商一起改进，提升采购的原材料品质，提供更多顾客所需要的产品。这需要多方合作……参见上面的那个'设计，再设计'的图……这张图右边的消费者才是整个生产线上最重要的一环。"②

---

① 玛利·沃森，《戴明的管理方法》，米德出版社，1986。
② 同上。

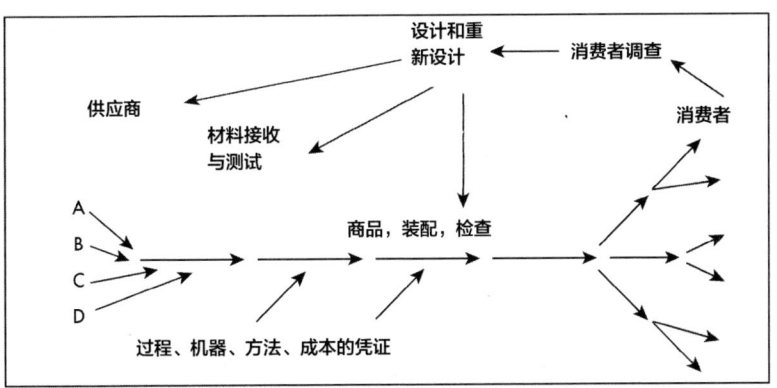

图 4-14 戴明流程

附录

基础会计学

本章介绍了公司用来衡量公司财务状况的概念：年度损益表、资产负债表、现金流量表和经济增加值。这四种衡量公司财务状况的方式对于理解公司如何发展，如何有助于经济发展至关重要。

五种方式来增加公司的利润：削减成本，提高价格，增加产出，扩大生产线，清除不良资产。年度损益表、资产负债表、现金流量表和经济增加值都能帮助管理层更好地实现盈利。

读者了解基础会计知识很重要。如果你没上过会计课，把这些内容再看一遍。我们可以学习到最基本的年度损益表、资产负债表、现金流量表和经济增加值知识。

为什么这四种财务报表对公司都很重要？最好从个体角度来回答这个问题。假设你已毕业工作几年了，收入稳定。有四种重要的方式可以检验你的财务状况。让我们来分别看一看。

先来看你的年度损益表。损益表显示你今年挣了多少钱，花了多少钱，存了多少钱，或者是你的负债情况。现金流入量和流出量对你的财务状况至关重要。如果花的比赚的多，这意味着你欠债。如果挣的比花的多，则说明经济上你是成功的。

损益表并不能显示所有的财务状况。如果个体欠债,需要还债,他可以变卖房产或资产来筹钱还债。个体的资产负债表列出了个体的资产和债务,指出了个体拥有的资产,以及全部的债务。损益表显示的是钱从哪儿来又到哪儿去了,负债表显示的是个体所拥有的资产情况。

现金流量表说的是钱如何进入以及如何流出一个人的银行账户。个体如同公司一样也有现金流问题。比如,一个房地产经纪人每卖出一套房子都可以拿到佣金。假设他一年可以赚7.5万美元,但是佣金在未来的6个月内不会支付给他,那么他必须小心翼翼地分配现金,也就是说在他拿不到钱的6个月内他是"囊中羞涩"的。在达成下一笔交易前他可能需要借钱,这位经纪人遇到了现金流的问题。

收入和储蓄还有一个机会成本的问题。拿到税后的实得工资后,如何使用这笔钱也有不同的选择。花了这笔钱,就意味着放弃了某样东西。放弃的可能是通过这笔钱去赚钱,比如将这笔钱存到银行,投入到股市,或者购买房地产。如果一个员工放弃了6万美元的工作而选择创业,这6万美元就是他创业的机会成本。除非他从创业中也赚了6万美元,否则和他原来的工作相比,他的新事业就没有改善他的财务状况。

损益表:底线

本章用年度损益表来衡量公司的利润和亏损。我们举了微软、西尔斯、凯马特以及沃尔玛的例子。损益表是衡量公司生存和发展能力的首要标准。没有盈利公司就无法长期生存。

损益表显示公司的会计利润情况,反映公司的销售、控制成本以及盈利能力——就像个体挣钱、控制花销以及存钱一样。损益表有几种不同的说法:收益表(earnings statement)、经营表(statement of operation)、盈亏表(profit and loss statement)。

基本的损益表涵盖了一个财年的销售额和支出。财年的截止日期并不一定是12月31日。大部分公司的财年都和日历年不同,比如微软财政年的截止日期是6月30日。

损益表是递减的。损益表可以多至五项——毛利润、折旧之前的营业收入、营业收入、扣除所得税前收入和净收益。有的公司将这些项目合并，仅汇报两项：毛利率和净收入。

下表是微软公司 2016 财年（截止日期为 6 月 30 日）的损益表。

净收入 ·······································	85320
全部营业费 ····································	65138
营业收入 ·······································	20182
净利润（扣除所得税）·························	16798

图 4-15 微软公司 2016 财年损益表（单位：百万美元）

来源： 2016 年年度报告。

净收入

通过出售商品和服务从顾客那儿获得的全部收入（比如微软）。"净"是指不包括销售退回、打折，以及从原价中获得的其他收入。

营运费

运营费是和公司运营相关的费用，包括工资、销售和市场营销费用，行政费用、研发费用、工资税和非收入所得税，支付利息的费用，已售货物成本（货物丢失、被窃、破损或不能用）。报告方式不是统一的。

营业收入

从净收入中扣除营业费就是营业收入，营业收入显示了在扣除折旧费、利息费用和向联邦政府、州政府和地方政府支付所得税之前的公司盈利水平（其他的税比如工资税、房产税和销售税都包含在营业费里）。

净利润

在扣除折旧费、利息费用和所得税后就是纯收益，纯收益代表公司财年的最后利润（或损失）。在微软的例子中，税后纯收益为 168 亿美元。

应该如何处置这 168 亿美元呢？微软有两种选择，一是将利润以分红的方式发给股东，或者将净利润作为留存收益投入进一步的研发，雇用更多的员工，或者购买更多的资产。

所有公司的运营方式都遵循这样一个循环：生产产品，提供产品，销售产品，从赊销中收回应收款项，最后从消费者那里拿到资金。

资产负债表：决定净值

损益表虽然极其重要，但不是企业高管要研究的唯一财务报表。还有三种财务报表也必不可少：资产负债表、现金流量表和经济附加值。从损益表里并不能看出公司的应收账款、库存和资产情况，也无法反映公司的负债情况。要知道这些信息，就需要看公司的资产负债表。通过资产负债表，公司经理可以判断公司是否债务过重，这可能会减少公司未来的利润，让盈利的公司破产。资产负债表还能判断某些资产是否应该卖掉，并使资金得到更好的利用。

资产		负债	
流动资产		流动负债	
现金	6510	应付账款	25066
短期投资	106730	其他	34291
应收账款	18277		
库存资产	2251	全部流动负债	59357
其他	5892		
全部流动资产	139660	股东权益	71997
财产、厂房和设备、商誉和其他资产	54034		
总资产	193694	总负债及股东权益	121271

图 4-16 微软公司 2016 年的资产负债表（单位：百万美元）
来源：2016 年年度报告。

请注意资产负债表有几个特点，表的左边列出的是资产，右边列出的是负债和股东权益。一般在财年末做资产负债表（微软是 6 月 30 日）。资产负债代表的是某个时间点，并不能反映资产的进出、债务和股东的权益账户，只是这些项目在某个时间点的情况。

流动资产是现金及短期现金工具、应收账款和库存。应收账款是指因销售物品或服务应收的款项。库存是指已经生成出来还未出售的物品。应收账款和库存在经济活动中发挥重要的作用。

土地、厂房设备是指企业用于生产商品和服务的长期资本资产。过去这些资产被称为固定资产，当然这些资产也并非是固定的（土地是固定的，设备则可以移动）。

所有的资本资产在生产过程中都会被用完，因此资本资产一定会贬值。贬值一定要从一年的总资产中扣除。

流动债务指短期债务、包括应付账款，应付工资税。应付账款指公司还未支付的账单（通常在60~180天内支付）。有些公司还发行诸如商业票据之类的短期债务工具——大公司的债务期限一般为3个月或低于3个月。

很多公司还发行期限超过一年的长期债务工具。发行公司债券或票据的公司就背负长期债务，年利息费可能非常高。在我们举的例子中，微软几乎没有长期债务。微软的运营基本上全部靠发行的股票来维持。

股东权益代表公司的资产，而不是公司债务，由股东持有的资本和留存收益两部分组成。

使用资产负债表

税后利润（净收入）是公司新资本的固定来源，使得公司可以扩大经营、生产新产品、雇用新员工等。净收入也可以发给股东或者变成留存收益。公司使用留存收益可以购买更多资产，扩大企业规模。

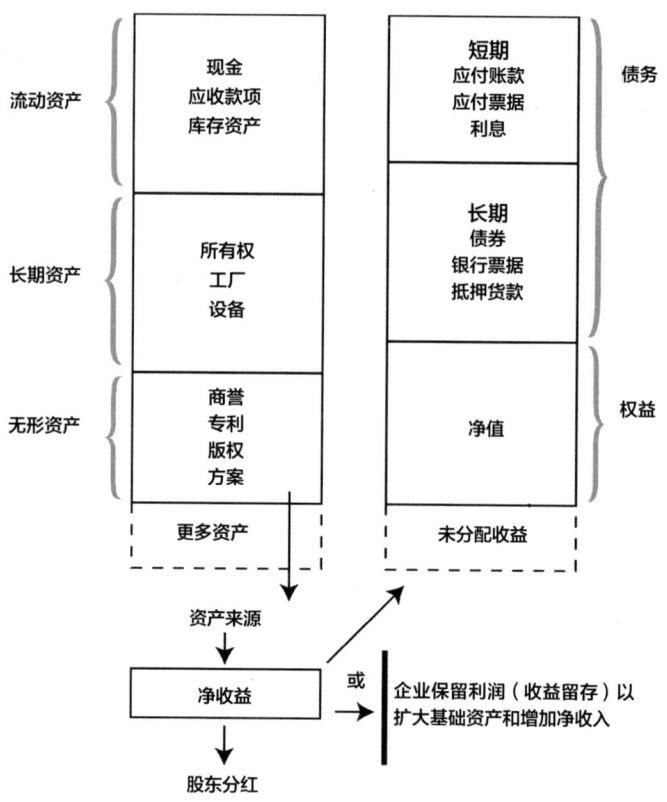

图 4-17　资产负债表

来源：马克·佩里。

现金流量表

　　现金流量表也非常重要，但直到 1987 年才成为必备财务报表之一。很多公司都是盈利的，但最后却破产了，就是因为现金流短缺。因为现金流问题，企业是盈利的却无法偿还债款或支付工资。不只有房地产经纪人不能定期领工资，要关注自己的现金流量问题。同样的情形也发生在企业。现金流入（现金收据）和现金流出（现金支出）就是公司的心跳，谁也无法承受心跳骤停。很多企业会从商业银行处拿到信用额度（line of credit）来应付短期现金流问题。信用额度是指银行预先批准的短期贷款来发放工资或支付其他应付费用。

下图是微软的现金流量表，截至2016年6月30日。

营运资金净额	33325
用以投资的净资金	23950
融资净资金	8393
现金与短期投资变化	915

图 4-18　微软公司 2016 年的现金流量表（单位：百万美元）

来源：2016年年度报告。

从资产负债表可以看出微软的现金头寸较宽松。但是在2012年微软的现金头寸变紧，这迫使微软收回流动资产来扩大规模和支付费用。

经营净现金指销售的现金收入减去库存费用，贬值和其他的流动债务。

金融净现金指发行新股的收入减去回购股票的费用。

投资净现金指用于短期投资和投资在土地、厂房和设备上的现金。

小结

虽然盈利从长期来看对公司至关重要，但并不能保证企业在短期内能存活。经理必须有效管理资产和负债，同时防止现金流短缺。所以，企业经理有三大任务：盈利、控制企业的财务状况，防止现金短缺。分析季度财务报表可让企业的经理、债权人、股东和证券分析师知道企业的长期和短期经营状况。

从经济学的角度看财务

过去，经济学家看待成本会计的角度和会计不同。他们最担心的是会计没有将资本的所有成本都计算在内。彼得·德鲁克曾说："除非企业的盈利大于资本成本，否则企业就是在亏损。"

多年来经济学家一直抱怨传统的记账方式扭曲了公司的经济状况，因为收益报告和资产负债表没有将对普通股权益的收费涵盖在内。公认会计原则（generally accepted accounting principle，GAAP）要求公司在损益表里列出债券和其他债务的利息费用，但却默认股票融资是没有费用的。简言之，GAAP忽略了股权资本的机会成本（股权资本指股票持有者投资到企业的资金）。

经济附加值

20世纪50年代和60年代，一些金融经济学家，如默顿·米勒和弗兰科·莫迪利安尼（莫迪利安尼随后因开创性的贡献获得了诺贝尔经济学奖），提出了计算资本机会成本的模型。芝加哥派金融经济学家于20世纪80年代提出了经济附加值（Economic Value Added，EVA）这个财务标准，用来计算企业的机会成本。

EVA指的是经济利润，而经济利润通常都低于会计利润。计算经济利润很简单：税后营业利润减去债务和权益的资本费用，计算公式如下。

$$EVA = NOPAT - C\%(TC)$$

其中，

EVA＝经济附加值
NOPAT＝税后净营业利润
C%＝资本成本百分比
TC＝总资本

EVA又被称为"剩余收益"，指扣除所有成本后的剩余。

下面解释了微软2016财年的EVA是如何计算出来的，假设权益资本的回报率为6%。

微软公司 2016 财年的 EVA（单位：百万美元）

税后净营业利润	16798
权益资本成本	7881
EVA	8917

换句话说，2016年微软的附加值比正常的投资回报高出了90亿美元。很明显，微软增加了其股东的利益，为整个经济体创造了财富。

虽然不要求公司计算自己的EVA，但EVA越来越受重视。诸如可口可乐、通用、美国电话电报公司和全食都使用EVA来衡量自己的成功。四大会计师事务所都会应客户的要求为企业提供EVA类型的数据。大部分的会计教材都会把EVA、经济利润或者留存收益列为重要的一部分。而之前的版本都没有提到EVA和机会成本。

包括高盛和第一波士顿银行在内的华尔街分析师都使用EVA来分析股票。在阿尔·埃尔巴看来，EVA比其他的会计指标比如股本回报率、现金流、每股收益和销量等会计指标能更好地分析股票行情和市场价值。EVA鼓励公司管理层更明确地通过高股价为股东创造价值。

第 5 章 价格和产出的决定因素：需求定律

> 需求定律完全推翻了"需求"的概念。当有人说"需要"某种物品时，他总会被问"要什么价格的"。
>
> ——阿芒·阿尔钦和威廉·艾伦
> 《大学经济学》，第 3 版

前四章总结

经济分析始于对"财富"的探讨。财富的定义是"能改善人们生活水平的有用的商品和服务"。各行各业的人们都想拥有更多的财富，不论是物质财富还是非物质财富。个体通过从供应商处购买原材料／投入，然后将原材料转化为消费品／产出。我们使用四阶段经济模型来说明这一过程。

每家公司也都参与到创造财富的过程中。我们介绍了投入－产出的两阶段模型来解释公司的损益表。企业增加经济价值，按照盈亏体系生产产品和服务。

在微观模型中，价格对生产产品和服务起到一定作用。第 4 章结尾指出一个公司的总收入（TR）或者总销售额等于出售商品的单价（P）乘以出售商品的数量（Q），是公司财务报表上的所有商品的价值总和，用如下公式表示。

$$TR = P_1Q_1 + P_2Q_2 + P_3Q_3 + \cdots + P_nQ_n = \sum_{i=1}^{n} P_iQ_i$$

制定需求计划

根据上面的公式，可以制定公司生产的每种产品和服务的需求计划。需求计划是指顾客购买某种商品的数量和这种商品不同价格之间的关系，也就是从消费者角度列出的价格－数量关系（随后会给出 P-Q 关系的例子）。

在举例之前，先要理解价格在经济中的重要性。某种商品或服务的销售收入不仅取决于出色的市场营销，也取决于这种商品的定价。商品或服务的正确定价、消费者需求，以及竞争都对公司的成功起到重要作用。

以微软公司为例来说明价格和销量的关系。Microsoft Works 是微软公司的一个产品，这是一个文字处理软件包。如果这个软件包在全国范围内的售价为 24.95 美元，计算机用户在一财年内的购买量为 90 万套，那么 Microsoft Works 的总销售额为 2245.5 万美元。

销售价格和销量之间的关系可用需求计划表示，纵轴代表 Microsoft Works 的价格（24.95 美元），横轴代表销量（90 万套），见图 5-1。

图 5-1 Microsoft Works 软件包需求计划上的一点

（注：P: 价格，Q: 数量，后图不再说明。）

点 A 代表的是消费者在一个财年内对 Microsoft Works 的"需求"为 90 万套，全年的销售额为 2245.5 万美元。

如果 Microsoft Works 24.95 美元的价格合理，消费者对这个软件包的需求稳定，那么 Microsoft Works 就能为微软公司带来可观的利润。这是建立在微软能满足所有订单，没有需求过量或者无法满足订单的假设之上。

现在假设微软决定将 Microsoft Works 的价格从 24.95 美元提高到 34.95 美元，消费者会有怎样的反应呢？Microsoft Works 的销量会增加，不变，还是减少？如果零售价格提高了，销量肯定会减少。零售价格提高 10 美元造成销量下降有几个重要的原因。

1. 预算限制：个体每年的收入是固定的。如果软件包的价格提高了，那么用于购买其他物品的支出就会降低，因此预算和需求限制一个人的购买能力。收入水平不变，更高的价格意味着购买数量的降低。

2. 边际效用递减：边际效用递减和预算限制相关。在时间和收入固定不变的情况下，消费者会按照重要程度对他们的需求进行排序。最重要的需求最先满足，接着是次重要的，依此类推。需求排序就是边际效用递减规律。

如果一个人得到了额外的一笔钱，他就可以满足接下来最重要的需求。如果一个人的收入减少了，他就不得不放弃最不重要的需求。如果商品的价格提高了，销售者就会减少购买此商品的数量。

3. 替代效应：微软的竞争对手如苹果、康柏和其他的计算机软件公司都会利用 Microsoft Works 的涨价而鼓励消费者购买他们的产品。

如果微软要提高 Microsoft Works 的价格，上述因素都会降低 Microsoft Works 的销量。销售额将减少多少呢：虽然价格提高会导致销量下降，但是销量下降为零也不太可能。产品或服务的价格提高了，消费者为什么还会购买这种产品或服务呢，原因有以下两种。

◇ 一些高收入消费者能付得起 34.95 美元的价格，就算价格再高他们依然会购买。

◇ 一些用户偏爱微软的产品，形成了"顾客忠诚度"，就算微软的竞争对手降价，他们依然会购买 Microsoft Works。

假设微软将 Microsoft Works 的价格提高到 34.95 美元，下一年出售了 50 万套，销售总额为 1747.5 万美元。

现在 Microsoft Works 需求计划上出现了另一个点，点 B，见图 5-2。

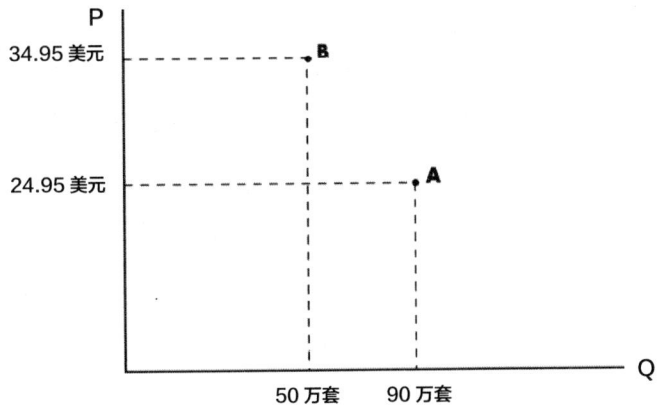

图 5-2　Microsoft Works 软件包需求计划上的两点

再假设微软决定降价而不是提高价格，将 Microsoft Works 的价格从 24.95 美元降到了 19.95 美元。微软为什么要这样做呢？消费者会有什么样的反应呢？

消费者的反应和提高价格相反。更多的人能买得起 Microsoft Works（预算限制）。买其他品牌产品的成本相对来说变高了（替代效应）。微软的竞争对手优势缩减（竞争效应）。总之，消费者会买更多的 Microsoft Works。

假设 Microsoft Works 价格降为 19.95 美元，销量为 150 万套，销售总额则增至 2992.5 万美元。降低价格在需求曲线上又增加了一个点，见图 5-3。

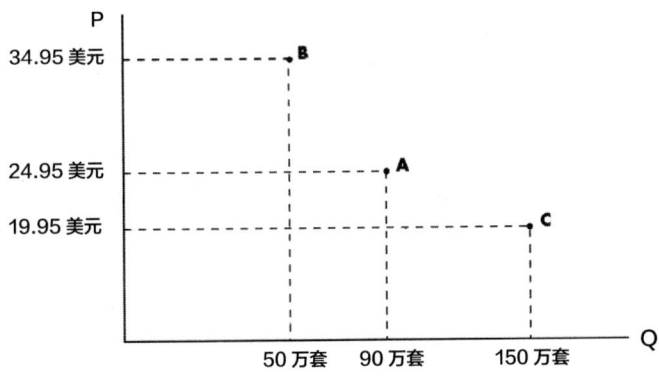

图 5-3　Microsoft Works 软件包需求计划上的三点

向下倾斜的需求曲线

在需求计划上将这三个点连起来就得出需求法则，需求法则是指：**在其他因素不变的情况下，商品价格提高，销量下降；价格降低，销量上升。**

上面的例子解释了向下倾斜的需求曲线。随着 Microsoft Works 的价格从 34.95 美元降到 24.95 美元，又降到 19.95 美元，Microsoft Works 的销量越来越大。

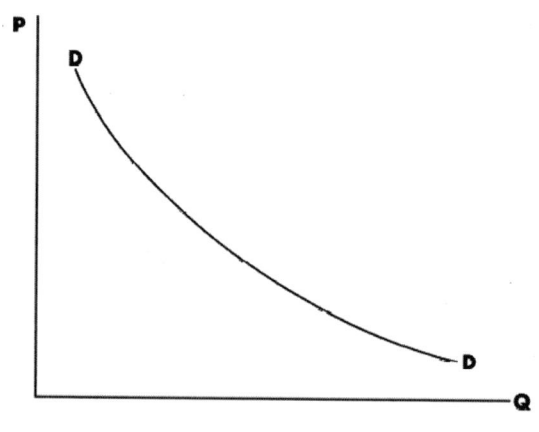

图 5-4　向下倾斜的需求曲线

"其他因素不变"

在定义需求法则时用到了"其他因素不变"（other things being equal）的说法，对应的拉丁语为"ceteris paribus"，意思是其他条件等同。

这个说法指人们的收入、品位和其他因素在价格发生变化时均不发生变化，产品和服务也不变，唯一变化的就是产品或服务的价格。价格的变动影响销量。如果几种因素如价格、收入、品位同时发生变化，则很难建立不同变量之间的经济关系。所以经济学家采用"其他因素不变"的假设来研究价格的变化对销量的影响。

由于图表的局限性，假设"其他条件不变"很有必要。由于图只有两个维度，所以一次只能分析两个变量，以及它们之间的关系。如果图有三个或四个维度，那就可以显示价格、数量和收入、替代物品等变量的关系了，但是图只有两个维度，所以要假设"其他条件不变"。

现实生活中不可能控制所有其他的情形。公司在改变价格的同时，收入、品位、广告和产品外观也都在变化。但是假设"其他条件不变"还是很有必要。比如，假设微软提高了 Microsoft Works 的价格，而 Microsoft Works 的销量反而增加了。这说明销量影响向下倾斜的需求法则了吗？没有影响，这只说明在研究促使销量增加的因素时，也要将其他外部因素如收入水平、品位等外生变量也考虑在内。

需求曲线可以很好地解释这种情况。在"其他条件不变"的情况下，价格变化对销量的影响被分离出来，价格对销量的所有影响都可以在需求计划中显示出来。在"其他条件变化"的情况下，需求曲线就会视情况而出现起伏。

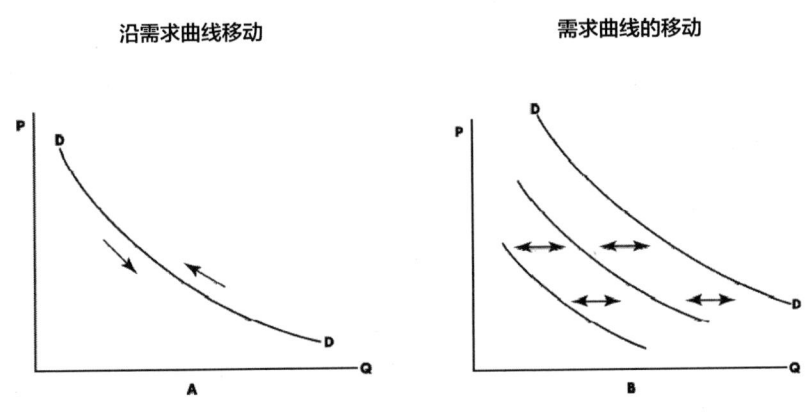

图 5-5　需求曲线的两种变化

需求弹性

另一个重要的经济学概念是需求弹性。弹性是英国经济学家阿尔弗雷德·马歇尔从物理学中借来的术语。在经济学中，弹性是指价格变化对公司产出和总收入的影响。

如果需求是有弹性的，那么降价不但能增加产品 X 的销量，还能增加总销售额。如果需求缺乏弹性，降价虽然增加产出，但是总收入会下降。如果需求弹性是单一的（或称单一弹性），那么价格上升或下降都不会影响总销量。如果需求完全没有弹性，那么涨价对采购量则完全没有影响，而当价格下降时却会极大地增加销量。

图 5-6 列出了消费需求的不同弹性阶段。

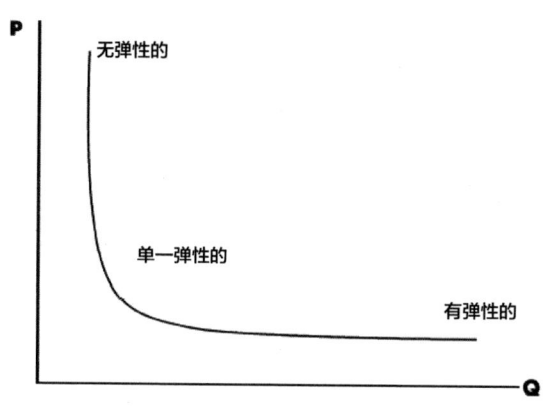

图 5-6　需求弹性的不同阶段

计算弹性

经济学家用下面的公式来计算需求弹性。

$$n = 数量变化的百分比 / 价格变化的百分比$$

$$= \%\Delta Q / \%\Delta P$$

$$= \frac{\Delta Q/Q}{\Delta P/P}$$

其中，

n= 弹性
Q= 数量
P= 价格

价格弹性不是曲线

需求的价格弹性和需求曲线的斜率不完全一致。斜率是价格变化除以数量变化得到的，即 $\Delta P / \Delta Q$。

需求价格弹性的含义

弹性是用来衡量公司价格变化对总收入的影响，可能的结果有以下三种。

弹性指数　含义
0—1　　　没有弹性
1　　　　单一弹性
1—∞　　 有弹性

经济学家评估了不同产品的需求弹性，价格从 24.95 美元上升到 34.95 美元会使销售额从 2250 万美元大幅减至 1750 万美元，减少了 22%。

当微软将价格从 24.95 美元降至 19.95 美元时，收入则增长至 2990 万美元，增加了 32%。

没有弹性的			
盐	0.11	咖啡	0.25
火柴	0.1	鱼（鳕鱼）（家庭食用）	0.5
牙签	0.1	烟草产品（短期）	0.45
航空旅行（短期）	0.1	法律服务（短期）	0.4
汽油（短期）	0.2	医生服务	0.6
汽油（长期）	0.7	出租车（短期）	0.6
住宅天然气（短期）	0.1	汽车（长期）	0.2
住宅天然气（长期）	0.5		

（续表）

		近似单一弹性的		
住房（长期）	1.2	电影	0.9
贝类海鲜（家庭食用）	0.9	轮胎（短期）	0.9
牡蛎（家庭食用）	1.1	轮胎（长期）	1.2
私人教育	1.1	收音机和电视机	1.2
		有弹性的		
外出就餐	2.3	汽车（短期）	1.2-1.5
出国旅游（长期）	4.0	雪佛兰汽车	4.0
航空旅行（长期）	2.4	鲜土豆	4.6
鲜豌豆	2.8		

图 5-7　部分商品的需求价格弹性预估

来源：格沃特尼和斯特鲁普，《经济学》，第 8 版。

这说明 Microsoft Works 软件的弹性很高——对价格变化非常敏感。价格高时弹性指数的计算方式为：

$$n = \%\triangle Q / \%\triangle P$$

$$= \frac{400000/700000}{10/29.95}$$

$$= \frac{0.57}{0.33}$$

$$= 1.73$$

价格低时弹性指数的计算方式为:

n = %△Q/%△P

 = $\dfrac{600000/1200000}{5/22.45}$

 = $\dfrac{0.5}{0.22}$

 = 2.27

这说明对 Microsoft Works 的需求是有弹性的,随着价格的下降弹性更大。微软的例子也说明微软用降价增加销量的策略来迅速扩大市场。

弹性和利润

需求弹性有多重要?

第 4 章指出利润是公司长期生存发展的最重要的因素。弹性如何符合利润公式呢?

需求弹性有助于公司理解提高或降低价格是如何影响总销量的,也就是利润公式的前半段。如果对 Microsoft Works 的需求弹性很高,微软可以降低 Microsoft Works 20% 的价格,销售额却会提高 32%。但是微软面对的真正问题是:"降价 20% 如何影响利润?"销售额增加了 32%,但是利润会增加吗?

价格变动对利润的影响取决于生产更多 Microsoft Works 的成本。如果生产 Microsoft Works 的平均成本不变或下降(这取决于经济规模),总利润会增加。如果 Microsoft Works 增加的销量改变微软工厂的生产计划,微软需要支付工人加班费,或是雇用更多的工人,支付更多的薪水,那么公司的成本就会增加,这样就无法确定利润。

接下来两章将会探讨"供给"如何应对"需求"或需求变动,如何在公开市场定价,以及生产成本和供需法则的关系。

总结

本章要点

1. 公司的总收入等于出售产品和服务的数量与价格的乘积。

2. 公司寻求价格和产出的最佳结合点以实现长期的利润和消费者服务最大化。

3. 对某家公司产品和服务的需求程度受到消费者的预算、替代品的可获得性、消费者忠诚度以及竞争对手策略的影响。

4. 需求法则意味着在其他条件不变的情况下，消费者在降价时会多买，而价格上升时会少买。

5. 需求弹性有助于公司决定提高或降低价格是如何影响总销量的，以及如何最终影响公司的利润率。

6. 需求弹性可以告诉我们价格变动如何影响收益，但是只根据需求弹性却无法决定是提高价格还是降低价格。成本也应该包含在利润公式里。

重要术语

预算限制	向下倾斜的需求曲线法则
其他条件不变	边际效用
需求计划	完全弹性
规模经济	完全无弹性
竞争法则	替代效用
单一弹性	

经济学大师

阿尔弗雷德·马歇尔，微观经济学之父

姓名：阿尔弗雷德·马歇尔（1842~1924）

背景介绍：马歇尔 1842 年生于伦敦，在剑桥大学圣约翰学院学习数学，1865 年毕业。随后在布里斯托大学和牛津大学执教，1885 年重回剑桥大学担任政治经济学教授。

主要著作: 马歇尔被视为英国经济学派的领军人物,追随亚当·斯密、大卫·李嘉图、约翰·斯图尔特·穆勒。1890年,马歇尔于40岁时写出了《经济学原理》,此书在随后的40年间被称为最有影响力的经济学教科书,共出了12版。他不遗余力地要将"政治经济学"变成和化学、物理及数学一样的学科。他将很多的机械学和数学术语,比如"需求弹性"引入经济学中,并将"政治经济学"改为"经济学"。

名言: 发展本身已经发出了这样的警告:在经济世界内绝无大跃进。发展的脚步一定要慢下来。

著名观点: 马歇尔的学术主题是价格总是由供给和需求决定的,这二者就像是剪刀的两片刀片,对价格都起决定作用。"我们可以理智地讨论到底是剪刀的哪个刀片剪的纸,这就像讨论到底商品的价值是由商品的有用性还是生产成本决定的。"(《经济学原理》)他对大陆经济学家如卡尔·门格尔、里昂·瓦尔拉斯和欧根·冯·庞巴维克的边际革命持批判态度。

个人评价: 马歇尔在剑桥过着平静的生活,如此平静以至1995年才有确切的马歇尔传记(《翱翔的苍鹰:阿尔弗雷德·马歇尔》,作者为皮特·格林尼维根)。马克·布劳格曾这样评价马歇尔:"不论是纯理论还是具体的问题,如果没有列出长篇翔实的证据,他从未发表过任何观点。简言之,马歇尔是一位让人捉摸不透、自相矛盾的经济学家,这可能也是他魅力持久不衰的秘密。"(《凯恩斯之前的伟大经济学家》)

第6章 供应和需求

> （供给和需求这只）看不见的手能够协调严重失衡……
> ——威廉·鲍莫尔和艾伦·布林德
> 《经济学》，第6版

"二战"之后，德国经济一片狼藉。柏林和其他主要城市已被盟军的炮火摧毁。煤、汽车和食物的生产量很低，生活必需品严重短缺。没有个人储蓄，德国货币一文不值，实物交换和黑市成了唯一的生存方式。被盟军接管的德国实行严格的中央计划、物价管制、配额制以及工业统一规划。

1948年6月，西德经济部长路德维希·艾哈德做了一个大胆的决定，取消一切物价管制、配额和商业管制，并建立起完善的货币改革体制。艾哈德擅自做出的这个决定受到了严厉的批评，大部分的执政者都希望进行零敲碎打的改革。

经济学家雅克·胡耶夫生动详细地描述了艾哈德改革的结果。

> 黑市瞬间消失了。商店橱窗里摆满了商品，工厂的烟囱冒着浓烟，大街上车流不断（公交车）。废墟上死一般的沉寂被新楼房拔地而起的声音打破了。如果国家的复苏让人惊讶，那么复苏之快则让人瞠目结舌。随着货币改革的一天天进行，各行各业经济都复苏了……昨天人们还是一脸冷漠，今天整个国家看起来充满希望迈向明天。①

---

① 路德维希·艾哈德，《竞争带来繁荣：德国奇迹中的经济学》，纽约，普雷格出版社。

这个被战争摧残的国家仅仅用了 10 年的时间就得以彻底重建，工人的工资大幅增加，西德的生活水平在整个欧洲是最高的。而西德能取得这样的经济成就，要归功于艾哈德对市场经济所做的大胆试验。

市场经济是私营企业体系，个体做决定，按照供应和需求来决定价格，以及生产什么产品和服务。"二战"后德国的崛起说明市场经济的变革是成功的，且见效快。

供给是如何满足需求的？

市场经济中以及生产的各个阶段都存在定价的问题，价格对于生产什么、如何生产，以及何时生产至关重要。价格决定利润率，并协调稀缺资源。

第 5 章描述了需求曲线，以及需求曲线对价格的影响。但是在确定某种商品或服务的正确价格时，需求只占了一半。生产商能提供消费者需要的产品和服务吗？我们一定要了解产品和服务的供应商。本章研究供给曲线、供给曲线和需求曲线的关系，以及供给曲线最终如何影响产品和服务的价格。图 6-1 是重新绘制的图 5-4。

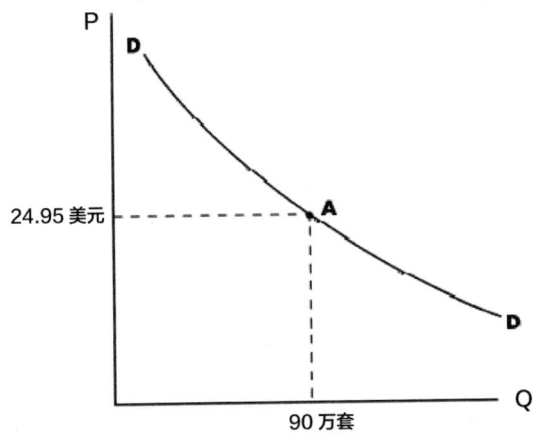

图 6-1　Microsoft Works 向下倾斜的需求曲线

请注意点 A，就是 Microsoft Works 的最初价格（24.95 美元），以及销量（90 万套）。点 A 代表的是 Microsoft Works 的全年总销售额，也是微软用户在一年内在某个价格上对 Microsoft Works 的需求量。

Microsoft Works 的全年总销量（用点 A 表示 0），等于微软的供给总量。点 A 是供给曲线上的一个点，也是需求曲线上的一个点，既代表需求量也代表供给量。

供给曲线是什么？

需求计划是顾客愿意以不同的价格购买的商品数量；相反，供给计划是生产商愿意以不同的价格销售的商品数量。供给曲线是如何形成的呢？

假设有消息说 Microsoft Works 是最好的计算机文字处理程序，这会提高消费者对 Microsoft Works 的兴趣，同时降低对其他程序的兴趣。因为消费者更倾向于 Microsoft Works，需求计划在所有的价格水平上都向右移动（见图 6-2）。

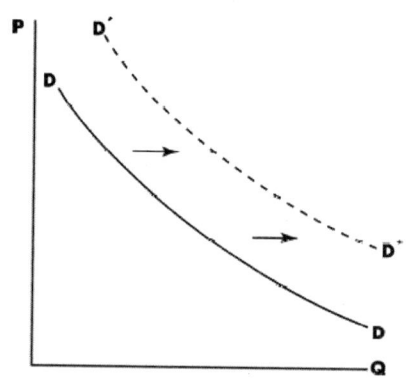

图 6-2　Microsoft Works 需求曲线的移动

随着 Microsoft Works 越来越受欢迎，微软肯定会增加 Microsoft Works 的生产量以获得更多利润。这样员工就要加班，微软要招聘新员工生产更多的 Microsoft Works 软件包。因为扩大产出会增加利润，毫无疑问，微软会增加 Microsoft Works 的产量以应对需求的变化。

◇ 库存水平。如果很快没有库存了，微软就无法满足需求，这样只能提高价格。如果微软没有提高价格，Microsoft Works 就会断货，这样零售商自己也会提高价格，零售商的利润反而要比微软高得多。比如汽车经销商就经常在标牌价的基础上加价以获取更多的利润。

◇ 更高的成本。如果加班的成本增加，工厂的生产量已经满负荷，就会挤压利润，这时唯一的做法可能就是提高价格以抵消增加的成本。

◇ 对竞争的考虑。因为担心竞争对手会仿制其产品抢占微软的市场，微软可能不会将价格提得过高。

如果微软看到对微软产品的需求呈稳步上升的趋势，并认为能稳住消费者对微软的忠诚度，那么微软就会同时增加产品的产量并提高产品的价格。假设微软将 Microsoft Works 的价格从 10 美元提高到 34.95 美元，并能销售出 50 万套，且在下一年能卖出 140 万套。

图 6-3 列出了供应量的变化对需求变化的影响。

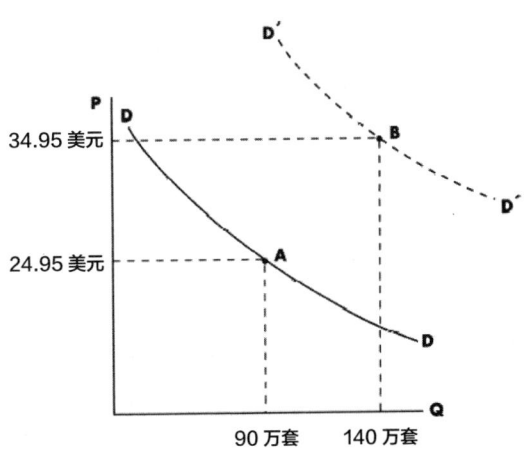

图 6-3 需求曲线向前移动时对供给的影响

如果消费者青睐微软竞争对手的产品，需求出现变化，那么需求曲线会向左移动（见图 6-4）。

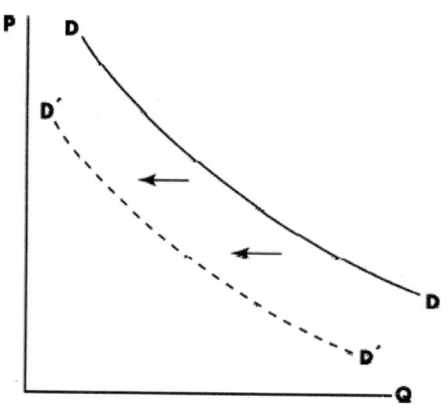

图 6-4　需求曲线向前移动时对供给的影响

如果需求降低会怎样呢？微软的第一反应是降低产量——生产更少的 Microsoft Works 软件包。减少产量意味着微软可能要裁员，减少给供应商的订单量，或者将 Microsoft Works 生产线转成其他产品的生产线。

如果微软希望保持市场份额，那它可能要再次降价，以保住消费者忠诚度，防止消费者转向其他的竞争对手。有时候公司为了弥补流失的收益（单位成本更高）会提高产品价格，但是如果需求曲线在所有的价格层面上都呈下降趋势，那么这种做法无疑会适得其反。

如果微软将 Microsoft Works 的价格降到 19.95 美元，并且只能售出 50 万套，结果就是下图供给曲线上的 C 点。

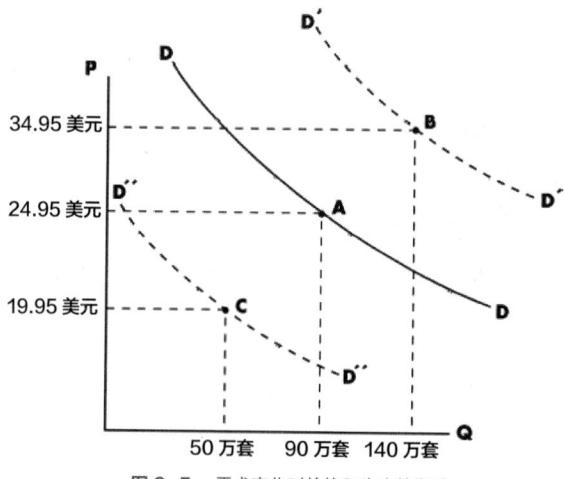

图 6-5　需求变化对价格和生产的影响

供给曲线上的三点（A、B、C）代表在不同的价格层面上公司愿意生产什么产品。将需求曲线上的三个点连起来就可以得到供给曲线，供给曲线是一条向上倾斜的曲线（见图6-6）。

向上倾斜的供给曲线意味着X产品的价格越高越能激励生产商提高产量，向市场提供更多的X产品。同样，X产品的价格降低，生产商就会减少生产，向市场提供较少的X产品。供应商会对价格信号做出反应。市场价格是提高或降低产量的激励机制。

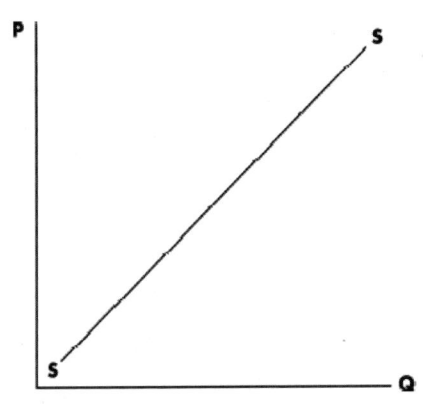

图6-6　向上倾斜的供给曲线

供给弹性

第5章介绍了需求弹性，需求弹性是指消费者对价格变化的反应。如果提高价格能增加收益，那么对这种产品的需求就是"无价格弹性"。如果收入因价格的提高而降低了，那么对这种产品的需求就是"有价格弹性"。

和需求弹性一样，供给弹性也和总收益相关。需求曲线向上或向下移动会对总收益产生什么影响呢？

假设美国农民今年生产了20亿蒲式耳的小麦，小麦的价格是4美元/蒲式耳。时值晚秋，已收获完毕。突然在世界其他地方发生了饥荒，外国人涌向美国市场购买小麦。从经济学的角度看，对美国小麦的需求曲线向外移动，但是美国小麦的供给量是有严格限制的。当然美国小麦的供给也不完全是无弹性的,因为粮仓里会有小麦储备。

图 6-7 列出了这种情况。

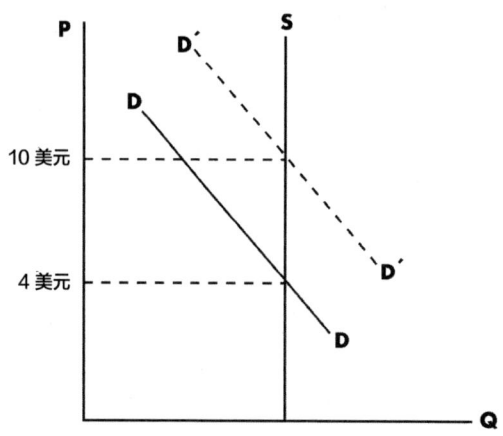

图 6-7 需求的增加面临着有限的供应

如图所示,短期内美国小麦的价格几乎没有弹性,不可能增加小麦的供给,所以会通过调整小麦的价格分配小麦。需求的增加将小麦的价格从每蒲式耳 4 美元推到了 10 美元,美国农民也极大地增加了收益。虽然小麦的短期供给曲线几乎是没有弹性的,也不会对需求的增加做出反应,但是明年的收成就不同了。受到今年小麦价格的鼓舞,美国农民可能会大幅增加小麦的种植面积以提高小麦的产量。长期的供给曲线通常会更有弹性(见图 6-8)。

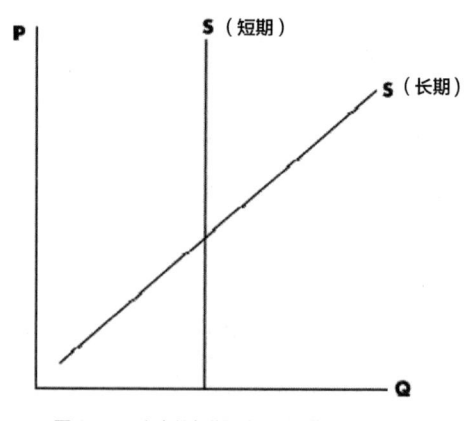

图 6-8 小麦的长期和短期供给曲线

在制造业中，供给曲线通常是有弹性的，有时候甚至是呈完全弹性的。也就是说如果不考虑生产更多产品所花的时间，需求的增加会在短期内带来供给的增加。图6-9说明需求的增加让给供给曲线的弹性更大。

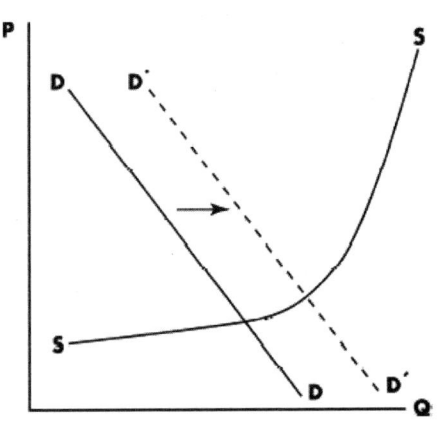

图6-9 需求增加对供给弹性的影响

在上图中，制造商可以轻松地应对增加的订单而不会抬升价格——至少在对工厂的使用达到最大化以前如此。当产出达到工厂的最大生产量时，在没有建新工厂前，供给就变得没有弹性，价格开始上升。假以时日，供给和需求的弹性都会增加。

供给、需求和价格

在自由市场中，当供给和需求持平时，价格倾向于稳定在某个点，如图6-10所示。

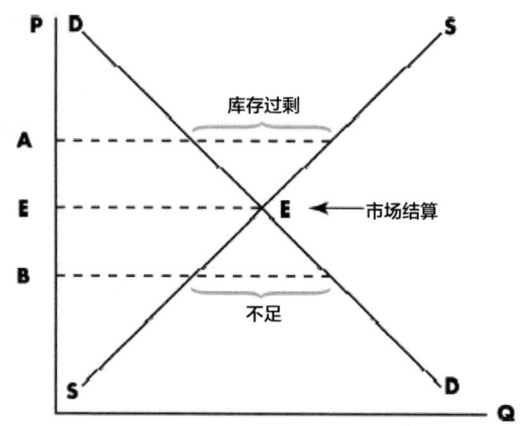

图 6-10 供给和需求和均衡价格处取得均衡

图 6-10 指出了三种可能性。

A 点，供给量大于需求量，造成了库存积压。公司降低生产量——价格下降到 E 点，达到均衡价格。

B 点，需求量大于供给量，引起库存短缺。公司通过增加产量和提高价格来满足过高的需求。

价格上升到 E 点——均衡价格。只有在 E 点供给量才等于需求量。

市场体系的三大基本原则

在分析经济问题时，市场体系的三大基本原则非常重要且非常有用。这三大原则是非歧视性原则、激励体系原则和受益原则。

非歧视性原则

在市场中，不论个体的民族、宗教、种族、政治和经济背景如何，大家都付同样的价钱。图 6-10 列出了单一价格趋势。不论是白人还是黑人，男性还是女性，有钱还是没钱，基督徒还是佛教徒，大家在杂货店买一条面包或者在电器商店买同一款冰箱所付的价钱是一样的。所以说市场是盲目的或者客观的。

当然，市场上也存在一定的价格歧视，商家倾向于向不同的消费者收取不同的费用。价格歧视的确存在。比如，有的汽车经销商对有钱的人收费更高。航空公司在航班上的收费五花八门。旅馆、电影院和游乐园对儿童和老年人都优惠。公司总是尽量挖掘能向部分顾客收取更高费用的特定市场。但是这样的做法也不总是行得通。随着市场变得越来越有竞争性，越来越成熟，价格歧视更多的是一种例外，而不是通用做法。

市场是一种激励体系

单一价格原则的结果就是自由市场更青睐高收入群体，因为高收入群体的购买力更强。一个人赚的钱越多，拥有的资源也越多，能获得的商品和服务也就越多。这样是不是不好？

很明显，自由市场是一种激励体系，激励个体努力工作，存更多的钱，接受更高的教育。效率高的工人在市场经济中的回报也越多。如果做得更好却几乎得不到回报，那人和物品又会怎样呢？

很多乌托邦社会企图设计没有经济回报的生活和工作方式，有些在短期内成功了，但是这些尝试大都失败了。金钱激励是一种重要的激励方式。没有经济回报，个体就没有努力工作生产优质产品和服务的动力。

市场向低收入群体提供低价的产品和服务，向高收入群体提供价格更高的产品和服务。市场提供麦当劳，也提供茹丝葵牛排馆，提供假日酒店、凯悦酒店，也提供雪佛兰和凯迪拉克。在社会的每个方面，总有满足各个收入阶层的市场。

当价格上升时，人们对这种产品或服务的需求会降低。越是稀缺的资源，他们使用时越是谨慎。相反，如果价格下降，人们会更多地使用这种产品或服务，使用时也会更慷慨。从生产商的角度看，经济刺激是不同的，当产品或服务的价格上升时，生产商会生产更多的产品或服务；当价格下降时，生产商会降低产量。

市场向生产商和消费者发出强有力的信号，以此来合理配置稀缺资源。有外界因素介入市场时，价格无法根据供给和需求波动，激励体系也会遭到破坏。

奖励和惩罚影响人的行为。芝加哥大学教授、诺贝尔奖获得者加里·贝克尔（见本章经济学大师部分）在传统的经济研究领域以及其他领域都曾反复重申这个观点。比如，如果社会犯罪成本提高了，犯罪率就会下降，当然这不是说其他的文化和社会因素不会影响犯罪率，但是成本和收益确实很重要。

归责原则

归责原则也称为受益原则，是指从某种物品或服务中受益的人应该为此支付费用。吃面包就应该付面包的钱。如果买了两个面包，就应该付两个面包的钱。

归责原则很重要，原因有：第一，消费者需要为他们所使用的物品或服务付费时，他们在购买时会更谨慎。市场体系鼓励消费者在购买时选择最优的价格，挑选优质产品或服务，要求从商家处得知详细的信息，如果对产品或服务不满意会要求退款。在这种竞争环境中"消费者就是上帝"。

第二，浪费和效率低下会被有效控制到最低程度。如果有人（比如政府、保险公司、你的老板或者你有钱的叔叔）帮你买单，你可能会不怎么关心价格。如果有人付款，为什么还要货比三家呢？当受益原则不再起作用时，就会出现过度使用、浪费资源的情况。

政府在提供公共服务时，如学校、道路、桥梁、高速公路、社会福利和医疗服务，越是采用有竞争性的市场手段，服务会越高效。当政府远离自由市场的原则时，就会面临诸如短缺和浪费等问题。

供给和需求分析的局限

供给和需求分析可以应用到很多方面，但也有自身的局限性。请注意每种供给和需求图都只是应用到一种产品上，而不能用此图说明生产商为什么，或者如何提高，以及改变产品的质量，生产商为什么开发了一种全新的产品。第4章中的两阶段模型解释了"公司理论"，或者叫损益表。

尽管需求和供给模型有局限性，但是供给需求分析有助于我们理解市场。

短缺和过剩

供给和需求曲线可以说明市场是如何解决短缺和过剩的问题。市场有良好的快速应对供给和需求变化的矫正机制。价格就是市场的信号，它将告诉商家应该于何时、在何地、如何生产某种产品。

需要指出的是市场不是冷冰冰的能自动解决经济问题的机器，相反，市场是由能根据已有信息对价格和生产做出决定的个体消费者和生产商组成的，他们都想盈利，避免损失。但成功的企业家也会时不时地犯错，但是他们会从错误中学习，并最终解决问题。

市场如何应对短缺？

下面列举了如何解决供给和需求问题的例子。第一个例子是如何解决短缺的问题。假设在中东和沙特阿拉伯爆发了战争，伊朗和科威特停止出口石油。图6-11列出了石油供给的短期短缺问题。

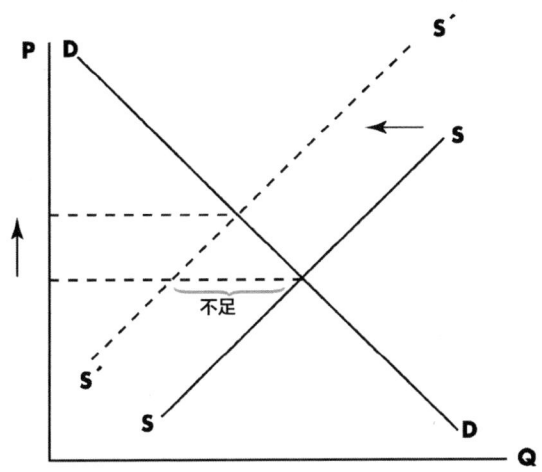

图6-11　世界石油供给短缺造成的影响

石油的需求不变，但是供给曲线向左平移。按照当前的价格会出现巨大的缺口——需求大于供给。但是如果提高市场价格，缺口就不会出现，因为提高价格，消费者会选择使用更少的石油。

市场的长期反应和短期反应也不相同。

短期内，石油、天然气生产商对战争和石油中断的反应是迅速提高各级产品的价格——包括加油站的石油、天然气和汽油。很快石油和天然气的价格就会上涨，买家和卖家都会努力衡量价格上涨多少合适。战争使石油和汽油的价格上涨，但却无法确定价格上涨的幅度以及上涨持续的时间（第 2 章探讨了不确定性）。每天的价格都是由生产商、消费者和投机商共同决定的。

价格上涨使得最有钱的消费者或 / 和有最大需求的消费者购买了有限产品中的大部分。价格上涨向消费者发出的信号是他们应该减少使用石油、天然气和汽油。家庭和商业用户应该减少对能源的使用。长期以来，需求总量会降低以适应减少的供给量。

短期内石油价格的上涨会立刻解决短期的问题。如果价格机制运行顺畅，即使供给偶尔会紧张——因为市场并不完善，也无法预见所有的情况，但是也不会出现在加油站排长队或者输油管道或储油罐严重短缺的情况。

中东的生产商如果停止生产会蒙受经济损失。石油价格上涨会让中东以外的大型石油公司大赚一笔，可不能小看这样的暴利，正是这样的暴利让市场解决了石油的长期短缺问题。

能源领域的主要参与者认为中东的战争会无限地持续下去，受此鼓舞他们会将利润用于扩大开采，增加世界上其他地区的石油和天然气的产量，新的油田和天然气田被发现了，之前被关闭的利润不高的矿井又重新投入使用，目的就是开采石油。石油开采、开发和再建突然能带来利润，是因石油的价格上涨了。结果就是未来几年内中东以外的石油产量增加了。供给曲线将会向右倾斜，油价会下降，消费者可以松口气了。

案例研究：能源危机

同样的情形出现在 20 世纪 70 年代以及 80 年代早期。石油输出国组织（OPEC）进行石油封锁，由此在 1973~1974 年以及 1979~1980 年抬升了石油和天然气价格。市场出现的反应就是生产商和企业家在阿拉斯加、墨西哥、印度尼西亚和世界各地开发新油田。结果 20 世纪 80 年代早期石油泛滥，油价暴跌，OPEC 几乎无法维持其卡特尔地位。

请注意：有照片显示 1974 年加油站排起了长队，那为什么市场没有防止石油短缺的发生呢？虽然汽油价格在 20 世纪 70 年代飙升，但是汽油价格也不会上涨到完全市场水平。联邦政府对汽油和石油产品设定了价格上限。结果，短缺持续存在，加油站的长队排了数月。图 6-12 列出了政府设定价格上限的效果。

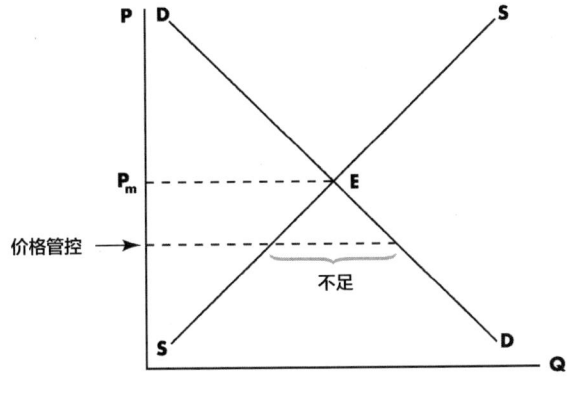

图 6-12　设置汽油价格上限的影响

虽然石油和汽油的价格会上涨，但是也不会涨到可以消除供给和需求差的程度。对汽油进行配额供给，会出现什么后果呢？结果就是出现了黑市，石油公司失去了用来进行扩张和生产的额外收益。

在能源危机期间，政府和媒体攻击石油公司哄抬价格，消费者过度使用石油造成浪费。但是政府控制价格，使其无法上涨到市场水平，这就给大众传递了自相矛盾的信号。政府官员可能会对公众说你们消耗的能源太多了，但是将油价控制在市场价格之下，这又告诉公众能源相对来说便宜，消费者的能源消费量可以维持在之前的水平。只有当价格被允许上升到市场价格，这样的自相矛盾才会消失，消费者才能再次在加油站看到充足的供给，尽管油价很高。

市场如何应对过剩？

房地产行业可以解释市场如何应对过剩。20 世纪 70 年代末是石油繁荣期，休斯敦的房地产开发商建造了上万所住房、公寓以及商业大厦，期望石油繁荣可以持续得更久。当石油危机在 20 世纪 80 年代早期爆发时，很明显休斯敦的房地产开发商在休斯敦建造了过多的房屋。住房供给大于商业和住宅需求。图 6-13 列出了这种过剩。

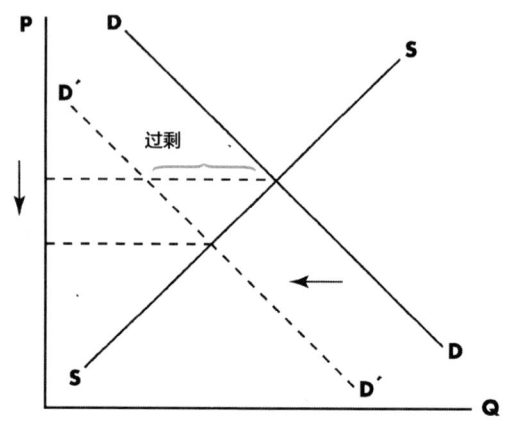

图 6-13 供给过程的影响

当供给大于需求时,市场的反应就是降价。开发商大幅降低房价,并降低写字楼的租金。20世纪80年代早期,有的休斯敦开发商甚至对写字楼免收半年租金,由此可见他们的焦虑。

房地产问题并不像上面提到的石油短缺问题容易迅速得到解决。处理过剩的房地产并不容易。为了解决房地产问题,开发商降低房价,降低租金,拍卖写字楼和公寓,有的开发商甚至破产了。但房地产市场重回正轨,供给和需求持平可能需要很长的时间。

比起房地产过剩,商品过剩就容易解决多了。比如,如果农民今年小麦大丰收,小麦价格会大幅下降,如果低到生产成本以下,有的农民就会破产,或者在下年转种其他作物,这样第二年的小麦产量就会远小于上一年的产量。结果,第二年的小麦价格又会涨上去,麦农会重新获利。

如果服务过量的话,要么服务成本必须降下来,要么部分服务供应商停止提供服务。如果未来对此种服务的需求增加,继续提供这种服务的供应商就会提高价格,同时需要更多的供应商。

四种供给和需求情况

供给和需求变化有四种可能(见图6-14)。

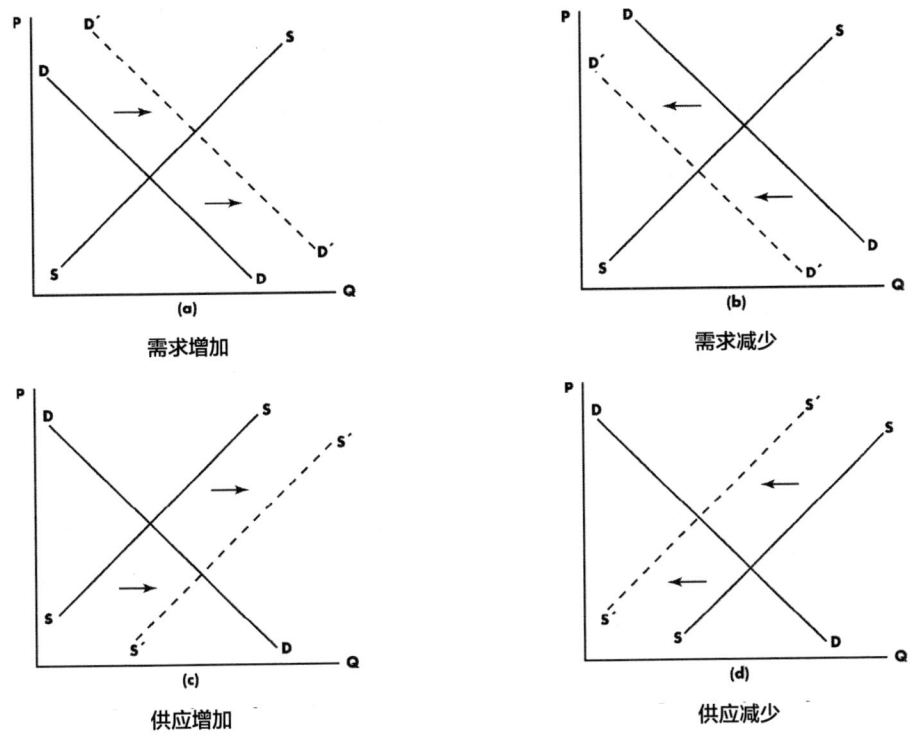

图 6-14 供给和需求分析的四种情况

1. 需求增加。例子：在德克萨斯发现了大油田，德克萨斯居民的收入大幅增加，这一地区消费品的需求也因此增加，消费品的价格和数量也随之增加。

2. 需求下降。例子：纽约一家大型纺织品制造商决定将工厂搬到墨西哥，影响了纽约一半的居民，他们的收入下降了，需要四处找工作或者搬到其他的社区。对商品和服务的需求整体下降——很多超市和商场都进行打折促销。

3. 供给增加。例子：新发现一家镍矿，几年内镍矿的供应量增加了一倍。随着供给的增加，镍矿的价格下降了30%。

4. 供给下降。例子：智利的铜矿发生罢工，削减了铜矿的供给，库存降低，结果全世界的铜矿价格都提高了。

定价体系的作用

在上面的例子中，定价很重要，定价体系对个体和公众来说有几大好处。

第一，价格灵活分配稀缺资源，价格会告诉商家商品或服务的生产成本是多少，要注意成本控制，避免浪费（市场约束）。经济不可能生产人们想要的所有物品。价格依然起作用说明资源是有限的，需要被充分使用。

第二，价格影响人的行为。价格说明商品值多少钱，帮助潜在的消费者决定是否购买。消费者每次购买商品或服务时，总是比较收益和成本，价格就是这样制定出来的。

虽然在每次的自愿交易中都有一个确定的价格，但价值对买方和卖方来说却是不一样的。每次交易的单一价格说明价值是对等的，然而实际上并非如此。实际上，每次交易都说明价值是不对等的。以在农贸市场上出售的番茄为例，农民对顾客收取的价格是4个番茄2美元。价值对等吗？顾客希望有4个番茄而不是2美元。他花2美元买了4个番茄是因为他认为番茄的价值高于2美元，否则，他不会花2美元买番茄。

对卖家来说，情况正好相反。这位农民希望有2美元而不是4个番茄，对农民来说，2美元的价值高于4个番茄。

每次交易中价值都是不对等的，这样买家和卖家各有所得。

消费者盈余

买家从每一笔交易中得到的净收益被称为"消费者盈余"，可用下图表示（见图6-15）。

在下图中，三角形PAE代表的是"消费者盈余"，也就是对消费者来说的价值，消费者认为产品的价值大于购买价格（P）。还以在农贸市场出售的番茄为例，可有人愿意花3美元买4个番茄，但是他们只需花2美元即可。消费者盈余是1美元。当出售的商品价格低于消费者的期望价格时，比如当商品打折时，消费者会认为他们捡了便宜。这就是消费者盈余。

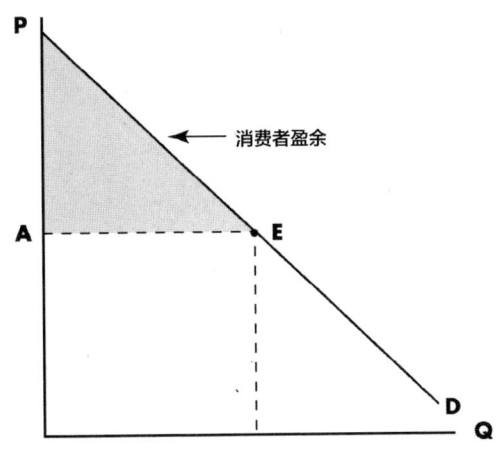

图 6-15　消费者盈余

消费者盈余是个理论概念。一般无法知道某种商品的总需求计划,所以无法计算消费者盈余。

另一方面,也有很多消费者基于这样或那样的原因,当价格在 P 时买不起或者不想买某种商品或服务。但是如果价格下降,很多人则会购买。

消费者盈余是衡量经济状况的标尺。如果生产商能降低卖给大众的商品或服务价格,消费者盈余会增加,更多的人愿意购买他们的产品,消费者的生活水平也提高了。

前面曾指出,价格体系是个奖励/抑制因素,可以影响人类在各个领域的行为。价格帮助消费者和生产商衡量成本和收益。提高价格会降低消费者的购买量,价格越低,估计消费者的购买量会越大。

卖家租金

和消费者盈余相对应的就是"卖家租金"。卖家租金是指当生产商以高于期望值的价格或者以远高于成本的价格出售商品或服务时获得的利润(见图 6-16)。

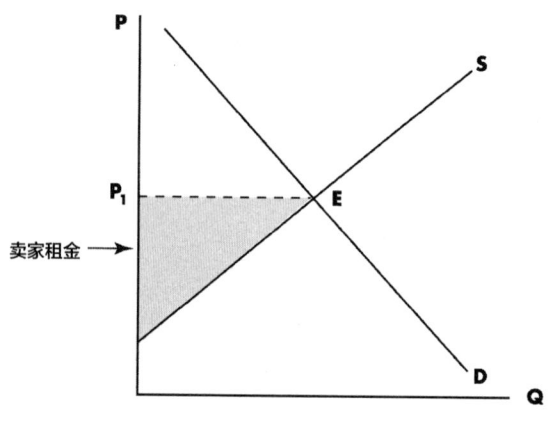

图 6-16　卖家租金

价格 P 的阴影部分就是卖家租金。当卖家以高于预期的价格出售商品或服务时，高出的价格就是 Seller's rent——公司 / 买家捡的便宜。如果农民打算在农贸市场上以 1.5 美元的价格出售 4 个番茄，但是却发现其他农民 4 个番茄卖了 2 美元，那么将价格提高到和其他农民一样，对这个农民来说他得到了 0.5 美元的卖家租金。

正在找工作的人期望的年薪是 5 万美元，但是老板却给他 7 万的年薪，预期收入和实际收入之间的 2 万美元差就是卖家租金。

价格 P 下面的供给曲线代表的是生产商愿意接受且依然盈利的价格。这也说明如果被迫压低商品或服务的价格，成本更低的生产商依然可以生存。

接着看价格 P 之上的供给计划。更高的价格说明目前生产商可以提供更多的商品，新的供应商会涌现。这些新出现的供应商可能是高成本制造商，只有价格更高，他们才能生存。

第 7 章会介绍成本的作用，以及成本如何影响供给和价格。

价格是由边际决定的

定价系统的另一个特点是，价格是由边际决定的。价格是由任一时刻交易市场中的买家和卖家数量决定的，但是这只占社区人口的一小部分。一年内有多少消费者会购买汽车或大件家电呢？肯定有成千上万人购买，但是和当地社区人口相比，只是一小部分人群。

通用一年内卖出 8 万辆别克汽车，平均售价为 3 万美元。如果突然有 1 万人想买别克，价格会怎样呢？经销商处肯定会出现暂时缺货，通用汽车别克生产线会加足马力生产更多的别克汽车。同时通用经销商可能会对现存的别克汽车收取一定的溢价费，并有可能提高汽车售价。

如果别克汽车的销量突然下降 1 万辆呢？别克经销商可能会为别克汽车提供特价服务，通过降价来降低库存量。

佛罗里达州的温特帕克是罗林斯学院所在地，此地的平均房价为 20 万美元。这个价格是由什么决定的呢？是由当前对温特帕克房屋的需求，以及待售房屋的数量（供给）决定的。通常情况下，待售房屋只占温特帕克全部房屋数量的 5%，1∶20。

假设突然有 10% 的房屋待售，而对房屋的需求量不变，平均房价还会保持不变吗？房价恐怕会大幅下降。供给会大于需求，从而拉低价格。

在证券市场，每天纽约证券交易所有几百万的股票易手，有时候交易股票高达 10 亿股。但是和个体、银行、保险公司、养老机构以及其他金融机构的股票总量相比，这些交易仍然是个小数字。如果有 10% 的股票持有者决定卖掉持有的股票，假设对股票的需求不变，那么股票价格就会大跌。

价格是由买家和卖家，以及可获得的产品和服务的数量共同决定的。

边际定价是把双刃剑，既有好处也有坏处。好处是只有一小部分消费者就可以决定某种产品的利润和损失，所有零售商会重视顾客投诉。坏处是一小部分卖家可以很快降低投资价值或者你所拥有的其他资产价值。

再来看供给和需求

本章解释了市场的基本元素——供给、需求和价格——使得全球经济既稳定又灵活。正常情况下，价格等同于供给和需求，短缺和过剩会被控制到最小的程度。当价格被大部分人接受时，消费者可以买到他们所需的物品。价格告诉人们要有责任感，尽量不浪费有价值的资源。在危机时期，农作物歉收或者品位发生变化时，市场变得非常灵敏。在短缺时期，价格上涨，额外的资源进入市场，在下一季或者更长的时间内会有新的供给。在过剩时期，价格下降，资源离开市场，剩下的公司勉强生存。总之，不受约束的市场经济是灵活动态的，让无序走向有序。

总结

本章要点

1. 供给原则：价格上涨时，供应商会增加产量以增加利润；价格下降时，供应量会减少供应量。
2. 短期内需求弹性小，长期内需求弹性大。
3. 供给和需求会合力形成一个均衡的价格。
4. 市场经济的三大基本原则：非歧视原则（单一价格的倾向）、激励体系（高收入的回报，进行定额配给）和归责原则（受益付费）。
5. 市场经济为每个收入阶层都提供了他们能买得起的产品和服务。
6. 如果允许价格自由波动，生产商可以自由进入或离开市场，那么短缺或过剩就是暂时的。
7. 暴利对未来扩大生产量是必要的。
8. 价格是一种市场信号，告诉公司何时、何地、如何生产何种产品，并帮助消费者衡量价格和收益。
9. 更低的价格使消费者受益，并能扩大市场规模（消费者盈余）。更高的价格使生产商受益，吸引新的供应商，增加卖家租金。
10. 价格是由买家和卖家的边际数量决定的，而买家和卖家的边际数量和可获得产品或服务的数量相关。

重要术语

消费者盈余	价格欺骗
成本－收益分析	卖家租金
供给弹性	短缺和盈余
激励体系	供给法则
边际交易	向上倾斜的供给曲线
微观经济学	暴利
非歧视	

经济学大师

加里·贝克以及微观经济学

姓名： 加里·贝克（1930~2014）

背景介绍： 贝克被认为是当今经济学界最耀眼、最有创造力的天才经济学家之一，是芝加哥经济学派的主要支持者。贝克把微观经济学（供给和需求）扩展到一些不常见的领域，比如社会学和犯罪行为学。曾获得约翰·茨·克拉克奖（此奖颁给40岁以下的经济学家），曾任美国经济协会主席，于1992年获得诺贝尔奖。贝克在芝加哥大学获得博士学位，此后除了1957~1969年在哥伦比亚大学任教外，终身在芝加哥大学任教。

主要著作： 贝克的著作几乎全是针对专业读者的，数学性很强。他的博士论文研究的是歧视黑人的经济学，在此基础上出版了《歧视经济学》。贝克和马克思主义的观点不同，他认为歧视对歧视员工的雇主并没有利，相反却会增加雇主的成本，因为雇主失去了有价值的员工。贝克其他的著作包括《人力资本》和《家庭论》。

贝克从1985年开始在《经济周刊》写专栏，这扩大了他在普通大众中的影响。他的专栏将供给和需求理论拓展到诸如棒球、平权运动、社会保障、宗教、毒品战、无家可归和女权运动等问题上，他的专栏后来集结成《生活中的经济学》，他的妻子吉蒂·贝克是合著者。贝克的基本理论是所有的人类行为都是对奖赏和惩罚的反应，净收益和净成本的变化会极大地影响人类行为。如果社会提高犯罪成本，那么犯罪率会降低很多。如果学生对学校有更大的选择，则竞争会提高教育水平。

名言： 大部分人是通过决定购买多少诸如水果、衣服或者汽车这样的简单商品应用成本和收益原则的。因为我认为这种常识观念可以运用到人类的所有决策中……比如犯罪分子也会对激励做出反应，如果潜在的犯罪分子认为他们的抢劫或其他罪行不会受到应有的惩罚，那么犯罪率就会上升……一对夫妻所要的小孩数量也是由抚养孩子的成本和收益决定的……如果妻子的工作收入很好，政府对孩子的补贴以及孩子的税收减免都很少，抚养和教育孩子的成本很高,那这对夫妻倾向于要更少的小孩。[1]

---

[1] 加里·贝克、吉蒂·贝克,《生活中的经济学》,纽约,麦格劳－希尔出版社,1997。

第 7 章 成本如何影响价格？

> 经济决策建立在三大支柱之上——成本、价值和价格。
>
> ——夏罗默·迈特尔
>
> 《执行经济学》◇

前 6 章讲解了供求如何在全球经济下决定价格，如何建立均衡的价格和市场机制，当供给或需求出现变动时价格如何变化，改变产品或服务增加客户的价值以增加公司利润的重要性。

虽然在世界经济中价格和价值非常重要，但也要考虑另一个影响价格的因素：成本如何影响价格。如果公司的生产成本增加了，公司是把增加的成本通过提价转嫁给消费者吗？工人想要涨工资，供应商想要涨价，房东想涨租金，这些增加的成本如何影响价格和利润？当成本增加而提高价格时，会不会造成"成本推进"型膨胀呢？

成本下降会不会带来价格的下降？较低的价格如何影响利润？如果成本降低，什么因素会刺激生产商降低价格呢？为什么电视机、电脑、圆珠笔的价格在过去半个世纪内大幅下降？如果服装生产商在拉丁美洲建厂利用当地廉价的劳动力，这会不会降低美国消费者的服装价格？

第 7 章将回答这些问题，并说明成本如何影响供给曲线，以及商品和服务的价格；价格又是如何影响成本的。本章回答的问题还有：对一种商品或服务的需求增加时，产出品的价格会影响投入品的价格吗？

再看微软的例子

第 6 章提到的微软的例子有助于解答这些问题。回忆一下,微软软件包的均衡售价为 24.95 美元,在此价格下的销量是 90 万套。图 7-1 列出了这种均衡情况。

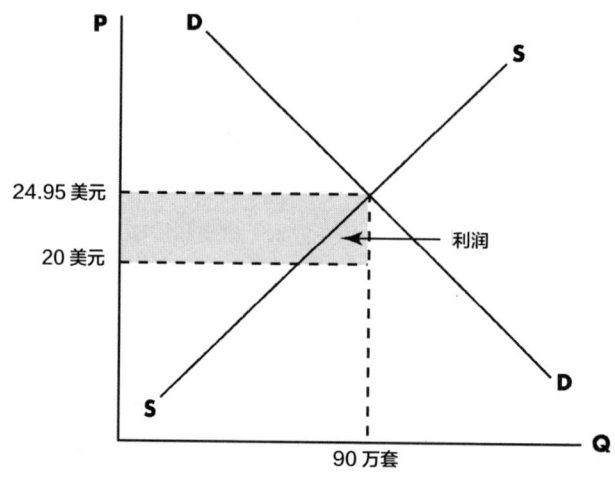

图 7-1 微软工作软件的供给和需求均衡

最近一个财年,微软工作软件所带来的收益是 2245.5 万美元。

假设微软工作软件的单位生产成本为 20 美元,此成本包括研发费用、物料和供给、劳动力成本、租金以及日常管理费。生产 90 万套软件的全部成本是 1800 万美元。公司每年的税前利润为 445.5 万美元。

假设由于取得了技术性突破,生产一套微软工作软件的成本为 15 美元,或者微软决定在劳动力非常低廉的拉丁美洲生产软盘,每套软件的生产成本降至 15 美元。

成本的降低如何影响微软工作软件的价格?

最直接的影响就是微软的利润变化。市场已经确定不管成本如何变化,微软能以 24.95 美元的价格每年售出 90 万套(请记住,需求计划和供给计划是分开的)。因为每套软件的成本由 20 美元降至 15 美元,每年的税前利润由 445.5 万美元增加为 895.5 万美元。

有必要改变微软的定价策略吗？如果微软能长期垄断这种节省成本的技术或节省劳动力的策略，微软很有可能不会降价，因为缺乏刺激因素，微软会追求更高的利润。

但是，从历史的角度来看，成本降低会促使公司降低价格。为什么呢？有两个原因，第一是占领更大的市场，尤其当需求呈弹性时。这也意味着微软可以凭借较低的价格占领很多新市场。很多公司希望将增加市场份额来实现长期利润的最大化。

第二是如果微软不能处于领先地位，竞争会让其他公司很快追上来。如果微软固执地拒绝降价，第二年接着获取非正常的高利润的话，其他公司可能会采用新技术，或者他们会步微软的后尘在国外开设工厂。其他公司因为降低成本很快就会降低售价，侵蚀微软的市场份额。为了应对这种可预见的策略，微软会明智地降价，保持在竞争中的领先地位。

降价幅度有多大呢？很难说微软的降价幅度是否等同于节省的成本。降价幅度在很大程度上取决于竞争对手的多寡，微软的成本结构，以及对不同品牌的需求。唯一可以确定的是，随着成本的降低，微软可能会降低零售价格。

由成本引发的降价案例

产品价格随着生产成本的降低而大幅降低的例子数不胜数。

20世纪早期，汽车的价格持续大幅下降。图7-2列出了亨利·福特T型汽车从1908年到1916年降价的情况。

降价是和汽车销量的大幅上涨相伴而生的。20世纪对汽车的长期需求曲线呈高度弹性。福特汽车能开发这么大的市场是因为福特削减了成本。亨利·福特通过流水线生产打开了大众的市场。当亨利·福特在1908年生产T型车时，只要半天多一点的时间也就是12.5小时就可以生产一辆汽车。福特知道他应该大幅削减生产时间来开创大众汽车市场，他的目标是1分钟就生产一辆汽车，他最终在1918年实现了这个目标。到1925年，福特密歇根工厂每10秒钟就生产一辆福特T型汽车。汽车的价格降到了一开始的1/10，1925年的汽车销量为1500多万辆。

福特的流水线生产大幅缩减生产汽车的成本和时间，福特也因此能够降低零售价格。图7-2是1908~1916年对T型车的需求。

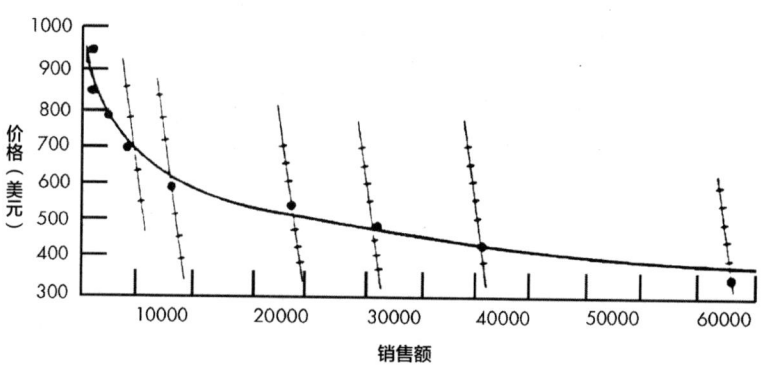

对 T 型车的需求，1908~1916

年份	价格（美元）	销量
1908	850	5986
1909	950	12292
1910	780	19293
1911	690	40402
1912	600	78611
1913	550	182809
1914	490	260720
1915	440	355276
1916	360	577036

图 7-2 1908~1916 年对 T 型车的需求

来源： 理查德·S. 特德洛，《美国大众营销史话》，美国基本书局，1990。参见夏罗默·迈特尔的《决策——管理者决策的十大工具》，自由出版社，1994。

规模经济

降低单位成本和价格的另一个重要因素是大批量生产的规模经济。福特汽车生产上千万辆T型车就是利用了规模经济的优势。

接下来我们解释为什么增加一种产品的产量可以产生规模经济。生产一种产品的成本可以分为两部分：不变成本和可变成本。

不变成本是不随产出变化而变化的短期费用，有时被称为"管理费"或者"沉没成本"。不变成本包括办公室租金、设备费用、贷款利息以及研发费用。从长期来看，不变成本也是变化的，比如公司可以换办公地址，支付更少的租金或工资。但是从短期来看，不变成本几乎是不变的。

可变成本是随着产出变化而变化的成本。可变成本包括人工费、电费、从供应商处采购的原料。产出越大，可变成本就越高。

总成本是不变成本和可变成本表的总和。为了解释规模经济的优势，让我们再来看微软工作软件的例子。微软工作软件的单位生产成本为20美元，每年的生产量为90万套，总成本为1800万美元。

在这1800万美元的总成本中，不变成本包括研发费用、场地费用、管理费用，共100万美元，可变成本为1700万美元。固定成本被纳入到公司的运营中，是"沉没"成本。但是可变成本随着生产量的变化而变化。

图7-3列出了不变成本、可变成本和总成本之间的关系。

生产量	不变成本（美元）	可变成本（美元）	总成本（美元）
—	1000000	—	1000000
100000	1000000	4600000	5600000
300000	1000000	11300000	12300000
500000	1000000	14000000	15000000
700000	1000000	15800000	16800000
900000	1000000	17000000	18000000

图7-3 微软工作软件的成本结构

总成本随着生产量的增加而发生变化。图 7-4 显示再多生产 20 万套微软工作软件，其边际成本是如何下降的。

总成本（美元）	边际成本（美元）	单位边际成本（美元）	平均成本（美元）
1000000	1000000	--	1000000
5600000	4600000	46.00	56.00
12300000	6700000	33.50	41.00
15000000	2700000	13.50	30.00
16800000	1800000	9.00	24.00
18000000	1200000	6.00	20.00

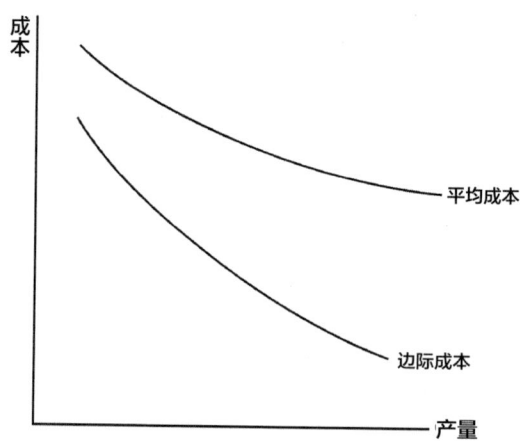

图 7-4　边际成本和平均成本

在图 7-4 中，边际成本（指多生产一件软件的成本）降低了很多，使得单位生产成本也降低了。生产一套软件的边际成本从 46 美元降至 6 美元，单位生产成本从 56 美元降至 20 美元。

按照 24.95 美元的零售价格，微软一年要销售 70 万套微软工作软件才有利润。只有当零售价格等于平均总成本（Average Total Cost, ATC）时公司才有利润可言。

为什么产出增加会降低边际成本和平均成本？有两个原因：第一，制造软件的原材料供应商会给大订单很大的折扣，因此降低了单位成本；第二，大的生产计划可以确保机器和工人被充分利用。

为什么边际生产成本和平均生产成本在某个点后都开始上升？因为当工厂的生产能力达到最大值时，资源变得紧张，质量会打折扣，还要付给工人加班费，雇用新员工，这会产生员工培训费和其他的费用，可能还要增加工厂的设备。这些为扩大产出追加的投资会增加单位成本。

经济学家根据收益递减法则讨论成本增加的可能性。通常情况下，工厂的规模和机器设备的数量是固定不变的。增加工人的数量无疑会增加产出，因为这些工人有专业技术，可以生产更多的产品。但是工人数量增加，而机器数量和生产空间不变，生产就会达到收益递减的转折点。因此，雇用更多的工人可以继续增加产出，但是增加的量却变小了。换句话说，边际收益下降了（见图7-5）。

收益递减法则和成本增加说明在固定投入不变的基础上，随着公司投入的可变成本（比如劳动力）的增加，边际产量最终会下降。

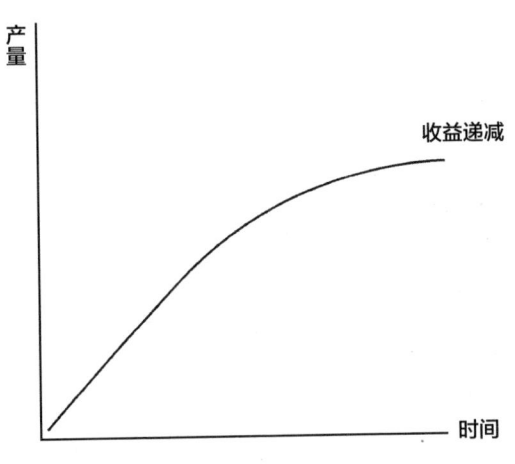

图 7-5　收益递减法则说明产出增加呈递减趋势

索尼和 U 型成本曲线

索尼公司的创始人盛田昭夫在他1987年出版的自传《美国制造》中提到了上升成本曲线。1955年他的公司刚成立不久，盛田昭夫一般都是从一家小晶体管收音机厂家那儿拿订单。但是宝路华这家大型手表和电器生产商却给了索尼生产10万台收音机的订单，同时索尼还接到了其他的大订单。

盛田昭夫很震惊。他在自传中写道:"我们的生产线很小,没有一年生产 10 万台收音机和其他产品的能力。"并补充说:"我们的生产能力一个月都不能生产 1000 台收音机。如果接了 10 万台收音机的订单,我们就得雇用并且培训新员工,甚至要扩大我们的生产设备。这意味着一大笔投资,一次大规模的扩张,也是一次赌注。"

盛田昭夫画了一个 U 型曲线(见图 7-6)。"生产 5000 台收音机的价格是我们的正常价格。这是 U 型曲线的起点。生产 1 万台时成本就会降低,这是曲线的底部。生产 3 万台的成本开始上升。生产 5 万台时单位成本要高于生产 5000 台时的单位成本,而生产 10 万台的单位成本要远高于生产 5000 台时的单位成本。"

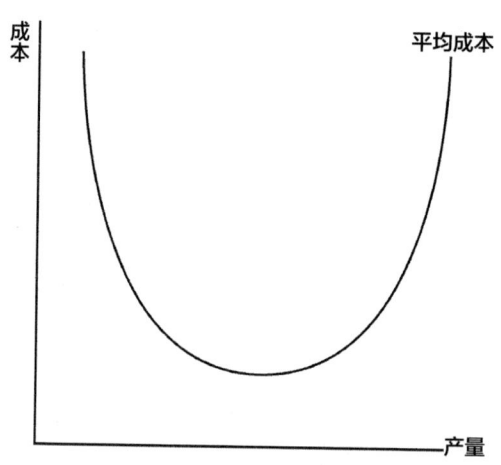

图 7-6　盛田昭夫的 U 型成本曲线

盛田昭夫进一步解释道:"我的推理是如果我们将生产能力扩大到可以完成 10 万台的订单,但是如果第二年拿不到订单,我们的情况就会很艰难,甚至会破产,因为我们如何安排这些扩招的员工,支付所有的新的未使用的设备。"[①]

很明显,迅速扩张是很多成长型企业都会面临的风险。但是因为担心设备会闲置不用而不进行扩张也同样充满风险。设备被过度使用会侵蚀利润,让业务受损。盛田昭夫拒绝了宝路华的大订单,而是和订单稳定增长的零售商签订了更长期的合同。盛田昭夫逐渐扩大工厂的生产量,如今,索尼已是最大的工业企业之一了。

---

① 盛田昭夫,《美国制造》,纽约,1987。

U 型成本曲线从长期来看存在吗?

诺贝尔奖获得者经济学家赫伯特·西蒙认为,从长期来看 U 型成本曲线是不存在的。"实证研究表明公司的成本曲线不是 U 型的,而是逐渐向右倾斜,最后渐渐趋平,没有一个很明显的最低点。"按照西蒙的观点,"这样的曲线意味着不论公司规模如何,不对公司规模设上限,成本都呈下降的趋势。"[①]

通常情况下,U 型成本曲线只在短期内存在。从长期来看,当成本增加、生产能力超负荷时,公司会通过增加新设备来应对需求的增加。官僚作风在大型公司中是成本增加的一个主要因素。但是大公司的效率低下可以通过在公司内部设立独立的盈利中心来解决。

成本下降,生活水平上升

生产成本的降低最终使供给曲线向右倾斜,因此增加了消费者盈余,同时提高了全国的生活水平。图 7-7 说明了这种影响。

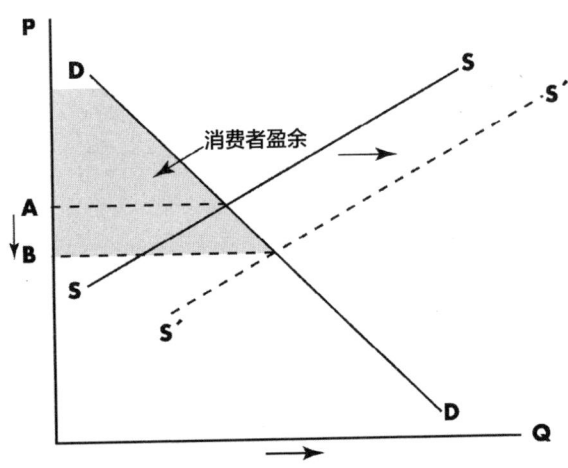

图 7-7　成本降低使供给曲线向外移动

---

① 赫伯特·西蒙,《挑战》节目的访问,1986 年 11/12 月。

降低成本、提高质量对于发展经济和提高生活水平来说至关重要。企业家和商业领袖的职责是在合理的价格和可接受的成本基础上销售有价值的商品和服务来建立和运营商业。如果公司能够通过提高质量、降低价格来创造更多的价值，那他们就会生意兴隆，可以扩大规模，整个国家包括消费者和商业都将受益。这也是资本主义体系的精髓。

成本和收入相关吗？

到目前为止，我们是分开来看供给和需求的。公司的支出（供给方面）和收入（需求方面）是分开的。图7-8列出了公司的基本损益表（参见第4章）。

图7-8　公司的支出和收入

如果公司的成本突然增加了，这将如何影响收入呢？肯定会削减利润，但是收入会增加吗？微软的用户通常不会意识到微软生产软件的成本。用户只知道软件的价格是24.95美元，这符合他们的预算和需求。如果微软通过提高售价来抵消成本的增长，比如29.95美元，有的用户会继续购买微软工作软件，但是更多的用户会转向其他渠道，比如去微软的竞争对手那里，或者根本就不会购买。

很明显，这样的分析只在微观经济层面行得通。如果一家公司的单位成本增加了，很难将这些成本转嫁到消费者身上。转嫁成本依赖的是客户忠诚度，但是也存在销售流失到竞争对手处的风险。

要将公司的供给计划和整个产业的供给计划区别开来。每一家公司的成本都上升了怎么办？公司能提高售价，并维持同样的利润率吗？成本的增加会削减一部分利润，如图 7-9 所示。

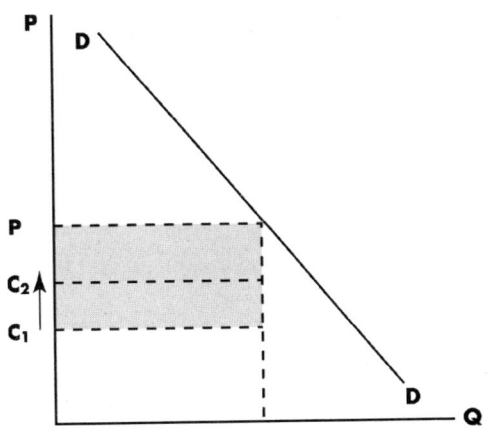

图 7-9　成本上升降低利润

一个公司成本的增加不会影响整个行业的供给曲线。但是如果成本影响了所有的行业，又会怎样呢？如果在美国销售的软件包的主要部件是日本的一个软件。当日元对美元升值时，那么对美国的企业来说生产软件包包括微软工作软件的成本都将上升。软件公司将如何应对成本的增加？图 7-10 列出了这种影响。

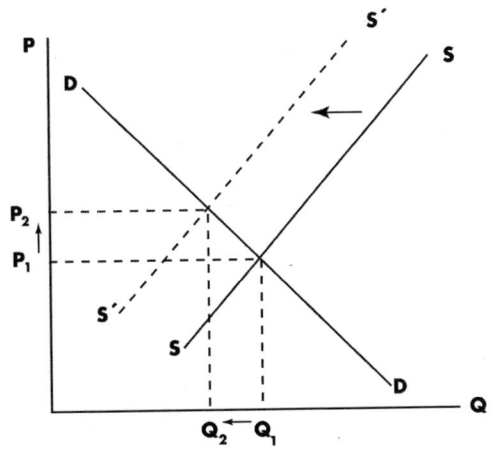

图 7-10　成本增加拉升价格

图 7-10 显示的是一个行业范围内成本增长所造成的影响。产出从 Q_1 下降到 Q_2，价格从 P_1 涨到 P_2，利润率相对来说没有受到影响。整个行业的变化抬高了价格，降低了产出，但是相对来说没有影响利润率。

首先，成本增加（由于日元升值）挤压利润率。结果，生产商由于成本的增加转向其他市场或者破产了。剩下的软件生产商提高了价格（从 P_1 涨至 P_2）来抵消增加的成本。由于软件包价格提高了，消费者购买的软件包数量从 Q_1 降至 Q_2。

生产商能将零售价格提高到和增加的成本一样多，从而将增加的成本完全转移到消费者身上吗？这要取决于行业竞争力——有时可以将增加的成本完全转移到消费者身上，有时只能转移一小部分。

当成本增加时，公司通常会立即提高价格，并公开声明由于成本增加不得不提高价格。但是通常只有当成本的增加幅度影响到整个行业时，他们才能这么做。此外，提高价格也检测消费者对价格上涨的反应。消费者有时候接受更高的价格，有时候不接受，这样公司可能就要恢复原来的价格。

询价者 vs 价格接受者

在应对变动的成本和需求时，企业老板/经营者会询价。制定价格是一个需要反复试验从而找到最佳价格的尝试过程。很明显，制定价格属于企业行为。竞争使得定价变得相对容易，但是定价也不是个自动的过程。有时候市场太大，企业老板/经营者只能是"价格接受者"而不是"询价者"，当然也有例外。农产品价格以及大型的上市公司都属于"接受价格"的范畴。但是在大部分市场中，公司都是"询价者"。

价格上升：成本推动还是需求拉动？

在通货膨胀期所有商品和服务的价格都普遍上涨，公司会经常宣布提高价格以应对成本的增加，经济学家将之称为"成本推动"型膨胀。

"成本推动"如何区别于"需求拉动"呢？只有当消费者愿意支付上涨的价

格时，上涨的价格才能得以维持。生产成本或许的确增加了，但消费者未必因此支付上涨的价格。

比如，中东石油危机导致油价上涨。安然、德士古和雪佛兰尝试通过提高汽油价格来转移增加的石油成本。假设原油价格从每桶 20 美元上涨到 40 美元。大型石油公司能将汽油价格从每加仑 1.2 美元提高到 2.4 美元吗？可能不会。消费者可能会选择少开车或者购买油耗更低的汽车。当然，有些用车无法避免，哪怕油价更高也会用车。但是毫无疑问石油公司会根据消费需求提高油价，油价会低于每加仑 2.4 美元。

每种情形都是不同的。有时公司可以将价格提高到和增长的成本一样多，有时少于增加的成本。

在一般通货膨胀期，收入也会提高。这意味着每个收入阶层的消费者有能力购买更多的汽油以及更多的商品。结果是什么呢？消费者对各种商品和服务的需求都增长了。简而言之，在一般通货膨胀期，"价格推动"和"需求拉动"都在起作用。

更高的油价会增加成本吗？

零售价格会影响生产成本吗？令人想不到的是，答案是肯定的。

20 世纪 70 年代和 80 年代的石油行业很好地说明了价格上涨是如何影响生产和开采成本的。在 20 世纪 70 年代的能源危机期间，由于对石油输出国组织（OPEC）进行了石油禁运，石油价格飙升。上升的石油价格如何影响石油生产——炼油、石油钻塔、开采以及劳动力成本呢？油价上涨有两方面的影响。

◇ 油价上涨极大地提高了非 OPEC 国家石油生产商开发新油田的成本。

◇ 油价上涨对石油生产和开采带来了巨大的压力。

为了增加石油和石油产品的产量，就要挤压成本。用于炼油、生产和开采石油的土地租金、劳动力价格以及资本价格都大幅上升。20 世纪 70 年代末，在盛产石油的德克萨斯州，房地产、工资以及石油钻塔的价格都飙升了。当然，成本的涨幅没有油价的涨幅高，但是成本确实增加了。一开始，石油公司的利润率也大幅上升。随后增加的成本挤走了一部分利润。但是利润率仍然高于平均水平，这又刺激了非 OPEC 石油生产商开发及生产更多的石油。图 7-11 列出了 20 世纪 70 年代能源危机时期成本和价格的关系。

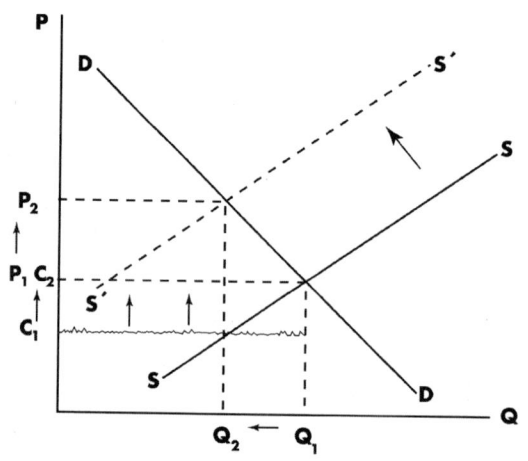

图 7-11　能源危机期间的供给、需求和成本

受到刺激，企业开发新油田和进行新生产，并取得了成功，到了 20 世纪 80 年代早期，新开发的石油大量涌进市场，原油价格也从每桶 45 美元降到 10 美元。汽油和其他石油相关的产品也随之降价。OPEC 卡特尔也不起作用了。

但是请注意石油钻塔的价格、石油工人的工资以及其他和石油生产相关的成本发生的变化。这些成本全部大幅下降。德克萨斯州以及其他产油州的油田价格都下降。石油钻塔弃之不用，德克萨斯州的大城市全部出现了衰退。

成本和价格之间肯定存在相关性，至少从整个行业层面来看。这种相关性又和盈亏紧密相关。成本和价格密不可分以此来确保长期的利润率，以及对市场做出及时调整。

派生需求原则

20 世纪 70 年代的能源危机也引出了经济学中的另一个重要原则：派生需求。

派生需求是指生产成本和消费者或者终端用户的需求相关。

派生需求的概念最早由奥地利学派创始人卡尔·门格尔提出。卡尔·门格尔在他的经典著作《经济学原理》一书中将所有的产品和最终消费的距离进行分类，资本品处于高阶，消费品处于低阶。他认为"高阶物品的物品属性派生于低阶物品的物品属性"。①

为了解释这个概念，他举了烟草的例子。假设人们不再抽烟（很有先见性）。这会对生产烟草过程所用到的生产要素产生什么影响呢：烟叶和烟草种子，劳动力，生产烟草产品的工具和设备，种植烟草的农田。这些产品和服务的价值可能会一落千丈。

和烟草相关的生产要素的价格派生于终端用户对烟草的需求。

假设吸烟再度变得流行，对香烟、雪茄和嚼烟的需求增加了，这对和烟草产品相关的生产要素会产生怎样的影响？这些生产要素的价格或价值也会增加，但会增加多少呢？最终会增加到和烟草业中正常的、长期的竞争利润率一样高。

派生需求说明原材料、劳动力、土地和其他要素的价格都直接和消费者所需的最终产品和服务的价格相关。

定价等于边际用途

派生需求还产生了另一个重要的概念。在门格尔所举的烟草例子中，当人们决定不抽烟时，生产烟草的各种要素的价格都下降了。但是所有生产要素的价格都会降为零吗？除非烟草种子还有其他的用途，可能烟草种子的价格会降为零。但是用来种植烟草的农田呢？很明显，种植烟草的农田价格不会降为零。门格尔指出：比如用来种植烟草的土地和农业用具，可能还有很多用来加工烟草产品的工具和机器依然会保留其物品属性，满足人们的其他需求。因为即使人们对烟草没有需求了，它们和人类的其他需求还有因果关系。②

农田可以用来种植其他的农作物，比如小麦、大麦或者豆类。农民还可以用这块地来养牛，甚至可以将这块地卖给房地产开发商。

---

① 卡尔·门格尔，《经济学原理》，詹姆士·丁沃尔和贝尔特·霍斯利兹翻译，纽约大学出版社，1976。
② 同上。

这块地的价格会降到它的另一种用途的最大价值，也就是边际效应。价格是由边际决定的，也就是另一种用途的最大价值。

机会成本

门格尔的派生需求和边际效应概念同样衍生了另一个重要的概念——机会成本。第 4 章将机会成本和公司的损益表放在一起讲的。20 世纪早期维也纳大学的教授——同时也是门格尔的学生——弗里德里希·冯·维塞尔提出了机会成本的概念。

机会成本是指消费者或生产商做出一种选择后，所放弃的其他选择所能带来的最大收益。

生活中机会成本的例子比比皆是。农民种植烟草时就放弃了用这块地种植小麦、玉米、豆子或是其他谷物的可能性。读这本书意味着放弃了体育运动、看电视或看其他书的机会。如果公司员工在办公室加班，他们就放弃了与伴侣、家人在一起的时间。如果一个人放弃了年薪 5 万美元的工作而自己创业，那么他经营自己公司的"机会成本"是每年 5 万美元。如果一家公司是上市公司，那么这家公司的投资资本所带来的回报要高于其他途径的回报。

第 4 章的附录阐释了成本核算中替代投资的机会问题。

第 8 章将探讨垄断和竞争——公司在有或者没有政府的帮助下制定价格、控制产出的能力。

总结

本章要点

1. 盈利的三大支柱：成本、价值和价格。

2. 成本影响价格和利润率。新技术使得公司可以降低新产品的价格，比如汽车、计算机、电视和圆珠笔。

3. 大规模生产可以降低单位成本，公司有可能降低零售价格以占领更大的市场份额来应对竞争，尤其是这些产品的需求曲线呈弹性时。

4. 短期内由于收益递减的原因，成本可能会增加，但是从长期来看，大部分的不变成本都变成了可变成本。

5. 更低的成本提高了生活水平，增加了消费者盈余。

6. 成本上升可能会使价格上升，但有多种原因。如果竞争太激烈，品牌忠诚度又不够的话，公司可能不会转嫁更高的成本。但是如果劳动力成本或供给成本影响了整个行业，利润受到挤压，边际企业退出，剩下的企业可以将增加的成本转嫁到消费者身上。

7. 当价格普遍上升时，"成本推动"膨胀和"需求拉动"膨胀都会抬高价格。最终是消费者作为一个群体决定价格的上升幅度。

8. 整个行业的价格变动会影响生产成本。投入价格取决于对终端产品的需求。因此，供给和对产品的需求相关。

9. 价格是由其边际用途决定的，或由最有价值的用途决定。

10. 机会成本在经济生活中无处不在。消费者总要做出一种选择，因而被迫放弃对时间、劳动、金钱、资源所做的其他选择。

重要术语

成本推动型膨胀	收益递减法则
消费者忠诚度	边际成本
需求弹性	机会成本
需求拉动型膨胀	价值寻求者
派生需求	价格接受者
规模经济	可变成本
不变成本	

经济学大师

威廉姆·斯坦利·杰文斯与价值理论

姓名：威廉姆·斯坦利·杰文斯（1835~1882）

背景介绍：杰文斯和阿尔弗雷德·马歇尔一道被认为是英国经济学派的奠基人。杰文斯出生在英格兰的利弗莫尔，在伦敦大学学院学习化学和植物学，1854~1858年在澳大利亚悉尼的一家薄荷糖厂当分析员，随后他回到大学学院成为一名政治经济学教授，早在44岁时就退休，两年后在一次游泳中溺水身亡。

主要著作：杰文斯最重要的著作是1871年出版的《政治经济学理论》，此书奠定了杰文斯作为边际理论革命三大发现者之一的地位（另外两位是奥地利的卡尔·门格尔和瑞士的利昂·瓦尔拉斯）。杰文斯反驳价格（或价值）是由商品或服务生产过程中的劳动力成本决定的观点，他认为价格是由消费者使用的边际效用决定的，"价值完全取决于效应"。成本因此是由最终价值决定的，而不是相反。门格尔也持同样的观点。

成本是和19世纪末的煤炭问题一起出现的。杰文斯在他的著作《煤炭问题》预测说英国太过依赖煤炭，而煤炭是逐渐减少的，所以英国会逐渐衰落。随着煤炭储量逐渐被用完，煤炭价格也会上升，经济实力会转移到煤炭资源丰富的美国。杰文斯关于美国会崛起英国会衰落的预测被证明是正确的，但不是因为煤炭。随着煤炭价格的上升，对能源的需求转向了其他能源，比如石油和天然气，对煤炭的依赖也减弱了。

杰文斯受到门格尔的影响，根据生产周期提出了一个经济模型。按照从原材料供应商到最终零售用户的生产阶段，他详细论述了"工业阶段"以及"贸易分类"。最终，他放弃了生产阶段的概念，认为其过于复杂。

注释：经济学家威廉·博列特和肯·艾辛格写了一系列推理小说《边际谋杀》《致命的均衡》和《夺命的冷漠》。两人的笔名马歇尔·杰文斯就是取自两位英国经济学家阿尔弗雷德·马歇尔和斯坦利·杰文斯。这三部小说创造性地运用经济学基本原理破获谋杀案，广受好评。

第8章 垄断和竞争

> 竞争是棵顽强的野草，而不是娇嫩的鲜花。
>
> ——乔治·斯蒂格勒

企业的规模在提高价格、削减成本或者改进生产线方面有区别吗？大企业对它的消费者有市场影响力吗？政府在规范公司方面发挥了什么作用，应该发挥怎样的作用？政府应该给企业特权吗，如何给，结果会怎样？

本章分析大企业或者大企业联合对供给和需求的垄断及影响。还是接着看第6章中微软的例子，假设微软生产一套微软工作软件包的单位成本是20美元，微软可以以这个价格生产任意数量的软件包。当前，微软以每套24.95美元的价格卖出了90万套的软件包，销售额为2245.5万美元。收入减去成本，净收入为445万美元。

假设微软对它的软件包拥有专利，期限为50年，并且市场内没有微软软件包的替代品。微软不用担心竞争对手抢走自己的用户，并且可以随意定价以实现利润最大化。总之，微软是唯一的卖家，处于垄断地位，不会面临太大的竞争。

微软应该怎么做呢？第6章给出了如果微软将微软工作软件的价格定为34.95美元而不是24.95美元所取得的收入。很多用户会选择不买软件而不是支付更高的价格。微软将会卖出更少的软件，只有50万套，总收入降至1747.5万美元。但是如果每套的生产成本为20美元，生产50万套的总成本为1000万美元，这样微软的利润将增至747.5美元，这几乎是定价为24.95美元时的两倍。当然应该指出的是，当生产量减少时，单位成本会增加很多。

图 8-1 是微软在垄断情况下提高售价的收入。

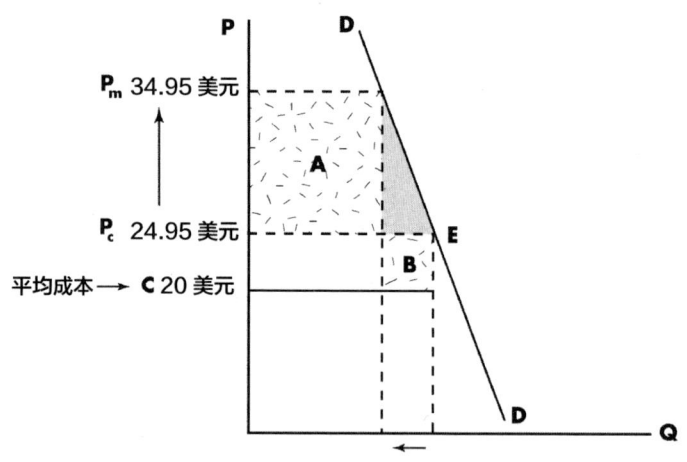

图 8-1 唯一垄断地位所增加的利润率

请注意图 8-1 中的几个点。Pm 是垄断价格 34.95 美元，Pc 是竞争性均衡价格 24.95 美元，C 是生产微软工作软件的单位成本。

对上面所举的垄断的例子有不同的观点。

第一种，垄断仍然遵守消费者需求法则，也就是价格越高购买量越少。即使垄断者能提供"不可缺少"的服务，是天然的垄断者，但是垄断提高价格就会损失销量。在上面的例子中，和价格低时的 90 万套销量相比，消费者只购买了 50 万套的软件。很明显，微软的定价是有限制的，也是以需求弹性为基础。（请看本章下面的自然垄断部分）

第二种，垄断者要想提高价格，竞争水平之上的需求曲线必须是没有弹性的。商品或服务必须是必需品，这样即使价格很高人们也愿意去买。在上面的图中，长方形 A 的面积一定要大于长方形 B 的面积。如果商品价格很高，但是对商品的需求呈弹性，那么提高价格就会适得其反——公司将减少而不是增加收入。

这个例子说明垄断力——提高价格并降低产出——使生产商受益，但是损害了消费者或者社会的利益。芝加哥大学经济学家乔治·斯蒂格勒指出："垄断者为了获得垄断利润将价格提高到竞争水平之上时，消费者的购买量会减少，生产量减少了，社会整体的福利也降低了。总之，垄断减少了整个社会的收入。"[1]

图 8-1 列出了社会的纯损失。消费者蒙受损失是因为他们要为每套软件包多支付 10 美元。由于成本增加了，消费者的购买量会下降。消费者的损失部分是由公司利润的增加造成的。在微软的例子中，微软获得了 1000 万美元的垄断利润（垄断利润也被称为经济租金。图 8-1 中的阴影部分是社会的纯损失，或被称为福利纯损失、无谓损失）。

福利纯损失有多大呢？上面指出了微软的垄断利润为 1000 万美元。如果价格能降到 24.95 美元的竞争价格，消费者愿意多购买 40 万套软件包。假设这 40 万套软件对消费者的价值平均为 30 美元，那么由于微软的垄断地位，市场就没有满足这多出的 1200 万美元的潜在消费者需求。垄断企业在生产另外的 40 万套软件时除了可以收回成本外还有可观的利润回报，所有垄断企业一无所失。因此，生产额外的 40 万套软件，会给社会带来 200 万美元的纯收益（刚才提到的 1200 万美元的消费者满意额减去 1000 万美元的垄断利润）。

垄断企业会获得高于平均值的收益吗？

第三个关于垄断力的问题是垄断企业会获得高于平均值的收益吗？在上面的例子中，微软通过减少产出提高价格使利润额从 400 万美元提高到 700 万美元。这只是个重要的假设，现实中不一定这样。大公司由于有政府给的特权、特殊专利以及其他的保证往往忽视劳动力和供给成本。由于没有市场竞争力，大公司可能支付过高的工资以及很高的管理奖金，或者公司管理作风官僚，效率低下。因此，成本越来越高并侵蚀利润空间。大公司不是精益节俭，而是庞大臃肿。

历史研究表明，垄断和寡头获得高于竞争水平的资本回报率是有限的。投资回报率和产业密集度没有密切关系（可由行业前四公司的营业收入衡量）。只有不到 25% 的利润率波动可以归为集中。[2] 简而言之，垄断会产生更高的价格以及更高的成本，但不会保证带来更高的利润。

---

[1] 乔治·斯蒂格勒，《垄断》，《财富》经济学百科全书，大卫·亨德尔森编，华纳书局，1993。

[2] 同上。

垄断有多普遍？

上面列举的垄断的例子阐述了垄断是如何提高价格、降低产出，导致效率低下并降低社会福利的。这个例子也对经济学家和政府官员提出了很多实际问题：有没有什么方法能确定经济中存在垄断的情况？可以采取什么措施来鼓励大公司降低价格、扩大产出、杜绝浪费，从而将垄断力降到最低？

垄断力定义

在上面的例子中，垄断是指一家公司控制了整个行业或者某种商品或服务的唯一生产商。垄断的例子也包括当地的电力公司，或者镇上唯一的一家药店。如果一个行业内只有2~6家卖家，并且还有行业进入壁垒，就被称之为寡头。如果行业内有众多的买家和卖家，那么这个行业被称为纯粹竞争或完全竞争。

寻找理想的竞争模型

经济学家寻找理想的能够测出竞争和垄断程度的竞争模型。理想的竞争程度应该是以最低的成本给消费者和社会带来最大的收益。按照这种理想状态，稀有资源的价值会得到最大程度的使用，其他的使用方式在没有使任何人境况变坏的前提下，不会增加任何人的福利，经济学家将这种情形称之为帕累托最优。帕累托最优是以意大利经济学家和工程师维尔弗雷多·帕累托（1848~1923）命名的。

帕累托提出了经济学中的普遍均衡理论，并认为"完全竞争"会取得最优结果。完全竞争是具有以下条件的市场。

　　◇ 有大量的买家和卖家，任何生产商或买家都无法控制价格。在完全竞争的市场中，所有的企业相对来说都不大，都是"价格的接受者"而不是"价格的制定者"。

　　◇ 没有商品差异，所有的商品都是同质的。

◇ 没有市场进入壁垒，任何人都可以自由进入或离开市场，不会遭受很大的损失。

◇ 信息是公开的，并相对自由流动（因此，广告没有必要）。

农业和金融市场是完全竞争的行业。当然，这些行业也远非"完全竞争"，但是比起其他的行业更符合这个定义。

按照完全竞争模型，任何缺少上述四个条件的市场和行业都是"不完全"竞争，都有改进的空间（通常是通过反托拉斯或政府部门）。不完全竞争包括商品不同质，有价格歧视和行业集中。企业有一定程度的垄断力量，因此相对来说效率低下，对稀缺资源配置不当。在这种模型的支持者看来，不同形式的政府政策可以强制这些行业提高效率，加强竞争。

完全竞争的弊端

完全竞争模型的问题是这种模型不可能应用到所有的市场中，也不应该被看作衡量效率的理想模型。

以商品差异化为例，所有的头痛药都应该是非注册商标药吗？汽车几十年来都应该是同一种款式吗？完全竞争的支持者认为，如果公司出售同质商品而不是不断变化的品牌商品，可以避免大量的浪费和效率低下（包括广告）。社会应该向帕累托最优的方向前进。

其他经济学家持不同的意见，认为市场批评者是本末倒置。市场拥护者认为，正是由于人们的需求不同，很多商品才会不同质。如果消费者对样式或品牌没有偏爱，会有新的竞争者进入市场，提供更多的同质商品吗？很多大型连锁超市提供自己的非注册通用商品说明对基本的、非品牌商品存在需求，但是这些超市也提供品牌商品。这是为什么呢？因为消费者对这些商品同样有需求，从销量来看，消费者对品牌商品的需求甚至大于对通用商品的需求。

按照这种观点，商品的同质化并不一定就意味着资源得到了最优使用。在商业上取得成功的商品差异化说明自由市场中消费者有不同的喜好。

规模经济

完全竞争模型的支持者也控诉大公司比小公司拥有更多的优势，由于生产量更大，以及供应商给的折扣，大公司的平均成本更低，经济学家将这种现象称为"规模经济"。产出越大，平均成本和边际成本降得越低。但是，市场批评者认为规模经济让小公司的成本更高，更难进入市场。因此，在需要大公司进行大规模运营的行业内，竞争性因此降低了。

争论直指究竟什么才是自由市场经济这个核心问题。如果竞争最重要，竞争就应该奖励成本最低、能给消费者带来最佳产品和服务的生产商，公司规模是大是小不重要，重要的是成本是低还是高。不言而喻，消费者倾向于低成本生产商。只有当高成本产品能为消费者带来更大收益时，消费者才愿意购买成本更高的商品。因此，消费者通常更青睐大公司。

集中的问题

经济学家如何衡量一个行业是高度竞争还是垄断呢？一个传统的衡量方法是集中率。集中率是指行业内资产或销售额集中在大公司的比例。汽车业三巨头（通用、福特和克莱斯勒）以及石油工业七姐妹（沙特阿拉伯石油公司、俄罗斯天然气工业股份公司、中国石油天然气集团公司、伊朗国家石油公司、委内瑞拉石油公司、巴西石油公司和马来西亚国家石油公司）都是集中的例子。集中程度反映了垄断、竞争和社会福利的程度。集中程度越高，人们就越担心这些大公司会结为卡特尔串通或限制生产。

经济学家指出，用集中率来衡量行业竞争程度有诸多弊端。在很多方面集中率是随机的，和行业的竞争程度或者市场的活跃程度关系不大。也许一个行业内只有两家公司，但这两家公司也会有激烈的竞争，而不是串通一气。可口可乐和百事就是如此。

一两家公司生产极富创新、能及时满足消费者需求的产品，也会加剧集中。美国铝业公司自"二战"后一直控制铝市场，IBM 在 20 世纪 60 年代控制了 85% 的计算机市场。这是为什么呢？因为这两家公司能提供最好的铝和最先进的计算机。

计算机行业的竞争

IBM 的例子说明要用长远的眼光看待竞争的发展过程。IBM 控制计算机行业达几十年之久，但是渐渐地失去了它的主宰地位。现在 IBM 依然是一家大型计算机公司，但是却有几十家竞争对手。图 8-2 列出了 1967~1997 年计算机公司的风云榜。

电子品、办公设备和软件行业
（用 1997 年美元衡量的资产，单位：十亿美元）

1967 年

IBM	170.3
施乐	32.2
美国无线电公司	16.1
斯佩里·兰德公司	10.5
霍尼韦尔	7.7
宝来公司	7.4
国家现金出纳机公司	5.7
德州仪器公司	5.7
真力时	5.2

1987 年

IBM	137.8
数字设备公司	29.1
惠普	23.7
施乐	11.0
摩托罗拉	10.3
NCR	9.9
安普公司	8.6
优利系统	7.9
英特尔公司	7.3

1997 年

微软	129.5
英特尔	112.1
IBM	69.7
惠普	50.7
朗讯科技公司	34.4
摩托罗拉	33.6
思科系统公司	32.1
甲骨文	24.4
康柏	19.7
电子数据系统公司	19.1
施乐	19.0
国际联合电脑公司	15.8
德州仪器公司	15.6

图 8-2　1967~1997 年计算机公司风云榜

来源：《福布斯》，1997 年 7 月 7 日。

上图可以说明很多问题。IBM 在 20 世纪后半叶的大部分时间内都是计算机行业的霸主，由于面临来自微软、英特尔和其他大型计算机公司的激烈竞争，最终失去了霸主地位。规模庞大不能保证遥遥领先。看看施乐的解体吧。1967 年施乐还是资产第二大公司，20 年后，施乐的排名下降到第 4，到 1997 年，施乐已退出前 10。世间富贵，瞬息即逝！

IBM 于 1997 年重续辉煌，企业价值重新超过微软。朗讯科技公司 1997 年还位居第 5，在蒸发了 97% 的企业价值后于 2006 年和阿尔卡特公司合并。

图 8-3 列出了 1917 年、1967 年、1997 年和 2017 年的一流公司。

年份	金融服务	食物 & 饮料	航空	零售
1917	美国城市银行	Armour & Co.	NA	西尔斯·罗巴克
1967	美国银行	通用食品	利顿工业	西尔斯·罗巴克
1997	美国国际集团	金宝汤	波音	沃尔玛

(续表)

| 2017 | 高盛投资公司 | 百事 | 波音 | 沃尔玛 |

图 8-3 美国不同领域的一流公司

来源：《福布斯》，1997 年 7 月 7 日；雅虎财经。

当然，一些大公司在 20 世纪后半叶一直处于领先地位——比如在化学行业是杜邦，在汽车行业是通用，在电影行业是伊士曼柯达，在通信行业是美国电报电话公司，在石油行业是埃克森。即使是这些大公司，他们的竞争对手——包括国外的竞争对手——也突破了他们在行业内筑起的堡垒。最近丰田汽车的销量超过了通用，而柯达公司已申请破产。

过去的一个世纪，经济不断蓬勃发展，有时是革命式发展。没有什么是理所当然的。竞争很激烈，甚至资产达几十亿美元的公司之间竞争也很激烈。有些过去家喻户晓的公司销声匿迹了（泛美航空、斯蒂旁克汽车、柯达），有的公司横空出世一跃成为巨人（微软、丰田、苹果、家得宝）。

在我们讨论的范围内，市场集中从短期来看不好，但是从长期来看影响不大。

后来成为哈佛教授的奥地利裔经济学家约瑟夫·熊彼特精辟地总结了市场经济的内在动力，称其为"有创造性的破坏"。从上图也可以看出，过去一个世纪出现了很多新公司、新产品、新服务，同样也有一些公司、产品和服务消失了。

熊彼特毫不留情地批评完全竞争模型。他认为："完全竞争不仅完全是不可能的，也很低级，根本无法被称为理想效率模型。认为大企业的运作应该和行业在完全竞争中的运作是一样的，以此作为政府对行业进行监管的理论基础，这是不对的。"[1]

爱德华·张柏林对完全竞争模型的抨击也是不遗余力。他写道："纯粹竞争根本不会被当成福利经济学的模型。消费者品位、需求、收入、所在位置的不同以及对商品的不同使用都对多样性提出了要求，以及用包含垄断和竞争的竞争模

---

[1] 约瑟夫·熊彼特，《资本主义、社会主义和民主》，纽约，哈珀与罗出版公司，1976/1950，第 3 版。

型代替纯粹竞争模型的必要。"①

什么是正确的竞争模型？

如果完全竞争模型不是理想的标准，那应该用什么模型呢？经济学认为"市场检验"是最佳模型。市场检验也不是理想模型，但是通过反复验证可以确定最优化的市场规模和竞争价格。这种模型允许拥有足够资本和能力的公司进入某个行业，生产客户需要的商品和服务。虽然市场检验模型也有市场准入壁垒（最低资本要求），但是政府不应该制定人为的准入壁垒，比如特殊许可，进口配额。

市场检验的结果是有的市场商品几乎没有差异，买家和卖家众多，几乎没有市场准入壁垒；有的市场只有几家操控者，对资本和技术的要求很高，而经济规模较大又造成了准入壁垒。根据市场检验模型，最优的公司数量、集中程度和最低资本要求都会因行业的不同而不同，随即发生，难以预料。这种市场反复试验模型也意味着竞争是个动态过程，无法用传统方式比如集中率来衡量。市场总是不完全市场，完善的市场甚至不是一种目标。

政府的作用：反托拉斯立法

多年来，政府鼓励竞争的手段有两种：反托拉斯立法和放松管制。

1890年的谢尔曼反托拉斯法，以及20世纪末从镀金时代的约翰·洛克菲勒、安德鲁·卡内基、J.P.摩根等商业巨头处演化而来的反垄断法。当代的历史学家和政治家都认为这是一个产业联合、竞争激烈、商业合谋的时期，并给予了非常消极的评价。保罗·萨缪尔森和比尔·诺德豪斯认为他们"卓越优秀，有创新性，百无禁忌，通常是毫无诚信的强盗大亨，视野广阔，开创像铁路、石油和钢铁整个行业……开发西部边疆，摧毁竞争对手，给他们的后代留下巨额财富"。② 有不少描写这些商业巨头的书，比如托斯丹·凡勃伦的《有闲阶级论》以及马修·约

---

① 爱德华·张柏林，《垄断竞争理论》，剑桥大学出版社，1948年。
② 保罗·萨缪尔森、威廉·诺德豪斯，《经济学》，麦格劳－希尔出版社，1998，第16版。

瑟夫森的《强盗贵族》。

这一时期出台了旨在打击商业巨头托拉斯和不公平竞争，保护消费者和商业的联邦立法，以期恢复市场经济中的竞争。以下是一些主要的立法。

◇ 1890年的谢尔曼反托拉斯法规定合谋限制贸易是非法的。
◇ 1914年的克莱顿反托拉斯法规定大部分的价格歧视、捆绑协议（规定消费者必须先买一种商品才能买另一种商品）以及减少竞争的并购都是非法的。
◇ 1914年的联邦贸易委员会法案规定用不公平或欺诈手段进行的竞争都是非法行为，并且禁止虚假和误导性广告。

著名的反托拉斯案例

美国司法部反托拉斯局起诉过不少公司，留下不少经典案例，比如下面的这些法院裁定：

标准石油公司（1911）：要求洛克菲勒的巨头石油公司进行拆分。

美国铝业公司（1945）：通过预期增长以及保持低价获得了铝市场90%的份额。虽然美国铝业公司的行为是合法的，但是最高法院还是裁定美国铝业公司违反了《谢尔曼法案》，因为垄断力量被视为经济之恶。

IBM（1969~1982）：到20世纪60年代末控制了76%的计算机市场份额。司法部因其垄断定价而起诉IBM。IBM竭力驳回该起诉，声称IBM是通过"卓越的技术、远见和兢兢业业"而称霸行业，如果政府的起诉获胜，那么商业就没有追求卓越的动力了。这个针对IBM的反托拉斯起诉案持续了十几年。1982年，里根政府撤销这个诉讼，声称政府的起诉没有法律依据。

微软（1997~2001）：微软的反托拉斯案件类似IBM。政府起诉微软，称其Window操作系统是一种垄断。微软作为世界上最大的软件公司，控制了世界上80%的操作系统。微软的反驳理由是微软给消费者提供了优质的商品，如果司法部获胜的话，消费者的选择会更少，而且只能选择低劣的商品。美国政府和微软于2001年达成和解。

美国司法部的反托拉斯局经常不承认一些企业的并购，认为这样的商业联盟会削弱行业竞争力。通常跨行业收购比相关行业内的收购容易得多。

但是美国司法部并没有反对埃克森石油公司于1998年与美孚石油公司的合并。埃克森石油公司和美孚石油公司都是标准石油公司于1911年拆分前的一部分。但这有什么区别呢？当今的全球化竞争要求企业的规模要大。埃克森—美孚的合并可以降低成本，实现规模经济，并能更好地与国外竞争者进行竞争。最近的一个合并案是摩根大通和蔡斯曼哈顿银行于2000年的合并，此举创造了美国最大的银行。

反对反托拉斯案例

多年来，经济学家逐渐改变了对市场势力和反托拉斯的看法。20世纪上半叶，大部分经济学家都倾向于对大企业和寡头市场采取强硬措施。琼·罗宾逊和爱德华·张柏林于20世纪30年代提出了不完全竞争和垄断竞争理论。甚至自由市场资本主义的坚实堡垒芝加哥学派也支持反托拉斯行为。保守经济学家亨利·西蒙在他的著作《自由社会的经济政策》（1948）中倡议对铁路、公共设施和其他"非竞争性"行业实施国有化。

这种观点已经发生改变，甚至是芝加哥自由市场的支持者也改变了看法。竞争不再被看作是静态的，而是一直变化的动态过程。看看电子、通讯、汽车和其他领域每10年大公司的更替就知道了。短期内的集中并不能保证长期的集中。[①]

博弈论是在竞争或冲突的条件下选择最优策略的数学理论。博弈理论也说明合谋不能持久，因为只要一方单独行动或作弊的话就会受益。比如，如果大型航空公司总裁商定同时提高价格，那么只要有一家航空公司不守约降价就会受益。

石油输出国组织（OPEC）就能很好地阐释博弈论。早在20世纪70年代，OPEC同意减少石油产量，从而大幅提高油价。但OPEC遇到两股阻力：第一，非OPEC组织比如美国、墨西哥和印度尼西亚发现了新油田，并增加石油产量；第二，OPEC成员有违反协议的动机。通过增加输出，这些非OPEC成员获得了丰厚的利润。所以，OPEC现在在提高油价、控制石油产量方面已没有太大影响

---

① 对反托拉斯最好的概述参见多米尼克·T.阿尔门塔诺的《反托拉斯和垄断：解剖美国的政策失灵》，1990。

就不足为奇了。

鉴于在起诉 IBM 反托拉斯案件中的高昂费用,麻省理工学院斯隆管理学院的前院长莱斯特·瑟罗总结道:"在 IBM 案件中花费的几百万美元如果用在研发上面,使美国在计算机领域保持领先地位会是更好的选择。"[1]

芝加哥大学前法学教授,现为联邦法官的理查德·波斯纳认为:"公司为了获得或保持垄断势力所能采取的单方面行为只能是诸如欺骗专利局或炸掉竞争者工厂这样的做法,但是欺诈和使用暴力一般情况下会受到其他法律的制裁。"[2]

取消管制

如果反托拉斯立法基本上起反作用,那政府应该怎么做才能鼓励竞争?应该如何修改规章条例,才能增加竞争,扩大产出,降低价格,增加社会福利?取消行业管制似乎是一种鼓励竞争的方式。

历史上有很多取消管制的案例。20 世纪 70 年代末在取消航空业的管制之前,民用航空是一家政府机构,控制机票价格、增加飞机的数量以及航班。1978 年,美国航空管制解除法案取消了对机票价格和航班的管制。航空公司可以自由制定价格和航班。在取消对航空领域管制后,美国的航空业出现了一个混乱期。一些公司失败了,被大公司兼并。航空公司转向以中心辐射的方式运作,这样做提高了效率,但一些机场变得更拥挤。机票价格起起伏伏,这取决于供需的快速变化,需要对航空业进行重新管制。但是 20 年之后,取消管制被认为取得了成功。以下是最近的研究结果。

◇ 取消管制之后,扣除物价上涨因素,实际的机票平均价格下降了 30%,每年为乘客节约 50 亿~100 亿美元。

◇ 虽然有合并但是每条线路上的飞机数量增加了 25%。比如,1979~1988 年间,美国航空公司将它服务的机场数量从 50 个增加到 173 个,美国联合航空公司将机场的数量从 80 个增加到 169 个。

---

[1] 引自萨缪尔森和诺德豪斯的《经济学》,第 6 版。

[2] 理查德·波斯纳,《反托拉斯法:经济学视角》,芝加哥大学出版社,1976。

◇ 在取消管制后的数年内,航空业的从业人员增加了65%,美国国内的乘客周转量增加70%以上。

◇ 和怀疑者的担忧相反,小城镇和农村的航空服务范围也扩大了。小城镇的航次和通航区域平均增加了35%~40%。

◇ 航空公司通过改进飞机机型,增加座位数量变得更高效。①

虽然取消管制之路走得很艰辛,但是取消对航空业的管制最终取得了胜利。

其他行业也取消了管制,包括卡车运输、铁路、公交车、有线电视、石油和天然气、电信、金融市场以及地方电力和天然气设施。图8-4列出了取消管制的净影响。这些行业的平均价格都下降了,并增加了产出。

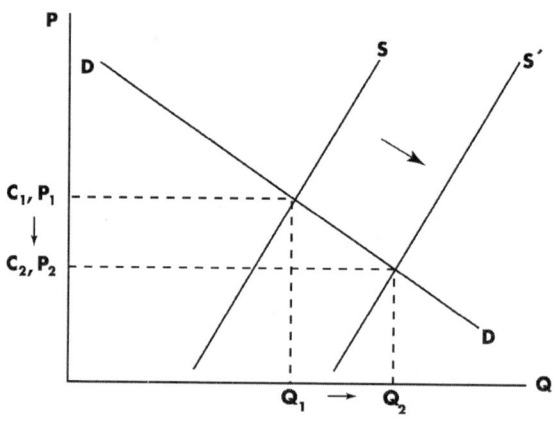

图8-4 取消管制的影响:更低的价格、更高的产出以及更高的效率

不是所有的市场都是完全取消管制的,当前受管制的市场包括有线电视、手机服务、公共事业的独家特许经营、广播和电视台以及第一类邮件。政府有时候给某些职业群体比如律师和医生发执照和特许证,所以有时候和不受管制的自由市场相比,这类群体的收入更高,人数更少。

简而言之,取消行业管制已取得了大部分经济学家想要见到的效果——市场变大了,价格降低了,社会福利增加了。

---

① 更多介绍参见阿尔弗雷德·E.卡恩所著的《取消航空业管制的惊喜》,《美国经济评论》,1988年5月;《取消航空业管控》,简明经济学百科全书。

自然垄断

关于垄断的最后一个问题——自然垄断，比如公共设施、大坝、灯塔、电话服务、公路和高速公路。自然垄断需要管制吗？有没有什么鼓励竞争的方式？

自然垄断指市场只能有效维持一家公司。在自然垄断中，只有一家生产商是最经济的，竞争会导致重复和投资浪费。在这种情况下一家公司提供产品或服务，其他公司进入市场会增加总成本。因为自然垄断的经济规模都相当大。

比如地方自来水公司一般被认为是自然垄断。自来水厂要挖开街道，铺设水管，还要进行维护。地方电话公司或电力公司也如此。两家公共设施公司或电信公司在同一个地区铺设两套线路明显效率低下。在全国范围内铺设电线、有线电视线路以及电话交换台需要花费几十亿美元。显然考虑到这些领域中巨大的规模经济，一家服务商要比两三家服务商更高效。此外，授权垄断意味着垄断公司可以将用于市场营销和销售的费用用于改善基础设施和产品。

如果只有一家公司被授权提供水、电力或者电话服务，那么当地社区有理由担心会出现垄断行为——这家垄断公司牺牲了消费者的利益，获得过高的利润率。

需要指出的是公共设施公司也并非完全没有竞争。如果他们订定的价格过高，当地居民可能会转向其他的城镇、县或州。工业用户甚至有时候从其他州的竞争对手那儿买电。

过高的水价或电价也会影响消费者行为。水被认为是生命的必须物质，对水的需求是非弹性的。但是研究表明，每人每天的平均用水量也根据城市的不同而出现很大的差异——芝加哥为230加仑，纽约和洛杉矶为150加仑，圣地亚哥为120加仑，波士顿为110加仑。阿曼·阿尔钦和威廉·艾伦曾说："数量一方面反映了工业方面的差异，芝加哥有钢铁和炼油业，这两个行业都需要大量用水，而纽约市的商业——金融、零售和服装的用水量则较少。"[①]

尽管有这些事例，但是大部分经济学家都认为公共设施行业的竞争太薄弱，社区居民只有两个选择——公共管制，或者公共所有及运营。多年来，城镇和州更倾向选择公共管制而不是公共所有。一些公有制的公共设施最近也实行私

---

① 阿曼·阿尔钦、威廉·艾伦，《大学经济学》，华兹华斯出版社，1972，第3版。

有制。

公共设施一般是由州公共设施委员会管理，该委员会批准或者不批准所有的增长率。对价格进行管制的一个弊端是公共设施的利润会被挤压，对研发的资本投入会滞后。一种解决办法是取消对公共设施的限制，使其在市场可承受的范围内调整价格。公共设施可以将过高的利润用于研发和改进技术，改良资产，改善周围的环境，投入公共慈善和社区服务，或给股东丰厚的分红。

公共设施愈演愈烈的竞争

很多曾被视为自然垄断的领域近年来发生了一个显著变化：引入了竞争。传统观点曾断言一个社区只有一家电信公司，但是现在我们可以看到几家供应商在长途甚至当地服务上展开了激烈的竞争。美国电话电报公司于20世纪80年代拆分之前，长途话费一直居高不下，美国电话电报公司的股票也停滞不涨。

美国电话电报公司解体后，长途话费大幅下降，美国电话电报公司以及从美国电话电报公司分出来的子公司——地方贝尔运营公司的股票价格迅速飙升（大部分贝尔子公司后来又合并成新的美国电话电报公司）。地方领导通常将业务给一家垃圾收集商，但是现在一些社区也将垃圾收集业务给几家互相竞争的公司，而这几家公司一般都是私营公司。在20世纪60年代，只有美国邮政服务提供邮件和包裹服务，现在则有几家竞争公司比如联合包裹运输服务公司、联邦快递、敦豪快递提供邮件和包裹服务。美国邮政服务现在依然对第一类邮件拥有垄断权，但是这种垄断在很大程度上只是名义上的，因为现在的交流方式很多，比如传真和电子邮件已经代替了第一类邮件。

当今世界经济竞争激烈，纯粹的自然垄断可能已不复存在。

总结

本章要点

1. 垄断只有一个供应商且没有竞争对手。垄断会提高价格，降低产量，增加成本。垄断总的来说会降低总体福利水平。

2. 垄断并不能保证高于平均水平的利润，因为垄断屏蔽了竞争，从而造成浪费和效率低下。

3. 完全竞争是指大量的买家和卖家无法影响价格，这并不是理想的市场经济模型。

4. 很多经济学家认为市场监测模型是决定一个行业内竞争对手数量的最优模型，在不受管制的市场内，能存活下来的公司数量就是最优的。

5. 政府使用反托拉斯和取消管制作为增加竞争的两种手段。

6. 自然垄断，比如公共设施，通常受到政府的管控。激烈的竞争减少了纯粹"自然"垄断的数量，比如在公共设施、电信和交通领域。

重要术语

反垄断法	自然垄断
集中率	寡头
创造性破坏	帕累托最优
规模经济	完全竞争
垄断	福利损失

经济学大师

姓名：乔治·斯蒂格勒（1911~1991）

背景介绍：经济学家、教授、作家以及芝加哥学派自由市场经济的主要发言人。斯提格勒于1947~1958年任教于哥伦比亚大学，1958~1991年任教于芝加哥大学，和米尔顿·弗里德曼长期是同事，1982年因在管制和竞争领域的成就获得诺贝尔经济学奖。

主要贡献：和其他芝加哥学派的经济学家一样，斯蒂格勒也强调用实证研究来论证理论，他的研究重点是产业组织、竞争和垄断理论，包括政府监管的影响。斯蒂格勒编写的《价格理论》被广泛使用，里面有很多实际的例子。他鼓励经济学家不仅要假设政府监管的效果，还要研究政府干预的实际效果。1958年始于芝加哥的《法律与经济学期刊》以及加图研究所出版的《规制》都是实证研究政府行为的典范。斯蒂格勒于1971年在他的一篇名为《经济管制理论》的文章中写到政府机构在管制领域是受制于企业的,因此政府机构常常是阻碍而不是鼓励竞争。因为斯蒂格勒的这篇文章,当今的经济学家对政府监管更多持怀疑态度。

由于斯蒂格勒自己对产业组织的研究,他对反托拉斯的态度也渐渐发生了改变。斯蒂格勒在20世纪40年代和50年代坚定地支持反托拉斯立法。他在国会前疾呼应拆分"集中"行业,建议解散美国钢铁公司。到了20世纪70年代,他改变了他的观点。有证据表明即使只有几个竞争对手,也可以把价格降到竞争水平。

名言:最近,很多经济学家不顾被人说成变幻无常(我也是其中之一),失去了对反托拉斯的热情,也不再惧怕寡头垄断。

性格:斯蒂格勒和他的好友米尔顿·弗里德曼一同出现在芝加哥大学的校园,他的身高(1.95米)和弗里德曼的形成鲜明的对比(1.57米)。斯蒂格勒素以幽默风趣出名,反对将经济学称为"沉闷的科学"。他曾推荐学生读亚当·斯密的《国富论》!斯蒂格勒最著名的著作有:《价格理论》和《斯蒂格勒自传:一个不受管制的经济学家》。

第 9 章 生产要素：土地、租金和自然资源

> 土地是世界上唯一最值钱的东西啊！因为它是世界上唯一一持久的东西，而且你千万别忘了，它是唯一值得你付出劳动，进行战斗——牺牲性命的东西啊！
>
> ——玛格丽特·米切尔《乱世佳人》

> 亚利桑那是我的故土，我的家园，我父辈的故土，现在我要求归还给我。我想在那儿度过我的余生，安眠于群山之中。如果我的要求可以得到满足，我想安然离世……
>
> ——杰罗尼莫，美国印第安人阿柏切族首领

继续用逻辑的方式来看经济学，接下来的四章将围绕公司成本展开，也就是创造最终产品或服务的要素或投入。本章将分析投入要素、土地和自然资源等最基本的概念。

前面的章节主要讨论经济学的目的，既财富是如何被创造出来的。用创造财富的四阶段宏观模型阐述产品和服务是如何通过一系列的生产阶段从未完成状态发展到具有使用价值，从自然资源变成最终的产品和服务的。

图9-1中的四阶段模型说明了生产要素是如何起作用的。

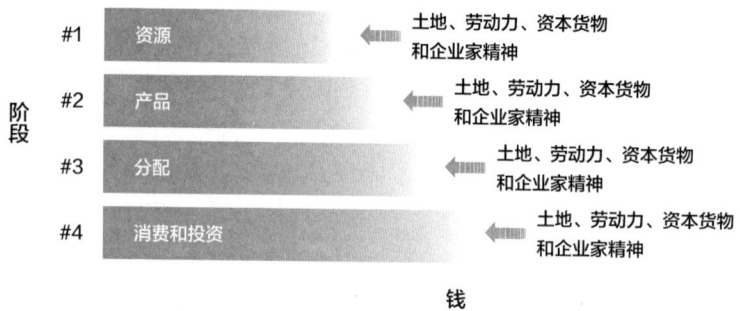

图 9-1 四个生产阶段中的生产要素

传统的竞争观点

传统古典经济学认为生产要素总是处于竞争状态。地主、工人和资本家彼此竞争以增加在生产要素收入中的市场份额。每一个生产要素都同其他两个生产要素竞争。古典经济学派的创始人亚当·斯密和大卫·李嘉图通常关注收入分配以及如何对收入进行分配。如果地主增加了他们在国民收入中的份额，那么工人和资本家的收入就会相应地减少。如果资本家和地主的收入增加，这就意味着工人的工资减少了。

卡尔·马克思走得更远。他认为资本家和地主的份额等于偷窃，是对工人阶级的剥削。马克思学派认为对国民收入的争夺等同于阶级斗争。马克思说道："工资取决于资本家和工人之间的敌对斗争，赢的一方总是资本家。胜利必定属于资本家。资本家没有工人能比工人没有资本家存活得更久。资本家的联合是很通常而卓有成效的，工人的联合则遭到禁止并带来悲惨的结果……因此，资本、地租和劳动三者的分离对工人来说是致命的。"①

在这个早期的古典模型中，国民收入被视为一个苹果派，焦点不在做苹果派，也不是如何将苹果派做得更大，而是如何分苹果派。如果一个阶级拿到大份，这就意味着弱势一方拿到更少的苹果派，而按照马克思的观点，弱势一方总是工人阶级。

---

① 卡尔·马克思，《经济和个人手稿：第一手稿：劳动力工资》，1844 年 4/8 月。

重新聚焦经济的合作本质

本书的四阶段模型提供了新的视角。土地、劳动和资本品共同作用将生产阶段推到产出的下一个阶段。首先得有资料,生产要素共同作用将这些资料从投入变成了产出。按照这个模型,有一个生产要素不协作的话,生产过程就会突然停止,不会产生任何结果。如果房东拒绝出租他们的建筑物或土地,如果工人持续罢工,或者如果资本家拒绝使用他们的资本品或出借资本,公司就不会完成目标。工厂就会处于闲置状态,也不会有产品或服务生产出来,这种情形有点像《穷人理查德年鉴》里说的那样:"因为少了一颗马蹄钉,而掉了马蹄铁,因为掉了那个马蹄铁,而丢了那匹马,因为丢了那匹马而失去那个骑兵。"

过去,产品市场和要素市场都视市场经济为一个竞争体系。现在,至少在要素市场,地主、工人和资本家之间有大量的合作。缺少任何一方,都不会有结果。

市场体系中合作和竞争并存。

微观层面的要素市场

二阶段的微观模型也涉及生产要素。这个二阶段模型反映的是公司的盈亏损益表。前面的章节讨论过公司的动态要素——变动的成本、价格、收益。图9-2可以让我们再回顾一下二阶段模型。

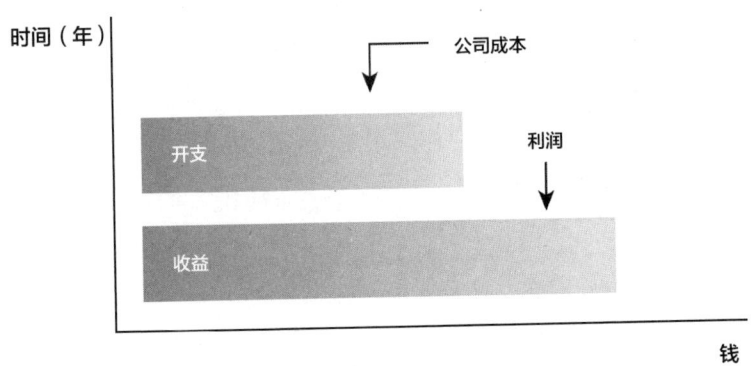

图9-2 公司损益表的二阶段模型

微软损益表中的经济交易成本包括哪些方面？图 9-3 是微软的损益表。

（单位：百万美元）

收入	85320
支出	
原料成本	32780
研发费用	11988
工资/行政管理费用/市场营销费用	20370
纳税	2953
总支出	68522
净收入（利润）	16798

图 9-3 微软 2016 年损益表

任何公司的成本都可以分为以下四个方面。

◇ 材料和物品（即将被加工的投入品）。
◇ 土地和地租（房地产、工厂和建筑物）。
◇ 劳动（工资、薪水以及咨询费）。
◇ 资本品（机器、设备和办公物品）。

在最基本的投入-产出模式中，公司将土地、劳动力和资本品施加到投入品中（在制品），将其变成产出品，在使用阶段出售给消费者。

本章探讨如何对土地和经济地租定价，以及土地和经济地租在市场中的作用。

土地、产权和民主

土地！丰富的自然资源。

土地！人类占有它，争夺它，利用它。俄罗斯、中国和古巴的共产主义革命之所以成功，部分原因是大众对土地民主改革的需求。美国没有发生国家社会主义革命，部分原因是财产权被广泛认同。

土地是最基本的生产要素。没有土地，材料、供给品、商品和服务，一切都无从谈起。实际上，土地和劳动是最基本的生产资料。所有的工具、设备、资本品和在制品都源自土地。

人类将劳动施加于从土地中获取的资料从而创造了最初的工具，人类用这些工具创造其他资本品。

土地和产权

土地无疑和财产以及财产权相关。谁拥有土地呢？威廉·布莱克斯坦曾宣称："土地是全人类的共同财产，是造物主给人类的礼物。"但是现在绝大多数的土地为私人或公司所有（股东）。每个国家私人拥有土地的数量不一样。美国一直广为宣扬房产的概念，房产通常包括一块土地。但是在拉丁美洲，田产是由西班牙和其他殖民势力赋予的，因此有必要进行土地革命，从而培养数量庞大的中产阶级。

市场经济的一个基本原则是在法律体系内建立清晰明确的财产权。没有土地权和产权，就会出现经济纠纷，从而削弱经济效率[①]。第20章"财政政策和政府作用"将会继续讨论产权。

土地是什么？

最宽泛的土地定义是：土地是从事经济活动的实体空间。土地可以是城市里的房产——一块贫瘠的土地只有在上面盖上居民或商业建筑才有用；土地也可以是农业耕地，农民在上面种植农作物或从事畜牧业；也可以是矿产，用来开采铁矿、铜矿或贵金属等；也可以是湖泊或河流，提供水源或作为运输通道；也可以是一

---

① 想了解对财产权重要性的讨论，参见汤姆·贝瑟尔的《最荣耀的胜利：财产和繁荣》，圣马丁出版社，1998。

片森林，用来生产木材或作为动物的栖息地。

土地提供自然资源——矿产、森林、水资源以及房屋（这等于土地被永久地改变了）。比如一块土地原本是一片沼泽，被清理后就被永远地改变了。永久改变的标准将土地和资本品区别开来。资本品包括建筑物和机器，可以被安置在一片空地上，但不会永远是土地的一部分。建筑物和机器会退化、贬值，最终需要被替换掉。而土地则永远都存在，是取之不尽用之不竭的资源。

土地的供给完全没有弹性吗？

在谈到土地或房产时有种说法："一点也生产不出来。"也就是说土地的供给是固定不变的，所有土地的价格完全由需求决定。迈克尔·帕金对这句标准的教科书般的看法表述如下："个人决定无法改变（土地）的供给量……某种类型、某处的土地总量是固定不变的，不因个人决定而改变。这也意味着每块土地的供给都是毫无弹性的……因为不管土地价格如何，土地的供给是不变的，而价格是由需求决定的。对某块土地的需求越大，这块土地的价格就越高。"①

图9-4说明土地价格只有需求一个因素决定，因而土地的供给是完全没有弹性的。

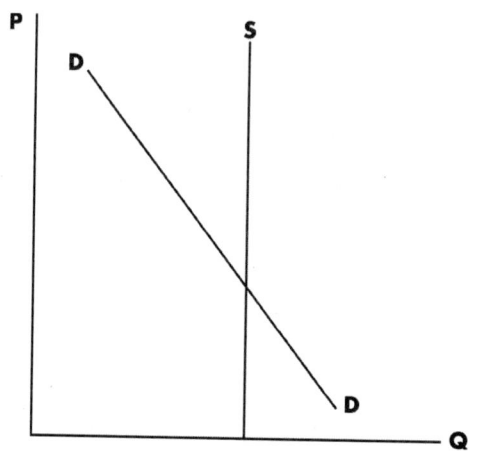

图9-4　土地的垂直供给曲线

---

① 麦克·帕金，《经济学》，埃迪森·韦斯出版社，1998，第4版。

亨利·乔治和单一地价税

乔治·亨利认为土地的供给曲线完全没有弹性,很多经济学家都支持亨利·乔治著名的单一地价税观点,认为单一地价税是最佳解决公共财政的经济和财政手段,兼顾效率和公平。

亨利·乔治(1839~1897)是加利福尼亚州的新闻记者,代表作是1879年出版的《进步和贫穷》。

《进步和贫穷》表达了亨利·乔治对社会公平的看法,他相信竞争、自由资本主义,以及反托拉斯的政府。但是,他又声称资本主义有一个严重的缺陷——对土地所有权的垄断,他认为这是一切罪恶的根源。所有增加的土地价值都是不劳而获的,这造成了贫富不均。他说:"和对土地的垄断相比,其他任何形式的垄断都微不足道。"① 他尤其抨击土地投机者,认为他们没什么社会功用。

土地产生不劳而获盈余的说法要追溯到亚当·斯密和大卫·李嘉图那里,两位经济学家都认为房租是地主的纯利润,因为这是自然的馈赠而不是人为的努力。房东在收到的房租中是没有成本的。因此房租被谴责为不劳而获的收入。

为了解决不公平的问题以及其他经济问题,亨利·乔治没有采纳社会主义者提出的对土地进行国有化的建议,而是提出对经济地租征收单一税。不论地主对土地收了多少租金(建筑除外),都要交税。乔治认为这是理想的税收。"和对商品、交易、资本或者生产工具或生产过程征税不同,这不会影响生产。"②

乔治只建议对地租征收单一税,对资本或土地改进不征税。只对纯粹的经济地租征税,即对地产而不是房屋或土地改进征税,那地主缴纳的税就不会对生产活动产生负面影响。私人土地所有权不会受到干扰,土地不会被没收,仅仅是征税而已。

此外,对地租征税政策还会打击土地投机者,让他们被迫放弃自私的赢利目标。亨利于1897年竞选纽约市市长,但在竞选过程中去世,纽约市为他举行了史上最大的葬礼之一。亨利的影响依然还在。时至今日,一些经济学家,包括保罗·萨缪尔森在内都认同乔治的观点,只有地主缴纳土地单一税,对地租征税才

---

① 亨利·乔治,《进步和贫穷》,纽约,罗伯特·沙尔肯巴赫基金会,1942。

② 同上。

是正确的做法。图 9-5 解释了对土地征收单一税的好处。

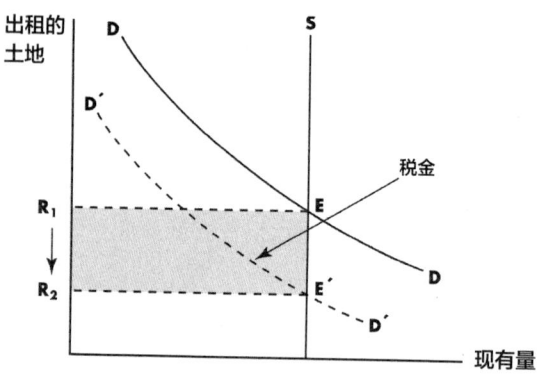

图 9-5 土地单一税的影响：只有地主交纳

在萨缪尔森和诺德豪斯看来，"在非弹性供给中，所收的税都转嫁到了土地所有者那里……结果显而易见，既对地租征税不会导致经济扭曲或效率低下。"为什么不会呢？"因为对纯经济地租征的税没有改变任何人的经济行为。需求方没有受影响，因为地价没有变。供给方的行为也没有受到影响，因为土地被征税，且无法做出反应。"①

对乔治单一土地税的争论

有的经济学家则不认同单一土地税。最尖锐的批评者是穆雷·N. 罗斯巴德，他反对亨利·乔治对土地投机的抨击。罗斯巴德认为土地投机者发挥了很重要的经济功能。他引入了由卡尔·门格尔、莱昂·瓦尔拉斯和威廉·斯坦利于 19 世纪 70 年代提出的边际分析法。按照边际分析，一块土地最终会落在能带来最大价值的竞标者手中，这也是这块土地最大的边际价值。

地价随着城市、州和国家的不同而不同。

试想如果全球的地价都一样，会产生什么后果？在某些地方，土地会严重短缺（地价太便宜了）；而在有些地方，房屋可能没人居住（地价太高了）。不管

---

① 保罗·萨缪尔森、威廉·诺德豪斯，《经济学》，麦格劳-希尔出版公司，1998，第 16 版。

一块土地的最初价格是多少，也不管房东是获利还是遭受损失，市场价格可以使一块土地的使用价值最大化。

罗斯巴德也不同意萨缪尔森和其他经济学家认为对土地或地租征税不会导致效率低下的观点。相反，罗斯巴德认为："如果将亨利·乔治的理论付诸实施，那么土地不仅会被错置，得不到有效使用，同时市中心也会变得异常拥挤。"[1] 这是为什么呢？因为既然房东不会从地租中获取任何收益，他们就会建更大更高的楼房，从房租中增加收益。因为出售土地让他们损失惨重，得不到任何收益，所以他们会选择在空地上建楼房而不是出售土地。地主会在每处房产上建筑又大又高的建筑（摩天大楼），以此来降低不能从地租获益的负面影响，其结果就是市中心会越来越拥挤。

乔治学派对此的反驳是地租可以使土地和建筑物得到最合理地利用，因为不会造成无谓的损失。如果一处房产闲置不用，土地税会迫使土地拥有者去开发这块土地。圣塔克拉拉大学的教授弗雷德·弗尔德瓦里举了美国历史上两个相反的例子。在1906年的大地震过后，旧金山的居民很快重建家园，因为不论一块土地是闲置不用还是重建，他们都要交房产税。而在2004年的飓风过后，新奥尔良的居民被豁免7.5万美元的房产税，结果就是飓风过后的好几年内成千上万的房屋依然是被飓风破坏时的样子，并被弃之不用。

乔治派也注意到土地价格和房租受被加利福尼亚大学河滨学院经济学教授梅森·加夫尼称之为"市政重商主义"的影响。分区、浪费的空地、建设高尔夫球场时的补贴、政府强行制定的土地管理条例都会使土地价格和房租大幅上涨。比如，旧金山港湾区的地价要比美国有同样人口密度的其他地区高得多，因为旧金山港湾区的发展受到更多的限制。

供给曲线并非完全没有弹性

固定数量的土地意味着这块土地的供给曲线完全没有弹性，这种观点也站不住脚。不论这块土地的价格如何，这块土地都可以在市场上出售吗？市场对土地的需求不是取决于这块土地有多少，而是取决于可以出售的土地数量。土地的价格是由边际买家和边际卖家决定的。边际主义的观点也可以应用到收藏品中。很

---

[1] 穆雷·N.罗斯巴德，《权力与市场》，人文研究所，1970。

多收藏品,比如巴比·鲁斯签名的棒球、摩根银币以及19世纪的画作都不会再生产。不同时期内这些物品可供出售的数量因价格的不同有非常大的差异,价格在很大程度上是由消费需求决定的。虽然巴比·鲁斯一生签名的棒球数量是固定的,但是可供出售的巴比·鲁斯签名的棒球数量却是变化不定的。图9-6列出了巴比·鲁斯签名的棒球的供给弹性。

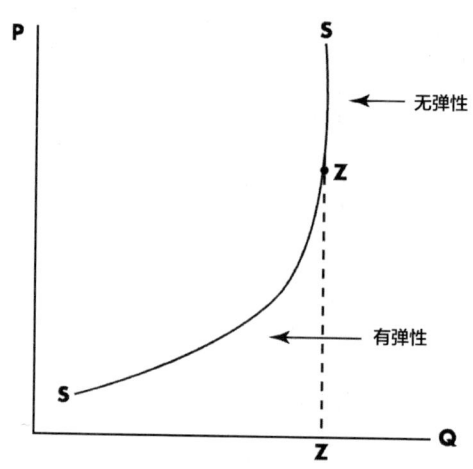

图9-6 巴比·鲁斯签名的棒球的弹性供给曲线

第6章提到了佛罗里达州奥兰多的房地产市场,每20户居民住房中有一户是在售的,平均房价(约20万美元)就是基于这种平衡状态形成的。但是假设奥兰多的犯罪率上升或者一个大型主题公园决定搬离奥兰多,导致奥兰多的居住适宜性下降,现在出售房屋的数量增加一倍,1/10的房屋都在售。在售房屋的边际数量增加了。虽然奥兰多的住房总量没变,但是平均房价却有可能大幅下降。

同样,虽然土地总量固定不变,但是土地的供给也会随地价而变化。地价越高,在售的地块就越多;价地越低,市场上的地块就越少。

第6章的结论是商品和服务的价格是由边际决定的。总的来说土地和要素市场(土地、劳动力和资本)也如此。第10章将讨论生产要素的边际生产力。

经济租金的概念

要理解经济租金,让我们先来回顾图9-7中的供给和需求曲线。

第 6 章介绍了消费者盈余和卖家租金。对个体来说消费者盈余是指消费者愿意支付的最高价格和实际支付的价格差。比如，买家愿意花 3.5 万美元买一辆野马汽车，但是实际上只花了 3 万美元，他的消费者盈余就是 5000 美元。很多消费者都喜欢在购买大部分商品和服务时享有消费者盈余。

卖家剩余类似于消费者盈余，但这是卖家的剩余。纽约的一位房东愿意以 25 万美元的价格出售他的房产，但是市场价格是 40 万美元，这样他的经济租金为 15 万美元。经济租金是房产或服务的所有者实际收到的价格与他能接受的价格差。在图 9-8 中，需求曲线和市场价格之间的区域就是经济租金。

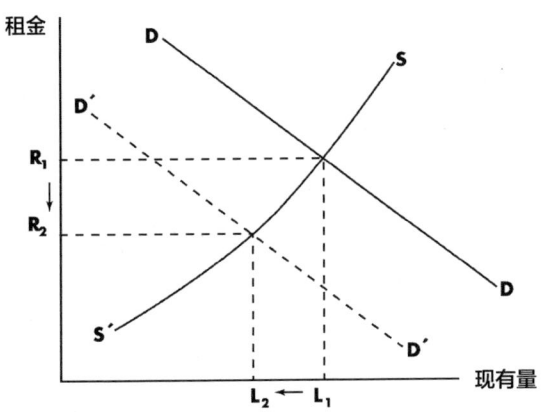

图 9-7　对地租征税的影响

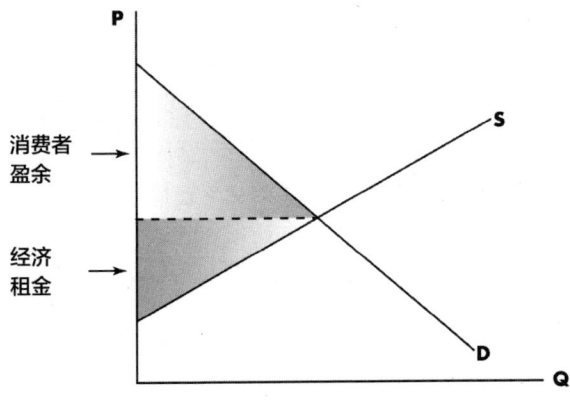

图 9-8　消费者盈余与供求关系中的经济租金

经济租金可以应用到市场的方方面面，不仅是土地。比如，一位棒球运动员可能接受年薪10万美元的价格，但是纽约洋基队给他的市场价格是每年300万美元，这样的话，差不多这位棒球运动员的全部薪水都是他的经济租金。体育界或娱乐界的天才可能会有巨额的经济租金。他们可能愿意接受比他们实际的市场价值低很多的报酬。

寻租的概念

经济学家将经济租金的概念延伸到政府政策和公共选择理论上。亚利桑那大学的经济学教授戈登·塔洛克发明了经济寻租这个词，指的是通过政治影响力（游说）寻求保护，以及人为获得更高的产品或服务的利润空间。就像房东因为房租突然上涨不费吹灰之力就受益一样，新的政府政策也可以使某些群体受益。经济学家大卫·亨德森将之称为"权力寻租"。权力寻租在农业、军事、邮政和贸易保护等领域很常见。这些行业或市场的企业会游说政客通过有利于该群体特殊利益的立法。第20章"政府的作用"和第23章"政府管制和控制"会详细讨论权力寻租这个有意思的话题。

总结

本章要点

1. 自由企业经济体系既有竞争又有合作。地主、工人和资本家必须通力合作才能创造有用的财富。

2. 有效产权和对其他资源的所有权对交易、贸易和经济活动至关重要。

3. 虽然土地总量是固定不变的，但是在某个时间段可供出售的土地量的供给曲线却不是完全没有弹性的。

4. 土地的价格（地租）可使土地实现最大的价值和最有效的利用。

5. 经济学家关于对地租征税持不同的看法。一些经济学家认为对地租征税会造成过度拥挤，而乔治派经济学家则认为这是社会发展过程中最优的税收。

6. 大型企业可以通过从政府处获得补贴和特权从而享受权力寻租带来的好处。比如农场补贴、进口关税和限制以及其他形式的企业福利。

重要术语

竞争	游说
消费者盈余	垄断
合作	完全无弹性
经济租金	权力寻租
规模经济	财产权
生产要素	寻租
地租	卖家租金
土地	

经济学大师

托马斯·马尔萨斯和大卫·李嘉图

姓名：托马斯·马尔萨斯（1766~1834）和大卫·李嘉图（1772~1823）

背景介绍：马尔萨斯和李嘉图是古典学派的奠基人、亚当·斯密的追随者。两人是朋友，有很多共同之处，比如都倡导自由主义政策，都对未来持悲观态度，担心人口过剩和生存工资论。

马尔萨斯于1788年毕业于剑桥大学耶稣学院，数学专业，曾短暂当过牧师（被称为马尔萨斯教士）。于1804年结婚，后成为位于黑利伯瑞东印度公司的历史和政治经济学教授。

李嘉图出生在一个犹太家庭，他违背父母的意愿娶了一位贵格会教徒，靠着在伦敦证券交易所的证券交易活动积累了大量财富。李嘉图除写作外，还于1819年成为众议院议员。李嘉图于1823年去世，去世时留下了孀妻和7个孩子，以及75万英镑的遗产。李嘉图成为有史以来最富有的经济学家。

主要著作：马尔萨斯写过一本在经济学和社会科学领域都产生过深远影响的著作《人口论》。他警告人口的增长受到食品供给（土地产出）的限制。马尔萨斯认为人口的增长呈几何级数级（1，2，4，8，16…），但食品供给增长呈算术级数增长，这导致的后果就是大规模饥荒和生存工资。马尔萨斯还写过一本著作《政治经济学原理》。

大卫·李嘉图最具盛名的著作是《政治经济学和赋税原理》，李嘉图在书中提出了几个经济学概念，包括收益递减法则、国际贸易中的相对优势和劳动价值论。

优势： 虽然马尔萨斯没能预见技术进步在农业生产和效率方面的作用，但是马尔萨斯人口论却让人们对当时的改革家提出的一夜之间消除贫困的幻想提出了质疑。马尔萨斯同时质疑经济从"一般过剩"或大萧条中快速恢复的能力。凯恩斯则称赞马尔萨斯为抨击萨伊市场定律和储蓄论的先驱。

李嘉图被认为是将经济学变为一门充满生机和活力学科的奠基人，当然也有不少评论家认为李嘉图将经济学带到了沟里（参见下面的"李嘉图的罪恶"）。李嘉图强烈支持金本位，批评通货膨胀和福利社会，同时提倡自由贸易。他曾雄辩有力地论证两个国家都会从低关税中受益。他支持取消对进口小麦征收关税的"谷物法"。

弱势： 马尔萨斯和李嘉图对土地以及土地的产出可以满足全部人类的需求持悲观态度。两人都认为开垦的土地越多，农民就不得不耕种产出低的土地，因此，高产出土地的地租会养活一批不劳而获的地主。马尔萨斯和李嘉图对土地和地主的悲观态度支撑了田园派对地租收入的抨击。

李嘉图创造了被经济学家称之为"李嘉图的罪恶"的方法，就是经济学家将模型建立在虚假和有误导性的假设之上，从而得出令人满意的结果。李嘉图就是运用这种方法来"证明"劳动价值论。有的批评家将当今非常抽象、遵循数理逻辑且和历史事实无关的理论模型归罪于李嘉图。李嘉图进一步拓展了马克思主义，认为利润的增加是以工人的工资为代价，这样工人的工资就只能勉强维持其生存。

由于马尔萨斯和李嘉图的理论，托马斯·卡莱尔将经济学称为"忧郁的学科"。

第 10 章 生产要素：工资、就业和劳动生产率

工资的增长来自每小时增加的产量。

——F.A. 哈玻《工资为什么会增长》

失业被看成是社会的弊病，必须被控制在可以接受的水平。

——罗博·勒罗伊·米勒

大部分人将清醒状态下的大部分时间都用在了工作上。有人喜欢他们的工作，有人讨厌，有人需要应付苛刻的老板以及不靠谱的工人。不是所有的工作都有趣。但总有人会迫不及待地起床开始一天的工作。很多员工对工资不满，认为工资太低，期待下个月就能加薪。有人担心他们养老金计划中持有的公司股票。有人担心失业或者被解雇。可能还有人想重返校园。

本章将探讨劳动力和工资，以及以下四个问题。

◇ 工资及一国的生活水平是由什么决定的？
◇ 如何才能增加收入？
◇ 工会能帮助工人增加收入，以及改善员工的工作环境吗？
◇ 失业是如何造成的？

还记得劳动力是生产要素之一吧——土地、劳动力和资本。第 9 章阐述了土地和自然资源的重要作用。本章将阐述收入和劳动，工资以及其他形式的收入决

决定了生活水平。每年挣的钱越多，能买的东西，能做的事情也就越多，能享受的闲暇时光也就越多。

20 世纪的实际收入扶摇直上

从历史角度来看，工业社会尤其是 20 世纪，大部分人的实际收入（扣除通货膨胀之后）都大幅增加。德国、日本和其他工业国家的收入和生活水平大幅增长，现在其他国家紧随其后。

20 世纪之前，普通工人没取得什么经济进步（见图 10-1）。19 世纪初的工业革命使工人的实际收入大幅增加，随后 20 世纪在能源、通讯和交通运输方面取得的重大突破使工人的实际收入水涨船高。

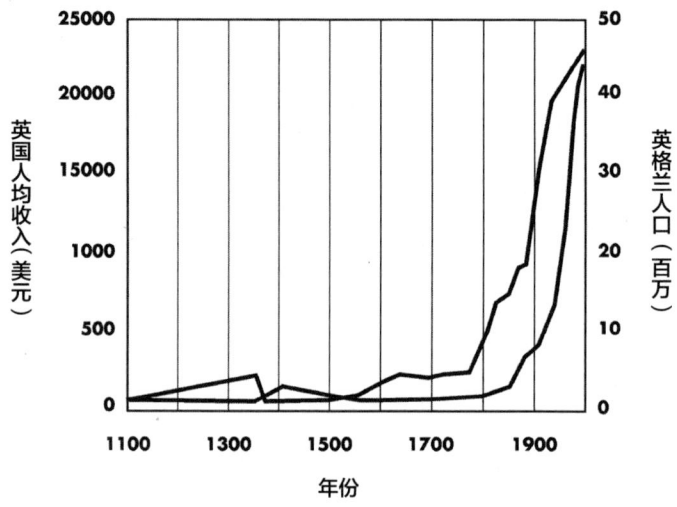

图 10-1　实际收入在 19 世纪之后才开始增长

图 10-2 列出了美国从 1950 年之后实际收入大幅增长的情形，同时，平均工作时间下降，美国工人享有更多的闲暇时间。在过去的 100 年里，美国工人的工作时间缩短了一半，但实际收入增加了 8 倍。这是项辉煌的成就。

第 1 章的统计数据也说明人民的生活水平提高了。现在的人们和一个世纪前相比真是太幸运了，至少在物质财富方面。

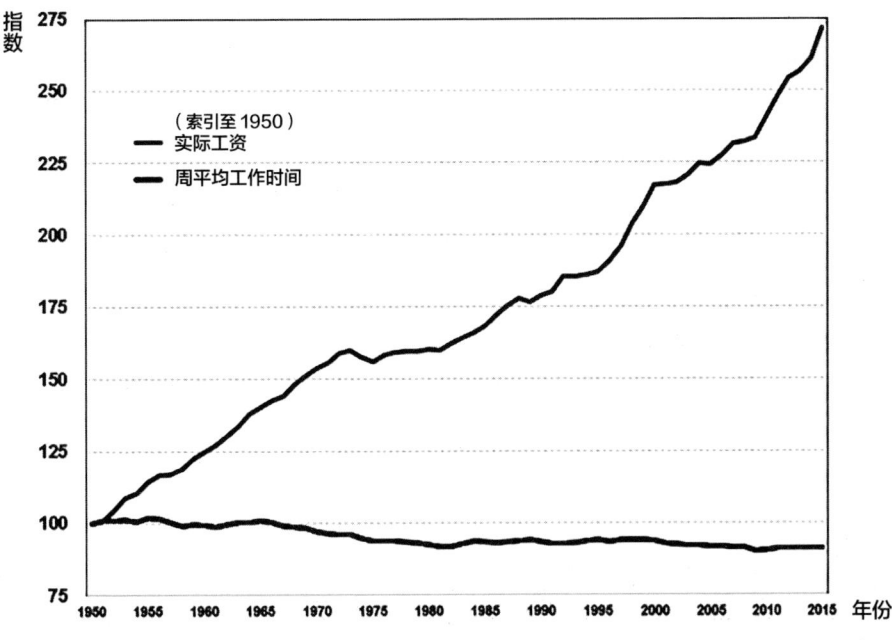

图 10-2　美国工人实际收入增加，工作时间减少

实际收入的增幅放缓？

读者可能注意到了自 20 世纪 70 年代以来实际收入的涨幅很小，一个原因是工人的福利——包括医疗保险、带薪假期以及养老保险在过去的 40 年间都有大幅增长。但是，就算将工人的福利计算在内，工人每小时的实际收入从 20 世纪 70 年代开始增幅放缓。这又是为什么呢？

经济学家给出了如下解释。

◇ 外国竞争对手已赶上了美国的生产力水平。

◇ 对国外产品的需求增长，国外工资的增长，以及美国工资的增速放缓。

◇ 税费和通货膨胀侵蚀了公司的利润，降低了税后的实际收入，这使得越来越多的美国家庭夫妻双方都工作，或者从事两份工作来养家糊口。

商业中劳动力的角色

从公司的角度看，劳动力是个关键要素，通常在大公司中，工资是最大的支出项目。图 10-3 列出了微软 2016 年的损益表。扣除成本后，员工的工资是微软财政最大的支出项目，2016 年为 203.7 亿美元。

劳动力在公司的利润中发挥怎样的作用？图 10-4 说明劳动力在公司的成本和收益方面都起了作用。

劳动力发挥什么作用呢？在工作环境下（土地、工厂或办公室），工人使用工具和设备将投入品（半成品）转为产出品（最终的产品和服务）。劳动力是生产过程中不可或缺的要素。

企业所有者同样也发挥关键作用。作为所有者/管理者，企业所有者做出关键决策，决定生产什么样的产品，采用什么样的生产过程，需要哪些人。企业所有者是直接决策人。通常情况下企业所有者和员工各有分工，但都是工人——都需要完成各种任务（第 12 章将讨论企业家）。

（单位：百万美元）

收入	85320
开支	
原料费用	32780
研发费	11988
员工工资/行政管理/市场营销	20370
税费	2953
总开支	68522
净收益（利润）	16798

图 10-3 微软 2016 年损益表

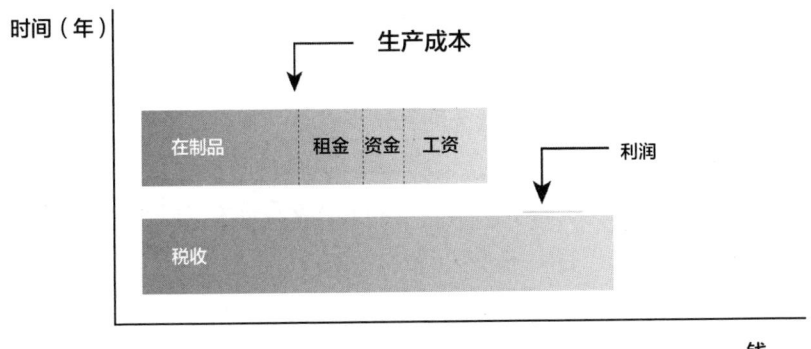

图 10-4　公司的盈亏损益表

我们不得不再次强调资本主义体系中合作的重要性。没有劳动力，最终的产品和服务就不能送到消费者手中。没有资本和资本家，劳动力也不可能完成他们的任务。劳动力和资本互相依存，为了共同的目标而相互合作。实际上，多年来由于企业家花钱购买昂贵的资本设备，工人的收入得到了极大提高。没有预付资本，工人的工资将会少很多。

劳动力的工资、派生需求和边际生产力

工资也就是工人的价格是由什么决定的呢？为什么工资会增加呢？要回答这些问题，我们需要回顾图 10-4 中的公司损益表的动态二阶段模型。

第 4 章论述了损益，公司通过购买（或雇用）更多的投入品——土地、劳动力和资本，从而实现最大的利润，来增加公司的收入。公司会进行成本 – 收益分析。成本 – 收益分析需要考虑所有的积极要素——收益，也要考虑消极因素，并将之从收益中扣除。两者的差可以预测一项计划是否可取。

增加的成本（工资、房租和利息）能带来更高的收入吗？如果一项新的营销计划或产品线所产生的收入可以抵消成本并可带来一定的利润，那么公司的管理层就做了正确的决策。如果增加的收入不能超过增加的成本，那么管理层就做了错误的决策。

要素市场的价格来自最终的消费需求。什么是派生需求呢？对土地、劳动力和资本的需求是由最终的收入决定的，也就是由公司出售给消费者的产品所产生的利润决

定的。在收入和成本平衡取得一定的利润之前，公司一直需要投入更多的生产要素。

以劳动力为例。假设市场对软件的需求持续增长，微软认为这是提高其市场地位的大好时机，于是决定雇用更多的软件技术员。假设有几年工作经验的软件技术员的年薪是 10 万美元。微软为什么要雇用更好的技术员？其中一个原因就是公司可获得更多的收入。微软雇用这些员工的收益是这些员工可以带来额外的收益。由额外的工人生产的额外的产出被称为工人的边际生产力。

微软会雇用多少工人呢？理论上微软雇用工人数量的临界点为边际产品的价值（边际收益）等于产品的价格，也就是软件技术员的工资。

通常劳动力的边际生产力揭示了工人的收入和公司利润之间的密切相关。工资和福利都不可避免地和利润相关。从广义的角度看，此原则可以运用到所有的生产要素中。办公场地、工资、设备和其他生产要素都直接和公司的利润相关。如果公司业绩良好，公司需要更大的办公场地，更多的工人，更多的资本去扩张——甚至愿意花更多的钱去采购这些资源。当然，这取决于竞争程度和公司的扩展速度。如果公司业绩不良，则会卖掉办公场地，裁员，消减供给和设备。

图 10-5 是劳动力需求曲线，这是一条上升曲线。这条供给曲线一开始相对来说比较平，因为公司一开始雇用工人时都不会付给工人很高的工资。随着公司充分运用各种资源，对熟练技术工人比如软件技术员的需求竞争变得更激烈，公司愿意付给工人更高的工资以吸引更优秀的工人。

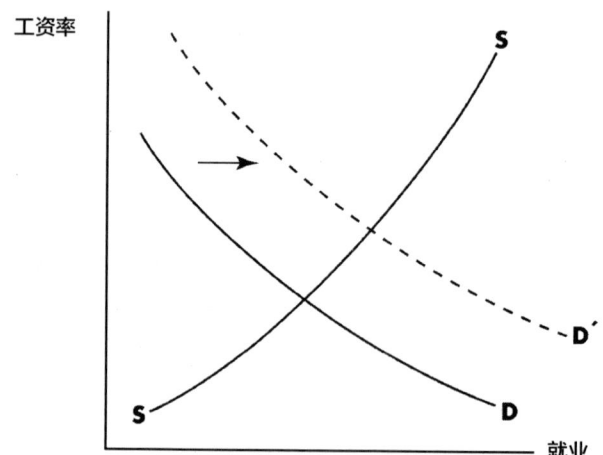

图 10-5　工作 vs 休闲 上升的劳动力供给曲线

劳动力供给曲线一般向上倾斜。更高的工资会鼓励更多人的工作，以及工作更长的时间。但是休闲也非常令人向往，一些人即使面对更高的工资也会缩短工作时间。经济学家无法准确地判断休闲对工人的影响程度，但是休闲是个重要的影响因素，尤其是对医生、律师、其他的职业群体，以及年轻一代来说。

对劳动力的需求

对劳动力的需求又是怎样的呢？在上面的例子中，将软件产品的需求曲线向上移动并观察工人的反应，就形成了供给曲线。图10-5指出通过改变需求从而形成了向上倾斜的供给曲线。对工人需求的增加导致工人供给的增加，且工人的工资普遍得到提高。

要绘制劳动力需求曲线，需要移动供给曲线，那如何移动供给曲线呢？假设计算机领域的专家预测未来10年由于对计算机的需求增加，会导致软件技术员的短缺。几百万大学生会从其他专业转到计算机专业。更懂计算机的外国工人移民到美国，由此带来的结果就是供给曲线向下向外倾斜。计算机专业毕业生和外国人的激增会增加就业压力，而计算机公司如微软可以以较低的工资雇用更多的工人。图10-6列出了软件技术员供给增加的结果。

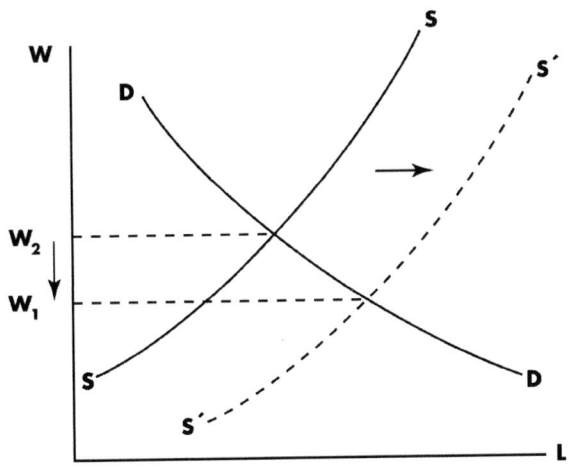

图10-6 计算机工人增加的结果

移动供给曲线可以得出基本的劳动力的供给和需求情况。增加终端产品的需求和利润率会使工资上升，而增加新工人又会导致工资降低。工资平衡率趋向等于劳动力的边际生产力，也就是说工资是增加还是减少取决于劳动力买卖市场的变化。

劳动力的边际生产力概念最早是由哥伦比亚大学经济学教授约翰·贝茨·克拉克于19世纪提出的。克拉克论证在一个充满竞争的经济体中，如果工人的市场工资超过了工人生产的边际产品——工人为公司创造利润的能力，那么公司是不会雇用工人的，因为这样公司是没有利润的。此外，所有工人的市场工资应该是新员工（新员工的经验和培训等同于老员工）愿意接受的工资，新员工是指边际员工或最后一位进入公司的员工。因此，工资随着劳动力的边际价值而变化。所有工资率的起伏变化就取决于额外工人——刚进入公司的工人对工资的要求。如同房产价格的变化影响这一地区所有的房地产一样，额外工人的工资率不仅影响新来工人的工资，而是影响所有工人的工资。

工资率原则

图10-7列出了某个劳动力市场的供给和需求。注意均衡工资的倾向。第6章指出在产品市场是一种价格占主导。"同工同酬"可不只是一句政治口号，而是劳动力市场的普遍特点。劳动力的流动性是工资率倾向于均衡的一个原因。如果一个地区的工资高于其他地区，那么工人就会涌向那个地区，将工资降到与其他地区持平的水平。

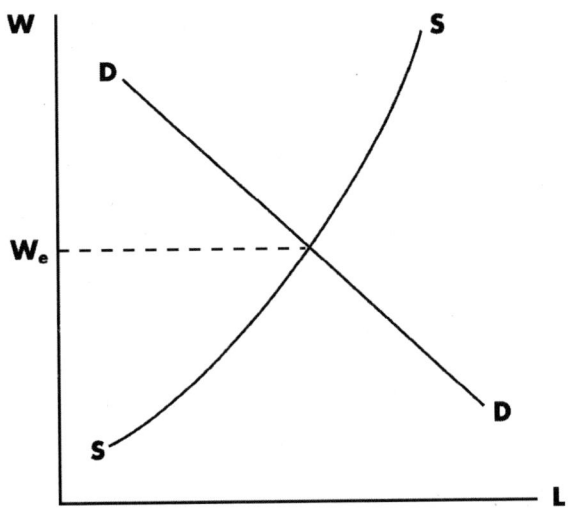

图 10-7　劳动力的供给和需求

在劳动力市场,工作内容类似,但工资会有不同程度的变化,原因有经验、年龄、性别、交通成本以及住在不同地区生活成本的差异。比如曼哈顿的会计通常收入高于堪萨斯城的会计,因为纽约对会计的需求更大,居住在纽约的生活成本也更高。

工作歧视和"同工同酬"

社会评论家注意到工资随着种族和性别的不同而不同,市场上总存在带有感情色彩的歧视。研究表明,同样的工作黑人和女性的报酬更低。图 10-8 总结了性别和种族造成的工资差异。

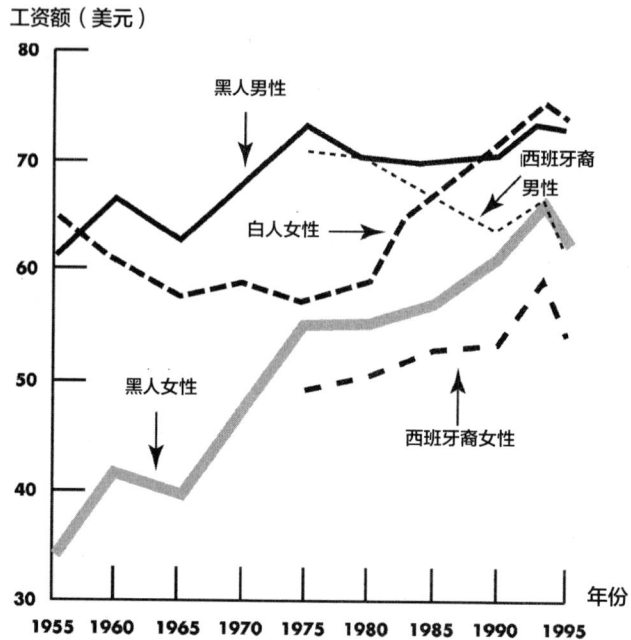

不同种族和性别群体的工资相对于白人男性工资的百分比表示。这些差异多年来一直存在,但它们的规模已经发生了变化。

图 10-8　不同种族和性别群体的工资相对于白人男性工资的百分比
来源: 美国人口统计局的统计摘要,1996,116 版。

　　黑人和白人、男性和女性的工资差别如图 10-8 所示,正在逐步缩小。美国企业研究所(华盛顿特区)的一项研究表明,年轻女性的工资差距在缩小,她们的工资相当于男性的 98%,该研究还指出老年女性的工资差距在迅速缩小,接受高等教育的女性多于男性。如果工资差距在缩小,那为什么在所有的劳动力市场中还存在歧视呢?应如何解决这个问题?

　　经济学家对工资的种族和性别差异,以及这些差异是否反映了歧视和其他问题而持不同的意见。工资是由(1)教育年限,(2)工作年限,(3)工作中断次数决定的。一般来讲,雇主付给女性、黑人和其他种族的工资少于白人男性,因为少数民族的教育程度或工作经验少于白人男性。直到最近黑人的教育机会都低于白人。同样,女性中断工作的次数要高于男性,或者女性的职业生涯因生育子女而被缩短或中断。老板通常雇用能长期工作的全职员工,如果他们认为员工的长期工作会中断，就会降低员工的工资。现在随着产假和儿童保育设施变得更普遍，由性别引起的工资差异也在缩小。

歧视和平权法案

如何处理针对黑人、西班牙裔和其他种族的歧视呢？

政府会惩罚歧视行为，市场也会惩罚偏见。消费者如果拒绝从黑人、西班牙裔或犹太裔人那儿购买商品的话，可选的商品和商店范围就会缩小。同样拒绝雇用少数族裔的老板选择优秀员工的机会也会降低。米尔顿·弗里德曼曾说过："有偏见的人也要为此付出代价。"[①] 弗里德曼指出，即使没有政府的干预，资本主义在发展过程中，宗教、种族和性别歧视也降低了很多。

通常人们认为政府是反对种族歧视的，但政府有时候也制定歧视性法律。在20世纪90年代早期的南非，矿主想用工资低的黑人工人取代工资高的白人工人，结果南非政府对黑人工人进行经济限制。美国南方各州曾制定限制黑人工作和投票的法律。在很多南部城市，有轨电车公司在反隔离法实施15年后依然拒绝遵守。[②]

1964年《民权法案》颁布之后，联邦政府规定歧视和隔离为非法行为，并强制实施反歧视政策。除了在学校和其他公共场所实施反隔离政策并宣布工作中的歧视为非法行为外，联邦政府还进一步在大学和政府机构推行《平权法案》。《平权法案》规定雇主优先考虑少数族裔群体以修复过去的不平衡状态。批评人士认为《平权法案》是逆向歧视，声称强制执行族裔配额是违宪行为，强制规定公司雇用不合格工人可能导致效率低下，缺乏竞争力。关于《平权法案》的争论主要是工作中的逆向歧视如何在公平和效率之间取得平衡。

关于可比价值法则的讨论

美国政府在过去很多年实行了"同工同酬"政策，于1963年通过了同酬法，

[①] 米尔顿·弗里德曼，《资本主义与自由》，芝加哥大学出版社，1962。
[②] 琳达·戈尔曼，《市场抵制歧视》，《财富》经济学百科全书，大卫·亨德森编，华纳书局，1993。

1964年通过了《民权法案》。美国最高法院和联邦法院推广同工同酬的政策，规定雇主对价值一样的工作给予同样的报酬。华盛顿州、明尼苏达州、其他州以及加拿大的安大略省都制定法律贯彻"同工同酬"政策，工资标准由政府制定，而不是由能力、教育、经验和工作责任等市场因素来决定。委员会根据影响工作的要素，比如知识和经验、工作的智力要求、监管关系和工作环境等来规定工作的分值，按照这种计分方式，华盛顿的护士得分要高于计算机系统分析员，因此薪水更高，而这和市场测试是相左的。

如同很多经济学中的政策问题一样，同工同酬也导致意想不到的后果，这背离了国家的良好初衷。同工同酬使得秘书的薪水高出市场水平，造成过多的人申请秘书职位，在华盛顿州其他职位出现了空缺。另一项研究表明明尼苏达州的同工同酬法律降低了传统上由女性从事的职业的就业增长率。这类法律也使女性不愿意进入一向由男性占主导的收入更高的行业，因为政府规定传统上由女性从事的职业薪水更高。此规定反而巩固了女性在秘书行业的主导地位，因为这些行业的薪水最高。图10-9是政府规定的秘书和计算机分析员的薪资水平。

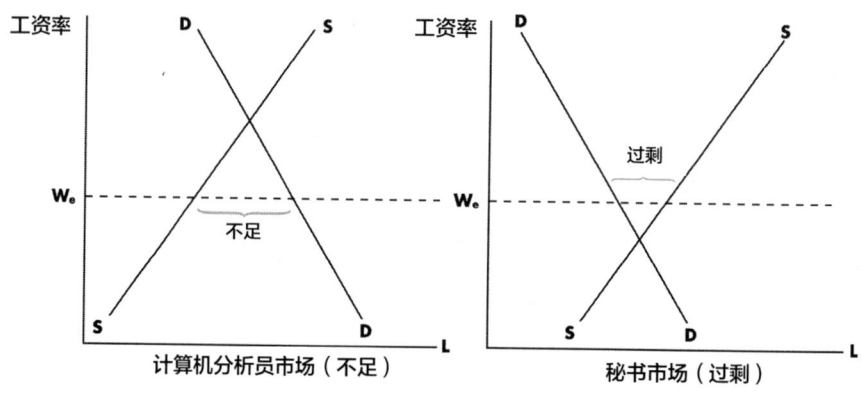

图10-9 同工同酬的后果

高等教育的价值

最重要的一项调查研究结果是正规教育增加工人的终生收入。最新的研究表明，男性大学毕业生在65岁退休时的平均全部收入为450万美元（折合成目前的美元水平）。男性高中毕业生的平均全部收入为 250 万美元，而高中辍学的男性收入则为 180 万美元。图 10-10 列出了教育对终生收入产生的巨大影响。技术熟练工（受过教育的）和技术不熟练工人之间的收入差距还在扩大。20 世纪 70 年代，大学毕业生的收入比同样背景的高中毕业生平均高出 45%，但是近年来收入差距已增至 85%。因受教育或者掌握新技能而在劳动力市场上获得的额外收入也在增加。

因为想在未来获得更高收入从而接受更多的教育是有成本的，这些成本包括学费、大学的开销、不能在家居住以及就业延迟。大学的教育成本为 10 万美元或更多。

男性的收入情况说明收入随着教育和经验年限而增加。（摘选自凯文·墨菲和菲尼斯·韦尔奇的《工资结构》，《经济学季刊》，1992 年 1 月）

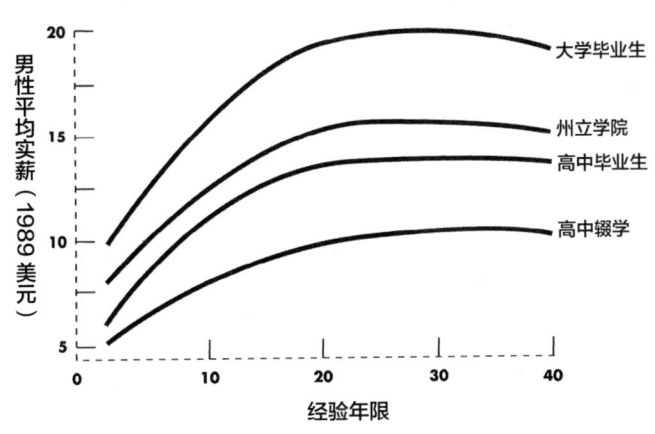

图 10-10 教育和经验带来的收入

工资为什么会增长？

为什么美国在过去的 100 年间实际收入增长了 8 倍？F. A. 哈珀对这个问题写过一本小书《工资为什么会增长》。哈珀在书中将平均工资的提高分为合理的方式和人为的方式两种。哈珀认为生产量和工人的生产效率是实际工资增长的关键因素。"生产的作用是第一位的，"哈珀解释道，"工资的增加来自每小时产出的增加。"哈珀用图标列出了用定值美元表示的1910~1960年间每小时的工资和每小时产出之间的密切关系。工资和工人生产力之间的密切关系持续贯穿整个20世纪。

哈珀的工资理论并不新颖。工资增长是因为美国的商业创造出售更多更优质的产品和服务，由此获得了越来越高的利润。资本投入越来越多，技术不断进步，工具和设备也越来越先进,这带来了收入的增长。第11章将论述资本和技术。结果，老板和高管获得了天价收入，而普通工人的收入也有所增长。公司将利润进行再投资，投入更多的资本，进行更多的培训，改善工作环境，因此提高了工人的边际生产力和工人的工资。

更多的利润转换成了更高的工人工资。假设劳动力市场上软件技术员的年均收入接近一个平衡状态，为10万美元，而微软的赢利超过平均赢利水平。微软的高管可以通过提高工资、分红、股票期权等将利润化为己有，但是这样做太鼠目寸光。成功的公司意识到他们必须持续不断地将利润进行再投资，让他们的优秀员工开心满意，否则他们的成功从长期来看则会消失。微软也和其他公司一样处在一个竞争非常激烈的行业，如果微软的薪水没有竞争力，那么微软的员工则会流向其他公司。

公司利润增长，工人可从以下四方面受益。

◇ 工人的工资和补偿更高，包括培训、更好的设备以及福利。
◇ 可从留存收益中拿出更多的资金给工人发工资，改善工具、设备和培训。
◇ 从长期来看公司股票呈增长趋势，加入员工优先认股计划的员工会增加他们的财富。
◇ 员工作为消费者能购买更多的商品和服务。

给予员工更多的补偿对老板和管理层来说有什么好处呢？

◇ 员工离职率降低，留住有经验的员工。

◇ 创造稳定的公司文化。

◇ 员工初期培训需求降低，可专注高级培训。

福特一天 5 美元的故事

亨利·福特在 1914 年决定他的员工每天的最低工资为 5 美元，这是当时普遍工资的两倍多，这个例子可以生动地解释工人如何从资本主义中受益。福特 T 型车取得了巨大的成功，福特汽车公司 1913 年的利润翻了一番，从 1350 万美元增长至 2700 万美元。福特要求公司董事会将这些财富分享给福特的员工。董事会成员对增加员工工资会对公司赢利产生什么影响讨论了四个小时。查尔斯·索伦森在黑板上计算，如果员工工资每增加 25 美分，从当前的 2 美元增加至 2.5 美元直至 5 美元的成本、销量和利润数据。最后，福特说道："查理，别算了，就这么定了。每天最低工资为 5 美元，立刻执行。"[1] 福特的这番话让他上了封面，也让他成为工业救世主。

5 美元的最低工资标准引发了轩然大波。产品产量激增，福特员工的士气大涨。成千上万人涌向底特律期望能找份工作。福特说更高的工资可以带来两大收益：汽车工厂的效率增加了，福特工人的购买力也增加了。在这两点上福特都对。员工离职率大幅下降，员工的生产率提高了，一天 5 美元的工资使福特的工人第一次能购买属于他们自己的汽车。随着福特工人收入的增加，T 型车成本的降低，T 型车的销售持续飙升，截至 1916 年福特已卖出 50 万辆车。[2]

劳动生产力提高工资：米塞斯的管家原则

福特提高工资的做法不仅改善了福特员工的经济状况，同一时期全美国工资水平也在逐步提高。前面说过，新增工人的工资变化影响劳动力市场上所有工人的工资。就福特的员工来说，不仅仅是新员工领到更高的工资，所有员工的工资都增加了，这样就避免只有新员工是 5 美元一天而引发的不满。边际生产力和总生产力共同提高了工资。

---

[1] 乔纳森·休斯，《关键的少数》，剑桥大学出版社。
[2] 想要阅读更多一天 5 美元的故事，参见乔纳森·休斯的《关键的少数》。

总生产力和边际生产力又是工资增加的结果。米塞斯曾在被称为"米塞斯管家"的例子中解释过这个原则。米塞斯指出，很多工作，包括理发师和管家，多年来从未改变过，但是由于劳动力的竞争，这些行业的收入也增加了很多。

米塞斯认为："工资水平的增加不取决于个体劳动者生产力的提高，而是取决于劳动力的边际生产力，行业的工资水平一直在提高，但个体的生产力从未有变化也可以说明这一点。有很多这样的行业，现在理发师的工作和两百年前理发师的工作一模一样，管家在英国首相餐桌前的服务和帕默斯顿首相家的管家是一样的，有的农业作业中所使用的工具和几百年前使用的工具一样，但是这些工人现在的工资可比过去同样的工作高得多。工资高很多是因为工资是由劳动力的边际生产力决定的。就算这个管家的雇主是把他从工厂中调出来的，那么雇主也应该付给管家一位新招的工人为工厂所增加的产出，并不是这位管家使自己的工资增加了，而是投资的资本超出了工人数量。"[1]

最低工资的争论

尽管在美国和其他工业国家工人的实际工资有大幅增长，更高的边际生产力提高了所有工人的工资，但是依然有一些社会改革家担心有的工人没有被照顾到。为了对此进行补救，很多国家都制定了最低工资的法律。美国的最低工资由1938年的每小时25美分增至2009年的每小时7.25美元。《公平劳动标准法》（FLSA）里包含联邦最低工资条款。

除此之外，很多州和地方政府也制定了超过联邦标准的最低工资法，一些社区要求企业支付最低生活工资。

最低工资的后果是什么？

根据对劳动力市场所做的标准经济分析，最低工资对非技术工人（非熟练工人）的劳动力市场会造成三种可能变化：第一，可能会使那些在职员工工资上涨，且他们也很乐意支持这种涨薪（见图10-11中的A）。第二，可能会使一些人失业（见

---

[1] 路德维希·米塞斯，《反资本主义心态》，自由主义者出版社，1972。

图 10-11 中的 B）。裁员程度取决于对劳动力的需求弹性。第三，新的潜在工人被高工资所吸引进入劳动力市场，这取决于劳动力供给弹性（见图 10-11 中的 C）。

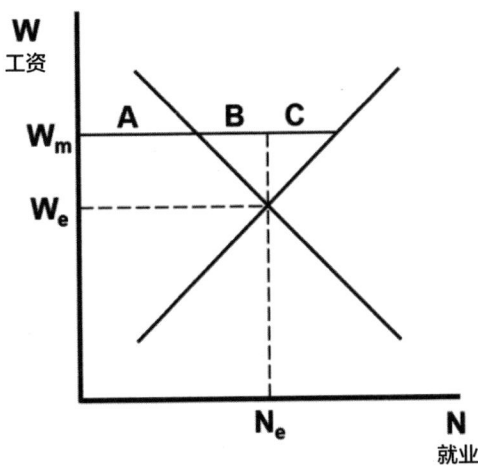

图 10-11　最低工资立法提高了一部分人的收入，也让一部分人失业

不管怎样，最低工资会损害青年人、技术不熟练工和没有经验人群的利益，损害程度取决于最低工资的水平。研究表明，自从最低工资立法生效后，青少年、黑人青年人和技术不熟练工人的失业率一直居高不下。美国青少年的失业率是全国平均失业率的 3 倍（在 20 世纪 30 年代最低工资法颁布以前青少年失业率和全国平均失业率一致）。很多经济学家批评最低工资提高了弱势群体的失业率，指责社会立法带来的意想不到的后果。最低工资的出发点是保障贫困的工人有一份过得去的工资，没想到却给贫困人群带来了更高的失业率。

现代福利对激励工人尤其是贫困人群和少数族裔群体工作也产生了极大的影响。有意思的是，在 20 世纪强制推行福利措施之前，在失业方面并没有明显的种族差异[1]。美国 7.25 美元的最低工资只占到 18 美元中等工资的 40%。法国最低工资是中等工资的 60%。研究表明，由于美国的最低工资相对较低，美国的就业率并未受到太大影响。而在法国，由政府制定的最低工资则造成了更严重的后果，多年来法国的失业率一直是两位数。

---

[1] 理查德·维德、洛厄尔·盖洛维，《失业：20 世纪美国的失业和政府》，独立研究所，1993。

劳动力成本的增加迫使公司想办法在满足最低工资标准和削减成本之间取得平衡，这些方法包括减少福利、工作时间、在职培训和对新员工的招聘（通常是间接歧视少数族裔群体），以及使用机械化减少工人数量的生产过程。

立法机构也采取措施将最低工资法的影响降至最低，比如对青少年和小时工制定更低的最低工资标准，但是这样做又会遭到工会和其他特殊利益群体的反对。

工会能提高工资吗？

工会毫无疑问为他们的成员争取到了更高的工资、更好的工作环境和福利。由劳动经济学家进行的几项研究表明，和非工会成员相比，工会帮助工会成员将工资提高了15%~30%。但也造成了负面影响。通过人为地提高工人的工资，增加了商业成本，减少了就业岗位。工会的福利是以消费者、非工会成员、失业者以及企业所有者的成本为代价。

工会的影响和最低工资的立法大同小异，只是波及更多的工人而已。工会因英勇无畏地帮助倍受压迫的工人对抗冷酷无情的大企业而受到称赞，但是从经济学的角度看，工会是将工资提高到超出水平的垄断卡特尔。图10-12是工会的影响。

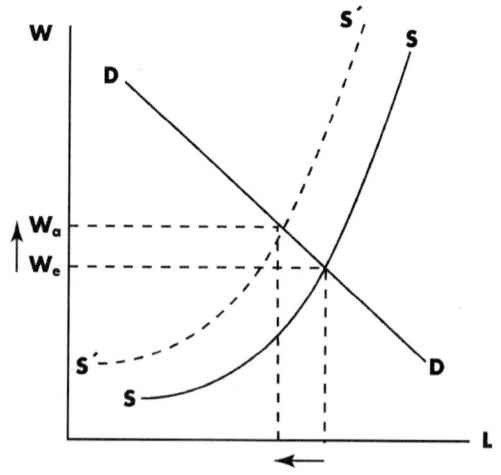

图10-12　工会限制就业；增加工资

工会严重依靠政府的保护来提高工资和制定严格的劳动规则。第一次大规模的工会运动发生在 1881 年，那时美国劳工联合会在塞缪尔·龚帕斯的领导下成立了。龚帕斯不是要求对美国大企业实行社会主义和国有化，而是鼓吹工联主义，重点是改善工人的经济状况：提高工资，缩短工作时间，工人拥有更长的假期以及更好的工作环境。他还倡导集体谈判，要求企业只和一家工会就企业的全部劳工问题进行协商谈判。

龚帕斯创建美国劳工联合会是带着崇高理想的。在 1898 年的演讲中他说道：为了保护工人过上更好生活的自然权利；为了保护工人不仅在法律面前人人平等的权利，也为了保护他们作为人、工人、公民而享有的健康、家庭、自由的权利；为了克服偏见和对抗；为了保护他们有机会过上好日子，充分享受社会的丰裕，这正是他们的劳动成果，他们是我们社会文明的创造者和中流砥柱……实现这些目标是工会的伟大使命。

包括工业产业联合会在内的工会是由于 1892 年位于匹兹堡卡内基的霍斯泰德工厂对工人施暴而成立的，随后虽经历了"二战"和 20 世纪 30 年代的经济大萧条，但发展迅速。联邦政府的一系列干预措施巩固了工会的垄断势力。

◇ 1926 年的铁路法案。
◇ 1931 年的戴维斯－佩根法案。
◇ 1932 年的诺里斯－拉瓜迪亚法案。
◇ 1935 年的国家劳动关系法案。
◇ 1936 年的沃尔什－希利法案。
◇ 1938 年公平劳工标准法案。

这些法案迫使工厂和政府要和工会而不是非工会的竞争对手打交道，并认可罢工的合法性。在很多州，一家公司的全部工人都被要求加入工会。工会领导征收强制性会费，而会费可用作政治用途。

在这一系列法案保护之下，工会变得势力庞大，以至国会担心工会会引发越来越多的罢工和暴力事件。此外，工会似乎并没有为黑人、女性和少数族裔群体的发展做出太大贡献。实际上，"工会标签"最早是在 19 世纪 80 年代抵制中国人加工的服装时出现的。吉米·卡特时任劳工部部长。经济学家雷·马歇尔曾注意到，20 世纪 30 年代和 40 年代工会把黑人排除在外。布克·华盛顿反对工会，杜波伊斯称工会是黑人工人阶级最大的敌人。①

为了应对"不公平劳动行为"以及工会权力过度的问题，国会于 1947 年通过了塔夫脱－哈特莱法案，该法案明确允许州政府可以关闭要求员工入会的工会。被称为"劳动权"的法律规定，在某些州工人可以不加入工会。塔夫脱－哈特莱法案还允许法院颁布禁令以及 80 天的"冷却期"，用以推迟会危害全国利益的工人罢工。当前有 23 个州，主要是南部和西部各州，都制定了"劳动权"法。

工会的发展也历经浮沉，见图 10-13。

图 10-13　美国工会会员制的起起落落

　　1930 年，工会会员数量只占美国非农业劳动力的 12%，到 1933 年则跌到 10%。罗斯福新政之后，工会飞速发展，到了 1939 年这个比例为 30%。随后不太有规律地向上发展，于 20 世纪 50 年代达到了 36% 的顶峰，之后一路稳定地回落至 2004 年的 12%。
来源：美国劳工部劳工统计局，《就业和收入》。

---

① 摩根·雷诺兹，《工会》，《财富》经济学百科全书，大卫·亨德尔森编，华纳书局，1993。

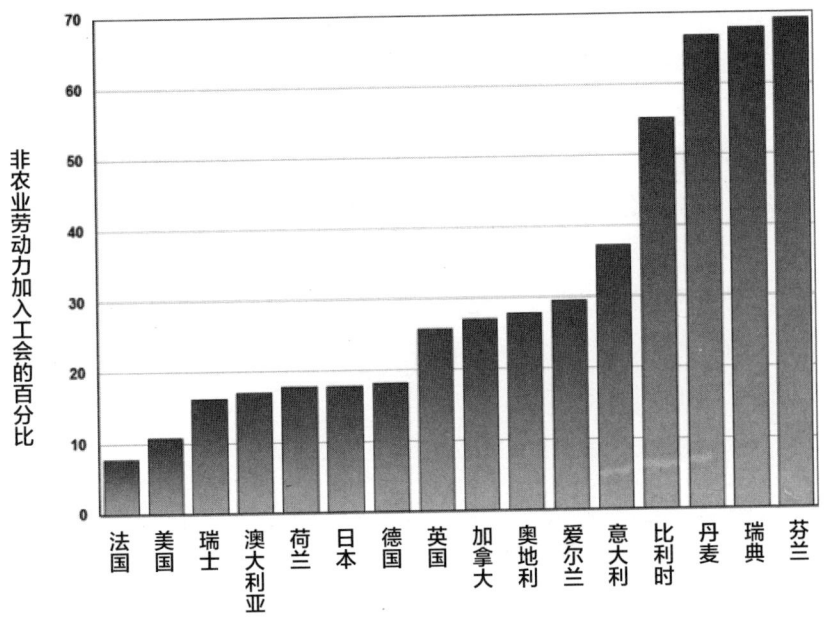

图 10-14　工会会员占非农业劳动力的百分比：部分国家，2013

来源：OECD 统计局。

近年来，美国工会会员人数逐渐下降，而且工会会员占劳动力的比例 30 年来持续下降。美国的工会发展趋势和一些发达国家的情形相反。

工会的影响力和成员数量在 20 世纪 30 年代和 40 年代激增，曾一度呈完全控制美国劳动力市场之势，但是从 20 世纪 50 年代开始，工会的会员数量逐渐减少，从 80 年代开始大幅下降。工会在监管严格和垄断的环境中竭尽全力做到最好，代表纺织和制衣厂工人、邮局员工、汽车和钢铁工人、教师和公务员的利益。但是工会在组织小企业也就是自主创业人群和服务业方面捉襟见肘，而正是这些行业在 20 世纪 70 年代发展迅速。因此，工会的力量被削弱，今日美国只有约 10% 的劳动者加入工会。欧洲和拉丁美洲的工会势力比在美国大得多，但是在过去的 10 年间也急剧缩小。

公共部门的工会变得越来越重要

虽然工会对私营企业的影响力锐减，目前成员数量不到私营企业就业人数的10%，但是公共部门工会的影响力依然在扩大。目前工会成员占政府从业人数的38%（见图10-15）。

自从肯尼迪总统于1962年通过行政命令解除了对公共部门工会的禁令后，公立学校的教师，警察，消防员和其他联邦、州和地方政府公务员都组织工会，要求更高的工资和更好的福利。

公共部门工会人数超过私营部门工会人数

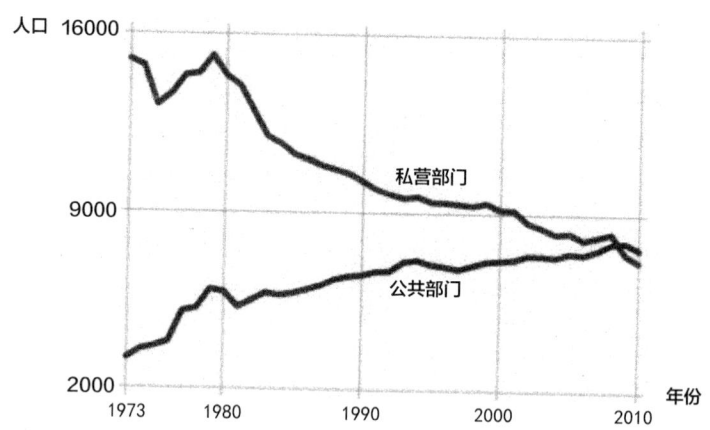

图10-15　工会成员数量：私营部门 vs 公共部门，1973～2010（单位：千人）
来源：传统基金会。

公共部门工会成员的发展壮大于2009年首次超过了私营企业工会成员数量，目前公共部门的工会成员比私营企业的工会成员多50多万。私营企业工会是和大企业讨价还价，而公共部门工会则是和政治家就纳税人的钱进行讨价还价，因此经常造成工会利益和公众利益的冲突，这种情形在过去一两年间在加利福尼亚州和威斯康新州可见一斑，因为这两州的州政府要支付的薪水和退休金激增。目前，全国范围内政府公务员每小时的平均工资比私营企业高44%。此外，公共部门的工会还在施加政治影响力，比如，工会可以免交高昂的医疗保险计划中增加的奥巴马医改税。

就业和失业

在自由经济中,变化是不可避免的。经济越自由,变化就越大。在充满生机的经济体中,新商品取代旧商品,新成立的企业和成熟企业相竞争,企业不断进行扩张和收缩。哈佛经济学家约瑟夫·熊彼特将这一扩张和收缩的过程称之为"创造性破坏"。

将熊彼特的这个标签贴到工作上再合适不过了。活跃的市场经济并不仅仅带来了工作,同时也破坏工作。随着不断变化的科技和消费者的喜好,国内和国外公司之间的竞争,人口流动,公司纷纷成立或倒闭,扩大或收缩规模,有的工人也随之换工作、换岗位,或退休、被辞退。

在蓬勃发展的经济中,就业总量呈上升趋势。优秀的经济学家不仅会注意失业率,也会关注总体就业情况,以此作为一个国民幸福指数。媒体通常忽视正面的就业率,抓着负面的失业率不放。新闻标题可能会说"美国电话电报公司裁员2万人"。媒体在20世纪90年代抓住公司的"裁员"不放。裁员是重大新闻,会对成千上万接到解雇通知书的工人带来不堪忍受的打击。同时,小企业和个体经营户默默无闻,却发展迅速,可以增加全国的就业率,但是媒体就是关注大公司的裁员而不是众多小企业的成长(更多公司裁员的论述见第4章)。

媒体聚焦因削减军事设备或工厂倒闭而造成的失业同样也是鼠目寸光的做法,他们只看到市场破坏工作,却没有看到市场创造的就业机会。最近由美国审计总署进行的研究表明,工厂倒闭率高的地区同时也是工厂开张率高的地方,创造和破坏工作岗位的最终结果是更好的工作环境、更有乐趣的工作以及更高的生活水平。理查德·麦肯齐这样总结道:"如果有一天国家不需要做出调整,也许这就是人民不再期待更美好的经济前景之时。"[①]

---

① 理查德·麦肯齐,《美国的就业机器》,环球出版社,1988。

临时失业和自然失业率

在动态经济中,供需一直在变,工作也如此。汽车代替了马和马车,石油取代了煤油,个人计算机取代了打字机,人们通过网络而不是邮局传送邮件,电视剧在亚洲而不是美国制造。新技术、变化的品位和新的竞争者都将继续打乱劳动力市场,这在美国和全世界都如此。

经济一直在变化,导致就业市场的变化,而这又造成了几百万人的临时或长期性失业。失业的人可能要用几周、几个月甚至几年的时间找到工作。临时失业、正在找工作的人口比例被称为自然失业率。自然失业率由米尔顿·弗里德曼创造,用来描述一个经济中最低的可持续失业率。

在1946年通过的《就业法令》中,国会支持充分就业,但是很明显在自由社会中要实现充分就业是不可能的。即使是在经济稳健发展的社会中,人们也会因为改变职业、裁员、新招聘员工、解雇等原因而换工作。现在大部分经济学家都同意不论失业对个体来说多么痛苦,政府都不应该而且不能消除失业。企业正是从这个劳动力储备中招聘新员工。有的经济学家支持旨在降低自然失业率的制度变革,但这样的变革不仅很难甚至有害。

没人知道自然失业率究竟是多少,但大部分的经济学家认为是3%~4%。

如何界定失业?

当失业率超过自然失业率时,政府领导和媒体就会敲响警钟,担心国家经济会衰退,就业机会会消失。结果,媒体又聚焦每月的失业率。

失业率的危害何在?美国劳工部每个月都进行一份对大约6万个家庭的随机调查。年龄在16岁及以上,在最近的四周内积极找工作的人群被认为是失业人群,这个数字除以全部劳动力就是失业率,全部劳动力指所有有工作的人以及失业人群。

美国全国性的失业率曾低至4%(20世纪五六十年代),高至25%(20世纪30年代的大萧条时期)。20世纪90年代美国的失业率跌至5%以下,2008年的经济危机之后增至8%~10%。欧洲的失业率一直都低于美国,但是在20世纪90

年代却一路飙升，2013年增长到两位数。

很多经济学家都批评国家失业率的统计方式。一方面，他们指出失业率低估了真实的失业水平，因为失业率没有将心灰意冷停止找工作的人群包括在内，而且全国就业率在过去20年里一直在下降。

在很多国家，统计未就业的人实际上是失业的，这部分失业人群包括没有实际产出的人，从事兼职但想全职工作的人。这样的批评同样适用于发展中国家的就业统计数据，有的发展中国家为了实现充分就业的公共目标，通常让人们从事没有实际意义的工作。苏联政府很多年来曾骄傲地宣称苏联实现了充分就业，后来我们知道很多工作都不是为了让工人挣钱满足基本需求而设立的。

另一方面，失业数据也会高估失业水平，因为官方统计数据通常忽视地下经济、黑市和小微企业。很多失业者实际上是兼职或有其他收入渠道的，但是为了符合失业补偿或失业福利的要求而默不作声。

对官方失业统计数据的另一个批评是，失业率只是反映动态经济的一条数据而已。汇总的经济数据比如国民生产总值（GDP）、短期国债率或者失业率通常无法反映整体经济情况。比如，美国全国的GDP可能平平，但是德克萨斯州的GDP却可能很高。最低贷款利率（银行向大企业征收的利率）可能是4%，但是按揭利率、汽车分期付款利率以及向信用卡收取的利率却可能反映不同的经济情形。这些利率合在一起比某一个汇总数据能更好地反映经济活动。对于正在找工作的人群来说，能更好地反映就业情形的数据是不同失业期的失业率，而不仅仅是一个失业率，比如失业一个月的有多少，失业6个月、一年的又有多少。这样的统计数据可以安慰一下失业者，几乎所有的失业者（99%）失业后只要不灰心丧气都会在一年内找到工作。从历史上来看，膨胀期和收缩期的长期失业率（已经找工作达一年及更长时间）相对较低和稳定，约占总体劳动力的1%。2008年的经济危机带来了大改变，如图10-16所示，长期失业率飙升。

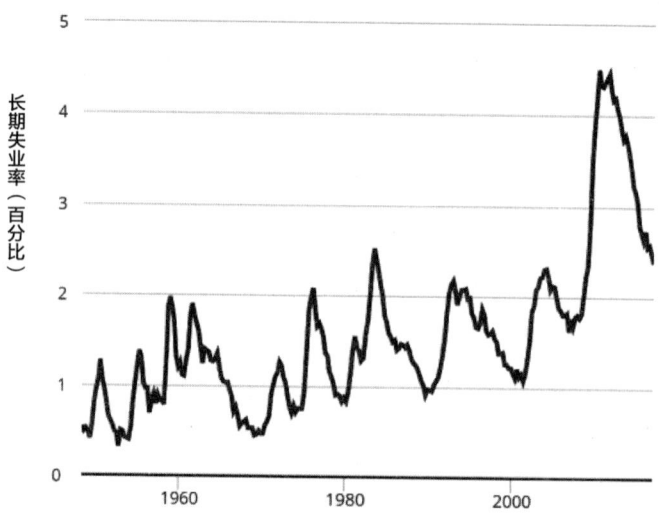

图 10-16　美国大部分失业都是短期的

来源：劳工统计局。

实际工资率和失业理论

理查德·维德和洛厄尔·盖洛维在他们的研究成果《失业》一书中指出持续的高失业率是由于实际工资被人为控制超出市场价值之上造成的。"如果小麦的现行价格高于能使供应量和需求量相匹配的均衡水平，那么小麦就会过剩；而当劳动力的现行价格或现行工资超过能消除失业的均衡状态时，劳动力就会过剩，于是造成了失业。"[①]

图 10-17 是典型的失业模型。

[①] 维德、盖洛维，《失业》，独立学院，1993。想要了解更早期的典型失业模型，参见 W. H. 赫特的《闲置资源理论》，自由出版社，1977，第 2 版。

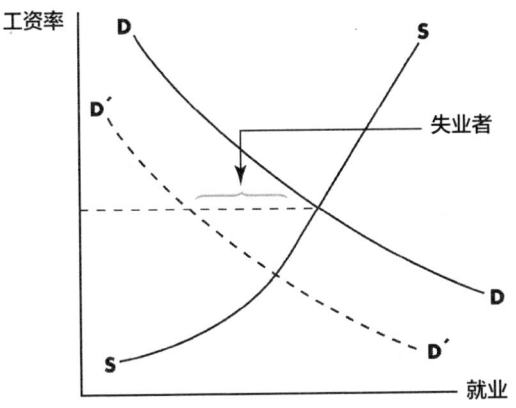

图 10-17　实际工资和失业者市场

维德和盖洛维根据超出平均水平的实际工资于 20 世纪提出了可以预测失业率的计量经济模型。图 10-18 说明他们的模型是准确的。

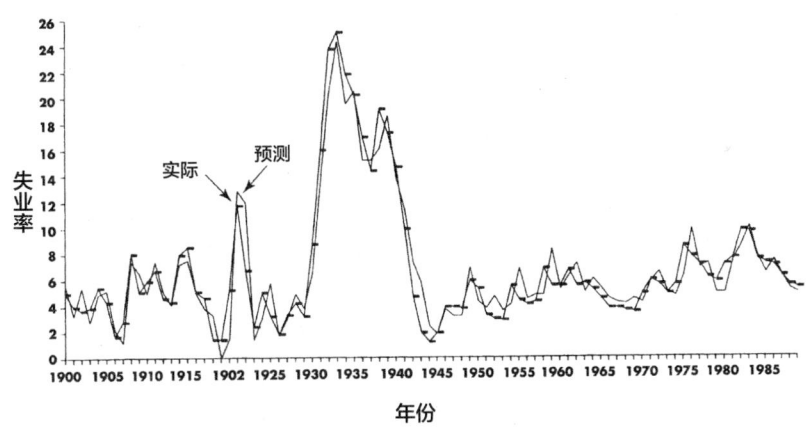

图 10-18　实际 vs 预测的失业率，1900～1990

来源：维德和盖洛维，《失业》。

"刚性工资"：谁的错？

在实行弹性工资的自由劳动力市场，经济衰退期的失业会迅速消失。关键因素是工资弹性。过去，工资一直是刚性的，在经济衰退期工资没有跌到能恢复充分就业的程度。

问题是，谁该为刚性工资负责？政府通常通过过高的税收和政府监管，制定倾向于工会的立法、失业补偿和福利计划来鼓励实行刚性工资。

在生产的三种要素——土地、劳动力和资本中，劳动力天然地最容易适应经济的发展变化。资本品本身是被设计成有特定用途的。拖拉机没有很多其他用途，也不容易被改造成厢式汽车用于接送孩子上学。同样，石油钻塔只有一种用途。如果没有对石油钻塔的需求，它可能会闲置多年。土地的用途不是单一的，而是很灵活的，但如果土地上面有建筑物，那么土地的用途也有限，比如不能突然把一座办公大楼改造成一座工厂。

但是劳动力就不同了。劳动力通常没有明确的用途，虽然工薪阶层和专业人员接受培训从事一定的工作，但是他们也能从事其他不同的工作，也能根据新的经济形势重新接受培训以从事其他工作。劳动力的固定不变不同于固定资本和土地。在不受限制的市场中，在经济衰退期，劳动力失业率要比资本和土地恢复得更快。

劳动管理关系

失业率通常也受到劳动管理关系的影响。不同的公司和国家对劳动力就业和补偿也有不同的做法，主要有几种，每种做法各有利弊。一种极端的做法是，某些国家的劳动管理政策倾向于高工资、高福利以及终生不失业的体制。这种体制下的劳动者在经济衰退时依然领相同的工资，不会失业。另一种极端的做法是，一些公司采取弹性工资制度，根据公司需要自主招聘或解雇员工。经济衰退时，公司可能会降低工资和福利，或者裁员，或者二者并举。

最好的政策是什么呢？在美国的大型企业中，比如汽车公司，传统的劳动管理关系通常都是和工会签订长期的合同，发放固定的工资，在经济衰退期可以临时裁员。

IBM是个例外。直到20世纪90年代，蓝色巨人(IBM绰号)严格地执行高工资、绝不裁员的做法。IBM过去曾吹嘘自从20世纪30年代以来未曾解雇过一名全职员工。但自从IBM于20世纪80年代失去了竞争优势后，不得不改变这个长期的劳动政策，解雇了几千名员工。IBM 裁员的决策奏效了，现在 IBM 再次盈利并扩大规模。

日本管理模式

日本管理模式很灵活，但和美国的不同。大型日本企业雇用终身员工，但是工资却取决于公司的赢利情况。日本的奖金制度是日本劳动者的奖金随公司的利润而定。除工资外，每半年以现金的形式给员工发放奖金。公司效益好，奖金就高；效益不好，奖金就低。奖金制度使得补偿形式灵活，从而可以做到最低程度的裁员。在经济萧条期，如果公司亏损，员工依然在岗，但是薪水会减少。罗伯特·大崎认为日本的奖金制度优于美国的劳动管理制度，因为奖金制度加强了员工的忠诚度。员工和公司同甘苦共命运。"每半年调整一次奖金使得日本的工人在一种弹性工资而不是美式那种约束性更强的固定工资制度下工作。"①

在回顾了不同的劳动管理关系类型后，有一点很明确：在一个动态、全球性的经济体中，公司一定不能被刻板的劳工制度所束缚。最糟糕的且一定会失败的做法是确保员工领取固定的薪水，终生就业。更好的做法是采取不同的工资政策或者临时裁员，或二者都采纳。

政府在失业中的作用

政府在增加或降低失业的过程中发挥了什么样的作用？根据理查德·维德和洛厄尔·盖洛维的经典劳动模型，只有政府的政策——失业保险、社保、最低工资、工会的集体谈判、平权法案以及其他形式的积极干预措施才能造成过度失业的环境。货币政策和财政政策也会影响就业的不均衡。维德和盖洛维认为 20 世纪的 4 次失业高峰（1920~1921 年、1929~1933 年、1937~1938 年和 1981~1982 年）"在很大程度上都可以追溯到政府的干预上"。②

---

① 罗伯特·大崎，《人力资本主义：作为世界模式的日本企业体制》，讲谈社国际版，1991。
② 维德，盖洛维，《失业》。

案例研究：美国和欧洲的失业危机

没能创造新的就业机会以及居高不下的失业率越来越让美国和欧洲担忧。过去欧洲的失业率极低，远低于美国，但自从20世纪90年代起，一切都变了。到了20世纪90年代末，欧洲的平均失业率已超过11%，而同一时期美国的失业率为5%，日本的失业率为3%。

美国的失业率在2008年的金融危机期间迅速高涨，2009~2010年间首次和欧洲的失业率持平。见图10-19。

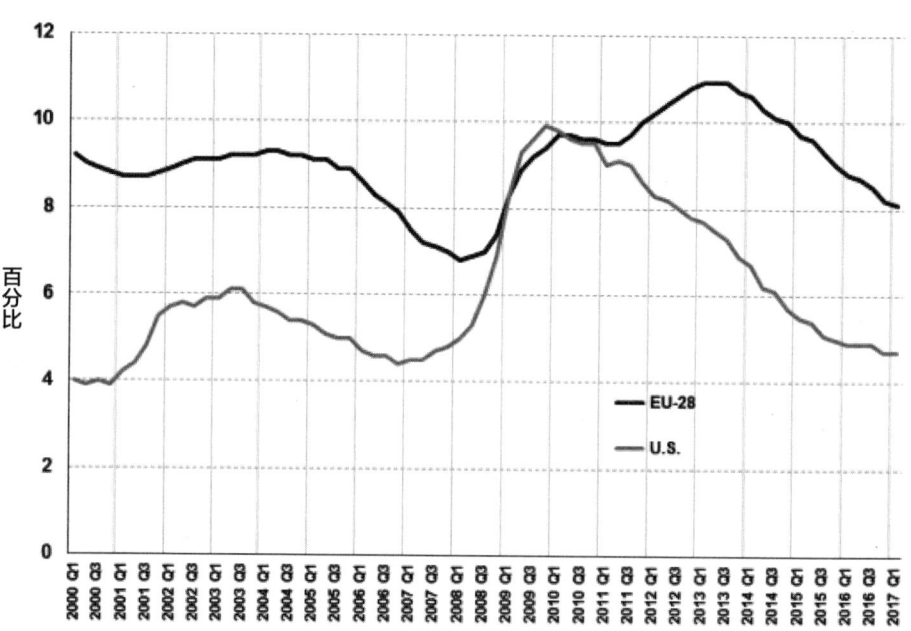

图 10-19　美国和欧洲的失业率（2000~2017）
来源：欧盟统计局。（EU28是指欧洲28个国家的平均值）

什么原因造成了持续不下的高失业率？

在欧洲，各国的失业率差异很大，但是整体的失业率很高。大多数经济学家都认为，这是因为欧洲制定了一些最严格的劳工法，包括非常高的最低工资法、集体谈判、税收过高、劳动管理限制。德国和法国减少法定工作周数，西班牙和意大利都对解雇员工实行严格的限制。在意大利，雇主要解雇员工必须提前6个月通知员工。为了保护劳动者免于突然失业，西班牙通过立法使雇主几乎不可能解雇员工。不曾预见的后果是高失业率。如果不能解雇员工，那么在雇用员工时就存在一定的风险。西班牙的劳动法中关于雇主对员工所负责任的部分长达600页。西班牙20世纪90年代中期的失业率高达25%，目前依然为20%。葡萄牙对劳工市场的管制没有那么严格，但是失业率依然高达10%。希腊对劳动市场的管制非常严格，再加上强有力的工会，这让希腊很难应对财政危机。

欧洲各国政府强制要求公司为员工提供健康险、养老金、失业和残疾险以及带薪假期，从而增加了公司的人力成本。欧洲的工资税，包括社会保险和个人收入所得税，可能是全世界最高的。诺贝尔获奖者、哥伦比亚经济学家埃德蒙·费尔普斯认为："几乎所有欧洲国家的失业问题大都是自找的，包括惩罚性的税收、工资和个人收入所得税的大幅增长，这在大多数国家都成了消灭工作的利器。"[①]

在失业的乌云背后还有一丝亮光：企图逃避税务官和管理者的小企业、个体经营和地下经济发展迅速，这些现象在美国、加拿大和拉丁美洲都存在。

此外，欧洲有着世界上最慷慨大方的福利体系，导致人们多年来一直靠福利救济生活，而不去认真找工作。

在欧洲高失业率的国家中，德国是个例外。德国在2003年实施了所谓的哈茨改革，结束了没有期限的失业救济。现在对救济者的补助一年后大幅下降，促使人们去找工作。立法者制定了让人们接受新技能再培训变得更容易的项目，并积极和雇主密切合作以创造更多就业岗位。德国的失业率从2005年的12.7%下降到2012年的5.7%。

美国的情况如何呢？人为制造的房地产繁荣突然严重衰退，美联储宽松信用

---

① 埃德蒙·费尔普斯，《你的收税扼杀就业》，华尔街日报，1994年3月14日。

政策造成了结构性失衡，2008~2009年的经济危机造成了美国经济大萧条。官方发布的失业率超过10%，并在随后的多年内居高不下。在过去出现的大萧条中，经济很快复苏，就业很快反弹，但这次却是个例外。和之前的大萧条相比，美国的就业复苏过程缓慢。

什么原因造成的就业复苏缓慢？

除了这次金融危机十分严重外，经济学家指出有以下几个原因。

◇ 大萧条发生后，国会将失业救济的期限延伸为两年，这让失业变得相对更有吸引力。
◇ 2009年最低工资提高了40%，提高到了每小时7.25美元，这使得技术不熟练工，尤其是青少年和少数族裔人群的失业率迅速大幅上升。
◇ 联邦政府强制要求雇主给雇员购买健康保险，增加了雇主的成本。

当然，并不是所有国家和地区都饱受持续的高失业率的困扰。劳动力市场灵活的国家和地区失业率就非常低：中国香港5%、越南2.9%、日本4.7%、澳大利亚5%、以色列5%、俄罗斯6%、挪威3%、瑞典3.5%、巴拿马5%、巴西4.7%。

周期性失业和菲利普斯曲线

"二战"之后美国政府的一项政策就是保证充分就业。1946年的《就业法案》和1987年的《充分就业及平衡增长法案》都是政府为实现这个目标而做的努力。坎培尔·麦康奈尔写道："政府的责任就是增加个人支出，这样的总支出——个人支出和公共支出——才能足以产生充分就业。"[1]

政府需要扩大支出和提高就业率以刺激私营经济发展的理论根植于凯恩斯经济学（参见第22章）。英国经济学家A.W.菲利普斯于20世纪50年代末提出了

---

[1] 坎贝尔·麦康奈尔、斯坦利·布鲁，《经济学》，麦格劳－希尔出版社，1989，第11版。

一个模型，该模型指出英国100年内的失业率和名义工资的变化之间呈相反的关系。[1] 该模型现在被称为菲利普斯曲线，支持凯恩斯的财政赤字有利于充分就业的理论，曾在20世纪60年代引起了不小的轰动。菲利浦曲线（见图10-20）认为通过提高工资引发的通货膨胀可以降低失业率，反过来说，政府要抑制通货膨胀就要付出代价——高失业率，至少是短期内的高失业率。

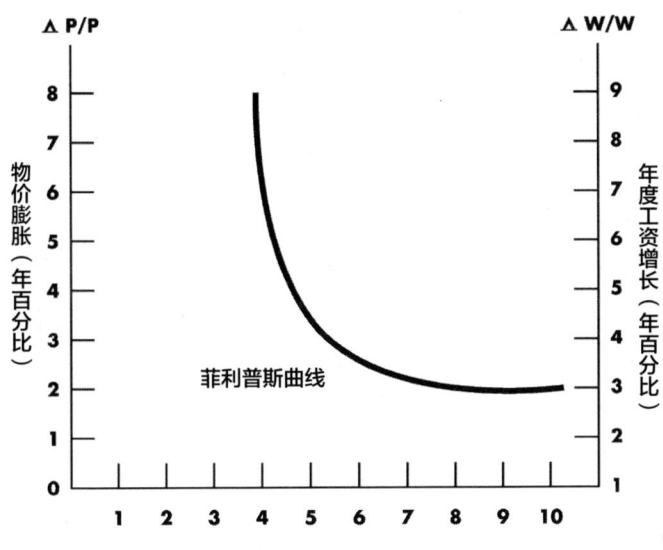

图10-20 菲利普斯曲线：所谓的权衡

通货膨胀和失业

蒙上理想色彩的菲利普斯曲线似乎解释了20世纪60年代欧洲和美国的经济。20世纪60年代通货膨胀在上升，失业率水平很低。70年代的通胀期衰退改变了一切。失业率和通货膨胀一起上升，这是菲利普斯曲线未曾预料到的。菲利普斯曲线衰落，变成了菲利普斯斯混乱（见图10-21），说明通货膨胀和失业之间要么没有任何关系，要么存在多重关系。

---

[1] A.W. 菲利普斯，《英国1861~1913年间失业率和货币工资变动率的关系》，经济学刊，1958年11月。

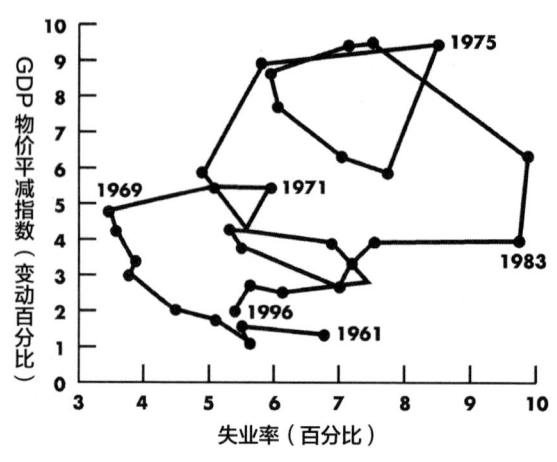

图 10-21　菲利普斯曲线的失灵

为什么菲利普斯曲线失灵了？菲利普斯曲线在短期内可以准确地预测通胀繁荣效应。如果经济正在从萧条中复苏，存在一定的失业资源，政府通货膨胀的政策就会在经济繁荣和复苏期造成物价高涨，并降低失业率。最终，随着政府结束通货膨胀，生产和就业的繁荣也跟着结束了。从短期看，高通货膨胀会降低失业率，但是从长期看，甚至会增加失业率。

米尔顿·弗里德曼曾在20世纪60年代末期指出，菲利普斯曲线从长期来看是幻觉。轻微的通货膨胀可以临时性地降低失业率，但是随着人们渐渐明白这是怎么回事，并预判物价会上涨，通货膨胀就失去刺激经济活动的魔力了。米尔顿·弗里德曼和埃德蒙·费尔普斯所做的实证研究也证实了这一点。弗里德曼总结道："在我看来，通货膨胀和失业之间根本就没有永恒不变的权衡，权衡是在加速通货膨胀和失业之间实现的，也就是说真正的权衡是指目前的失业和随后的失业而言的。"①

菲利普斯曲线和新经济

20世纪90年代早期，菲利普斯斯曲线的支持者提出了新观点：低失业率和超出预期的强劲经济增长一定会使美国的物价再次膨胀。凯恩斯派经济学家和媒

---

① 米尔顿·弗里德曼，《美元和赤字》，纽约，普伦蒂斯霍尔出版社，1968。

体一直警告繁荣的经济会对工资造成压力，再次造成物价膨胀。但是到目前为止，尽管物价一直在上升，膨胀并未发生。供给派经济学家指出由于全球产能的提高、世界范围内的竞争，以及因特网和电信的使用提高了生产力，这些都推动了全球经济的发展，使得消费者物价膨胀并不严重。

健康发展的劳动力经济学

虽然本章很长，也只是简要介绍了劳动力以及劳动力在经济发展中的作用。健康发展的劳动经济学的主要原则如下。

◇ 只要劳动力市场是自由不受限制的，总会有大量的就业机会，因此工资才能达到市场水平。

◇ 实际工资的增长是由劳动生产率的提高造成的——教育、培训、技术和资本投资。

◇ 政府干预对劳动力市场施加限制，从长期来看结果只会更糟。

总结

本章要点

1. 美国的实际平均工资（除去通货膨胀因素）在20世纪增长了8倍，工作时间减少了50%，说明大部分美国人的生活水平都有大幅提升。

2. 工资是由劳动力的边际生产力决定的，也就是说由最后一名工人对最终产品的贡献决定。更高的生产力是由更高的利润、教育水平、培训和投资资本决定的。

3. 休闲人人都想要，但劳动者需要在更多的工作和更多的休闲时间之间取得平衡。

4. 充满竞争的劳动力市场通常是"同工同酬"——工作类似，工资一致。

5. 劳动管理关系应该灵活，比如实行弹性工资标准，或者弹性雇用/解雇政策。实行工资保证制和终身雇用制从长远来看会削弱公司的盈利能力。

6. 由政府规定的同值同酬、最低工资标准、倾向劳动者的立法和其他干预措施是以部分人的利益为代价使一部分人受益，并会造成劳动力市场的失衡和失业。

7. 在劳动力市场上教育的回报在增加，教育水平造成的终生收入差距在扩大。

8. 市场既能创造就业岗位，也能破坏就业岗位，但是从净平衡上来看是在创造就业岗位。在动态经济中，不可能一直实现充分就业。

9. 在劳动力市场上，经济周期和不同形式的政府干预措施会使失业率超过自然水平（过分慷慨的福利体系和失业保障，最低工资法，工会集体谈判等）。

10. 在通货膨胀和失业之间会出现短期的权衡（菲利普斯曲线），但是从长期来看，通货膨胀越高意味着失业率也越高。

重要术语

创造性破坏	米塞斯的管家
古典失业模型	自然失业率
同值同酬	菲利普斯曲线
日本的奖金制度	刚性工资
凯恩斯经济学中的不充分就业	劳动力的边际生产力

经济学大师

约翰·贝茨·克拉克和劳动力的边际生产力

姓名：约翰·贝茨·克拉克（1847~1938）

背景介绍：这位在哥伦比亚大学长期任教的经济学教授在世纪交替时是美国经济学的领军人物，因提出劳动力的边际生产力而闻名。克拉克出生在罗得岛州的普罗维登斯，就读于阿姆赫斯特大学，随后前往德国进行为期3年的学习，在德国期间受到德国历史学派的影响。随后在史密斯大学和约翰·霍普金斯大学任教，后成为哥伦比亚大学教授。

主要著作：《财富的分配》和《经济学纲要》，在这两部著作中克拉克提出了收入分配的边际生产率理论。

主要贡献：克拉克曾和多位经济学家和社会思想家辩论，包括卡尔·马克思、欧根·旁巴维克以及亨利·乔治。他的边际生产力理论就是对卡尔·马克思剥削理论的驳斥。马克思认为资本主义剥夺了劳动者成果。克拉克回应说资本的回报与土地和劳动力的回报是一样的，是由边际生产力决定的，因此马克思所说的剩余价值被剥夺并不存在。

克拉克与庞巴维克以及奥地利学派的资本理论也有过争论。奥地利资本理论将资本看成用来生产消费者商品的异质半成品的储存；相反，克拉克则将资本看成永久性的，就像蓄水池，源源不断带来收入。克拉克声称在生产过程中没有"等待"的过程，没有"生产期"，因此也就没有奥地利学派提出的"经济周期"。现在，资本储存被认为是经济周期理论的重要组成部分，马克·布劳格指出："克拉克关于生产和消费同步进行的理论现在看来站不住脚。"(《凯恩斯之前的经济学家》)

最后，克拉克是亨利·乔地租理论的主要批评者。土地和其他生产要素一样，产生自己的边际产品，不应该被单独认为具有垄断性。有意思的是，克拉克渐渐从社会主义的同情者转移到自由市场资本主义的拥护者。

约翰·贝茨·克拉克奖：克拉克是美国经济协会的奠基人之一，克拉克奖是经济学领域中最有声望的奖项之一。每年克拉克奖颁给一位年龄在40岁以下年轻有为的经济学家。首届约翰·贝茨·克拉克奖于1947年克拉克诞辰百年之际颁给了保罗·萨缪尔森，其他获得克拉克奖的经济学家有肯尼斯·博尔丁、米尔顿·弗里德曼、詹姆斯·托宾、肯尼斯·阿罗、劳伦斯·克莱因、罗伯特·所索洛、加里·贝克尔、马丁·费尔德斯坦、约瑟夫·斯蒂格利茨、保罗·克鲁格曼、劳伦斯·萨默斯、戴维·卡德、凯文·墨菲、斯蒂夫·利维特。

第11章 资本和利息

一个国家的富裕程度和这个国家人均资本投资额的增长成正比。

——米塞斯

《经济政策》

"二战"期间，日本裕仁天皇问日本海军司令部总长永野修身："为什么美国只用几天的时间就可以建起一个空军基地，而日本则要一个多月的时间？"答案显而易见。美国有建设空军基地的资金，而日本只有劳动力。美国有大量的推土机和运土设备，而日本只有人力。[①] 这种优势随着战争的推进变得越来越明显，这也是美国最终取胜的主要原因。

这个例子说明了资本在战时经济中的价值。

中国香港和瑞士的故事

中国香港和瑞士的经济史也可以解释资本的价值。

中国政府多年来一直打击英国商人的鸦片走私，于1840年爆发了鸦片战争，香港被卷入鸦片战争中。最终英国赢得了鸦片战争，中国政府被迫将香港割让给英国。当时的香港约85平方公里，只有5000人生活在岛上，并且实际上没有任何的自然资源。

---

① 保罗·约翰逊的《美国人民的历史》一书也提到过这个例子，哈珀柯林斯，1997。

由于移民和中国大陆难民的涌入，香港人口增长非常快。现在香港、九龙和新界的人口达 600 万，是世界上人口密度最高的地区之一。香港的石油、原材料、大部分的食物，甚至淡水都需要引进。香港的贸易伙伴都远在千里之外。只考虑香港有限的面积和自然资源，以及拥挤的人口，香港的经济前景并不乐观。

但是香港的人均收入在远东地区排名第二（仅次于日本）。是什么造就了香港的经济奇迹呢？土地、非常有限的自然资源还是人口？大部分人口学家都会认为香港的 600 万人口太过拥挤了。

香港的成功要归功于它的工厂、摩天大厦、码头、道路、银行、电信、零售业以及香港民众所具有的企业家精神。香港的成功得益于它的人力资本、实物资本以及能和世界其他地区进行自由贸易[①]。

瑞士的经济史也证明了资本的价值。瑞士位于欧洲的中心，国内多山。瑞士和香港一样，资源也非常匮乏。瑞士没有矿产，自然资源非常贫瘠。然而瑞士却成了全球最繁荣的国家之一，生活水平最高的欧洲国家。瑞士是如何实现这一切的呢？几百年来，瑞士政府稳定规模适度，人们推崇自由企业、教育和技术。瑞士的银行和金融业吸引了全世界的资本，并出产独一无二的产品，比如巧克力和手表。

资本主义的含义

卡尔·马克思将自由企业制度称为资本主义是有道理的。经济发展最重要的元素是资本，具体来说，工具、设备和技能推动文明的发展，提高人们的生活水平。没有现代意义上的资本，我们应该还生活在落后的封建社会。马克思在 1848 年就指出："资产阶级在不到 100 年的统治中所创造的生产力，比过去一切时代所创造的全部生产力还要多。对大自然的征服，机器的采用，化学在工业和农业中的应用，轮船的行驶，铁路的通行，电报的使用，整个大陆的开垦，河川的通航，仿佛用法术从地下呼唤出来的大量人口——过去哪个世纪会料想到在社会劳动里

---

① 关于香港的叙述，参见 P.T. 鲍尔的《香港的教训：平等、第三世界和经济幻觉》，魏登菲尔德和尼科尔森书局，1981。

蕴藏有这样的生产力呢？"①马克思毫不留情地批判资本主义，但是他也意识到资本是一个国家的命脉。

再想一想我们在第1章里对经济学下的定义。提高生活水平需要将自然资源转化为可用的商品和服务。而这种转化需要地主、工人、资本品以及企业家的参与，来共同创造财富。

在所有的生产要素中，有形资本和人力资本是关键要素。资本是最重要的提高生活水平的要素，比自然资源和众多的人口都重要。

为什么有的国家比其他国家富有？

非洲有着广袤的土地、丰富的自然资源、众多的人口，但是非洲大部分国家的生活水平都不高。日本所有的石油都需要进口，中国香港所有的石油和原材料都需要进口。但是日本和中国香港在亚洲的生活水平最高，人均生产力可与美国和欧洲相提并论。为什么日本和中国香港如此富有，非洲却如此贫穷？答案很简单：日本和中国香港有大量的资本，而非洲没有。

世界上有很多这样的例子，相邻的两个城市或国家，文化和气候相似，但是财富差异巨大。这样富有-贫穷的二元对立在加利福尼亚州的圣地亚哥和墨西哥的提华纳之间显而易见。为什么呢？因为一个鼓励资本形成，一个不鼓励。

什么是资本？

资本的定义有很多。

资本可以是资本品——工具、设备、机器、工厂、建筑、基础设施以及技术原理。这种类型的资本包括喷气式飞机、卡车、大型计算机、锤子、电话线、道路和高速公路。

资本也可以指用来提高资本和劳动生产力所做的研发。私企和政府每年花费几十亿美元用来研发新产品，提高技术。

资本也可以指人力资本、劳动力的知识和技能。教科书，如本书也是资本。

---

① 卡尔·马克思、弗里德里希·恩格斯，《共产党宣言》，沃索出版社，1998/1848。

教育和培训在提高劳动生产力和改善生活水平方面发挥着重要作用。

另一种资本是制成品：在供给系统上还需要进一步转化成商品和服务的原料和半成品。（回顾一下第2章的生产四阶段模型）

固定资本品特点

资本投资基金为固定资产提供资金。一旦投入资本金，资本金就会从均质的股票变成有不同用途的异质的商品。比如要建一座机场，用于建机场的资本和资源就不能用于建造道路、汽车或房屋上。资本品也是耐用品，可以用很多年，比如，一辆卡车可以用5年，一座楼房可以用100年。资本品是有某种具体用途、固定、耐用、异质的资产。

资本品是用来推动生产过程的耐用物。

资本品和所有商品一样，也需要经历整个生产过程——从原材料变成最终的产品，但是可以重复用来生产其他商品和服务。卡车是由资本生产的，变成用来生产其他物品包括卡车在内的资本品。不同于消费品，比如食物或服装仅仅是产出品，资本品既是产出品又是投入品。

资本为什么有如此多的益处？

为什么资本品在提高生活水平方面作用这么大？

服装和纺织行业可以解释资本在创造财富中的威力。在动力织布机、轧棉机、缝纫机发明之前，几百万的女工、缝纫工、裁缝把时间都花在缝衣服、鞋子和制服上。手工缝制衣服通常需要做好多个小时的针线活。在这些机器发明之前，纺织业是个劳动密集型行业，缝衣服是主要的环节。服装很昂贵，一般人一年只穿两三套衣服。

在纺织机器发明之后，这种情形发生了极大的改变，这些纺织机器如下。

◇ 哈格里斯夫——珍妮纺织机（1770）。
◇ 卡特赖特——动力织布机（1785）。
◇ 斯莱特——棉纺织机（1790）。

◇ 惠特尼——轧棉机（1794）。

棉花产于南方种植园，出口到英国用于制作服装。在轧棉机发明前，棉纺织业虽然也在发展，但是由于需要人工将棉籽从皮棉中分离，工作冗繁，所以棉花的价格非常高。惠特尼的轧棉机简单、便宜、高效。使用轧棉机，种植园每天可以加工 50 磅的棉花，而不使用轧棉机，每天只能加工 1 磅的棉花。

19 世纪 30 年代和 40 年代，缝纫机的改进带来了制衣业和纺织业生产力的大飞跃。以下几位企业家都对缝纫机的改进做出了贡献：法国的巴泰勒米·蒂莫尼耶，美国的沃尔特·亨特、伊莱亚斯·哈维、艾萨克·辛格。这些发明家花费数年的心血以及大量的金钱用来改进易于操作的缝纫机。他们为什么要这么做呢？因为缝纫机可以大量节省缝制衣服和纺织物的时间和成本。哈维将他的缝纫机和最优秀的缝纫女工进行比赛，结果他的缝纫机轻而易举地取胜。辛格在哈维的基础上做了改进，结果家家户户都有了缝纫机（现在几乎没有女性自己缝制衣服了，因为成衣非常便宜）。

资本技术经济学

这些技术进步在以下方面影响了制衣业和纺织业。

◇ 发明这些新技术需要投入时间、金钱和创造力。
◇ 这些技术发明比之前的生产方式先进，极大地提高了生产力。
◇ 这些技术发明扩大了纺织业和消费者市场，而纺织业和消费者市场的扩大意味着生产成本的降低、价格的降低以及生活水平的普遍提高。
◇ 这些革命性的技术代替了旧的生产方式，迫使工人在适应新的生产方式的同时也在工人之间产生了对抗。
◇ 这些新技术让技术发明者发财，同时伤害了仍使用旧的生产方式的工厂的利益。

图 11-1 列出了通过使用节省劳动力的机器所产生的净利润。线 X 代表使用

旧的生产方式所产生的利润或净收入，时间点 t 代表发明一项新技术所需要的时间，线 Y 代表使用新技术增加的利润。

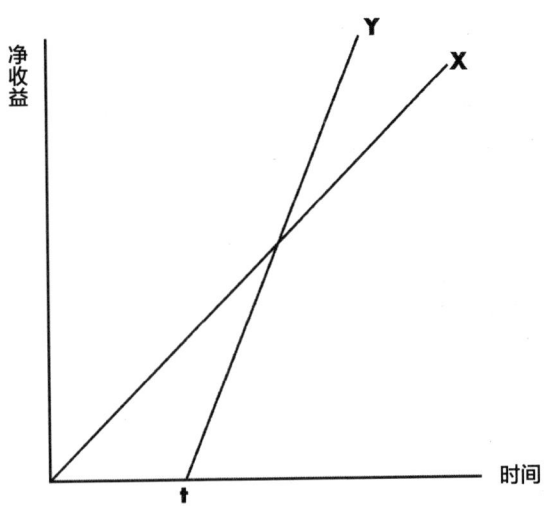

图 11-1　资本技术的生产力

在当前的生产方式和新生产方式之间总要取得权衡。资本家–企业家要决定使用新技术比当前生产方式所增加的利润是否足以支付用来发明新技术所需要的时间和资金成本。平衡点在哪里？图 11-2 中的 Z 点代表使用新技术所应取得的最低盈利点，用于支付研发费用，获取一定的利润。

图 11-2 中的线 Z 是向上倾斜的曲线，代表资本的时间价值，或曰一般利率。这是投资者将钱放在银行或者货币市场所取得的最低收益率。如果利息率是 5%，那么回报率至少也要 5%，一定要高于当前的生产方式，这样投资才有价值。年收益率要包括用来开发新技术的时间和资本成本。

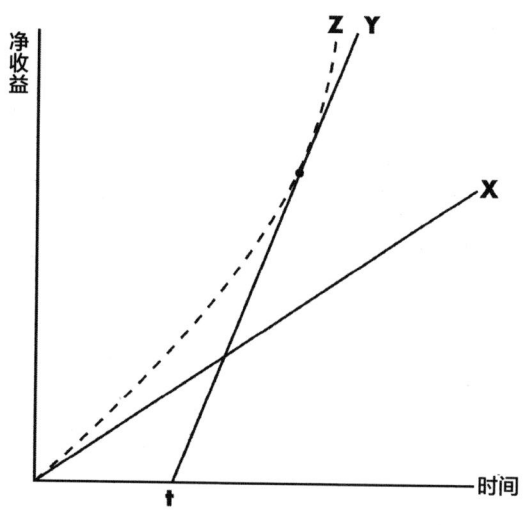

图 11-2　新技术的平衡点

资本生产率

标准二阶段收入模型解释了投资新项目的收益，见图 11-3。

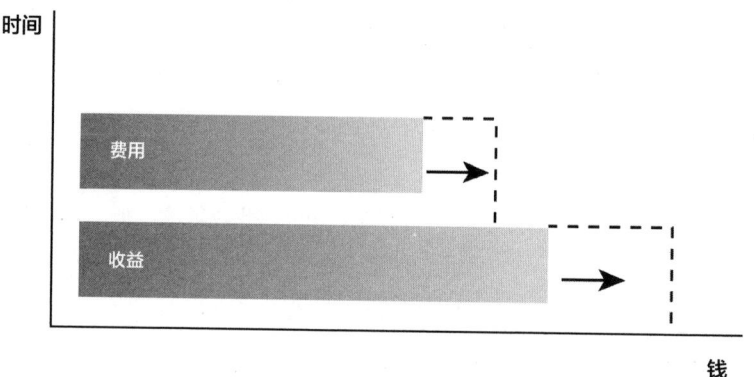

图 11-3　新项目成功意味着增加的收入超过边际成本

在二阶段模型中，新技术总有成本和收益。成本是投入到新发明的资金成本和用于研发的时间成本，这些资金和时间本可以用于当前的生产或者其他用途（机会成本）。收益是将来多产生的利润或者一旦新技术投入使用所节省的成本。如果从长期来看收益大于机会成本,那么此项目是赚钱的。如果成本高于收益,则此项目是个错误。

迂回的好处

奥地利经济学家庞巴维克(参阅本章末的"经济学大师"部分)认为资本主义的生产过程是一个使用间接或迂回方式增加生产和消费的间接生产过程。比如,一个人可以徒手抓鱼,但是他可以花时间造条渔船,制作鱼竿,这样可以捕获更多的鱼。庞巴维克认为:"在生产消费品的过程中,迂回的方式比直接的方式更有效。"[1]

庞巴维克的迂回概念根植于工业经济的四阶段模型中,图11-4重新回顾了这一模型。

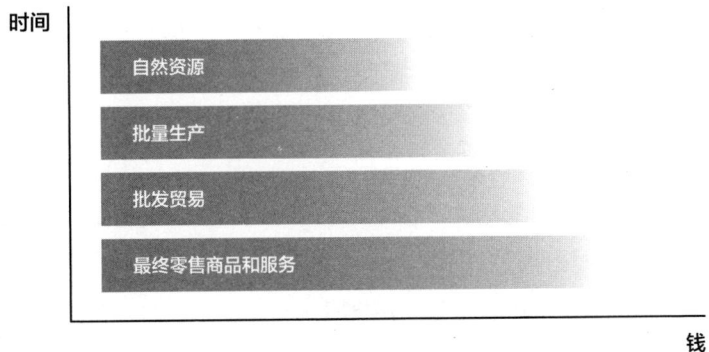

图11-4 经济四阶段模型揭示了一系列间接生产方式

为了获得消费品,生产商必须将原材料转化为加工完成的商品,并将商品运送至批发商和零售商处,然后才能将商品出售给消费者。在这一过程中机器和其他资本品不可或缺。四阶段模型验证了庞巴维克的迂回理论,也就是生产出最终的消费品需要"一系列的工具和制造工作,而这又需要大量的前期准备工作"[2]。

---

[1] 欧根·庞巴维克,《资本实证论》,自由主义出版社,1959。

[2] 同上。

要制造出一艘船或一根鱼竿，都需要时间和金钱。人们一定是愿意放弃当前的消费来制造工具、设备和技术用于增加未来的消费的，他们愿意为了未来进行储蓄并投资。第 17 章将会讨论储蓄的重要性。

资本深化原理

庞巴维克还声称资本主义的生产方式增加了生产的周期，也就是将原材料转化为最终消费品的过程，这个过程被称之为资本深化，为了生产最终的产品，生产程序增加了。当福特最初研发出生产流水线时，可能整个流水线只要两百个程序就能生产一辆汽车，现在，生产一辆福特车需要成千上万个生产环节。

城市的自来水系统也能很好地解释什么是资本深化。打开水龙头就有水流出来，但是水是如何流出来的呢？以前只需用桶将水从井里直接运到家里，这个过程简单却辛苦。一个城市的供水却复杂得多，成本也高得多，需要使用昂贵的工具和机器，城市工程师要设计蓄水池、泵站、大规模的管道、下水道以及排水管。从修建自来水系统的第一步到最后家家户户都有自来水，可能需要数年的时间。①

彼得·德鲁克认为："经济和技术过程的要旨是从最初做决定到最终有结果之间的过程越来越长……19 世纪 80 年代，爱迪生从开始在实验室对一个设想进行实验到在实验工厂开始进行验证需要两年的时间。现在爱迪生的后人可能需要 15 年的时间。半个世纪前，一座新工厂两三年就能收回成本，现在平均每个工人的资本投资是 1900 年的 20 倍，工厂要收回成本需要 10~20 年的时间。要建立诸如销售小组或管理层等人类组织，并且收回成本需要更长的时间。"②

因为每个生产阶段的库存，消费者不会意识到资本主义生产过程的漫长。只要消费者在购买商品时不缺货，他们是不会关心生产过程的。

降低成本，扩大市场

新技术带来的另一个好处是扩大市场，降低生产成本。轧棉机是个很好的例

---

① 关于资本深化和其他概念的详细叙述参见马克·史库森的《生产结构》，纽约大学出版社，1990。
② 彼得·德鲁克，《管理：使命、责任、实务》，哈珀与罗出版公司，1985。

子。在18世纪末轧棉机发明前,英国每年进口几百万磅的原棉。美国殖民地出产的原棉很少。在惠特尼发明轧棉机之后,美国的棉花产量和贸易量扶摇直上。到了1810年,英国的棉花市场为7900万磅,大部分从美国进口。

到了1830年,英国的棉花进口量已达2.48亿磅,到了1860年,棉花进口量达到10亿磅。进口的原棉价格从每磅45分降到28分。图11-5列出了这种变化。

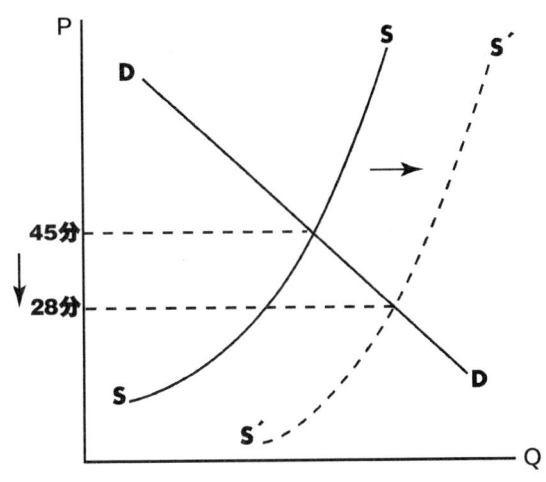

图11-5 轧棉机是如何增加供给并降低棉花价格的

轧棉机很昂贵,但是可以大幅降低加工棉花的成本,极大提高了产量。原棉的供给和成本都向右移动,说明产量增加,成本和价格都下降了。结果,消费者剩余(生活水平的衡量标准)扩大了。

先进技术和资本在19世纪和20世纪扩大市场降低成本的例子比比皆是。19世纪末的钢铁行业也可以很好地说明技术是如何扩大产量并降低价格的。在使用贝塞麦炼钢法之前,生铁和钢铁行业风雨飘摇。贝塞麦炼钢法于1875年在匹兹堡率先使用,随后引爆美国的钢铁行业。钢铁产量从1870年的6.9万吨增加至1890年的130万吨,到1900年已达1000万吨,超过了英国的钢铁产量。钢轨产量从1872年的8.4万吨增加至1875年的29.1万吨,到了1900年已超过300万吨。钢铁产量的巨幅增加使每吨钢铁的价格从106美元速降到1898年的17美元。

汽油是证明发明和资本投资重要性的另一个例子。1875年石油裂解技术被引入,一个高效炼油厂的最低炼油量已增长到每天1000桶以上。规模经济毫无疑问更钟爱大型炼油厂,比如洛克菲勒,因为建立大型炼油厂需要投入大量的资金。从 1870 年到 1885 年,精炼煤油的价格每加仑从 26 美分降到 8 美分。精炼油的价格从 1880 年的每加仑 9.33 美分降到了 1885 年的 8.13 美分,1890 年跌到 7.38 美分,1897 年跌到 5.91 美分。在此期间,石油的价格也降低了,成本下降,产量增加,产品质量也提高了。虽然这个阶段被称为"强盗大亨"时期,但是产量的增加,质量的提高,产品种类的丰富以及价格的降低都让大众受益。

汽车行业也经历了类似的发展过程。亨利·福特在底特律带有革命性的汽车生产流水线增加了福特 T 型车的生产量,并降低了售价。图 11-6 显示了 T 型车在 20 世纪早期所发生的巨大变化。

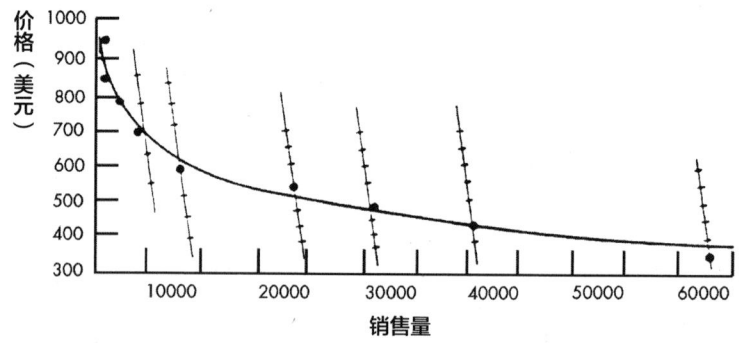

图 11-6　T 型车产量增加了,价格降低了

技术和资本极大地提高了生活水平。纺织业、石油和天然气、钢铁和汽车行业发生的变革仅仅是几个例子。电在 20 世纪改变了所有人的生活,不管是穷人还是富人。电延长了工作、娱乐的时间,使得商店、公园、餐馆和俱乐部晚上也可以开门。电话的使用降低了派遣信使的需求,汽车和飞机让距离缩短了。家用产品和电器,比如洗衣机和烘干机、洗碗机、电炉、吸尘器、热水器、中央供暖系统、卫浴设备等都极大减少了做家务的时间。电视机和收音机提供了便宜又广泛的娱乐内容。医学上的重大突破,比如药品、盘尼西林、X 光、心脏直视手术

和疫苗将美国人的寿命提高到 70 岁以上。①

所有这些技术进步都是进行资本投资和创业的结果，且改善了人们的物质生活水平。

自动化会造成永久失业吗？

新技术通常会节省劳动力，打破使用新技术的劳工市场。缝纫机最初被发明出来时，法国曾有一群暴民摧毁了 80 台用来为法国军队制作军服的缝纫机，因为他们担心缝纫机会毁了法国裁缝的生活。

缝纫机连同纺织业里其他节省劳力的机器，极大地增加了服装的生产量，以及纺织业所需的工人数量。国外的很多工人都转变了工作岗位。这种长期的收益可能在短期内看不出来或者不明显。弗雷德里希·巴斯夏曾说过："好的经济学家能将看得到以及可以预测到的效果统统考虑在内。"

多年来人们一直担心机器会让人们失业，只是这种担心从未变成现实。机器取代了劳动力，但是这种取代只是暂时的。技术扩大了市场，降低了生产成本。新技术带来的第二种影响是降低人们的生活成本，将更多的钱送到消费者手中，使得他们可以购买更多的商品。

如果对一种商品的需求是有弹性的，那么节省成本的技术可以创造更多的就业机会，这在制衣业、钢铁行业、汽车行业以及石油业都如此。殖民者担心轧棉机会让人们失业，实际情况恰恰相反，轧棉机节省劳动力，在南方创造了全新的行业，并增加了市场对劳动力的需求。再拿汽车行业来说，虽然在 1920~1930 年间，生产每辆汽车的工时降低了 25%，但是汽车行业的就业率却几乎增加了 50%。

如果对一种商品的需求是缺乏弹性的，并且由于创新人们的购买量减少了，那么消费者手中的钱就更多了，可以购买其他的商品和服务，最后的结果就是刺激其他行业并创造更多的就业岗位。工作岗位可能不一样，但确实创造了就业机会。劳动力总是比资本和土地灵活宽泛。只要消费者的欲望没有得到满足，劳动力不足，就永远都有工作。

---

① 关于 20 世纪消费者满意度的有趣评论，参见斯坦利·利伯格特的《追求幸福：20 世纪的美国消费者》，普林斯顿大学出版社，1993。

资本基金的作用

技术进步在过去 100 年间提高了全世界消费者和投资者的生活水平。但是技术在经济发展过程中只起了一半的作用。技术需要资本投资——需要资金池对技术进行投资。投资资本不足的话，很多先进技术都会被白白浪费掉。

到中国旅游的西方游客对此很有体会。中国农民在 20 世纪 80 年代的时候还是靠牛耕田，而当时拖拉机在西方已经很普遍了，但是西方游客在中国却没有看到拖拉机或其他农用机具。难道是中国农民太与世隔绝了，他们不知道农业技术吗？中国人很熟悉西方的技术。问题不是缺技术，而是缺资本。中国的农民没有用来购买拖拉机的钱。一个国家生活水平的提高和技术的进步只受限于这个国家的资本，而中国没有购买现代农用设备的资本。所以问题不是对技术的无知，而是缺少用来购买技术的资本。中国从 20 世纪 80 年代开始，通过提供生产资本实现了快速发展。

投资资本有很多来源

◇ 个人、机构和商业的国内储蓄。
◇ 股市。
◇ 政府资金。
◇ 外商投资。

当国内储蓄对国内投资来说不够时，外商投资可以弥补资金的短缺，加速资本密集型生产。除了英国，外商投资在所有国家的发展过程中都起到了举足轻重的作用。虽然资本主义批评家指责外商投资导致"资本帝国主义"，但外商投资的确提高了大部分国家的生活水平。米塞斯将外商投资称之为"19 世纪最伟大的壮举"[1]。

投资资本在资本品行业是用来资助投资项目的资金池。银行、证券公司、联

---

[1] 路德维希·冯·米塞斯，《经济政策》。

邦机构以及其他的金融中介机构也会资助消费者的购买行为，但是大部分资金通常都是用来资助企业和长期项目的。

贷款、租赁以及其他的金融资助在绝大多数情况下都是用来资助耐用消费品的，比如房子、家具、汽车和家用电器。从经济的角度看，这些耐用消费品也可看作投资资本，因为这些物品要用很长的时间才能消耗完。比如房子可能会存在几百年，而汽车则可以使用十来年。耐用消费品和资本品一样都要考虑到利息。制定价格时需要将耐用消费品的使用期限考虑在内。

贬值和通货膨胀

资本品和耐用消费品要很长时间才能用完。贬值是用来衡量资本品或耐用消费品每年损失的价值。按照大多数国家通行的会计做法，资本品在很长时期内都是贬值的。一间出租的房屋由于所得税过了28年可能会贬值，汽车过了5年后可能会贬值。公司通常会留出大笔资金用来替换旧的机器、设备和建筑。没有应对公司资产贬值的充足资金会造成资金短缺甚至破产。

会计要面对的一个难题是准确地评估在很远的未来替换资产的价值。通货膨胀会让财务人员低估替换成本。公司会明智地采用"通货膨胀会计"的做法，但是由于通货膨胀难以预测，这种做法与其说是一门科学不如说是一门艺术。

利率

利率对资本支出有非常大的影响，理由如下：第一，大部分企业都是资本密集型企业，在生产过程中需要工厂、重型机械以及房地产，这在原料商品行业以及制造业尤其如此。千万美元项目以及资本品通常都需要银行或其他金融机构的融资。租赁和借贷在资本密集型行业很常见。从长期来看，利率的小小变动都会在盈利和亏损之间产生不同的结果。

资本品市场和最终消费相去甚远，行业资产和进一步的生产越是远离最终消费，这个行业就越是起伏不定，利率在这种起伏波动中起很大的作用。

在短期内就被消费完的最终消费品很难受到利率的影响。食物、服装和汽油是基本不受利率影响的消费品。但是对耐用资本品，比如用于开矿或制造业的机械设备的需求变化就非常大。这些商品的价格在一定程度上受到利率的影响。假设租赁的石油钻塔的利率从6%上升到12%，这种利率的大幅度变化就抬高了石油钻塔的价格，石油钻塔未来的收益也不能保证会补偿这多出来的成本，因此对新石油钻塔的需求也会大幅下跌。相反，如果利率从12%降到6%，由于成本大幅减低，对新石油钻塔的需求就会上升。

波动性以下有多种表现形式。

◇ 年产量。
◇ 盈利率。
◇ 就业和失业。
◇ 库存。
◇ 生产成本。
◇ 资本品的价格。
◇ 股票价格。

商业和住宅型房地产是另一个受利率波动影响很大的行业。为什么呢？因为房子是耐用品，每年只有很小一部分的商业和住宅房地产交易。因此，利率的变化对房地产的价格有很大的影响。图11-7是按照和最终消费的距离绘制的资本品的一般波动模型。

上面提到了，立刻就被消费掉的资产变化幅度小于离终端消费较远的资产。距离最终消费越远，这些资产的价格和产出的波动性就越大。

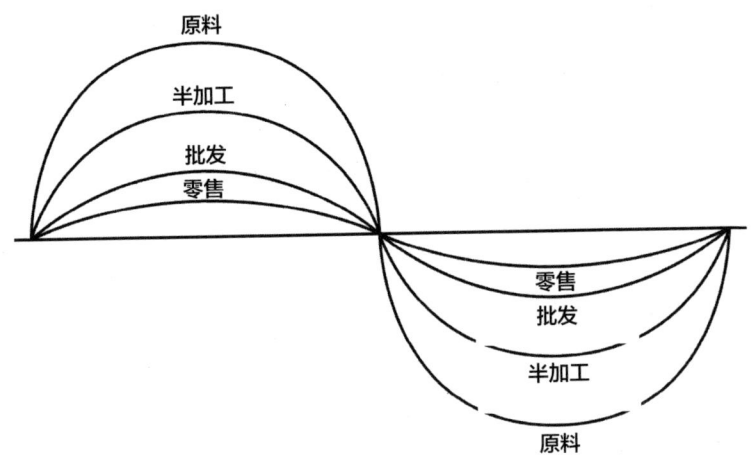

图 11-7　按照和消费距离表现的价格与产出的波动性

来源：《经济周期理论》，《经济学季刊》，1923 年 8 月。引用需得到约翰威利出版社许可。

资本或投资支出在国民经济中是最不稳定的领域，而消费支出则比投资支出稳定得多。利率在这些不稳定性中是个关键因素。

利率和可贷资金市场

对投资资本的需求和对可贷资金的需求密切相关。需求曲线向下倾斜，如图 11-8 所示。

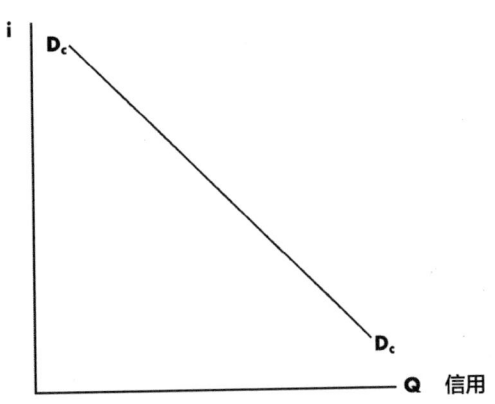

图 11-8　可贷资金需求

为什么需求曲线向下倾斜呢？因为随着利率下降，更多的投资项目都会盈利，更多的企业会进行贷款。金融机构首选最赚钱的项目进行投资，随后才会对盈利性差的项目进行投资，直到项目投资回报率和利率持平，也就是和银行存款的投资回报率持平。利率越低，企业就越愿意向银行和金融中介机构进行贷款。

当然，企业愿意储蓄，而银行更愿意在利率高时进行贷款，所以可贷资金的供给曲线是正数。图 11-9 显示的是可贷资金的需求和供给吻合时的均衡利率。

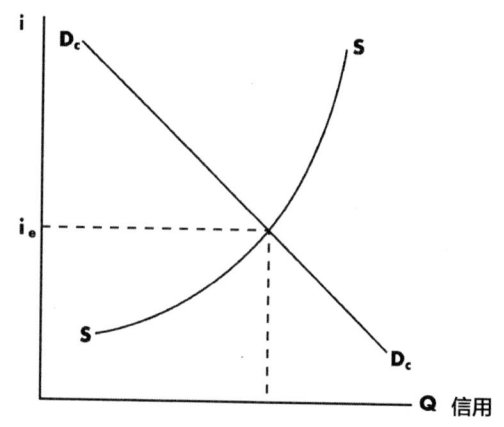

图 11-9　可贷资本的供给和需求

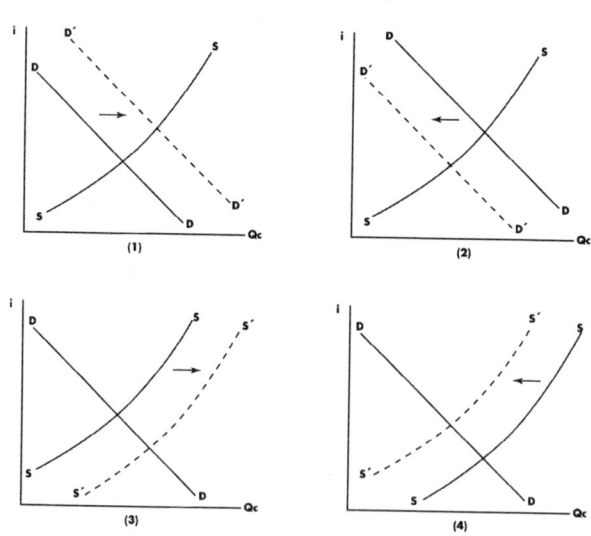

图 11-10　投资资本市场的四种情形

四种情形

◇ 在经济繁荣期，对资本的需求向外移动，因为建造工厂、住房以及资本密集型经济活动的增加都要进行大量的投资。在这种情形之下，利率就随着投资资本的增加而增加。

◇ 在经济衰退期或萧条期，对资本的需求减少，因为经济不再增长，房地产市场崩溃，建筑许可减少，结果呢？结果就是利率降低，投资资金减少。

◇ 当新的资本进入市场时，不论是国内储蓄（人们想更多地储蓄）还是外商投资，对资本的需求向外移动，因为大量的资本供给迫使银行和其他金融中介机构降低利率，鼓励贷款。最终结果：更低的利率和更多的资本投资。

◇ 当人们决定减少储蓄或者外商撤资时，对资本的需求向内移动。随着可贷资金减少，银行和其他金融中介机构要对贷款进行配额管理，这使得利率升高，投资项目减少。最终结果：利率变高，投资资本减少。

总结

本章要点

1. 一些国家比另一些国家富有不是因为拥有更丰富的自然资源或更多的人口，而是因为拥有可用的物质资源和人力资本。

2. 资本品需要时间、金钱和技术来发展。

3. 采用资本主义的投资和生产方式可让国家在很多方面受益：降低成本，扩大市场，带来就业以及增加商品和服务的数量、质量和种类。

4. 间接或迂回的生产方式需要放弃当前的消费来增加未来的消费。

5. 节省劳动力的发明既破坏又创造就业和公司，从最终结果来看，国家的生活水平提高了。

6. 比起消费品行业，资本品行业对利率非常敏感，因为资本品行业的价格、产出量、就业和库存的变动幅度更大。

重要术语

资本深化　　　　　　　　资本品
资本品行业　　　　　　　消费品行业
贬值　　　　　　　　　　库存
投资资本　　　　　　　　可贷资本市场
生产周期　　　　　　　　迂回生产
通货膨胀会计

经济学大师

姓名：欧根·冯·庞巴维克（1851~1914）

背景介绍：20世纪初，这位生于奥地利的经济学家可能是东欧最著名的经济学家了。庞巴维克是卡尔·门格尔的学生，奥地利学派的创始人。庞巴维克三次被任命为奥地利的财政部长（1893、1896、1900），也是唯一一位出现在奥地利钞票上的经济学家（奥地利100先令纸币）。显赫的政治生涯之后，庞巴维克成为维也纳大学的经济学教授，他的课吸引了很多有才华的学生，比如路德维希·米塞斯、约瑟夫·熊彼特以及奥托·鲍尔。

主要著作：庞巴维克对经济学主要有三大贡献。第一，在人们越来越反感勤俭节约的传统美德时，庞巴维克强烈支持储蓄。庞巴维克声称通过延迟消费增加的储蓄对经济发展至关重要，且比消费更具生产性。公共储蓄和个人储蓄都是投资新企业、技术和资本形成的资金来源。

第二，庞巴维克提出了"迂回"的资本主义生产方式更具优越性的古典经济增长理论。资本主义体系包含生产消费商品的间接过程。这个间接过程更长，需要更多的生产技术，但是一旦运转起来却可以增加终端消费品和服务的数量、质量和种类。按照庞巴维克的观点，经济发展的关键是有更多的储蓄，并将这些额外的储蓄用于研发、开发新技术和新的生产过程中。庞巴维克对资本和经济发展的论述见于他1889年出版的经典著作《资本实证论》。庞巴维克同时写过和批评过其他资本和利息理论的书。

第三，庞巴维克是第一位批评卡尔·马克思剩余价值理论和剥削论的经济学家。马克思在《资本论》中认为资本家获得的利润和利息构成了"剩余价值"，而这些"剩余价值"本属于工人。庞巴维克认为资本家应该获得补偿主要有两大原因：其一，资本家－所有者必须等到物品出售时才能收回成本，但同时却要给工人垫付工资，也就是说，不论货物有没有出售，都必须定期给工人发工资（月薪或周薪）。利息补偿了资本家－所有者对收回资金的等待。

其二，和工薪阶层相比，资本家－所有者要冒更大的资金风险。甚至当公司亏损时，工薪阶层也会定期领取薪水。因此，资本家－所有者有理由为承担更大的风险获得投资回报。

庞巴维克对马克思的批评见于他的著作《卡尔·马克思及其体系的终结》。奇怪的是只有马克思主义者出版了这本书，因为他们又反驳了庞巴维克对马克思的批评。

第 12 章 企业的作用

美国正在从"管理型"经济向"企业型"经济发生深刻的转变。

——彼得·德鲁克[1]

恐怕没有哪位科学家能比托马斯·爱迪生对美国人民甚至全世界人民的日常生活产生更大的影响了。这位门洛帕克的奇才一生申请的专利超过1000项,爱迪生最了不起的发明是取代了其他人工照明形式的电灯。历史学家斯坦利·利伯格特曾说,爱迪生的电灯泡延长了"感官享受和娱乐的时间,让人们在日落之后依然可以看戏和看电影,让图书馆、餐馆、保龄球馆、棒球场以及俱乐部在黑夜中继续……到了1990年,美国人均消耗电能1万千瓦时,是苏联家庭的40倍,是不是充足的电力可以解释外国游客眼中美国人过度的活泼开朗。"[2]

爱迪生改进了电话、打字机、电影、发电机以及电力火车,还改进了第一台油印机和照相机。很多科学家都认为爱迪生是史上最伟大的发明家。

爱迪生也是位商人,成立多家公司来生产销售他的发明,包括全球最大的公司之一:通用电气。

托马斯·爱迪生是一位发明家–企业家。

---

[1] 彼得·德鲁克,《创新和企业家精神》,哈珀与罗出版社,1985。
[2] 斯坦利·利伯格特,《追求幸福:20世纪的美国消费者》,普林斯顿大学出版社,1993。

约翰·A.洛克菲勒不是发明家，而是一位生产商和经理，成立标准石油公司。到1900年，标准石油公司占领了美国炼油业90%的市场。耶鲁大学的化学教授本杰明·西利曼发明将原油蒸馏提炼为煤油的方法。但是将飘忽不定、充满风险的市场变得井然有序、不断扩大的却是洛克菲勒。洛克菲勒控制了石油业的炼油终端，降低生产和运输成本，扩大资本投入，修建更大更好的石油生产设备以及其他石油产品设备。洛克菲勒的目标是为消费者提供"质优价廉"的汽油，"最好的产品，最低的价格"。他的资本主义方式将汽油的价格从每加仑58美分降到了8美分，而洛克菲勒也成了世界上最富有的人。

洛克菲勒是一位资本家–企业家。

1992年9月，欧洲货币危机爆发。尽管这次货币危机让机构投资者损失惨重，但是量子基金主席、传奇人物乔治·索罗斯却在一个月内狠赚12亿美元。

乔治·索罗斯如何会取得如此不可思议的投资回报率？

欧盟为了稳定欧盟成员国的货币成立了汇率机制（ERM），索罗斯从这一有缺陷的机制中获益。索罗斯卖掉了疲软的货币，买进强劲的货币，从而成功套汇。总之，他运用合理的经济思维，利用企图和市场法则相左的政府政策获利。当ERM在1992年9月崩溃时，索罗斯和他的合伙人赚得盆满钵满。

乔治·索罗斯是一位金融家–企业家。

托马斯·爱迪生、约翰·洛克菲勒、乔治·索罗斯的例子都说明世界经济掌握在投资者、资本家和投机者手中。他们全部是企业家。

企业家精神的核心作用

企业家（entrepreneur）是个法语单词，最初由J.B.萨伊提出，是指为了经营企业承担风险获利的人。企业家承担经营的风险和不确定性以及经营责任，不论这种经营是发明、生产过程还是投资基金。

图12-1是经济过程的四阶段模型。

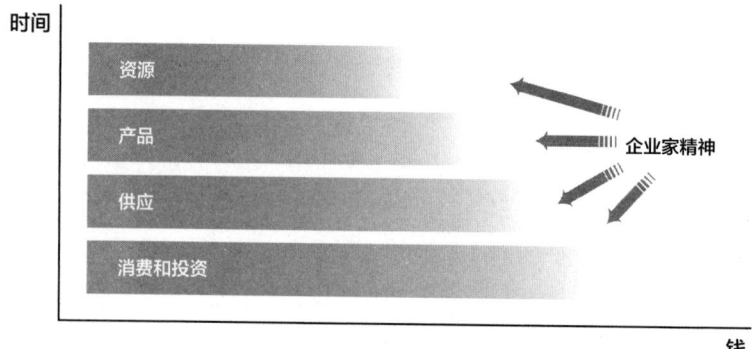

图 12-1　企业家 - 所有者在四阶段模型中的核心作用

生产的最后一个阶段：消费产品和服务，是如何实现的呢？

是谁将生产要素——土地、劳动力和资本结合在一起的？关于最终产品和服务的决策是如何制定的？是企业的企业家 - 所有者做出这些重要的决策。

- ◇ 生产什么。
- ◇ 如何定价。
- ◇ 雇用谁。
- ◇ 企业选址。
- ◇ 筹集多少资金。

这些都是关乎有丰厚利润还是严重损失的重大决策。没有决策者，经济和生活水平都不会向前发展。

趋向均衡

经济学家通常从两方面来看企业家。

第一，企业家参与到生产过程中，将市场推向供给和需求匹配的均衡状态，企业家这时的角色是套利者 - 企业家。

第二，企业家创造新市场，打破旧的产品和生产过程，市场上才会出现新的供给和需求，企业家这时的角色是创新者 - 企业家。

让我们来看一看微软和其他计算机公司进行竞争的软件包市场。假设对软件的供给和需求失衡，如图12-2所示。

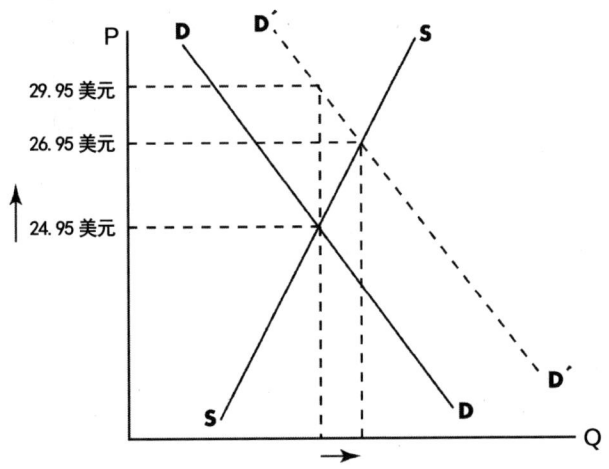

图 12-2　软件包的需求大于供给

在上面的例子中，假设市场对软件的需求处于相对均衡状态已有一年了，但是突然对软件包的需求增加了，最初的影响应该是货架上和库存的软件减少了。敏锐的供货商和销售专家注意到了这一短缺。微软和其他软件公司很快做出生产更多软件包的决定。市场告诉他们要生产更多的软件包，但是如何定价呢？微软是继续制定24.95美元的售价，还是将价格提高到29.95美元。提高价格会对其他竞争者产生怎样的影响？最后，一向对利润最大化感兴趣的软件公司增加了产量，并将价格提高到26.95美元，如图12-2所示。

纽约大学的经济学教授伊斯雷尔·柯兹纳将企业家称为供给和需求的套利者。他认为："企业家能影响均衡，企业家能敏锐地注意到未被注意的机会。"① 柯滋纳进一步阐述道："我认为企业家对已经存在的机会很敏锐，对即将被发现的机会也很敏锐……与其说企业家创造了机会不如说是他们发现了机会，抓住了赚钱的机会，而不是创造了机会。"②

---

①　伊斯雷尔·柯兹纳，《竞争和企业家精神》，芝加哥大学出版社，1973。

②　同上。

另一种形式的套利者－企业家精神是资本家将资源从亏损或利润低的领域转移到利润高的领域。比如，在20世纪80和90年代计算机是个高回报的行业，而采矿业的价格却异常低，几乎没有利润可言。资本家利用这种利润差异，将资本和资产从采矿业和其他利润低的行业转移到计算机和其他利润高的行业。J.B.萨伊曾强调过这种作用："企业家将资源从生产效率低的领域转移到生产效率高的领域，从而带来更高的产出。"

柯兹纳认为当供给和需求处于绝对均衡的状态时，也就是供给等于需求，是不需要企业家扮演套利者的角色。在这些情况下，创新者－企业家寻找新市场、新产品，或者降低成本的技术。

另一种作用：远离均衡

当供给等于需求时，没有套利者的空间，这是创新家－企业家发挥作用的时机。

供给和需求不会长期保持均衡。企业家增加收益降低成本的追求总在起作用，因此改变了整个行业或产品的盈利情况。二阶段损益图解释了套利的影响（见图12-3）。

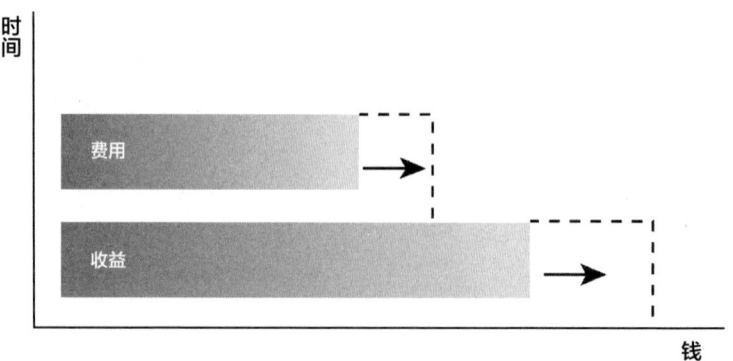

图12-3 二阶段损益说明企业家追求以更低的价格生产更新、更好的产品，从而增加了利润

企业的所有者－资本家负责公司的收入和成本，这也决定了这家公司的赢利情况。他们要协调土地、劳动力和资本，决定生产的商品、服务类型以及定价。

市场鼓励成功的创新家－企业家。追求金钱的资本家有的可能更愿意增加收入（途径有研发新产品或改进产品，采用新的市场营销策略）而不是降低成本，有的更愿意降低成本和开支而不是增加收入，有的两种方式都尝试。但不论采取哪一种方式，结果都是提高了公司的生产力水平。

在计算机软件行业，即使微软目前处于一种均衡状态，但可能也会选择其中的一种方式来增加其营利性。

熊彼特和"创造性破坏"的概念

约瑟夫·A.熊彼特（1883~1950）是奥地利经济学家，在哈佛执教，他和柯兹纳看待企业的角度不同。他构想了创新者–企业家这一概念，认为创新，也就是将旧的、落伍的方式改造成新的、更有生产力的技术是现代经济的精髓。资本家–企业家总是寻求新想法、新产品和新市场，同时淘汰当前的资本设备和生产过程。

从这个角度可以说自由市场资本主义就是一个"创造性破坏"的过程。如同熊彼特所说的："资本主义本质上是一种经济变动的形式或方法，它不仅从来不是，而且永远也不可能静止不动……国内外新市场的开辟，从手工作坊和工厂到像美国钢铁公司这种企业的组织发展，说明了产业突变也同样经历的过程——如果我可以使用生物学术语的话——它不断从内部去改革这个经济结构，不断地破坏旧的结构，创造新的结构。这个创造性破坏的过程就是资本主义的本质。"[1]

第8章和第10章也同样讲到了熊彼特创造性破坏的概念。熊彼特的动态经济学模型和完全竞争的静态经济学模型形成鲜明对比，在完全竞争的经济模型中根本没有创新或改变的动力。熊彼特指出，完全竞争模型是资本主义发展的低级模型。此外，为了恰如其分地描述动态经济学，经济学家和金融记者应该突出经济"创造性"的一面，而不是"破坏性"的一面。客观的记者应该公布公司新招聘的员工数量和解雇的员工数量，加薪和减薪幅度，就业率和失业率，以及新开张的公司数量和破产的公司数量。动态经济的一部分就是企业家可以做出盈利的决策，而不是仅仅犯错误。

---

[1] 约瑟夫·A.熊彼特，《资本主义、社会主义和民主》，哈珀与罗出版社，第3版。

信息经济学

为了分析企业家的角色,我们需要牢记下面三点。

◇ 市场中的信息是充分的,通常是不准确的。没有所谓"完全知识"这一说法。
◇ 在市场中无知很常见。
◇ 未来通常是不确定并充满风险的。

不充分的信息、无知、不确定性和风险是资本家、工人和消费者这些市场参与者需要承担的潜在责任。尽管出发点是好的,但是每个人都会犯错误。成功的企业家会尽量将不完全知识、无知、不确定性和风险降到最低。

不确定性和发现过程

伊斯雷尔·柯兹纳教授认为企业家必须时刻警惕变化和新信息,但是他们永远也无法确定结果。不确定性永远存在,即使大公司也要做大量的研究和消费者调查,因为他们也无法确保一定会成功。这是为什么呢?因为不确定性原则——尽管有抽样调查和问卷调查,人类依然是无法完全进行预测的。关于不确定性和风险的一个经典案例是可口可乐在20世纪80年代早期推出的新可乐(New Coke),尽管可口可乐市场部保证新可乐会大获成功,结果却是惨败。

柯兹纳将市场的这个特征称为"发现过程"。他说:"企业家精神就是发现盈利的机会。"[①] 商人和市场营销专家预期的结果并不一定会如其所料。有时候预料中的盈利变成了始料未及的损失。市场就是一个发现的过程。

价格是一种交流方式

价格,包括销售价格、生产成本和工资在资本家、工人和消费者的决策过程

---

① 伊斯雷尔·柯兹纳,《竞争和企业家精神》,芝加哥大学出版社,1973。

中发挥着关键作用。价格、成本和工资是经济的信息中心。价格是告诉资本家-所有者生产什么、如何定价以及生产多少的信号，也是传递给消费者的信号，告诉他们购买什么、商品和服务的成本是多少，以及他们可接纳的价格。

弗里德里希·哈耶克写过一篇关于价格的经典文章，认为价格是向生产商、买家和卖家传递信息的发射器。他说："如果我们想要理解价格的真正作用，我们必须将价格体系看成信息传递机制……"[①] 哈耶克举了一个锡的例子，假设发现了一种锡的新用途，这会增加对锡的需求，从而使得锡的价格上涨，迫使锡的用户节约或者减少对锡的使用，即使他们根本不知道锡的新用途。价格是企业家释放的关于商品或产品最佳边际效用的非常有价值的信号。

广告及对广告的批评

柯兹纳指出："市场均衡的显著特点是普遍的无知。"[②] 市场参与者需要最可靠的信息来决定生产什么，消费什么，他们需要知道价格、工资、房租和供给成本，有什么样的消费者产品和生产商产品，以及这些产品能满足什么要求。市场信息并不总是很容易获得，或者很便宜就能获得。想要获得完全的信息以及完全了解竞争是荒谬的。如同其他所有的稀缺商品一样，信息也有价格，实际上，不同类型信息的价格差异很大。如同其他商品和服务一样，信息也是可以进行交易和购买的。

要想提供关于商品和服务的信息，金融市场和公司就要进行市场营销和广告宣传。如果潜在消费者根本不知道某种商品或服务的存在，那么生产该商品或服务是没用的。公司努力将产品和服务送至消费者手里，广告和市场营销的目的是让消费者知晓某种产品或服务。

市场批评者经常批评广告中的浪费和虚假信息，以及产品差异化。广告和其他市场营销方式大约占全部消费者成本的 10%（见图 12-4）。

---

① 弗里德里希·哈耶克，《社会中对知识的使用》，《美国经济评论》，1945年9月。再版于《哈耶克论文集》，胡佛研究所，1984。

② 柯兹纳，《竞争和企业家精神》。

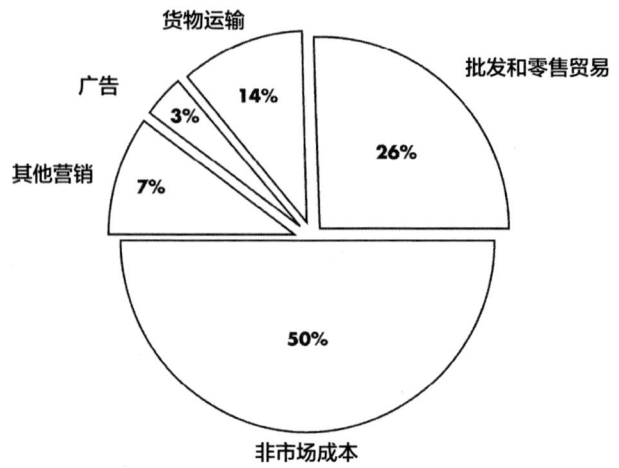

图 12-4　美国 2000 年的市场营销和零售成本

如上图所示，产品或服务的生产成本只占到消费者最终消费价格的一半。将商品运至目的地的运费平均占到总成本的 14%。批发和零售，比如采购商和零售商的费用占到了 25%。剩下的 10% 为广告以及其他市场营销费用。

广告的目的

广告和营销是浪费钱还是有实际用途？公司利用广告将他们产品或服务的信息提供给消费者，劝说消费者进行购买。

广告是信息告知者

大部分经济学家都赞同让消费者了解信息的做法。如果消费者不能很便捷地获得诸如价格和产品差异之类的基本信息，他们经常会多花钱或者买错产品。商店展示、分类广告以及广告牌通常都为消费者提供最基本的信息。这样的广告帮助消费者对产品和服务进行检验和比较。想象一下，如果汽车经销商不允许在分类广告或收音机和电视上宣传他们的汽车价格，那汽车买家可能要多花钱。

研究证实了广告在眼镜和法律服务方面的作用。1972 年的一项研究比较了限制眼镜广告的州和允许眼镜广告的州之间的眼镜价格，发现限制眼镜广告的州，其眼镜价格是允许眼镜广告的州的两倍。①

1977年最高法院规定律师拥有宪法赋予的宣传自己服务的权利。1983年的一项研究表明，联邦贸易委员会的结论是对广告限制较少的城市的法律服务费，比如遗嘱、破产以及无争议离婚和事故，比平均法律服务费低了5%~13%。

这些例子都有力地说明了广告有益于经济——降低了价格，增加了服务。

对广告的批评

市场营销的第二个目的是劝说消费者购买名牌产品和新产品。广告告知信息，塑造消费者品位，激发消费者新的购买欲望。宝洁、可口可乐、百威每年都花费几百上千万美元为它们的产品做广告。用范斯·帕卡德的话来说就是，广告商拥有市场力量，是"隐形的说客"。约翰·肯尼斯·加尔布雷斯的论文研究的是麦迪逊大街创造了消费者"依赖效应"，因此威胁消费者主权。加尔布雷斯在《富裕社会》中写道："随着社会变得越来越富裕，一旦欲望被满足，会激发更多的欲望……生产商会通过广告和销售体系积极主动地创造欲望。"②加尔布雷斯认为大公司通过广告、品牌和产品区分获得了垄断。他谴责消费社会中（消费者债务和无聊的消费者产品）大公司过度控制大众。

高昂的广告预算和品牌识别度使得竞争对手很难进入市场，小企业家很难推出新产品。这种情形在大型消费者产业尤甚，比如早餐麦片、汽车、香烟和家用电器行业。

研究表明广告业利润丰厚。广告开支高的行业通常比不花钱做广告的行业利润要高。虽然同类产品几乎没有差别（阿司匹林、洗发水等），但市场营销通常使消费者以过高的价格购买品牌产品。③

---

① 李·贝汉姆，《广告对眼镜价格的影响》，《法律和经济学期刊》，第15期，1972年10月。
② 约翰·肯尼斯·加尔布雷斯，《富裕社会》，霍顿·米夫林出版社，1958。
③ W. S. 科曼诺、T. A. 威尔逊，《广告、市场结构和业绩》，《经济学和统计学评论》，第49期，1967年11月。

新产品的失败率高

聪明的广告让消费者丧失所有的消费主权了吗？尽管福特在20世纪50年代对艾德赛尔汽车，可口可乐在20世纪80年代中期对新可乐都进行了铺天盖地的宣传，但都以惨败告终。精准调查（AcuPoll）2006年做的一项研究表明，80%~95%的新产品都以失败告终。

公司没有将产品区分硬塞给公众。很明显产品区分是公众想要的。为了取得最优的产品区分级别，营销部要推出大量的产品，其中大部分产品都失败了。

总结

本章要点

企业家在经济中发挥关键作用，统合土地、劳动力和资本来创造财富，提高生活水平。

企业家是经济的舵手，为到达终点导航（柯兹纳的均衡模型），为了避免事故或发现了新的目的地而将船导向新航向（熊彼特的非均衡模型）。

企业家经济总是动态的，是一种创造性破坏（熊彼特的术语）以及发现的过程（柯兹纳的术语）。

广告有两个目的：向消费者提供重要信息，以及说服消费者进行消费。第一个目的对高效经济至关重要且很有用，第二个目的就有争议了。有的批评家认为广告和产品区分是垄断行为，是竞争对手的进入壁垒。

重要术语

套利企业	创新企业
进入壁垒	柯兹纳的发现过程
依赖效应	垄断势力
企业家精神	熊彼特的创造性破坏

经济学大师

彼得·德鲁克 管理学大师

姓名：彼得·F.德鲁克（1909~2005）

背景介绍：尽管彼得·德鲁克没有获得过经济学学位，也从不认为自己是经济学家，但却是世界上最著名的管理学大师，是MBA、企业高管和商科学生中家喻户晓的名字。他写了大量经济学领域的著作，强调企业家精神和投资资本，同时谴责大政府、过高的税收以及凯恩斯经济学。他在多领域取得了成就：律师、记者、政治理论家、经济学家、小说家、未来主义者以及哲学家。一位仰慕者曾说德鲁克是"偶像破坏者——打破偶像崇拜的人，证据追寻者，牛虻，肉中刺，对社会问题不留情面的批评者"。

德鲁克出生于奥地利的维也纳，在法兰克福大学获得法律学位，因为拒绝为纳粹工作而移民到英国，20世纪30年代移民到美国，随后一直在美国生活，写了大量关于公司、管理和经济学的书籍和文章。

主要著作：《公司的概念》是研究通用公司的，这本书让德鲁克一举成名。他发现跨国集团可以代替大政府（德鲁克认为大政府天然的效率低下，浪费严重）成为社会福利机构。大公司可承担诸如就业保障、培训和教育、医疗、退休和其他福利等社会责任，大公司"非革命性"地代替了政府。通用公司最初拒绝德鲁克提出的大公司是社会实体的观点，但是后来所有的大公司都朝社会组织的方向转变。

德鲁克最喜欢的经济学家是约瑟夫·熊彼特。在德鲁克看来，是熊彼特而不是凯恩斯才是未来的经济学家。德鲁克喜欢熊彼特提出的动态非均衡概念，企业家的创新作用，以及为大公司所做的辩护。德鲁克在他1985年的著作《创新和企业家精神》中强调技术变革、创新、无法预料的商业对世界经济的影响。

对凯恩斯经济学的批评：德鲁克认为政府官员和政策制定者都受到过凯恩斯思想的戕害。约翰·梅纳德·凯恩斯（见本书第22章）是英国经济学家，提出了在经济萧条期实行赤字开支和短期通货膨胀政策的理论。

德鲁克认为政府只能有效地做两件事情——发动战争，滥发纸币。他说："在我们需要一个强壮、健康、焕发活力的政府时，政府却是病恹恹的。"[1] 德鲁克提倡对政府服务尤其是社保实行私有化（私有化一词是由德鲁克在他1969年出版的《断层时代》一书中首次提出）。德鲁克回应哈耶克的观点认为，公共机构不可能以商业的方式运作，因为它们本身不是商业组织。

德鲁克批评凯恩斯主义造成的不健康的反对储蓄的意识形态，认为在西方国家尤其是美国造成了"大规模的储蓄不足"。此外，"凯恩斯在很大程度上造成了只鼠目寸光地关注现代政治学，现代经济学，现代商业……短期的、聪明的、耀眼的经济学和政治学全都破产了"。[2]

个性：除了写作和咨询工作外，彼得·德鲁克一生出版了超过25本著作。他还因不用秘书或支持组织而出名，他亲自接听电话。

德鲁克对不断扩大的全球经济基本持乐观态度，尤其是在共产主义和苏联中央计划经济垮掉之后。德鲁克认为跨国公司不论是大是小，都比外国援助或者国内的开支刺激项目重要得多。公司必须是企业式的，不是行政式的。

---

[1] 德鲁克，《断层时代》，哈珀与罗出版社，1969。
[2] 彼得·德鲁克，《迈向经济新纪元及其他论文》，哈珀与罗出版社，1981。

第13章 股票和证券市场

> 绝大多数公司的股票在纽约证券交易所挂牌，美国的经济基本没什么问题……我要是不买股票才是傻瓜。
>
> ——J. 保罗·盖蒂

> 人有时候健忘，股票可不是彩票，股票代表对一家公司的部分所有权。
>
> ——彼得·林奇

世界首富比尔·盖茨的资产超过750亿美元，他和他的软件公司——微软能最好地解释微观经济学，或者公司理论，以及金融市场在经济中的重要作用。

比尔·盖茨和他的搭档保罗·艾伦一起在西雅图上高中，都对探险和创办企业很狂热。盖茨上了哈佛，随后退学。1974年，19岁的盖茨和21岁的艾伦创办了一家名为Traf-O-Data的公司，这家公司负责读取监测当地交通流量器的计算机芯片，第一年的营业额为2万美元，这家公司是微软的前身。

20世纪70年代末小型计算机问世，盖茨和艾伦又编写软件，并成功卖给了正在发展壮大的个人计算机领域中的其他公司。到1980年，他们位于新墨西哥州阿尔伯克基的公司已有8名员工，年营业额为800万美元。

他们在1980年取得了重大突破，盖茨接到了IBM的电话，IBM让他们为IBM的个人计算机编写一套操作系统，结果就是MS-DOS（DOS是disk operating system的缩写），随后DOS一统个人计算机软件市场。微软的营业额在1984年就超过了1亿美元。

到了 1985 年，微软的市场份额扩大得太快，以至于盖茨和艾伦决定发行股票来筹集更多的资金。盖茨在 30 岁之际宣布公司上市，这意味着微软股份首次向外界投资者开放。最初的几年，微软按照员工持股计划（ESOP）将它的股票发给员工，但是后来微软要在全球发布新的 Windows 软件，这需要大笔的投资资金。盖茨选择了两家投资银行高盛和埃里克斯布朗作为微软股票上市的包销商。1986 年 3 月 12 日，微软在纳斯达克上市，每股 21 美元。微软在首次公开募股（IPO）中筹得资金 6.9 亿美元。比尔·盖茨拥有微软 45% 的股票，突然之间身价暴涨至 3.11 亿美元，当然只是账面上的，那时他的年薪只有 12.2 万美元。

1986 年，100 股微软的原始股价格为 2100 美元，而现在 100 股微软的股票价格为 50 万美元。而年过六旬的比尔·盖茨用现在的市场价值（2013）来衡量的话，拥有的股票价值为 130 亿美元。

微软是一个非比寻常的创业成功的案例，说明了金融市场在市场体系中的作用。本章目标是讲解股票和证券市场，以及股票和证券是如何为资本主义融资的。华尔街和证券市场有多重要？被称为衍生品市场的未来市场对经济是有益还是有害？投资者能战胜市场吗，比如业绩超过道琼斯工业平均指数或者标准普尔 500 指数？在管理华尔街和商品交易以及保护投资者方面，政府应该发挥怎样的作用？关于这些问题经济学家要说的有很多。

股票市场是资本来源

本章最重要的要点是在我们创造财富追求更高生活水平的过程中，股票市场是新资本的主要来源。

比尔·盖茨和保罗·艾伦开发出了个体和公司都需要的新软件和计算机服务。这些产品满足了不断增长的需求。盖茨和艾伦成立了后来成为微软的公司。他们雇用工人，租用办公室，购买办公产品、工具和设备，研发新产品然后卖给他们的用户（如 IBM）。他们是企业家，将一定量的土地、劳动力和资本（生产要素）统合在一起用来生产产品再出售给消费者。他们也实现了自己的目标，取得了丰厚的利润。

如果没有外部资本，盖茨和艾伦是不可能实现这一切的。很少有企业能在不借助金融机构和个体投资者帮助的情况下取得成功。要成立公司需要资金来雇用工人，租赁办公室，购买办公用品。比尔·盖茨和保罗·艾伦用非常少的个人积蓄开始了创业。

五种传统的资本来源

◇ 个人积蓄。
◇ 从亲戚或朋友那儿借钱。
◇ 从银行、证券公司或其他金融机构借钱。
◇ 发行债券或纸币，比如短期或长期债券。
◇ 将公司股份向公众发行。

大多数处于初期阶段的公司都是依靠个人存款或从亲戚朋友或银行借款来筹集资金。只有当公司正常运营几年之后，实现利润并不断扩大规模，才会考虑上市或者发行债券。

三种公司形式

新公司在早期发展阶段会以独资的形式运营，每年填写 C 类（非法人）商业所得税申报书。这样的公司形似很简单，运营成本也低，但是公司要承担无限责任。如果公司赔钱或被起诉，公司所有者可能要卖掉房子或其他家庭财产来偿还公司债务。

一般情况下，随着公司的发展，公司会从独资转向合伙制或法人制。合伙制可能是两人拥有一家小公司，更复杂的是几百人拥有一家公司，比如法律事务所或会计事务所。在合伙制中，所有的合伙人都对公司的全部责任或债务负责。比如两人合伙在商场里开了一家宠物店，每人出资 1 万元，接着又从银行和其他渠道借了 10 万元来付库存和其他的费用，如果宠物店倒闭，那么这两人都对全部的费用负责。

会计事务所或律师事务所认为合伙制是更好的公司形式，可以让客户放心，因为他们的公司是由所有合伙人的资源做后盾。在 20 世纪 80 年代，由于证券包销和全球投资带来的责任和风险越来越高，大部分华尔街投资公司都从合伙制转向了股份公司制。

股份责任制的好处

股份责任制有什么好处呢？股份责任制是最常见的企业所有制形式。实行股份责任制的公司是由股东根据所持股票数量而持有的。以微软为例，盖茨和艾伦于1974年创立公司，但那时不是上市交易公司，而是私人所有公司。

任何人都可以成立股份责任制公司，只要在州政府注册并向不同的公司管理者发送股份。而公司不必在公司所在地的州注册。特拉华州和内华达州因为有税收优惠成为最受欢迎的注册公司的州。即使是一个人也可以注册商业公司或贸易公司。如果公司的股东超过一定数量，则需要在美国证监会和州证券委员会注册。注册的公司向股东发行私股。私股不会在正式的交易所进行交易。如果要卖掉股票需要找到有意愿的买家——公司的管理者或者其他愿意对本公司进行投资的私人投资者。

公司从有限责任制中获益。以那家倒闭的宠物商店为例，宠物店的合伙人对10万美元的全部债务负责。但如果他们成立股份有限公司，那就只能用公司的现金和资产来偿还债务了。除非合伙人把他们的私人财产如房屋、汽车或其他有形资产当作抵押品，否则他们不必对公司债务负责。

当泛美航空在20世纪90年代早期倒闭时，泛美的股东不必为泛美的债务负责。股东失去的是对泛美的全部投资，但不会失去个人财产。不论公司是公营还是私营，责任都限制在股东的投资上。

对公司进行融资

正在成长的公司为了增加市场份额，建立新工厂，雇用更多的工人等通常需要更多的资本进行扩张。实际上，没有外部资本，大部分企业根本无法发展。那么公司从哪儿获得新资本呢？

首先，公司可保留公司收益而不是将收益作为股息发放给股东，从而获得投资资本。很多公司都是通过内部融资来进行扩张的。

其次，公司可从银行、证券公司以及其他的金融机构借款。通过中介机构进行融资需要冗长的文件申请，并披露公司的财务状况。一旦贷款或信用额度通过批准，公司还需要偿还贷款利息。

再次，大公司可以选择向公众发行商业票据或债券形式的债务工具。

最后，公司可以向当前或新股东发行股票。大多数的大公司都是上市公司，但也有例外，比如位于堪萨斯州威奇托的科氏工业集团以及著名的糖果制造商 M&Ms，这些企业依然是私企。

假设微软以每股 1 美元的价格发行了 10 万股的股票，也就是从比尔·盖茨、保罗·艾伦和他们的同事那儿筹集到了 10 万美元。但盖茨和他的合伙人认为他们需要更多的资金进行扩张，所以微软又以每股 5 美元的价格发行了 10 万股的股票，共筹集到 50 万美元的新一轮投资资本。新一轮的股票稀释了公司股本数量，将已发行股票由 10 万股增至 20 万股，但是也为公司注入了新资本，再次筹集的 50 万美元可用于公司的扩张。

通过这种扩张式发展，微软仍然是私有企业。微软股票没有在纳斯达克或其他证券交易所上市。如果合伙人想卖掉微软的股份，他必须找到有意愿的投资者以商量好的价格卖掉。

上市

对于绝大多数的小公司来说，发行股票是公司发展的资金来源。

1986 年，微软决定上市，部分原因是推出 Windows 软件需要大量的资本。为了上市，微软要选择投资银行在 IPO 中承销股票的发售。著名的投资银行有所罗门兄弟公司、第一波士顿、美林证券以及高盛。微软选择了高盛和埃里克斯布朗。

新股票上市需要丰富的经验。投资银行帮助公司执行官决定发行的股票数量，股票价格以及何时向投资者发行。有时候在发行股票时还要做股权认证（股票和认股证打包出售）。认股证让股东在一定期限内可以以一定的价格购买一定数量的股票。只有当承销商认为公司需要使股票看起来更具吸引力从而让更多的投资者购买股票时才会单独发售认股证。

确定合适的股票价格对发行新股至关重要。如果价格过高，承销商可能卖不出去全部的股票，或者卖出了全部的股票，但是在首次公开募股之后股票价格立刻下跌，投资者可能会不高兴。在 IPO 之后就让股东不高兴可是不好的公关。

如果IPO的价格定得太低，股票变得太诱人，全部股票很快售罄，会迫使承销商将热门股票分给他们喜欢的客户。有时候这种偏袒会在潜在股东处引起怨憎，因为他们不得不在公开市场排队购买。此外，公司会让投机者大赚一笔，因为投机者购买新股随后就在二级市场卖掉从而很快获利。额外的资本没有流向公司用来扩大业务，反而流向了投机者。

股价上涨（被称为牛市）是发行新股最理想的环境。更多的IPO都是在牛市进行的。发行新股的最差时机是在股灾之后或者熊市。就算公司状况良好，这种情况也能摧毁新股的大好前景。

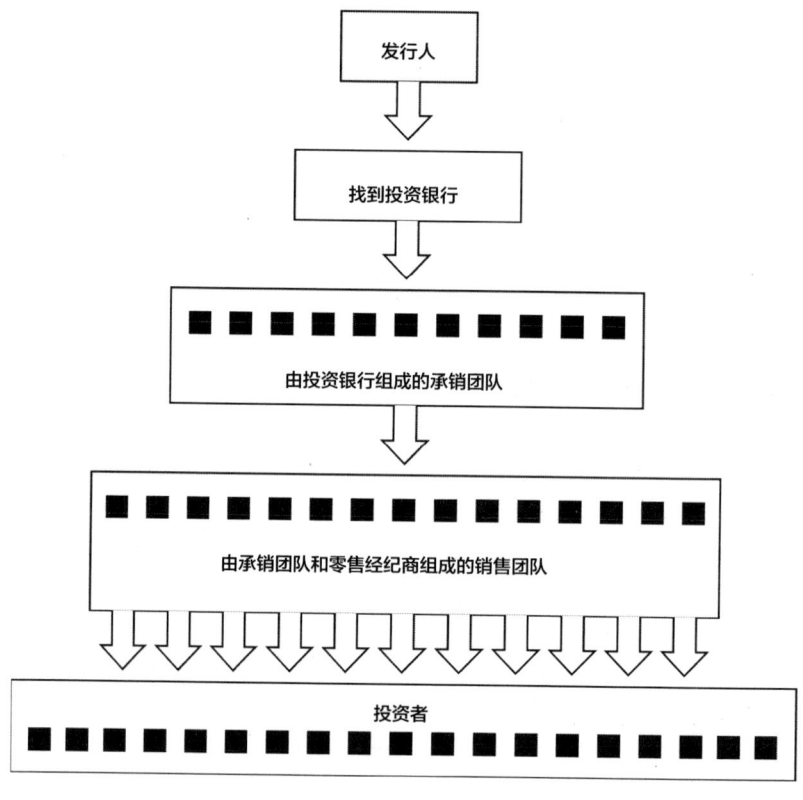

图13-1　在初级市场发行新证券的程序

很显然，微软选择了很聪明的承销商。股票每股价格为21美元，这给在较低价格时购买私股的公司内部人士带来了大量的利润。购买IPO的股东看着他们的投资稳健增长也很高兴。

IPO 为微软筹集了 6.9 亿美元，除去承销费用，为微软筹到了企业成长资本。股票承销商和股票经纪人一般拿走 IPO 中投资资本的 10%。所以微软筹到了差不多 6.21 亿美元用来进行扩张。

投资者应该购买新股吗？

IPO 是有效为公司以及拥有公司股票的员工筹集资金的方式。通过上市，公司的高管很容易以高得多的价格出售公司的股票。公司内部人士出售股票来对他们的财富进行多样化管理。在上市前，公司高管和内部人士持有的股票都是私股，他们唯一能将所持股票变现的方式就是找到愿意购买股票的私人投资者。进行 IPO 后，股票每天都在证券交易所进行交易，可以轻易就将股票卖出。

所以，公司现在拥有大笔进行扩张的资本。此外，公司没有要将这笔钱返还给股东的义务。公司高管不用宣布分红，也不用像还银行贷款或债券那样每半年就付一次利息。

总之，公开发行股票是最便宜的筹集资金的方式。

很多华尔街观察家都不推荐购买新股或是 IPO，因为买家在购买一件未知的商品而且这件商品无迹可查。只有当新股在证券交易所（二级市场）交易时，买家才知道新股的价格是买高了还是买低了。即使是热门股票也有欺骗性。股票经纪人会说股票已经严重超额订购了，但是当新股发行后，股票并没有如预期的那样溢价，股价很快下跌。

在牛市中，大部分的新股价格都会先涨后跌。《福布斯》最近发现 IPO 的价格平均在两年内都会上涨，然后跌至原始价格。但如果买家能密切关注基本面，购买新股仍是不错的投资。有的承销商善于选择合适的公司进行上市。仔细研究（用行业术语是尽职调查）而不是仅仅依靠一些小道消息是在新股中赚钱的坚实基础。

微软在 IPO 后股价已翻了 30 倍，是上市大获成功的经典案例。微软在过去 20 年间进行了几次拆股，这是牛市的象征（最近一次拆股是在 2003 年）。1998 年微软在每股股价为 160 美元时宣称一股拆为两股，立刻将股票数量增加了一倍。如果投资者拥有 1000 股每股 160 美元的股票，这时他就拥有 2000 股每股 80 美元的股票，股票总额没变，但是股东以半价的价格增加了一倍的股票量。如果股票总额不变，公司为什么要拆股呢？通过把价格降低一半，更多的小股东才能买得起，这可以鼓励更多的人购买股票，所以这是个行销策略。

所有在证券交易所交易的股票最初都是新股，比如 IBM、麦当劳、施乐、通用汽车、通用电气以及其他家喻户晓的品牌。

证券交易所入门知识

一旦微软在 1986 年发行新证券，并符合在纳斯达克上市的要求，投资者就可以在二级市场买卖微软的股票。在美国和世界各地有成千上万只股票在正式的证券交易所进行交易。

几千家公司在纽约证券交易所（NYSE）进行交易。纽约证券交易所位于曼哈顿的百老汇大街和华尔街，是美国以及全球最古老最大的证券交易所，成立于 1792 年，最初是一群债券经纪人聚集在华尔街的一棵北美梧桐树下，很快他们聚集在汤迪咖啡馆，会员资格被称为"席位"，到 1817 年更名为纽约证券交易委员会。1903 年新建了一幢大楼，至今仍在使用。现在"大牌委员会"的交易额占到美国证券交易额的一半多。

美国还有地区性的证券交易所，发展最迅速的是国家市场系统，有 3200 家企业在其中上市。NASD 是全国证券交易商协会的缩写，是针对股票经纪人和交易员的监管机构。纳斯达克（NASDAQ）通过计算机向美国成千上万名经纪人／交易员提供实时股票报价。在纳斯达克交易最频繁的股票会在计算机化的全国市场系统进行交易，随后会在计算机和金融媒体上更新。

在纳斯达克早期阶段，成功的企业一般都是出自"大行情牌"，世界上最知名的证券交易所——纽约证券交易所。比如，道琼斯 30 只工业股几乎全部在纽交所上市。但是，近年来也有一些大公司选择留在纳斯达克，比如微软和苹果。所以，纳斯达克成为和纽交所比肩的著名证券交易所。

有传言说纽交所也会实行和纳斯达克类似的全计算机化的系统。目前，纽交所仍然是依靠交易所大厅的专家充当经纪人／交易员，并要求随时为他们负责的股票做市来维护井然有序的市场。这就要求他们在熊市和崩盘时有充足的现金和资本储备。

全球股票市场

美国之外的全球股市自"二战"后一直在蓬勃发展。欧洲、亚洲和拉丁美洲都有大的交易所。东京的日经指数（Nikkei Index）在战后发展迅速，到了20世纪80年代后期，日本的市场成交量几乎和纽交所等同，当然日本市场随后出现了萎缩。

今天的金融市场是全球性的市场。金融媒体紧盯亚洲、欧洲和拉丁美洲的个体市场，观察这些市场如何影响美国市场。美国和国外市场隔绝的日子一去不复返。现在位于堪萨斯州的投资者可以给他的经纪人打电话，立刻购买伦敦、苏黎世、约翰内斯堡或者香港的股票。投资者可以购买国外的股票也可以购买国家基金，投资公司可以只对海外市场进行投资。电视（如CNBC）、网络（如雅虎财经）以及金融报纸（如《华尔街日报》《巴伦周刊》《金融时代》《投资者商业日报》）都会对海外市场进行广泛的报道。

股票指数

注意图13-2，一些公司比如美国运通、花旗银行和摩根大通，不被看成工业企业。但不管怎样，道琼斯工业平均指数（DJIA）30家企业是最受关注的美国股市指标，虽然这30家公司只是纽交所全部成交量的一小部分。标准普尔500指数代表的是美国前500家企业的市值，可能是更好、更全面的股市指数。

美国运通	高盛	辉瑞制药
苹果	家得宝	宝洁
波音	IBM	3M
卡特彼勒	英特尔	旅行家公司
雪佛兰	强生	联合科技
思科系统	摩根大通	联合健康
可口可乐	麦当劳	威瑞森无线通信

（续表）

杜邦	默克	维萨
埃克森美孚	微软	沃尔玛
通用电气	耐克	迪士尼

图13-2　道琼斯工业平均指数，2017

在动态经济中，有的企业进一步扩张，有的企业衰退，道指成分股多年来也因此不断调整。查尔斯·道于1883年创立了道琼斯指数，当时只有11只股票，大部分是铁路公司，只有少数几家工业企业，包含联合太平洋铁路公司和西部联合电报公司。道指成分股在1896年和1916年之间又增加了12只股票，随着市场的发展不断更换公司，又增加了美国钢铁公司、美国制糖公司、People's Gas、通用汽车和通用电器。道指成分股在1916~1928年间增加至20只股票，最后确定的30只成分股是从1928年开始的。整个阶段只有两家公司一直存在：通用电气和标准石油公司（现在为埃克森美孚石油公司），美国电话电报公司差不多一直都榜上有名，却于2004年被短暂调整出去，但随后即以西南贝尔公司（SBC Communications）的新名字加入，而2013年又被苹果取代。大公司比如西屋电气、西尔斯、伍尔沃斯和美国钢铁（现更名为美国钢铁联合公司，USX）几十年来都是道指成分股，但是最终在20世纪90年代被调整出去，取而代之的是沃尔玛、惠普和迪士尼，2008年的金融危机使得道琼斯指数去掉花旗银行、美国国际集团和通用汽车，并增添了美国银行、思科系统公司和旅行家公司。2013年，美铝、美国银行和惠普分别被高盛、耐克和维萨取代了。这很好地验证了熊彼特的"创造性破坏"。

什么是投资股市的最佳方式？

股市从公司的角度来看是筹集资本扩大规模的高级方式。股市也是公司创始人和高管卖掉公司大赚一笔并进军其他领域的方式。但是从投资者的角度来看，怎样才是从股市赚钱的最佳方式？

市面上关于投资战略的书籍和课程多如牛毛。本章将介绍全球最成功的投资大师和投资经理,比如沃伦·巴菲特、约翰·邓普顿、阿诺德·伯恩哈德以及 J. 保罗·盖蒂的经典投资技巧。这四人都是基本面分析师——密切关注公司损益表和收支平衡表。

这些投资大师选择的是长期利润丰厚并不断扩大规模的上市公司。他们会看销售额、生产成本、应付账款及应收账款、利润空间、股权收益(税后利润/净值)、账面价值等。他们寻找具有卓越管理才能的公司。正如 J. 保罗·盖蒂所说:"如果不是尽可能地了解发行股票的那家公司就不应该购买股票。在大多数情况下,这些所谓的投资者购买了公司的大量股票,但是压根就不知道这些公司是做什么或者生产什么的。"[1]

约翰·邓普顿补充说全球视角可以让投资者找到更多的投资良机。"这并不容易,但是如果想买最合算的股票,不要只盯着一个行业,也不要只盯着一个国家。"邓普顿被认为是全球投资之父。成立于 1954 年的邓普顿成长基金被认为是全球投资领域业绩最好的基金之一。

邓普顿同时强调要选择实行自由企业的国家进行投资。"不要对高度盛行社会主义或政府管制企业的国家投资。企业的发展需要一个强有力的自由企业体系。"[2]

投资者一旦确定了当前和未来的收益情况,接下来最重要的就是价格。一家公司可能会带来丰厚的利润,但是投机者可能会将价格推得过高,这样这只股票就变得不划算或者价格不合理。实际上是价格过高了。

理想状态是投资者以较便宜的价格买到高收益的公司股票。逢低买进是股票基金经纪人常用的策略。但是选到较便宜的股票没有捷径。

市盈率

一个找到好股的方法是看市盈率(P/E),公式如下。

P/E= 每股价格 / 每股收益

---

[1] J. 保罗·盖蒂,《如何变得富有》,1965。《华尔街投资商》很好地总结了投资的基本途径。
[2] 约翰·邓普顿,引自威廉·普罗克特《邓普顿奖》,双日出版社,1983。

有几种市盈率，比如根据一家公司过去四个季度或一年中每股收益制定的 12 个月当期市盈率，以及对未来四个季度或一年每股预测收益制定的预期市盈率。

通过将一家公司的市盈率和行业内的其他公司以及和一般市场相比，分析家可以得出一只股票是被高估了还是被低估了。最近在飞速成长的行业，比如计算机行业、半导体行业以及互联网行业，公司的市盈率都极高，因为投资者把它们的价格抬到了天价，期望能有高回报率。另一方面，诸如银行和公用设施方面的公司发展缓慢或停止发展，因为分析家认为这些行业未来的收益不会增长太快。

阿诺德·伯恩哈德成立了对股票进行评级的价值线投资调查。自 1965 年开始，价值线提供一页的公司基本面数据概述，以及根据时效性和安全性所做的从 1 分至 5 分的股票评级（最近又增加了技术评级）。伯恩哈德在选择最受好评的成长公司以及避免前景惨淡公司方面为人称道。价值线评定的一级时效性公司普遍跑赢了市场平均指数，这是特别难得的成就。（参见后文：你能跑赢市场吗？）

买和卖：经纪人制度

股票和其他投资都是通过股票经纪人来进行操作，他们的信誉也是大相径庭。信誉良好的经纪公司一般都提供全国性的服务，比如美林证券、摩根士丹利、美邦银行，或者折扣经纪公司，比如嘉信理财、亿创理财和富达国际。虽然激烈的竞争使得评级近年来有所下降，尤其是在互联网贸易方面，但经纪人的佣金差异也非常大。

美林证券在 20 世纪 50 年代早期最早驳斥证券经纪人是无能的销售人员，只会让客户买进卖出股票来收取高额佣金的说法。美林证券创始人查尔斯·梅瑞尔竭力改变华尔街受损的形象，设立严格的培训项目，让经纪人领取工资而不是仅拿佣金。美林证券向客户免费提供研究报告和商业通报。美林实行的"人民的资本主义"政策终于在 20 世纪 50 年代末取得了回报——美林拥有 50 万客户。大多数其他经纪公司随后模仿美林证券的做法。

当然，投资者对证券经纪人仍需谨慎。证券经纪人必须参加系列 7 考试（Series 7）并接受全国证券交易商协会管理，但是执照考试并不能保证证券经纪人的能力和经验。虽然大多数大的证券经纪公司都要求证券经纪人具有大学学位，但是成为证券经纪人并不需要具备大学学位。

买空

积极的投资者可以向证券经纪公司借钱购买更多的股票。如果投资者非常看好一只股票，可以"缴纳保证金"来购买这只股票，比如，借钱或用持有的股票做抵押。

从20世纪30年代开始，股票的保证金是50%（比较而言，评级高的公司的债券保证金为30%，政府债券的保证金仅为10%）。保证金制度不是由证券交易委员会和全国证券商协会制定，而是由联邦储备委员会制定。一直到20世纪30年代证券公司和大型证券交易所才设置保证金。在咆哮的20年代牛市阶段，股票保证金低至10%。当市场于1929~1932年崩溃时，很多投资者由于过度杠杆化而损失惨重，此时美联储将保证金提高至50%。

50%的保证金意味着投资者账户中只有5000美元，但是却可以购买1万美元的股票。如果股票价格跌得太厉害，经纪人就会让投资者补交保证金，如果投资者不补交保证金的话，经纪人可以平仓。

卖空

经纪公司同样允许投资者"卖空"——从股票价格的下跌中获益。当股票被卖空时，投资者就会向其他的投资者或者经纪公司借股并卖掉。当股票下跌时，经纪人重回市场购买股票，并将股票归还给原始持有人。卖空和正常的交易是相反的。一般的做法是低买高卖，而卖空的投资者是高买低卖。如果股票持续走高而不是下跌，那么投资者就要追加保证金。

何时卖出

投资者应该持有股票多长时间呢？意见不一，但是大部分的基本面投资者，像伯恩哈德和邓普顿，都是持股六七年。沃伦·巴菲特曾被问道："你打算持有可口可乐股票多长时间？"他回答说："一直持有。"当然，如果股票价格明显升高，并且可能被高估时，就是卖出的好时机；或者因为其他原因，比如退休或买房子；或者公司的成长前景不是很乐观时也需要卖掉股票。

共同基金

很多投资者不喜欢买卖个股，因为仅在美国上市的股票就超过1万只，海外还有成千上万只股票。

另一个受欢迎的买个股的途径是共同基金。有投资公司为投资者挑选和管理基金。在过去50年间共同基金行业发展迅猛。

共同基金的概念并不新颖。第一只共同基金成立于不列颠群岛，当时被称为投资信托。苏格兰－美国投资信托成立于1873年，是首批投资信托，对美国铁路债券进行投资。所有的苏格兰和英格兰信托基金都是"闭端基金"：这些基金持有固定数量的定期在证券交易所交易的股票，价格随供求而变化。

同样类型的封闭式投资信托在20世纪20年代的美国成了小户投资者青睐的投资工具。1929年在牛市的最高峰，有19家这样的投资信托公司在运作，总资产达到1.4亿美元。最大的四家——高盛贸易公司、united founders、american founders以及雷曼基金备受小户投资者的青睐。华尔街内部人士通过投资信托诱惑公众在20世纪20年代的牛市进行投资。最低投资额非常低，小户投资者认为这是分得美国无线电公司（CRA）、美国电话电报公司（AT&T）、美国钢铁公司（U.S.Steel）、新泽西标准石油（Standard Oil of New Jersey）一杯羹的最佳方式，因为这些公司的股价都非常高。此外，信托被看成是将个人利润最大化的理想方式，因为信托持有一定数量的优质股票，并可以以远超出基金净值（NAV）的价格出售。投资基金就像一般的股票一样进行交易，在20世纪20年代通常以高出账面价值的价格出售。

1929年10月下旬股灾发生。这次股灾沉重打击了大多数的投资信托，而大多数的投资信托在股灾后都跌破基金净值，有的从未恢复。

开放式共同基金的崛起

20世纪20年代出现了一种新的被称为"开放式共同基金"的投资工具。和旧的信托不同，这些基金采取开放式的运作方式，可以按基金净值卖掉基金份额，当然要加上少量的佣金，日后以基金净值的价格赎回基金。1924年世界上第一只开放式基金——马萨诸塞投资信托基金成立，这家基金公司目前依然存在，旗下管理20亿的资本，是佣金（load）最高的一家共同基金。（load是指在买卖共同基金时收取的佣金）

马萨诸塞投资信托基金和其他的共同基金连同封闭式投资信托在股灾当中损失惨重，但是因为没有沾染其他信托基金的投资热从而得以平安度过股灾。销量在经济大萧条之后增长缓慢，到了1940年共同基金的净资产才达5亿美元。

"二战"之后共同基金增长迅猛。到1950年用户已接近100万，净资产达25亿美元，但是这些仍只占纽交所交易量的1%。到1960年，共同基金净资产增至250亿美元。

20世纪50年代和60年代是共同基金投资的黄金年代，但是到了20世纪60年代末一切都发生了改变，道琼斯工业平均指数在接下来的15年间一直止步不前。不论是通过共同基金还是个人选股的方式，公众对股票普遍失去了兴趣。

直到20世纪80年代共同基金才时来运转，净资产从500亿美元增长至4500亿美元，增长了9倍。机构控制了个股的买卖，但是共同基金代表个体投资者。出现了各种各样的新基金以满足投资者的需求，尤其是货币市场共同基金的出现，成为除活期存款和存折储蓄之外的另一种选择。

从20世纪90年代到21世纪，共同基金发展形势一片大好，目前共有超过8600只基金，净资产超过9万亿美元（20世纪20年代只有1.4亿美元）。有各种各样的基金可供选择——投资蓝筹股（标准普尔500的股票）、成长股、公用事业股、分红股、债券、房地产、国外市场、某个国家以及贵金属的基金。有平衡型基金（投资多个领域的基金）、指数型基金以及成长收益型基金。

基金是如何赚钱的呢？他们收取各种费用和佣金。有的没有预付佣金，但是每年收取管理费用以支付管理基金的开支（通常为每年1%～2%）。有的是前端收费或后端收费，通常为1%～5%不等（需付佣金的基金过去收取高达8.5%的佣金，竞争降低了佣金费用）。前端收费是指在一开始购买股票时需要支付的佣金，后端收费是指在赎回基金时支付的佣金。提供全方位业务服务的经纪公司现在都不采取前端收费模式，而是实行后端收费，费用每年都下降（如从4%开始，5年后就不再收费）。这样的做法是为了和不收费的基金进行竞争，但是仍然可以给将基金卖给客户的经纪人支付佣金。

封闭式基金东山再起

虽然没有开放式基金那样受欢迎，但封闭式基金也越来越受欢迎。前面我们提到过，封闭式基金是可以在交易所像一般股票那样进行交易的投资公司。它们的股票数量固定不变，基金价格由每天的供给和需求决定。和开放式基金不同的是，封闭式基金可以以高于或低于基金净值的价格进行交易，就像公司可以以高于或低于公司账面价值的价格进行交易一样。

很多基金经理都青睐封闭式基金，因为他们的投资组合是和股市震荡隔绝的。比如，当股市崩盘时，开放式基金通常要迅速抛售股票以应对投资者赎回。但封闭式基金不会这样做。如有必要，基金经理可以将所有证券都放在投资组合里。如果股东想抛的话，他们只需在股票交易所将基金卖给新的投资者。但是买卖基金对投资组合本身并没有影响，尤其是当基金经理持有的证券流动性相对较差时。几乎所有的国家基金、投资于国外的价格波动极大的基金都是封闭式基金。

封闭式基金通常以相当于资产净值的折扣出售，有时折价率高达30%。投机商通常将封闭式基金作为购买折价股票的机会。股市上涨时，封闭式基金的业绩通常要好于开放式基金。

交易所交易基金的新世界

交易所交易基金（ETF）是一种新型基金，是指可在主要的交易所全天进行交易的开放式共同基金。这是对证券、债券、商品、国外市场以及某些行业（公用事业、技术、国家债券等）进行投资的方式，且成本低，形式多样。一个很受欢迎的交易所交易基金是标准普尔500指数基金，代码是SPY，它每天的交易量高达2亿股。交易所交易基金发展迅速，每天市场交易的已超过400只。当然，有的基金流动性较差。

交易所交易基金和指数关联，而不是主动管理基金，因此涉税也尽可能最低。不同于大多数的共同基金，交易所交易基金可以全天进行买卖。

能跑赢大盘吗？

和市场指数，如道琼斯工业平均指数（DJIA）以及标准普尔 500 指数相比，共同基金和职业基金经理的业绩如何呢？有几家评级机构，比如晨星评级、理柏评级和《福布斯》杂志会对共同基金进行评级。这些评级机构的结论是大多数的共同基金（至少 2/3）一直在股票市场平均水平之下。为什么职业基金经理的业绩表现如此差？

原因很简单：竞争。成千上万的证券分析师和投资者梳理市场寻找最优股票，但是市场很快根据新信息进行调整。在计算机、技术和竞争的时代，信息流动迅速，很快就清除掉价值过低和价值过高的情形。总而言之，市场相对来说非常有效。

市场是无法被打败的假说被称之为有效市场假说。有效市场假说是由学院派经济学家如尤金·法玛于 20 世纪 60 年代在芝加哥大学提出的。普林斯顿大学经济学教授伯顿·G. 麦基尔在 1973 年写了一本关于有效市场假说的书《随机漫步华尔街》，该书已出版到了第 10 版。麦基尔将有效市场假说总结如下。

> 股票价格短期内无法被预测。投资指南、收益预测以及复杂的图表全都没用……说到股市的逻辑，把一个猴子蒙上双眼让它对报纸的金融板块掷飞镖选中的投资组合和一群专家精挑细选的投资组合差不多。[1]

有效市场假说的倡导者被称为"随机漫步者"，因为他们认为股市的短期波动是随机的，无法被预测，就像一个醉汉随机漫步于华尔街一样。

麦基尔的书中说《华尔街日报》的编辑每 6 个月就举办一场比赛，比较由编辑对上市公司掷飞镖选出的股票，和一群由专业分析师选出他们最青睐的股票（有意思的是，专业分析师赢得了大部分的比赛）。

随机漫步者会怎么说呢？他们认为进行股票交易的基金经理不可能跑赢市场。除了增加赔钱的可能性，交易员在交易时还要付交易费用（佣金、买卖价差

---

[1] 伯顿·G. 麦基尔，《随机漫步华尔街》，诺顿出版社，2012，第 10 版。参见彼得·伯恩斯坦的《资本思想》，自由出版社，1992。

和税费）。学院派经济学家提出了另一种可能：成为被动型投资者，选择多种个股，或是指数型基金，将分红进行再投资，长期持有，从容应对熊市和波动。虽然这样的建议看起来非常简单，但是自从20世纪80年代早期开始，这样的投资战略却回报丰厚，标普500指数基金年回报率为10%。

当学院派经济学家提出他们的漫步理论时，这种象牙塔理论在华尔街引起了骚动。高薪的证券分析师和基金经理感到他们的职业受到了威胁，因为他们跑不过市场平均水平。不管怎样，这样的说法很难推翻。长期来看，几乎没有职业投资者的收益可以超过标普500股指的回报。

结果，华尔街加入了这群象牙塔里的金融教授，而股市指数型基金近年来也变得很受欢迎。位于宾夕法尼亚州福吉谷先锋集团的共同基金推出了第一只指数基金，先锋指数信托500投资组合依然是最大的指数基金，管理1150亿美元的资产。包括国际指数基金在内，现在有几百只指数基金。

主动型基金经理始终努力跑赢指数，有的基金经理做到了，包括沃伦·巴菲特、彼得·林奇、麦克尔·普里斯和价值在线。沃伦·巴菲特的封闭型基金，伯克希尔·哈撒韦公司无疑是最成功的长期跑赢指数的基金（这只基金在20世纪70年代初每股为20美元，到2013年每股价格超过17.5万美元）。这位奥马哈市的亿万富翁却严厉批评有效市场理论。巴菲特和他的导师基本面分析之父本杰明·格雷厄姆参与的伯克希尔·哈撒韦公司以及早期的合伙公司都跑赢了平均指数。有效市场假说的问题是该假说总是假设市场是有效的。沃伦·巴菲特说过："市场经常是有效的，这样的观察是对的，但是他们（学院派随机漫步者）就得出市场总是有效的结论是不对的。这两种假设之间的差异如同白昼和黑夜。"[①]

阿诺德·伯恩哈德的价值线投资调查也一直选择超出平均水平的股票。总的来说，价值线评出的在时效性方面排第一的股票业绩都好于市场。费希尔·布莱克教授是随机漫步理论的早期支持者，他认为价值线是个例外。他评论道："主动型投资组合表现一般不会优于购买并持有的做法。"但是他补充道："价值线评级体系是我见过的在一定时期内业绩出众的两三个案例之一。假如大多数的投资管理机构将他们的证券分析师全部解雇只留一位，且对这唯一的一位证券分析

---

① 沃伦·巴菲特，《1998年股东投资年报》，伯克希尔·哈撒韦公司。

师提供价值线服务,那么这些投资管理机构都能提高他们的业绩。"[1]

也有数不胜数的期货市场和期货交易员多年来业绩远优于市场平均指数的例子。纽约金融学院的杰克·D.施瓦格列举了将一小笔钱变成一笔巨大财富的例子。

◇ 一个交易员在其职业早期经历了几次失败之后,将3万美元的账户变成了800万美元。

◇ 一位基金经理实现了很多人认为不可能实现的壮举——连续5年三位数的收益率。

◇ 一位麻省理工学院毕业的电器工程师使用计算机交易的方式在16年间为他带来了250000%的巨大收益。[2]

施瓦格指出"只有一小部分人"有这样的才能。

总之,在金融市场中,竞争和企业家精神一直进行着拉锯战。企业家试图跑赢其他的投资者和经理人,但在这个如此高效的领域,竞争如此激烈,要想胜过市场均值不是不可能,而是太难。

金融市场不是完全有效,也不是完全无效,而是居中,我们不妨称之为"不完全有效"。市场中同时存在价值被低估和价值被高估的情形。如果投资者不及时利用,机会稍纵即逝。

同样,我们对金融市场和未来的认识不是完全充分的,但也不是完全无知。虽然并不能完全预测经济事件和投资价格,但有时候还是可以预测的。市场不是完全有效的,但也不是完全无效的。哈耶克提出过这样的问题:"货币供给变化和经济活动之间有什么关系?"他给出的答案是这种关系既不是"太紧"也不是"绷断了",而是"宽松"。同样地,我们对未来股价的认识既不完全充分也不是完全欠缺,而是居中——不完全。[3]

---

[1] 费希尔·布莱克,《是的,弗吉尼亚,希望总是有的:价值线评级系统测评》,摘自阿诺德·伯纳德《如何使用价值线投资调查》。

[2] 杰克·D.施瓦格,《金融怪杰:华尔街的顶级交易员》,西蒙与舒斯特出版公司,1989年。

[3] 弗里德里希·哈耶克,《纯粹资本理论》,芝加哥大学出版社,1941。经济学中的"宽松"概念出自罗杰·加里森的《时间和金钱:微观经济学思维的基本原则》,《宏观经济学期刊》,1984年春季;马克·史库森,《审视中的经济学》,欧文出版社,1991。

一般说来普通股和基金是非常好的长期投资选择。20世纪所有的股票指数都呈上升的趋势。沃顿商学院的金融学教授杰里米·西格尔对美国股价和其他金融资产所做的历史研究比其他人都多。他的著作《股市长线法宝》收录了从1802年到2012年的金融资产。

西格尔发现普通股从1802年到2001年的年均实际回报率（包括去除通货膨胀因素后的分红和资产收益，用消费者指数来衡量）约为7.0%。股市的年均回报率在1982年的牛市之后愈发明显，在此期间年收益复利率为10%。

西格尔得出的结论是："我们很容易看出股票的总回报率要优于其他资产。即使是让整整一代投资者对股票敬而远之的1929年股灾，在股票回报指数曲线上也仅仅是个毫不起眼的小点。让投资者胆战心惊的熊市在一路上扬的股票总回报率面前也显得那么苍白无力。" ①

如何将股票和债券、黄金做比较？在西格尔看来，股票收益远高于这两者。长期来看，黄金只是保有购买力而已，债券只比实际收益率高出一点点，很明显股票是赢家。

这是不是意味着股票比黄金能更好地对冲通货膨胀？不一定。大家对待统计数据一定要谨慎。股价从长期来看呈上升趋势，可以应对通货膨胀期或通货紧缩期，但还有一个问题，在持续通货膨胀期，股票的表现又如何呢？比如20世纪70年代通货膨胀率还是两位数时，股票的表现并不好。实际上，物价膨胀在1973~1974年以及1979~1981年之间恶化，很多股票的价格一落千丈。在对通货膨胀和股票价值进行深入研究之后，经济学家查尔斯·纳尔逊得出这样的结论："当通货膨胀（用CPI来衡量）在上涨时，不要买股票，当通货膨胀下降时，买股票。"②

西格尔补充道："短期内股票并不是对冲通货膨胀的好手段。"但是又说："所有的金融资产都一样。"当物价膨胀加速时，黄金和黄金股通常会更好一些，虽然黄金也不能完全对冲通货膨胀。当通货膨胀率上升时，迈达斯金属（Midas metal）表现很好，但是当通货膨胀率下降时，却无法维持其收益率。

---

① 杰里米·J.西格尔，《长线投资法宝》，第4版，麦格劳希尔出版社，2008。
② 查尔斯·纳尔逊，《投资者如何看经济指标》，威利出版社，1987。

债券市场是另一种资本来源

本章一开始列举了几种为了扩大公司规模而筹集资本的常用途径。规模足够大的企业可以通过上市寻求资本，通过发行债券和其他债务工具筹集的资金要高于股票市场筹集的资金。分析家认为债务市场是股票市场的10倍。在过去的20年间，即使是当股票市场处于顶峰，IPO进行得如火如荼之际，债券依然满足了企业对外部资本需求的75%。

从成本的角度来看，公司更愿意发行股票而不是债券，因为债券筹集资金的成本很高，虽然支付利息是免税的，公司每6个月就必须支付固定利息，如果是商业票据，必须每3个月就要支付一次。但是公司不需为发行的股票支付利息，甚至是红利。

优先股比债券便宜，比普通股票贵。优先股要每个季度或者不定期地给股东分红。一般来说优先股所付的利息比债券低。几乎所有的公司对发行的债券和优先股都制定提前赎回条款。提前赎回条款使得公司在利率或股息较低时赎回已发行的债券，并发行新债券。如果利率持续下降，更多的公司会赎回他们的债券并发行新债券。

公司有时还会发行可转换债券和认购证来降低成本。可转换债券使得投资者可以固定的价格购买发行公司的股票，同时继续获得债券带来的收益。可转换债券所付的票面利率稍低，因为可转换债券持有者由于债券的可转换性而接受更低的利率。认购证不需要付任何所得税，却可以让股票持有者在特定的时期以特定的价格购买普通股。

如果普通股是最便宜的集资方式，公司为何不避免发行债券和优先股的麻烦，直接发行普通股？公司没有这样做是因为市场（投资的大众）可能对发行大量股票反应不积极。大多数投资者是年龄较大且厌恶风险的人，比如要求有固定收入的退休群体。他们可能是保守的投资者，比起资本收益，更青睐收入，虽然历史一再证明股票的总体收益高于债券。所以，传统的投资者要求固定收益工具，比如债券、货币市场基金、银行存单。虽然他们可能会持股，但是他们更青睐投资组合的大头是债券工具。因此，公司发行债券不是因为他们想发行，而是市场要求他们发行。

债券市场要点

债务工具代表的是公司或政府对债券持有者每 6 个月支付利息、债券到期支付本金的合同义务。债务工具的期限从 1 天到 30 年不等。最近有一些敢于挑战的公司比如迪士尼发行了期限为 50 年甚至更长的债券。在 19 世纪末的金本位制时代，铁路公司发行了黄金担保期限为 100 年的债券。古典金本位制（1867~1914）带来了当今利率浮动不定的世界无法匹敌的长期稳定性。

在当今这个通货膨胀和充满不确定性的世界，距离债务工具到期的期限逐渐缩短。目前大多数的国债券都是中短期的。投资于短期债务工具比如国库券、银行存款单、商业票据、银行承兑汇票和欧洲美元的货币市场基金发展迅速，因为其本金相对安全。下跌的市场（被称为"熊市"）以及股市偶尔的崩盘迫使公司将它们的长期融资过程缩短。

货币市场基金的发展

作为金融创新的一部分，20 世纪 70 年代推出了货币市场基金。货币市场基金使普通投资者也可以参与到之前最低金额较高（2.5 万美元~100 万美元）、只有机构和富人才能参与的各种货币市场。之前，小型投资者想要全流通的话只能投资收益较低的当地银行的存折储蓄账户或储蓄贷款协会。

发行于 1972 年的储蓄基金是在美国发行的第一只货币市场基金，资产一度超过 90 亿美元，在 2008 年金融危机期间被迫进行清算。储蓄基金很快被模仿，目前有超过 1000 只货币市场基金，很多货币市场基金的规模都超过了储蓄基金。美林证券的现金管理账户资产超过 1000 亿美元。

储蓄基金引发的一大创新是通过活期存款账户就可以直接购买货币市场基金。也就是说货币市场基金本质上是高收益的活期存款账户。

虽然商业银行的货币市场账户是由美国联邦存款保险公司（FDIC）提供保险，但是货币市场基金不是由联邦政府提供保险。

债券术语

公司债券按照 1000 美元为单位进行发行，期限从 7 年到 30 年不等。市政债券按照 5000 美元为单位进行发行，国债券是 1 万美元。债券按照点进行报价，比如"100 点"指面值 1000 美元，债券价格下降 1 点意味着债券下降了 10 美元。

如果债券按票面价值出售，就是出售 100 点或 1000 美元的票面价值。低于票面价值是指不到 100 点，也就是对债券的票面价值打折出售，既不到 1000 美元。高于票面价值是超过 100 点，债券溢价出售，超出了票面价值的 1000 美元。

债券由两部分构成：债券本身，也就是到期后的面值，还有息票或利息。债券每 6 个月支付息票利息。息票一般和债券印在一起，在债券付息日"剪下来"（每 6 个月），用来兑换当期利息。

如果在债券发行后利率持续上升，那么当前的利率将超过债券的息票率，债券的价格就会下跌。相反，如果自债券发行后利率一直下降，当前的利率将低于息票率，债券的价格将走高。假设债券发行商的安全等级没有发生变化，那么债券价格和利率一直相背而行。再重复一次：利率上升，债券价格下跌；利率下降，债券价格走高。

无息债券是没有息票或利息的债券。美林证券第一个在 20 世纪 80 年代发行"零"息债券。一位美林证券的经纪人巧妙地将息票和债券分离，为某些投资者带来了绝对的安全。现在很多公司都发行无息债券，作为一种不需要支付 30 年利息的集资方式。此外，由于这些无息债券不用支付利息，所以为投资者节约了大笔的成本。投资者只需为期限为 30 年的 1000 美元的零息债券支付 150 美元。

债务的增长：好事还是坏事？

债务市场——包括公司、市政和联邦政府发行的债务，在过去的 30 年间发展迅猛。私人债务和公务债务呈指数级发展态势真如批评家说的那样糟糕吗？

准确了解债务很重要。人们通常忘记债务这枚硬币的另一面——贷款。债权人包括储户、银行以及向债务人借钱的公司和机构。这些个体和机构并不总是想从寻求资本的企业那儿获取股权。

他们在慎重权衡债务人的信用等级后才愿意把钱借给他们。总之，拆借资金是不断发展的资本主义体系的本质特征。当然，总有公司会遇到困境而无法还贷。在未来不确定的情况下无法还款是无法避免的风险。私人债务市场的蓬勃发展从很多方面说明经济在蓬勃发展，而不是社会被消费者债务和企业债务给困住了。

大型国债市场的影响

债务金字塔的一个主要问题是政府因为放债过高导致赤字财政，有可能不稳定。第 22 章将会分析政府债务工具的优势和劣势。

简单地说，美国的国债市场是目前美国乃至全球最大的债务市场。只有国债市场才能解决巨大的资本供给和国外债权问题（如中国）。国债市场是流通性最好的债务市场（容易卖出），和国债市场相比，公司债券市场和市政债券市场相对来说欠缺流通性。很多市政债券不是每天甚至不是每周进行交易。而国债市场则极为活跃，每个交易日都可进行短期国债、中期国债和长期国债的交易。国债市场占了流动性债务市场的绝大部分。

国债对公司和市政债券的影响不容小觑。国债市场的规模、流通性和安全性都迫使其他债券发行商对他们发行的低级债券和债务工具支付过高的利率。政府债务市场如此活跃、规模如此大以至于挤掉了很多私企和地方市政的资本工程。期限为 30 年的国债利率为 3%~4%，而私企则要付 6%~8% 的利率，具体取决于私企的安全性等级。如果政府没有占据大部分的固定收益市场，信用评级低的公司靠发行高收益债券（垃圾债券）来筹集资金可能就不会那么困难了。

什么造就了债务市场？

股市和债券市场对经济发展来说有多重要呢？多年来的传统观点认为，金融市场相对来说不重要，对实体经济，比如每天的生产过程、消费支出以及商品和服务的交换没有什么影响。有时候道琼斯指数会下跌 20%，比如在 1990 年，而在 2000~2003 年则下跌了 30%，但经济依然在发展。有人讽刺道："预测股市会大跌 7 次，结果只发生了 3 次。"

但是经济学家也开始意识到金融市场在全球经济中发挥着越来越重要的作

用。2008年的金融危机证实了这一点。当然，股票市场和债券市场的主要作用永远都是为扩大经济规模而筹集投资资本，在美国和其他地方，这种作用还会进一步扩大。此外，成百上千万的美国人将投资股市作为一种储蓄方式或养老计划。很多公司都向员工和管理层提供401（K）计划，职工优先认股权以及其他形式的证券投资。在世界范围内，国有企业的私有化将上市公司的股票送到了成百上千万人的手里。这一切都对个体产生了"财富效应"，而财富效应的改变又会对消费者的消费和商业前景产生重大影响。

股市指数是经济活动的主要指标。股价在很多方面都反映了商业和消费者的未来计划。而这些计划又反映了商业和消费者对经济发展前景的看法。如果对经济发展前景的预期受到过高的利率、亚洲金融恐慌、对美国出口产品需求的萎缩、中东地区战争爆发的影响，股市会突然下跌，这可能预示经济衰退甚至更糟糕的经济前景。

任何股票市场的表现最终取决于自由企业的经济活力。毕竟，股市代表的是构成经济的个体和公司的财富。股票在美国作为一种长期投资方式并没有魔力可言，最终还是取决于市场参与者的创新、勤奋以及管理能力。

市场有时候看起来起伏不定、非理性，但是市场的长期发展趋势还是取决于企业所具有的企业家精神，而市场是由公司组成的。股价从长期来看一直是上升的，这是因为上市公司扩大市场，改善他们的产品，增加了公司利润。如果公司不能满足消费者的需求，或者没有开发新的消费群体，从长期来看公司的股价就会下跌，公司的利润也会下跌，甚至完全赔钱。这条基本原则说明为什么麦当劳的股票多年来一直在飙升，而西部联合电报公司的股价一落千丈。投资分析师大卫·德雷曼总结道："研究表明收益和分红（利润）是决定股价的最重要要素。"①

很明显，股价有时高于有时低于长期趋势线。投资心理让股价被高估或低估。市场行为短期内是无序和无法预测的。公司收益可能在增加，但是短期内股价可能会下跌。最终，如果收益一直很好，股价会反弹，但是很难会预测何时会反弹。总之，华尔街对一切都夸大其词。

---

① 大卫·德雷曼，《新逆向投资策略》，兰登书屋，1982。

股市是个巨型赌场吗？

多年来金融市场的起伏不定和不理性让投资者和经济学家很担忧。在20世纪90年代早期，《经济周刊》的封面故事将金融市场称为"赌场社会"的一部分，因为美国人在不了解基本面和真实价值的情况下什么都敢赌一把。华尔街是不是如一些分析师认为的那样是另一个拉斯维加斯？股票市场专家尼古拉斯·达瓦斯曾说股市就是"赌场，一边是交易员、赌场管理员和票贩子，一边则是输家和赢家"。①

凯恩斯自己就是一位狂热的投机商，认为股市就是概率游戏，结果是无法预测的，并没有理性可言。市场的不确定性带来了过多的悲观或乐观情绪，而这会损害对实体经济的瞻望。凯恩斯说股市"可以是一种叫停的游戏，一种传物的游戏，一种占位的游戏，胜利者属于不过早或过晚叫停的人，属于在游戏结束前能把东西传给邻近者的人，或在音乐停止前能占有座位的人"。②凯恩斯推荐对所有的证券交易都征收大笔的政府流转税以抑制投机的狂热。其他凯恩斯学派的经济学家主张对短期资本收益征收重税。

有的社会哲学家认为股市本质上就是赌场，没有社会和经济作用，因此主张废除股市或者至少对股市课以重税或者严加管控。马克思主义者看不到股票交易的价值，在他们看来股市是资产阶级的游乐场。当马克思主义者于1917年控制俄罗斯时，圣彼得堡古老的证券交易厅就变成了博物馆。虽然股市充满风险，难以预测，但是现在已经重新回归苏联解体后的俄罗斯了。

股市真如凯恩斯主义者和马克思主义者声称的那样是赌场吗？外在的表象具有欺骗性。当然金融市场可以是赌博工具，很多基于数学公式的技术体系类似于押注策略。无交易佣金的共同基金、根据移动平均线和交易量以及其他图表进出市场都不同于公司的长期盈利。当然，股市和掷骰子、21点扑克牌游戏有很多不同。

在投资中有赢家不一定就得有输家。一个投资者可能持有一年的股票，然后以30%的利润将股票卖给另一个投资者，第二个投资者可能接着持股一年，然后

---

① 古拉斯·达瓦斯，《华尔街：另一个拉斯维加斯》，莱尔斯图尔特出版社，1964。
② 约翰·梅纳德·凯恩斯，《就业、利息和货币通论》，麦克米伦出版社，1936。

以30%的利润将股票卖给另一个投资者,这样的转卖可以一直持续下去。只要股票价格在牛市中持续上涨(牛市是持续上涨的市场行情)。

第二,在赌博中,比如掷骰子或老虎机,输赢概率是固定的,且稍微倾向于庄家,而投资者却可以通过知识和技能将风险降到最小或改变概率。当然,赌博者可以通过数牌以及其他技巧增加赢的概率,但是这样的技巧如果得逞的话,庄家会将赌博者拒之门外。但是在投资市场,顶级投机者的成功是没有上限的。

第三,从长期来看,投资者在股市是赚钱的,但是赌徒赌博的时间越长越容易输钱。所以,在掷骰子和21点扑克牌中,赢的概率倾向于庄家,也就是说赌徒玩游戏的时间越长,输的概率就越大,在赌桌上老手一旦实现目标就离开。美国股市的投资者在过去70年中,年均回报率为10%。[①] 其他国家的股市有时收益更高。

第四,赌博业在很大程度上是消费者产业,但是股市却代表对现代发展中国家至关重要的资本市场。没有股市的国家毫无疑问是落后和不发达的。如果主要工业国家关闭股市,那么这些国家毫无疑问会出现大规模的裁员和经济衰退,因为资本来源枯竭了,很多新公司的扩张计划也要停滞。虽然很多公司可以通过债券、商业票据市场和银行贷款来筹集资金,但是向大众发行股票这种最便宜、流通性最好的筹集资金的方式却不复存在了。

尽管金融市场有几分赌博的成分在,但是证券市场却在国家的资本发展、商业扩张上发挥了举足轻重的作用。

政府在证券市场中的作用

政府在监管证券产业中发挥什么作用?联邦政府和州政府的政策在为投资者和企业维护一个有益的环境中发挥了关键作用,但是如同政府的其他活动一样,政府也可能监管过多,造成意外后果。

1929年的股灾之后,国会调查华尔街的欺诈行为,并认为联邦政府在监管证券业方面应当发挥更加积极的作用。纽交所已对其会员和在纽交所交易的公司进

---

① 关于过去两百年股票、债券和黄金的回报,参见杰里米·西格尔的《股市长线法宝》,第4版,麦格劳希尔出版社,2008。

行监管，但是国会的监管范围更广。多年来，国会通过了一系列的监管法案，现举几例。

◇ 1933年的证券法规定证券交易（SEC）委员会由5名成员组成，任期为5年，由美国总统任命（第一届主席为约瑟夫·P.肯尼迪，曾直接处理过证券欺诈活动，强烈反对证券欺诈）。本法案规定某些操纵股市的行为为非法行为，要求充分披露招股说明书，并规定所有的股票交易以及所有的新发股票都要在证券交易委员会注册。

◇ 1934年的证券交易法规定所有的上市公司，不仅仅是新上市的公司，都要在证券交易委员会注册。

◇ 1940年投资顾问法要求向公众出售投资建议的个人和公司都要在证券交易委员会注册（大型刊物比如《华尔街日报》和《福布斯》不需要）。

◇ 1975年的证券法修正案废除了固定的经纪人佣金制，开创了全新的由大型经纪行实行的贴现票经纪人制以及低佣金和共同基金佣金制。

◇ 1986年的内线交易法禁止公司高管和内线人员用未向公众公开的公司内部信息做交易。罚金可以是非法交易所得利润的3倍（公司高管在特定情况下还是可以合法地买卖公司股票，但必须将交易上报给证券交易委员会）。

◇ 2002年公众公司会计改革和投资者保护法（又称萨班斯－奥克莱法案，或者简称为萨班斯法案）制定了一套新的针对美国所有上市公司董事会、管理层和会计公司的会计准则和严苛的制度（更多信息参见第23章）。

◇ 2010年多德－弗兰克华尔街改革法案在2008年金融危机、对华尔街和商业银行进行救市之后成为法律，增设消费者金融保护办公室来管理信用卡、贷款和住房按揭，并指导证券交易委员会和其他政府机构对对冲基金、保险公司和信用违约掉期进行注册和管理。

除了证券交易委员会，国会又增设了商品期货交易委员会来管理美国的商品期货交易。有时这两家机构为到底由哪家机构来管理期货和期权市场而争论不休，因为期权和期货有时候均涉及证券和商品，比如标准普尔500期货指数的期权。

证券交易委员会：成本 vs 收益

监管并不是免费的。虽然政府监管会带来诸多益处，但成本也很高。在美国，一家公司要上市的成本超过100万美元，尤其是在萨班斯法案颁布后。成千上万想要上市扩大规模的成长型企业承担不起上市的费用。这些年轻企业不仅要在证券交易委员会注册，还要获得50个州的全部通过才能在这些州销售股票给个体投资者。在联邦和州的注册通常需要一年的时间。

结果，很多美国新成立的公司都先去加拿大或伦敦上市，因为那儿的注册不仅迅速而且费用低廉（一般少于20万美元）。在加拿大或伦敦上市成功后，这些企业才能够在纳斯达克、美交所或者纽交所上市。

大部分的股票和共同基金不在证券交易委员会注册，因为注册需要高额的费用和监管。美国人依然可以购买国外没有注册的股票和基金，但是未注册的外国公司不能在美国招揽生意。

虚假的安全感？

证券交易委员会的职能是制定交易的规章制度，防止欺诈，但这并非易事。证券交易委员会自成立起就漏掉了很多起欺诈案和滥用案。20世纪70年代早期最典型的两起诈骗案是伯尼孔菲尔德基金公司诈骗案以及美国权益基金公司案。当证券交易委员会还在观望时，公众已损失了数百万美元。实际上，提到权益基金公司案，证券交易委员会甚至对独立证券顾问雷·德克斯揭发权益基金公司的欺诈行为提起刑事诉讼。证券交易委员会的律师起诉德克斯进行内线交易。结果，德克斯坐了10年的牢，支付了50万美元的诉讼费，最后联邦最高法院驳回了证券交易委员会的起诉，判定德克斯无罪。

2000年早期，随着技术泡沫的破灭，出现了数不胜数的公司丑闻和破产案，比如安然公司、泰科、环球电讯和世界通讯公司。证券交易委员会没有保护投资者免受这些丑闻案的损失。为了提高政府威信，国会通过了萨班斯-奥克莱法案，对上市公司和上市公司的员工制定了烦琐的规章条例。

2008年的金融危机暴露了一起最糟糕的证券交易委员会监管疏漏的事件——基金经理伯尼·麦道夫承认利用庞氏骗局对非营利性机构、犹太人社区的上千名投资者以及一小部分名人进行欺诈，吞占投资者资金高达6000万美元。尽管华尔街向证券交易委员会的律师发出了无数的警告，指出麦道夫给投资者许诺的年收益根本就不可能实现，但这场弥天大谎还是发生了。

让人始料不及的是证券交易委员会设立了一个强有力的政府机构，给投资者造成一种虚假的安全感。消费者认为政府会将招摇撞骗者屏蔽在合法的游戏场外，甚至不会对潜在的权利滥用、虚假信息以及赤裸裸的欺诈留心。所幸很多金融出版物通过对上市公司进行深入调查和报道，从而提供了除证券交易委员会之外的另一种信息渠道。《福布斯》《商业周刊》以及其他的出版物都对可能的虚假信息、欺骗性证券经营和诈骗进行了一系列报道。金融媒介和证券分析师最早注意到了2000年早期的公司丑闻案以及2008年麦道夫的庞氏骗局。

金融时讯在自由的金融信息市场大量涌现。证券交易委员会根据1940年的投资顾问法案对金融时讯进行监管。但是1985年最高法院在证券交易委员会对克里斯托弗·劳一案中判决，除非独立的时讯作者或出版社管理资金，否则证券交易所无权对他们进行监管。

总结

本章要点

显而易见，金融市场在经济发展中起着非常重要的作用。在全球经济中，金融市场发展迅速，新的金融市场在发展中国家不断崛起。股票市场无疑是最有效的筹集资金的方式。政府通过对证券交易制定基本法则，打击欺诈行为，从而为投资者提供有用的服务。但最终，投资者还是要依靠自己。

重要术语

熊市	流通性
买卖价差	应付保证金
牛市	现代资产组合理论

封闭式共同基金	开放式共同基金
买空	合伙制
多德 – 弗兰克法案	市盈率
有效市场理论	私企
权益	公开上市交易公司
交易型开放式指数基金	萨班斯 – 奥克斯利法案
热门股票	二级市场
首次公开募股	卖空
投资银行	独资
投资信托	股份拆分
有限责任	认股证

经济学大师

哈里·马科维茨和现代资产组合理论

姓名：哈里·马科维茨（1927~　）

背景介绍：马科维茨被认为是支持有效市场理论和投资组合多样化的现代资产组合理论之父。马科维茨出生于芝加哥，25岁时，他作为芝加哥大学的硕士生，在1952年3月的《金融期刊》上发表了论文《资产组合》，正是这篇文章为他赢得了1990年的诺贝尔经济学奖，和他一同获奖的还有威廉·夏普和默顿·米勒。

主要贡献：在马科维茨和现在资产组合理论之前，投资者没有衡量风险的科学工具。马科维茨的首要贡献是将风险进行量化，并提出降低风险增加收益的途径。现在资产投资组合是高度数学化的理论，但是马科维茨和该理论的其他创始人（莫顿·米勒、威廉·夏普、弗兰科·莫迪利安尼、迈伦·斯科尔斯、保罗·萨缪尔森、詹姆斯·托宾、费舍·布莱克、尤金·法玛和伯顿·麦基尔）向投资者提出了三个最基本的建议：投资尽可能多样化；多样化降低风险，增加收益；金融经济学家们通常推荐宽基指数，比如标准普尔500股票指数。

想要取得高回报，就要承担高风险。这一概念被称之为"效率界限"（见图13-3）。如果投资低风险的短期国债或者货币市场基金，本金很安全，但不会有丰厚的回报。如果将钱投到积极的成长型股票上（比如技术股或者金矿股），收益也会增加。

不要试图跑赢大盘。只有极少数的投资者可以长期跑赢市场大盘，比如标普500。这牵涉到本章前面讨论的有效市场理论，该理论说的是很难发现"高收益/低风险"情形，一旦发生，由于金融市场的竞争也会很快消失。

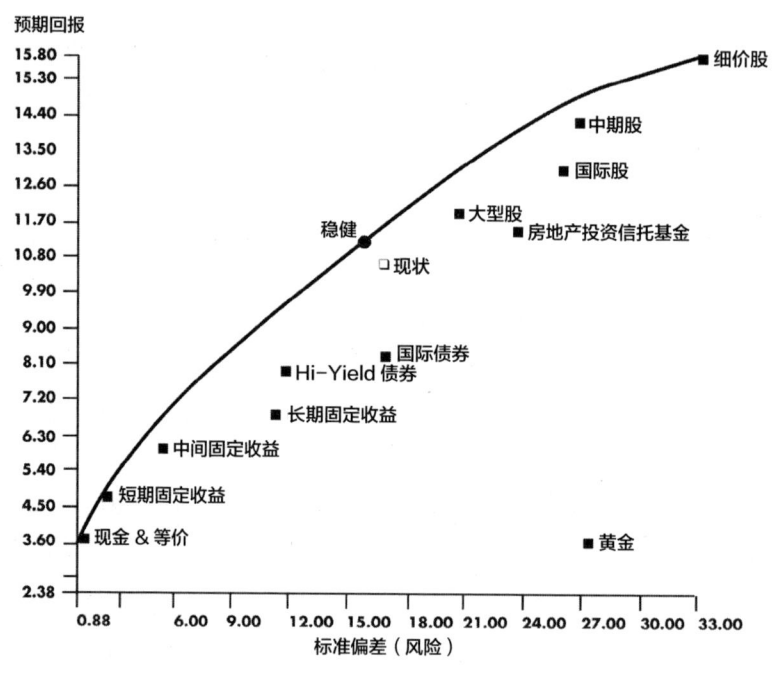

图 13-3　效率界限

注释：现代资产理论和有效市场理论最近都遭到批判。马科维茨和他的同事用过去的股票、债券、房地产和其他资产的价格来衡量风险，但是过去的业绩可能无法有效预测未来的业绩。两位金融经济学家（罗伯特·莫顿和迈伦·斯科尔斯于1997年获得诺贝尔经济学奖）研究在1998年丢掉90%价值的对冲基金——长期资本管理，这家基金之所以亏损，主要是因为它依赖并不靠得住的关系。

第三部分 宏观经济学

Economic Logic

第 14 章 理解宏观经济学

  如果要深入了解一个发达国家的宏观环境,就一定要研究这个国家的微观环境。

——欧根·庞巴维克

  双国记——委内瑞拉和智利这两个国家可以很好地阐释宏观经济学。委内瑞拉是拉丁美洲靠石油发家的最富有的国家,也是美国最大的原油供应国。20 世纪 90 年代,虽然委内瑞拉因石油价格下跌和通货膨胀而受到影响,但人均收入还是持续增长。为应对通货膨胀,委内瑞拉 1985 年的人均收入为 4000 美元,到了 20 世纪 90 年代末,人均收入已增至 5600 美元。一切都发展得井井有条,直到 1998 年马克思主义军事领导人雨果·查韦斯上台。查韦斯当选委内瑞拉第 53 届总统,上台后随即就开展了打击贫困、文盲和其他社会弊病的民主社会主义运动,与此同时还对富人阶层和贸易征收新税,加强外汇管制,提高对石油公司的税收。查韦斯还和古巴的卡斯特罗一道共同攻击美国的外交政策,称其为帝国主义。

  从查韦斯上台一直到他 2013 年去世,委内瑞拉的经济一蹶不振,而这期间较高的石油价格本应促进委内瑞拉 GDP 的增长。很多有钱的委内瑞拉人离开委内瑞拉去了美国,委内瑞拉人均 GDP 下滑。在查韦斯执政期间,委内瑞拉通货膨胀严重,受到国有化、飙升的财政赤字的困扰,失业率居高不下。查韦斯于 2012 年再次当选,但是被指责为选举作弊,违反人权,践踏民众,实行独裁统治。在美国传统基金会和《华尔街日报》发布的 2013 经济自由度指数中,委内瑞拉被列入"受压迫国家"行列。

如果查韦斯能研究一下他的邻居智利经济的话，他可能会了解一些重要的宏观经济学。智利和委内瑞拉一样都是单一商品国家，智利依赖的是铜，在20世纪70年代早期被信仰民粹马克思主义的总统萨尔瓦多·阿连德搞得一蹶不振。智利也遭受国有化、物资短缺和恶性通货膨胀的困扰。奥古斯都·皮诺切特将军领导下的军政府于1973年发动了军事政变，夺取了国家政权。

虽然皮诺切特将军实行的是专制军事政权，但却开展了由"芝加哥小子"货币主义经济学家倡导的自由市场改革。政府削减税收，稳定货币供应量，取缔保护主义的做法，将经济私有化（铜矿除外）。在20世纪80年代早期，政府管理的社会养老保险体系崩溃，劳工部长约瑟·皮涅拉建立了第一个私有化的社保体系。智利经济快速发展，积累了大量资本。20世纪90年代早期，皮诺切特下台，民主重回智利。从那时起，智利就是委内瑞拉的对立面，通货膨胀相对较低（低于4%），失业率也在下降（6.6%），政府财政平衡（不到GDP的22%），经济平稳发展，顺利过渡到21世纪。自从2014年和美国签订自由贸易协议后，智利已不再是单一商品市场，而是呈多样化发展。

为什么宏观经济学重要

委内瑞拉和智利这两个一悲一喜的例子引出了宏观经济学的话题。宏观经济学要讨论的是：GDP的增长、失业率、物价膨胀、工资和移民。宏观经济议题几乎影响每一个人。本书宏观部分的章节将介绍宏观经济理论，并阐述全球经济是如何运行的。

不是只有政策制定者才需要了解宏观经济学。宏观经济学为就业选择提供信息，并能说明经济发展势头是良好还是会出现萎缩。宏观经济学也可以解释为什么物价膨胀会降低购买力，也为大部分的商品和服务的价格是升还是降以及需要购买多少提供决策依据。

宏观经济学能帮助判断以下问题。

◇ 采购（如买房或买车）的利率是会上升还是会下降？
◇ 美元对其他货币是会上升还是下降？
◇ 股市走向。

◇ 经济和就业前景。

宏观经济学是研究经济范畴和世界范围内的事件和模型。有的行为不仅仅影响个人、公司或某个产业，还可以影响很多经济领域。利率的变化、国债、通货膨胀、储蓄率、税收、企业监管以及货币政策都可以极大地影响公司、政府和个人。经济周期和政府监管对工资、利润、贸易和股价都会产生很大的影响。宏观经济学在社会中发挥重要作用。学习经济学对学习商业、金融学、公众政策、历史学、工程学或者心理学都有帮助。

微观和宏观的逻辑方法

本书的第二部分是微观经济学，讲的是个体、企业和群体的经济行为，包括消费行为、供给和需求、劳动力成本以及生产的其他要素、企业家精神以及金融市场。我们用逻辑方式介绍经济学——损益表。总生产结构部分介绍企业是如何创造"财富"的（商品和服务的数量、质量和种类），以及在供给和技术限制的情况下，价格和成本如何共同作用最大限度地满足消费者需求，新产品和新服务如何在动态过程中被制造出来。"微观"部分的最后章节关注的是生产要素——土地、劳动力、资本和企业家如何协同作用实现经济最大化的发展，并提高生活水平。

第14章至第27章将介绍宏观经济行为的基本知识，衡量宏观经济的方法，总供给和总需求，储蓄和技术在经济发展中的作用，经济活动对收入和财富的影响，货币和银行在宏观经济中的作用，以此来解释宏观经济学理论和数据。接下来的部分将会介绍政府政策对经济的影响，包括好的和坏的影响两方面。这部分还会从环境经济学的视角看待当前的问题，肯定政府发挥的积极作用，并思考这几个问题：国家能在哪些方面做得比私企好？如何资助这些项目？政府如何才能变得更高效？

政府在过去发挥有限的功能，现在功能扩大了很多。这部分的各章会运用公共选择理论来研究慢性赤字开支、税收、国家债务、政府监管、环境政策以及通货膨胀的问题。也会探讨福利国家的目的，集权中央计划的实验，20世纪的社会主义和共产主义，全球化经济背景下后社会主义时期出现的去国有化和私有化新现象，以及2008年金融危机对全球经济和政府作用的影响。

经济的一般模型：回顾

为了理解宏观经济学的重要性，请回想第 1 章关于生产过程的基本内容。人类总是面临一个难题：欲望总是无穷无尽，但满足这些欲望的资源是有限的。商品和服务需要时间和投入才能生产出来，因为地球的基本资源本质上是稀缺的、无法使用的未成品，要用土地、劳动力和资本加诸其上才能将未成品变成对消费者有用的商品和服务。财富正是通过这种普遍的经济过程被创造出来的，这被称为"制造经济"。所有的商品和服务从服装到剧院均需要时间、资本和劳动力。在这个过程中，公司必须根据消费者的需求以及生产商品或提供服务的成本来决定向消费者提供什么样的商品和服务。

生产过程：举个微观例子

咖啡馆提供一杯咖啡的过程就是一个微观例子。图 14-1 列出了从采购咖啡豆到煮咖啡的每个生产过程中所增加的价值。

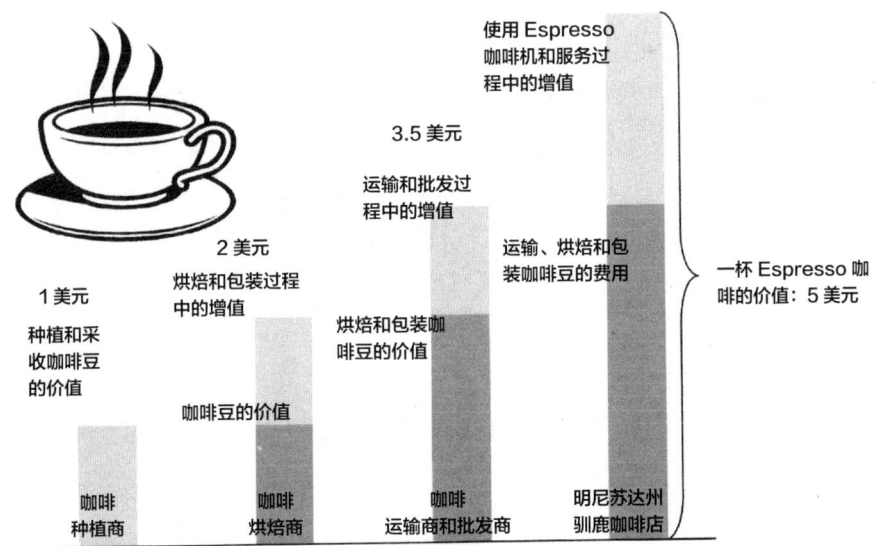

图 14-1　咖啡供应链中的增值：从咖啡豆到一杯 Espresso 咖啡

图14-1列出了生产一杯咖啡的供应链，包括下列阶段。

◇ 原料阶段：巴西的咖啡种植商种植和采收咖啡豆。
◇ 加工阶段：咖啡豆烘焙商通过烘焙和包装咖啡豆增加商品的价值。
◇ 分销阶段：咖啡供应商和批发商将加工好的咖啡豆运送到零售商处。
◇ 零售阶段：零售商在咖啡馆里研磨咖啡，煮咖啡，并送到消费者处。

请注意每个生产商都会增加生产过程的价值，随着价值的增加每个生产商都得到了回报。

经济过程的特点

不论是生产咖啡、法庭诉讼或打棒球，经济中的商品和服务供应商都遵循类似的过程。可以将经济过程概括如下。

◇ 生产和消费需要时间。
◇ 生产商和供货商在每个生产阶段因增加消费者价值而获利。如果目标没达成，他们就要蒙受损失。不论是生产过程中还是服务过程中总存在一定的风险。
◇ 生产要素（土地、劳动力和企业家精神）一定要在每个阶段通力合作才能生产出对零售（最后）阶段有用的商品和服务。
◇ 竞争和合作存在于整个生产过程中。
◇ 每个阶段都有库存来推动生产过程。
◇ 商品随着被使用会贬值、失去价值。
◇ 货币、交换和贸易是生产过程不可分割的一部分。

本章介绍了经济的一般模型——总生产模型，来描述"制造"经济。见图14-2。

图 14-2　经济的一般模型

这个一般模型适用于经济体中的所有商品和服务。煮咖啡只是总生产结构中成百上千项活动中的一种。时间（生产结构）用纵轴表示，时间（名义产出）用横轴表示。货币支出可以是美元、欧元、日元、英镑、比索或者其他国家的货币。

四阶段模型的特点

四阶段模型被称为总生产结构（Aggregate Production Structure,APS），用来衡量一年内所出售的商品和服务在所有生产阶段中的名义产出。总生产结构可以按地方、地区、国家或全球范围进行计算。四个阶段分别如下。

第一阶段：资源。这些投入包括原材料以及用于研发和教育培训的费用。资源阶段是最早的生产阶段，是指用来生产商品和服务的原材料。在制造业中，资源还会包括铁矿石、木材以及其他的自然原料，以及研发。在服务行业，还会包括培训、咨询以及办公设备。关注的重点是资源的价格、雇用工人、工资、利润和产出。

第二阶段：生产阶段。在此阶段，资源和土地、劳动力、资本（生产要素）一起将商品或服务变成更有用的成品。关注的重点是生产商的价格、雇用工人、工资、利润和产出。

第三阶段：配送。一旦产品生产出来，就被运到最终用户处。市场营销和运输发挥关键作用。关注的重点是批发商的价格、雇用工人、工资、利润和产出。

第四阶段：消费和投资。总生产结构的最后阶段是商品和服务送到最终用户处。"最终使用"可以发生在消费阶段,比如家用电器、服装或者家用汽车;也可以发生在生产的早期阶段被当作一种投资,比如卡车、计算机、工程甚至教育。消费通常占到了最终使用的最大部分,关注的重点是零售阶段的价格、雇用工人、工资、利润和产出。

每个阶段的价值都随着时间的增加而增加。资源阶段是经济体中最小的一部分,最终产出(零售)是最大的一部分。还以咖啡为例,随着产品向最终使用推移,价值也一直在增加。在微观层面上,很多企业一直在亏本生产产品,但在宏观层面上,如果经济持续发展,那么大部分的生产商都是赚钱的。

一旦产品成为成品被用户购买和使用(不论是消费者还是生产商),随着时间的流逝价值会流失,这被称为贬值。消费商品或资本品被出售后,不会获得附加值,只是随着商品被用完而失去价值。每种商品的折旧期都不一样——苹果几分钟就被消费完了,卡车可能是5年,房子可能要100年,当然房子也需要维修和更新。

唯一的例外是资本投资,这对经济发展很重要。资本会重新注入生产过程,从而提高生产过程中工人和企业家的生产力,有可能一直带来增值。对更好的工具、机械、流程、培训和教育进行投资,都有可能增加人均产出(见图17-7)。

生产过程是个协作的过程,理解这一点很重要。虽然竞争对于刺激创新降低成本很重要,但是所有的生产要素——企业家、资本金、工人、土地所有者和供应商一定要通力协作才能满足消费者的需求。如果星巴克在供应链内没有和每一个供应商进行合作,就不可能将咖啡送到消费者手上。市场同样也讲求合作,甚至在某种程度上合作要大于竞争。比如,如果员工拒绝和经理合作,那么生产过程就会突然停止,不可能生产最终的产品。

库存是指在生产的每个阶段生产商为了出售商品而持有的商品,库存有助于提高效率和扩大规模,在避免出现经济瓶颈、降低生产时间方面发挥关键作用。

总生产结构通常是全球性的,比如进口和出口商品、工业产品甚至服务(通过外包),这样才能生产质优价廉的商品和服务。

衡量经济的指标:GO 和 GDP

经济学家不仅使用总生产结构来衡量经济,还用总生产结构来衡量居民的经济福利。衡量个体的福利、一件商品或服务的价值、一个国家的生活水平有多种方式，比如寿命、读写能力、平均工作小时数、休闲时间、得到的服务以及环境水平。经济学家通常用几个关键的金融统计数据来衡量物质生活水平。比如，人均收入和财富是用来比较不同国家生活水平的重要统计数据。

在全国范围内，经济学家用总生产结构来衡量经济支出。首先，经济学家可能会衡量总支出，即四个产出阶段的所有支出。衡量一个国家各阶段的支出被称为总产值（Gross Output, GO），这也是国民收入核算中的"上限"。

其次，经济学家也可能会分开研究经济，衡量每个生产阶段的产出、价格和利润，来分析生产过程的走向。经济学家可能希望从商品物价指数、生产商物价指数和居民消费价格指数中看出经济趋势。比如，如果商品物价指数和生产商物价指数上涨很快，经济学家就会预测居民消费价格指数也会上涨。分解研究经济可以帮助经济学家预测最终消费、投资和物价的发展方向。

经济学家对最终产出也感兴趣——出售给消费者、企业和政府的所有商品和服务。这是衡量一个国家当前生活水平的重要指标。最终产出代表生产的最后一个阶段——消费和投资的名义价值，这被称为国内生产总值（GDP）。总产值和国内生产总值的区别是中间投入（Intermediate Inputs, II），这包括前三个阶段，也就是所谓的"制造"经济。图14-3解释了这三个概念。

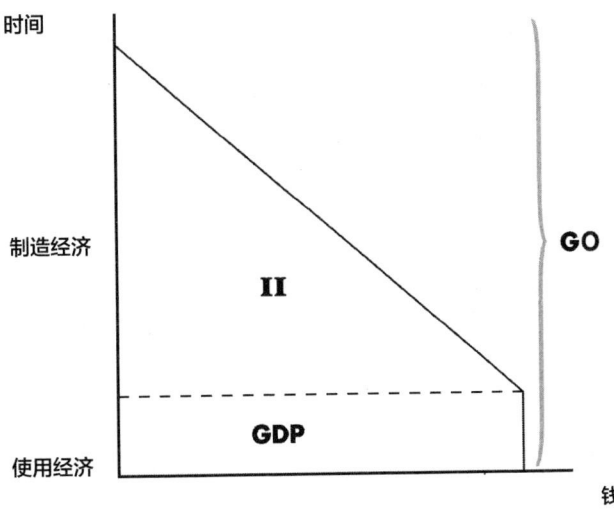

图14-3　总产值、中间投入和国内生产总值

第 15 章将介绍衡量国民产出、财富和生活水平的具体方法。

◇ 总产值，衡量经济在一年内各个阶段的总支出。这是国民经济核算或我们所谓"制造"经济的最重要方面。

◇ 国内生产总值，在一年内生产的所有最终商品和服务的价值，或被称为"使用"经济。（这是最常用但未必是最好的衡量指标）

◇ 国民财富，私有利益和公共利益的估算净值。净值是指资产的市场价值减去负债。人均财富是另一个衡量福利的重要指标。如果一个贫穷国家发展迅速，GDP 年增长率为 10%，但是如果这个国家的人口增长率也是 10%，那么人均财富实际上没有增加。

◇ 市值，检测国家的股票指数变化情况，在主要国家，这包括很宽泛的一篮子公开上市股票。有很多这样的国家指数：美国是标普 500 或者威尔夏 5000 指数，伦敦是富时 250 指数，巴黎是 CAC40 指数，日本是日经指数 300，澳大利亚是 S&P/ASX 200，南非是约翰内斯堡全股指数。

货币、交换和贸易：全球化壁垒

货币、交换和贸易对良好运作的生产过程至关重要。很难想象在没有货币和交换的情况下，个体和企业如何将资源转变为最终的产品和服务，当然，这种情况偶尔也会发生。比如，古埃及就在没有交换媒介的基础上发展了有显著规模的经济，当然这种经济进步主要依赖奴隶。在大多数情况下，由于以物易物天然的缺陷，货币和交换是自然而然发展起来的，几乎出现在所有的文明中（参见第 18 章）。一旦货币单位得以确定，各种进步都有可能，比如下面这些。

◇ 合算商业成功和失败的复杂方式。
◇ 可以确定价值、价格和成本。
◇ 用富有成效的间接交换代替以物易物。
◇ 创造了流动性财富和金融市场。

◇ 建立了国际市场。

本章解释了生产过程利用每个国家的比较优势,其本质是国际性的(见图14-4)。

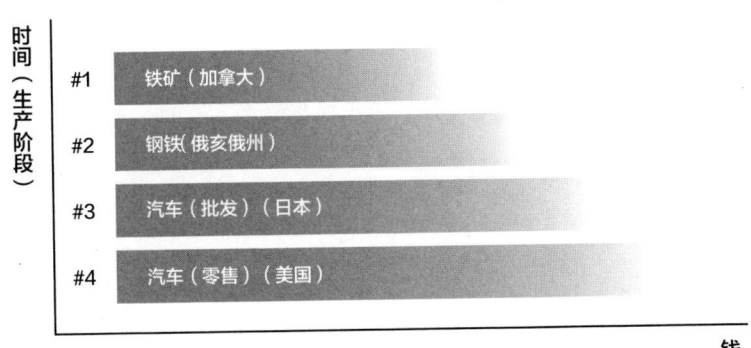

图14-4 总生产结构的全球性本质

图14-4还解释了美国展厅中的汽车是如何生产出来的。

◇ 铁矿在加拿大开采。
◇ 铁矿在俄亥俄州被炼成钢铁。
◇ 钢铁被运至日本。
◇ 汽车被生产出来。
◇ 日本车被销售给美国的消费者。

交换和国际贸易可为企业、消费者和社会带来如下益处。

◇ 经济增长。买家和卖家/生产商和消费者通过交换和贸易改进了目前的状况(实现了他们的目标)。
◇ 劳动力的专业化和分工。贸易促使个体、企业和国家进行专业细分。
◇ 效率。社区、州和国家间的竞争加剧降低了成本和物价,同时增加了交易量。

◇ 社会福利（亚当·斯密的"看不见的手"）。比较优势法则说明资质不好的个体在市场中也能生存并发展得很好。贸易增加了相对较贫困国家的比较优势。

总供给和总需求

本章讨论了商品和服务供给如何沿着生产函数向下移动，而用来购买这些商品和服务的资金却向上移动（见图 14-5）。

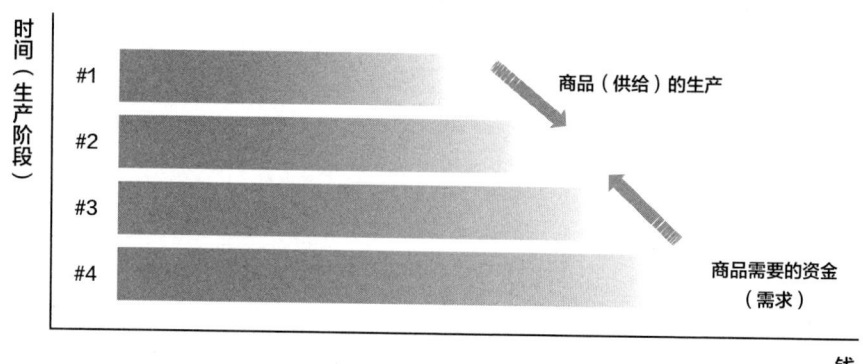

图 14-5　在生产过程中商品和资金流向相反的方向

在四阶段模型中，商品和服务的供给曲线逐渐从"资源"向"消费"向下移动。这种商品供给的向下移动可以理解为向量。向量显示随着时间的流逝移动的距离和方向。图 14-6 中的供给链被称为总供给向量（Aggregate Supply Vector, ASV）。

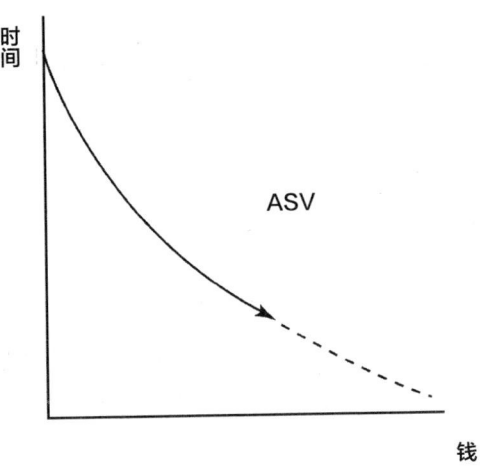

图 14-6　总供给向量

总供给向量及其方向是由每个生产阶段的生产力和利润决定的,被称为经济的"供给面"。同时,随着向供应商付款,每个阶段支付商品和服务的费用向上移动,这种向上的支付向量被称为总需求向量(Aggregate Demand Vector, ADV),见图 14-7 所示。

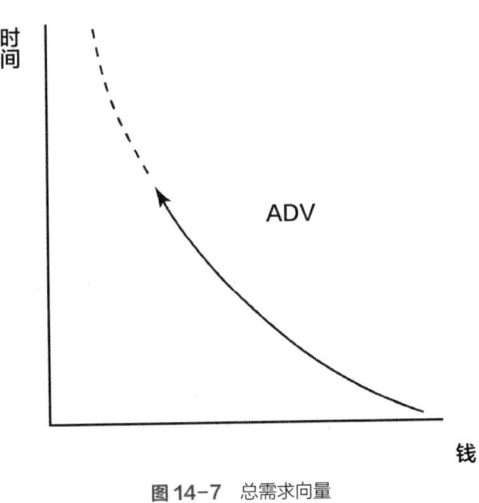

图 14-7　总需求向量

总需求向量的方向在很大程度上受经济中的储蓄率以及消费者是将收入花掉还是存起来的影响。当总供给向量和总需求向量在每个生产阶段平行且相等时,宏观经济就处于均衡或者稳定状态。当总供给向量和总需求向量分开并向不同的方向移动时，宏观经济就失衡了。利率是一种定价和定量配给体系，用以维持每个生产阶段的均衡。

总结

本章要点

1. 宏观经济学研究经济范围和世界范围内的事件和模型。

2. 利率、国债、通货膨胀、储蓄率、税收、商业监管、货币政策以及其他宏观经济现象的变化都能显著影响企业、政府和个人。

3. 所有的商品和服务在变得对企业和消费者有用之前都必须经过相互协作的四个生产阶段：资源、生产、配送和最终消费。生产全部阶段的总开支被称为总产值（GO），可以分为两大阶段："制造"经济或者中间投入（II）和"使用"经济或是国内生产总值（GDP）。

4. 货币、交换、国际贸易和专业化在推动所有文明的进步中发挥了关键作用。

5. 总供给向量（ASV）是指从资源到最终消费生产过程中，商品和服务的供应链。总需求向量（ADV）是指在生产过程中生产的商品和服务的支付计划（payment schedule）。

6. 当总供给向量和总需求向量在每个生产阶段平行且相等时，宏观经济处于均衡或者稳定状态。当总供给向量和总需求向量分开并向不同的方向移动时，就出现了繁荣 – 萧条的经济周期。

重要术语

总需求	中间投入（II）
总需求向量（ADV）	库存
总生产结构（APS）	投资
总供给	宏观经济学
总供给向量（ASV）	"制造"经济
经济周期	市值
资本投资	微观经济学

商品物价指数　　　　　　　　　国民财富
相对优势　　　　　　　　　　　生产价格指数（PPI）
消费者物价指数（CPI）　　　　 生产力
消费　　　　　　　　　　　　　零售
配送　　　　　　　　　　　　　生产阶段
生产要素　　　　　　　　　　　"使用"经济
总产值（GO）　　　　　　　　 附加值
国内生产总值（GDP）　　　　　批发
投入

经济学大师

瓦西里·列昂季耶夫和动态经济学中的相互作用

姓名：瓦西里·列昂季耶夫（1906~1999）

背景介绍：列昂季耶夫出生在圣彼得堡，1925年之前一直生活在俄罗斯，1925年他的父母为躲避共产主义压迫而移居德国。他于柏林大学获得经济学博士学位，在中国待过一年，1931年移居美国，先是在国家经济研究局（NBER）任研究员，并在哈佛大学任教，于20世纪30年代提出了用来描述成长经济体内部运作的"投入产出模型"，1970年列昂季耶夫被选为美国经济学会会长，1973年凭借"投入–产出分析"研究获得诺贝尔经济学奖，1975年任职纽约大学的经济研究学院，1999年去世。

主要著作：《美国的经济结构：1919~1929》，《投入产出的经济学》。

主要贡献：瓦西里·列昂季耶夫批评国内生产总值、物价总水平以及凯恩斯学派经济学家过多使用综合方法。列昂季耶夫倾向使用更现实的涉及投入和产出之间"互相干预"的微观–宏观手段，这种干预是指在实际人群中发生的复杂交易。列昂季耶夫为美国和其他的工业国家建立了投入–产出表（I–O table）。

投入–产出表比经济的四阶段模型更复杂。在投入–产出表中，横排代表各个部门或行业（农业、制衣业和汽车业）的产出是如何被其他部门使用的，竖排代表每个部门如何从其他部门获得所需的商品和服务。比如，汽车业的竖排是指铁系金属、橡胶、电器设备和纺织品。横排代表谁是汽车、卡车和其他车辆的使用者：建筑、制造和消费者。一般说来，最上面的部门是该产业群的用户，最下面的行业是供应商。

优点：用数学语言来描述经济体各部门或行业之间的相互关系。列昂季耶夫清晰地说明商品和服务是如何被生产出来的，经济是如何运行的。投入－产出表说明短期和瓶颈是如何出现的，通货膨胀是如何发展的。

缺点：20世纪，实施计划经济的社会主义国家的中央计划经济，使用投入－产出表来决定"五年计划"中制定的产出量所需要的投入量——而不考虑价格因素。这样的静态模型没有考虑到技术的变革，也缺少提高效率的激励因素，不能改变生产过程中的需求因素。列昂季耶夫批评过这样不切实际的建模。

第15章 衡量经济活动的指标：收入和财富

> 平衡的投入—产出框架……可以更准确一致地描述美国的经济全景。
>
> ——《当代商业纵览》，2004年6月

> 如果你无法用数字表达的话，说明你知识贫乏且无法令人满意。
>
> ——开尔文男爵，这话印在了芝加哥大学社会科学楼前

如何才能让经济变得可见呢？怎样才能更好地衡量个体或一个国家的生活水平？一个经济体是在增长还是在衰退？个人、家庭和国家的富裕程度？

这些都是本章要回答的问题。本章将重点关注以下概念。

1. 经济体中不同阶段和行业的消费行为。一年内总生产结构（APS）的全部开支被称为总产值。本章将关注供应链或行业内的消费类型如何发生改变，以及这些因素如何影响每个生产阶段或行业的工资、利润、价格、库存和股价。由诺贝尔经济学奖得主俄罗斯经济学家瓦西里·列昂季耶夫于20世纪60年代提出的投入–产出数据是个很好的分析框架。

2. 产品和服务的最终产出。产品和服务的最终产出可以用来衡量社会的物质财富。这些数据代表对消费者、企业和政府有用的商品和服务的价值。

经济学家提出了几种衡量生活水平的量化工具。在国家层面，最常用的GDP指的是一年内生产的有用的最终产品和服务的总值。因为每个国家的人口不同，经济学家关注的是人均GDP，这样就可以对不同的国家进行比较，并说明每个国家物质财富发展情况。

另一个衡量指标是人均实际收入，或是平均收入水平，根据通货膨胀程度每年有所调整，或者是购买力平价（Purchasing Power Parity,PPP）表示的人均收入（通常是用美元计算）。购买力平价是指每个国家用来购买相同商品和服务所需要的收入。

3. 国家财富水平和人均财富水平。一个非常富有的国家比起资源匮乏的国家更容易抵御暂时的经济衰退或失业，好比一个有钱人比没有任何积蓄的人能应对更长时间的失业。经济政策研究室的一份报告指出，2004年57.5%的人口只占了全部财富和收入的10%。①

4. 市值。经济学家开始用一种新指标来衡量经济活动、经济增长和财富。市值是指在诸如标普500或罗素5000等宽基指数交易的全部个股的市场总值。这些市场统计数据能更好地反应未来经济或金融领域的动态和前景。

衡量经济支出

第14章将经济分为四个阶段（见图15-1）。

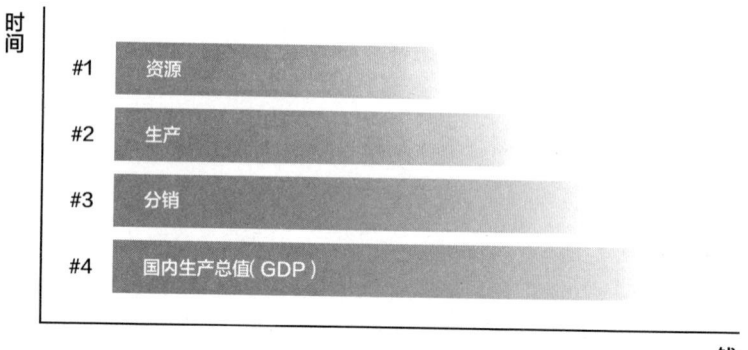

图15-1　总体生产结构的四个阶段

每个阶段都代表一年内生产新产品和服务的总支出，总支出随着向最终产出（消费和投资）阶段靠近而逐渐增加。

---

① 经济政策研究室，《财富：无法逾越的鸿沟》，康奈尔大学出版社，2006。

生产一杯 Espresso 咖啡的微观过程可以解释总生产结构的原理。图 15-2 列出了每个生产阶段的原料成本。

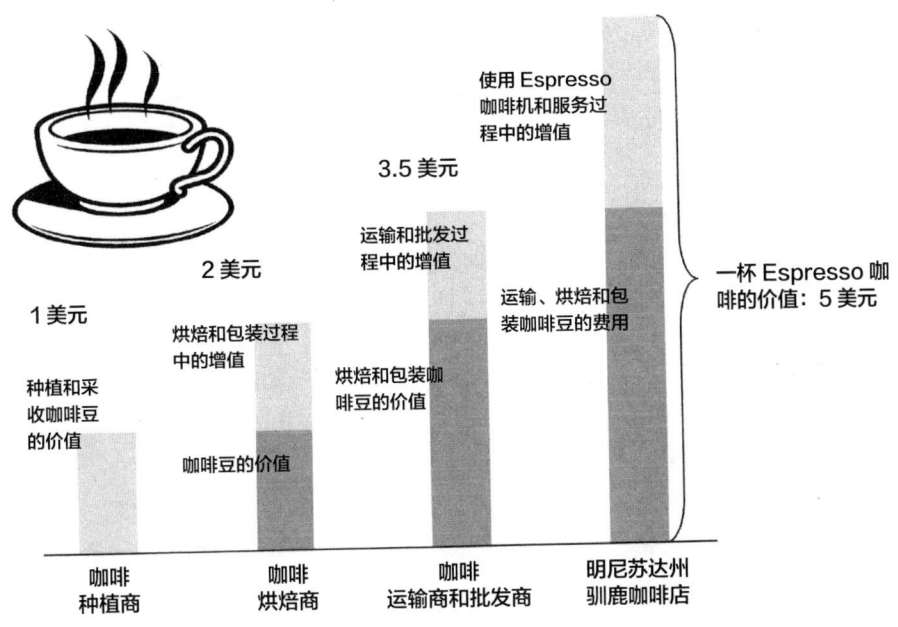

图 15-2 咖啡的增值过程：从咖啡豆到 Espresso 咖啡

细看每个生产阶段

在生产的第一个阶段，为了收获一杯咖啡所需的咖啡豆，咖啡豆种植者花 1 美元用于劳动力、供给、农业土地以及种植和采收咖啡豆。这 1 美元还包括咖啡豆种植者的利润或是资本收益。

在生产的第二阶段，咖啡烘焙商花 2 美元用于支付劳动力、供给、房屋费用以及烘焙和包装咖啡豆（也包括从咖啡豆种植者那里收购咖啡豆）的费用。这 2 美元也包括咖啡烘焙商的利润。

在生产的第三个阶段，咖啡经销商/批发商需要支付 3.5 美元用于劳动力、供给以及将咖啡豆运至零售商处为零售商提供批发服务。经销商的成本包括支付给咖啡烘焙商用于烘焙咖啡豆的 2 美元。向零售商收取的 3.5 美元包括经销商的利润以及支付给咖啡烘焙商的 2 美元。

在生产的第四个阶段，零售商每杯咖啡向顾客收取 5 美元。这 5 美元包括咖啡机的资本费用，咖啡厅的服务费，在零售阶段的所有其他费用，以及已经支付的每杯咖啡 3.5 美元的费用，还包括零售商合理的资本收益。

生产一杯咖啡过程中的总支出还可以用其他方式进行分解。

现在来看生产一杯咖啡的四个生产阶段的总支出。生产总成本是将四个阶段的总支出相加得到的：

$$1+2+3.5+5=11.5 \text{ 美元}$$

11.5 美元是整个商业供应链为星巴克消费者的一杯咖啡所支付的全部费用。为什么这个成本要比最终 5 美元的一杯咖啡高很多呢？11.5 美元是指生产一杯咖啡的实际总成本。每个资本家/企业家都要增加资本来支付总支出——为了生产供应链下一阶段所需产品而支付的房租、劳动力成本和供给。这 11.5 美元也包括重复计算。比如，种植和采摘咖啡豆（第一个阶段或者是农业阶段）就被计算了四次。

总支出 vs 附加值

想知道为什么一杯驯鹿咖啡仅仅 5 美元，我们需要知道每个生产商对最终产品的贡献，重点是每个生产阶段的附加值。

下面的公式是每个生产商增加的价值：

$$1+1+1.5+1.5=5 \text{ 美元}$$

增加的价值等于消费者为最终产品支付的 5 美元的零售价格。请注意这 5 美元的零售价格等于所有生产阶段的总费用——只计算一次——包括每个生产商获得的利润。生产过程的每个生产商都获利，消费者得到了他想得到的咖啡。

从这个简单的微观例子我们得出两个关于经济过程的假设。

1. 每个生产商增加的价值总和等于最终消费者支付的最终价格。不论生产商品或服务经历了多少生产阶段，最终产出的价值等于所有投入所增加的价值之和。

2. 商业总投资大于最终产出。这是不易被察觉的。在上面的例子中，总支出是 11.5 美元，但最终产出（一杯咖啡）的价格是 5 美元。

$$11.5（总支出）-5（消费者/零售价格）=6.5 美元$$

从所有生产阶段的总支出中减去消费品的价格 5 美元就得到了中间投入，6.5 美元。所以，第二个假设也得到了证实，即经济体中的商业投资大于最终消费者的支出。但是有时候零售产品的价值可能大于中间投入。比如，因为风尚流行突然出现了对某种商品的需求，这种商品的价格立刻飙升，超出了生产成本。从宏观层面来看，这种情形对所有的商品和服务来说都不太可能一直持续。

举这个例子在于强调商业投资在经济体中的相对重要性，商业投资比我们一般认为的重要得多。一般的观点认为消费支出（最后的零售阶段）而不是商业投资才是经济体中最大最重要的一部分。这种观点有可能完全不对。商业投资确定无疑比消费支出更重要（见第 17 章）。

衡量宏观经济

多年来一直对支出进行统计。GDP 用来衡量最终产品和服务的总支出，每季度报告一次，提供最新的数据。在本章经济学大师部分介绍的哈佛经济学家西蒙·库兹涅茨于 20 世纪 40 年代提出了国内生产总值的概念。国内生产总值过度强调经济体中消费支出的相对规模。总产值是指生产各阶段的总支出，是根据美国经济分析局制定的年度投入-产出表以及美国国家税务局统计的年度营业总收入而制定的新的统计数据。最近政府也在尝试扩大产出数据。2014 年 4 月，美国经济分析局（BEA）开始发布季度工业 GO 和 GDP。这是一个重大突破。不论是国内生产总值还是总产值都没有将未经报告的交易和黑市活动涵盖在内，而这两者可能占到了经济体中相当大的一部分。

但是因为很多公司都不仅仅只是在一个生产阶段，所以很难决定每个中间生产阶段（资源、生产和分配）的价值。比如，安然公司业务涵盖整个供应链，从石油开采、生产到将汽油零售。为了简化起见，现将前三个阶段合并为中间投入（II）。图 15-3 列出了 2016 年 GO、II 和 GDP 的预估值。

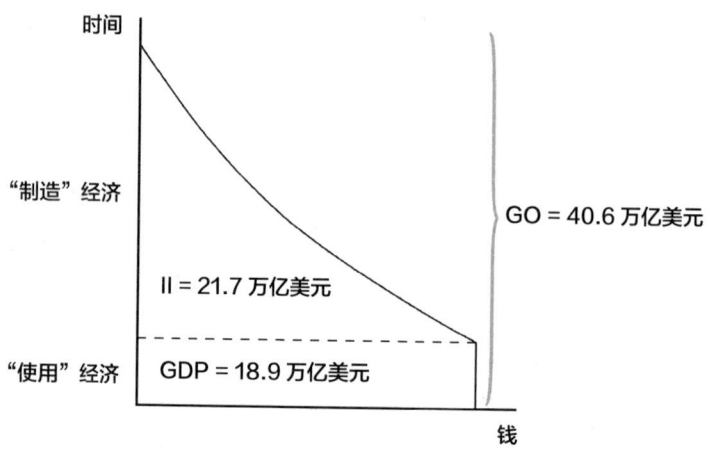

图 15-3 2016 年经济总支出明细的三个类别：GO、II 和 GDP（预估）
来源： 美国经济分析局；美国税务局；《美国统计概要》。

2016 年经济总产值接近 40.6 万亿美元，其中中间投入（生产的前三个阶段）为 21.7 万亿美元，18.9 万亿美元为最终产出，又被称为 GDP。

中间投入的重要性（II）

2016 年，中间投入（II）为 21.7 万亿美元，稍高于最终产出（GDP）的 18.9 万亿美元。尤其是在生产的早期阶段，中间投入是个重要的观察指标。这些早期的指标告诉我们经济活动的未来预期。产品离终端消费越远，市场数据就越不稳定。

数学层面，GO、II 和 GDP 之间的关系如下。

$$GO = II + GDP$$

其中，
GO = 总产值，衡量生产各个阶段的支出。
II = 中间投入，衡量中间状态或供应链（"制造"经济）。
GDP = 国内生产总值，衡量最终商品或制成品的支出，包括服务（"使用"经济）。

另一种查看方式为：

$$GDP = GO - II$$

换句话说，GDP 仅作为最终产出的衡量标准，故意忽略了供应链上的经济或大多数 B2B 交易。

GDP 的重要性

GDP 是最常用的衡量国家经济表现的指标。工业国家按季度报告国内生产总值，而发展中国家则按年度报告。在美国，GDP 由商务部下面的经济分析局每个季度统计和发布。经济合作与发展组织，简称经合组织（OECD），每个季度统计发布 30 个工业国家的 GDP，每年为另外 70 个国家估计 GDP。

GDP 衡量的是"使用"经济，生活水平用商品和服务来衡量，而 GDP 是衡量商品和服务的最佳指标。中间生产衡量的是没有最终使用价值之前的半成品。零售商品和服务是处于最后阶段被直接使用的商品和服务。

GDP 仅指最终的产出

GDP 是一年内国内生产或购买的最终产品和服务的价值（可以用美元、欧元、日元、比索或其他货币表示）。记者和经济评论员通常认为 GDP 代表经济体的总支出，这是不对的。而 GO 在大多数国家通常都是 GDP 的两倍多。

三种衡量 GDP 的方式

有三种衡量 GDP 的方式：购买力、工业附加值和国民收入。

消费者、企业和政府实施购买行为。按照下面的公式，GDP 被分为四种类别。

$$GDP = C + I + G + (X - M)$$

其中，

C= 个人消费支出

I= 国内私人投资总额

G= 政府消费支出和投资总额

X= 出口

M= 进口

图 15-4 是 2016 年 GDP 的细分。

个人消费支出	13009
耐用品	1441
非耐用品	2747
服务	7407
国内私人投资总额	3101
住宅	725
非住宅	2324
政府消费支出和投资总额	3304
联邦政府	1253
州和地方政府	2051
净出口	-545
出口	2265
进口	2810
GDP	18869

图 15-4　用现值美元表示的 GDP（单位：十亿美元）

来源：美国经济分析局。

个人消费支出（C）指一年内消费者购买的最终产品和服务的总值，这包括如汽车、家用电器和家具之类的耐用品，也包括如食物、衣服和汽油之类的非耐用品，以及诸如水电费、医疗保健和娱乐之类的服务。

国内私人投资总额（I）是指企业一年内购买的最终、固定的投资品总额，比如工具、设备、机械和建筑，也包括住宅建筑，因为房屋更被认为是投资而不是消费品，同时包括商业库存的变化，这是经济周期中一个重要因素。

政府消费支出和投资总额（G）是指政府（联邦政府、州政府和地方政府）每年从企业中采购的商品和服务总额。请注意政府消费支出和投资总额不包括为社会福利、食品券、医疗补助和其他社会项目所做的转移支付。消费开支包括政府公务员的工资和薪水，投资总额包括修建公路的费用。

净出口（X-M）是指出口减去进口的数额，美国从20世纪80年代起净出口就一直是负数。从出口额中减去进口额是因为进口额已经在GDP的个人消费支出中算过一次了，为避免重复计算要从出口额中减去。

在美国，四个领域当中哪个最重要？按照百分比划分，可将GDP分为：

C=13009	68.9%
I=3101	16.4%
G=3304	17.5%
X-M=-545	-2.9%
GDP=18869	100%

图15-5　国内生产总值分类，2016（单位：十亿美元）

个人消费占最终产出的大部分，政府采购和投资分别位列第二和第三，但比个人消费差得远。本章和第17章将会解释强调消费支出占GDP的比重最大已造成诸多公共政策的失误。

—— 案例分析 ——

世界GDP

《经济学人》

2004年12月29日

世界经济的增长速度有多快？从本周起《经济学人》每周将跟踪每个

季度的全球GDP。我们将会根据我们每周可以获得的52个经济体的信息(纸质的或者网上的)来预测全球经济增长态势。这些国家占到了世界GDP的90%。一旦可以得到世界GDP80%的数据，就会公布下一季度的全球经济增长率，并随着更多国家公布他们的GDP而不断更新。

每个国家的GDP都是通过在全球GDP中的占比来衡量的，不是根据市场汇率而是根据购买力平价来计算的，购买力平价考虑到不同国家之间的物价差异，这种方法被国际货币基金组织（IMF）在《全球经济展望报告》中使用过，可以避免由于市场汇率的波动而造成的生产扭曲。非交易品的价格在贫困国家要低得多，所以汇率会错误地降低这些国家在世界GDP中所占的比重。

按照市场汇率计算，富裕的发达国家经济总量占到了全球产出的77%，而用购买力平价来衡量，只占到了一半多一点，因此权数会影响全球经济增长率。在过去25年中，用购买力平价衡量，全球经济的平均增长率为3.3%，用市场汇率来衡量仅为2.7%，这就严重降低了新兴经济体如中国的比重。这种差异还在进一步扩大：2004年，世界货币基金组织预测用购买力平价衡量全球经济增长率为5.0%，是近30年来增速最快的一年，而用市场汇率衡量增长率仅为4.1%。

用附加值来衡量的GDP

第二种衡量GDP的方式是将每个经济阶段增加的价值相加。图15-6是2016年GDP的细分。

GDP	18869.4
农业、林业、渔业和狩猎	413.7
矿业	391.5
公共事业	400.7
建筑	1455.1
制造业	5902.7

（续表）

耐用品	3016.5
非耐用品	2886.2
批发贸易	1556.8
运输和仓储	1094.2
零售贸易	1719.3
信息	1632.5
金融、保险	2417.0
房地产和租赁	3540.1
专业和商业服务	3753.5
教育服务、医疗健康等	2758.6
艺术、休闲娱乐、食品	1391.0
除政府之外的其他服务	729.6
政府、联邦政府、州政府和地方政府	3638.6

图15-6 GDP，2016年各行业的附加值（单位：十亿美元）

来源：《当代商业纵览》。

根据行业附加值对GDP进行分类，经济学家可以看出哪些经济部门增长最快，哪些增速放缓。比如，2007年至2008年经济衰退，GDP的实际增长率仅为1%（扣除通货膨胀因素）。建筑行业的收益下降5.6%，制造业下降2.7%，服务业下降3%。另一方面，信息行业增加了5.2%，专业服务和商业服务增加了5.5%，医疗保健增加了4.6%，政府方面——几乎从没有下降过——增加了3%。

用收入衡量的GDP

另一种衡量经济发展的方式是考察收入、房租、利润和利息，见图15-7和图15-8。

GDP	19157.9
工资及其他补偿	10177.5
房租及业主收入	2111.0
公司利润	1682.7
净利息	786.8
生产和进口税	1309.2
补贴	61.0
固定资本消费	2986.2
其他项目包括统计误差	165.5

图 15-7 按类型分类的 GDP，2016（单位：十亿美元）

来源：《当代商业纵览》。

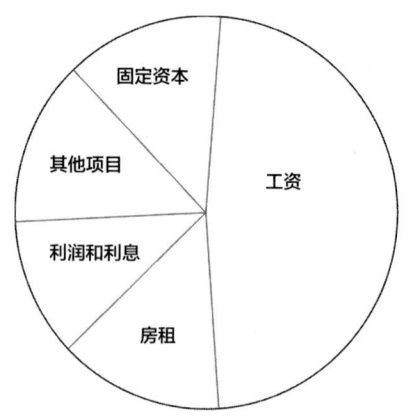

图 15-8 按类型分类的 GDP，2016

来源：《当代商业纵览》。

图 15-8 的饼状图说明员工薪酬（工资）是经济体中最大的收入来源（53%），接下来是利润和利息（13%），以及房租（11%）。

GDP 漏掉了什么？

GDP 目前是各国衡量经济表现的重要指标，重要到工业国家每个季度都要更新一次。但是作为宏观经济指标 GDP 的可靠性又如何呢？要回答这个问题，先来看看 GDP 漏掉的一些项目：

1. 中间产值。首先，GDP 漏掉了在最后的零售消费阶段之前的中间阶段的支出。记者和经济评论员通常将 GDP 称为经济"总支出"，而忽略了这一点。实际上，GDP 代表的只是零售阶段的最后支出。因为消费占到了 GDP 的 70%，记者通常错误地认为经济是"消费驱动"而不是"投资驱动"。实际上，由中间商业支出（IE）和私人资本投资（I）构成的商业支出占到了美国和其他工业国家经济活动总量的一半多。因此，广义上的供给面商业投资比需求面的消费支出重要得多（更多细节参见第 17 章）。

2. 黑市活动。GDP 也漏掉了很多无法统计的交易。比如，对未经报告、未交税的黑市活动很难量化，而且黑市活动如果没有向税务局报告，不在官方的核算系统里，基本就被忽略了。当税收和监管程度很低时，黑市活动也很低，几乎不会扭曲政府数据。但是当税收和监管过于繁重，未经报告的交易可占到经济体的 30%~40%，官方统计数据就会被扭曲得厉害。拉丁美洲、非洲和欧洲国家（比如意大利）的黑市活动都很出名，税务申报机构会试图估算 GDP 数据中的这些非正式交易。

3. 家务劳动。一些分析家认为，既然 GDP 是用来衡量经济体中的产出，那就应该将家务劳动包括在内。最近的研究表明没有报酬的家务劳动占到了 GDP 的 44%。

撇开实际的数据，GDP 实际上不是衡量经济体总产出的指标，理解这一点很重要。GDP 代表的是最终的交易，也就是说在交易中用货币支付的商品和服务的买卖活动。既然家务劳动在很大程度上是没有报酬的，所以就算家务劳动能创造价值，但是依然不算产出，也不算是服务。

4. 二手商品。GDP 仅衡量新的成品和服务的交易。但是在任何经济体中，二手商品的作用都越来越大，尤其是在经济衰退期，二手商品的价格要比新商品低很多。因此，二手的汽车、家用电器、工具和电脑是经济体中一个很重要且不断扩大的领域。易趣的成功就是一个很好的例子，每年成千上万人买卖二手商品。GDP 评估二手商品市场中工人、资本金/企业家和供应商的产出和收入，但却忽略不计二手商品和服务的价值。

其他重要的国民收入统计数据

政府也会统计其他重要的国民核算数据，比如国民生产总值（Gross National Product, GNP）、国民生产净值（Net National Production, NNP）、国民收入（National Income, NI）、个人收入（Personal Income, PI）。图 15-9 是最新统计数据的细分，以及这些数据是如何得出的。

GDP	18869.4
加上：从世界其他各地收到的收入	866.4
减去：付给世界其他各地的收入	623.4
等于：国民生产总值（GNP）	19112.4
减去：固定资本消耗	2994.7
等于：国民生产净值（NNP）	16167.7
减去：统计误差	−256.8
等于：国民收入	16424.5
减去：公司利润	2150.0
加上：个人资产收入	1991.2
等于：个人收入	16265.7

图 15-9 GDP、国民生产总值、国民生产净值、国民收入和个人收入，2016（单位：十亿美元）
来源：经济分析局。

这些其他的国民收入核算数据有多重要？

国民生产总值（GNP）是由一国居民所生产的商品和服务的市场价值，不论他们居住在世界何处。国民生产总值在 1991 年之前是衡量产出的首要指标，后来被国内生产总值取代。经济学家认为国内生产总值能更好地反应在一个国家内创造的价值。

国内生产净值（NDP）是一国内生产的商品和服务的市场价值减消耗在生产中的固定资本。家庭和企业都知道耐用品随着时间的流逝而贬值。消费资料（汽车、家用电器和电脑）以及生产物资（工具、设备和楼房）会用完，最终需要更换。2012 年，政府估计 2 万亿美元的固定资本被用完，需要更换。

每年更换贬值的固定资本对于充满活力的经济体至关重要。如果一个国家消耗它的资本，结果就是这个国家的生活水平和经济增长会持续下降。政府机构统计的贬值数据只是对逐渐用完的固定资本的估计。

国民收入（NI）是所有收入的总和，包括贬值的固定资本的净值，员工、资本金/企业家、房东和政府在生产过程中的收入。

个人收入（PI）是个人从所有渠道获得的收入，包括从生产中、政府处和商业转让性支付中获得的收入。

图 15-10 总结了本章所使用的各种国民收入核算数据之间的关系。

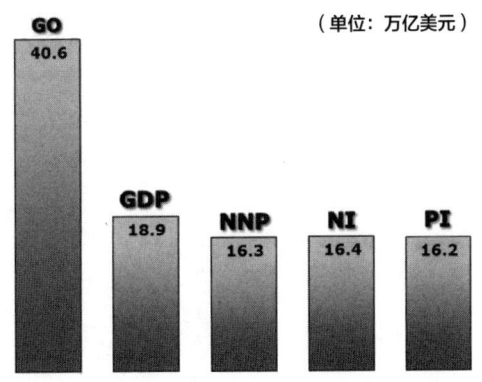

图 15-10　总产值（GO）、国内生产总值（GDP）和其他国民收入核算数据之间的关系，2016

衡量财富和收入

联邦储备委员会每三年发布一次《消费者理财调查》，用来衡量人均收入、家庭资产净值以及消费者贷款水平。最新的数据是 2013 年的（见图 15-11）。

所有家庭	534600
收入比例	
低于20%	86100
20%~40%	112700
40%~60%	168600
60%~80%	333600
80%~90%	635800
90%~100%	3307900
户主受教育情况	
高中以下	108300
高中毕业	199600
大专	317900
大学	1031600
种族或民族	
非西班牙裔白人	705900
非白人或西班牙裔	183900
户主当前的工作状态	
为别人打工	314700
个体经营	2167500
退休	507500
没有工作	135300
住房情况	
自有	783000
租房或其他	70300

图 15-11 美国家庭选定特征的平均净值，2013（单位：美元）

来源：《消费者理财调查》，《美联储公告》，2014年9月。

从这份净值调查可以看出什么？第一，教育是有回报的，教育程度越高回报就越高。第 10 章的工资部分已指出接受大学教育的人比高中毕业或辍学的人经济上成功的机会更高。第二，自主经营更好。第三，一旦实际情况许可，买房子。第四，美国少数族裔要想赶上主流白人阶层，还有很长的路要走。

股市表现有多重要？

近来，一些经济学家认为用股票指数衡量的股市表现可作为衡量国家福祉和经济前景的指标。比如，2000 年以来美国、英国、德国和日本股票指数的市值。

比较各国长期以来的股市能得出什么结论呢？第一，经济衰退和通货膨胀都会伤及股市和经济体。股市在 1973~1975 年、2001~2003 年以及 2008~2009 年的全球经济衰退时期大幅下跌。第二，20 世纪 70 年代是快速通货膨胀期，所有的股市除日本外都很艰难。20 世纪 90 年代日本股市长期低迷也说明日本经济此时发展缓慢无力。第三，战败可造成毁灭性打击。华尔街股市在"二战"期间稍微下跌，但是德国和日本这两大战败国的股市直接崩盘。

简单概括就是一个国家的股市指数能很好地反映这个国家的经济表现。

下一章将探讨物价膨胀的重要性、衡量通货膨胀的几种方式，以及通货膨胀对 GDP 和生活水平的影响。

总结

本章要点

1. 经济学家提出了几种衡量国民福祉的指标：总产值（GO）、国内生产总值（GDP）以及股票市值。

2. GO 是衡量新商品和生产服务中经济活动（交易）的正确方法。GDP 是指一年内由消费者、企业和政府所采购的最终商品和服务的预估总值。

3. GDP 由购买、增值和国民收入决定。

4. GDP 并不能衡量所有的经济活动，漏掉了中间投入（II）、大部分的家务劳动、黑市活动以及二手商品交易。

5. 国内生产净值（NDP）是一个国家生产的商品和服务的市场价值减去在生

产过程中耗损的固定资本的价值。每年更换贬值的固定资本对一个充满生机的不断发展的经济体至关重要。

6. 其他的统计数据比如财富和股市指数也是衡量国家财富的重要工具。股市尤其是衡量一个国家经济前景的重要指标。

重要术语

调整后的总产值（GO 调整后）　　国际货币基金组织 (IMF)
总生产结构 (APS)　　　　　　　　经济
黑市　　　　　　　　　　　　　　市值
重复计算　　　　　　　　　　　　国民收入 (NI)
政府消费支出　　　　　　　　　　净出口
政府总投资　　　　　　　　　　　国内生产净值 (NDP)
商业投资总额　　　　　　　　　　净值
国内私人投资总值　　　　　　　　个人消费支出
国民生产总值 (GDP)　　　　　　　个人收入 (PI)
总产值 (GO)　　　　　　　　　　　购买力平价 (PPP)
中间投入 (II)　　　　　　　　　　标准普尔指数
中间产值　　　　　　　　　　　　供应链
使用经济　　　　　　　　　　　　增值
世界 GDP

经济学大师

西蒙·库兹涅茨和国民收入统计的发明

姓名：西蒙·库兹涅茨（1901~1985）

背景介绍：和列昂季耶夫一样，西蒙·库兹涅茨也出生于苏联，但是库兹涅茨全家在苏共革命时期就离开苏联，并最终在美国定居。库兹涅茨和国家经济研究局（NBER）合作密切。在哥伦比亚大学取得博士学位后，库兹涅茨又去宾夕法尼亚大学、约翰·霍普金斯大学和哈佛大学当经济学教授，1954 年被选为美国经济协会会长，1971 年因在国民收入核算、经济增长和收入不平等方面所做的研究而获得诺贝尔经济学奖。

主要著作：《国民收入和资本形成：1919~1935》。

主要贡献： 在库兹涅茨之前，对国民经济活动的衡量是很初级的。库兹涅茨先从收集美国数据开始，很快在国家经济研究所就成为收集国民收入数据的领军人物。库兹涅茨第一个估算 1929~1932 年经济大萧条期间的国民收入，数据时间跨度为 1919~1938 年，最终可以估算到 1869 年的国民收入情况。库兹涅茨还是美国商务部出版的《美国历史统计：自殖民时期至 1970 年》的重要撰稿人。

库兹涅茨同时也研究经济增长的原因、经济周期，以及改变收入的不平等。

优点： 库兹涅茨在收集经济信息方面设立了最高标准，奠定了 20 世纪国民收入核算的基础。他同时也明白 GDP 以及人均实际 GDP 作为国民幸福指数的严重局限性。GDP 的高速增长可能并不会惠及所有人。库兹涅茨一直关心收入和财富的不平等问题，以及和富人相比穷人如何生存并提高他们的生活水平。

库兹涅茨也质疑凯恩斯提出的富人存钱比例更高的理论。他发现尽管长期数据表明经济一直在发展，但储蓄率相对来说比较稳定。

缺点： 尽管对凯恩斯的理论做过一番批评，但是库兹涅茨提出的国民生产总值作为衡量最终产品和服务的指标反而推动了凯恩斯革命的发展。受到凯恩斯以及凯恩斯的"最终有效需求"学说的影响，库兹涅茨决定用衡量最终产品而不是中间产品加最终产品的方式来衡量"全部的经济活动"。库兹涅茨强调国民生产总值（或者当今的 GDP）是衡量经济活动的指标，这助推了当代对消费支出的过分重视，消费支出而不是供给面的资本投资和生产力被认为才是经济发展的动力。

第16章 物价膨胀和货币的购买力

法定货币和信托是我们这个通货膨胀时代的支柱。

——汉斯·森霍兹
通货膨胀的年代

2004年墨西哥的GDP突破了1万亿美元大关,同年美国的GDP差不多为12万亿美元。墨西哥商品和服务的最终产出较上一年提高了10%,所以墨西哥实现了这个1万亿的壮举。但是普通的墨西哥人听到这一消息时并没有觉得自己更有钱了,因为墨西哥的生活成本上涨了6%以上,而普通墨西哥人的实际购买力仅提高了4%。

为了更精确地衡量物质生活水平,就要考虑实际购买力,收入必须换算成实际收入。本章将围绕去除物价膨胀因素之后商品和服务的"实际"价值展开,探讨收入和物价之间的差异。比如,一个人的工资增加了10%,但是物价也平均提高了10%,那么这个人的购买力就没有增加。政府和经济学家提出了不同的物价指数来衡量"实际"收入。这些指数涵盖了生产的各个阶段,比如:

◇ 商品物价指数(Commodity price indexes),比如路透CRB商品指数——衡量生产最早期阶段的物价变化。

◇ 生产价格指数(Producer Price Index,PPI)衡量制造和批发阶段的物价变化。

◇ 居民消费价格指数(Consumer Price Index,CPI)衡量消费和零售阶段的物价变化。

◇ GDP 平减指数（GDP deflator），综合了构成 GDP 的物价指数（由消费者、企业、政府以及出口商/进口商所支付的最终产品和服务的各种价格）。

物价指数：最多变

路透/杰富瑞 CRB 商品指数包含了 22 种商品价格，由商品研究局联合路透和杰富瑞金融产品中心于 1934 年 1 月开始共同编制。商品包括食品如猪肉、牛肉、玉米和小麦，工业金属如铜、锌、铅和锡（但是没有金银），工业原材料如兽皮和橡胶。原材料由于离最终的消费最远，又属于资本密集型材料，一般变动幅度最大。

生产价格指数（PPI）

生产价格指数由美国劳工统计局每月发布，该指数追踪国内商品在生产阶段的价格变化，行业跨度从农、林、渔、矿等早期阶段到加工业和建筑业，再到服务业，如交通运输、批发和零售、保险、房地产、健康、法律和专业服务，包括 2.5 万家企业提供的大约 10 万种物价。经济学家和金融专家密切关注生产价格指数，将此作为观察物价膨胀的晴雨表，因为物价膨胀会给消费物价带来压力。

居民消费价格指数（CPI）

CPI 由美国劳工统计局每月发布，是政府制作的用来衡量物价膨胀率的工具。CPI 追踪大部分家庭每年都需购买的商品和服务的价格。选中的商品和服务包括必需品，如汽油、食物、衣服和电影票。一年过去了，有些商品和服务的价格不变，有的会大幅上涨，有的会下降。CPI 旨在通过衡量总的物价膨胀率来推测生活成本。

政府薪酬、社会福利、工会工资以及其他很多薪资报酬都依赖 CPI 来进行生活成本调整（Cost of Living Adjustments，COLA），所以知道精确的生活成本很重要。比如，集体谈判协议覆盖的工会工人超过 200 万，他们的工资和 CPI 直接挂钩。

大约有 8000 万人每月的福利金也和 CPI 挂钩，其中 478 万人为社保受益者，41 万为联邦公务员退休人员和战争幸存人员，224 万人为食品券领取者。CPI 的变动同样影响 267 万儿童的在校午餐。一些私企和个人用 CPI 来付房租、版税、离婚赡养费以及子女抚养费，以此来和变动的物价保持一致。自 1985 年开始，CPI 被用来调整联邦所得税结构以避免通货膨胀造成多收税。美国财政部同时发行通货膨胀指数储蓄国债（I-bonds）或者通货膨胀保值债券（Treasury Inflation Protected Securities，TIPS），这两种债券都和 CPI 相关。CPI 是政府官员、企业高管、工会领导和个人在制定政策和经济决策时使用的最广泛的通货膨胀指标。

CPI 根据每月对 87 个城市 364 种商品价格的调查而编制，这些商品是在 1982~1984 年的基准期内城市消费者最常购买的商品，包括食物和饮料、住房（也包括租房）、服装、交通运输、医疗保健、娱乐、教育和通讯。CPI 同时包括与商品和服务相关的税收：销售税、汽车登记税、消费税、使用费以及财产税。

CPI 分为以下几类：城镇 CPI（CPI for All Urban Consumers，CPI-U），涵盖了总人口的 87%；城镇工资收入者 CPI（CPI for Urban Wage Earners，CPI-W），涵盖了总人口的 32%。消费者物价指数是这些物品的一篮子指数。比如，苹果价格的权重不应该和丁骨牛排或者冰箱的权重一样。一种物品的权重是由《消费者支出调查》所评估的对该物品的消费额决定的。

CPI 能很好地衡量生活成本吗？

随着时间的推移，CPI 在它的代表性样本里增加了更多的物品，希望变得更有综合性。但是一些基本物品仍没有包含在内，所以，CPI 更像一个"物价"指数而不是"生活成本"指数。没有人购买的商品和服务能完全吻合政府制定的城镇家庭的购物习惯。

比如，根据政府的调查，大学学费和其他相关费用在过去一二十年间呈两位数增长，虽然这些费用影响到很多美国人，但是 CPI 仍没有将上大学的费用涵盖在内。

很多美国人经常到美国之外出差或旅游。在过去 30 年间，美元的购买力大幅下降。CPI 如何反映美元的贬值呢？没有反映。

很多社区都有犯罪事件发生，很多家庭都得购买昂贵的安全保护装置，但是

CPI 并没有将这项开支包含在内。同样，CPI 也没有将会计为自己所做的纳税申报包含在内。有些人去餐馆就餐的频率要高于一般人。政府所选的商品和服务不一定能反映实际的家庭开支。

CPI 也不包含证券和其他投资：股票、债券、人寿保险以及房地产。一些经济学家认为这是个严重的缺失，因为生活成本的增加会限制对投资产品的购买，而这又会造成整体的"财富效应"。

CPI 最大的缺陷是漏掉了几乎是每个家庭预算中最大的开支项目——社保和所得税。当今时代，政府税收占到了全部 GDP 的 32%。CPI 将与购买商品和服务相关的税（销售税和使用税）涵盖在内，却忽视了社保和医疗保险税，以及每个家庭都必须缴纳的联邦、州和地方所得税。此外，随着通货膨胀将纳税人推向更高的纳税等级，纳税人要交的所得税也水涨船高，相应地，州政府和地方政府也调高了征税额。

总之，有的经济学家认为 CPI 每年都将生活成本的上涨低估几个百分点。

CPI 会不会高估生活成本？

有的统计学家则认为消费者物价水平一直高估美国的物价膨胀，因为 CPI 没有充分考虑以下因素。

1. 质量改进。新技术总是不断地提高各种产品的质量和功能，比如电视机、计算机、手机和汽车。比如便携式录像机每年的价格几乎都一样，但是产品的质量却得到极大改进（从黑白取景器到液晶显示屏取景器）。

2. 新产品。要将新产品涵盖在调查中总需要时间。多年来虽然计算机被越来越多的个体和企业使用，但是计算机并不在 CPI 篮子内。与此同时计算机的价格一直在下降，每年下降幅度为 10%~15%。而 CPI 并没有将计算机的降价考虑在内，因此高估了生活成本。

3. 打折和替代品。消费者总是喜欢买便宜货、打折和大处理。网络的出现将货比三家提到了全新的高度，现在消费者可以买到非常廉价的机票、汽车和其他物品。个体的"个人 CPI"可能在某些领域下降了，但是官方的 CPI 却保持不变，甚至有增无减。

了解连锁加权物价指数

由于上述所讨论的缺失和失真,经济学家最近提出了一种新的 CPI:连锁加权物价指数(chain-weighted price index)。连锁加权物价指数考虑商品的替代品以及每年消费者购买习惯的变化,被认为比固定加权 CPI 更准确。

下面的例子解释了固定加权 CPI 和连锁加权 CPI 之间的区别。根据过去两年中物价和数量的变化,假设哈罗德在这两年中购买了两种相似的物品——篮球鞋和网球鞋。

哈罗德购买的物品

2016 年:2 双篮球鞋,2 双网球鞋

2017 年:3 双篮球鞋,1 双网球鞋

价格

2016 年:篮球鞋每双 55 美元,网球鞋每双 40 美元

2017 年:篮球鞋每双 50 美元,网球鞋每双 55 美元

CPI 是这样计算的:

固定加权方法

在固定加权 CPI 中,我们假设数量每年是不变的,变化的只有价格。

因此,固定加权 CPI 的变化就是:

2 双篮球鞋 ×50 美元 +2 双网球鞋 ×55 美元 / 2 双篮球鞋 ×55 美元 +2 双网球鞋 ×40 美元 =10.5%

按照固定加权方法,CPI 从 2016~2017 年增加了 10.5%。请注意,固定加权

CPI 并没有对 2016 和 2017 年所买鞋子的数量加以区分。固定加权 CPI 假设购买的商品数量每年都是一样的。下面来看连锁加权 CPI 如何更准确地反映哈罗德购买力或 CPI 的变化。

连锁加权方法

连锁加权 CPI 假设 Q 和 P 每年都变化。

因此，连锁加权 CPI 的变化如下：

$$3 双篮球鞋 \times 50 美元 + 1 双网球鞋 \times 55 美元 / 2 双篮球鞋 \times 55 美元 + 2 双网球鞋 \times 40 美元 = 7.9\%$$

用连锁加权的方法计算，CPI 只增加了 7.9%，要比用固定加权方法计算结果小得多。连锁加权被认为更准确，是因为这种方法将 2016~2017 年的数量变化也考虑在内。因为篮球鞋的价格下降，网球鞋的价格上升，因此哈罗德决定多买篮球鞋，少买网球鞋。连锁加权将数量的变化也考虑在内，因此更准确。

很多经济学家认为固定加权 CPI 倾向于将生活成本高估 1 个百分点。斯坦福大学教授迈克尔·伯斯金在对 CPI 进行了大量研究之后，总结到在不使用连锁加权的情况下，"CPI 每年对生活成本高估 1.1 个百分点"。[①]

CPI 有两大不足，一是低估了生活成本（漏掉工资税），二是高估了质量、数量和种类的变化。哪个更强大呢？在没有进一步进行实证研究前，很难说哪个更强大，但是如果将前者涵盖在内而漏掉后者，则大错特错了。也许米塞斯说得最恰如其分，"这些指数反映的只是大概的情况，无法准确地描述已经发生的变化"。[②]

GDP 平减指数

经济学家和政府官员有时会用到 GDP 平减指数，这和 CPI 不是一回事。GDP

[①] 伯斯金教授率领一个政府小组调查，《华尔街日报》，1997 年 2 月 25 日。

[②] 米塞斯，《人的行为》，芝加哥，莱格尼里出版社，1966，第 3 版。

平减指数不是基于固定的消费商品和服务编制的。和连锁加权 CPI 一样，GDP 平减指数的商品和服务随着每年人们消费和投资类型的变化而变化。GDP 平减指数和 CPI 的最大区别是 GDP 缩减包括投资品和消费品的价格（GDP 包括由消费者、企业和政府购买的最终产品和服务）。

平减指数计算公式为：

$$\text{GDP 平减指数} = \frac{\text{名义 GDP}}{\text{实际 GDP}} \times 100\%$$

GDP 平减指数是用来计算实际 GDP 的，公式如下：

$$\frac{\text{名义 GDP}}{\text{GDP 平减指数}} = \text{实际 GDP}$$

名义 GDP 除以 GDP 平减指数就得到实际 GDP，也就是名义 GDP 的实际值。

浮动和生产结构

物价指数有一个奇怪的特征，即离最终消费越远变动幅度就越大，国内经济和全球经济都如此。图 16-1 列出了这一特征。

英国商品研究所（CRB）商品指数（浮动）vs CPI（稳定），1994~2017
路透 – CRB 指数，版权归英国商品研究所所有
城市消费者 –（CPI-U），美国，所有项目：1982~1984=100

CRB 指数（浮动）vs CPI（稳定），1994~2017

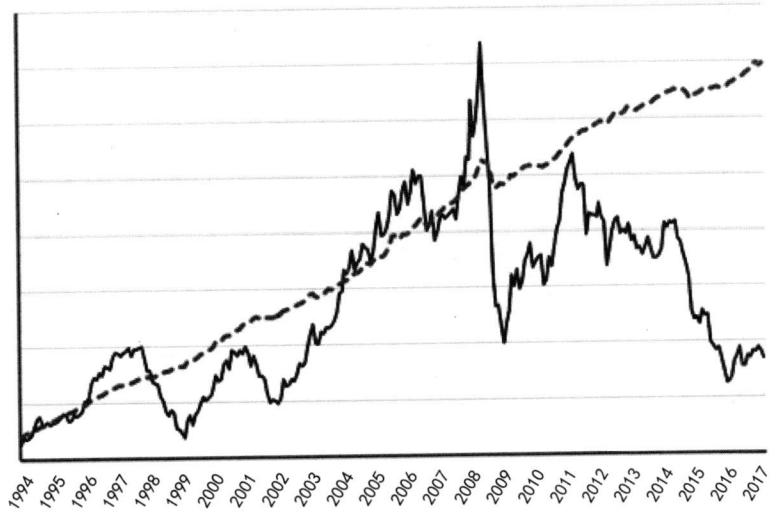

生产消费指数（浮动）vs CPI（稳定），1994~2017

所有商品，美国

城市消费者 –（CPI-U），所有项目：1982~1984=100

生产价格指数（浮动）vs CPI（稳定），1994~2017

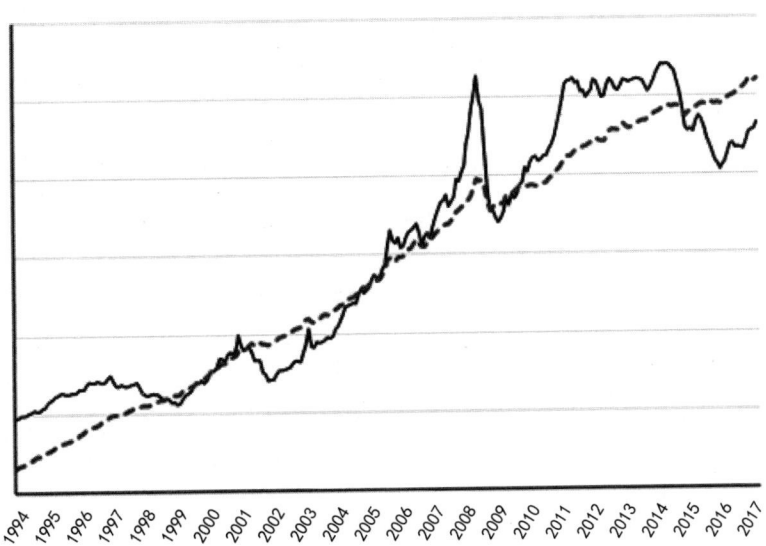

图 16-1　随着时间的推移物价指数的变化：商品、生产商和 CPI，1994~2017

请思考以下两个问题：

◇ 离最终使用越远变动幅度就越大的情形是由什么原因造成的？和经济学家以及商业人士探讨这个问题。（提示：考虑利率变化以及物价指数的影响，每种指数与最终消费的距离）

◇ 供给/生产链的浮动并不仅限于价格。在整个经济周期内，就业、库存和企业利润的浮动越大，离最终的消费阶段就越远。和制造业以及消费品部门相比，商品市场在就业、库存和利润方面的浮动更大。这是为什么呢？

总结

本章要点

1. 物价指数有助于衡量货币购买力的"实际"价值。

2. 私人机构和政府机构依赖各种各样的物价指数，比如 CRB 商品指数、生产价格指数、CPI。

3. GDP 平减指数是由消费者、企业、政府和净出口商支付商品和服务的价格构成的综合性价格指数。

4. CPI 是最常用的物价指数，但是 CPI 并不能完整地反映一般的物价膨胀，也不是真实的生活成本指数。CPI 没有将工资税涵盖在内，可能并没有反映很多美国人的实际消费习惯。

5. CPI 可能无法反映一段时间以来质量、新产品、折扣和替代品的变化。连锁加权 CPI 是对传统固定加权 CPI 的改进，因为连锁加权 CPI 考虑到商品的替代品以及消费者消费习惯年复一年的变化。

重要术语

连锁加权 CPI	GDP 平减指数
商品物价指数	生产价格指数（PPI）
居民消费价格指数（CPI）	购买力（PPP）
固定加权 CPI	

经济学大师

欧文·费雪，货币经济学和价格指数之父

姓名：欧文·费雪（1867~1947）

背景介绍：欧文·费雪是货币经济学之父，并被很多经济学家（詹姆斯·托宾、米尔顿·弗里德曼）认为是有史以来最伟大的美国经济学家。欧文·费雪生于1867年，出生在一个牧师家庭，数学成绩优异，毕业于耶鲁大学，是他们班第一个毕业的。受到社会达尔文主义者威廉·格雷厄姆·萨姆纳的影响，欧文·费雪对经济学中的利息感兴趣，并将毕生精力投注于研究货币、价格和经济。从耶鲁大学获得博士学位后，欧文·费雪结婚生子，生活安顿下来，成为大学教授和作家，写了几十部货币经济学、健康生活（得过肺结核，差点死掉）以及股市投资的著作。1918年当选美国经济学会会长。凭借富有创造力的头脑，欧文·费雪发明了指数系统（今天的Rolodex），并将之卖给了雷明顿·兰德公司。在华尔街牛市的高峰期，欧文·费雪的雷明顿A股市值高达1000万美元。除了在耶鲁大学任教外，费雪还是金融顾问，成为著名的"华尔街预言家"，经常被金融媒体引用。但是欧文·费雪未能预测1929年10月的股市崩盘，并被股市洗劫一空，未能东山再起，于1947年去世。

主要著作：《资本和利益的性质》，《货币的购买力》。

主要贡献：费雪耗费毕生精力研究货币、价格和经济周期，他最重要的贡献是货币数量论以及物价指数。费雪提出了一个数学公式用来说明价格通货膨胀和货币供给之间的关系，被称为"货币主义"。（参见第19章）费雪和晚他一代的米尔顿·弗里德曼一样，都认为生活成本不断提高主要是由于发行过多的货币造成的。费雪发明了第一物价指数，后来被认为是生产价格指数和CPI的基础。

优点：凭借货币数量论，费雪用数学方式证明其他经济学家（比如大卫·休姆和大卫·李嘉图）已知的事实，也就是价格的上升是由货币的增发以及银行系统的放贷造成的，而不是由工会、商品短缺和"成本驱动"引发的通货膨胀造成的。通过开创性地使用物价指数，费雪还帮助改进了宏观经济数据的收集方法。

缺点： 费雪的主要缺点是他过度依赖宏观经济概念。他的数量论没能预测到大萧条，因为他坚信货币的长期中立性，也就是说增加货币供给会抬高物价但不会造成结构性失衡或其他后果。作为一名乐观主义者，费雪对"咆哮的20年代"中的"新时代"充满信心，因而未能看到20世纪20年代后期正在酝酿的经济风暴。他对美联储能在货币危机时提供流动货币盲目乐观。当美联储拒绝扭转通货紧缩和萧条的浪潮时，费雪在经济上遭到重创。

第 17 章 经济发展：储蓄、投资和技术

> 总之，如果你渴望财富，通往财富之路和去市场的路一样简单，只依靠两种品质：勤劳和节俭。
>
> ——本杰明·富兰克林
>
> 《财富之路》

宏观经济学的前三章探讨了衡量经济表现的方法。现在我们来试着回答这些关键性的问题：一个国家如何才能增加它的财富、收入（GDP）并提高生活质量？为什么有的国家富有，有的国家贫穷？运用有效的宏观经济原理能帮助贫困国家脱贫吗？

经济增长的窍门是什么？

国家财富的增长和个体财富的增长是一样的。学生经常问我："我是一个学生，如何能从两手空空变成有钱人呢？"假如一个人没有继承一大笔财产，他的父母或某个有钱的叔叔也不会资助他，那么他如何才能实现经济独立呢？

本杰明·富兰克林曾写过一个关于个人经济学基本原则的小册子，叫《财富之路》，书中总结了三大致富原则：勤劳、节俭和谨慎。

勤劳意味着找一份适合自己的职业，兢兢业业地工作。节俭意味着经济实惠和精打细算，不寅吃卯粮，留意开销，避免浪费，买一辆二手车而不是新车，租房子住而不是买房子，尽可能避免消费债务。精打细算意味着通过每个月少花些

钱来定期存款。富兰克林说："节约1分钱就是挣了1分钱。"他的意思是不论是你多挣了1分钱还是少花了1分钱，你的口袋里都多了1分钱。大部分人会认为增加财富的唯一方法是多挣钱，其实少花钱同样有效，而且更容易实现。

我们从另一个角度看富兰克林的箴言：假设一个人每月挣1000美元，一年下来存了1000美元。突然他病了，需要在家休养一个月。那么他储蓄账户中的这1000美元就可以替代他本可以挣的1000美元。也就是说这存下来的1000美元正好等于他挣的1000美元。聪明的人养成定期储蓄的习惯，不会成为月光族。

谨慎意味着智慧。谨慎是指明智地将储蓄进行投资，这可以通过再教育和培训将储蓄投到一家新企业，或者通过股票市场从而从别人的成功中分得一杯羹。谨慎不仅是指勤奋工作，还意味着聪明地工作，自制，谨慎地进行花销和投资。

储蓄和经典增长理论

古典经济学家亚当·斯密(1723~1790)、大卫·李嘉图(1772~1823)以及约翰·斯图尔特·密尔都强调这些品质，这些品质现在被认为是增加国家财富的传统手段。从理论上来说，如果勤奋、节俭和谨慎是个人财富的源泉，那么也应该同样适用于国家。这个道理现在看来如此显而易见，但是退回到18世纪，那时的政府认为全世界的财富数量是固定的，一个国家增加财富的唯一途径就是从其他国家掠夺财富。亚当·斯密抛弃了这种重商主义的思想。亚当·斯密认为"在一个伟大的国家中，每个家庭的谨慎行为怎么可能是愚蠢的呢"。[1]亚当·斯密的鸿篇巨制《国富论》里的焦点就是通过"节约和优秀品质"、储蓄和投资、劳动力的交换和分工、教育和资本积累、节省劳动力的技术，以及理性自利来实现个体的发展。斯密提出了劳动力分工的管理技术，强调储蓄和节约是经济增长最根本的因素。此外，经济增长也需要稳定的政府政策、充满竞争的商业环境以及健全的商业管理。"一个国家从最低级的野蛮状态达到最高富裕水平，只需要和平、宽松的税收以及宽容的司法。"[2]

另一个发展了经济增长经典理论和强调储蓄/投资重要性的经济学家是我们

---

[1] 亚当·斯密，《国富论》，纽约，现代图书馆，1965/1776。
[2] 克莱德·E.丹赫特编，《亚当·斯密，作家和经济学家》，纽约，博览会，1974。

在第 11 章介绍过的奥地利经济学家尤金·庞巴维克。庞巴维克在他的著作《正面资本论》中解释了资本的多种形式——储蓄、投资、节省劳动力的技术、资本品、生产力、知识和教育——都是实现亚当·斯密普遍富裕世界的关键因素，对资本家和工人来说都如此。庞巴维克指出，如果一个工人的收入想要超过最低工资，他必须意识到简单的劳动或者卖力气并不足以实现更高的生活水平。"一个人'仅仅是勤奋'是不够的，他要既勤奋又节约。"庞巴维克这样回应富兰克林。庞巴维克描述了三种场景。

1. 积极的储蓄率。假设一个国家的平均储蓄率为25%，也就是说该国居民平均每年将收入的四分之一用于储蓄。这会产生什么效果呢？庞巴维克宣称："一个经济富裕的国家会将它的储蓄进行投资，购买债券，将钱存在储蓄银行或商业银行，银行再将储蓄进行借贷。换句话说，资本增加了，这会增加未来对商品的消费。"结果会带来积极的经济增长。

2. 没有净储蓄。再假设另一种情形，一个国家除了应对贬值和对建筑、工具和设备的维修开支外，没有新的净储蓄。也就是说一般居民将收入全花光了，没有任何储蓄。这在庞巴维克看来，结果就是这个国家"仅仅是维持它的资本"，经济增长将为零。

3. 负储蓄。最后，如果一个国家的平均消费额超过了收入的25%，居民不仅不进行储蓄，还花光了所有的财富。将资本耗尽，结果只能是经济负增长，以及较低的生活水平。

凯恩斯的节约悖论：
过度节约会引起经济衰退

如果居民决定削减消费增加储蓄会怎样呢？凯恩斯派经济学家经常批评消费者紧缩开支，把本该用于消费的钱存储起来，他们得出的结论是此种行为的净效应是消费开支削减，经济增长缓慢，甚至会导致经济衰退。这种对高储蓄率的看法准确吗？

如果标准四阶段宏观模型被削减到两个阶段，那么凯恩斯学派的模型是支持这种反储蓄观点的。中间生产过程通常包含三个阶段——资源、生产和配送——但如果这三个阶段合并为投资阶段，那就只剩下两个生产阶段了：投资和消费。

图 17-1 所示为按照凯恩斯模型,储蓄率的变化是如何影响消费和投资的。

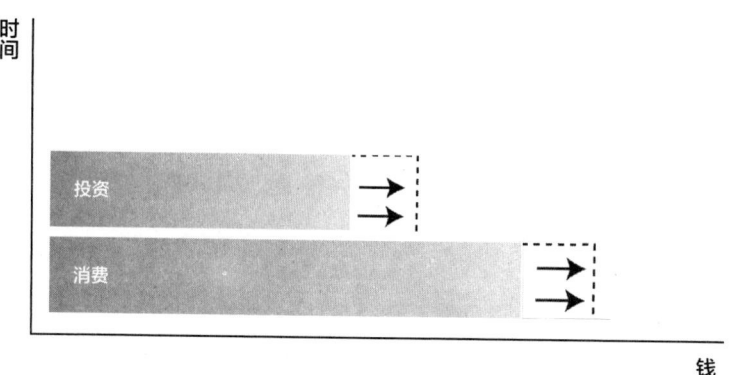

图 17-1 经济增长的凯恩斯模型:只有投资和消费的两阶段宏观模型

在上面的凯恩斯模型中,投资,比如企业活动,完全取决于对消费品的需求。投资和消费的起伏是一致的。如果社会对消费品的需求增加,那么投资也会增加。如果消费者削减开支,增加储蓄会怎样呢?按照图 11-7 所示,结果会是更少的投资、更少的企业支出、失业和经济衰退。凯恩斯学派否认富兰克林和亚当·斯密所提倡的节俭的美德。凯恩斯学派经济学家威廉·鲍莫尔和艾伦·布林德认为:"对个体来说储蓄可能会通向财富之路,但是对一个国家来说,过多的储蓄可能会导致经济衰退和贫困。"[1]

在某种程度上,凯恩斯学派的观点是有道理的。毕竟,人们买的汽车越少(降低消费),汽车制造商反而建立更多的汽车工厂,这样也说不通。如果人们存的钱越多,减少购买汽车和逛商场,企业会受损吗?凯恩斯学派经济学家如保罗·萨缪尔森认为增加储蓄的结果可能是储蓄的减少,因为商业活动减少,收入也会因此减少。

对储蓄的经典辩护

包括庞巴维克、约翰·斯图尔特和 J.B. 萨伊在内的古典经济学家面对凯恩斯

---

[1] 威廉·鲍莫尔、艾伦·布林德,《经济学:原理和政策》,纽约,哈考特-布雷斯-乔瓦诺维奇公司,1988。

学派的挑战，给出了不同的回应。在古典经济学派看来，凯恩斯学派没有意识到增加储蓄所带来的另一种需求——对未来消费需求的增加。用数学公式表达就是，总产出或总收入（Y）是当前需求（C，代表消费）和未来需求（I，代表投资）之和。

$$Y=f(c)+f(I)$$

两种形式的需求都在经济体中起作用：当前的消费需求（比如当前对汽车的需求），以及未来的消费需求（比如未来对汽车的需求）。

如果公众决定增加储蓄，降低当前的消费需求，但是对未来的消费需求会增加，抵消了当前消费需求的下降。同时储蓄并没有从经济体中消失，只是进入了不同的生产阶段，来满足不同的投资需求。

庞巴维克是这样描述的："削减消费并不意味着削减生产，只是在供需定律的支配下，削减了某些分支的生产……总产出不会降低，因为当下消费品的削减会被中间品或资本品的增加所抵消。"[1]

修桥的例子

让我们假设一种情形来解释增加储蓄的好处。假设一个地区的两部分，比如明尼苏达的明尼阿波利斯和圣保罗被一条河隔开，两地的唯一交通工具是驳船，明尼阿波利斯和圣保罗之间的交通费用又高又耗时。这两个城镇的领导开了一次会，都认为要在两地之间修座桥，修桥费用由提高5年的销售税来支付。提高销售税就会抬高消费品价格，包括汽车、家用电器、服装、食品和其他商品，这又导致零售额和消费支出的下降，这反过来又造成当地百货商店和其他零售商店的利润和就业率的下降。而在天平的另一端，消费支出的降低被增加的投资开支所抵消了。修桥要雇用新的建筑工人，城镇里出现了新的建筑行业，这些工人在城镇消费他们的收入，零售额因此提高了，这些建筑工人可能还会将部分收入存起来，这又刺激了当地银行的储蓄。总的说来，总产出和就业下降了吗？没有，只

---

[1] 尤金·庞巴维克，《资本实证论》，引自理查德·艾伯伦《奥地利经济学家》，希尔斯代尔学院出版社，1991。

是总产出和就业的构成发生了变化。

此外，一旦桥修好，这个地区的交通费降低，竞争力会提高，包括消费者、企业和政府官员在内的整个地区都会从中受益。最终，这个地区短期的牺牲被转化为生活水平的提高，更高的储蓄率意味着储蓄供给的增加和利率的下降。图17-2列出了增加储蓄的影响。

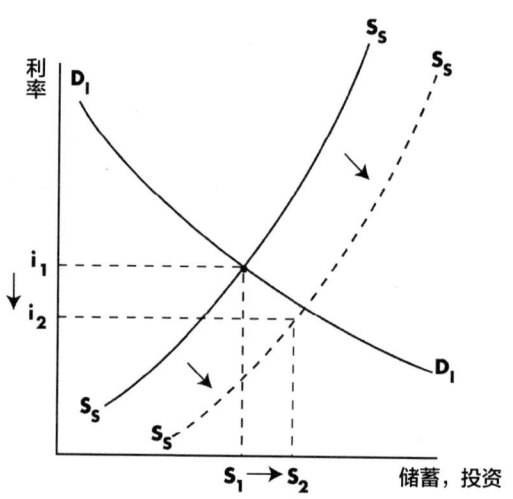

图17-2　提高储蓄率会降低利率

低利率意味着银行和金融公司能给企业和消费者提供便宜的贷款，从而降低了生产者和消费者的整体成本。此外，低利率还会对企业重组，工厂进行升级改造或建立新工厂，生产新产品，为改进产品增加投入。个体为了增加几年后的消费而减少当前支出……或许可以买到更好更新的消费品。

凯恩斯学派的问题是没有在他们的二阶段模型中加入耗时、多阶段的资本结构。换句话说，"投资"并不仅仅是一个阶段，而是从最后的消费中去掉了。投资是一个多阶段过程，利率的变化会影响中间生产阶段的构成。图17-3用四阶段模型来说明这种复杂的结构。

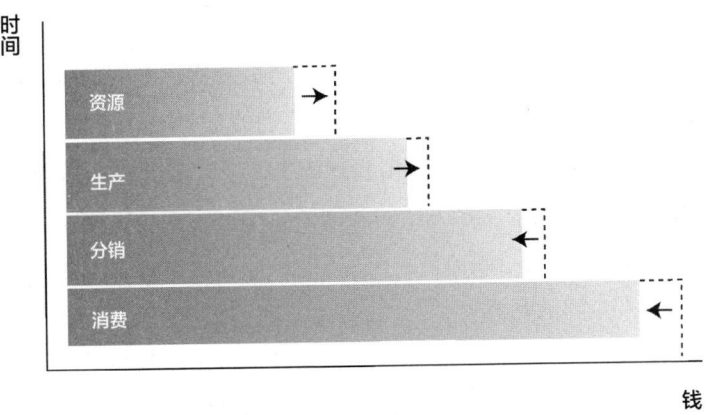

图 17-3　储蓄的增加改变了生产结构

在上图中，消费者削减开支，增加的储蓄和较低的利率影响了整个中间生产过程，在第二阶段的生产降低，但下降幅度低于最后的消费阶段。在第三阶段（生产），由于较低的利率，后一阶段需求的降低和前一阶段需求的增加相抵消。在最早期的第四阶段，资源阶段的支出（包括研发）上升，因为利率的影响要远大于消费需求的影响。

第 11 章介绍了资本技术的经济学，解释了为什么技术进步能增加产出。图 17-4 显示的是新资本技术的平衡点。

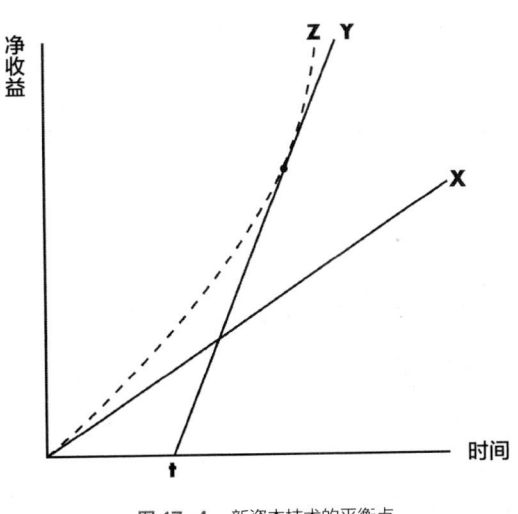

图 17-4　新资本技术的平衡点

在上图中，直线 X 代表的是使用当前生产方式获得的利润或净收入，时间轴 t 代表的是研发新技术所需要的时间，直线 Y 代表的是使用新技术增加的利润。

第 11 章中曾说过当前的生产计划和新的生产方式之间存在一种均衡，企业领导必须确定新技术比当前生产方式的利润要高得多才有必要投入时间和成本研发新技术。直线 Z 代表的是新技术必须带来的最低利润，否则，新技术追不回研发成本，无法带来足够的利润。

请注意，就算 Y 是有利润的，但是如果新技术带来的利润不能超过资本的机会成本，也不值得采用。在上图中，Y 超过了最低利润。

假设还有一条线 A，代表另一种新技术，A 也有利润，但是没有 Y 的高，见图 17-5 所示。

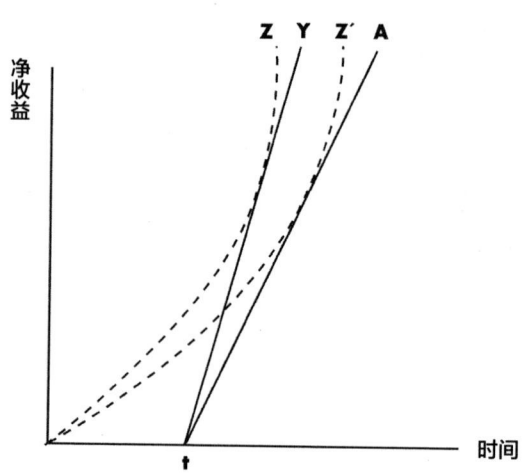

图 17-5 两种新技术 Y 和 A，随着利率的下降，A 变得可行，所以 Z 移到了 Z'

考虑到当前的利率水平和资本的机会成本，肯定不会使用 A。但是假设由于公共储蓄率的上升，利率降低了。曲线 Z 向下向右移动，直到接触直线 A。由于储蓄的增加和利率的下降，这家公司就可以使用这种新技术并从中获利了。

消费支出的削减，储蓄的增加，可以使生产尤其是中间产出增加。高储蓄率增加了储蓄的供给，并降低了利率。这反过来又刺激了生产早期阶段产出的增加，用图来表示就是资本得以深化和拓宽。企业可以购买新设备，修建新的工厂，建立新的生产线，加大对研发的投入。几年后，经济就会享受这种新的资本投资的成果，我们也会见证产品和商品在数量、质量和种类上的提高，以及价格的下降。扣除物价因素，消费在未来会变得更好更便宜。

经济衰退期的储蓄

现代经济学家认为古典经济增长理论是一项长期策略，他们更担心在经济衰退期，增加储蓄对生产和收入所造成的短期效应。他们认为购买商品和服务是积极行为，但是在经济衰退期，如果储蓄不用来进行投资，那么增加的储蓄有可能是有害的。当投资机会较少时，要么消费者持有现金，要么银行的储蓄额增加，但储蓄没有用于投资。凯恩斯在20世纪30年代时也担心这种"现金陷阱"，在20世纪30年代的经济大萧条时痛斥储户以及他们对"现金的迷恋"。大萧条时期是个不同寻常的时期，因为公众对银行和货币体系高度警惕，超过1/3的美国银行关闭或合并。大部分经济学家认为一旦政府打消公众对货币不稳定性的恐惧，储蓄和投资的良性互动就可以得以恢复。

在正常的经济缓行期，增加储蓄会对经济产生负面影响的说法无法令人信服。银行和其他金融中介机构总是对商业机会很敏感，在经济衰退期，如果利率下降，企业可能愿意借钱进行投资，或者借钱更新他们的生产线和设备。

实证研究支持储蓄和经济增长之间的关系

实证研究显示，从长期来看储蓄和经济增长是相关的。图17-6显示的是1950~2000年多个国家的年平均储蓄率（人均实际GDP的百分比）和人均实际GDP增长率的散点图。

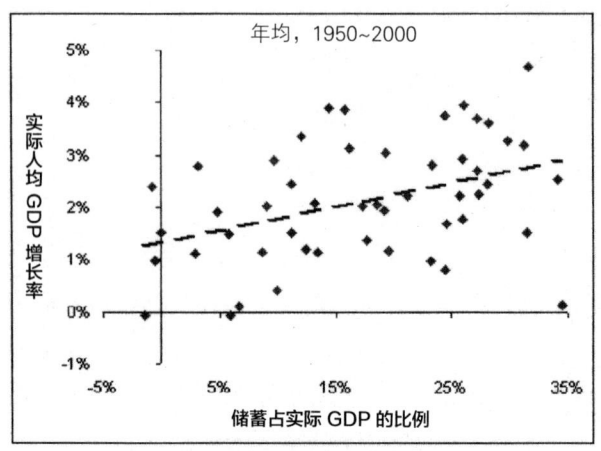

图 17-6 人均实际 GDP 的储蓄率和增长率之间的关系

来源：佩恩表。

图 17-6 中的虚线回归线表明储蓄率平均增长 10%，人均实际 GDP 的增长率为 0.45%，美国正好落在图的中间，平均储蓄率为 19.2%，人均实际 GDP 增长率为 1.95%。

当然，其他因素对 GDP 的增长也非常重要，比如技术进步和稳定的政府政策，但是储蓄和经济增长之间呈正相关。

在实际生活消费中，储蓄和投资倾向于共同增长，储蓄在增加的同时，消费也在增加。这样的现实印证了古典经济增长理论以及凯恩斯经济增长理论。同样，假如工薪阶层的工资增长了 10%，这可以同时提高他们的储蓄和消费水平——将消费额提高 5%，同时将每月的储蓄额也提高 5%。

哪个更重要？消费还是投资

现在是重新思考如何取得消费和投资平衡的时候了。第 15 章提到个体消费支出在美国占到了最终产出的 70%，这样一个数据引发的主流观点是消费支出是经济进步的中心。但是本章的观点却是投资和技术才是经济进步的中流砥柱。经济到底是消费驱动还是投资驱动？

凯恩斯和反储蓄思维

20世纪30年代出现提倡消费的偏见，这种偏见也反映在凯恩斯的著作中。凯恩斯公开反对在经济衰退时保持节俭的传统美德。在20世纪30年代的大萧条中，凯恩斯对勤俭节约的储户大肆抨击，称其为囤货者。在经济萎靡不振时，传统的做法是削减开支，清偿债务，建立稳固的资金头寸，并等待经济的复苏。然而，凯恩斯反对这样的做法，认为储户将钱放在手里就是阻碍经济发展。凯恩斯和其他经济学家一道鼓励消费者消费，支持政府进行大规模建设。在其经典著作《就业、利息和货币通论》中，凯恩斯认为经济萧条期的储蓄是"荒谬的"。他写道："我们越是提倡节俭的美德，我们的国家财政和个人收入越是下降。"[1]

凯恩斯认为，如果只将存款放在床垫下或者存到银行，经济会受损。只有将钱花在商品和服务上，才能构成"有效需求"。凯恩斯同时担心他所谓的"心理法则"，即"边际储蓄倾向"会随着收入的增加而增加，个体随着收入的增加变得越来越富有，他们会将更大比例的收入用于储蓄。储蓄的增长非常有可能和国民收入的增长不同步。凯恩斯和他的追随者担心投资机会的枯竭，并支持征收累进税来降低高储蓄的风险，增加"更可信的"消费支出。

几十年来，大量的媒体、金融机构以及政府都深信凯恩斯的理论，强调宏观需求比供给更重要，赤字开支比有盈余重要（尤其是在经济衰退期），公司财务中债务比资产净值重要，消费比储蓄重要。对他们来说，经济繁荣的关键是鼓励高消费，即使这意味着债务累累。新闻媒体痴迷消费理论，他们将关注点放在每个月消费支出、零售额、消费物价的变化，以及对消费者信息的调查上，以期寻找令人鼓舞的信号。

他们说难道不是消费支出占了全部经济活动的2/3还多？

哪个更大：消费支出还是企业投资？

消费占经济体的比重最大是基于对GDP的误读得出的。根据2016年的数据

---

[1] 约翰·梅纳德·凯恩斯，《就业、投资和货币通论》，纽约，麦克米伦出版社，1936。

（见图 15-5），指出个人消费支出（C）占到了美国 GDP 的 69%，几乎是私人投资总量（I）的 4 倍。政府开支比私人投资稍微高一点。因为假设 GDP 是衡量全部经济活动的标准，不加思索的记者会得出消费支出和政府是经济体最重要的部分，而投资沦落为第三重要的结论。

C=13009（十亿美元）	68.9%
I=3101	16.4%
G=3304	17.6%
X−M=−545	−2.9%
GDP=18869（十亿美元）	100%

图 17-7 2016 年国内生产总值构成部分

来源：美国经济分析局。

政府政策的很多问题都是由于对国民收入数据的误读而造成的。很多立法者制定的法律都是以投资为代价来鼓励消费。同时，他们也看不到削减资本收益税和企业所得税的必要，因为企业投资看起来只占很小的一部分，且无足轻重。

谬误的根源

为什么会出错呢？错误源自媒体通常混淆"制造"经济和"使用"经济。GDP 不是衡量全部经济活动的指标。GDP 衡量的是对最终产品和服务的购买，而故意漏掉到达零售市场之前全部中间生产阶段的企业支出。正如华尔街一位分析师所言："得知 GDP 排除了供应链中的所有 B2B 交易，我感到震惊。"

要想知道生产全过程中的总支出，需要看总产值（GO），GO 是衡量从原材料到产成品生产全过程的总支出。

图 14-3 和图 15-3 曾指出

$$GO = II + GDP$$

以下是 2016 年第二季度政府基于调整后 GO 的统计数据：

C=13009	32.1%
II+I=24796	61.1%
G=3304	8.1%
X-M=-545	-1.3%
调整后 GO=40564	100%

图 17-8　2016 年调整后的总产值构成部分（单位：十亿美元）
来源：美国经济分析局。有调整，含所有批发及零售数据。

在经济体的总产值中，消费只占到了大约 32%，不是之前所谓的 69%。对于企业投资总额来说，将 I 和 II 相加，私人投资总额为 3.1 万亿美元，加上中间投入的 21.7 万亿美元，总数为 24.8 万亿美元，企业支出占到了经济活动的 61%。

因此我们可以说，企业投资支出是比消费支出大得多的部门，这和现代凯恩斯模型以及媒体的主流观点正好相反。

萨伊定律 vs 凯恩斯定律

让·巴蒂斯特·萨伊（1767~1832）被称为"法国的亚当·斯密"，终生致力于研究储蓄和经济增长。在第 15 章中，萨伊在《政治经济学通论》中提出了著名的"市场定律"，声称经济繁荣的关键是生产而不是消费。萨伊定律总的说来就是"供给创造自己的需求"。

有时候是需求带来供给。比如，尿不湿从 40 年前生产之后，由于妈妈们的抱怨，已经得到极大的改进。但是另一方面，没有哪个消费者能想出一个小小的装置能装载 1 万首歌曲，但是 iPod 却做到了（供给），结果年轻人人手一个（需求）。

问题：哪个更准确？是供给创造自己的需求（萨伊定律）？还是需求创造自己的供给（凯恩斯定律）？

当然能找到和这二者相反的例子。比如，一个发明家不限量生产他的新发明，但如果消费者不买（需求）他的产品，那么他的生产计划都付诸东流了。另一方面，用1小时将乘客从旧金山运到纽约的运输系统有极大的需求，但是这种求之不得的产品还没有被发明出来。很明显，萨伊定律和凯恩斯定义的简化版通常不能反映现实。

萨伊定律的问题是萨伊定律通常被误解。萨伊用一个简单的农业大丰收的例子来解释萨伊定律。农民总是期望大丰收。农作物产量越高，种植者的销量就越大。换句话说，大丰收能让农民购买各种各样其他的商品，结果是整个社会而不仅仅是农民都变得更富裕。另一方面，假设农民收成不好，虽然稀缺会使价格上涨，但是整个社会都会遭殃。农业歉收损害了所有商品的销量。

萨伊将这个农业例子推广到整个经济中。"一个经济部门取得的成功可以向其他所有的部门提供更多的产品，另一方面，制造业或商业的一个通道出现了停滞，则整体都能感受到这种停滞。"[1]

萨伊得出了几种结论。生产和生产力是社会整体繁荣的关键。产出的增加带来更多的消费支出，产出的减少导致消费的降低。只有当生产的产品能卖出去，这种说法才成立，这是关键点。对萨伊市场定律更准确的解读是："X的销售创造了对Y的需求。"一个生产并销售商品的人立刻变成了有一定收入的潜在买家。

萨伊得出的结论是生产而不是消费是经济发展的催化剂。消费是繁荣的结果而不是原因。生产、生产力、技术和供给是经济增长的关键因素。

没有买家如何进行销售？

没有买家如何进行销售？很明显，农作物能卖出去的前提是社会愿意购买。销售即是购买，购买即是销售，难道萨伊定律只是同义反复？

通过技术进步和扩大市场来扩大生产，从而以更低的成本生产更多更好的产品，而这又会开辟新市场，扩大消费。萨伊定律的焦点是生产商和企业家，而不是消费者。是企业家和发明家，而不是消费者是新产品和新工艺的催化剂。总的来说，消费者的活跃度和积极性都较低。他们是消极的，对新产品的需求不高，当市场营销人员和发明者把新产品和新服务放在他们面前时才有需求。市场营销

---

[1] 萨伊，《政治经济学概论》，纽约，奥古斯都·M. 凯利，1971，第4版。

已反复验证了这一定律。消费者调查并不能保证投放到市场上的新产品会获得成功。新产品成功的秘诀只有一个：企业家有一个想法，他们认为消费者能接受，于是他们进行验证。在 20 世纪 80 年代早期道奇 Minivan 发明以前，消费者知道他们想要这款车吗？消费者知道他们想要网络、电子邮件和 iPhone 吗？他们从没想过这些产品。但是当这些产品由富有创新精神的科学家发明出来时，消费者却爱不释手。伊斯雷尔·柯兹纳说道："企业家精神是用来发现赚钱机会的。"①

总结起来就是各种形式的资本投资：储蓄、可贷资金、教育（人力资本）和技术将经济推向新的高度，提高消费者的生活水平。图 17-9 列出了这种发展过程。

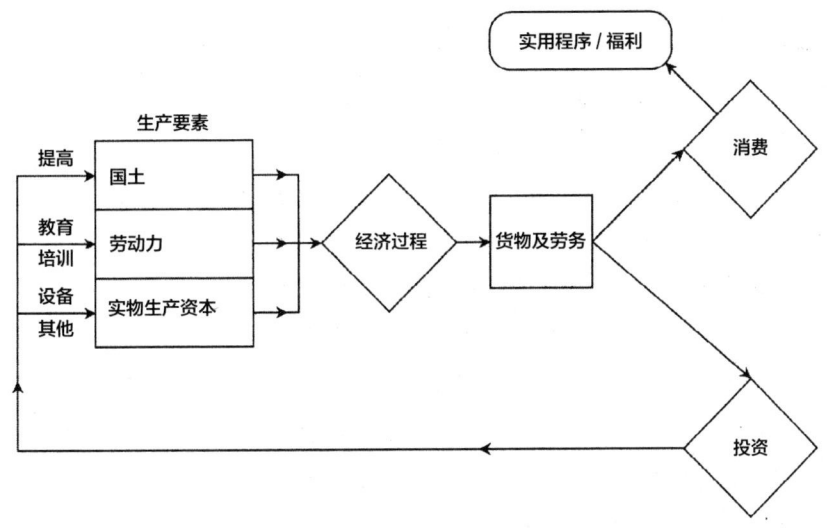

图 17-9　投资驱动型经济模型：储蓄如何被用于经济体系中

来源： Ekins 和 Max-Neff（1992:148）。

上图的生产过程制造了两种物品：消费品和投资品。消费给消费者带来直接的效用，这种直接效用会随着时间的推移而用完。但是，以资本（流动资产，比如可贷资本、债券和股票）和资本品的形式出现的投资又会以教育、培训和新技术的形式回到生产过程中去。下一轮的生产过程会带来更好更便宜的消费品，这样的循环没有尽头。

---

① 伊斯雷尔·柯兹纳，《竞争和企业家精神》，芝加哥，芝加哥大学出版社，1973。

个人计算机能很好地说明这样的动态过程。当个人计算机在 20 世纪 80 年代早期被发明出来时又大又笨拙，而且非常昂贵，一般的价格为 15000 美元一台。20 年过去了，个人计算机变得很小，速度更快，更便宜。但是个人计算机早期高昂的价格对于后来的创新至关重要。计算机行业的开拓者需要有钱人来购买这些昂贵的计算机，以此获得充足的资金来继续他们的创新和生产。最终，大规模生产降低了价格，之前的奢侈品变得人人可得。

什么造成了西海岸的繁荣？

举个历史上的例子来说明这个道理。什么造成了美国西海岸（旧金山、波特兰和西雅图）在 20 世纪 90 年代的繁荣呢？电信和网络新技术为这一地区带来了繁荣富饶。英特尔、苹果和微软成了家喻户晓的名字。请注意只有在技术繁荣出现后，消费者用在汽车、住房、旅游、珠宝和娱乐方面的消费才会迅速增加。从长期来看，消费是繁荣的结果而不是原因。20 世纪 90 年代的经济繁荣是技术和生产力发展以及企业家精神造成的，这被经济学家称为经济体的"供给面"。技术和生产流程以及企业家精神为消费者带来了物美价廉的新产品，而这又反过来开发了新市场，提高收入，刺激消费。但是，技术繁荣在 2000 年结束，随之而来的是商业投资的降低，失业率的增加，消费支出的减缓。在 2000~2003 年的经济衰退期，是消费支出支撑经济才没有进一步下滑（凯恩斯定律）。

纵观整个经济周期，投资要比消费支出的波动性更大。消费者的零售开支在经济的盛衰期相对来说比较稳定。因此，消费支出在 2000~2003 年全球经济衰退中依然坚挺。衰退主要是商业衰退。而经济最终于 2003 年复苏时，也是企业支出拉动的结果。

在 2008~2009 年大萧条期间，消费支出自 1929 年大萧条后首次出现了大幅下滑。消费者并没有使经济从衰退中走出，是商业使经济恢复了活力，企业雇用工人，提供新的供给，进行资本投资，以期消费者将来会买他们的产品。一旦员工重回劳动岗位，他们就会开始消费。

对经济周期和市场的研究一再表明主要是 CEO、企业家、资本家和其他的公司决策者激活经济，是他们决定何时重新进行资本投资，推动经济的复苏。政府领导不能依靠消费者来恢复经济发展。

正常时期，增加储蓄会扩大资本投资池，降低利率，使得公司采用新的生产流程、新技术，创造新的就业机会。因此，储蓄和消费一样，是一种支出，只是支出形式和消费不一样，在某些情况下是更好的支出形式，因为储蓄可以满足对更多资本和投资的需求。

案例分析

谁来推动经济？中国 vs 美国

比较中美两国可以说明经济体中消费和储蓄的重要性。在过去30年间，美国的消费在GDP中的比例缓缓上升，而私人储蓄则下降了。

中国的趋势正好相反，随着中国变得越来越富有，中国的个人储蓄率上升了，随着中国人收入的提高，他们的消费类型也增加了很多，但是消费在GDP的占比却稳步下降。

凯恩斯学派一般认为高消费国家的表现会更好，但事实并非如此。美国的实际GDP自1980年以来平均增长率为3%。与此同时，中国作为世界上增长最快的经济大国，过去30年间的平均实际增长率为10%。

领先指标验证了萨伊定律

有意思的是，经济周期统计数据验证了萨伊定律，而对消费作为经济表现的动态先行指标提出质疑。企业投资和生产早期阶段的统计数据比消费支出和零售贸易是更可靠的经济周期指标。让我们来仔细看一看主要工业国家的领先指标指数。这些经济周期指标是由世界大企业联合，一家公正的非营利性统计机构编纂。

在世界大企业联合会制定的10个美国领先指标中，只有1个指标——消费者预期指标看似和最终消费相关，即便如此，在消费者被问及的问题中，更多的还是关于工作而不是当前消费支出类型。其他9个指标都和最终消费相去甚远，关注的是诸如建筑许可证、平均每周的加工时间、制造商制造消费物品和原材料的新订单、非防御性资本品的订单以及股票价格等因素。零售额在这里不是领先指标。

同样的，在德国的 9 个领先指标中，只有 2 个和消费支出大致相关：消费者信心指数和消费者服务价格指数。其余的指标都和生产的早期阶段相关，比如库存变化、新的资本设备的购买、新的建筑订单。在法国的 10 个领先指标中，2 个和消费者相关，其余的均和股票价格、生产力、建筑许可证、收益率差价以及新的产业订单相关。英国的领先指标和出口额、机械制造业的新订单、库存、房屋开工率、货币供给以及消费者信息相关。日本的 10 个领先指标中没有一个和消费者相关，包括制造业中的加班、企业环境调查、工人生产力、实际营业利润以及对机械和建筑的新订单。在这 5 个国家中，和零售业相关的数据均不作为领先指标。

储蓄遵守收益递减定律

多年来，研究人员发现越来越多的证据验证了储蓄、技术和资本积累在推动经济增长中的重要作用。1987 年诺贝尔经济学奖得主、麻省理工学院教授罗伯特·索洛于 20 世纪五六十年代提出了"索洛经济增长模型"。索洛模型旨在找出不同经济增长因素的相对重要性，比如自然资源、人口、资本积累和技术进步。索洛在投入 – 产出模型基础上所做的实证研究得出了两个结论。

第一，增加储蓄会对经济发展产生积极影响，但是遵守收益递减定律。换句话说，增加储蓄会在最初的阶段刺激经济增长，但影响最终会消失。

第二，索洛计算的结果是美国人均产出的 4/5 要归于技术进步。技术比起大众储蓄、劳动和自然资源对经济的发展更重要。

总结

本章要点

1. 亚当·斯密、大卫·李嘉图、约翰·斯图亚特·穆勒的古典模型强调储蓄、投资和资本积累是经济发展的关键要素。

2. 奥地利经济学家尤金·庞巴维克认为技术可以节省劳动力，技术和储蓄、资本积累一样都是经济发展的关键要素。

3. 国民储蓄率的增加会降低长期利率，鼓励对新的资本项目、新技术和生产流程的投资。

4. 古典经济学家如庞巴维克、穆勒和萨伊反对凯恩斯学派认为商业投资依赖消费开支的观点（凯恩斯定律），认为凯恩斯学派没有意识到需求对未来消费的重要性。对中间产出的需求可以抵消当前消费的暂时下降。

5. 和凯恩斯学派的观点相反，消费支出不会驱动经济，商业投资总额在工业经济体中的比重比消费大得多。萨伊定律指出消费是经济繁荣的结果而不是原因。

6. 经济史和经济周期指标都验证了萨伊定律，即生产驱动经济，消费只是结果。

7. 索洛的经济增长模型说明储蓄的增长遵守收益递减定律。技术进步对维持高水平的经济表现至关重要。

重要术语

调整后的总产值（GO 调整后）	
古典经济学家	凯恩斯学派经济学家
古典经济增长理论	凯恩斯经济增长模型
消费者信心指数	劳动生产率
消费	流动性陷阱
	边际消费倾向
国内生产总值（GDP）	实际 GDP
总产值（GO）	
人力资本	实际营业利润
消费者预期指数	回归线
先行经济指标指数	萨伊定律
中间生产	索洛经济增长模型
投资	生产结构
凯恩斯定律	

经济学大师

J.B. 萨伊，罗伯特·索洛以及经济增长

姓名：让·巴蒂斯特·萨伊（1767~1832）

背景介绍：萨伊提出了萨伊定律，成为供给经济学之父。萨伊首次在经济学和商业中使用"企业家"（entrepreneur）这个词。萨伊出生于法国里昂，本身就是企业家（经营纱厂），同时担任拿破仑政府的官员。在英国学习两年后，萨伊成了亚当·斯密《国富论》的拥趸。萨伊因为其著作《政治经济学概论》（1803）被称为"法国的亚当·斯密"，但《政治经济学概论》触犯了拿破仑的干预主义政策，遭查封。在约翰·斯图亚特·穆勒的《政治经济学原理》出版之前，《政治经济学概论》是使用最多的经济学教科书，出了好几版，还有英译本。萨伊成了法国第一位经济学教授，他是大卫·李嘉图和托马斯·马尔萨斯的朋友，于1832年去世，享年65岁。

主要著作：《政治经济学概论》。

主要贡献：萨伊对经济学有两大贡献：提出了经济中的企业家决策和萨伊定律。萨伊定律通常被描述为"供给创造自己的需求"，重点关注经济发展的方向。生活水平提高的关键是供给：储蓄、投资、企业家精神、技术和生产力。消费不是繁荣的原因，而是结果。生产和生产力出现在消费之前。

姓名：罗伯特·索洛（1924~　）

背景介绍：索洛经济增长模型的提出者索洛1924年出生于纽约，共获得三个学位，其中一个学位是哈佛大的博士学位。索洛师从于瓦西里·列昂季耶夫（参见第14章），长期在麻省理工学院任教。他于1961年获得了约翰·贝茨·克拉克奖（此奖授予40岁以下的杰出经济学家），1979年成为美国经济学会主席，1987年获得诺贝尔经济学奖。

主要著作：《资本理论与收益率》，《增长理论》。

主要贡献：在索洛著作之前，大部分经济学家都认为经济增长的主要原因是资本和劳动的增加，但是索洛却论证超过一半的经济增长是由于技术革新引起的，这被称为"索洛剩余"（Solow residual）。

第18章 货币和商业银行体系

> 货币的起源是自然而然形成的，对一切皆有立法影响。它不是国家的发明，也不是立法的产物。
>
> ——卡尔·门格尔

> 国王统治，银行主宰。
>
> ——雅各布·富格尔

本书基于一个重要的假设：存在一个货币体系，使得现在的经济以一定的价格进行商品和服务交易，建立成本核算方法及通过交换媒介存储价值。因为有现代经济普遍接受的货币体系，价格、成本和价值才能得以确定。货币是经济的生命线，没有货币则无法维系发达的文明。

货币之谜

货币在很多方面都是一个谜。不同于其他商品，货币只是在专门生产的纸上印有防伪数字和图像。这种特殊的纸张本身没有价值。和市场中大部分的商品不同，货币的生产成本和货币的价值或价格之间没有任何关系。生产1美元钞票和生产100美元钞票所用的劳动力和材料是一模一样的。财政部用几美分生产票面价值为1美元、20美元或100美元的钞票。

如何生产商品价格和生产成本之间没有任何关系的商品呢？

练习：要想了解货币之谜，来看下面的练习。假设老师和几名学生外出考察，被困在了一个小岛上几年。老师成为小组长并组织这个小组。小组长拿出几张纸，在上面写上"老师10""老师20"，并将这些纸张流通交换，对所有小组成员进行劳动分工，比如做饭、生火、建房子，以劳动来换取这些纸币。有多少学生会接受这些纸币作为他们劳动的报偿？

假设所有的学生都拒绝将这些纸币作为他们劳动的报酬。现在做出一些调整。这次，"老师10"代表10小时的辛苦劳动，可以换取他们想要的物品。"老师20"等于20小时的劳动。这一次的交易是不是更好？让学生去做的劳动现在有了讨价还价的可能。学生愿意为了其他形式的报酬而去工作吗？比如，"老师10"是个10条鱼的仓单，学生愿意去劳动吗？如果劳动报酬是一定数量的菠萝，学生愿意去劳动吗？如果老师货币是由菠萝或者鱼做担保的呢？

老师纸币凭空设立，没有担保就不是货币。但是如果纸币由劳动或有价值的商品做担保，就可能成为功能性货币。

所有由政府发行的纸币都有金、银或其他有价值的商品做担保，直到1933年富兰克林·罗斯福总统宣布美国脱离金本位，这种做法才终结。现在美国的货币是由美国政府的"十足信用"做担保。这种货币被称为法定货币。

政府如何能发行没有后盾的货币？为什么各国公民即使身在国外都接受由他们政府发行的这种法定纸币，并相信这种没有任何担保的纸币将继续有价值？

回归定理

20世纪，奥地利经济学家路德维希·米斯塞在他的"回归定理"里给出了这个问题的答案。他认为当今的钞票之所以有价值是因为它的历史。追溯几代人从过去看纸币的价值，美国可追溯到1933年，当时的纸币是由黄金或银锭做担保，一定数量的稀有金属是有价值的商品。以美国财政部发行的20美元"金券"为例，金券持有者赎回金券时，政府备有20美元的"双鹰金元"金币。任何持有20美元的人都可以到商业银行、美联储或者美国财政部要求将纸币兑换为20美元的金币。1933年之前，美国和大部分国家都实行国际金本位，货币和政府纸币可以兑换成黄金或白银，或者银行保险库和政府造币厂里的黄金或白银的收据。再往前追溯，纸币根本不存在，只有各种尺寸的货币。

美国于 1933 年脱离金本位时，发行的纸币除了附属细则有变化外，其他均未发生变化。美国财政部不再承诺将纸币兑换为黄金或白银，但是公众却接受了纸币，因为他们相信政府和其他的消费者也会接受纸币作为交换媒介。

没有货币文明能存在吗？

没有货币、交换和贸易，文明能仅凭生产而存在吗？信不信由你，这样的文明是可以存在的，但不可能取得现代社会的发展。这样的例子很多，比如古印度、古老的中国、印加文明、修道院、中世纪的庄园、封建领地、部落和边疆农场。这些本质上都是家庭的延伸。诺曼·安吉尔曾写道："存在过一些伟大的文明，取得的艺术和工业成就令当今世界叹为观止，在没有货币进行实时交换的情况下——每天每小时都可以进行交换，工业能持续活跃发展，这是一种了不起的社会组织形式，是家庭的延伸，靠被一些作家称为'自然经济'的方式运转，这和货币经济全然不同。它们的劳动分工相当复杂，在家庭成员中没有金钱、交货或以物易物的存在。"[1]

一般来说，没有货币的文明只存在于独裁政权中，权力被中央集权控制，人们遵守习俗和法律，他们劳动的报酬是货物和服务。安吉尔接着写道："所有这些例子说的都是同一个道理：人们毫无疑问被权威统治着，遵守风俗和习惯，尤其是当这些风俗习惯得到宗教的支持时。所以维持一个稳定却又复杂的文明是有可能的，甚至有时候在没有贸易、交换和货币的情况下会出现杰出的艺术和手工艺……货币、交换和贸易在这种如同蜂巢般分工极其精细的社会组织中是完全不需要的，某些缺少自由和个性化的古老文明和蜂巢惊人地相似……就蜂巢和蚁山来说，它们内部组织的严密性和复杂性是人类社会无法比拟的……如果一个复杂的文明要在没有货币的情况下存在，就必须依靠严格的制度来管理，而这又会剥夺个体的自由。如果个体要想获得自由同时又勤劳，货币经济必不可少。"

贸易是如何发展的？

一个没有货币只有生产的经济体是极其受限的。有的地区或国家对某些商品

---

[1] 诺曼·安吉尔，《货币的故事》，伦敦，卡塞尔公司，1930。

的生产会过剩，而有些地区则会短缺，结果就是浪费不平衡的经济。如何才能将这些剩余和短缺最小化呢？

当生产超过需求，或者对某种商品或服务的需求超过生产商品或服务的成本时，贸易自然而然就发生了。某个群体或个体生产过多的商品和服务，于是交易和贸易就产生了。比如，农民养了好多鸡，鸡下了好多蛋，农民一家吃不完，与其让鸡蛋浪费，不如把鸡蛋卖掉，用卖鸡蛋的钱去买他不生产但却需要的商品和服务。

以物易物和直接交换

以物易物或者直接交换在历史上一直存在。《圣经》讲纳贡和交什一税是用"实物"，既用物品而不是货币。比如，在不用货币的情况下农民可以交换他的鸡蛋。他可能将1打鸡蛋拿到市场上，寻找正在卖他需要的物品的人，比如1打苹果，前提是他能找到另一个既卖苹果又需要鸡蛋的农民，这是交易的基础。

农民A有1打鸡蛋要卖，同时需要买1打苹果。

农民B要卖苹果，买鸡蛋。

这些农民被卡尔·门格尔称为"互相满足需求"的人。

但是如果农民B想要的是面包而不是鸡蛋呢？遇到农民A说明他不那么走运，必须继续寻找另一家。如果农民A很有创意，他会找到需要用3个面包换1打鸡蛋的农民C。这样，农民A用鸡蛋换了面包（尽管他想要的是苹果），然后他再用面包换农民B的苹果。A和B通过"面包"这个中间媒介实现了各自的目的。在这次交易中，A不需要面包，但是为了卖他的鸡蛋他还是先买了面包。

农民A　　　农民C　　　农民B
12个鸡蛋 =3个面包 = 12个苹果

间接交易有多难？

最主要的一个问题是：一次交易要找到中间交换或者交换媒介有多难？

门格尔的假设是这样的：人们会倾向寻找具有更普遍市场性的物品作为交换

媒介。"不同的物品具有不同的市场性。"如果面包经常被用作"交易媒介",那么面包很快就会变成标准货币,对面包的需求会超出面包作为一般食物的正常需求。这种现象在监狱里很常见,囚犯们把香烟作为交换媒介。

常用交换媒介的产生是一个不断发展的过程,通过不断地实验和交流,具有最高市场性的物品更适合成为交换媒介。最终,当一种物品变成最适合的交换媒介时,这种物品就变成了"钱"。

没有中央政权的引导,货币会以自然、难以预测的方式慢慢演化。货币不是被创造出来的。这种演变过程印证了亚当·斯密"看不见的手"的比喻。门格尔声称:"货币的起源是一个完全自然的过程,几乎不受行政立法的影响。货币不是国家的发明,也不是法律条款的产物。"①

自然货币的特征

为了获得想要的物品,商人就需要获得他们不需要的可以用来交换的物品。以下是使用最普遍的货币的特征。

◇ 使用性。
◇ 辨识度。
◇ 不可再分性。
◇ 质量一致。
◇ 可替代性(一枚货币和另一枚完全等同)。
◇ 可携带性。
◇ 耐用性。

下列物品是过去几百年间曾被用作货币的物品。

| 牛 | 羽毛 | 烟草 | 海豚牙 | 贝壳 |
| 念珠 | 毯子 | 盐 | 石头 | 贵金属 |

---

① 卡尔·门格尔,《经济学原理》,纽约大学出版社,1981。

最终是贵金属，尤其是金、银和铜胜出，成为最主要的货币单位。这是为什么呢？斯坦利·杰文斯解释道："有些金属由于其本性成为所有物品中最适合当作货币的材料，至少是从交换媒介和价值储藏的角度来说。"①

使用货币的好处

货币作为交换媒介开创了新的交换体系，为不断发展的文明中处理财富带来诸多优势。比如：

◇ 为物品和服务定价，使得选择、比较价格和竞争成为可能。
◇ 有了统一的交换媒介，使银行分类账和成本核算成为可能。
◇ 价值储藏——储蓄和积累财富。金和银尤其有用，因为它们耐用，方便携带，可替代。
◇ 推动商业银行和金融机构的成立，从而推动储蓄、投资和借贷的发展。
◇ 增加政府实力，尤其是在税收和支出方面。

钱币的发展史

贵金属成为标准交换媒介或者货币，其价值随着稀缺程度和使用的不同而不同。黄金的价值最高，适合大宗交易，白银储量更大使用得更广，适合最普通的交易，铜适合小型交易和辅币。钱币成为最常见的货币形式，方便交易和储藏。

希腊和罗马的钱币最早是用金、银和铜制成。钱币上有政治人物的头像。这些钱币上的图像最初是动物，后发展为希腊和罗马的众神，再到仙逝帝王的头像，最后是在世帝王的头像。有时候图像是为了庆祝或纪念某个重要事件。钱币的历史通常能折射一个民族的历史。

早期，钱币一般被分为更小的面值。最初，货币是根据贵金属的纯度和重量，

---

① W.S. 杰文斯，《货币和交换原理》，伦敦，Kegan Paul。

比如克、盎司和磅，以不同的形式进行交易。比如，《圣经》中的塔兰特币值60磅的铜（塔兰特币从未流通过，只是计价单位）。古罗马的迪纳厄斯（古罗马的银币）是特定重量的银子，而奥利斯和苏勒德斯是特定重量的金子。社会成员知道特定货币的价值，接受货币作为交换媒介，用来换取其他的物品和服务。货币的价值也受到社会事件的影响而发生变化。

以罗马为例，在恺撒·奥古斯都执政后，随着国家负担越来越沉重——罗马军队、福利和补贴的开支以及建造公共建筑，钱币的质量一直在下降。虽然戴克里先于公元301年在他著名的《官方价格公告》中宣布了严格的物价管制，并宣称对违反者处以死刑，但就连死刑也制止不了恶性通货膨胀，到了4世纪中叶，苏勒德斯金币已等于3000万银币。

很多货币名称都来自古代。Libra是一种希腊铜币，起源于意大利的里拉。"salary"来自拉丁文"salarium"（盐），是支付罗马军队的货币。"money"和"mint"来自拉丁神"Moneta"，Moneta的庙宇是用来铸造罗马钱币的地方。

关于钱币的定义早期有过争论。一个国家的货币单位应该用重量还是tale（名义）来确定？比如，罗马的迪纳厄斯银币，这种罗马帝国的标准货币使用长达500年之久，在公元前215年最初被铸造时，规定为1/4的罗马磅，或者4.5克纯银。但是到了公元3世纪早期，其重量已降至原来的一半，为1磅银的1/72，或者2.2克纯银，但是仍被称为迪纳厄斯。用名义而不是重量来规定货币单位让政府对货币价值有了更大的控制权，货币也更容易贬值。

金银二本位制和格雷欣法则

金银应该按照固定汇率还是浮动汇率进行交易，这是另一个问题。黄金作为最值钱的贵金属已经成为首要货币，最终成为西方国家的货币单位。大部分奉行金本位的国家都是用一定重量的黄金来定义本国的货币（参见第19章）。当然，白银一直都是黄金最主要的竞争对手，在19世纪确立金本位之前，大部分国家都选择白银作为他们的法定货币，因为白银是最常见的商业交易媒介。没有这两种金属的同时流通，黄金和白银又如何定价和交换呢？白银应该和黄金绑定吗，还是应该根据供需的市场力量浮动？

金银二本位制是指政府固定金银之间的汇率，这是几百年来最便捷的做法，当然也有不足之处。实际上，金银二本位制会引起所谓的格雷欣法则，既"劣币驱逐良币"。格雷欣法则是以16世纪英国王家证券交易所创始人托马斯·格雷欣爵士命名的。格雷欣注意到在亨利八世和爱德华六世时期发生了"都铎大贬值"，英国货币成色严重不足，英国银币的金属价值降到了只有亨利七世时银币的一小部分。国王要求人们将这种更小的重量不足的银币等同于正常大小的银币使用。结果，人们将大的银币储藏起来，或者在海外市场卖掉，只使用更小的不足值的银币。劣币（更小的银币）因此驱逐了良币（更大的硬币）。从更广的角度来看，格雷欣法则意味着在固定汇率制度下，价值被低估的货币会被储存起来，价值被高估的货币会流通。

格雷欣法则也可以运用到金银二本位制中。多年来，银和金的交易比例一直都为约 16 : 1，也就是 16 盎司的白银等于 1 盎司的黄金。当政府将汇率固定为 16 : 1 时，对白银的需求激增，结果是 20 盎司的银才能换 1 盎司的黄金。

人们突然发现黄金更值钱，于是开始囤积金币，同时白银（更便宜的金属）也在流通。政府可以在固定汇率基础上吸收市场上的大部分银币从而推迟金银二本位制的崩溃，但是如果人们要求国库拿出过多的黄金，这时国家铸币局就会拒付，并制定新的汇率。

最近的一次格雷欣法则发生在 1964~1965 年，那时白银的工业价值已逼近一盎司 1.23 美元，美国钱币（1 美元、50 美分、25 美分和 10 美分硬币）的含银量已超出了它们的面值，于是美国人开始储存货币。政府的应对之举是发行含银量只有 40% 的货币，后来根本不含银，这促使美国银币都跑到了投资者或制造商手里，他们将银币熔化，从而造成了美国银币的彻底消失。

货币单位的起源

国家货币名称，比如镑和美元最初来自白银的重量。英镑是"标准纯银的撒克逊镑"（计算单位）。查理曼大帝时期银币是 1 磅的重量，可以分成 240 便士。而西班牙元最初起源于约阿希姆斯塔尔或约阿希姆谷地的波希米亚法庭铸造的质量上乘的 1 盎司银币。这些银币因其一致性和纯度而出名。西班牙人称之为"Thaler"，在殖民时期的美国被称为"dollar"。西班牙银币可以被切分成 8 片，因此美元中的 25 美分在 19 世纪和 20 世纪的俚语中被称为"two bits"（2 角 5 分）。

纸币的作用

纸币是存放在金匠铺或银行的黄金或白银的仓单。因为这些仓单比沉重的金属钱币或金属条更容易携带，因此人们不必去银行存取金属钱币或金属条，用"纸币"（banknote，由银行发行）支付物品和服务就变得很常见了。

国库及后来的中央银行于20世纪在金本位制下也按照"仓单"体系运作。比如，在1933年之前，所有美国国库发行的20美元的金券上面都印着："以此证明在美国国库存有20美元金币，应持有者要求即可赎回。"换句话说，对于其发行的每一张金券，国库都应该存了一个圣高登斯双鹰金币，20美元的持有者可以在任何时候到美国国库或任何一家商业银行，要求将20美元的纸币兑换为20美元的金币。

支票账户和支票簿

商业银行不只发行金券、银券和钞票，还推出了个人支票账户和支票簿作为便捷的交易方式。消费者在购买商品或服务时不用支付现金（钞票或硬币），而是写张支票就可以了。商家随后可以在消费者的存款账户银行兑换支票。有时候，商家需要使用客户的支票去购物，这时他在支票的背面签名后给另外的商家。所以，19世纪和20世纪支票转手几次后最终在银行被兑现也很常见（支票后面有好几个签名）。这样的做法现已中断。

部分准备金制以及货币体系的脆弱性

银行很快就注意到只有一小部分客户会到银行取回现金或者金银，于是银行就利用了"大数定律"（law of large numbers）和货币的"可替代性"（fungibility）。存款在很大程度上抵消了取款，因为银行发行的纸币和货币是可以互相替换的，或者说具有"可替代性"，所以银行认为没有必要持有100%的准备金以备将钞票兑换成银币，或者将支票兑换成现金，由此产生了"部分准备金"制。存款票据变成对银行有索取权的本票。银行开始把存款用于放贷，发行的纸币大大超过银行保险库里的贵金属量。

虽然每家银行持有的准备金数量不同，但是部分准备金制在 18 世纪成了标准惯例。通过部分准备金来扩大银行信用，随之而来的后果就是通货膨胀性繁荣，接着是金融危机，最后随着存款人涌向银行要求提现，最终银行挤兑，这种情形在经济危机时频频上演。第 19 章将解释在部分准备金制下，货币供给如何激增。银行挤兑从 17 世纪一直到 20 世纪 30 年代的经济大萧条期间频繁发生，以至于破产"bankruptcy"（银行出现的资金断裂）这个词成了经济破产的同义词。

货币学派 vs 银行学派

银行体系的不稳定性以及钱币支付的终止（具有天然内在价值的钱币，比如金币和银币）对英国和美国的纸币以及部分储备金制产生了强烈的冲击。在 19 世纪早期，托马斯·杰斐逊和安德鲁·杰克逊以及其他人联合发动了反对银行的活动，要求恢复"宪法货币"（金和银），并彻底铲除美国的银行。

与此同时，货币学派因其支持"货币原理"——100% 的硬通货标准而得名，也在英国发展起来了。货币学派受经济学家大卫·李嘉图的影响，李嘉图曾在 1810 年呼吁英格兰银行恢复对钱币的发行。货币学派的主旨是捍卫金本位的价值，防止恶性通货膨胀，流通中的纸币和钱币数量不应超过存储的金银总量。

由《经济学人》杂志的创始人詹姆斯·威尔逊领导的银行学派则反对货币学派，认为货币学派画蛇添足地干预银行业务。只要货币可自由兑换，银行学派倾向于"自由银行制度"（free banking）。银行之间的竞争限制了经济体中的存入量，却为银行提供了必要的"弹性"，使其适应公司和贸易的贷款需求。银行学派认为债权人会向贷款业务过度扩张的金融机构（贷出去的钱超出黄金储备）赎回他们的钞票。滥发纸币会受到银行间竞争这只"看不见的手"的控制，因此不可能发生。

货币学派的观点在 1844 年颁布《皮尔条例》后盛行。《皮尔条例》认为未来货币的发行量是增加还是减少要和一个国家金银储量的变化一致。颁布此法案是为了防止银行过分增加货币供给从而降低货币的价值。但是《皮尔条例》并没有涵盖支票账户，也没有遵循 100% 的黄金储备制度。结果，银行系统的不稳定性和银行挤兑持续威胁金融环境，在 1930~1933 年的大萧条时达到顶峰，那时欧洲和美国成千上万家商业银行和储蓄机构倒闭。当环境变好时，法定货币成为被接受的货币，但是当世事艰难时，银行存款更容易被提现。

经济大萧条之后，大部分政府都通过联邦存款保险公司（Federal Deposit Insurance Corporation，FDIC）来确保银行存款，因此大幅降低了银行挤兑的数量，但是部分储备金制仍然是当今全球经济的惯例，如果公众对货币体系失去信心，那么货币体系依然不稳定。

商业银行发展史和金融资本主义

第一批商业银行最先在希腊和意大利成立，这些银行保管存款，并放贷收利息。但是，意大利私人银行的银行业务不受管制，通常造成草率的信用贷款、银行破产以及现金流失。结果，要求更严格的"大陆储蓄银行"（Continental Banks of Deposit）在17世纪出现了。阿姆斯特丹银行由荷兰政府于1609年创立，这是一家"储蓄银行"（bank of deposit），也是第一家中央银行。银行创立者要求将存款和贷款业务严格分开，并对其资本存量备有100%的准备金。遗憾的是阿姆斯特丹银行没有完全遵守其章程，随后被指控偷偷地向阿姆斯特丹市贷款900万荷兰盾。阿姆斯特丹银行成立182年之后于1791年关闭。

做国际贸易的商人成了商业银行家。著名的意大利美第奇家族、德国富格尔家族、欧洲罗斯柴尔德家族、美国摩根家族都从事国际贸易。欧洲中世纪古老的政治体系由三个阶级组成：教会、贵族和军队。但是到了19世纪，商业银行家的势力变得如此大，已经取代了教会成为"第三阶级"。

意大利美第奇家族和德国富格尔家族

随着资本主义体系在18世纪和19世纪逐渐由商品资本主义转变为货币资本主义，商业银行家也发生了很多富有传奇色彩的故事。美第奇家族是第一个银行家族王朝，由乔凡尼·德·美第奇于14世纪创立的位于佛罗伦萨的银行同时也从事贸易、贷款、制造加工和投资业务。美第奇家族用了三代人的时间成为意大利最重要的银行家族，美第奇家族成为佛罗伦萨极有影响力的政治领导人，以及文艺复兴艺术的支持者。

另一个重要的商业银行家族是德国富格尔家族。雅各布·富格尔（1459~1526）在德国奥格斯堡经营纱厂。他是一位虔诚的天主教徒，却从事两项被禁止的活动：按利息放贷和货币兑换。精通复式记账、贸易、矿业、国际金融和信用证，他成了教皇的银行。他最著名的那句话是："国王统治，银行主宰。"有的历史学家认为1607年他财富的衰落导致了马丁·路德的新教改革。现在，在奥格斯堡为低收入群体建造的住房"富格尔之家"依然是富格尔家族影响力的见证。

欧洲罗斯柴尔德家族

欧洲的犹太商业银行家在18世纪末变得显赫一时，他们是股票交易员、国际战争和商业金融家，贸易公司、国王和宫廷的放债人，以及黄金交易商。罗斯柴尔德家族的创始人梅耶·罗斯柴尔德（1743~1812）是法兰克福犹太人社区一名精通稀有钱币、奖章和二手货的商人/货币兑换商。随着他的成功，梅耶·罗斯柴尔德成为黑森—卡塞尔威廉四世的私人银行家。

罗斯柴尔德家族的标志是一个上面有五只金箭的椭圆形徽章，象征罗斯柴尔德的五个儿子：内森去了伦敦、雅各布（詹姆斯）去了巴黎、萨洛蒙去了维也纳、阿姆斯洛留在法兰克福、卡尔曼去了那不勒斯。通过在整个欧洲布局，罗斯柴尔德家族比其他商业银行更具优势，通过资助拿破仑战争发了战争财，声名鹊起。据说罗斯柴尔德家族最早知道1815年6月威灵顿赢得滑铁卢战争的消息，因为这则内部情报而获得了巨额利润。罗斯柴尔德家族成了欧洲最有影响力的私人银行业家族，此后一直维系这种影响力直到"二战"遭到纳粹的迫害和征税才衰落。现在的罗斯柴尔德公司是投资银行，也是官方黄金经纪人，在伦敦有黄金定价权。

摩根家族

美国最著名的商业银行家是J.P.摩根（1837~1913），被称为华尔街的大亨。摩根是个坏脾气的投资银行家，控制了美国铁路的1/3、股市的6%。他早期的发家史包括清偿内战债务，资助和合并美国铁路，1895年两次挽救美国国库的黄金外流。1901年，他发行了10亿美元美国钢铁公司的IPO。在1907年的大恐慌当中摩根充当了准中央银行的角色，要求其他银行进行集资防止市场和银行的崩溃，这是他作为公众人物最辉煌的时刻。他的英雄主义行为使得美国在1913年通过了《联邦储备法案》。法案的发起人之一参议院尼尔森·奥德里奇曾说："一定要有所行动。我们总不能指望再发生金融危机时皮尔庞特·摩根还会救我们。"

摩根生前从未见过美联储有所行动。他的儿子杰克（小J.P.摩根）经历了1929年的股市崩盘和大萧条，根据《格拉斯－斯蒂格尔法案》，他的公司被分为两个公司：J.P.摩根和摩根士丹利。《格拉斯－斯蒂格尔法案》是1933年《银行法案》的一部分，《银行法案》要求商业银行和投资银行分开。

第19章会介绍国际货币体系由金本位制向中央银行的转变、美联储的股市，以及美联储在稳定或动摇全球经济中的作用。

总结

本章要点

1. 货币或交换媒介在全球动态经济中发挥着制定价格和成本、价值储藏以及财务核算的功能。

2. 不可兑换的法定纸币能存在是因为官方政府货币（钞票）在过去可以兑换成金、银或其他物品（米塞斯的回归定理）。

3. 货币是从有用的商品逐渐演变而来的，交易性越来越高，金、银和铜逐渐演变成主要的交换媒介。

4. 部分准备金制是由于大数定律和货币的可替换性（类似性）逐步发展而来的。关于银行储备金安全程度的争论一直持续不休。由商业银行家如富格尔家族、罗斯柴尔德家族、摩根家族领导的银行学派支持"真实票据"理论，也就是应该限制信用扩张以符合商业需求。而货币学派则推崇"宪政货币"，也就是货币100%由钱币（金和银）做储备。而中央银行的设立则将银行保证金的比例和信用扩张的决策权交到了政府控制的银行手中。

重要术语

1933年《银行法案》　　　　格雷欣法则
银行学派　　　　　　　　　金券
以物易物　　　　　　　　　看不见的手定律（亚当·斯密）

交换媒介	金银二本位制
商业银行	宪政货币
双重偶合	大陆储蓄银行
1844 年《皮尔银行法案》	货币原理
真实票据学说	货币学派
回归定理	直接交换
1913 年《美联储法案》	联邦存款保险公司（FDIC）银币
法定货币	第三等级
部分储备金制	硬币
可替代性	暂停
《格拉斯 – 斯蒂格尔法案》	仓单

经济学大师

穆雷·罗斯巴德和健全货币

名字： 穆雷·N. 罗斯巴德（1925~1995）

背景介绍： 穆雷·罗斯巴德是 20 世纪最早的自由意志主义经济学家。罗斯巴德出生在纽约城的一个犹太人家庭，1956 年在哥伦比亚大学取得了货币经济学博士学位，20 世纪 60 年代到 80 年代一直在布鲁克林理工学院教授经济学，1986 年直到 1995 年去世一直在拉斯维加斯的内华达大学任教。他关于米塞斯经济学的著作颇丰，尤其是《人、经济和国家》和《美国大萧条》的专著。这些学术著作为标准新凯恩斯经济学提供了全新的研究途径，拓宽了奥地利经济派的研究领域。《人、经济和国家》通常被称为米塞斯《人的行为》的美国版，此书分解凯恩斯主义，介绍奥地利学派的微观和宏观经济学。罗斯巴德在 1977 年帮助创建了加图研究所，1982 年帮助创建了米塞斯研究所。

主要贡献： 罗斯巴德是一位非常有影响力的奥地利经济学派（米塞斯和哈耶克的追随者）经济学家、历史学家、自然法理论家，帮助界定现代自由意志主义。罗斯巴德吸收了凯恩斯学派、马克思主义以及社会主义学说，随后又吸收芝加哥货币主义学派的观点。他简明清晰又刚健有力的论证吸引了大批自由意志主义者、金本位支持者以及自由市场经济学家。罗斯巴德的《政府对我们的钱干了什么？》直指人心，其影响如同《共产党宣言》对马克思主义者所造成的冲击。他对货币的论述让聪明的门外汉也能理解货币的起源、金本位制和中央银行。金钱变得不再神秘。罗斯巴德在货币经济学——古典金本位中引进了自然法。他强烈反对凯恩斯学派和芝加哥学派的经济学，也批评政府对经济的干预。他论证了中央银行通货膨胀造成了繁荣 – 衰退的经济周期，支持回归严格的金本位。罗斯巴德同时还是经济历史学家和哲学家，对现代自由意志主义运动做出了重大贡献。

名言：当我们回顾"古典"金本位制时，觉得19世纪和20世纪早期的西方就像一个自由的黄金时代……国际金本位制可以将使用一种货币媒介的优势延伸至全世界。美国繁荣发展的一个原因是美国大部分地区使用单一货币。单一货币有助于贸易和货币区域内自由进行贸易、投资和迁徙，使世界享受到专业化和国际劳动分工的果实。（《政府对我们的钱干了什么？》）

第四部分 政府政策

Economic Logic

第19章 通货膨胀、中央银行和货币政策

> 中央银行让银行信用扩张而不必接受审查,启动了通货膨胀的引擎。
>
> ——穆瑞·N.罗斯巴德

> 通货膨胀归根结底是个货币现象。
>
> ——米尔顿·弗里德曼

本章开篇先讲两则关于货币的事件。第一则发生于1930年12月11日,那天美国银行关门。美国银行这个名字说明不论在美国国内还是海外,都是一家官方银行。严格说来美国银行不是一家大众银行,而是美国最大的商业银行,美联储成员。美国银行的解体对美国造成了毁灭性打击。美联储没有遵守其章程,作为最后贷款人出手挽救美国银行,于是金融大混乱开始了。1930年12月11日成为货币耻辱日,随后的四次银行危机最终使美国和全球陷入有史以来最严重的经济崩溃。破产意味着对美国政府尤其是美联储已失去信任,因为成立于1913年的美联储是"最后贷款人",是防止类似银行危机发生的中央银行。

几年后,美国银行偿还了83.5%的债务。如果联邦政府曾借钱给美国银行,也许1930年的大萧条就会仅仅是美国历史上的一次衰退,而不是造成诸多悲剧的经济灾难了。

美联储下一任主席认为他们已从美国大萧条中得到了如何处理货币危机的教训。在2008年秋第二次货币事件中,美联储的做法不同于第一次。随着美国房地产业的繁荣化为泡沫,次级贷款也暴露出其他贷款的风险,全球的资产价格都

过度膨胀，银行间借贷造成的金融恐慌终于在2008年9月爆发。华尔街和全球股价下跌30%甚至更多。美国和欧洲的投资银行和商业银行损失惨重，甚至面临破产的危险，全球最大的投资银行之一雷曼兄弟破产，世界保险业巨头美国国际集团（AIG）也濒临破产。全球经济在新世纪一度呈欣欣向荣之势，突然陷入大萧条以来最严重的衰退，国际贸易锐减，失业率大幅上升。

在美联储主席本·伯克南的带领下，美联储采取迅速行动，在多个领域成为最后贷款人甚至最后买家，为受到威胁的金融市场注入几十亿美元的现金流，使美联储的资产负债表加倍，以确保商业货币的发行，并和美国存款保险公司通力合作向公众保证货币市场的资金是安全的。伯克南和布什政府紧密合作对经纪公司贝尔斯登和AIG进行救市。国会、总统与美联储一道对花旗银行、美国银行和其他大型商业银行注入几十亿美元纳税人的钱。

当货币基金组织和其他的经济顾问警告不要将当前的全球金融危机和1930年的大萧条相提并论时，本·伯克南作为大萧条的学生，采取了饱受争议的做法，直接从美国国库买了3000亿美元的国债，这是自"二战"后第一次这样的大手笔。美联储还承诺会购买高达7000亿美元的抵押贷款债券。批评人士认为这样极端的救市做法会摧毁中央银行对政府的独立性，使政府职能超出其合法范围，并威胁全球自由市场经济体的未来。这次货币危机的结果尚未可知。

对中央银行的需求

这两则事件说明中央银行或政府控制下的银行的影响力。成立中央银行有两个目的。

◇ 在银行危机中作为最后贷款人。
◇ 有助于扩大政府权力。

中央银行不同于私人商业银行。中央银行是具有垄断权的公共或准公共机构，通过各种工具控制和操纵货币和信用，而私人银行则没有这样的垄断权力。

阿姆斯特丹于1609年成立了具有中央权力的银行，瑞典的中央银行创建于1668年，英格兰银行（又被称为"老妇人"）创建于1694年，是最重要的具有国家权力的金融机构。英格兰银行曾私下向英国政府提供 120 万英镑的贷款以资助英国和法国以及其他国家无休止的战争。英格兰银行设法在此期间还清了英国的国债。由于和其他国家的战争带来的巨大军费开支，英国政府曾一度陷入金融危机，从 1797 年至 1821 年停止用黄金进行支付。当英格兰银行重新恢复硬币支付时，国会于 1844 年通过了《银行宪章法案》，将纸币的发行和黄金储备完全挂钩（100% 黄金储备量），并赋予英格兰银行独家发行纸币的垄断权。更古老的私人银行持续发行纸币，一直到 20 世纪 30 年代才终止。英国在 1931 年之前都是金本位国家。英格兰银行于 1946 被收归国有，从此彻底成为中央银行。

19 世纪其他的欧洲银行都有特许经营权。法兰西银行（又被称为"拿破仑的银行"）成立于 1800 年，德意志银行（又被称为德意志帝国银行，The Reichsbank）成立于 1876 年，后来改为德国联邦银行（Bundesbank）。日本银行成立于 1882 年，曾是日本天皇的财政机构。大多数国家包括发展中国家现在都有中央银行。

美国中央银行的起源

在 1913 年《联邦储备法案》颁布之前美国曾两次想建立公共银行。第一次是财政部长亚历山大·汉密尔顿提议成立美国银行，以此作为他建立国家信用财政计划的一部分。银行的特许经营权从 1791 年持续到 1811 年。由罗伯特·莫里斯于 1781 年创办的北美银行早于公共银行。成立国家银行一直饱受争议。批评者认为这是违宪行为，因为这让商业利益享有垄断权。托马斯·杰斐逊和其他政治领导不相信纸币，认为美国银行会成为通货膨胀的引擎。在乔治·华盛顿的支持下，中央银行终于成立了。美国银行总部设在费城，有 8 个分支，资本储量为 1000 万美元，储户为个人、公司和联邦政府。这既是一家商业银行又是一家国家银行，发行货币和硬币，有以下五大功能。

◇ 管理政府账目。
◇ 向国库贷款。
◇ 金银交易。
◇ 票据贴现。

◇ 其他按票面价值计算的钞票兑换中心。

美国银行大获成功。股票超额认购，汉密尔顿把国家债务、州债务和中央银行以及沉没资金挂钩，这一宏伟计划让一个风雨飘摇的新国家吃了定心丸。银行的特许经营权在1816年接着延长，储蓄资本为3500万美元，有29个分支。尼古拉斯·比德尔（1786~1844）在33岁时被任命为美国银行行长。比德尔毕业于普林斯顿大学，是一位学者、外交官和律师，是位非常成功的银行家。当第二合众国银行（the Second Bank of the United States）的特许经营于1832年生效时，比德尔遭到了安德鲁·杰克逊总统的强烈反对。杰克逊是田纳西州民主党党员，痛恨一切形式的银行和纸币。他最终否定了美国银行第二次特许经营的延长，于1936年将之改成私人银行——美国宾夕法尼亚银行。在美国银行解体后，杰克逊依然痛恨纸币，要求只能使用金银购买联邦土地。消费者冲到银行要求赎回金银，1837年的恐慌随之而来。

1836~1913年，美国实行国家特许私人银行体系，没有行之有效的联邦银行。但是，在内战（1861~1870）期间的"美钞"时代，美国实行金本位，国家特许的银行被要求用金银赎回它们的钞票。在这种银行体系下，人们抢购黄金，通货膨胀繁荣，通货紧缩萧条，出现了野猫银行（偏远之地开设的银行），国库受到威胁。这是个货币不稳定的时代。

到了20世纪早期，银行家、政治家和经济学家认为越来越有必要建立中央银行，理由如下。

◇ 担心1907年的恐慌之后还会出现恐慌。
◇ 需要更好地应对商业需求的"弹性"货币（"真实票据"理论）。
◇ 想要稳定混乱的国家银行体系。
◇ 想要巩固和稳定国际金本位制。

古典金本位制（1816~1914）

国际金本位制是19世纪和20世纪早期普遍的货币体系。英国作为当时世界政治和经济超级大国，于1816年通过了《铸币法案》，是古典金本位制的始创者和中心。拿破仑战争之后，《铸币法案》确立金本位为价格基准（numeraire）或者货币单位。整个大英帝国都采用金本位制，覆盖了全球大部分地方。伴随美国、澳大利亚和南非的淘金热，到了19世纪90年代，黄金逐渐成为所有工业国家的货币标准。

实际上在1816年之前也存在过金本位制，钞票可以兑换为金或银（见第18章）。按照造币专家艾萨克·牛顿爵士制定的比率，英国纸币英镑是和金块绑定的，一金衡制盎司的黄金价值为3.17英镑。1844年的《皮尔条例》将英镑纸币数量的增加和储备硬币的数量挂钩从，而巩固了国际金本位制。

美国在1792~1834年实行银本位制，后追随英国于1834~1861年以及1879~1914年期间采取金本位制，每盎司黄金价格为20.67美元，内战期间及其之后的9年，美国暂停实行金本位制。

法国于1850年采取国际金本位制，德国是1871年，欧洲其他国家包括奥匈帝国和俄国是1880年，内战结束后美国于1879年重新实行金本位制，日本于1897年采用金本位制。

在国际金本位制下，通过一定数量的黄金来决定一国的货币，不同国家的货币之间建立了固定汇率。比如，美国总统麦金莱于1900年规定1美元为1/20盎司黄金，而维多利亚女王规定1英镑为1/4盎司的黄金，因此，在固定汇率下，1英镑等于5美元。这种体系对参与国际市场的生产商和制造商来说都更简单了。

支持金本位制

国际金本位制建构了稳定的货币框架，因此各国经济迅速发展。通过一定数量的黄金来决定一个国家的货币价格，物品和服务的价格相对稳定，汇率也是固定的，贸易和生产也因此繁荣起来。正如穆雷·罗斯巴德所说："国际金本位制可以将使用一种货币媒介的优势延伸至全世界。单一货币有助于贸易和货币区域内自由进行贸易、投资和迁徙，使世界享受到专业化和国际劳动分工的果实。"[①]凯恩斯说："100年来，这种制度在整个欧洲都起作用，且大获成功，史无前例

---

① 穆瑞·N. 罗斯巴德，《为什么我们的钱变少了？》，奥本，米塞斯研究所，1990。

地推动财富的增长。"①

金本位制拥护者认为这些优势在不断积累。

1. 稳定的货币：没有或几乎不存在通货紧缩。货币化的黄金——储存在银行和政府的金块在逐渐增加而不是减少。黄金产量偶尔会下降，但因为黄金基本上无法被摧毁，所以货币储备只会越来越多。

2. 无弹性货币带来政府"铁的纪律"。在金本位制下，流通的货币数量直接和储藏的黄金数量挂钩，"游戏规则"会禁止赤字开支和通过膨胀。比如，如果英国通过多印英镑来增加货币供应量，休谟－李嘉图的现金流动机制（以英国经济学家大卫·修谟和大卫·李嘉图命名）最终迫使政府削减开支。这是为什么呢？过程如下。

◇ 通货膨胀增加国内收入。
◇ 进口比出口增长得快。
◇ 贸易失衡使得黄金流失（进口商用黄金换取英镑）。
◇ 黄金股价的下跌造成了国内货币供应量的减少。
◇ 货币供应量的减少造成经济衰退和萎缩。

休谟－李嘉图的现金流动机制认为，通货膨胀不会持久，最终会进入通货紧缩。

3. 价格稳定。在金本位制下，价格长期趋于稳定。凯恩斯注意到古典金本位制"有一个显著特点……价格水平相对稳定"，他又补充道："1826年、1841年、1855年、1862年、1867年、1871年和1915年的价格几乎一样。"比较一下1926年、1941年、1955年、1962年和现在一件新西装的价格。用黄金来衡量的话，西装的价格没有变化。

4. 经济增长。金本位促进国际贸易和国内经济快速发展。

5. 稳定的低利率。在金本位制下，公司签订长期合同，充分利用和黄金相关的债券。比如，美国铁路公司以极低的利率发行了为期100年的黄金债券。铁路公司承诺会在100年后以一定数量的黄金来赎回债券，以此获得低息贷款。

米尔顿·弗里德曼和安娜·施瓦茨总结道："金本位能够以看不见、没有征兆、

---

① 约翰·梅纳德·凯恩斯，《货币改革论》，纽约，普罗米修斯出版社，2000/1923。

类似自动的方式调节货币,这种调节更带有可预测性和规律性——也许是因为金本位有着客观的、无法回避的机理,因此比审慎的、刻意的制度管控能更好地稳定货币。"①

不可兑现钞票体系的危险

金本位拥护者声称,没有金本位进行支撑和调节,政府可能会依赖过度的通货膨胀甚至恶性通货膨胀。虽然在淘金潮时期(比如1848年在加利福尼亚出现的淘金潮)只发生过几次过度通货膨胀,但是历史上却发生过多次不负责任的通货膨胀。举几个纸币通货膨胀的例子。

◇ 约翰·劳和密西西比泡沫事件。
◇ 大陆券(continentals)和美国大革命(一文不值,not worth a Continental)。
◇ 纸券(assignats)和法国大革命。
◇ 绿钞和美国内战。
◇ 德国超级通货膨胀,1920~1923。
◇ "二战"后东欧和非洲的超级通货膨胀。
◇ 拉丁美洲超级通货膨胀(如秘鲁、阿根廷和玻利维亚)。
◇ 东欧柏林战役后的超级通货膨胀。

20世纪90年代的东欧、非洲和拉丁美洲以及2008~2009年的津巴布韦都发生了恶性通货膨胀。恶性通货膨胀将一般老百姓的毕生积蓄化为乌有,破坏了一个国家的社会结构,并导致独裁统治和暴政。凯恩斯曾说:"想要摧毁一个社会的根基,没什么比货币泛滥更直接更有效的了。"②

历史给出了几种政治领导人启动印钞机造成货币贬值的原因。

1. 美国大革命通货膨胀,1776~1783年。由于在殖民地收不到足够的税收

---

① 米尔顿·弗里德曼、安娜·施瓦茨,《美国货币史:1867~1960》,普林斯顿大学,1973。
② 约翰·梅纳德·凯恩斯,《和平的经济后果》,纽约,企鹅出版社,1971/1920。

和关税，美国国会和13个殖民地只好印发"大陆"币。这种大陆币没有金银做担保，又很容易被伪造，所以大陆币很快贬值，"不值一个大陆币"这句话就由此而来。因为这段失败的钞票发行史，美国宪法中的宪法惯例规定"任何州在偿还债务时必须使用金或银"。（第1条第10款）

2. 德国超级通货膨胀，1920~1923年。"一战"后，《凡尔赛条约》对德国提出了苛刻的战争赔款要求——要在1921年5月前以"黄金、物品、船舶、证券或其他形式"高达50亿美元的赔款。德国通过发行帝国马克（Reichmark）来赔偿，帝国马克逐渐大幅贬值。凯恩斯在《和平的经济后果》（1920）中曾警告德国的战争赔款会引发超级通货膨胀。在1923年恶性通货膨胀时期，马克和美元的汇率为1万亿∶1，曾有媒体报道德国人用独轮车拉着马克去商店买一口袋食物。

3. 南斯拉夫超级通货膨胀，1989~1994年。当苏联解体后，苏联卫星国发生了超级通货膨胀。南斯拉夫和铁幕下的其他东欧国家一样，不得不做出调整以适应竞争的资本主义这个现实。因为无法通过征税来支付公共开支，政府只能通过印刷钞票来支付政府服务和市政工程。1988年最大的货币面值为5万第纳尔，但是到了1989年货币面值就变成了200万第纳尔。到了20世纪90年代初，南斯拉夫对货币进行改革，砍掉了四五个零。但是政府依然增发货币，到了1993年，最大面值到了100亿第纳尔。政府再次砍掉了货币上的6个零。但是一年不到，货币的面值就变成5000亿第纳尔，这是现代历史上最大的货币单位。

反对金本位制

尽管没有黄金做担保发生了这样极端恶性通货膨胀事件，但很多经济学家、银行家和政治家都对黄金作为货币标准持保留意见。他们的理由如下。

1. 资源成本更高。经济学家如米尔顿估计铸造金币或银币的成本会占到GDP的3%~4%，但是罗杰·加里森（奥本大学）却认为美国自从1971年脱离金本位制后，铸造公司依然在铸造金银，所以在法定货币体制下，经济体依然承担3%~4%GDP的资源成本，只不过是由私人企业而不是由政府来承担。

2. 在"淘金潮"或"淘银潮"时期，国内经济不稳定。即使在19世纪，金矿的发现不会增加世界货币供应量的5%，但是对地方比如加利福尼亚、澳大利亚或南非的黄金开采经济却会产生重大的影响，因为物价会暴涨。

3. 金本位将国内经济（物价和实际产出）和外部规则（国际收支平衡）捆绑在一起。在金本位制下，贸易/国际贸易逆差会导致国内通货紧缩（现金流动机制），会压制不断上涨的通货膨胀。当然，也有支持金本位制的观点，认为如果政府在金本位制下走通货膨胀之路，就会付出衰退的代价。

4. 周期性恐慌和危机。在金本位制下，美国仍然在1884年、1890年、1893年和1907年发生了经济危机。换句话说，政府无法摆脱繁荣—衰退的周期。

5. "非弹性"货币。因为黄金的供给量是有限制的（年增长量平均为1%~2%），所以金本位制无法和实际经济发展保持一致，无法提供弹性货币，为贸易和工业创建信用体系。

货币历史学家迈克·大卫·波尔多总结道：由中央政府控制的货币体系比金本位更有弹性。他说："根据稳定、透明的货币增长率制定的信用货币标准能比回归金本位带来更合理的物价水平和更稳定的实际产出量。"[1]

联邦储备银行的股市

1913年美国政治体系经历了三次革命性变革，这让联邦政府的权力变得更集中更强大。第一次是通过了第16条宪法修正案，允许联邦政府征收所得税。因此联邦政府对美国居民职业和收入的兴趣也与日俱增。第二次是通过了第17条宪法修正案，允许直接选举参议员（之前参议员由州立法委员选举）。第三次是1913年《联邦储备法案》允许美国成立中央银行。

中央银行的由来迷雾重重，也是阴谋论理论家的兴趣所在。为什么美联储的支持者要在乔治亚州的哲基尔岛俱乐部偷偷会面？有些人推测银行家，包括摩根和洛克菲勒利益的代表者在美联储之父保罗·沃伯格带领下，"偷偷会面，因为美国长期以来反对中央银行，再加上'大银行家、金融托拉斯还有华尔街利益团体的反对'。"[2] 沃伯格和同事一道意图创建欧洲式的中央银行，部分独立于政府之外。他们的计划并没有成立这样的银行。《美联储银行法案》于1913年12月23日成为法律，规定财政部长负责制，这样将政府权力和中央银行的权力合

---

[1] 麦克·大卫·波尔多，《古典金本位制》，圣路易斯联邦储备评论，1981年5月。
[2] 比如G. 爱德华·格里芬，《哲基尔岛的怪物》，加利福尼亚，美国媒体，第3版。

二为一。只是随后（1933）美联储主席独立于财政部。《美联储银行法案》规定美国联邦储备银行的功能如下。

- 商业银行的结算所。
- 向成员银行提供有息贷款（称为再贴现率）。
- 危机时刻的最后贷款人。
- 维护1900年的《金本位法案》。

最初美联储委员会有7位成员：财政部长，审计官，由总统提名、参议院任命的5名成员，任期为10年。

最初的12家联储分行（只有一家在西部，位于旧金山）的功能是结算所和再贴现窗口。要想成为美联储成员，私人商业银行必须以非流通股的形式购买6%的银行储备金（生息）。

"一战"和20世纪20年代的美联储

美联储随即在"一战"中遭到考验。随着黄金大量从欧洲流入美国，美国的货币储量在1914~1918年间增加了70%，导致严重的国内通货膨胀。"一战"结束后，1920~1921年的萧条随之而至。幸运的是经济很快反弹，美联储于20世纪20年代见证了经济大繁荣，这一时期被称为"咆哮的20年代"。

安德鲁·梅隆是当时的财政部长，也是美联储主席，而纽约联储主席本杰明·斯特朗很快使纽约分行成为影响力最大的分行。斯特朗于1923年在纽约开启了"公开市场"操作，即可以对政府债券进行公开买卖。当时银行破产率仍然很高，尤其是在农村地区，仅1921年一年就有500家银行破产，但是直到1929年一直没有出现严重的崩溃。

经济学家在谈论20世纪20年代和美联储时一般有两种观点。一种观点来自货币主义学派和凯恩斯学派，这包括欧文·费雪（耶鲁大学）、弗兰克·陶西格（哈佛大学）、约翰·梅纳德·凯恩斯（剑桥大学）以及随后的米尔顿·弗里德曼（芝加哥大学）。他们认为美联储在20世纪20年代几乎没犯过错误，经济稳定增长，没发生物价膨胀，这一切都能解释咆哮的20年"新时代"的乐观。在弗里德曼看来，

20世纪20年代是"联邦储备银行体系的巅峰"。①

第二种观点认为，美联储通过实行低利率成为20世纪20年代发行"廉价货币"的引擎，虽然房地产、制造业和股市表面上看起来繁荣，但是这种繁荣是债务驱动造成的。这个"廉价货币"时代成了1929~1933年经济大萧条的催化剂。支持这种观点的经济学家包括美国硬通货经济学家，比如H.帕克·威利斯（哥伦比亚大学）和欧洲经济学家路德维希·米塞斯和弗里德里希·哈耶克（维也纳大学）。

哪一种观点正确呢？在这场争论中双方都有道理。美联储确实在20世纪20年代为了帮助英国脱离困境人为降低再贴现率。大部分的经济学家都同意20世纪30年代早期横扫一切的通货紧缩是由美联储在20世纪30年代而不是20年代所犯的严重错误造成的。

大萧条：美联储所犯的最严重的错误

美联储的历史转折点是1929~1933年席卷全球的经济大萧条，大多数国家的大萧条一直到"二战"才有所缓解。1929~1933年的危机始于1929年10月的股市崩盘和1930年12月美国银行的解体，这是20世纪最具破坏性的经济事件，工业减产30%，失业率超过25%，90%的股市崩盘。这场持久的大萧条催生了在美国和欧洲对古典经济学和放任自由主义的批评，以及对福利国家和大政府的青睐。

大萧条过后的多年内，大部分经济学家都认为美联储已竭尽所能挽救灾难，但却无法阻止通货紧缩的发生。美联储注入了所需的资金，但依然有1/3的银行和储蓄机构难免破产或重组的命运。政策制定者得出的结论是货币管理当局对于扭转大萧条和银行系统的崩溃无能为力，所以免责。历史解析同样让政策制定者和经济学家接受凯恩斯提出的"金钱不重要"的思想，也就是在经济衰退或者大萧条时期大幅扩大货币供应量不会产生负面结果。他们认为货币政策就像一根绳子，你可以拉绳子但是不能推绳子。中央银行可以终止繁荣，却不能点燃复苏之火。由于被凯恩斯称为"对现金的迷恋"，早期凯恩斯学派认为实行公开市场操作（购买国库债券）以及降低利率只会导致银行囤积现金储备。因此他们认为只有实行积极的财政政策——赤字开支和减税——才能刺激开支和经济复苏。

---

① 这是米尔顿·弗里德曼和安娜·施瓦茨所著《美国货币史：1867～1960》一书第6章的标题。

米尔顿·弗里德曼和安娜·施瓦茨在1963年出版了他们的恢宏巨著《美国货币史：1867~1960》，由于他们所做的学术性的统计工作，凯恩斯学派对货币政策的观点发生了非常大的改变。弗里德曼和施瓦茨证明美联储在20世纪30年代早期的政策不仅毫不温和，而且产生了极大的负面、破坏性的后果。两位作者在书中最重要的一章"美国大紧缩"里披露，从1929~1933年超过1/3的货币证券崩溃，这是美国历史上最严重的一次（见图19-1）。批评美联储是对的："……在大紧缩全程，防止货币数量的减少并增加货币发行量都在美联储的能力之内。"①此外，将一场无足轻重的衰退演变为20世纪最严重的经济灾难说明美联储"无法充当预防萧条的货币力量，20世纪30年代早期恰恰说明了美联储在制造萧条中的重要作用"。②

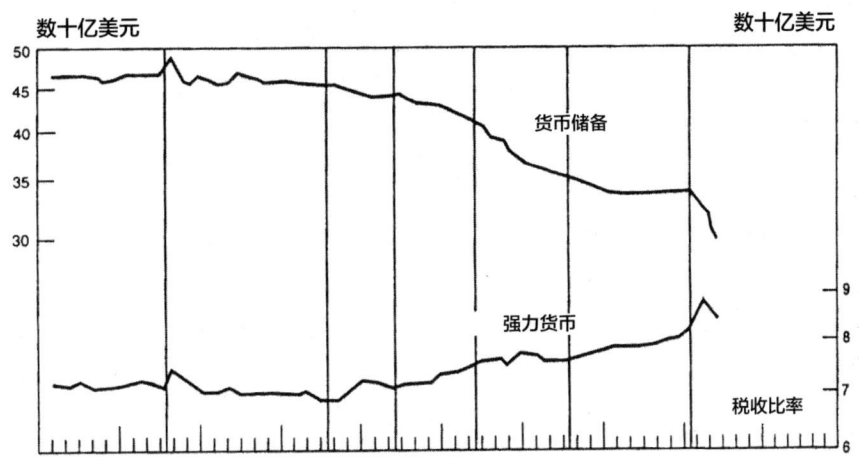

图19-1 美国货币供应量，1929~1933

货币主义经济学家的进一步研究表明，由于"真实票据"学说，美联储在很大程度上没有承担赋予其最后贷款人的职责。这种观点认为美联储是扩大还是缩小贷款量要根据实际的经济增长而定，也就是根据商品和服务的实际产出和市场

---

① 米尔顿·弗里德曼、安娜·施瓦茨，《美国货币史》。
② 米尔顿·弗里德曼，《美元和赤字》，纽约，普伦蒂斯霍尔出版社。

情况，而不是根据对股市和房地产的投机性投资而定。真实票据可以是商业银行开展的业务，但不能充当中央银行的政策。美联储成员查尔斯·O.哈迪在1932年曾说："美联储的作用不是在经济萧条时人为地让货币贬值，在经济繁荣时让货币增值从而刺激经济增长，这仅仅是进行自身调整适应形势而已。"在有可能发生恐慌或破产时阻止恐慌或破产的发生。[1]

当今的联邦储备银行体系

自大萧条以来，美联储渐渐重塑其在全世界的影响力，在稳定经济周期方面被认为比国会和总统都重要。保罗·萨缪尔森最近曾说："财政政策（政府开支和税收）不再是美国稳定政策的主要工具。在可预见的未来，是由联邦储备银行的货币政策来稳定政策。"[2]

当美联储于20世纪30年代中期重组时，普通公民（通常有银行或华尔街背景）取代财政部长成为美联储主席。美联储委员会由7名成员组成，成员任期为14年，主席每4年更换一次。委员会每6周开一次会议决定是否调整贴现率和联邦基金目标利率，以及公开市场操作。联邦储备公开市场委员会（The Federal Reserve Open Market Committee, FOMC）也是每6周开一次会议。该委员会由12名成员组成，7名来自美联储委员会，5名是12家分行行长，其中一位永远都是纽约联邦储备银行行长，因为公开市场操作位于纽约。联邦储备公开市场委员会决定政府债券的交易情况，也就是决定货币供给的增长率，这将在后面做进一步介绍。

---

[1] 查尔斯·O.哈迪，《美联储的信用政策》，1932；关于"真实票据"学说更多内容参见瑞查尔·廷伯莱克的《美国的货币政策》，芝加哥大学出版社，1993。
[2] 保罗·萨缪尔森、威廉·D.诺德豪斯，《经济学》，纽约，麦格劳希尔出版社，1995，第15版。

美联储的货币工具

当今的美联储和其他中央银行一样，有两大职责：

◇ 尽可能促进经济发展稳定，保持低通货膨胀率和低失业率。
◇ 提供现金以应对国家或全球货币／经济危机。

中央银行通过调整货币价格（利率）和数量（货币供应量）来实施货币政策。联邦储备银行使用以下工具来完成这些目标：

1. 公开市场操作。买卖国库券。由纽约联邦储备银行负责的公开市场操作是最直接控制银行体系货币和信用的方式。

2. 利率。美联储决定再贴现率，再贴现率是借给会员银行的短期贷款，以及联邦基金目标利率，这个是成员银行之间隔夜借贷利率。联邦基金目标利率影响其他的短期利率，比如短期国债率以及货币市场基金收益率。

3. 银行存款准备金率。中央银行通过调整银行存款准备金率来调整信贷可获得率。目前，银行要备有10%的活期存款（支票账户）用于取款。其余部分用于向银行和个人放贷。提高对银行存款准备金率会降低银行放款的能力。降低银行存款准备金率则会增加银行放款的能力（发展中国家比发达国家更依赖银行存款准备金率）。

4. 应急能力，包括向金融机构直接放贷，购买资产，包括股票价格指数期货、外债以及抵押贷款证券。此功能很少用，只有在发生重大危机时才启用。在2008~2009年的金融危机中，中央银行采取非常措施来应对房地产市场的通货紧缩混乱，以及全球经济衰退。美联储直接购买了3000亿美元的长期国库债，7000万美元的抵押贷款证券，并向投资银行放贷。英格兰银行购买私人债务来提高信贷质量，日本银行购买日本股票和国债，瑞士国家银行干预货币市场。

下面来细看这些工具，以及这些工具是如何影响金融体系的。

货币乘数是如何扩大货币供应量的？

公开市场操作。通过从商业银行那里购买政府债券，美联储向银行系统注入现金，通过货币乘数，增加货币供应量。银行通过将债券卖给美联储，可以将长期债券兑换为现金或活期存款，从而增加货币供应量。

下面让我们看一看公开市场操作在部分准备金制下是如何运作的。假设政府从商业银行那里买了100亿美元的政府债券，商业银行A手里现在多了100亿美元的现金或活期存款。在当前的银行存款准备金率下，银行必须保有10%也就是10亿美元的准备金，可以贷出去90亿美元。

假设银行将这90亿美元借给了零售商店，零售商店用这笔钱销售他们的产品。公司拿到贷款后将这90亿美元以活期存款的形式存到商业银行B处。现在商业银行B则多出90亿美元的活期存款，并可以将其中的90%，也就是81亿美元用于放贷。

现在你看出门道了吧。按照下面的公式，美联储购买政府债券的100亿美元最终使货币供应量增加到1000亿美元。

$$M=100亿美元+90亿美元+81亿美元+71亿美元+\cdots\cdots$$

或者是下面的通用公式：

$$M=\frac{1}{R}\times P$$

其中，

M= 货币供应量
R= 准备金率
P= 由美联储银行购买的纯债券

因此，如果美联储购买了100亿美元的国债，银行存款准备金率为10%，最终产生了1000亿美元的新货币。

$$M = \frac{1}{10\%} \times 100\text{亿美元} = 1000\text{亿美元}$$

在这个例子中,银行的货币乘数是10。虽然目前的银行存款准备金率为10%,但在现实中,货币乘数却为4%~5%。(为什么要比10%少呢?)

货币供应量

有几种衡量货币供应量的方法,此外经济学家对货币的定义也不一致。广义的货币是指可以用来立即支付商品、服务和债务的资金,包括:

货币基础:硬币、钞票(纸币)以及银行准备金(美联储银行账户中的存款)
M1= 基础货币 + 活期存款和国债活期存款
M2=M1+ 货币市场基金 + 小额定期存款
M3=M2+ 大额定期存款(大额银行存单)

定期存款有争议,因为严格说来定期存款不是流动资金。未到期取回定期存款是有罚金的。总的说来,M2是反映广义货币供应量的最佳指标。

古典通货膨胀理论

物价膨胀——价格水平的普遍上涨,或者美元购买力的普遍下降是美国脱离金本位制后中央银行所面临的最大挑战。再看图19-2和图19-3,请注意在古典金本位时期,1816~1914年,物价普遍稳定,战时除外。实际上,因为黄金储量无法和实际产出或GDP的增长同步,反而出现了轻微的通货紧缩。

但是自从1914年,随着全球从古典金本位制逐渐转变到金汇兑本位制(1921~1971),以至最后完全脱离金本位制(1971年之后),便出现了严重的通货膨胀和偶尔的货币危机。没有黄金做担保,货币便出现了贬值。不论货币危机是国家无力偿还国家债务(1982年的墨西哥),股市崩溃(1987年的华尔街),金融危机(1997年的亚洲),大型对冲基金濒临破产(1998年的长期资本管理公司),

工业产出的突然下降（2001年1月），恐怖袭击（2001年9月11日），还是抵押贷款危机（2007~2008），货币危机的原因都一样：用更多的现金进行救市。

不论是美联储一直在为越来越庞大的 Leviathan 提供资金，还是在危机时提供现金，结果都是货币量和信贷不停地膨胀，通常是过度膨胀，从而引起物价持续膨胀。尽管私企努力创造新技术和改进生产流程来增加产出、降低物价，通货膨胀依然存在。在政府的通货膨胀和市场的通货紧缩之间一直存在冲突。大部分时间，似乎都是政府赢了。

货币数量论

什么导致物价的持续膨胀？有的政府官员谴责公司抬高物价，或者工会提高工资。但是经济学家长久以来就意识到过度的货币膨胀是物价膨胀的首要原因。

这种将物价水平的上升和货币供应量联系起来的理论被称为货币数量论。货币数量论得到诸如大卫·休谟、大卫·李嘉图、约翰·斯图尔特·穆勒、欧文·费雪以及米尔顿·弗里德曼等经济学家的认可。弗里德曼说过很出名的话："不论哪儿的通货膨胀，永远都是货币的问题。"

20 世纪耶鲁经济学家欧文·费雪通常被称为货币数量论之父。他提出了交易方程式：

$$M \times V = P \times Q$$

其中，

M= 货币供应量
V= 货币周转率
P= 物价水平
Q= 商品和服务数量

$M \times V = P \times Q$ 这个交易方程式仅用来计算。方程式左边表示货币交易量，右边表示商品交易量。商品交易量必须等于交易中的货币量。同样，流通中的全部货币量（M）乘以一年内货币的平均流通次数（V）必须等于一年内生产和销售的商品和服务的总值（P×Q）。如果一个国家一年的货币供应量是 5000 亿美元，这 5000 亿美元在一年内从一个人手里流通到另一个人手里的平均次数为 5 次，那么经济体的全部支出就是 2.5 万亿美元，等于一年内生产和销售的全部商品和服务的总值，消费者购买的（或者生产商出售的）产出总值就等于 2.5 万亿美元。因此，得出了 M×V=P×Q 这个方程式。

交易方程式不是一个理论，而是一个定义。费雪将交易方程式转为理论。他假设 V（周转率）和 Q（实际产出）保持相对稳定，物价水平的变动就必须直接和货币供应量的变化相关。费雪说："物价水平的变化和货币流通总量成正相关，前提是货币周转率和交易总量保持不变。"[1]

费雪提出了"粗略"货币数量论。他认为从长期来看，通货膨胀是中性的（并不影响任何实际的变量），实际工资和实际利率保持不变。

是物价稳定还是货币规则

作为一名数量论者，费雪声称美联储的首要目标是稳定物价，他是 20 世纪 20 年代"稳定货币"运动的领军人物。鉴于他那个时代还没有 M1 或 M2 货币供应量的概念，费雪主要关注物价水平。费雪的结论是如果物价水平（P）稳定，就不会出现严重的经济问题。费雪实际上是物价指数之父。他为此写了一本专著，他的指数理论成为今天的 CPI 和生产价格指数的基础。

只严格关注广义的物价水平成了费雪的阿喀琉斯之踵。因为物价水平在 20 世纪 20 年代相对稳定，所以即使在股市崩盘和大萧条前夕，新时代（New Era）的货币主义者如费雪都认为 1929 年不会有问题。费雪没有预测到 1929~1933 年的经济大崩溃。在牛市巅峰时期，费雪在华尔街的市值差不多为 1000 万美元（费雪发明了类似今天的名片簿），但是在经济大崩溃中失去了一切，去世时一贫如洗。

米尔顿·弗里德曼和现代货币主义派用货币总量（M2）而不是物价水平来衡量国家的经济运行情况。弗里德曼尤其推崇货币主义政策，比如，稳定增加货币供应量（M2）以和经济的长期发展速度保持一致。假如美国经济的长期增长率为 4%，美联储就应该通过公开市场操作以 4% 的比例增加 M2。

---

[1] 欧文·费雪，《货币的购买力》，纽约，奥古斯都·M. 凯利，1963/1922。

现代凯恩斯主义则认为货币主义不足以稳定经济周期。在交易方程式中，他们强调V（周转率）和Q（实际产出）可能不稳定。凯恩斯学派认为在经济衰退或大萧条期间，增加M未必能刺激经济复苏，因为V同时也下降。或许有必要通过政府开支和公共工程来增加Q（实际产出）。弗里德曼不同意凯恩斯学派的观点。根据凯恩斯的实证研究，M和V同向移动，而不是反向移动。弗里德曼的解释是："实证研究表明周转率的变化会强化而不是抵消货币供给。美国的货币总量从1929年到1933年跌了1/3，与此同时周转率也下降。当一个国家的货币总量快速增加时，周转率也快速上升。"[①]

奥地利学派经济学家米塞斯也不同意费雪和弗里德曼的观点。他们认同费雪的"粗略的"货币数量论，既增加货币供应量会导致货币贬值。但是会贬值多少呢？这也是米塞斯和费雪产生分歧的地方。米塞斯认为重要的是"谁先拿到钱？"。通过公开市场操作注入的新钱并不会全部进入银行体系。货币通货膨胀是"非中立"，既会抬高物价，也会使经济结构变形。如果美联储降息，利率的变化不会无差别地影响经济体的方方面面，而是某些行业（尤其是资本集中的行业）会比其他行业受益更大。总而言之，货币通货膨胀会造成通胀繁荣，而这种繁荣不会持续很久，最终会变成通货紧缩的萧条。第25章会详细介绍奥地利学派的经济周期理论。

美联储银行的利率目标

美联储的第二种方法是通过再贴现率和联邦基金目标利率来制定短期利率。

从历史来看，美联储首先关注的是制定利率。"二战"和朝鲜战争期间，美联储将利率和政府债券挂钩来资助美国的战争，目的就是维持低利率。1951年朝鲜战争期间，美联储和美国财政部达成协议，同意美联储独立。

"二战"后，国会于1946年通过了《就业法案》，该法案规定财政和货币政策的目标是实现充分就业和物价稳定。美联储银行有三大目标：充分就业、稳定物价和调节长期利率。最初，美联储银行的目标是维持较低的利率，实际上，实际利率（扣除通货膨胀因素）在20世纪70年代是负数。

---

① 米尔顿·弗里德曼，《货币主义经济学》，剑桥，巴兹尔·布莱克维尔出版社，1991。

1979 年，在美联储主席保罗·沃尔克的领导下，美联储决定其首要目标是货币总量（货币供应量）而不是控制利率。米尔顿·弗里德曼一直认为美联储应该控制货币供应量，但是所有的物价和利率应由市场制定。为了控制通货膨胀，沃尔克和美联储共同遵循弗里德曼的货币主义原则，稳定 M2，使得利率不受控制自由波动。在此之前利率是受到控制的，通货膨胀率达两位数，短期利率飙升，20 世纪 80 年代早期，最优惠利率高达 21%。沃尔克成功打破通货膨胀的心理，但是到了 1982 年，美联储的紧缩货币政策威胁外国贷款进入美国，同时美联储在 1982 年夏天的墨西哥债务危机中不得不放弃流动性短缺。

到 20 世纪 80 年代中期，随着取消对银行系统的管制，美联储发现很难衡量货币总量，同时随着美元变成全球性货币，设立货币目标来维护稳定的市场经济就变得不切实际。从 20 世纪 80 年代中期开始，美联储政策试图稳定（准货币原则）增加 M2，主要将制定短期利率作为维护稳定的工具。向银行系统注入现金对货币危机（前面章节有讨论过）的作用有限，货币危机仍不时地发生（前面介绍过）。

现在美联储每 6 周召开一次会议，美联储委员会和美联储公开市场委员会的会议成为大众关注的焦点。会议之后，美联储委员会会宣布经济和通货膨胀走向，以及是提高还是降低或者维持再贴现率。再贴现率是美联储对会员银行向美联储 12 个分支银行借款收取的利率。

美联储同样控制联邦基金目标利率，联邦基金目标利率是成员银行之间为了平衡法定准备金而收取的隔夜贷款的利率。联邦基金利率每天都有变动，但是再贴现率只在美联储做出官方变动时才有变化。如果美联储考虑到通货膨胀的压力，就可能提高再贴现率和联邦基金目标利率。如果美联储担心经济衰退会恶化，甚至出现通货紧缩，就有可能降低短期利率，如果认为经济平稳增长没有出现通货膨胀，就保持利率不变。

必须指出的是美联储无法直接控制长期利率，只能通过公开市场操作和债券交易进行间接控制。长期利率是由抵押信贷市场和债券市场对信贷的供给和需求决定的。比起长期利率，美联储更容易操控短期利率。

多年来人们担心的另一个问题是美联储操控利率的自由控制权。从 20 世纪 80 年代开始，美联储的利率政策尤为不稳定。在艾伦·格林斯潘任职美联储主席的 19 年内，美联储 7 次改变货币政策。当美联储担心会出现通货膨胀时（比如

1994 年和 2000 年），就采取"紧缩货币"政策（提高利率），而当担心出现经济衰退（1991 年和 2001 年）或者各种金融危机时（1997 年亚洲货币危机，1998 年俄罗斯经济危机，1999 年千禧年计算机千年虫问题，2001 年恐怖主义袭击，以及 2008 年金融危机），就采取"宽松"货币政策（降低利率）。

泰勒规则

泰勒规则由约翰·泰勒（斯坦福大学）提出，是根据经济衰退和通胀率来设立联邦基金目标利率的规则。

如果 GDP 和经济承载力一致，并且通货膨胀率和中央银行的目标一致，那么利率就处于中性水平。如果 GDP 超过了经济的长期承载力，或者通货膨胀率超过了目标水平，利率就应该在中性水平之上。如果经济衰退，或者通货膨胀减轻，中央银行就应该放宽并降低利率。泰勒规则的公式如下：

联邦基金目标利率 = 通货膨胀 + 实际均衡的联邦基金利率 + 通货膨胀缺口 + 产出缺口

其中，

  通货膨胀 = CPI（年平均率）
  实际均衡联邦基金利率 = 联邦基金利率和长期充分就业一致
  通胀缺口 = 当前通货膨胀和目标利率之差
  产出缺口 = 实际 GDP 和估计的充分就业水平之差的百分比

从历史来看，泰勒规则所起的作用如下：20 世纪 70 年代（亚瑟·伯恩斯和其他人当美联储主席时）联邦基金目标利率跌到泰勒规则之下，结果是通货膨胀。20 世纪 80 年底（沃尔克当美联储主席）目标利率超过泰勒规则，结果是反通货膨胀。20 世纪 90 年代（格林斯潘和伯南克当美联储主席）目标利率均低于泰勒规则，尤其是 2004 年，美联储将利率降到 1%，2006 年又稍微高于泰勒规则。结果就是经济和股市都经历了一段时间的波动。

通货膨胀目标制的利弊

另一种控制通货膨胀的方式是"通货膨胀目标"。最近，中央银行又回归到费雪的理念上来，制定了大约2%的物价通胀目标，美联储委员会信誓旦旦地表示要实现这一目标。

根据美联储委员会成员本·伯南克和理查德·J.米什金的研究，采用"通货膨胀目标"的国家其核心物价膨胀率都大幅下降：新西兰从1990年开始下降，加拿大从1991年开始，英国从1993年开始，但新西兰尤为成功。而在实施通货膨胀目标之前，新西兰的物价通胀率在10%~15%之间徘徊。现在新西兰的年物价通胀率低于3%。

"通货膨胀目标"的危险是通货膨胀的定义可能太窄。20世纪20年代，顶尖的经济学家如欧文·费雪和约翰·梅纳德·凯恩斯将物价膨胀界定为一般消费者物价指数或生产价格指数。因为忽略其他价格的影响，比如股市和房地产，费雪和凯恩斯没能预测1929~1933年的经济危机，自己的财务也受到冲击。

如果美联储银行只盯着CPI或PPI来衡量"通货膨胀"，过度的物价指数聚合可能又会成为问题。如果忽视货币供给、商品或房地产的通货膨胀，美联储可能无法预见会导致房地产和股市崩盘的房地产泡沫（2008~2009年就是典型）。

量化宽松和大萧条

在本·伯南克任职美联储主席时，美联储不仅降低利率，还积极购买各种金融资产来刺激大萧条时期的经济。这样的政策被称为"量化宽松"政策（Quantitative Easing, QE）。美联储在2008~2013年曾有三个阶段实施量化宽松政策，在此期间美联储购买上万亿美元的长期国债，房地美和房利美抵押贷款，个人住房抵押贷款证券，以及政府债务。

这种做法是想重振一蹶不振的房地产市场，维持相对较低的利率，扩大货币供应量，刺激股市，并鼓励商业活动。很多经济学家担心这种人为的刺激会导致新的经济结构失衡和房地产泡沫，而这最终会导致下一次的经济萧条。

伯克南宣称量化宽松政策一直会持续到物价通胀率（由CPI来衡量）升至2%

或更高,或者官方失业率跌至 5.5% 或更低。

金价目标:这是黄金货币规则吗?

供给学派的拉弗、保罗·克雷格·罗伯茨和斯蒂夫·福布斯曾力劝中央银行将金价作为是否改变控制通货膨胀方向的货币规则。这种观点认为如果金价高于一定的数字,比如 1 盎司 900 美元,美联储就应该紧缩货币供应量,提高利率;反之,如果金价低于 900 美元 1 盎司,美联储就应该增加货币供应量,降低利率,目标是将金价稳定地维持在 900 美元 1 盎司左右(或者是其他的目标价格)。

这种做法有利有弊:(1)美联储采取独立制定决策的规则,不受政府控制;(2)从历史上来看,黄金一直都是衡量全球通货膨胀、战争和危机的绝佳指标;(3)稳定的物价也说明经济环境和地理政治环境的稳定。

缺点在于:(1)其他因素,比如技术会影响金价;(2)商品价格上升并不一定会导致总体消费物价的膨胀;(3)很有可能会适得其反。黄金并不会达到 900 美元 1 盎司后就保持不变。在美联储采取行动实施紧缩货币政策之前金价有可能会长到 1000 美元 1 盎司或更高。同样在金价下降时也可能做过头。

美联储作为最后贷款人

中央银行最后一个也是最重要的一个功能是应对银行和经济危机。以美国为例,美联储自从成立之日起就一直发挥着重要的作用。

◇ 1929~1933 年:美联储尽管也向摇摇欲坠的银行提供现金,但行动乏力,在 1930 年 12 月没能成功地对合众国银行进行救市,这是更严重的错误,造成了一批商业银行的倒闭。

◇ 1982 年:墨西哥经济危机。美国政府和美联储共同对墨西哥的外债进行救市,避免了可能波及全世界的墨西哥破产。

◇ 1987 年:10 月 19 日黑色星期一的股市崩盘。想了解美联储主席格林斯潘是如何处理 1987 年的股市崩盘,参见鲍勃·伍德沃德的《别了格林斯潘》。

◇ 1997年：亚洲货币危机。东南亚国家的货币全部和美元挂钩，导致东南亚国家的货币高速膨胀，引发了一轮投机行为。

◇ 1997年：因为长期资本管理公司这个麻烦的对冲基金巨人，美联储对商业银行进行了40亿美元的救市。

◇ 1998年：美联储对俄罗斯的经济崩溃进行救市。

◇ 1999年：美联储投入几十亿美元的现金为了应对千禧年计算机千年虫问题。

◇ 2001年：9月11日，纽约和华盛顿的恐怖主义袭击迫使美联储注入超过300亿美元的现金，旨在避免华尔街有可能发生的恐慌。

◇ 2008~2009年：利率过高和之前的市场过热、房地产价格下跌导致抵押信贷市场崩溃，信贷危机蔓延到股市和银行市场。美联储迅速行动降低利率，为货币体系注入新钱。

每一场危机的解决方案都一样：增加现金流。不论是股市暴跌、货币危机还是企业出现问题，通过公开市场操作扩大货币发行准备金总能在短期内解决问题。因为拥有紧急贷款权力，如果需要对华尔街或国外市场进行救市的话，美联储银行甚至可以购买资产，比如指数期货和住房抵押证券。注入现金流会不会力挽狂澜重建公众对世界银行体系的信心？当今自由主义的金融环境加上部分银行准备金制度自身的不稳定性，使投资者和机构只要动一下鼠标或者一个电话就可以操纵几十亿资产，全球恐慌最终变成浩劫。有没有哪个国家的中央银行能与之抗衡？这也是为什么大多数中央银行都明智地持有黄金，因为纸质资产可能会不作数，虽然这不可能发生。

教训是什么呢？规则、权威还是自由主义？

什么是理想的货币政策？哪一种货币体系能更好地实现以下目标？

◇ 稳定的低利率。
◇ 几乎没有物价膨胀，物价水平甚至会轻微下降。
◇ 低失业率，几乎没什么困难不用等待就能找到新工作或换工作。

◇ 没有繁荣 – 衰退周期，经济稳定增长，生活水平持续提升。
◇ 拥有充分工作、思考和行动的自由，而不用担心货币/经济危机。

所有的货币体系比如古典金本位制；"黄金法则"（一种金汇兑本位制）；弗里德曼的货币规则，利率目标以及物价膨胀目标，都有各自的优缺点。

国外有没有更好的银行体系？

根据世界经济论坛每年发布的《全球竞争力报告》，美国的银行体系全球排名第 40 名。

加拿大、澳大利亚和新西兰的银行最稳定。比如，加拿大银行最高等级为 7 分，意味着拥有良好的资产负债表；最低等级为 1 分，意味着破产，有可能要对其进行政府救助，有的加拿大银行等级为 6.8。

加拿大、澳大利亚和新西兰差不多完全没有次贷丑闻和房屋止赎烂摊子，到 2009 年为止还没有出现过银行救市行为。

加拿大、澳大利亚和新西兰都是商品经济国家，但是要比美国保守得多，商业银行比美国也少得多，且都是全国性的商业银行，分支银行遍布全国，使它们不易受到经济低迷的影响。这些银行有大量的忠实储户以及坚实的资金基础，比美国银行的监管更严格，资金流动性更好，更不易被杠杆化。

什么是自由银行制度？

两位经济学家乔治·赛尔金和劳伦斯·怀特提倡"自由银行制度"，在美国和其他国家建立全国性的分支体系，他们声称这有助于稳定银行体系。

但是赛尔金和怀特不仅仅提倡全国性的银行分支体系。他们认为自由银行制度是"政府不得干预交易媒介的数量。不存在政府资助的中央银行。没有法定商业银行进入、增设分行和退出的法律障碍……没有法定存款准备金……没有政府存款担保措施"。这两位经济学家甚至认为应该允许银行发行自己的货币。竞争会让金融界不会出现过度通货膨胀以及野银行的情形。甚至是米尔顿·弗里德曼和安娜·J.施瓦茨都对自由银行制度抱有好感："我们自己的结论，就像沃尔特·巴格霍特和维拉·史密斯得出的结论一样，让市场而不是政府对货币和银行体系进行管理，结果可能会更令人满意。"

赛尔金和怀特举了18世纪苏格兰的例子。那时的苏格兰实行自由银行制度，完全自由的准入机制，最低程度的政府管制，但是这样的银行体系是否稳定呢？赛尔金和怀特认为是稳定的，但米尔顿·弗里德曼和穆雷·罗斯巴德认为不稳定。

总结

本章要点

1. 中央银行基于两个需求而成立：在银行体系出现危机时作为最后贷款人；协助政府扩大权力影响。

2. 中央银行从全国性银行演变而来，拥有政府垄断权，比如英格兰银行、法国银行和德意志帝国银行。

3. 国际金本位制（1816~1914）能够维护物价稳定，促进经济发展，战时除外，那时各国会暂时脱离金本位制。

4. 当国家脱离金本位制后，其货币通常会贬值，有的国家甚至会出现恶性通货膨胀，这又会导致经济动荡。20世纪20年代早期德国的恶性通货膨胀，20世纪90年代早期南斯拉夫的恶性通货膨胀就是典型。

5. 尽管金本位制有其优点，但是由于黄金会限制政府权力以及货币供给量，各国逐渐放弃金本位制转而实行法定货币制度。货币管理机构和学院派经济学家也都认为中央银行比古典金本位制能创造更稳定的货币环境。但是这样的目标反而变得更难实现，上百年来中央银行未能带来稳定的货币环境。大萧条是美联储所犯的最大的错误。

6. 大萧条过后，世界主要工业国家的中央银行都减少了再次爆发经济危机的可能性，但这是通过推动货币膨胀实现的。通货膨胀，繁荣－萧条周期成为当今经济体的主要特征。

7. 在过去10年内，更多的中央银行都将控制物价膨胀作为货币目标。他们使用几种工具来操控经济体系：公开市场操作，目标利率，在经济恐慌时充当最后贷款人。

8. 经济学家使用货币数量论来衡量通货膨胀对经济体造成的压力。通过和实际经济增长率大致相同的比率稳定增加货币存量，国家可以获得非通货膨胀式的经济发展。

9. 现在大多数中央银行的主要货币工具不是货币供给和黄金价格，而是短期利率目标，因为当今全球经济体很难监控货币总量的规模和影响。

10. 中央银行依然依赖在国家危机或国际危机中注入现金和提供信贷措施的紧急权力，不论这种危机是货币危机、股市崩盘、自然灾害，还是大规模战争。

重要术语

纸币	信用货币
奥地利学派经济学家	自由银行制度
奥地利学派经济周期理论	金汇兑本位制
法兰西银行（拿破仑的银行）	金价目标制
北美银行	淘金潮
合众国银行（B.U.S.）	金本位制
联邦银行	1900年《黄金标准法案》
古典金本位制	绿钞
大陆货币	硬通货
粗略货币数量论	休谟-李嘉图的现金流动机制
货币危机	恶性通货膨胀
再贴现率	国际金本位制
软通货	非弹性货币
弹性货币	通货膨胀
交易方程式	通货膨胀缺口
美联储	通货膨胀目标
联邦基金目标利率	凯恩斯学派
1913年《联邦储备法案》	最后贷款人
美联储委员会	价格稳定
流动资产	货币数量论
密西西比泡沫	量化宽松（QE）
货币主义规则	均衡联邦基金利率
货币主义者	实际产出

货币总量
货币基础
货币政策
货币乘数
货币供应量
乘数
拿破仑战争
公开市场操作
产出缺口
1844年《皮尔法案》
物价水平
美联储公开市场委员会（FOMC）

再贴现
德意志帝国银行
法定存款准备金
第二合众国银行
稳定货币
稳健货币
现金流动机制
黄金流入/流出的冲销
真实票据理论
泰勒规则
货币周转率
福利国家

经济学大师

米尔顿·弗里德曼和货币主义

姓名：米尔顿·弗里德曼（1912~2006）

背景介绍：米尔顿·弗里德曼是20世纪首屈一指的自由市场经济学家。弗里德曼出生在东欧犹太移民家庭，是家里唯一的儿子，在纽约长大，毕业于罗格斯大学。1932年，正值经济大萧条时期，弗里德曼获得一份前往芝加哥大学学习经济学的奖学金。在芝加哥大学，弗里德曼遇到了乔治·斯蒂格勒，两人成为终生的同事、朋友和搭档，斯蒂格勒在和剑桥非完全竞争学派抗衡时被称为"微观先生"（斯蒂格勒简介见第8章结尾）。弗里德曼在芝加哥大学遇到了他的妻子，萝丝·戴瑞克特，她是经济学家安然·戴瑞克特的妹妹。弗里德曼夫妇有两个孩子。在战争年代，弗里德曼在位于华盛顿的财政部以及哥伦比亚大学的统计研究小组工作，并获得了芝加哥大学博士学位。他为美国国家经济研究局和主流学术期刊撰写文章，获得了热门的约翰·贝茨·克拉克奖，于1946年开始了在芝加哥大学长期执教的生涯。1967年当选为美国经济学协会会长，1976年获得了职业生涯的最高荣誉诺贝尔经济学奖。

主要贡献：弗里德曼最重要的贡献是货币政策和货币史。弗里德曼和安娜·施瓦茨合著的《美国货币史：1867~1960》雄辩地说明美国大萧条是由美联储的无能而不是实行自由企业制的资本主义造成。这本书揭开反革命的序幕，反对凯恩斯学派的福利国家和大政府总是有益的观点。现在政府被看成问题的原因，而不是解决问题的方法，货币政策显得很重要。教科书将"市场失灵"换成了"政府失灵"，弗里德曼影响了这一切。在他其他的著作中，比如《资本主义和自由》和《自由选择》，弗里德曼提出了实用的改进政府政策提高生活水平的解决方案，包括用来降低通货膨胀和经济周期的稳定货币政策，自由流动的汇率，取消征兵制，社会保障体系的私有化，用于提高教育质量的教育券。弗里德曼于1976年从芝加哥大学退休。在获得诺贝尔奖之后，弗里德曼和萝丝一直生活在旧金山，是胡佛研究所的高级研究员。

名言："事实上是政府的管理不力而不是私营经济的内在不稳定性造成了大萧条，大多数时期的严重失业问题也一样，……现在大家都同意凯恩斯在纯理论层面的提议是错误的。自由市场经济在理论上总能达到充分就业的均衡状态。"（《资本主义与自由》）

第 20 章 财政政策和政府的作用

> 除了和平、轻赋税和宽容的司法行政外,把一个最野蛮落后的国家变成最繁荣的国家,就不再需要别的什么了。
>
> ——亚当·斯密

> 如果每个人可以不受限制地使用他的能力并自由地处置他的劳动成果,社会进步就不会停止,不会中断,不会失败。
>
> ——弗雷德里希·巴斯夏

1788 年,本杰明·富兰克林在给朋友的信中表达了希望生活在 21 世纪的愿望。他说:"有时候我很希望能晚出生二三百年,因为发明如此丰富,又会带来更多的发明创造。目前的进步已是大步流星了。"[1]

作为科学家和经济学家的富兰克林一定会惊讶于科技的进步和 19 万亿美元的美国经济体。如果富兰克林能看到电的使用,电话、电视、计算机、汽车和飞机的发明,他一定会感到不可思议,而现在几乎所有的普通百姓,不论贫富,都可使用这些物质财富。美国的生活水平大概比殖民地时期高出 100 倍。

美国政府的规模一定会令富兰克林和其他美国国父感到震撼。仅就联邦政府来说,2017 财年的预算为 3.7 万亿美元,占到 GDP 的 20%。如果加上福利转移,政府支出则超出 GDP 的 30%。政府的行政分支有 15 个主要的内阁部门,联邦机

---

[1] 马克·史库森编辑,《本杰明·富兰克林自传》,华盛顿,莱格尼里出版公司,2006。

构超过100个,华盛顿的国债为20万亿美元,差不多合人均6.1万美元。

富兰克林说:"勤奋节俭的人都善于自我管理。"① 但是现在,政府成本可不低。我们当中大部分的人从周一工作到周五来支付联邦、州和地方税收。而福利/战争的成本还在增加。

三个重要的政治经济学问题

本章将探讨联邦政府、州政府和地方政府的作用,以及如下三个重要问题。

◇ 政府应发挥什么作用?
◇ 如何资助政府?
◇ 经济学原则如何能消除坏政府,并让政府越来越好,甚至变得更小?

政府应发挥什么作用?国家权力有没有界限呢?大部分国家的政府职能都已超出了公共支出、法律体系和管制这样的基本需求。本章的重点为扩张性政府政策,如何消除浪费以及危害经济运行的政府行为。

自由社会中政府应发挥的作用

构成国家经济基础的三个基本组织:商业、非营利组织和政府。

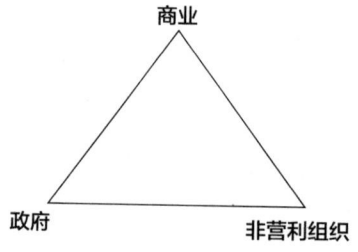

商业包括生产商品和服务以及说服人们购买商品和服务的企业和个人。商业

---

① 马克·史库森编辑,《本杰明·富兰克林自传》,华盛顿,莱格尼里出版公司,2006。

代表经济体中的志愿部门,另一个志愿部门为非营利组织,包括教堂、俱乐部、慈善机构、基金会和非政府组织(NGO)。在美国 NGO 吸纳了 10% 的就业者,法国为 3%。虽然私人营利性企业和非营利组织会直接接受资助,或者通过税收优惠政策间接接受补助,但是他们都不能强迫消费者购买他们的产品或者直接向他们捐款。

政府不同于市场和志愿组织。政府严格地建立在强迫或者警察威胁的基础之上。拒绝缴税要承担民法和刑法责任。在自愿社会里,没有处罚的威胁很多政府行为就无法实施。为什么武力是必要存在的?

要回答这个问题,并讨论理想政府的大小和范围。让我们先从白板(tabula rasa)开始,所谓白板就是假设完全没有政府。什么样的活动需要强制力将它的意愿强加在公民身上?

自由主义立场

政治哲学家几百年来一直对政府存在的合法目的争论不休。自由主义派认为国家存在的目的只有一个:保障公民的生命、自由和财产,这是约翰·洛克的三部曲。弗雷德里希·巴师夏在《论法律》中说:"法律是进行合法自我保护的自然权力机构:保护人的安全、自由和财产权。"[①] 按照这种观点,在自由社会里,只要不侵犯他人,所有的公民都有权做自己想做的事情。社会有权建立司法体系保护人的权利,制定法律惩罚盗窃、说谎、欺诈和谋杀行为,保卫本国不受外敌侵犯。合法的政府用法规、法院和警察来执法并保护公民。

巴师夏认为有两大原因扭曲了法律:"愚蠢的贪婪"和"虚假的慈善"。贪婪让公众掠夺他人的成果:法律将财产从一个人手里夺走给了另一个人。巴师夏举了很多合法掠夺的例子,"社会主义的诱惑":奴隶制、关税、补助、累进税、公共教育、有保障的就业、最低工资、救济权利以及无条件信贷。

巴师夏也警告"虚假的慈善"。他反对各种形式的强迫性福利、教育和宗教。慈善严格意义上应该是自愿的,教育是私人性质的,不应该有国家宗教。

在批评者看来,巴师夏的立场引用托马斯·卡莱尔的话不过是"治安官+无

---

① 弗雷德里希·巴师夏,《论法律》,纽约,经济教育基金会,1996/1850。

政府状态"。现代经济学之父亚当·斯密在巴师夏的清单里又增加了以下政府功能。

◇ 军费充足的保卫国家的军队。
◇ 用于保护自由和财产、确保合同和债务清偿得到执行的法律体系。
◇ 公共工程——道路、运河、桥梁、港口和其他基础设施。
◇ 青少年公共教育的普及。

社会民主派观点

对于当今的社会民主派人士来说，政府的目的有三个。

◇ 配置：提供私人部门不能或不提供的公共物品。
◇ 分配：重新分配财富，减少不平等，伸张社会正义。
◇ 稳定：使本质上动荡的资本主义经济变得稳定。

如果国家可以实现这三个目标，那么政府权力几乎不受限制。

但是，大部分的政治哲学家都认为合法政府的首要核心原则是：国家应该进行自愿市场独自不能开展的有益的活动。正如米尔顿·弗里德曼所言："政府有时候能使我们合伙完成各自无法完成或就算完成成本也很高的事情。"[1]

—— **案例分析** ——

争夺钻石头山的战争：市场失灵的案例？

夏威夷最重要最受欢迎的地标……太过珍贵而不能被毁掉。
——《火奴鲁鲁广告报》社论

政府应该保护当地地标免于遭到商业开发的破坏吗？自由社会里的分

---

[1] 米尔顿·弗里德曼，《资本主义和自由》，芝加哥大学出版社，1962。

区法和其他建筑规范能制止"贪婪的"投机商和"暴富的"开发商进行城市扩张和建造不雅的建筑？

钻石头的故事

为什么钻石头海岸线一排排的摩天大楼和酒店突然被暂停了？20世纪60年代，开发商和保守主义者围绕钻石头山展开了激烈的争论。夏威夷于1959年成为美国的一个州之后，游客蜂拥而至这片太平洋的天堂，而夹在火奴鲁鲁市中心和钻石头山之间的威基基海滩就成了房地产市场最炙手可热的度假酒店和公寓集中区。火奴鲁鲁的报纸刊登了大量钻石头山正在迅速消失的照片，这引起当地居民的警觉。一个名为"拯救钻石头协会"的草根组织于1967年成立，这些协会要求立刻终止在海岸线建造更多的摩天大楼。

为什么要拯救钻石头山呢？英国水手于19世纪在山上发现了结晶岩石并误以为是钻石。保守主义者认为钻石头山是天堂的象征，是中太平洋最著名的灯塔。一位游客在这场争论中写道："钻石头山一直都是夏威夷的标志，而现在却快要变成投机赚钱的象征，崎岖的海岸线就要消失在钢筋混凝土的建筑之后。"

矛盾的是：夏威夷的自然美景和宜人的气候在20世纪60年代吸引了几百万游客前来，而旅游潮反过来又催生了房地产热潮。但是这些摩天大楼以及巨幅广告牌却遮住了吸引游客的自然景观。

开发商和环保主义者之间的冲突在1967年到了紧要关头。在进行了4个小时的听证会后，市议会的9名成员中有5名投票反对对钻石头山进行更进一步的商业开发，其他4位成员弃权。钻石头山在1968年成为官方认可的夏威夷象征。

有没有市场化的解决方案？

市场能不能在持续开发夏威夷的同时不破坏它的自然美景和热情好客的气氛，一定要政府介入吗？

有时候市场在两个冲突的目标之间面临艰难的选择。以钻石头山为例，冲突在开发商和希望保护钻石头山作为夏威夷标志的人群之间展开。不幸的是类似这样的事件让资本主义背负恶名。私人开发商能从不同的角度解决这个问题吗？开发商能出于他们自己的利益而限制酒店和公寓高度吗，既能保护欧胡岛的天际线又能盈利？

自由市场经济学家如何看待分区和建筑规范？哈耶克在《自由宪法》中说地方政府通常在城市规划方面做得很糟，并实行专制。他举了房租管制、分区规划管理和税收过高的例子。但是不管怎样他依然"支持城市中的某些建筑规范"，包括最低建筑规范。①

经济学家通常批评分区法侵犯公民的财产权。汤姆·贝塞尔认为分区法损害穷人利益，造成城市扩张和政治腐败。他以波士顿为例，波士顿是一座没有分区规划却生机勃勃的城市。②

如果保守主义者想挽救钻石头山，他们能购买海岸线的地产，将开发商驱逐出去吗？拯救钻石头山协会可以筹集资金拖住开发商吗？大自然保护协会是一家有90万会员的非营利组织，一直在购买和保护土地与栖息地（在美国超过1000万英亩）。当然，这样的项目需要耗费巨资，1967~1968年威基基海岸的房地产价格已达1英亩大约100万美元。

财产权还包括不受噪音和空气污染的权利。这些权利应该包含原住民欣赏钻石头山风景的权利吗？

经济学家认为政府不应该从事市场或自愿组织可以做得更好的事情。让政府参与私营行业可以做得更好的活动不仅多此一举，造成浪费，还违背经济学的效率原则。

政府在哪些方面可以做得比私营行业更好呢？清单有以下方面。

◇ 国家防御：保卫领土。
◇ 司法体系和游戏规则：政府是规则制定者和裁判，设立法院，

---

① 弗里德里希·哈耶克，《自由宪法》，芝加哥，芝加哥大学出版社，1960。
② 汤姆·贝塞尔，《最辉煌的胜利：历代财产与繁荣》，纽约，圣马丁出版社，1998。

治理商业欺诈、诈骗和破产，捍卫少数族裔权利。

◇ 公共工程：修建道路、公用设施、桥梁和其他的基础设施，而这些对私营行业来说可能成本太高。

◇ 货币体系：稳定经济。

◇ 社会福利体系：为弱势群体建立安全网。

有意思的是，这张政府服务的传统清单上所列的服务在某种程度上都可由私人行业提供，长期以来都有自愿组织提供。比如有私人军队，很多私人警力为商业和封闭式社区服务。私人企业修建道路、桥梁甚至灯塔。私人铸币厂和私人银行铸造钱币提供银行业务。营利性企业发展出了自我管理的方法。教堂和慈善组织几百年来为需要帮助的人群提供社会福利，远早于政府承担了这一责任。

几乎没有政府管理的两个案例

私人领域能比政府做得更好吗？

在被美国宪法取代前，《联邦条例》从 1781~1789 年是土地基本法。《联邦条例》限制联邦政府在进行外事活动、缔结条约、发动战争、维持军队和海军、铸币以及设立邮局方面的权力。政府不能收税，对外贸易以及州际贸易没有控制权，也不能偿还因独立战争造成的巨额债务。各州之间已经设立了贸易壁垒，严重打击自由贸易，美国经济艰难挣扎。在美国宪法成为法律后，政府财政得到改善，法律权利得到保护，13 个州之间可以进行自由贸易，这一切让美国迅速发展繁荣起来。

"无政府"的索马里：科斯定理在起作用

现代社会，索马里是无政府状态的代表。索马里东临埃塞俄比亚和肯尼亚，在 1991~2006 年之间没有任何中央政府。因为没有中央政府，索马里的生活变得非常艰难。比如，在去往首都的路上，司机要经过无数个检查点，每个检查点由不同的游击队把持。在每一个这样的"边境处"，车辆要交从 3 美元到 300 美元不等的"通行费"，具体数额取决于运输货物的价值。要在索马里官方首都摩加迪沙和临时政府的据点乔哈尔之间运输钞票,当地钞票商要花6000美元配置武装卡车、30名枪手,以及3辆配有重机枪的吉普车。

索马里海盗已经袭击了附近海域的几十艘船只。索马里的国家货币先令多年来在没有中央银行或任何支持该货币的发行准备金做担保的情况下流通。军阀之间都在争夺对农村的控制。索马里经常爆发内战,已导致至少30万人丧生。估计只有15%的儿童上学,而周边国家的儿童入学率则为75%。

世界银行最近的一份报告表明,尽管索马里有这么多严重的问题,但是索马里的私营领域在此期间却很活跃。这一现象印证了科斯理论,科斯理论以芝加哥学派经济学家唐纳德·科斯命名,指在没有政府存在的情况下,私营领域会提供替代性服务,这一切取决于交易成本。① 中央巴卡拉市场开始繁荣,各种消费商品,从香蕉到AK–47突击步枪都一直有售,手机和咖啡馆生意兴隆,美元成了流通货币。1994~1996年以及2000~2001年的急剧通货膨胀摧毁了人们对当地三种货币的信心,美元成了流通货币。但是因为没有公共开支,道路和公共设施开始衰落。私企不愿修建道路并收取过路费,因为修路成本明显过高。公共自来水服务仅限于市区。虽然自来水没达到安全饮用的程度,但是随着企业家修建水泥集水区,进行钻孔,或者从城市的公共体系内运水,私营自来水系统已遍及全国。15家航空公司向6个国际机场提供服务,飞机安全在国外的机场会受到检查。司法体系崩溃后,有冲突就依照传统由老人主持的部落会议来解决,部落收取损害赔偿费。但是索马里仍然没有合同法、公司法和商业法。

世界银行总结道:"索马里私营领域所取得的成就可以列出一份很长的清单。私营领域没有成功的地方也可以列出一份很长的清单,很明显这需要政府的介入。但是政府的介入大都不成功。政府的办学质量比私立学校低。不仅向需要补贴的农村地区提供补贴,也向市区提供补贴,而这破坏了正常运行的私营行业。过路费没有用到公路上。法官对法律和判决不感兴趣,似乎对攫取权利更感兴趣。由此得出的结论是,更积极有效的政府角色应该建立在私营领域的优势之上。"

这两个案例让我们深刻领会了两点:(1)政府在维持经济有效运行方面发挥关键作用;(2)在提供社会服务方面,私营领域发挥的作用超出大多数人的预期。

---

① 参见唐纳德·科斯的《社会成本问题》,《法律和经济学期刊》,1960年10月,第3期。

但问题依然是"私营领域能比运行良好的政府提供更好的公共服务吗"。[1]

现在人们经常抱怨大政府造成的问题，认为政府与其说是捍卫自由不如说是霍布斯笔下的列维坦国家，过度管控，过度收税，破坏社会的繁荣。受到限制的政府通常被看作必要之恶。乔治·华盛顿总结的最好："政府不是原因，不是雄辩，而是力量！政府就像火，是个危险的仆人和可怕的主人。"

好政府的活力

小微政府，以及没有好政府或合法政府的国家和社会是有可能存在的。在无休止与大政府的对抗中，不妨思考什么才是"好政府"，以此衡量政府应发挥的作用与实际的差距。

佛罗里达州立大学经济学教授和弗雷泽研究所年鉴《世界经济自由度指数》的合著者詹姆斯·格沃特尼研究多大规模的政府才合适。在过去 10 年中，格沃特尼和他的同事把 100 多个国家的政府作用主要分为五个方面，基于这五个方面来编纂经济自由度指数。

◇ 政府规模。
◇ 法律体系。
◇ 健全货币。
◇ 贸易。
◇ 管控。

格沃特尼很惊讶地发现法律体系对于经济运行很关键。他说："法律体系——法律法规、维护财产权、独立的司法机关、公正的法院系统——是政府最重要的功能，是经济自由和公民社会的核心要素，从统计学的角度来看比其他变量要重要得多。"[2]

---

[1] 塔提纳·尼诺瓦、蒂姆·哈福德，《无政府主义和发明：索马里私营行业在无政府状态下是如何生存的？》，《公共政策》期刊，世界银行，2004 年 11 月。

[2] 詹姆斯·格沃特尼，引自马克·史库森《不可避免的罪恶》，《自由》杂志，2005 年 9 月。

格沃特尼列举了一些缺少完善法律体系的国家，这些国家都存在腐败、财产权得不到保障、合同无法有效得到执行、监管混乱的情况，尤其在拉丁美洲、非洲和中东地区的国家。"市场网络所带来的巨大好处，如贸易、专业分工、市场扩大、大规模生产，在没有完善法律体系的国家都无法实现。"①

国家的合法角色

米尔顿·弗里德曼认为政府的合法角色应该是："政府的规模应该受到限制。政府的主要职能是保护我们不受外敌入侵，以及保护我们的自由不受自己同胞的侵犯；维护法律和秩序，确保合同得到执行，培育竞争性市场。除此之外，政府可能有助于我们合作完成很难独自完成或就算完成成本也很高的事情。"②

亚当·斯密认为这种"天然的自由体系"能带来自由和繁荣的社会。斯密宣称："一个国家从最低级的野蛮状态达到最高富裕水平只需要和平、宽松的税收以及宽容的司法。"③

图20-1中最高点P是积极的政府角色和消极的政府角色的分界点。其中，纵轴代表"社会–经济福利"，是自由公民社会衡量生活质量的标准。在实证研究中，经济学家可能会使用实际人均收入的变化情况，但是这种标准可能局限性太大。

横轴是"政府活动"。O点代表没有政府，政府活动的规模和范围沿着横轴逐渐增加。最极端的情形是极权统治，这就是"绝对政府"，但是我不想使用"100%"政府这样的标签，因为政府不可能控制所有的活动。

---

① 詹姆斯·格沃特尼、罗伯特·罗森，《2004年世界经济自由度报告》，温哥华，弗雷泽研究所，2005。
② 米尔顿·弗里德曼，《资本主义和自由》，芝加哥大学出版社，1962。
③ 亚当·斯密，引自克莱德·E. 丹赫特编辑的《亚当·斯密、作者和经济学家》，博览出版社，1974。

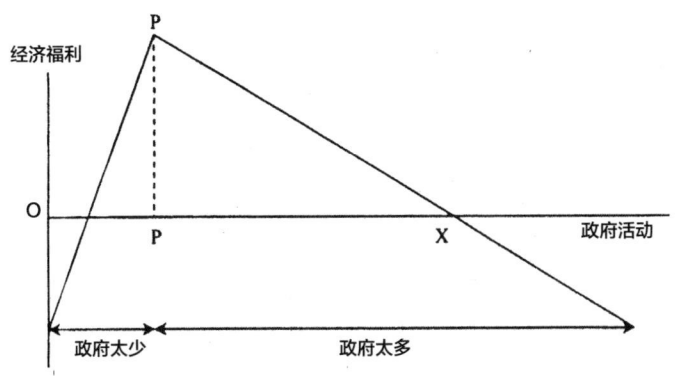

图 20-1 政府规模和经济福利之间的关系

管得太少的政府 VS 管得太多的政府

政府不同的参与程度使国家的表现看起来就像一座山？随着社会从零政府向代表亚当·斯密天然的自由体系的 P 点移动，经济发展也达到峰值。随着政府变得越来越大，无孔不入，经济发展就会放缓，如果政府变得不堪重负，管得太宽，经济甚至会出现负增长。政府管得太多，经济就会窒息；管得太少，经济又无法运转。有没有黄金分割点呢？

在山的左侧，从 O 点到 P 点（最优政府规模）构成了"管得太少"的政府，这部分区域代表国家将很少的资源用在保护公民、财产权和政府管理上。增加政府活动的规模和范围一开始意味着福利的增加，这可以用个体自由度和富裕程度来衡量。点 P 代表最优的政府规模，以及履行政府职能所需的财政开支。P 点是最高点，说明这种规模的政府会最大化地实现社会福利和发展，这也是理想的政府规模。P 点右侧代表的是管得太多的政府。右侧区域说明中央政府已成了负担。P 点右侧的斜线说明经济发展在下降，以至下降到 X 点。X 点说明政府规模过于庞大，无所不管，结果经济和社会呈负增长。

对最优政府规模进行量化

能将 P 点也就是最优的政府规模进行量化吗？有几位经济学家尝试将政府开

支占 GDP 的百分比作为理想政府规模的衡量标准。20 世纪 40 年代，澳大利亚经济学家科林·克拉克说过理想政府的规模应不超过 GDP 的 25%，高于这个比例会损害经济发展。[1] 已故经济学教授杰拉德·W. 斯库利（德克萨斯大学达拉斯分校）对不同国家的研究表明，税率不应该超过 23%。世界银行经济学家维托·坦齐和卢德格尔·舒克内希特分析了从 1870～1990 年间的 17 个国家，他们得出的结论是公共支出在新兴工业化国家不应超过 20%，在老牌工业化国家不应超过 30%。更高的比例会损害经济发展。

如果美国和其他国家拥有不超过 23% 的最优政府规模，他们的经济发展会快多少呢？按照斯库利的计量经济模型，从 1950~2004 年的实际 GDP 年均增长率应该是 5.8% 而不是 3.5%。美国的实际 GDP 到 2004 年应该达到 37 万亿美元，应该是现实 GDP 的 4 倍。换句话说，当今美国家庭的实际收入应该是目前的 4 倍。[2]

每个国家的最优政府规模（P 点）是一样的吗？文化和经济、社会差异会不会导致政府在有些国家更有影响力呢？如果将所有国家的特征都在图 20-1 列出，那么不同的 P 点会不会组成一个很窄的山脉呢？

目前，几乎每个国家都是在 P 点的右侧，如果能够减小政府的规模和范围，则可以提高生活质量。不同的国家，从中国到爱尔兰再到智利都说明缩小政府规模可以大幅提高经济表现。根据弗雷泽研究所对经济自由度所做的最新调查表明，所有国家的自由度都在提高，所以世界经济增长率也在提高就不足为奇了。坦齐和舒克内希特注意到大部分发达国家的政府占到了 GDP 的 40%~50%。他们总结道："我们认为大部分重要的社会和经济成就都是在公共开支水平很低的情况下取得的，不像今天的开支这么高。"[3]

衡量政府行为的五种标准

弗雷泽研究所提出了五种衡量一个国家经济自由度的标准。

---

[1] 科林·克拉克，《税务》，《霍巴特报》，经济事务研究所，1964，第 26 期。
[2] 杰拉德·斯特利，《税收和经济发展》，国家政治分析中心，2006。
[3] 维托·坦齐、卢德格尔·舒克内希特，《20 世纪的公共开支：全球视野》，剑桥大学出版社，2000。

◇ 政府规模：开支、税收和企业。
◇ 法律结构和财产权的保障。
◇ 健全货币（通货膨胀）。
◇ 国际贸易。
◇ 对信用、劳动力和企业的管理。

运用这五种衡量标准，弗雷泽研究所为每个国家都制定了一套经济自由度统计数据。用购买力标准来衡量人均收入，可以看出经济自由度和一个国家的生活水平之间关联性很强。

政府扩张

如果有证据表明管得少的政府会带来更高的经济增长率和更高的生活水平，那为什么20世纪早期至今政府规模一直在稳定扩大？

图 20-2 列出了五个经济大国政府扩张的情形。

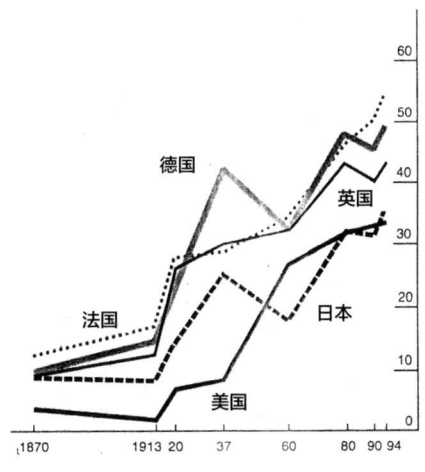

图 20-2　五个国家的政府扩张

政府支出持续增长有两个主要原因：

第一，1929~1933年大萧条的影响。经济大萧条让政府尤其是西方国家的政府建立了为公民提供社会保险、食物券和其他社会服务的福利国家。凯恩斯理论认为政府应超越其首要目标扩大功能，比如提供私人领域无法提供的公共物品，而凯恩斯理论在大萧条时期变得很受欢迎。这些新的政府功能最关注的就是稳定政策，而稳定政策旨在：（1）稳定本质上不稳定的资本主义经济；（2）实行重新分配财富的政策；（3）建立公平社会的体系。

第二，战争对经济的影响。政府规模在"二战"期间迅速扩大。战争扩大了政府规模，但是当战争结束后，政府不会缩回到战前的规模。

福利－战争国家：政府权力的发展简史

当今世界，政府影响所有的商业、消费和投资活动。政府强制性的社会医疗保险、监管机构、收入所得税以及货币管制，这一切的源头是什么？

从历史的角度来看，政府的权力很宽泛：制定法律，重新分配财富，发动战争，管控物价和工资，管理货币，为公民提供社会福利。爱德华·吉本在其经典著作《罗马帝国兴亡史》中经常提到不同的政府功能：提高赋税，货币贬值，福利体系，资助食物和住所，以及人为地降低利率。由于这些政策，罗马饱受战争、官僚主义、恶性通货膨胀、破产、救济猛增以及经济崩溃之苦。

第18章和第19章探讨了政府在财政政策方面的重要作用。国家一直都参与财政事务。在英国，国家福利最早起源于1601年通过的《伊丽莎白济贫法》，此法案规定对每一个英国教区内的房产所有者强制性征税。

19世纪80年代，国家社会主义在欧洲普遍被接受。德国总理奥托·冯·俾斯麦于1889年在德国推行了第一个由国家资助的发放退休金的社保体系。此福利体系面向所有公民，资金来自对雇主和员工收取的工资税，以及政府的拨款。此福利体系还包括伤残抚恤金。

在费边社会主义的影响下，英国第一个建立了缴费型养老保障制度。此保障制度得到了温斯顿·丘吉尔的支持，丘吉尔认为社会保险"让普通人可以得到成百上千万人的救助"。在"二战"期间，威廉·贝弗里奇于1942年在他著名的《贝弗里奇报告》中提出了一个覆盖所有社会主要需求的综合规划。

在美国，富兰克林·罗斯福总统的新政提出了一系列政府规划。罗斯福总统认为理想的社保体系应该提供从摇篮到坟墓的经济保护，《社会保障法案》于 1935 年成为法律。此法案和卑斯麦的福利体系一样面向所有公民，不论是穷人还是富人，为退休者、残疾者和死者提供保障。《社会保障》从 1937 年开始收税。

美国于 1965 年在林登·约翰逊总统执政期间实施了医疗保险（Medical coverage，即现在的 Medicare）、食品券和其他"伟大社会"的福利项目。管理机构也于 20 世纪早期成立。伍德罗·威尔逊总统于 1914 年成立了联邦贸易委员会（Federal Trade Commission, FTC），旨在对抗托拉斯和反竞争行为，保护消费者免于不安全商品的危害。大萧条期间成立证券交易委员会来管理金融市场。食品和药品管理委员会于 1906 年成立，旨在保护公众健康，确保食品安全。环境保护署（Environmental Protection Agency，EPA）由理查德·尼克松总统于 1970 年成立，旨在保护自然环境（空气、水和土地）。

国家和地方政府以及它们所成立的机构成长速度快于联邦政府。联邦政府的雇员数量为 240 万人，而各州的雇员则为 1220 万人。国家和地方政府大幅增加公共教育、基础设施、穷人健康和福利、监狱和执法等方面的开支。

公共选择经济学和政府政策

由于大萧条和战争，政府规模在过去 100 年间迅速扩大。经济学原理能帮助扭转大政府的趋势吗，政府的规模和范围能达到 P 点取得最大的经济效益吗？

"二战"后发展起来的公共选择经济学旨在帮助分析政府和政府官员的行为。公共政策经济学由詹姆斯·布坎南和戈登·塔洛克于 20 世纪 50 年代末和 60 年代初在弗吉尼亚大学提出（目前二人均在乔治·梅森大学任职）。布坎南和塔洛克在他们最初的著作《同意的计算》中分析为什么政府有不断扩大的倾向，开支大于收入。

按照公共选择派经济学家的观点，政治家如同商人一样，也靠自我利益驱动。比如，他们制定政策是为了再次赢得选举。政治家会受到公众的鼓励在地方项目上多投入，但是又不能向纳税人多收税来支付这些项目。没有诸如平衡预算法等外部力量的约束，国会就容易出现赤字。政府中通常没有市场中的激励与约束机制。公众几乎无法控制立法者的过度开支，而立法者更容易顺应有权势的利益集团。结果政府对商业和其他集团的既得利益予以补贴，同时又对公众进行管制和征税，增加成本，造成浪费。正如彼得·德鲁克所说："政府是个拙劣的管理者……一副官僚主义嘴脸……现代政府已变得难以管制了。"①

立法者的市场准则

应该如何更改政策以使政府变得更好、成本更低？公共选择经济学家提出了以下建议。

1. 宪法管理规则。布坎南和塔洛克认为应通过平衡预算法来限制政府权力和开支，要得到大多数人的同意（超过 2/3 的选票）才能增税，保护私人权利（《人权法案》），让立法和管理的权力下放到地方政府，增加政府部门之间的竞争力。

2. 利润驱动和动机。私人行业通过利润驱动来提高效率。通过不断地寻找消灭浪费、降低成本同时满足消费者需求的方法，私企将他们的利润最大化，从而获得成长。公司一方面增加留存收益，一方面对更好的产品和更优秀的员工进行投资。遗憾的是，政府的运作不同于商业运作。这些激励措施一般对政府部门和公务员不起作用。公务员的工资和他们是否服务客户没有关系。

政府有多种改进方式。第一种是使用成本–收益分析。还有一种方式是将政府服务外包或私有化，将修路、监狱管理、收垃圾或者教育面向私企进行竞争招标。私有化在国家政府和地方政府中都发展迅速（我们将在第 27 章进一步讨论私有化）。选择和竞争能带给消费者更多的满足感，并能降低价格。

福利原则

3. 福利。经济学的另一个重要原则是福利原则，这在志愿领域（私人部门和非政府部门）和政府部门同样重要，意味着公民社会应该帮助需要帮助的人，而不是帮助不需要帮助的人，所谓的"福利"也是有限制的。

教堂和福利机构也按照福利原则运作。比如宗教组织如天主教慈善会、后期

---

① 参见彼得·德鲁克的《不连续的年代》。

圣徒福利计划（摩门教）和救世军帮助需要帮助的人，不提倡对独立个体和富人或者欺诈福利体系的人提供帮助。这些组织会问寻求帮助的人是否已到了山穷水尽的地步。这看起来不是那么慈善，但是如果不论什么情况都提供帮助的话，很容易就会浪费用于需要帮助人群的稀缺资源。

举个例子，假设一位牧师在周日宣布教会将向教区的每一个人提供帮助，不管是穷人还是富人，健康还是不健康的人，而不仅仅是向需要帮助的人。牧师宣布："来吧，每一个人，我们支付你们的房租、医疗费用还有汽车。"听众对他们教区新实行的自由主义欢欣鼓舞，很多教会成员都接受了牧师的帮助。消息一传十，十传百，下周教堂里挤满了来寻求帮助的新成员。

牧师对他的新福利计划很满意，因为他的教堂里都是面露微笑充满感激的面孔。几周后，牧师又宣布："我的兄弟姐妹们，因为我们的新福利计划需求太多，我们的钱不够了。很抱歉，需要各位慷慨解囊，在捐款盘传到你面前时需要你将捐款额增加3倍。谢谢！"

一个帮助所有人包括富人和经济独立人士的福利体系会威胁慈善组织的财务状况，并迫使成员捐更多的钱。这样的福利项目浪费宝贵的资源，此外帮助经济独立的人士，对富人进行资助还会产生抑制因素，破坏人们的积极主动性。没有一个实行一视同仁福利计划的教堂和慈善机构能够长久存在。

社会保障金和联邦医疗保险：安全网还是拖网？

自从卑斯麦于1889年设立社会保险，政府就为所有公民提供各种各样的福利计划。国家福利体系除了是需要帮助的人的安全网外，应覆盖所有人，不论贫富。在工业社会，绝大部分工人都要向政府退休体系和医疗项目强制缴费，在65岁时领取退休金和医疗救助。不论是身无分文还是亿万富翁，只要到了65岁，都有资格领取社会保障金（大约每月2000美元，视具体情况而定）和医疗保险卡，用来支付医药住院费。

社会保障金和联邦医疗保险的费用一直在攀升也不足为奇。FICA的工资税从1936年只占工资的1%，到2017年已涨到工资的12.4%（雇主和雇员交的部分都算上）。

社会保障和医疗保险面临越来越高的无资金准备的负债风险。随着更多的人步入65岁，除非削减福利或提高税收，否则这个全民性的福利计划有可能破产。

经济状况调查

不是所有的福利计划都是全民性的。比如，美国的医疗补助计划（Medicaid）和食品券计划就是只针对需要帮助的人，这需要经济状况调查来决定谁有资格领取。

社会保障和联邦医疗保险与食品券计划的对比见图20-3。

项目	总覆盖范围 （单位：百万人口）	当前接受人群数量 （单位：百万人口）	年度总支出 （单位：十亿美元）
社保	171	61	929
医保	165	58	591
食品券	41	41	70

图20-3 美国的社会福利计划

来源：美国社会保障总署，美国农业部，美国预算局，2016。

全民计划（社会保障和联邦医疗保险）和经济状况调查计划（食品券）之间的区别是，社会保障和联邦医疗保险是应享权利，所有公民不论贫富，需要向这些计划缴费，并享有权益。

而食品券只提供给符合要求的人群。林登·约翰逊总统将食品券作为他伟大社会计划的一部分推出，随后该计划迅速发展。由克林顿总统于1996年签署成为法律的《福利改革法案》将食品券的数量减少了10%，但是经济大衰退再次大幅增加了食品券的数量（现在食品券计划被称为营养补充援助计划，Supplemental Nutrition Assistance Program，SNAP）。每6个美国成年人中就有1人领取食品券。

当政府违反市场原则时，比如责任制、福利原则和利润激励原则，就会造成短缺和过剩，浪费和欺诈，成本超支，腐败和寻求特权，财政赤字，以及税收负担过高和过度管控的后果。如果政府采取市场原则，结果就是效率更高，成本更低，服务更好。

社保改革：向私营部门学习

私营部门通常就政府如何更好地管理财政建言献策。企业尤其为困扰社保的无资金准备的负债问题提出解决方案。

"二战"之后，美国的大型公司都将退休金计划纳入员工福利体系中。这些"固定收益"计划在很大程度上是模仿政府的社保体系。公司按照员工的贡献筹钱，将这些钱集中起来成立投资信托，由公司高管管理，退休职工年满65岁后，公司信托基金每月支付他们的退休金。

到了20世纪80年代，公司高管意识到员工交纳的钱和支付给退休人员退休金之间的缺口越来越大。公司面临高额的无资金准备负债，因为退休人员的寿命超过预期，且资本经营者的投资太过保守，只投资政府债券和蓝筹股。同时新员工也大为不满，因为如果他们换工作或者被裁掉的话，他们不满足"特定"年限，并不能从公司的退休金计划中领取他们的福利。和社保不同的是，大多数公司的退休金计划是不能转移的。美国1974年通过的《雇员退休收入保障法案》（Employment Retirement Income Security Act，ERISA）是一部监管员工退休金权益的法案，但是因为裁员、工作流动以及寿命延长等因素，导致各种麻烦事、烦琐的程序以及诉讼越来越多。

如何解决无资金准备的负债问题？公司对此的解决方案是衍生了个人退休金账户（Individual Retirement Account，IRA）计划。401k计划很快成为可供公司选择的退休金计划，并不得撤销。这些"养老金固定缴费"计划解决了公司一直采用的"固定收益"计划中大部分的麻烦问题。根据401k计划，员工而不是公司通过选择不同的共同基金，负责储蓄和控制他们自己的投资。公司不再担负无资金准备的负债，因为不用发放预期的养老金。员工和公司高管也彻底自由了，他们可以将401k储蓄转移到新公司或是他们的个人退休金账户。

根据美国劳工部的统计数据，大部分世界500强企业都采纳"养老金固定缴费"计划或者混合型的"现金-平衡"计划，比如微软、美国在线和家得宝都只提供401k计划，其他更保守的公司，比如IBM正在慢慢调整。

政府的社保体系面临大企业在20世纪80年代和90年代遇到的难题：由于退休人员寿命的提高以及社保信托基金的业绩不佳而造成无资金准备的负债。实际上，确切地说应该是社会保障的资金不足，因为政府的社保体系更像是即付即用而不是真正的固定收益，大部分的基金都流向了企业管理的信托基金。结果，无资金准备的负债，或者是工资税缺口预计在未来 75 年内会超过 20 万亿美元。为了支付众多的当前以及未来的养老金，国会不得不一再提高工资税，预计到 2015 年要将工资税提高到 50% 才能弥补不断扩大的缺口。很少有企业福利计划需要这么高的缴费。

此外，社保信托基金只投资短期国库券，且管理不善。专家估计社保的年回报率对只有一人工作的家庭是 3.5%，夫妻双方均工作的家庭和个体纳税人仅为 1.8%。

解决方案呢？运用责任制和福利原则，社保可以学习企业的做法，转而实行"固定收益"计划，可以逐渐甩掉无资金准备的负债。社保还应将支付能力调查考虑在内。政府没理由将退休金发放给可以自给自足的富人，但是目前对政府计划是强制性的，这就意味着所有纳税人，不管是穷人还是富人，都有领取养老金的权利。自主的、固定收益的计划可以改变这种应得权利心理，并保护真正的穷人。

德鲁克的解决方案：私企作为一种更受青睐的社会机构

彼得·德鲁克（1909~2005）这位管理大师长期以来都认为大企业是维持经济稳定和社会公平正义的媒介。在德鲁克看来，私企是唯一能够以"自由的、非革命"的方式替代大政府，不管这种大政府是民主性质的还是法西斯性质的，又或者是共产主义性质的。只有大企业才能承担起诸如就业、培训、教育以及其他社会福利的社会责任。

"二战"之后，德鲁克被聘为通用汽车的顾问，这使他有机会充分开展他的研究。他对通用汽车详尽的研究都集中在 1946 年出版的《公司的概念》一书中。德鲁克深信大公司在战后应成为"有代表性的社会机构"，他认为美国的大公司如通用汽车应在建设自由工业社会中走在最前面。

德鲁克声称公司不仅仅是一个经济体。"比经济更重要的是心理关系、人际关系和权利关系，这些都是由工作决定的，而不是在工作之外形成的，这是在工人、工作组、任务、直接上司和管理层之间形成的关系。"一个公司的管理者除了承担短期赢利的责任外，还应承担道德和社会责任。在德鲁克看来，大公司作为社会机构在提供退休金、医疗保险、教育、照顾儿童和其他福利方面远比政府做得好。他主张公司福利应取代政府福利。德鲁克也承认公司这样的社会行为会削弱公司的经济表现，但是他否定了米尔顿·弗里德曼对他的批评，弗里德曼认为公司唯一正当的责任就是赢利。一个毫无生机的政府制造了"责任和业绩的真空"，而这个真空只能由大企业来填补。

总结

本章要点

1. 当今世界有三种基本机构构成了我们国家的经济基础：企业、非营利组织和政府。

2. 对政府责任有两种观点：一种是自由主义观点，认为政府权力应该限制在保护公民的生命、自由和财产权以及从事私人领域效率不高的活动上；一种是社会民主派观点，认为政府应为公民的幸福负责，应建立福利国家，通过累进税来重新分配财富和收入，管理企业，在经济危机进行干预。

3. 大部分的公民都支持政府在以下方面有所作为：（a）国防；（b）司法体系，制定法律；（c）公共工程；（d）社会福利体系，为贫穷人群提供帮助，建立安全网。

4. 每个社会都有最优化的政府规模，世界上存在一些迷你政府，但是大部分的政府规模都太大了。从20世纪30年代起，战争和大萧条成为福利－战争国家的两个主要原因。

5. 公共选择经济学家证明通过采纳市场原则可以将政府限定在合法权限内，并可以提高政府效率，这些市场原则包括：（a）宪法管理原则；（b）利益激励；（c）成本－收益分析；（d）竞争；（e）福利原则（不帮助不需要帮助的人）。

6. 社会状况调查可以说明政府如何运用福利原则。食品券需要进行社会状况调查，但是社保和医保则不需要。结果，食品券项目扩张规模非常小，但是社保和医保的发展非常迅速，并造成了大规模无资金准备的负债。社会状况调查，慷慨的免赔额，私有制都将会限制当今福利项目的成本，不过过程会很漫长。

7. 和政府相比，私营企业能更好地为公民提供福利需求——退休金、医疗保险、教育和社会需求。

重要术语

- 配置
- 《联邦条例》
- 科斯定理
- 竞争招标
- 成本-收益分析
- 养老金固定收益计划
- 养老金固定缴费计划
- 分配
- 经济自由度指数
- 1974年《雇员退休收入保障法案》
- 效率
- 联邦贸易委员会
- FICA 税
- 霍布斯的利维坦
- 个人退休金账户
- 社会状况调查
- 非政府组织
- 奥卡姆剃刀定律
- 最优政府规模
- 外包
- 私有化
- 公共选择经济学
- 美国证券交易监督委员会
- 稳定
- 无资金准备的负债
- 既得利益
- 1996年《福利改革法案》

经济学大师

詹姆斯·布坎南、戈登·塔洛克和公共选择

姓名： 詹姆斯·布坎南（1919~2012）和戈登·塔洛克（1922~2014）

背景介绍： 詹姆斯·布坎南和戈登·塔洛克被认为是公共选择学派的奠基人，这一学派从经济学的角度分析政治决策。布坎南生于田纳西州，在芝加哥大学获得博士学位。布坎南在弗吉尼亚大学任教时遇到了戈登·塔洛克，二人于1962年合著《同意的计算》。布坎南随后在加州大学洛杉矶分校、佛罗里达州立大学以及弗吉尼亚理工大学任教。1986年布坎南在乔治·梅森大学公共选择研究中心任教时获得诺贝尔经济学奖。

戈登·塔洛克出生于伊利诺伊州，1947年在芝加哥大学获得博士学位。随后在弗吉尼亚大学、弗吉尼亚理工大学和亚利桑那大学任教，发表150多篇文章，出版著作23本。为《公共选择》杂志的创刊人，2005年作为经济学和法学教授在乔治·梅森大学退休。

主要著作：《同意的计算》，詹姆斯·布坎南和戈登·塔洛克合著；《赤字中的民主》，詹姆斯·布坎南和理查德·E. 瓦格纳合著。

主要贡献：布坎南和戈登合著的《同意的计算》融合经济学和政治学，被认为是奠定公共选择作为一门学科的经典著作。他们的主要理论是自由企业中的激励和约束机制在政府中经常缺失。比如，立法委员制定政策是为了再次当选，这也意味着他们不愿意增加税收（不受欢迎），同时又支持当地的开支项目（受欢迎），结果就是政府财政赤字。为了使政府更加负责任，公共选择经济学家倾向于制定一系列的宪法性规则来扭转公共部门的做法，使他们更加负责任。这些宪法性规则包括：（1）严格限制立法委员提高税收的权力，比如要求绝对多数制（2/3的投票）；（2）保护个体权利，比如美国的人权法案和州公投；（3）将立法权归还地方政府，提高政府部门之间的竞争。塔洛克还发明了"寻租"这个词来描述某个公司或行业通过政治影响（游说）以超过竞争价格的优势获得垄断收入。这样的例子包括农业补贴、出租车牌照、中央银行、广播和电视许可证，更贴切的术语应该是"寻求特权"。

第21章 政府收入和税收政策

> 勤劳善良的人管理成本很低。
>
> ——本杰明·富兰克林

乔治·W. 布什总统和国会于1990年通过了一项对游艇、珠宝、皮草和豪华汽车征收10%奢侈品税的法案，旨在减少国家财政赤字。国会和总统认为这是个温和的征税提案，税收将用于填补赤字缺口。国会确信奢侈品税不会影响穷人，这项税收是"劫富济贫"税——只是有钱人的负担而已。

但是征税后的结果却令人大吃一惊。有钱的消费者停止购买新游艇，或者选择购买国外的游艇或二手游艇，因为这不需要交10%的附加税。对新珠宝、皮草和豪华汽车的需求立刻大幅下降，支持了收入弹性的说法（参见第5章）。结果造成了在豪华游艇或在昂贵珠宝店工作的中产阶级的失业。中产阶级和穷人都受到了奢侈品税的影响，公共大声抗议。

国会很快停止征收奢侈品税，只有豪华汽车除外。在比尔·克林顿总统于1996年签署《小企业工作保护法案》后，针对豪华汽车征收的"劫富济贫"税历经7年后终被取消。

1997年，克林顿总统面临另一个税收政策问题。政府应该降低一年内对股票、债券、房地产和其他资产征收的资本收益税吗？批评者，尤其是凯恩斯学派警告克林顿总统，减税只是减轻富人的赋税，会影响预算平衡。另一派"供给学派"则认为降低资本收益税会刺激股市，刺激经济增长，创造就业机会，同时增加政府收益。克林顿总统忽视批评者的声音，和共和党国会议员一道将资本收益税从

28% 降到 20%。1996 年，在减税生效前，全部的资产税为 664 亿美元，一年后，虽然税率降低，但资产税却增至 793 亿美元，1998 年增至 891 亿美元。1996 年到 2000 年资本收益税增长了 91%，降低资本收益税发挥了关键作用，甚至在 20 世纪 90 年代末发挥了增加大量就业，创造财富的作用。

这两个故事提出了我们今天要讨论的重要的财政问题。

◇ 政府项目的资金来源？
◇ 可以用什么经济学原理和税收理论使政府变得更高效？
◇ "更便宜，更优质"的口号能应用到政府中吗，包括国家政府和地方政府？
◇ 在不过度浪费纳税人钱财的基础上，资助政府活动的最佳渠道是什么？
◇ 政府通过税收、借贷和印钞票来集资，这其中有区别吗？

税收的规模和范围

本章主要探讨税收和税收政策。第 20 章讨论了政府的规模和范围，并发现当今的福利国家政府规模大且成本高。大政府需要各种途径集资，并设置各种机构。因为，自 1990 年起联邦政府预算的开支和收入都在增长。

政府将大部分收入都花在社保、医疗保险、军事开支和贷款利息上。政府从哪里获得资金来支付这些开支？34% 来自社保税（FICA），47% 来自个人所得税，9.2% 来自企业税。

美国 50 个州政府和地方政府筹集资金的渠道各不相同。税务基金会指出，州政府和地方政府在 2016 财年的收入来自以下这几大方面。

财产税	36.4%
销售税	25.2%
个人所得税	25.9%
企业所得税	3.9%
非收税收入和杂费	8.9%

责任制或受益原则：用户付费

哪些经济学原理可应用到税收政策中？

1. 责任制或受益原则，也被称为"用户付费"。此原则将纳税人和受益人联系起来。责任制或"受益原则"的重要性在第6章"供给和需求"中讨论过了。在市场上，从某种商品或服务中受益的个体通常要为此商品或服务付费。如果一个人买了两个面包，他要付双份面包的钱。在用户和付款方之间存在清晰的关系。因为这条受益原则，消费者更负责任。因为他们是从自己口袋里拿钱，所以他们更在意价格和价值。他们会注意价格的差别，货比三家。零售商知道消费者有他们自己的选择，所以尽可能压低价格来吸引顾客。这样，在各个层面上都将浪费降到最低。顾客很在意成本。

受益原则面临的一个问题是有时候很难区分用户。比如，很容易也很方便区分谁在使用主干道，通过征收过路费将用户和付费联系起来。但是征收城市道路的过路费会非常不方便，并造成交通堵塞，将使用服务的用户和为服务付费的人联系起来就变得困难重重了。

假设一个城市的政府想要改进城市道路，谁应该为此付费呢？所有人，还是在道路上开车的人？根据责任原则，使用道路的人应该为此付费。修建收费公路可以确保使用公路的人为公路付费，因为只有使用公路的人才交过路费。但是在城市内这样的解决方案会相当不实际。可能更实际的做法是对汽油征收消费税。政府可以对城市内所有加油站的汽油征收5美分的油税。就是一定要将收税和收税方式都考虑进去。

当然，如果一个城市征收汽油税，而另一个城市不征收，有车一族可能会离开自己的城市到便宜的加油站加油。地方政府征收不同的销售税时，这种情况时有发生。但有时候便捷和时间成本会比税费更重要。

假设州政府设立了钓鱼和打猎部门来监管本州的打猎和钓鱼。按照受益原则，这个州应该怎样维持这个部门？

◇ 一般税收。
◇ 房地产税。

◇ 颁发钓鱼和打猎执照。

根据受益原则,哪一个是正确答案?

——案例学习——

旧金山建造一座新的棒球场:谁来买单?

体育场通常都是政府使用公共资金来建造,然后出租给有专营权的私人体育公司。但是这种传统的资助方式依然有例外。沃特·欧马利将道奇棒球队从纽约的布鲁克林迁至旧金山,欧玛利和他的投资者在1962年修建了道奇体育场。这家体育场依然是私人性质,是几个没有以公司命名的棒球场。

最近的私人集资案例是AT&T公园,这是旧金山巨人队的大本营。通过筹集公共资金来维修破旧不堪和易刮风的烛台公园的提案进行了4次,全部被旧金山湾区的投票者否决了。西夫韦和美林的继承人皮特·马高恩和当地投资者联手买下了这家俱乐部。在成功发售1.55亿美元的大通证券债券后,马高恩耗资3.19亿美元修建了新的体育场。投资人也得到了太平洋贝尔公司、西夫韦、可口可乐和嘉信理财的大力资助。巨人队得到了当地政府1000万美元的税收减免,但不管怎样,这是私人集资建造的体育场。

这家私人棒球场获得了巨大的成功,4.1万座的体育场卖出了3万座的季票,领先其他棒球队,大部分主场比赛票全部卖了出去。其他棒球队的棒球场得到了大量补助,这些棒球场的老板对这种私人集资私人所有的做法持怀疑态度,但仍有十几家球队的老板参观了巨人队棒球场,研究他们的运营方式。

经济学家批评对体育场进行公共资助

最近人们对私人筹款修建职业联盟体育场馆产生了兴趣,这可能受到经济学家研究的影响,他们抨击对体育场馆进行公共资助。印第安纳大学的马克·罗森塔布在《职业联盟输家》一书中研究了5个城市体育场的资助情况，并认为职业运动几乎没有为社区带来就业机会，也没有产生连锁效应。体育场馆抢走了郊区娱乐业和食品摊的生意，通常让当地政府损失惨重。布鲁金斯学会的研究也得出了类似的结论。在对7个城市的主要体育场馆进行研究后，斯坦福大学的罗杰·G.诺尔和史密斯大学的安德鲁·津巴利斯特发现，这些体育场馆根本不能带动当地经济发展和就业，对它们的资助已经超过了它们为当地带来的经济效益。

一个更复杂的例子是对地方警察局进行资助。大部分人都不会同意只有使用警力（比如出现危机或事故）的人为受到的服务付费的观点。警察为每个人提供安全保障，每个人都应该为警察的保护而付费。警察提供安全保障的费用可能来自零售税、房地产税或其他一般性的税收。更有创造性的提议是每个家庭每年都应该交纳"保险"费来支付警察、消防和其他公共服务。

消防作为一种公共服务，通常通过税收进行资助，但是有些城市为了省钱，已经考虑将消防业务外包给私人企业。亚利桑那州的斯科特代尔市的消防业务从一成立就是私人营利性质的。这家名为乡村/城市的公司因其高效的服务受到了广泛赞誉。同样，美国有成千上万个农村社区其消防部门由志愿者组成，这是另一种形式的公私合营。

公平原则

2. 公平原则：税收的另一个核心原则是税收应该简单、公平和公正。这一原则还涉及以下原则。

◇ 受益多付费多。
◇ 税收应该根据"按能力交纳"或"牺牲"原则交纳。
◇ 对类似的纳税人征收同样的税。

累进税：富人应该交纳更高的税吗？

上面的 A 和 B 通常用来解释累进税，也就是富人应该多交税。根据受益原则，如果富人从政府服务中受益更多，根据公平原则他们就应该多交税。如果他们有大房子或者有几千名员工的工厂，难道他们没有从警察、公共设施和国防等服务中受益更多吗？答案可能是肯定的。

为了理解累进税，我们来看下面的例子。假设税率表如下：

收入水平	纳税
5 万美元	1 万美元
10 万美元	1.5 万美元

在上面的例子中，税收结构符合"受益"原则。收入越高，受益越多，因此交税也越多。但是上面的例子说的是递减税。个体收入为 5 万美元的税率为 20%，收入为 10 万美元的税率为 15%。要是采取累进税的话，10 万收入的纳税额应该超过 2 万……比如，如果纳税额为 3 万的话，那么税率为 30%，这就是累进税。

最实际的税收政策是比例税率。单一税总是符合受益原则。收入越高，纳税越多。但是受益原则就不能充分说明累进税的必要性，只是说明收入越高，或者越有钱，交的税就应该越多。但是累进税并不仅仅要求纳税额同收入一起增长，而是比收入增长得更快。

那么上面的按能力交纳或牺牲原则呢？牺牲原则说的是每位纳税人都要做出"均等牺牲"或承担同样的纳税义务。英国经济学家 A.C. 皮古曾认为，高收入者比低收入者富裕太多，因此他们应做出更大的牺牲。按能力纳税的道理也类似。富人比穷人的纳税更简单，因为基本需求只占他们收入中的一小部分，因此，比起中产阶级或穷人，富人更有能力交税或牺牲收入，所以说累进税是合理的。

但是即使按能力交税听起来含糊不清，随着收入的增加，家庭通常会提高他们的生活水平，比如购买更大的房子或者新车，所以 20% 的税率对富人来说可能是和中产阶级和穷人一样沉重的负担。不得不承认，越有钱的人越有更多的"剩余"

财富,但是这种资本投资和慈善捐款的重要来源应该被以税收的形式征走吗?

也许 19 世纪的经济学家约翰·拉姆齐·麦卡洛克(1789~1864)是对的:"当你放弃……以同样的税率向所有人征税个人所得税或财产税这个主要原则时,你就像在大海中,但是没有指南针或船舵,没有比这更愚蠢的了,没有比这更不公平的了。"①

3.效率:税收的第三个核心原则是高效、简便和公平,尽量不影响经济活动。为了实现效率目标,大部分经济学家都同意以下三点。

◇ 税种应该很容易被理解和收取。

◇ 税收应低到不会引起走私和黑市活动。

◇ 税收管辖权的竞争应该是良性竞争(州和州之间,国家和国家之间),如果某个辖区的税收过高,这个地区的人们就会离开或者将商业活动迁走。这种健康的税收竞争会使征税不至于失控。

可能最高效的税收体系就是单一税,只有极少数例外。

——**案例分析**——

烟草税、黑市和犯罪
从纽约长达 50 年失败中学到的教训

作者:帕特里克·弗里诺

因为去年大的州政府出现了预算赤字,所以全国范围内的州议员都将目光转向烟草税来增加税收。2002 年,26 个州提高了烟草税率。2003 年大幅提高烟草税可能会在州立法会议期间提上日程。支持提高烟草税的人士认为这是无害之举,且会提高公共健康水平。但实际上这些烟草税的阴暗面早已为人所知。自从 20 世纪 20 年代第一个州征收烟草税以来,黑市和

---

① J.R. 麦卡洛克,《税收和资助体系》,1845。引自沃尔特·布鲁姆和哈里·卡尔文的《让人头疼的累进税案例》,芝加哥大学出版社,1953。

相关的犯罪活动就一直困扰着征收高烟草税的地区，一直很难打压这样的活动。

由于纽约市政府和州政府制定了高税收政策，纽约市现在的烟草税高居全国之首，纽约州和地方政府对一包香烟总共收了3美元的税。消费者转向了熙熙攘攘的黑市和其他低税香烟渠道。增加烟草税4个月以来，征税香烟的销售额同比下降了50%。

纽约有漫长的香烟逃税史。前州长马尔科姆·威尔逊戏称纽约为"香烟走私犯的天堂"。最近几十年，联邦、州和市政官员所做的研究表明高税收使香烟走私市场异常活跃。黑市已把几十亿美元的合法商业从政府转移到了犯罪分子手里。

可能比资金转移更糟糕的是非法烟草市场带来的犯罪。街头小混混和有组织犯罪为了保护他们的非法利益而进行谋杀、绑架和武装抢劫。这样的犯罪也使普通民众，比如卡车司机和零售店店员受到暴力威胁。

纽约的政策制定者没有意识到过高的香烟税产生的更广泛的影响，而是尽可能多地对这种被妖魔化的产品征税，而这样的错误一再在全国范围内发生。政策制定者通常不会考虑这些影响，而是错误地认为人们对政府实施的经济刺激无动于衷。纽约市过高的香烟税所产生的消极影响向人们敲响了警钟，过高的税率会产生严重后果——即使是对诸如香烟等如此不受欢迎的产品征收过高的税。

帕特里克·弗里诺是税务基金会首席经济学家和美国国会联合经济委员会高级经济学家

来源：卡托政策分析，第468号，2003年1月6日。

不同的税收分类

纵观历史，政府官员提出了几十种向公民征税的方式，主要的税收种类如下。
1. 人头税。"人头税"是指固定的税额，比如100美元，征收对象为所有公民，以此来支付政府的服务。人头税和市场的"单一价格法则"一致（参见第6章）。

比如，面包的价格是固定的，不论人们是穷还是富，是白人还是黑人、男人还是女人，购买的价格是一样的。

对每个公民来说，最低的人头税用于支付基本的政府服务是合理的，但如果用人头税来涵盖一切政府支出，那就不合适了，因为富人比穷人享受更多的政府服务。

很多南方的州通过征收人头税来歧视穷人和少数族裔投票的权利。这样的做法直到1964年才在美国宪法第24条修正案中被废除。

2. 用户使用费。用户使用费和责任原则或受益原则一致，是为政府服务付费的有效手段。这种情形包括使用自来水和电，垃圾回收，公共汽车票，州垂钓许可证，收费公路，公园和博物馆的门票。根据此原则，垂钓的人应该支付政府机构管理河流和湖泊的费用。不进公园的人为什么要为进公园的人买单呢？此外，如果游客花了一定的钱去逛公园，可能公园管理者会更积极地维护公园。

同样，博物馆应该向参观者收费。如果博物馆是"免费"的（所有的纳税人都付费，包括那些从未去过博物馆的人），自由参观博物馆可能会造成过度使用博物馆，并不珍惜参观的机会。而付费可以确保使用服务的人为服务付费，还可能让参观者对博物馆更感兴趣，更珍惜参观机会。

——案例学习——

使用收费公路缓解交通拥堵

作者：小罗伯特·普尔

洛杉矶（2006年8月31日）——你的通勤未来会有多糟糕呢？会更糟糕。未来25年内交通堵塞会增加65%，城市中拥堵的车道——英里数会增加50%。

洛杉矶是当今美国交通状况最糟糕的城市，未来依然是交通最拥堵的城市，高峰期的交通耗时是通畅时的两倍。但洛杉矶不是唯一交通拥堵的城市，还有几个城市，例如芝加哥也有类似的拥堵。

根据理性基金会的调查，到2030年，11个大都会区——亚特兰大、巴尔的摩、芝加哥、丹佛、拉斯维加斯、迈阿密、明尼阿波利斯市/圣保罗、波特兰、旧金山－奥克兰、西雅图－塔科马和华盛顿，都将陷入和声名狼藉的洛杉矶交通大堵塞一样甚至更糟的日常交通堵塞的行列。在这些大都会城市中，高峰期的行驶时间将比非高峰期多出75%。举个例子，平时30分钟的出行将会耗时52分钟。

目前，只有4个城市（洛杉矶、芝加哥、旧金山、华盛顿）的行驶时间延迟超过50%。理性基金会的研究表明，道路通行能力没有和需求、人口增长保持一致，多达30个城市将会出现交通堵塞，交通高峰期的行驶时间比非高峰期多出50%。除了洛杉矶和上面提到的11个城市，以下城市也会加入交通大堵塞的行列：奥斯丁、波士顿、布里奇波特－斯坦福（CT）、沃斯堡、底特律、休斯敦、纽约－纽瓦克（NJ）、奥兰多、费城、凤凰城、圣贝纳迪诺、萨克拉门托、盐湖城、圣地亚哥、圣何塞、坦帕－圣彼得堡和图森。

甚至一些小城市在未来20年内交通拥堵情况也会更严重。比如博伊西和爱达荷的交通拥堵程度会加倍，而纽约的奥尔巴尼交通拥堵程度会是现在的3倍。

根据理性基金会的报告，交通拥堵严重影响经济发展，为了避免或缓解严重的交通拥堵，美国的高速公路和主干道需要增加10.4万车道－英里（比现在的车道－英里数增加6%），未来25年的总成本为5330亿美元。

好消息是这笔投资每年可以节省司机77亿小时的时间。交通治理项目的一部分投入就可以缓解当前以及未来的交通拥堵。

5330亿美元的总成本平均到每年是210亿美元，但这笔钱只占到未来25年公路项目预算的10%~15%，是大城市交通管理局长期项目预算的28%，解决每小时的交通延误成本为2.76美元，是联邦政府资助的交通路线成本的1/10。

"和传统看法相反，通过'增建'来解决极度拥堵的情况是可行的，"北卡罗来纳州夏洛特校区的交通运输研究教授和理性基金会研究的首席作者大卫·哈特根说道，"底线是我们想要缓解拥堵，还是仅仅是维持目前的交通状况，我们需要仔细研究当前的公路计划。"

"未来我们在交通项目上的花费达几十亿美元，但是随着人口增长和货运量的增加，交通拥堵情况会比现在严重得多。如果我们按照计划投入了几十亿美元,"理性基金会交通运输负责人和此研究的项目负责人罗伯特·普尔说道,"我们一定要将交通运输预算花在最能取得成效的地方。我们知道绝大多数美国人需要开车,卡车运输占到了货物运输的80%~90%。除非我们大刀阔斧地增加公路通行量,否则我们的经济体和生活质量都会受到交通拥堵情况的拖累。"

此研究显示出很多大都会地区似乎忽视自己地区的通勤和交通趋势,很多交通规划者不是通过增加公路通行量以及对高速公路的使用率来缓解拥堵情况,而是希望人们改变出行方式,不使用私家车。在非常分散的洛杉矶,只有4.8%的人使用公共交通方式,但是超过长期预算的一半,也就是669亿美元,将用在公共交通上。公共交通预算几乎和用于改善此地严重交通拥堵的预算(677亿美元)一样多。

同样,像圣何塞和盐湖城这样的城市,公共交通在通勤交通中的比例不到3%,但是预算却占到长期交通预算的一半以上。

"增加公路通行量是最重要的需求。收费公路和可变价格公路,交通信号优化,提高事故管理能力,以及更好的公共交通——这可以从公共交通的客流量加以衡量,都应该是综合交通解决方案的一部分。"哈特根补充道,"最重要的是要对所有交通项目的成本效益和节约的延误小时数进行评估。"

理性基金会研究用的是全国交通拥堵数据,3个城市详细的交通数据,以及最先进的计算机模型来计算美国403个城市的交通数据。

3. 消费税(联邦和州)。政府越来越倾向对特定的商品征收消费税来增加税收,包括:汽油、高速公路、轮胎、卡车、枪支、弓箭、电弧/自来水/公用设施、国际机票、机场安保、空运、赌博、国外保险、煤炭销售、原油、珠宝、酒店住宿、酒和香烟,以及其他物品和服务。

政府官员通常无视消费税的间接后果,认为想征收多高的消费税就征收多高的消费税。香烟税已经说明消费税过高会出现走私和黑市。消费税对这些商品的供给和需求的影响如图21-1所示。

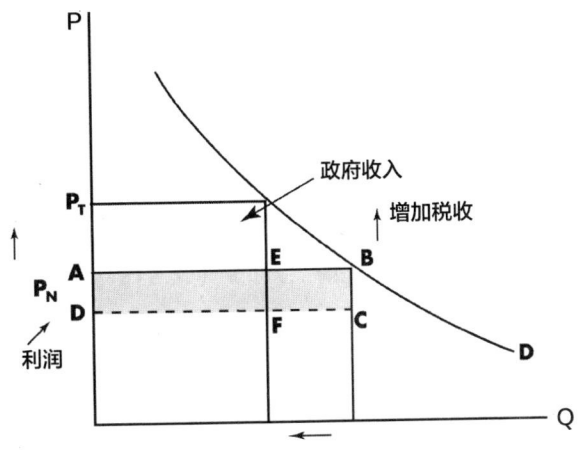

图 21-1 消费税对某种商品的影响

如图 21-1 所示，商品价格随着消费税的增加而增加。这将带来三种影响：

◇ 降低了对此商品的需求。因为过高的价格，消费者减少使用这种商品。

◇ 过高的价格侵蚀供应商/生产商的利润。一般来说，价格越高利润越高，但是在这种情况下，新的利润流向了政府，生产商的利润从长方形 ABCD 降到了长方形 AEFD，下降幅度很大。

◇ 生产商/供应商受到秘密交易和在黑市出售商品的驱动，因为这样不用交税。

在很多情况下，消费税制造了某种商品的人为市场，商品的销售价格比生产成本高太多。因此，在正常情况下，商品的利润率为 10%，但是在黑市却高达 30%。如果已有的生产商不愿进行黑市交易，新的供应商也会，非法供应商冒着高风险进行犯罪活动，钻体系的空子。

政府当局的应对方式有两种：（1）加大警力和处罚力度来打击黑市和非法交易；（2）降低或取消消费税。大部分经济学家都倾向于后者，但是政治家却不愿放弃消费税，因为这是丰厚的收益来源。

4. 销售税（州和地方）。这是以零售价格的百分比来征收的税。大部分国家都征收间接销售税，被称为增值税（VAT），我们将在后面讨论增值税。在美国，销售税是提高州和地方收入最常用的方式，排在房产税、所得税、企业所得税和用户使用费之前。

5个州（阿拉斯加州、特拉华州、蒙大拿州、新罕布什尔州和奥尔良州）不在州一级征收销售税。其他45个州在很大程度上都依赖销售税，并且每当出现财政危机时还要提高税率。税率从3%增加至4%、5%……税率最高的州有：加利福尼亚州（7.3%）、密西西比州（7.0%）、新泽西州（6.9%）、田纳西州（7.0%）、罗德岛（7.0%）、明尼苏达州（6.9%）、内华达州（6.9%）、华盛顿州（6.5%），很多市县可以选择征收额外的地方销售税。比如，在新泽西州，一些城市增加的税率高达5%，以至于新泽西州某些地区的销售税率已达到了惊人的12.9%。大部分州都不对处方药征收销售税。有的州不征收食品和服装的销售税，有几个州不征收非处方药的销售税。

5. 增值税（VAT）。增值税是一种间接税，在美国以外的地区，尤其在欧洲、拉丁美洲和亚洲是最常见的税种。在澳大利亚、加拿大、新西兰和新加坡这些国家，增值税被称为"商品和服务税"（GST）；在日本被称为"消费税"。增值税被称为间接税是因为税是从卖家而不是消费者那里收取的。增值税的出发点是消费税，出口商品通常不征收增值税，外国人离开一个国家时会退税。

增值税是由法国经济经学家、法国税务局局长莫里斯·洛雷于1953年提议设立的。莫里斯·洛雷对大企业征税，后来延伸到所有商业领域。增值税是法国最重要的财政收入来源，占到国家财政收入的46%。增值税在经济供应链的每个阶段都要征收（请回忆我们的四阶段生产模型），因此是对公司产品的增值所收的税。大部分的征税成本是由企业而不是由政府承担。

征收增值税是因为高昂的销售税和关税会造成舞弊和走私。通过在生产的每个阶段征收相对较少的税款，逃税的动机下降了。增值税是隐形税，政府可以多征税，而不会引起老百姓的反感。所以，欧洲政府能够将全部的销售税率提高到两位数，比美国的税率高多了，美国的税率是个位数。现在美国政府的销售税率小于10%，而欧洲的增值税则在15%（卢森堡）和25%（瑞典和挪威）之间。法国和英国为20%。欧盟的一个议题就是试图统一税收体系。根据征税的"效率"原则，这将是个错误。国家之间的税收竞争，尤其是进行自由贸易的欧盟各国之间的竞争，会避免各国把税率提得过高，从而导致商业流失到低税率的国家。

6. 房产税。几乎全球范围内都对土地、房屋和商业建筑征税。在美国，房产税主要用于资助当地政府和公立学校。有的城市和县征收两份房产税,一份用于当地政府的一般性开支,一份只用于公立学校。

房产税每年征收,按照房产评估值的百分比收取。除非出售房产,有些州禁止房产评估值每年增长超过13%。加州宪法第13条修正案是公民反抗高房产税最出名的事件。"抗税风潮"宣言由霍华德·贾维斯发起,于1978年以全民公决的方式通过,结果就是制定了房产税的上限,从而将房产税平均降低了57%。第13条修正案同样规定要提高税率,包括所得税需要州上下两院2/3的票数才能通过,但是加州议员总能找到办法提高其他税收来抵消房产税的下降。根据第13条修正案,对住宅房地产征收的房产税不得超过房产评估值的1%,除非出售房产,房产税上限才被取消。这导致了人为的失衡,因为同一个小区同样的住宅的税率差异很大。

7. **关税**。进口关税是美国早期主要的财政收入来源,但是随着其他税种的出现,尤其是所得税和房产税,进口关税额大幅下跌。除了暂时的反弹,比如1828年的《厌恶关税法》和1930年的《霍利·斯摩特关税法》,进口关税的下降趋势非常明显。在建国初期,进口关税几乎占到了新政府财政收入的全部。到1910年,只占到财政收入的50%,现在则不到政府预算的2%。由亚当·斯密、大卫·李嘉图和其他经济学家提出的国际自由贸易在美国以及很多国家渐渐大行其道。

但是很多国家依然实行保护性关税,在美国甚至有提高进口外国商品价格的呼声。贸易保护主义成了鼓励生产进口替代品的借口,因此像汽车和家用电器这样的商品都是国内制造而不是进口。比如,拉丁美洲的某些政府对进口美国汽车征收300%的关税来鼓励国民购买国产的汽车。什么时候进口关税变得过高,走私和黑市也就不远了。(参见第26章)

8. **联邦、州和地方所得税**。没什么能比所得税和预扣税更能刺激政府的发展了。

19世纪,美国主要依赖对蒸馏酒精、糖、烟草和公司债券征收的国内税,对黄金和珠宝征收的消费税,以及进口商品的关税。

1862年内战期间,林肯总统首次征收所得税,后来又增加了销售税、消费税和遗产税。所得税于1872年内战结束后被取消。1894年格罗弗·克利夫兰总统又恢复了所得税,但是被认定为"直接"税,因此被最高法院判为违宪。1913年通过了第16条修正案，规定个体和公司的所得税永久性成为美国税收体系的一部分。但当时规定最高税率为7%，前两万美元免税。只有非常有钱的人需要填写纳税申报表。

战争改变了这一切。为了资助"一战"，1916年税率被提高到17%，到了1918年提高到不可思议的77%，联邦政府征收了超过10亿美元的税收。

"一战"过后，税率逐渐下降，1929年降至24%，胡佛总统和共和党1930年又将税率提高至25%，1932年增至63%。在新政政策下，1936年边际收益的税率增至79%，1940年为81%，1944~1945年最终增至94%。1944年，富兰克林·罗斯福总统郑重提议实施2.5万美元的"最高工资"制度，要求只要年收入超过2.5万美元，所得税税率统一为100%。国会明智地拒绝了他的提议。

"二战"期间出现了所得税预扣，这一捷径由欧洲发明，美国效仿（因自由主义观点名声大噪的弥尔顿·弗里德曼在任职美国财政部税务官员期间提议征收预扣税）。预扣税和增值税一样，可以使得政府更容易大幅增加对普通老百姓的征税。"二战"前，只有富人缴纳所得税。自从征收预扣税以后，每个人都得交税。1940年，不到1500万美国人填写纳税申报表。仅仅10年之后，到了1950年，这一数字增至5300万。1939年，所得税收入为10亿美元，16年后所得税增至190亿美元。

随着边际税率在20世纪50年代超过90%，聪明的税务会计找到了各种避税手段和税收漏洞来逃避累进税，这些手段包括成立基金会、慈善信托以及境外公司。有些经济学家和官员意识到了这种体系效率低下，建议大幅减税。1964年，《肯尼迪·约翰逊减税法案》将最高税率减至77%，随后罗纳德·里根总统再次减税，这一次减至50%（美国历史上最大的一次减税），1986年的《税收改革法案》将边际税率减至28%，这极大地减少了各种避税行为。老布什将之提高到31%，比尔·克林顿1993年将之再提高到39.6%。2001年，小布什推行减税政策，将最高税率降至36%，但是巴拉克·奥巴马任期内对富人征收的最高税率又回到将近40%。唐纳德·特朗普提出"供给侧"所得税削减，试图扭转近年来提高税率的趋势。

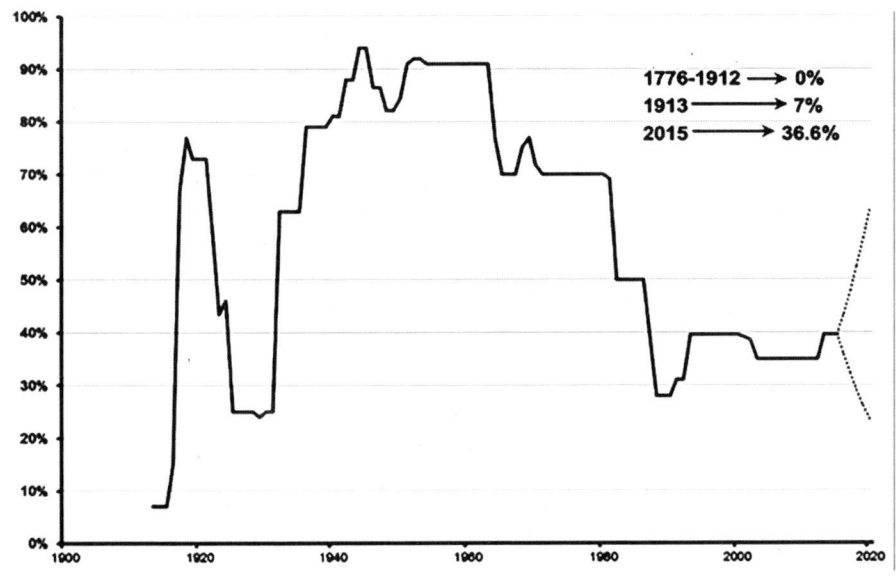

图 21-2 美国 1913~2015 年的最高边际税率

来源：美国财政部；国税局。

收入不均、劳伦茨曲线和累进税

长期以来，围绕累进税的一个争论焦点是累进税帮助降低收入不均，这是所谓自由资本主义的缺陷。约翰·肯尼斯·加尔布雷斯回顾传统的评判观点："现代市场经济用一种极其不平等、对社会有害并且通常是破坏性的观点来看待财富和收入分配。"

对市场资本主义的评论通常受到传统衡量经济福利指标的误导，尤其是衡量收入分配情况的劳伦茨曲线（见图 21-3）。劳伦茨曲线衡量的是不同收入阶层的人占国民总收入的百分比。在美国，收入最高的 1/5 人群通常占到国民总收入的 40%，而收入最低的 1/5 人群只占到 5%。加尔布雷斯说使用劳伦茨曲线来衡量，则美国的收入分配很不均衡，在主要工业国家中已是极端不平衡。

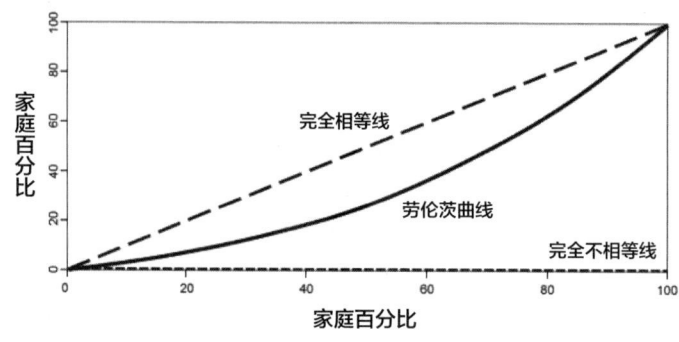

图 21-3 劳伦茨曲线

一些经济学家批评劳伦茨曲线以不公平和误导的方式来衡量社会福利。比如，假设在劳伦茨曲线上出现了完全公平的理想曲线，也就是收入最高的 1/5 人群收入只占到国民总收入的 20%，最底层的 1/5 人群将收入增加到国民总收入的 20%。这种理想曲线意味着什么呢？这意味着所有人——教师、律师、水管工和演员的收入完全一样。

几乎没有经济学家会认为所有人拿同样的工资是一种理想状态，那为什么他们会认为劳伦茨曲线趋向完全公平就合理呢？此外，劳伦茨曲线无法显示一个国家的生活水平随着时间的推移而提高的趋势，它仅仅显示收入的分配情况。为了衡量社会福利的变化情况，经济学家经常用第二种衡量标准——人均实际收入。

比如，美国的人均实际收入自从 20 世纪 70 年代中期以来几乎没有任何变化。但是用其他的标准来衡量，比如消费者支出，商品和服务的数量、质量和种类，都说明美国的人均实际收入在过去 20 年内大幅提高了。这一时期实际人均消费支出增加了 40%。正如理查德·维德教授所说的："有多少美国人在 1975 年拥有 VCR、微波炉、CD 播放机和电脑？"

卫斯理大学已退休经济学教授斯坦利·利伯格特可能在这个领域所做的研究最多。利伯格特教授没有使用诸如人均实际收入等普遍使用的衡量标准，而是使用了更普遍的标准——研究个体消费者市场中的食物、服装、燃油、家务、交通、健康、娱乐和宗教。比如，他使用下表来分析 1900~1970 年美国生活水平的改善，主要在美国没有建立综合福利体系之前。

	家庭拥有率（%）	
	1900 年所有家庭	1970 年的贫困家庭
抽水马桶	15	99
自来水	24	92
中央供暖	1	58
每个房间一个人（或更少）	48	96
电	3	99
冰箱	18	99
汽车	1	41

图 21-4 美国 1900~1970 年的生活水平

来源： 斯坦利·利伯格特，《美国经济》，普林斯顿，1976。

利伯格特在《追求幸福》中一再强调美国的消费者是如何将一个变动不安甚至残酷的社会变成一个让人安居乐业更便捷的社会。药品和医疗设施、人工照明、制冷、交通、通信、娱乐和成品衣，所有这一切都在改善人们的生活条件。就女性的工作来说，每个家庭一周的工作时间从 1900 年的 70 小时下降到 1981 年的 30 小时。家庭主妇在 1900 年每年要用几吨的木柴或者煤烧炉子，用煤油点灯。中央供暖减少了家庭主妇的工作量，不需要一直清洗被煤油、石油、煤或者木柴弄脏的衣服、窗帘和墙壁，也不需要一直扫地或清洁地毯。自动机械化设备进一步降低了家庭主妇的工作量……到了 1950 年，超过 95% 的美国家庭拥有中央供暖、热水、煤气、浴缸和吸尘器。利伯格特评论道："1900 年平均每个城市居民每天的用水量为 20 加仑，农村家庭没有自来水，55% 的家庭甚至没有厕所……到了 1990 年，美国家庭把一年中的两天收入用在每天 100 加仑的用水上，家家户户都使用自来水。"[1]

---

[1] 斯坦利·利伯格特，《追求幸福：20 世纪的美国消费者》，普林斯顿大学出版社，1993。

累进税的衰落

什么导致了累进税的衰落呢？以下是几个主要原因。

1. 企业家精神的胜利，以及资本主义的高效：减税通过将更多的资本从公共领域转移出从而刺激经济发展，因为公共领域相对来说效率低下浪费严重，而企业则更高效。经济增长而不是财富重新分配机制让普通工人受益更多。约翰·肯尼斯·加尔布雷斯也不得不承认："近几十年产出的增加，而不是收入的重新分配，使物质得到了极大的发展，从而提高了每个人的福利水平。"[①]

2. 当税率非常高时（超过 90%），降低边际税率比降低普通税率要容易。实际上，如果没有漏洞的话，边际税率的降低可以通过增加收入来抵消，而降低平均税率也一样，有时候收入还会增加。降低边际税率对政治家来说是一种双赢局面。具有讽刺意味的是，降低边际税率，税收反而增加了。

3. 降低边际税率还可以消除浪费和效率低下的避税行为，减少黑市交易活动。过高的税率会让大批的会计师和律师寻找避税的新途径。结果，涌现出大量的新兴行业来避税。比如房地产行业出现的基金会和境外信托。降低边际税率降低了对避税行为的需求，因为很多人都认为交税更合算。

不用交税、蓬勃发展的地下经济也可以反映出赋税过高、政府监管过严。一些经济学家估计意大利一半的经济都在漏税。地下经济的发展是一个危险信号，说明税收负担过重。不幸的是，这通常被政府理解为需要对没有支付自己"份额"的漏税者采取强硬态度严厉打击，政府认为应该加大打击力度，雇用更多的国税局稽查员来抓捕逃税者。当然，很多经济学家认为征收合理的赋税会让逃税不再那么具有吸引力，会增加人们交税的意愿。经济学家丹·保利在对地下经济研究之后，得出了这样的结论："如果美国国税局要竭尽全力确保收上每一分税款，那美国也就和一个警察国家差不多了。"[②]

4. 税收扭曲了激励。经济学家威廉·鲍莫尔和艾伦·布林德曾问："如果对所有劳动者征收 100% 的收入税，然后将税收进行公平分配以实现完全公平，后

---

① 约翰·肯尼斯·加尔布雷斯，《丰裕社会》，波士顿，霍顿·米夫林出版公司，1958。
② 丹·保利，《地下经济》，纽约，麦格劳－希尔出版社，1982。

果会如何呢？大家都没有动机去工作、投资、冒险，或者从事其他赚钱的活动，因为所有这些活动的回报都消失了。"①

供给经济学家保罗·克雷格·罗伯茨认为过高的累进税抑制人们工作、投资和储蓄的积极性。"供给学派经济学指出了看待财政问题的新视角。供给学派经济学家并不强调税收对开支的影响，而是强调税率直接影响商品和服务的供给。较低的税率意味着有更强的动机去工作、储蓄、冒险和投资。随着人们对更高的税后奖励和盈利做出回应，收入和税收基数都扩大了，因此一些流失的税款重新回到财政部。储蓄率的提高为政府和私人贷款提供了更多的资金。"②

供给学派经济学家用拉弗曲线来解释他们的观点：降低边际税率能够刺激经济增长，在合适的情况下能够增加税收。拉弗曲线（图21–7）描绘了税率和税收收入之间的理论关系。拉弗曲线是由前芝加哥大学和南加利福尼亚大学经济学教授亚瑟·B. 拉弗提出的，拉弗于20世纪70年代末期在华盛顿一家餐厅的餐巾纸上画出了著名的拉弗曲线，用来说明降税有可能会增加税收。

拉弗曲线说明只要税率不太高，提高税率可以增加税收。但是一旦税率超过X，再提高税率就会减少税收，因为过高的税率会打击工作积极性，造成避税行为，甚至非法逃税。图21–5中，如果税率超过禁区，降税（从t_a降到t_b）会增加税收（从r_a增加到r_b）。供给派经济学家指出，美国于1978年和1996年两次降低资本利得税，反而增加了美国财政部资本利得税的收入（本章开篇提及）。

---

① 威廉·鲍莫尔、艾伦·布林德，《经济学：原理和政策》，纽约，乔万诺维奇出版社，第4版，1988。
② 保罗·克雷格·罗伯茨，《供给学派革命》，剑桥，哈佛大学出版社，1984。

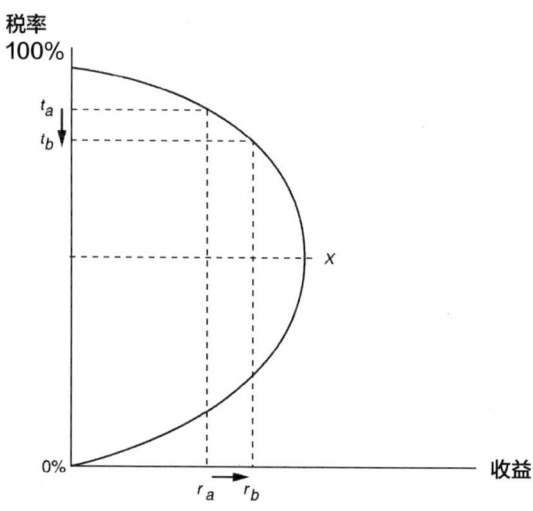

图 21-5 拉佛曲线：降税增加税收

凯恩斯和其他拉弗曲线的批评者关于我们处于拉弗曲线上的什么位置产生了分歧。比如，他们指出里根总统于 1981 年降税，但是财政赤字不是改善了，而是变得更糟。相反，当克林顿总统于 1994 年推动国会将联邦所得税增加到 39.6% 时，供给学派认为提高税率会降低税收，这和奢侈品税的道理一样，但是在扩张性繁荣期，税收反而增加了。市场中起作用的变量太多了。

供给学派经济学在很大程度上和减税风潮连在一起，尤其是降低过高的边际税率。20 世纪 60 年代和 70 年代的累进税和不断扩大的通货膨胀共同造成了"纳税等级攀升"，这提高了中产阶级的纳税等级。布鲁斯·巴特利特注意到："随着税率的提高，人们的储蓄减少了，消费增加，就业机会减少，失业率扩大了。"[①] 供给学派提倡大幅降低对工资、资本收益和其他形式的财富征收的边际税率，以此来激发企业家精神、创新和冒险精神，打击投资和企业钻"避税"的空子。

边际学派让人联想到共和党的罗纳尔多·里根和乔治·W.布什总统，因为他们都提倡大幅降低对个人和企业收入、资本收益和分红征收的边际税率。很多其他国家也采用供给学派的减税主张来刺激经济活动。

---

① 布鲁斯·巴特利特，《供给学派经济学和奥地利经济学》，《自由人》，1987 年 4 月。

单一税运动

Bawley 在他地下经济研究的前言中建议:"自由社会应大幅降税,并简化税率。"这也是很多国家努力的方向。供给学派主张将单一低税作为理想的税收体系,当然这种单一税制允许一小部分个体免税。在美国有用简单的、只有一种税率的单一税来代替当前复杂的、漏洞百出、铺张浪费的税收体系的趋势,这和供给学派密不可分。在罗伯特·E.霍尔和阿尔文·拉布什卡出版了《低税率、简单税率和单一税率》之后,简单、较低的所得税率得到了支持,尤其是在苏联国家,如俄罗斯、拉脱维亚和爱沙尼亚。

苏联解体后的爱沙尼亚在 20 世纪 90 年代早期面临 1000% 的年度通货膨胀率,两年内经济萎缩了 30%。在爱沙尼亚首相马特·拉尔的带领下,这个小国对个体采用单一税率,对再投资利润征收零企业税,同时取消对经济的管制。这些举措相当成功,GDP 实际增长率为 8%。

香港几十年来一直征收 18% 的个人所得税。其他避税天堂征收的所得税率为零,用对进口商品和公司费征税进行补偿。但是,截至目前,主要的工业国家还没有采用单一税制,只有几个国家降低了税收等级。

没有一种理想的税制可以适用于所有国家。竞争促使国家调整税率和收税的途径。欧洲、亚洲和拉丁美洲采取的是高增值税和所得税税制,但是欧洲的竞争促使几个国家大幅削减公司税(爱尔兰降至 12.5%)。美国各州的税收策略也各不相同:大部分州征收销售税和所得税,但是有些州征收销售税不征收所得税(比如华盛顿州、内华达州、德克萨斯州和佛罗里达州),有的州征收所得税但不征收销售税(俄勒冈州和特拉华州)。新罕布什尔州既没有销售税也没有所得税,而是征收很高的房产税,以弥补这一缺陷。

企业所得税和重复征税

企业所得税从 20 世纪早期就是税收体系的一部分。当今美国的企业所得税为 40%,在最发达国家中是第二高,日本的企业所得税最高。欧洲一直削减企业所得税,尤其是爱尔兰为了吸引外资将企业所得税减至 12.5%。加拿大最近将企业所得税减至 15%。

企业的税收一直被认为是重复性征税，企业对全部收益要交税，同时个体要对公司的股息向联邦和州缴纳所得税。而股息不被看作企业支出而免税。很多经济学家都建议国会彻底取消企业所得税。奥巴马总统支持将企业所得税降至 25%，但只有在完全没有税收漏洞的情况下才会取消企业所得税。

固定资产税

最后一项有争议的税种是对投资品征税，比如股票、债券、房地产、珠宝、艺术品和收藏品。政府以消费税、资本收益、地产和遗产的形式对这些资产征收各种税，征收时间为购买或销售时，或者是在投资者或企业所有者去世时。

资本收益税是在股票、债券、基金、收藏品和房地产交易时收取。比如，当今联邦政府对所有持有超过一年的资产收益（收藏品除外）征收 23% 的税率。如果投资品持有不足一年就出售，那税率等同于此人的收入等级，税率甚至可以高达 39%。

假设你以每股 70 美元的价格买了 1000 股 IBM 的股票，一年后以每股 150 美元的价格卖掉，你欠美国国税局多少钱呢？

出售价格	15 万美元
购买价格	7 万美元
长期受益	8 万美元
资本收益税（23%）	1.84 万美元
投资者的回报收益	6.16 万美元

最近几十年，资本收益税已从 40%（20 世纪 70 年代）降至目前的 23%，这反而增加了政府的税收。这是怎么回事呢？因为过高的资本收益税会抑制投资者出售投资品，当投资者卖出一只股票购买另一只股票时，他们要缴纳资本所得税，而这降低了他们的收益。投资者不愿把钱拱手让给华盛顿，知道这钱有去无回。通过降低税率，政府刺激更多的投资者出售投资品。所以，每一次降低资本所得率，

政府的收入都会增加，这丝毫不足为奇，因为投资者会抛出他们的股票和其他资产，将资金投入到回报更高的领域。

有的国家，尤其是亚洲国家不对资本收益征税，因为他们意识到对资本征税会抑制资本的流动，这样资本不会发挥最大的价值。资本收益税就是对资本投资征税。

同样的说法也可以应用到遗产税或继承税，这是工业国家喜欢征收的另一个税种。"死亡"税是对多年来累积的剩余收益所征收的税，在死亡时征收。这些资产作为收入已被征过一次税，现在又被作为财富再次征税。有钱的商人很早就通过建立信托、基金和公司机构来避税。在美国，很多人抱怨他们要出售企业或者家庭农场才能在企业所有者或企业合伙人去世后的9个月内支付联邦遗产税。国会已采取提高免税程度、降低税率的措施，并于2010年取消"死亡"税，但是恢复了对超过500万美元的遗产进行征税。

总结

本章要点

1. 政府通过征收各种税来资助政府的项目：对个体和企业的收入、销售、财产和使用费征税。

2. 有几条经济学原理也可以应用到税收政策上。责任原则或者受益原则是指谁受益谁纳税。使用费可以解释受益原则。

3. 公平原则是指税收应该简单、公平和公正。

4. 社会民主派支持累进税；越有钱的人交的税越高，这是根据"支付能力"和"牺牲"原则而制定的。

5. 税收过高会导致非法逃税的地下经济。某些州的香烟税太高，所以出现了香烟黑市。

6. 过路费可以更高效地使用道路和桥梁，在交通高峰期降低交通拥堵。

7. 对特定商品（汽油、高速公路轮胎、酒精、烟草和机票）所征收的消费税越来越成为重要的财政收入来源。

8. 销售税在美国很普遍，增值税在欧洲很普遍，有时候甚至会高达25%，在美国销售税持续遭到诟病。

9. 随着世界逐渐走向"自由贸易",保护主义、关税逐渐凋零。

10. 在美国平均所得税越来越高,但是边际税率大幅下滑,从91%降到了40%。累进税是常用的将富人的钱重新分给穷人的手段,因此可以减少不平等,但是更多的经济学家和政治领导人认为减税而不是实行累进税才是刺激经济发展的重要手段。

11. 以经济学家阿特·拉弗命名的拉弗曲线说明,如果税收太过苛刻,就会导致地下经济的发展,并降低政府的财政收入。减税理论上可以通过刺激经济发展从而增加政府的财政收入。结果,单一税成为一种趋势。

12. 大多数经济学家都认为企业所得税是一种效率低下的税种,对企业利润和收入征了两次税。近年来已大幅削减对股息、利息和资本收益的征税。

重要术语

支付能力原则	拉弗曲线
责任原则	劳伦茨曲线
受益原则	边际税率
黑市	庇古税
纳税等级攀升	人头税
资本收益税	累进税
直接税	《第13条修正案》
重复征税	贸易保护主义
效率	税收的牺牲原则
公平原则	1996年《小企业工作保护法案》
消费税	1930年《霍利·斯摩特关税法》
经济外部性	供给学派经济学
财政政策	1828年《厌恶关税法》
单一税	地下经济
间接税	使用税
1964年《肯尼迪·约翰逊减税法案》	增值税
凯恩斯经济学	福利经济学

经济学大师

庇古、拉弗和收税

姓名：亚瑟·C. 庇古（1877~1959）和亚瑟·拉弗（1940~　）

背景介绍：两位亚瑟都因税收理论而闻名。亚瑟·C. 庇古是福利经济学之父。庇古于1877年出生在英国的怀特岛，年轻时在剑桥大学国王学院学习，是阿尔弗雷德·马歇尔的学生，1908年成为剑桥大学的政治经济学教授，参加了"一战"，随后深居简出。凯恩斯在《通论》一书中抨击庇古的新古典主义观点。庇古于1943年退休，1959年去世。

阿瑟·拉弗是供给学派经济学奠基人之一，1940年出生于俄亥俄州扬斯敦市。1965年取得了斯坦福大学的MBA，1971年取得博士学位。随后在芝加哥大学执教几年，接着在佩珀代因大学和南加州大学执教，有6个孩子，是里根总统经济政策顾问委员会成员，随后加入加州长阿诺德·施瓦辛格的顾问委员会。现居住在田纳西州的纳什维尔，是一名机构资金管理经理和顾问。

主要著作：《福利经济学》；阿瑟·拉弗提出了"拉弗曲线"。

主要贡献：庇古有两大贡献，福利经济学和对凯恩斯经济学的批判。庇古在《福利经济学》中声称，放任自由的市场机制不可避免地无法实现资源的有效分配。一个例子就是交通堵塞。假设有两条公路连接两个城市。一条公路收费便宜但路面很差，一条很窄但是路面良好（维修成本较高）。庇古得出的结论是路况较好的那条公路会过度使用并且过度拥挤。对这种市场失灵的解决办法（经济学家称之为经济的外部性）就是征税，税额等于公路的平均成本和路面较好公路的边际成本之差。此后经济学家将之称为庇古税，而加以批评。比如芝加哥学派经济学家法兰克·奈特就曾一针见血地批评过庇古的社会福利理论，他说如果公路为私人所有，那公路所有者就会通过收过路费来缓解交通堵塞的问题，因此，根本不需要政府征税来确保资源得到有效利用。从更广的范围看，奈特开创性的论文说明只要产权清晰，自由竞争的环境能够有效配置资源。奈特开创性的评论也使他的追随者，包括布坎南、阿芒·阿尔钦、罗纳德·科斯都去研究产权和经济的外部性。

庇古还指出了凯恩斯"流动性陷阱"理论的缺陷。凯恩斯担心当利率过低而"流动性偏好"过高时，进一步降低利率不会产生任何影响，这时经济可能会严重低迷。而第一个反对流动性陷阱的就是阿瑟·C. 庇古，而凯恩斯在《通论》中诋毁庇古。庇古在 20 世纪 40 年代发表了一系列文章，声称凯恩斯忽视了物价和工资贬值有益的一面：通货紧缩使得钞票、国库券、保险单的现金价值，以及个体和公司的流动资产都实现了增值。流动资产的增值可以提高总需求，当经济触底反弹时可以提供资金来产生新的购买力，雇用新员工。这种实际财富效应被以色列经济学家唐·帕廷金在其著作《货币、利息和价格》中称为"实际余额效应"，可以发挥积极作用，重挫了凯恩斯的流动性陷阱理论和失业均衡理论。

作为供给学派经济学奠基人之一的阿瑟·拉弗最出名的就是拉弗曲线。拉弗认为繁荣的关键是激励人们增加储蓄和投资，资本形成，提高技术进步和生产力，这可以通过减税、取消管制、自由贸易和其他激励措施来实现，这样国家才能迅速发展，提高所有公民的福利。供给学派的主要缺陷是不承认过度赤字开支造成的严重后果。拉弗和其他供给学派经济学家认为减税可以有效刺激经济发展，经济不断发展可以增加财政收入，这足以降低或抵消财政赤字。但更多的税收只会流向华盛顿不受控制的挥霍者。因此，更保守的公共选择学派经济学家如詹姆斯·布坎南就倾向于用宪法修正案来阻止财政赤字，同时限制征税权力。

第 22 章 赤字开支和国家债务

最近的焦点是政府开支变成了平衡轮，遗憾的是，这个平衡轮不平衡。

——米尔顿·弗里德曼

《资本主义和自由》

1940年，"二战"还没全面爆发，美国依旧处在史上最严重的大萧条之中。失业率依然居高不下，千万美国人失业，经济脆弱，股市贫血。大萧条期间富兰克林·D.罗斯福总统的"新政"范围越来越大，但是和GDP相比，联邦政府的财政赤字依然很小，经济似乎卡住了，要一直萧条下去。经济学家一直寻找新的解决方案和新理论。1936年，凯恩斯提出了一种新模型，认为政府在经济周期中应发挥关键作用。他的著作《就业、利息和货币通论》激励了一代经济学家，但是政治领导人和有威望的教授对凯恩斯提出的政府提高财政赤字可以结束经济萧条的观点持怀疑态度。

接着日本在1941年12月袭击珍珠港，美国对日本和德国宣战。庞大的战争机器在1941年将财政赤字从60亿美元增加到890亿美元。20世纪30年代政府商品和服务支出占GDP的15%，1944年则飙升到46%。

扩张性财政政策看起来可以结束大萧条。工业生产大幅增加，上千万失业大军短时间内都找到了工作（主要是参军），劳动力的失业率降到了不可思议的1.2%。此外，大规模赤字开支并没有提高利率。战争期间债券收益率降到1%。政府高额的财政赤字可以解决世界性的经济萧条让大部分经济学家转向新的经济学派——凯恩斯经济学派。凯恩斯的"新经济学"突然变成下一代占主导地位的理论和政治模式，本章随后将详细阐述。

阿根廷、自由兑换和赤字开支

20世纪80年代末期，阿根廷由于军事独裁统治和膨胀的中央集权出现了巨大的财政赤字。阿根廷的经济崩溃，每个月通货膨胀达到200%。民族庇隆党的卡尔·梅内姆于1989年上台。让所有人大吃一惊的是，梅内姆着手进行贸易自由化、取消劳工管制和国有企业的私有化改革。为了抑制通胀，梅内姆在1991年成立货币委员会，并将阿根廷比索直接和美元绑定。任何人都可以在银行提取任何数量的比索，并要求兑换为美元。为了稳住这两种货币之间的兑换，阿根廷中央银行必须将美元储备量保持和比索流通量一致。对于每1比索，政府国库里必须有与之对应的美元。

自由兑换法刚开始像个魔棒，外资重新涌向阿根廷。通货膨胀大幅回落，利率很低，经济复苏。如果梅内姆政府能够保持这种明智的财政政策，阿根廷应该成为整个拉丁美洲的榜样。不幸的是，梅内姆政府没能成功地控制预算，腐败泛滥，在阿根廷生活的成本变得很高。政府开支依然很高，因为有自由兑换法和货币委员会，阿根廷可以以非常优惠的利率向国外借贷来支付巨大的财政赤字。国际货币基金组织一直借钱给阿根廷政府，并延迟阿根廷的偿还期限。梅内姆在1999年的选举中未能连任，到2001年，阿根廷开始对投资者失去信心，因为钱都狂热地涌向对外投资。政府冻结了银行账户，这引发了人们的抗议（出现打砸行为），包括摧毁银行和美国公司所在的大楼以及可口可乐的广告牌。

2002年1月，阿根廷取消了比索和美元的固定汇率，阿根廷欠债不还，外资撤离，涌向阿根廷的资本骤停，阿根廷经济崩溃，用了多年的时间才恢复。

美国在"二战"期间的经历和阿根廷在过去20年间的经历反映了对财政赤字和国家债务无休止的争论。国家债务是好事还是坏事？赤字开支能刺激私营领域还是挤走私人投资？慢性赤字开支是通货膨胀的首要原因吗？在关于财政责任的争论中可以应用什么经济学原理？

财政责任的经典模式

亚当·斯密于18世纪明确提出了财政政策的古典模式。这个古典模式包括以下五大原则。

◇ 节约、储蓄和萨伊定律（供给创造需求、生产比消费更重要）。
◇ 国际金本位。
◇ 自由经济：有限政府。
◇ 预算平衡。
◇ 自由贸易。

前四个原则已在第 4 章到第 20 章讨论过了，自由贸易将在第 26 章中讨论。

古典经济学的前四个原则鼓励约束，在家庭层面和国家层面均如此。节约意味着节省，避免过多的债务。金本位严格限制国家发行的货币量超出金银储备量。有限政府指的是避免浪费、过分管控和机构臃肿。预算平衡意味着收支平衡。

亚当·斯密和其他古典经济学家认为偶尔欠债是有必要的，尤其是在战争、大萧条和其他危机期间。但是危机过去，他们又提倡清偿国家债务。比如亚历山大·汉弥尔顿提议用国家债务来管理战争债务，他还督促国会成立沉没基金来偿还债务。他的提议在 1830 年实现了。与之相仿，法国却没有实践偿还债务的古典原则，并饱受债务之苦（参见下面美国和法国货币实验的区别）。

美国革命 vs 法国革命：货币比较研究

当亚历山大·汉弥尔顿的金融计划在建国不久的美国获得成功时，法国大革命期间刚成立的法国议会借鉴了这个计划，结果却是灾难一场。成功和失败之间的区别是什么？

美国第一任总统乔治·华盛顿任命亚历山大·汉弥尔顿为第一任财政部长。1789 年，汉弥尔顿在《关于公众信用的报告》中提出了基于英格兰银行的财政计划。他督促国会发行新的政府债券来吸纳所有州的战争债务，然后用关税和邮政收入成立沉没基金来逐渐偿还国家债务。这个饱受争议的提议受到了托马斯·杰斐逊和詹姆斯·麦迪逊的反对，但最终在一个著名的晚宴之后被通过。晚宴上，华盛顿和汉密尔顿同意将首都迁往马里兰/弗吉尼亚（被重新命名为华盛顿），以此作为交换国会通过了汉弥尔顿的提议。

汉弥尔顿的提议大获成功，债券被超额认购，经济在稳定的货币体制下繁荣发展。

不同的结局：法国大革命（1789~1799）

在此期间，法国面临同样的全国性经济危机。由于在经济上和金融上支持美国革命，以及和英国没完没了的战争，法国法院要破产。一场由饥荒引起的面包短缺危机连同财政危机引发了法国大革命。1789年7月14日发生了巴士底狱暴乱，随后法国议会成立，法国法院面临24亿里弗的国家债务，而且没有能力偿还。有钱的贵族和天主教教堂在很大程度上是免税的，这就在掌权者当中造成了极度不平等。1790年3月，议会转向印刷纸币，首次印刷了4亿里弗的钞票，以没收的天主教教堂做担保。为了吸引投资者，政府同意支付3%的利率。但是没有沉没基金，也没有税务机构，唯一能做的就是印刷更多的钞票。1790年6月加印了6亿里弗的钞票，1790年9月又加印了8亿里弗。支持印刷钞票的一派，如马特里奥却很乐观："纸币系统在专制政治体制的国家是危险的，它易于造成腐败。然而，制宪国家能够控制纸币的发行与使用。如此，危险也就不存在了。"

法国试图通过对外国商品征收过高的关税来抑制不断恶化的通货膨胀，但是贬值的货币破坏了储蓄，助长了官员和立法者的腐败。法国经济崩溃。正如安德鲁·迪金森·怀特所说的："商业不存在，赌博大行其道。"很快君主制被推翻，恐怖统治上台。成千上万的人被推上了断头台，以1793年国王路易十六和玛丽·安托瓦内特王后被推上断头台为高潮。法国通过了《限价令》，实行物价、工作和利润管控。随后规定金银作为交换媒介是非法的，股票交易被关闭。

1799年拿破仑上台时，法国经济已到了骇人听闻的程度。"政府破产，债台高筑，再想征税似乎不可能……东部的战争——莱茵河、意大利以及旺帝的内战持续不断。"[①]

本杰明·富兰克林在1776~1783年间为美国驻法大使，法国听取了富兰克林的意见，对美国多次放贷，且数额巨大。遗憾的是，10年后他们没有听取亚历山

---

① 安德鲁·迪金森·怀特，《法国的法定货币》，纽约，经济教育的基础，1959。

大·汉弥尔顿的意见。

对国债持古典主义立场一直持续到大萧条时期。古典主义经济学认为战争或全国性危机期间可以暂时脱离金本位，允许出现财政赤字，甚至增印钞票，但是当战争或危机一旦结束，健全的财政政策是偿还债务，平衡预算，并回归金本位制。美国在独立战争和内战期间均实行此政策，当然美国政府在内战和"一战"结束后国家债务持续增长，好在直到"二战"爆发国家债务都没有过快增长。

一直到"二战"爆发，美国基本上奉行的都是古典经济学理论。从"二战"开始，美国的国债开始骤升，部分原因是凯恩斯革命增加了政府开支，并改变了人们对财政赤字的态度。

"二战"后的全球经济：凯恩斯时代

凯恩斯革命和20世纪30年代的古典宏观模型相左，主要有以下四大原则。

◇ "节约悖论"以及否定萨伊定律。增加储蓄会削减收入并抑制经济发展。消费在鼓励投资方面比生产更重要，因此凯恩斯定律替代了萨伊定律："需求创造自己的供给。"

◇ 刻意追求赤字开支。在经济萧条期间，应刻意将联邦政府的预算保持在不平衡的状态。在经济复苏之前应奉行高度扩张性的财政和货币政策，并维持低利率。

◇ 大政府和福利国家。政府应该摒弃有限政府的放任自由政策，在需要时对市场进行干预。在凯恩斯看来，困难时期应该重回重商主义政策，包括采取保护主义措施（用"公平贸易"取代"自由贸易"）。

◇ 积极的货币政策。金本位制的缺陷在于它缺乏弹性，无法应对扩大的商业需求。而管理良好的法定货币更可取。凯恩斯深深地唾弃金本位制，并且在很大程度上成功地取消了黄金作为世界货币基准价格单位。

凯恩斯经济学：资本主义从本质上来说不稳定？

凯恩斯学派产生于大萧条时期。凯恩斯（1883~1946）试图提出一种模型，用来解释经济如何能在相当一段时期内既没有出现复苏也没有出现完全崩溃的迹象，从而维持低于正常状态的活动。①

凯恩斯摒弃了资本主义体系从长期来看可以进行自我调节的古典主义观点。凯恩斯写《通论》的目的是认为市场体系自身有无法避免的缺陷，他要在此基础上建立一个模型。在凯恩斯看来，资本主义不稳定，并且一直处于不同程度的"失业均衡"状态，这取决于金融体系的脆弱和不稳定程度。保罗·萨缪尔森很好地诠释了凯恩斯的意图："从总体购买力和就业情况来看，凯恩斯否认有一只看不见的手能将以自我为中心的个体行为导向社会最优状态。"②

凯恩斯解释了什么是"失业均衡"，但是没有使用图表。当今的教科书都使用图表来阐释总供给（AS）和总需求（AD），如图 22-1 所示。

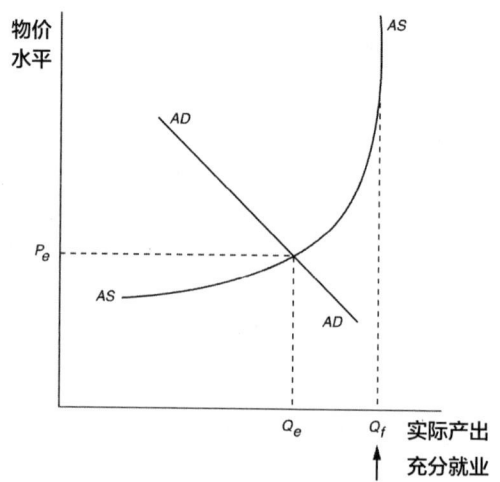

图 22-1 按照凯恩斯观点绘制的总供给（AS）和总需求（AD）模型

---

① 约翰·梅纳德·凯恩斯，《就业、利率和货币通论》，伦敦，麦克米伦出版社，1936。
② 摘自西磨·E.哈里斯编辑的《新经济学》，纽约，可诺夫出版社，1947。

在图 22-1 中，总供给和总需求跟本书第 6 章个人产品的需求和供给模型类似。纵轴上不是单一的价格，而是价格总水平（如 GDP 平减指数）。图中不再是单一的购买量和销售量，而是所有商品和服务的实际总产出。随着总需求计划中物价水平的下降，公众才能买得起更多的商品，所以总产出（Q）增加了。AD 曲线向下倾斜，AS 曲线向上倾斜，随着物价水平的上升，生产商有更强烈的动机生产更多的产品。

但是请注意，AS 曲线在末端几乎垂直上升，这个区域意味着充分生产的极限，这被经济学家称为"充分就业"，也就是资源的充分利用（Q_f）。

图 22-2 描绘的是未充分就业状态下凯恩斯模型中的经济均衡（AS=AS）。按照凯恩斯模型，只有当经济处于充分就业状态时（Q_f），古典模型才适用，但是凯恩斯通论适用于 AS 曲线和 AD 曲线相交的任何一点，比如上图中的 Q_e。

应该怪谁？非理性的投资者！

凯恩斯将资本主义的不稳定性怪罪于金融市场的卑劣行为。《通论》提出了基于金融不稳定性的宏观模型。正如凯恩斯学派的经济学家海曼·P. 明斯基所宣称的："凯恩斯《通论》的要旨就是深度分析金融力量——我们可以用华尔街来代替——是如何与生产和消费互动来决定产出、就业和物价的。"[1] 其他经济学家也认为，凯恩斯的就业和产出理论与刚性工资的关系不如与投资资本市场的预期和不确定性关系大。

凯恩斯抱怨投机者在短期内的非理性"动物精神"，因为投机者在危机期间抛售股票变现，而这样的"非理性心理波动"会影响长期预期。他说："在所有传统理财准则中，对流动性的狂热崇拜是对社会不利的，投资机构将资金集中用于购买'具有流动性'的债券是件好事。"在凯恩斯看来，股市不是筹集资金提高生活水平的有效途径，而是等同于赌场或者赌博。"股市可以是一种叫停的游戏，一种传物的游戏，一种占位的游戏，胜利者属于不过早或过晚叫停的人，属于在游戏结束前能把东西传给邻近者的人，或在音乐停止前能占有座位的人。"[2]

---

[1] 海曼·P. 敏斯基，《"它"能再次发生吗？不稳定性和金融论文集》，纽约，M.E. Sharpe 出版社，1982。
[2] 约翰·梅纳德·凯恩斯，《就业、利率和货币通论》，伦敦，麦克米伦出版社，1936。

凯恩斯说的是经验之谈。他认为1929~1932年的经济危机在没有任何正当经济原因的情况下摧毁了他的证券投资组合，恐慌来自华尔街对现金的狂热需求，他将之称为"流动性偏好"和"流动性崇拜"。

罪魁祸首：不用于投资的储蓄

在凯恩斯的模型中，造成不定期经济衰退的首要原因是储蓄和投资脱节。如果储蓄不用于投资，那么总支出将会降到低于充分就业的水平。如果储蓄只是被藏起来或者存在银行作为超额储备金，或者如同20世纪30年代那样，对流动性的崇拜只会造成全国性的投资和产出下降。因此，节约不再是一项靠谱的社会功能。

凯恩斯在《通论》中认为，在资本主义制度下收入和财富都会增长，但储蓄不被花掉的威胁也在增长。他提出了一项"心理定律"，既"边际储蓄倾向"随着收入的增加而增加。也就是说个体的收入增加，变得更富有，储蓄的比例也会增加。储蓄增长的速度和国民收入增加的速度不成比例。但是发展中的资本主义经济不是一直都面临将这些增加的储蓄用于投资的压力吗？凯恩斯的回答是："可能是，可能不是。"如果储蓄不被用于投资，经济繁荣就会转为经济衰退。在凯恩斯看来，储蓄是一种不靠谱的开支形式。只有当储蓄被用于商业投资时，储蓄才"有效"。把钱藏在床垫下或者银行的保险柜里，对经济和总需求来说都是一种流失。

只有有效需求才重要。消费者和企业的实际支出决定全国性的产出。凯恩斯将有效需求定义为总产出（Y），总产出为总消费（C）和总投资（I）之和。

$$Y=C+I$$

Y，或者是总"有效需求"等于GDP。第14章和第15章中GDP的定义是一年内商品和服务最终产出的总值。凯恩斯学派的统计学家西蒙·库兹涅茨在20世纪40年代早期提出了国民收入核算用于计算凯恩斯的有效总需求。凯恩斯有力地证明了，如果储蓄不被用于商业投资，GDP就不能充分发挥其潜能，经济衰退或萧条说明缺乏有效需求。

凯恩斯定律：需求创造供给

凯恩斯对经济衰退的解决之道是什么？增加有效需求！通过额外支出刺激需求，就会生产更多的商品，经济就会复苏。如此说凯恩斯彻底颠覆了萨伊定律。需求创造供给，而不是反过来。

在经济衰退时增加 Y（总产出）的途径很有限，因为企业不敢冒险将资本用在 I（投资）上。同样的，由于收入的不确定性，消费者可能也不愿意增加消费。如果任由投资者和消费者选择，他们更有可能改变他们的开支习惯。

在公式中增加 G 项

在凯恩斯看来，鼓励政府增加开支是刺激经济的一种方式。凯恩斯将 G（政府）加到国民收入公式中，因此，

$$Y=C+I+G$$

凯恩斯认为政府（G）是独立的一项，可以通过印刷钞票和公共工程来刺激经济。在资源没有得到充分利用的情况下，扩张性政府政策可以扩大"有效需求"，同时不会损害消费和投资。实际上，当经济衰退时，提高 G 可以同时刺激 C 和 I，因此提高了 Y。

凯恩斯支持积极的财政政策

凯恩斯推翻了古典经济学降低物价、工资和浪费性支出，等待经济衰退自行结束的做法。在经济衰退时，凯恩斯建议联邦政府刻意进行赤字支出来快速振兴经济。他提出在类似 20 世纪 30 年代那样严重的大萧条时期应采取更激进的措施：政府开支可能完全是浪费，但依然有用。他声称"修建金字塔、地震甚至战争都

会增加财富"。当然,"更明智的做法是建房子或诸如此类",但是建筑不是关键。①在凯恩斯看来,支出就是支出,不论目标是什么,产生的积极效果是一样的——增加总需求。

凯恩斯更认同公共工程而不是通货膨胀

凯恩斯认为用财政政策(改变支出和税收)进行修修补补要比货币政策(改变货币供给和利率)有效得多。20世纪30年代的利率已低到进一步降低利率不会有任何影响时,他对货币政策和联邦政府失去信心(见图22-2)。引导联邦政府增加货币供给已无效,因为银行不愿意将超额准备金进行放贷。凯恩斯将之称为"流动性陷阱"。由于"流动性偏好",也就是在严重大萧条期间渴望持有现金,新发行的货币只会堆积起来,而不会被用于消费和投资。

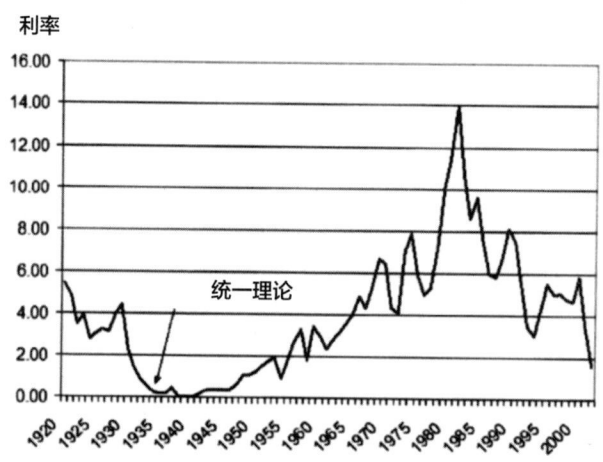

图 22-2 当短期利率已降至最低点时的普遍理论

乘数如何带来充分就业

公共工程有几大好处,首先公共工程是积极支出,让人们有工作,钱流进了

---

① 约翰·梅纳德·凯恩斯,《就业、利率和货币通论》,伦敦,麦克米伦出版社,1936年。

商人的口袋。此外，基于一个国家的边际消费倾向，公共工程还有乘数效应。

乘数的概念是由理查德·卡恩提出的，是凯恩斯工具箱中一个功能强大的新工具。假设在经济衰退期，政府雇用建筑工人和供应商修建一所造价达1亿美元的新联邦大楼。之前失业的工人现在有了收入。1亿美元支出的第一轮被加到经济中。

再假设公众的边际消费倾向为90。这些工人将挣到的1美元中的90美分都花掉了。边际储蓄倾向为10%。在支出的第二轮中，有9000万美元进入到经济体中。

工人将挣到的钱花掉后，就有9000万美元成为商业收入——购物中心、加油站、超市、汽车经销商和电影院。这些商业反过来又会雇用更多的工人来处理新的需求，付给工人更多的工资，而这些工人又将他们收入的90%花掉。他们就有了额外的8100万美元（9000万美元的90%）的支付能力。最终，公共投资产生了乘数效应，带来了一轮又一轮逐渐降低的开支。等到新的支出开始时，累积支出已增加了10倍。凯恩斯的乘数k公式如下：

$$k = \frac{1}{1-MPC}$$

其中，MPC代表边际消费倾向。

在上面的例子中，MPC=0.9，k=10。凯恩斯声称："乘数为10；假设其他方面投资不减，增加的公共工程带来的就业总量是最初公共工程就业量的10倍。"[1]

凯恩斯做了错误的假设

请注意，在凯恩斯的模型中，只有消费支出才能产生额外的收入和就业。凯恩斯假设储蓄是没用的，只会变成钞票囤积或者超额银行储备金。因此，凯恩斯最初提出的模型被认为是"萧条"模型。这是个严重的错误，造成了战后对经济学的诸多误解。

---

[1] 约翰·梅纳德·凯恩斯，《就业、利率和货币通论》，伦敦，麦克米伦出版社，1936。

20 世纪经济学的转折点

两个因素为凯恩斯革命横扫整个经济学界创造了恰当的时机。

第一，大萧条的程度和广度似乎为凯恩斯－马克思主义的观点辩解：市场资本主义本质上是不稳定的，市场有可能时不时就处于失业的均衡状态。

经济历史学家注意到，20 世纪 30 年代那些一心想要消灭失业的国家都是集权主义国家，如德国、意大利和苏联。凯恩斯自己在《通论》的德文版绪言中也承认他的理论"更容易被集权主义政权所使用，而不是描述在自由竞争和放任自由状态下总产出的生产和分配"。①

第二，《通论》刚出版"二战"就爆发了，这非常有力地用实证支持了凯恩斯的政策建议。"二战"期间，政府开支和赤字都飙升，失业消失了，经济产出暴涨。战争看来果真如凯恩斯所宣称的那样对经济是有"好处的"。下面这段话很有代表性，引自一本畅销书："20 世纪 40 年代，一旦开始了大规模、由战争引发的开支，收入随之大幅增长，失业消失了。政府的物品和服务开支在 20 世纪 30 年代一直低于 GNP 的 15%，到了 1944 年突然增加到 46%，失业人口占到了劳动总人口的 1.2%，低到不可思议。"②

凯恩斯经济学的起起伏伏

凯恩斯经济学于 20 世纪 60 年代早期达到顶峰，那时凯恩斯学派经济学家保罗·萨缪尔森、沃尔特·海勒、约翰·肯尼斯·加尔布雷斯成为肯尼迪总统的顾问，协助总统使国会通过了 1964 年肯尼迪—约翰逊减税案，这是通过刻意追求赤字财政来刺激经济发展的计划。这个计划看起来奏效了，美国的经济在 20 世纪 60 年代中期蓬勃发展。那时萨缪尔森的著作高居经济学榜首，一年内销量超过 25 万册。当瑞典银行于 1969 年设立诺贝尔经济学奖时，第 1 届诺贝尔经济学奖——在首先选择斯堪的纳维亚经济学家后，颁给了保罗·萨缪尔森。

---

① 凯恩斯，《通论》，伦敦，麦克米伦出版社，1973/1936。
② 理查德·利普西、彼得·斯坦纳、杜格拉斯·帕维斯，《经济学》，纽约，哈珀与罗出版社，1987，第 8 版。

凯恩斯学派声称经济要和税收支出政策步调一致，轻微的通货膨胀对于保持低失业率是有必要的。凯恩斯学派使用菲利普斯曲线，菲利普斯曲线是由经济学家 A.W. 菲利普斯根据对英国的工资率和失业率之间的实证研究而提出的，在20世纪60年代变得普及（见图 22-3）。很多经济学家都相信通货膨胀和失业之间的权衡是不可避免的。萨缪尔森曾说社会想要保持低失业率，就必须接受高通货膨胀率。在这二者之间做取舍的话，凯恩斯学派认为高失业率比通货膨胀更严重。他们很快使用菲利普斯曲线来为自由财政政策辩护，对凯恩斯学派来说，只要能保持低失业率，通货膨胀是可以忍受的。轻微的通货膨胀不会有害，反而益处多多，所以他们在20世纪60年代追求支持通货膨胀的政策。

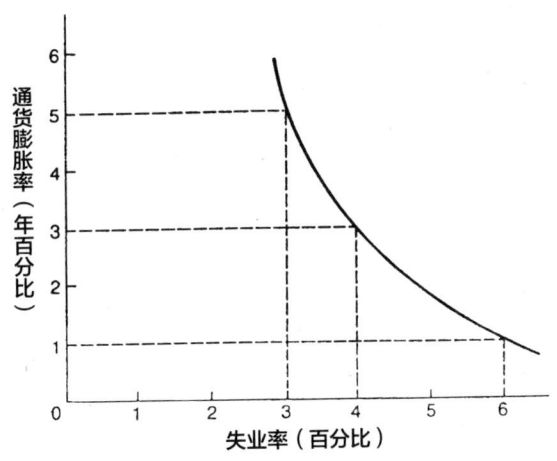

图 22-3　菲利普斯曲线显示在失业率和物价／工资通货膨胀之间的权衡

但是，到了20世纪70年代和80年代，理想状态的菲利普斯权衡被打破了。西方国家发现从长期来看更高的通货膨胀不会降低失业率，反而让失业率更高。"通胀期衰退"的出现，即实际产出变低、物价变高让经济学家首次质疑过分简单的菲利普斯曲线，并对教科书中的模型产生怀疑。

弗里德曼反对菲利普斯曲线

芝加哥学派经济学家弥尔顿·弗里德曼是质疑权威观点的经济学家之一。在1968年就任美国经济学会会长所做的演说中,弗里德曼提出了"自然失业率"的概念来抗衡菲利普斯曲线。弗里德曼认为:"通货膨胀和失业之间总存在临时的权衡关系,但是没有永久的权衡关系。"因此,任何将失业率降至"自然失业率"以下的举措都会加速通货膨胀。此外,"唯一能降低失业率的方式是非预期通货膨胀",而这又不可能。弗里德曼的结论是任何加速通货膨胀的举措最终都会提高而不是降低失业率。因此,通过扩张性政府政策来降低失业率的做法从长期来看都会适得其反,因为公众会预期政策的效果。弗里德曼在20世纪60年代末甚至预测失业率和通货膨胀会同时上升,现在这一现象被称为"滞涨"。[1]

到了20世纪70年代后期,弗里德曼被证明是正确的。当通货膨胀和失业率同时上升时,菲利普斯曲线变得无法辨认,这和20世纪50年代英国的情形正相反。英国首相詹姆斯·卡拉汉曾在1977年一则著名的声明中承认:"过去我们认为可以通过消费度过经济衰退期……我开诚布公地告诉你,这样做完全行不通,就算可以这样做,也只会加剧通货膨胀,下一步就会引发更高的失业率。这是过去20年的经验教训。"[2] 在弗里德曼接受诺贝尔经济学奖所发表的演说中就曾告诫菲利普斯曲线变得"同时增长",也就是失业率和通货膨胀同时提高。

围绕菲利普斯曲线的争论产生了"理性预期"学派,代表人物为1995年诺贝尔经济学奖获得者小罗伯特·卢卡斯。理性预期强调政策制定者可以愚弄公众对通货膨胀产生错误的预期。因此,政府政策通常很难实现它们的目标。

凯恩斯经济学的反击:总供给和总需求

凯恩斯经济学发现了可以解释20世纪70年代经济危机的新工具,从而卷土

---

[1] 弥尔顿·弗里德曼,《货币政策的作用》,《美国经济评论》,1968年3月。亦可参见弗里德曼1966年10月17日在《新闻周刊》上的专栏。

[2] 引自马克·斯库恩《凯恩斯的反对者》,纽约,普雷格出版社,1992年。

重来：总供给和总需求，用 AS-AD 表示（本章前面部分讨论过）。在比尔·诺德豪斯成为萨缪尔森《经济学》第 12 版的合著者时，此书加上了 AS-AD 图。萨缪尔森和其他凯恩斯学派的经济学家用 AS-AD 来解释 20 世纪 70 年代的通胀期衰退（见图 22-4）。

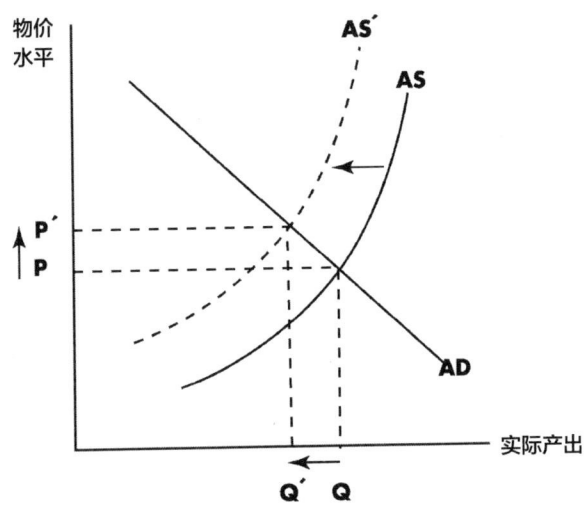

图 22-4 用总供给（AS）和供需求（AD）模型来解释通胀期衰退

按照凯恩斯学派的观点，能源短缺使得 AS 后退到 AS'，结果是物价总水平上升（从 P 到 P'）以及总产出下降（从 Q 到 Q'）。

凯恩斯学派使用 AS-AD 模型进行总结："供给冲击引起物价上涨，随之而来的是产出的下降以及失业率的上升。供给冲击让宏观经济学政策的所有主要目标都倒退。"①

凯恩斯学派的领军人物艾伦·布林德也使用 AS-AD 来解释传统菲利普斯曲线中的变形部分。布林德认为 20 世纪 70 年代之前是以总需求变动为主，由于 20 世纪 70 年代的能源短缺，随后是以总供给为主，由此造成的后果就是滞涨。物价上升，实际产出下降。"1973~1974 年和 1979~1980 年的 OPEC 冲击之后，通

---

① 保罗·萨缪尔森、威廉·诺德豪斯，《经济学》，纽约，麦格劳-希尔出版社，1998，第 16 版。

货膨胀和失业率同时上升，这和菲利普斯曲线的权衡毫不矛盾。"①

所以凯恩斯经济学又从 20 世纪 70 年代的危机中复苏，现代教科书又都加上了 AS–AD 图。用 G.K. 萧的话来说，现代凯恩斯理论"不仅经受住了挑战，同时经历了彻底的蜕变，变得更加令人信服，更有弹性"。凯恩斯学派的学说取得了某种程度的"永久革命"。②

如今的后凯恩斯主义经济学

如 G.K. 萧所说的，凯恩斯主义是一场永久性的革命呢，还是只是一个短暂的插曲，利兰·耶格尔将之称为对新古典理论的临时"偏移"。凯恩斯学派经济学家依然坚信亚当·斯密的体系本质上是不稳定的，尤其是在放任自由的全球金融体系中，需要政府干预（扩展型的财政和货币政策）来维持高水平的"有效总需求"和充分就业。保罗·克鲁格曼近来提炼了充斥当今经济学界的凯恩斯学派的四种观点。

◇ 经济通常是因为总需求不足导致了非自愿性失业。
◇ 市场（放任自由）对需求短缺的反应是既缓慢又痛苦。
◇ 政府政策可以弥补需求短缺，同时降低失业率。
◇ 货币政策通常并不能有效刺激私人领域的支出，政府支出必须时不时地弥补这一缺陷。

经济学思维依然受到凯恩斯主义的影响，日常事件也时时有凯恩斯主义的影子，比如媒体警告观察者，消费者信心下降会威胁经济，或者政客承诺减税会增加就业，因为人们口袋中会有更多的钱去消费，或者警告消费者将退税的钱存起来不会刺激经济发展。

---

① 艾伦·布林德，《冷脑热心》，雷丁，艾迪逊－维斯利，1987。
② G.K. 萧．凯恩斯，《经济学：永久的革命》，汉普郡，爱德华·埃尔加出版社，1988。

对凯恩斯经济学的评价

很多经济学家都批评过凯恩斯的理论，理由有：对储蓄所做的假设不现实，经济学模型过于简单，忽略了货币政策的重要性。仅举几例。

弗里德曼是第一位反驳凯恩斯对大萧条诠释的著名经济学家。他和安娜·施瓦茨合著的《美国货币史：1867~1960》，由美国国家经济研究局和普林斯顿大学出版。他的研究完全和凯恩斯认为货币政策无效的观点相反。根据弗里德曼的研究，相反的结论才正确。弗里德曼证明货币和货币政策一直影响美国经济的起起伏伏。

弗里德曼在研究和写作《货币史》时有两个任务，首先，他想推翻凯恩斯"货币不重要"的主流观点，此观点认为在经济衰退和经济萧条期间扩大货币供给等于"做无用功"，根本不会有效。弗里德曼和施瓦茨证明货币政策在扩张期和紧缩期间都会产生影响。随着通货膨胀在20世纪60年代和70年代蔓延，弗里德曼对货币经济学的研究也变得越来越重要和实用。弗里德曼最著名的一句话就是"通货膨胀归根结底是个货币现象"。①

弗里德曼发现大萧条的真正原因

货币政策的相关性很重要，但是弗里德曼和施瓦茨的研究揭示了更深一层的事实。在他们那本巨著中，有一句惊人的话彻底改变了经济学家和历史学家对20世纪那场最严重的经济事件的看法。

> 从1929年8月循环周期的顶峰到1933年3月的低谷，股市的货币量减少了1/3多。②

30年来，整整一代经济学家都没有意识到美联储从1929年到1933年对美国

---

① 弥尔顿·弗里德曼，《美元和赤字》，纽约，普伦蒂斯霍尔出版社，1968。
② 弥尔顿·弗里德曼、安娜·施瓦茨，《美国货币史：1867 ~ 1960》，普林斯顿大学出版社，1963。

经济造成的破坏程度。他们认为美联储已经在力所能及的范围内竭尽全力阻止大萧条的恶化，只是面对无法抑制的通货紧缩，美联储无能为力而已。根据美联储的体系，一切都无法阻止经济的崩溃。

弗里德曼彻底改变了这一普遍看法。"大紧缩"是弗里德曼和施瓦茨的说法："以悲剧的方式证明了货币的重要性。"弗里德曼有一次这样解释："20世纪30年代早期不是证明货币无法防止经济萧条，恰恰相反，而是证明了货币对于产生经济萧条有多重要，虽然这是个悲剧。"政府行动无能，仅仅是提高利率，并没有采取措施应对通货紧缩和银行破产，让一场普通的经济衰退演变成了20世纪最严重的大萧条。①

政府对货币政策如此无知的一个原因是，直到1963年弗里德曼和施瓦茨在他们的书中提出了M1和M2的统计概念后，政府才发布货币总供给数据。弗里德曼评论道："如果美联储在1929~1933年期间发布货币数量的统计数据，我认为大萧条的走向会不一样。"②

自由市场资本主义不稳定？

从更哲学的层面来看，弗里德曼的货币研究推翻了凯恩斯学派的核心假设，即自由企业资本主义本质上不稳定，只有政府进行干预增加"有效需求"，恢复资本主义的活力，经济才不会一直陷在非充分就业的泥沼中。正如托马斯·托宾所言，亚当·斯密"看不见的手"需要凯恩斯"看得见的手"。弗里德曼的结论则不同："事实是，大萧条和其他大部分的严重失业期一样，都是由于政府管理不善造成的，不是由于私营经济的内在不稳定性造成的。"他进一步写道："与其说是大萧条期间自由企业体系的失败，不如说是政府的失败。"③ 以后，由于弗里德曼和施瓦茨的深入研究，著作在大萧条章节逐渐用"政府失灵"取代了"市场失灵"。

弗里德曼的结论是，一旦货币体系变得稳定，物价和工资保持一定的灵活度，亚当·斯密的自然自由体系就会迅速发展。弗里德曼和凯恩斯的观点相反，弗里德曼坚定地认为新古典经济学理论代表了真正的"普遍"理论，只有政府中央银行的货币干扰政策才会让自由市场经济脱轨。总之，在弗里德曼看来，经济周期

---

① 弗里德曼，《美元和赤字》。
② 弥尔顿·弗里德曼、沃尔特·海勒，《货币政策VS财政政策》，纽约，诺顿出版社，1969。
③ 弥尔顿·弗里德曼，《资本主义和自由》，芝加哥大学出版社，1962。

是由政府而不是市场造成的，而货币稳定性是经济稳定的首要前提。

反储蓄心理

凯恩斯经济学的第二个问题是反对储蓄，第 17 章讨论过。消费支出具有乘数效应，而储蓄会阻碍经济发展的观点即使是在经济低谷期也被证明是错的。储蓄可能是更好形式的支出，因为储蓄为未来的生产力提供了无限可能的收益（用富兰克林的话说就是"节省 1 分钱等于赚了 1 分钱"）。如果公众的储蓄量越大，那储蓄池就越大，利率就会下降，旧的设备被更新，会进行更多的研发，会采用新技术和新的生产流程。未来的收益无法估算。花在商品和服务上的钱过一段时间就用光了，或者逐渐贬值。

凯恩斯的乘数 k 随着公众消费的增加而变大。但是支持者却做出储蓄不被用于投资的假设，这在正常情况下是个错误的假设。实际上，收入 – 消费和储蓄都会被花掉。因此，乘数 k 是无限大的。储蓄在经济体中同样有乘数效应，因为储蓄被用于生产的中间阶段。此外，储蓄的乘数 k 理论上比消费的乘数 k 更具生产力，因为储蓄不会很快被花光。

赤字开支的影响

当今的经济学家质疑赤字开支的刺激效应，不再假设政府开支会自动地在经济衰退期增加国家的福利。

赤字开支根据谁来买单有三种截然不同的结果（这是罗杰·加里森的观点），赤字的承担方可以是下面这些。

- ◇ 国内的储户。
- ◇ 美联储或中央银行。
- ◇ 外商投资者。

第一种，如果赤字由国内储蓄来承担的话，就会产生"挤出"效应，造成利率上升。当财政部在资本市场出售债券时，留给私人企业的投资资本就会减少。

因此，私人企业必须以更高的利率才能借到他们需要的资本。如同 N. 格里高利·曼昆所说："政府采购的增加必须是以相同数额（私人）投资的降低来满足……政府借款降低了全国性的储蓄。"①

第二种，填补赤字的方式是政府从它自己的银行——中央银行借钱，这被称为债务货币化。当美联储购买国库证券时，意味着发行新的货币，这是通过"公开市场操作"来完成的，也就是美联储从商业银行那里购买国库债券和票据。如果美联储是通过从自己的银行账户取钱来购买国库债券，这有无限制的储备（如同有一个无限制的投资银行账户）。过度的货币扩张造成物价上涨的压力，货币随之贬值。这样的通货膨胀不仅造成物价上涨，还会造成暴涨－暴跌的经济周期、资产泡沫以及经济体的其他变形（参见第 25 章）。

第三种，是美国财政部将债务在国际资本市场上卖给外国人。这有几大优势：美国政府不必向自己的公民借钱，控制了通货膨胀，保持低利率。但输出政府债务也有代价：不断增长的贸易赤字。外国人不是购买美国出口的商品和服务，而是购买有利息的国库债券，这带来了两大赤字问题：联邦赤字和贸易赤字。

当今的争论：紧缩 vs 刺激

2008 年金融危机后的缓慢复苏加剧了凯恩斯学派、新古典学派和奥地利学派之间的分歧，凯恩斯学派倾向增加赤字开支，而新古典学派和奥地利学派则支持削减政府开支。哪种政策能带来更快的复苏呢？

为了说明刺激派的观点，我们选取了普林斯顿大学经济学家和诺贝尔奖获得者保罗·克鲁格曼的专栏。

我们时代的故事

作者：保罗·克鲁格曼

2013 年 4 月 28 日 《纽约时报》

多年来一直反对不成熟财政紧缩政策的人这两周心情不错。本是为财

---

① N. 格里高利·曼昆，《宏观经济学》，纽约，沃斯出版社，1994，第 2 版。

政紧缩辩护的学术研究已失去公信力。欧洲委员会和其他地区的强硬派已经软化了他们的措辞，说话的语气无疑已变。

我的理解是很多人依然不明白这是怎么回事。所以看起来这是为大家讲解经济危机本质不错的时机，为什么现在非常不适宜削减开支。

让我们先从最重要的事情开始：经济不像个体家庭。

家庭努力赚钱，尽量谨慎地花钱，挣钱和花钱是完全不同的两码事。而经济作为一个整体，收入和开支是互相依赖的，我的开销就是你的收入，你的开销就是我的收入。如果我们俩同时削减开支，那么我们俩的收入都要降低。

这就是2008年金融危机之后的情形。很多人突然削减开支，不是因为他们选择这样做，而是因为他们的债权人迫使他们这样做。同时，很多人不能或不愿意进行过多的消费。结果就是收入锐减，导致就业率锐减，使得萧条一直持续到现在。

为什么开支锐减？主要是因为房地产泡沫的破裂以及私人领域的债务积压。但是如果你问我，我的看法是人们过多地讨论经济繁荣期出现的问题，而不是我们现在应该做什么。不管过去的错误如何严重，我们都不应该以年复一年的大规模失业为代价。

那我们怎样才能降低失业率呢？答案就是，一直到私人领域愿意进行投资之前，政府进行高于正常水平的开支来支撑经济。要点是在当前的状态下，政府不是——我重复一次，不是，和私人领域进行竞争。政府开支不会将资源从私人领域分走，而是让闲置不用的资源得到利用。政府借款不会挤走私人投资，只是调动了本来会闲置不用的资金。

我要说明的是，不是任何情况下都需要更大的政府开支以及更大的财政赤字，有人说像我这样的人总是希望更大的财政赤字，这样的说法是不对的。因为经济并不总是像现在这样——实际上，目前的经济情形是非常罕见的。一旦经济恢复常态不再萧条，我们应该尽量降低赤字和政府债务。但是目前我们仍在处理三代人中才出现一次的金融危机的余波，目前不是实行紧缩政策的时候。

好了，我刚才给你讲的故事，但是你为什么要相信呢？不管怎样，总有人认为根本问题出在经济的供给面上：工人缺乏所需要的技能，失业保险抑制人们的工作积极性，或者全民医疗保险的潜在威胁使公司不敢招人，诸如此类的理由。

我们怎么知道他们错了呢？

这个话题我可以滔滔不绝一直讲下去，但是看看这场争论中双方所做的预测。我从一开始就预测过高的财政赤字几乎不会影响利率，美联储大规模的"印钞"（这样描述美联储的实际政策不太好，但是没关系）不会造成通货膨胀，而紧缩政策会导致严重的经济衰退。另一方嗤之以鼻，他们坚持认为利率会高上天，紧缩政策最终会扩张经济。问问证券交易员，或者问问西班牙、葡萄牙受苦的大众，结果到底是什么。

故事果真如此简单吗？如此轻松就能摆脱失业的折磨？是的，但是有权有势的人不愿意相信。他们中的有些人本能地认为受苦受罪是好的，我们应该为过去所犯的罪过付出代价（即使过去的犯案者和现在的受难者已是不同的群体了）。有些人将危机看成是拆除社会安全网的大好时机，政治精英从富有的少数派那里寻找答案，而富豪可不会感受什么痛苦。

现在的情形是支持紧缩政策的人丢了他们的知识分子遮羞布，暴露出了他们一贯的偏见、机会主义和阶级利益。或许，仅仅是或许，这突然的暴露可以让我们有一个应对大萧条的机会。

为了回应克鲁格曼的文章，我们选取了卡图研究所的经济学家理查德·W. 拉恩的文章。

绝望的凯恩斯学派

作者：理查德·W. 拉恩

2013年1月5日 《华盛顿时代》

如果事实不支持你所相信的，你该怎么办？如果你诚实，你会重新思考你之前所相信的。如果你是凯恩斯学派经济学家，如《纽约时报》的专栏作家保罗·克鲁格曼，你会做出愚蠢的论断。克鲁格曼先生在1月31日的专栏中写道，他希望"能看到紧缩政策成功的案例"。

如果你是凯恩斯学派的经济学家，如克鲁格曼先生，你会认为"紧缩"

就是降低政府开支占GDP的比例。但如果你是古典奥地利学派的经济学家，你会认为降低政府开支不是紧缩政策，而是刺激发展的政策。

克鲁格曼先生似乎忘了当里根总统能够将他大部分的政策在民主党控制的国会通过后，政府在GDP中所占的比例就下降了（克鲁格曼先生会将此称为紧缩）。经济繁荣发展，就业率大幅增长。同样地，在克林顿政府和共和党国会时期，政府开支在GDP的比例也下降了，但经济和就业同样增长。

或许被克鲁格曼先生称为"紧缩政策"大获成功的经典案例是瑞典。瑞典在20世纪60年代、70年代和80年代大幅增加政府开支，以至于到了1992年，政府开支占到GDP的67%，国债占到70%，赤字占到GDP的11%。同时，人均收入从世界第4跌至第14位。瑞典在20世纪90年代中期反其道而行之，将政府规模削减1/4，将最高边际税率降低27%，同时将公司所得税降至22%（美国为35%）。

这些经济改革的结果就是瑞典的债务现在占到了GDP的37%，瑞典的预算有盈余。《经济学人》在2月2日发布的瑞典经济革新中指出，在过去20年间，"这样的改革使得一个小型、开放的经济得以迅速从2007~2008年的金融风暴中恢复"。

加拿大也和瑞典一样在20世纪90年代之前允许政府变得过于庞大。加拿大削减了大约20%的政府规模，降税，现在的公司所得税只有15%，同时实行其他支持经济发展的政策。结果就是加拿大不是继续落后于美国，而是和我们不相上下了。一个有力的信号是，加元从等于美元的60%涨到和美元价值相当。

克鲁格曼先生特意指出"大幅削减开支"在爱尔兰和英国不奏效。在爱尔兰银行危机之后，爱尔兰将政府开支增加到GDP的30%，现在又削减政府开支，现在的政府开支"只"比2007年充分就业时期高了16%——这根本不是大部分人理解的紧缩。英国虽然一直喊着要削减政府开支，但是自2011年以来只降低了1%，占GDP的比重比2007年高出11%。克鲁格曼先生，这哪来的"紧缩"之说？

大部分国家在2008~2009年的金融危机中都提高政府开支在GDP中的比重，私人领域在很多国家都缩水。很多发达国家采取了一些古典凯恩斯学派的"财政刺激"措施，即增加政府开支。而那些很快停止或从未实施过"财政刺激"的国家经济发展和就业率要好于政府开支比 2007 年高很多的国家。支持凯恩斯学说的经济学家预测法国、英国和美国在过去 3 年的经济本应发展得更快，这是因为他们的预测是建立在蹩脚的理论之上。

如果你上过统计学和经济学的基础课程，很容易就可以检验过去几年内增加政府开支在 GDP 中的比重是加快还是减缓经济发展速度和就业率。克鲁格曼先生说他在寻找古典奥地利学派政策成功的案例，我也在寻找凯恩斯政策成功的案例。

公共选择经济学家的贡献

"公共选择"经济学家也参与了对赤字的讨论。比如，詹姆斯·布坎南和理查德·瓦格纳写了《赤字中的民主》，试图回答为什么联邦财政会逐渐失衡这个问题。布坎南和瓦格纳指出民主缺乏财政约束，因为代表是由选民选出来的，他们关心的是再选。提高税收肯定不受欢迎，而在他们选区内受欢迎的项目上花钱通常可以取悦选民。结果就是政府的财政失衡，导致了财政赤字而不是盈余。即使是在充分就业和经济繁荣期，政府领导人也不愿限制开支，或者提高税收来弥补缺口。

公共选择经济学家将国会比作企业，国会规定每个代表，或者全部 535 位代表信用卡总支出的最高上限，但是每个代表的单个信用卡则没有上限。每个代表都想尽可能地增加开支，这样全部 535 位代表将平分账单。在这样的机制下，每个国会议员都不愿意限制开支。

公共选择经济学家提出了几种对州预算和联邦预算进行制度限制的建议来解决这个难题。

1. 平衡预算的宪法修正案。50 个州中的大部分州每年都被迫要平衡它们的预算，否则重要的州内服务就会自动被关闭。这通常迫使这些州突然削减项目预算或提高税收，这增加了它们为财政负责的压力。平衡预算一般是各州调整预算的首要原因，但是对联邦预算没有这个要求。

2. 对提高税收设限。当各州面临要么削减项目开支要么增税的难题时，通常的做法是增税。这些年来，各州逐渐提高了销售税。为了限制增税，公共选择经济学家通常建议各州立法机构以绝对多数制（2/3 的投票）来通过增税的提议。

3. 应急基金。成立预算稳定基金，或通常被称为应急基金，是大多数州的普遍做法。成立此类型基金是为了在正常的经济周期内缓和预算。没有应急基金，各州在面临税收不足和宪法平衡预算时只能采取增税或降低项目资金的做法（和联邦政府不同，各州没有印刷钞票的权力）。应急基金要求各州建立储备金，在经济衰退期可以提取。45个州以及波多黎各都设立了应急基金。没设立应急基金的州为阿肯色州、哥伦比亚特区、夏威夷州、伊利诺伊州、蒙大拿州和俄勒冈州。

到目前为止，联邦政府没有追随州政府的步伐采取这三种政策中的任何一种。所以这些年来联邦政府预算一直在膨胀，尤其是2008年的金融危机以来，这也就不令人惊讶了。

主权国家会破产吗？

关于赤字开支和高额国债的最后一个问题是国家会破产吗？凯恩斯经济学家坎贝尔·麦康奈尔认为："政府操控印刷机，有印刷新钱的权力，很难想象政府会破产！"[①] 但是当债务不断膨胀，而政府依赖的是开动印刷机而不是传统的税收和借贷，这极大增加了政府破产的可能性。债券持有者期望债券到期时能增值，但如果债券因为通货膨胀变得一分不值，风险不断高涨，他们就会慌乱地卖掉持有的债券。面对迅速扩张的通货膨胀，政府通常会发行短期债券。而过高的通货膨胀已经让外国债券市场崩溃，在拉丁美洲、欧洲和中东这些都真实发生过。通过发行钞票来解决政府赤字问题会造成恶性通货膨胀，一年的膨胀速度达到成百上千倍，摧毁了整个国家，比如阿根廷、巴西、玻利维亚和以色列。最近发生的是2008年津巴布韦的恶性通货膨胀。

平衡预算的弊端：
凯恩斯的赤字开支和高额的国家债务

◇ 经济衰退期，赤字开支刺激经济发展。"挤入"——如果政府将钱用于资本投资和基础设施建设，那么赤字开支可以刺激经济发展。

---

① 坎贝尔·R.麦康奈尔、斯坦利·L.布鲁，《经济学》，纽约，麦格劳希尔出版社，1990，第11版。

◇ 赤字开支在战争期间至关重要。

◇ 国库债为证券提供了一个稳定的流动性大市场。

◇ 国家债务不是负担，因为这是"我们自己欠自己的"。

◇ 只要联邦政府有权收税和印钞票，它就永远不会破产。

◇ 很多大公司都能实现大笔融资而没有遭遇融资困难，华盛顿为什么就做不到呢？

◇ 只要赤字和债务占GDP的比重是合理的，赤字就在可控范围内。

◇ 赤字如果用于建设必要的基础设施就是有益的。

平衡预算

反对赤字开支和高额国家债务的典型理由如下。

◇ 挤出，赤字开支会减少可用于私人领域的投资，并提高利率。

◇ "毫无风险"的国库券由于"高风险"的公司证券（低于投资级别或是"垃圾"债券）而损害市场，迫使优秀的企业在资本市场要支付更高的利息。

◇ 赤字金融将从纳税者（中产阶级）处收来的税收重新分配给了有钱人（债券持有者）。

◇ 不受管制，赤字开支造成了不负责任的开支以及政府项目失控，结果就是大政府和福利国家。

◇ 赤字开支向大众传递错误的信息：如果政府不偿还自己的债务，我们为什么要还债呢？

◇ 赤字开支通过向中央银行施加扩大货币供给的压力从而造成货币贬值。

◇ 赤字开支让下一代交更高的税。

◇ 赤字开支不是储蓄，使政府在面对金融危机时措手不及。

总结

本章要点

1. 古典经济学家（亚当·斯密、大卫·李嘉图、约翰·斯图尔特·穆勒、阿尔弗雷泽·马歇尔以及路德维希·米塞斯）支持储蓄、放任自由的经济、自由贸易、平衡的财政预算以及国际金本位制下的稳定货币制。

2. 美国革命和法国革命时期的做法正好相反。美国通过公平的税收体系和用于国家债务的沉没基金建立了健全的货币体系，而激进的法国革命则通过滥发纸币来偿还战争债，导致了腐败、萧条和独裁专制。

3. 凯恩斯革命产生于大萧条期间，人们普遍认为市场资本主义在本质上不稳定。存在待业资源时，凯恩斯摒弃古典理论和萨伊定律，转而采用反对储蓄、支持赤字开支以及宽松货币政策来恢复经济。"二战"后，经济学界的大部分人都接受了凯恩斯理论。

4. 当代凯恩斯学派提出了总供给－总需求模型来解释全球经济的失业均衡、通胀期衰退以及非持续性的通胀繁荣。

5. 在凯恩斯学派经济学家看来，由于金融资本主义和储蓄天生的不稳定性，市场经济无法保证充分就业，结果就是存在长期的待业资源。只有政府开支，尤其是公共工程和宽松的货币政策（低利率以及增加货币供给）才能恢复充分就业。

6. 菲利普斯曲线是20世纪60年代提出的，用来说明物价上涨和失业之前的权衡关系。凯恩斯学派认为失业比通货膨胀更糟糕，如果适度的通货膨胀意味着充分就业，那么这是可以忍受的。弥尔顿·弗里德曼对此进行了反驳，他认为从长期来看，这二者之间根本就没有权衡，想要将失业率降到"自然率"以下的任何举措都不可避免地导致通货膨胀和失业同时发生。

7. 20世纪70年代，全球都经历了严重的"通胀期衰退"，正如弗里德曼预测的那样，物价和失业率同时上涨。凯恩斯学派经济学家提出了AS-AD模型来解释为什么物价上升会导致实际产出的下降。在凯恩斯学派看来，20世纪70年代和80年代早期的能源危机使得总供给（AS）后退。因此，凯恩斯学派的AS-AD机制就一直保留在标准的经济学教材中。

8. 自由市场经济学家（供给学派、奥地利学派和芝加哥学派）逐渐打倒了凯恩斯主义这个巨人。弥尔顿·弗里德曼证明是美联储而不是自由企业导致了20世纪30年代的经济崩溃，在稳定货币体系下相对自由的经济可以维持充分的就业。市场经济学家，包括公众政策选择学派提出了各种减少政府浪费的途径，比如私有化、竞标、取消管制以及制度性限制。但是降低赤字开支和政府规模却很难，似乎只能看到这二者缓慢增长罢了。

重要术语

总需求	边际消费倾向
总有效需求	边际储蓄倾向
总供给	货币主义
动物精神	乘数
古典经济学	自然失业率
兑换	新古典模型
有效需求	节约的悖论
公平贸易	庇隆派
财政政策	菲利普斯曲线
自由贸易	后凯恩斯主义经济学
充分就业 GDP	公共选择经济学
通胀期衰退	应急基金
国际货币政策	理性预期学派
看不见的手	量化宽松
垃圾债券	萨伊定律
凯恩斯定律	沉没基金
流动性偏好	滞涨
流动性陷阱	失业均衡

经济学大师

约翰·梅纳德·凯恩斯和凯恩斯革命

姓名：约翰·梅纳德·凯恩斯（1883~1946）

背景介绍：凯恩斯出生于马克思去世的那一年，似乎注定要他创建自己的学派。他出生在剑桥，父亲是约翰·内维尔·凯恩斯，在剑桥大学教授经济学，母亲弗洛伦斯·艾德·凯恩斯是剑桥市市长。凯恩斯就读于伊顿公学和剑桥大学国王学院，1905年取得了数学学位。凯恩斯师从阿尔弗雷德·马歇尔和阿瑟·庇古，从1908年开始在剑桥大学任教。"一战"期间，凯恩斯在财政部工作，并参与了《凡尔赛条约》的缔结。因为对战败国德国施加的苛刻条约愤然不平，遂辞去财政部的工作，并写了措辞尖锐的《和平的经济后果》一书，后成为畅销书。凯恩斯也是位投机商，为他自己和几家机构包括国王学院管理基金（1929~1932年的股市崩盘和大萧条期间凯恩斯变得一贫如洗，但后来咸鱼翻身，去世时非常富有）。1925年，凯恩斯和一位俄罗斯芭蕾舞演员结婚，没有子女。1936年，凯恩斯写了革命性的著作《就业、利息和货币通论》。"二战"期间，他成为财政部顾问，并被封为勋爵。"二战"后，凯恩斯成为布雷顿森林协议的设计者之一，正是《布雷顿森林协议》制定了以黄金和美元为基础的固定汇率体系，并成立了国际货币基金组织（IMF）和世界银行。两年后，也就是1946年，凯恩斯因心脏病去世。

主要著作：《和平的经济后果》，《就业、利息和货币通论》。

主要贡献：凯恩斯完全颠覆了古典经济学，坚称他的宏观经济学理论是"广义"理论，古典放任自由经济学是"狭义"理论，因为只有在充分就业时期才能应用（凯恩斯使用的宏观经济学中"广义"理论和"狭义"理论的概念是从爱因斯坦的"广义"和"狭义"相对论借来的）。否则，政府就要故意进行赤字开支，并运用"宽松货币"政策。因此凯恩斯经济学就成为大政府和福利国家的理论基石，其思想是联邦政府要积极快速应对所有的危机，提供流动性支持。这种形式的凯恩斯经济学如今依然受到中央银行家和政府领导的欢迎，这种思想认为政府应该鼓励消费者、企业和政府在任何时候都进行更高水平的开支，即使这意味着要忍受某种程度的通货膨胀。

古典经济学家，如弥尔顿·弗里德曼、弗里德里希·哈耶克和供给学派反对凯恩斯模型，认为在稳定的货币和财政体系下，高度的经济自由就可以避免大部分的危机和萧条。货币自由市场反革命如此有效以至哈佛经济学家格里高利·曼昆转向了传统观点：亚当·斯密的古典模型是"广义"理论，凯恩斯的干预主义模型是只在危机期间才适用的"狭义"理论,这和凯恩斯的说法正相反。

优点:在面临非常严重的大萧条和对失业感到无能为力时,凯恩斯的激进政策给了宏观经济学家和政治领导者以希望。他提出了金融不稳定假说,该假说强调在危机期间投资者恍惚不定的"动物精神"以及他们的态度如何让实际的经济活动变得不稳定。他强调在严重的经济衰退期,基本的政府服务是内嵌的稳定器,联邦政府需要快速应对不断蔓延的恐慌。在凯恩斯之前,消费支出的稳定功能一直未受到经济学家的重视。

缺点:凯恩斯经济学过度强调债务、消费和铺张浪费的政府开支,而不是传统的储蓄、生产力以及负责任的财政政策。大政府、福利国家、消费主义、宽松货币、通货膨胀以及反对储蓄都是现代凯恩斯思想的产物。凯恩斯主义同时过度强调宏观总体性而不是经济体中的具体微观部门。

名言:"颠覆现存社会基础最可靠的办法就是摧毁它的货币。这个过程涉及破坏经济过程的所有隐藏的经济法则的力量,并以绝大多数人无法诊断的方式进行。"(《和平的经济后果》)

第23章 政府管控

随意管控和立法都无法增加一个国家的资本。

——J.R. 麦卡洛

《政治经济学原理》

2002年，乔治·W.布什总统签署了史上涉及面最广的管制法，2002年《上市公司会计改革和投资者保护法案》。20世纪90年代高科技和互联网泡沫的破灭，以及公司和会计丑闻案，如安然、泰科以及世通催生了这部法案，现在这一法案被称为《萨班斯－奥克斯雷法案》，或被简称为萨班斯法案。此法案是以两位发起人，参议院议员保罗·萨班斯和迈克·G.奥克斯雷（R-Oh）命名。该法案在众议院以423：3的票数，在参议院以99：0的票数通过。

萨班斯法案成立了一家新的半公共机构，上市公司会计监督委员会。该法案规定企业董事长对公司年度财务报表的准确性负有刑事责任，并制定了成本高昂、官僚主义做法的规则来监控所有美国上市公司的董事会、管理层和公共会计师事务所。

当这一金融立法被通过成为法律时，此举被认为是对金融市场监管环境过度"放任自由"的必要防卫。一些大的会计公司和大公司的董事会成员为此欢欣鼓舞，认为这部新的立法能揭穿诈骗，为公司的运营提供更好的评估。但另一方面，证券分析师却批评萨班斯法案过多地增加了企业的成本以及繁文缛节。

此法的一个条款（即臭名昭著的对公司会计实施新的内部控制的404条款）在2005年平均让公司花费436万美元，上市公司的合规总费用为61亿美元。萨班斯法案让四大会计事务所在过去三年内将他们的费用提高了 78%~134%。一项学术研究的计算结果是萨班斯法案从生效后让股东总共损失了 1.4 万亿美元，在美国平均每个人损失了 460 美元。此法案还产生了其他负面后果：由于合规成本的增加，IPO 不得不延迟。

更多的上市公司决定进行私有化来避免烦琐的新规则。其他的美国公司则外包或搬到国外以降低合规费用。萨班斯法案显然对很多在纽约上市的外国公司产生了严重的影响，这也增加了在伦敦和世界其他交易所上市的公司数量——另一种因成本过高而采纳的外包形式。

这些都是立法者未曾想到的后果。

经济管制的常识

萨班尼斯 – 奥克斯雷法案引出了经济中政府管制这个重要议题。本章将探讨以下问题。

- ◇ 市场失灵的程度。
- ◇ 政府控制的成本和收益。
- ◇ 政府管控的市场替代途径。
- ◇ 取消管制好吗？

萨班尼斯 – 奥克斯雷法案只是众多国家控制案例中的一个。前面的章节探讨了政府控制，比如工资 – 物价 – 地租控制（参见第 6 章）以及最低工资立法（参见第 10 章）。本章将详细解释人为控制市场行为的方式，以及其他政府干预形式。

国家管制的案例有很多，以下是美国的联邦管制机构。

◇ *酒精、烟草和武器管理局（ATF）：掌管酒精、烟草和枪支的销售和使用。国家和地方政府对这些商品制定严格的限制和禁令，比如可以饮用酒精饮料和抽烟的最低年龄。*

◇ *消费者保护安全委员会：保护消费者不受玩具、电子设备以及其他消费产品的伤害。*

◇ 消费者金融保护局：管理信用卡、学生贷款和按揭。

◇ 禁毒署（DEA）：禁止和管制非法和有害毒品。

◇ 平等就业机会委员会（EEOC）：禁止种族、宗教、性别和残疾歧视。

◇ 联邦通信委员会（FCC）：对电台和电视台以及节目进行管理并颁发执照。

◇ 美国食品药品管理局（FDA）：批准或拒绝投放市场的新药品或医疗器械的申请。

◇ 联邦能源管理委员会（FERC）和核能管理委员会（NRC）：控制和管理核能和其他能源。

◇ 联邦存款保险公司（FDIC）：为了防止金融机构倒闭而为私人银行账户存款设立的保险。

◇ 联邦贸易委员会（FTC）：管理广告和商品。

◇ 环境保护署（EPA）：贯彻执行《清洁能源法案》，《清洁水法案》以及燃油效率和其他环境保护法。

◇ 移民归化局（INS）：处理前往美国的旅客，并限制进入美国的合法移民人数。

◇ 职业安全和健康管理局（OSHA）：制定标准，并在工作场所贯彻安全和健康条例。

◇ 证券交易委员会（SEC）：制定规章制度，管理股市和证券公司。

市场能管理自己吗？

不断设立的管理机构引发了一个问题：是否市场已失灵到需要所有这些管理机构的程度了？实际上越来越多的规章制度和法律得以出台意味着自由市场无法充分保护消费者、员工、社区和环境的合法需求。物价太高、产品质量太差或者不安全、工资太低、福利不充分、收入和财富分配不均……这些对企业的投诉似乎没完没了。约瑟夫·斯蒂格利茨总结道，"哪里的市场都不完善"，都需要管理。或者立法者对欺诈和商业失灵反应过激，政府机构让市场变得更糟吗？

亚当·斯密的商业模式

市场经济学的创始人亚当·斯密提出了"自然自由体系",也就是放任自由经济,在满足以下三个条件后可以良好地运行。

◇ 追求自己利益的自由(利润动机)。
◇ 司法体系。
◇ 竞争的环境。

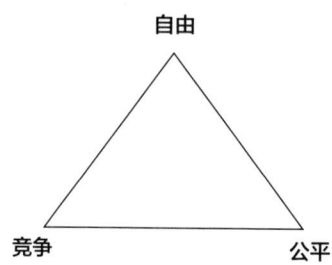

图 23-1 亚当·斯密的自然自由体系:自由、竞争和公平的三位一体制

亚当·斯密在《国富论》中描述了理想的放任自由经济模式:"每一个人,在他不违反正义的法律时,都应听其完全自由,让他采用自己的方法,追求自己的利益,以其劳动及资本和任何其他人或其他阶级相竞争。"[1]

斯密认为三要素俱全的商业社会——自由、公平和竞争,会在没有不当政府干预的情况下使人类取得最大的成就。"看不见的手"(斯密用来指代自由企业)会控制贪婪的欲望,调节人的情感。商业会鼓励人们接受教育、勤奋、自律以及延迟满足。正是担心失去顾客才"让一个人抑制欺诈,纠正自己的过失"。[2] 换句话说,受到法律约束又充满竞争的平衡自由市场经济就算不能根除,也会将欺诈、疏忽大意和失灵降到最低程度。

---

[1] 亚当·斯密,《国富论》,纽约,现代图书馆,1965/1776。
[2] 同上。

再论科斯定理

罗纳德·科斯（芝加哥大学）于 20 世纪 60 年代提出了针对市场管制的科斯定理。市场本身能找到解决市场缺陷的方式。比如，如果没有任何联邦交易委员会，市场也会自我约束，打击欺诈欺骗的商业行为。为什么呢？近年来企业成立了几家志愿性的非政府组织来解决这些社会问题。

◇ 商业改进局（BBB）处理消费者对当地企业的投诉。BBB 成立于 1912 年，得到全国 30 多万家当地企业会员的支持，致力于促进企业和消费者之间的公平诚实交易，旨在增加消费者信心，创造商业伦理氛围。BBB 解决了超过 70% 的投诉。

◇ 《好管家》，这是一份女性杂志，早在政府机构成立之前就为杂志中的广告产品设定标准。比如，早在 1905 年就提倡广告要真实，早于 1906 年的《纯净食品药品法》。于 1952 年禁止在杂志上投放香烟广告，比卫生总署的警告标签早了 12 年。1912 年建立了好管家批准印章，用于奖励获得批准的广告商，还测试产品广告的准确性，并承诺如果在两年内产品有缺陷会退款。

◇ 安全检测实验室（UL）是负责处理产品合规性的私人机构，受益者包括制造商、零售商、消费者和管理机构，美国对产品进行公共安全测试的历史已超过一个世纪。

◇ 消费者联盟是一家致力于为消费者创造公平安全市场环境的非营利组织，总部在纽约的扬克斯，出版《消费者报告》，拥有 500 万的付费用户，进行独立研究，测试新汽车、家用电器和其他消费产品的安全可靠性，同时研究抽烟和水污染危害，以及其他国民关心的问题。

尽管商业组织和非营利组织做了大量工作，立法机构依然认为有必要保护消费者不受各种商业弊病的侵害。商业弊病层出不穷的结果就是管制越来越多。政府存在的一个合法目的（参见第 20 章）就是，"可以让我们共同完成比我们各自单独完成更困难或成本更高的事情"。① 也许这个领域需要政府配合私人行业，那有没有最优的监管程度呢？

谁来保护消费者？

政府经济学家在考虑政府干预时通常要衡量成本和收益。弥尔顿·弗里德曼曾说："很多人希望政府能保护消费者。一个更迫切的问题是，保护消费者不受政府干预……政府对问题的解决方式通常和问题一样糟。"

食品药品管理局：安全，但是谁承担成本？

厄普顿·辛克莱在小说《丛林》中披露了芝加哥屠宰场和肉类加工厂不卫生的状况后，保护消费者成了政府主要关注的问题。为了回应加大食品加工监管力度的强烈呼声，美国于 1906 年成立了食品药品管理局。1938 年《食品、药品和化妆品法案》给了食品药品管理局更大的权力，所有需要投放市场的药品和医疗器械都需要通过食品药品管理局的批准。除膳食营养素和维生素以外的所有药品必须进行一系列的检测才能获得 FDA 的批准，而要完成研发、测试和批准的程序，则需要花费数十年的时间。有的分析师估计一项新产品从研发到投放市场，大约需耗资 400 万美元。

支持 FDA 的人声称政府审批程序对防止不安全药品进入市场至关重要。政府保护最著名的例子是 20 世纪 60 年代食品药品管理局拒绝萨利多胺进入美国。萨利多胺可以减轻孕妇的晨吐现象，在整个欧洲都很畅销。食品药品管理局坚持认为没有足够的证据证明此药的安全性。1961 年，在出现了几千名畸形的新生儿后，德国被迫将萨利多胺下架，美国被证明是对的。

FDA 的批评者则声称由于 FDA 无法及时公布有效的药品而造成严重的人为损失。正如加图研究所所指出的："每天由于 FDA 延迟新产品的上市，很多本应得到帮助的病人因此无谓地承受痛苦或死去。"塔夫斯大学药品研究中心主任路易斯·拉萨尼亚博士估计心脏病药物 β-受体阻滞剂延迟 7 年才获得批准造成

---

① 弥尔顿·弗里德曼，《资本主义和自由》，芝加哥大学出版社，1962。

11.9 万名美国人本可以服用未加批准的药物而得救。[①] 公众看到的是政府保护公民不受可能有害药品的危害，他们没有看到因为获得 FDA 批准的高昂成本，政府没能让有效的新药得到使用。FDA 最近为那些产生重要影响的药品设立了"快速通道"。

加图研究所提议成立非政府机构来认证新药，并为新药贴上从"危险"到"获得批准"的标签。私人公司已经按照 FDA 的规定检测药品了，双重检测可能是替代目前监管过度的好方法。

不受约束的资本主义是丛林？

厄普顿·辛克莱是一位主张大规模经济管制的社会主义人士，他在 1906 年的畅销书《丛林》中揭露不受约束的资本主义的黑暗面。书中最重要的揭露就是声称肉类加工厂的环境不卫生。此书的出版促使了 1906 年《肉类检测法案》和《纯洁食品药品法案》的出台，并因此建立了食品药品管理局。

厄普顿·辛克莱根据他的想象和从市场批评者那儿道听途说的谣言，在他的小说中描绘了肉类加工厂骇人听闻的景象。他暗示在他的小说于 1906 年出版前没有政府对肉类加工厂设备进行检测。但实际上当时联邦和地方官员对肉类的检测已有 10 年了。西奥多·罗斯福 1906 年 7 月在给威廉·艾伦·怀特的信中提到辛克莱时说："我极度鄙视他。他歇斯底里、满嘴谎言。他说的 3/4 都是赤裸裸的谎话，剩下的 1/4 只有基本的事实。"[②] 不管怎样，1906 年的《肉类检测法案》确实对取缔小企业、降低行业竞争产生了影响。

政府应该调控物价吗？

首次调控物价以及实行行业管控是在 1887 年，当时美国成立了州际

[①] 麦克·F. 凯农、麦克·D. 坦纳，《健康的竞争》，华盛顿，加图研究所，2005。
[②] 罗斯福给威廉·艾伦·怀特的信，1906 年 7 月 31 日。埃尔顿·E. 莫里森和约翰·M. 布鲁姆编辑《西奥多·罗斯福书信集》，第 8 卷，剑桥，哈佛大学出版社，1951~1954，第 5 卷。

商业委员会（ICC）对铁路进行监管。铁路在美国内战期间迅速发展。铁路公司之间的竞争很激烈，货运价格和乘客票价一直在降价，联营经常被解散。大量的旅客运输要求对铁路进行监管，州际商业委员会应运而生，第1届主席是位律师，多年来一直代表美国的铁路。在他的管理下限制竞争，固定票价，分配路线。委员会最先采取的行动就是提高长途票价。铁路管制对现有公司带来了极大的收益，却让新公司难以起步。

州际商业委员会一直人为地维持高票价，这让新的运输方式——卡车运输得以迅速发展。到了20世纪20年代，卡车已形成了对铁路的威胁。本应该取消对铁路的管制，让铁路直接和卡车运输竞争，结果1935年的《机动车承运人法案》却让卡车运输直接归为州际商业委员会的管控。结果，州际商业委员会保护铁路而不是消费者的利益。很快卡车运输就重蹈铁路的覆辙：给卡车公司颁发许可证，固定票价，分配路线。意料之中的是卡车公司数量减少，竞争被淡化。终端商品的消费价格也反映了过高的运输成本。

1938年成立了类似的委员会——民用航空局，其作用是为19家颁发营业执照的航空公司制定票价、路线和行程安排，此举带来的后果也是有营业执照的航空公司数量下降，票价居高不下，但同一时期十几种消费品的价格都下降了。就像其他的政府管理机构一样，民用航空局被所管控的行业控制了。这些管理机构的负责人都来自企业本身，他们的首要目标就是制定票价以保证航空公司能取得"合理"的回报率。航空公司非常支持这种体系，因为这能确保他们盈利。

民用航空局还一派官僚主义作风。航空公司在申请新的路线或修改票价时民用航空局总是一拖再拖。20世纪60年代末和70年代初，像世界航空公司和大陆航空公司这样的航空公司申请低票价和新路线，这对消费者来说是福音，但对既存的航空公司是一种威胁。他们改变票价和路线的申请被推迟了6年甚至更久，而且通常不被批准。1977年，在经历了能源危机和一段时间的双位数通货膨胀后，吉米·卡特总统任命康奈尔大学的经济学教授阿尔弗雷德·E.卡恩为民用航空局局长。卡恩推动了一项取消对航空业管制的法案，逐步废除对票价和路线的管制，并推动通过了1978年的《航空业解除管制法案》。民用航空局最终于1985年1月1日关门。这是现代工业国家第一次取消一家政府机构。

取消对航空业的管制饱受争议。从积极的一面来看，票价大幅下降，开辟了新的线路，新的航空公司和合并不断涌现。从消极的一面来看，利润下降，很多老牌航空公司，比如泛美航空公司和布拉尼夫航空公司消失了，其他的大型航空公司，比如大陆航空公司、三角洲航空公司和联合航空公司宣布破产，或者在申请破产重组后重新出现。美国航空公司在2011年进行了重组。在取消管制后的20年内，美国的航空业离竞争均衡很远，离创新性破坏很近。票价降下去了，但是服务质量也降下去了。

取消管制的理由

从20世纪80年代开始，在美国总统里根和英国首相撒切尔夫人的影响下，全球经济的各个行业都经历了一段轰轰烈烈的取消管制期。《法律和经济学》杂志从1958年开始，《贝尔经济学与管理科学》杂志从1970年开始就发表关于管制的文章。总的来讲，经济学家发现政府对行业的管制会损害消费者利益，通过赋予生产商垄断的权利，让新企业很难进入市场。

芝加哥大学经济学家乔治·斯蒂格勒（参见第8章经济学大师）是唯一一位最重要的对取消管制运动做出学术贡献的经济学家。他试图回答这个问题："政府对行业的管制，真如他们所认为的那样能降低垄断的危害吗？"在1971年发表的产生重大影响的文章《经济管制理论》[①]中，斯蒂格勒声称政府管理机构最后反而被本应被他们管理的行业"俘虏"了，斯蒂格勒将他的发现称为"俘虏理论"。斯蒂格勒因其在行业组织和管制方面的贡献于1982年获得诺贝尔经济学奖。

这些研究成果成为取消对交通运输业、天然气业和银行业管制的催化剂，这一趋势在卡特总统时期迅速发展，并延续到里根总统时期。在交通运输业，对空运、卡车运输和铁路运输的票价、路线和行程安排的决策权已移交给市场。联邦航空局依然管制安全和空运，但不参与制定票价和路线。

取消对银行业、保险业和证券业的管制带来了支票账户、信用卡和个人银行

---

① 乔治·J.斯蒂格勒，《经济管制理论》，《贝尔经济学与管理科学杂志》，斯普林格出版社，1971。

与投资银行，在经纪人佣金、利息和费用方面的竞争。保险业的竞争还推出了低成本定期保险。

在全球范围内，金融业的环境更宽松，一代人以前，包括英国在内的几十个国家都实行外汇管制，不允许公民在出国时携带大量现金。直到20世纪70年代，携带超过100英镑的现金还是非法行为。撒切尔夫人于1979年取消了外汇管制。国际货币体系现在更加宽松，在国与国之间兑换货币变得更容易。由于市场全球化，英国之前在政府管制下的行业在20世纪的最后几年经历了大规模的私有化进程。有人认为虽然私有化增加了服务的选择性，但是商业标准却下降了，工资和就业率也下降了。

多年来，诸如医生、律师和药剂师这样的行业认为广告没面子也没必要。管控服务业的广告是非法行为，垄断公司还要承担广告成本，造成浪费。在对验光师广告所做的经典研究中，经济学家李·本汉姆发现，限制眼镜广告的州，其眼镜价格是允许眼镜广告的州的两倍。在通过允许眼镜广告的法律后，眼镜的价格大幅下降，眼镜的选择增加了。另一个案例是经济学家艾尔巴发现汽油价格在禁止大型价格标牌的地方要比允许在加油站标出汽油价格的地方高（大约为6%，净消费税）。现在，大部分的州都要求加油站要有大型价格标牌。

只有小企业在取消管制方面没有什么进展。世界银行的《全球商业环境报告》数据库收集了大约150个国家在某些领域进行管制的成本，比如成立一家企业。经济合作与发展组织（OECD）国家成立一家公司需要19个工作日，在撒哈拉以南的国家需要60天，管制成本在OECD国家占到了GDP的8%，在非洲占到了22%。

工资、价格和租金控制的经济学

通货膨胀、生活成本上升时，政府就会管控工资、物价和房租，历史上这样的例子屡见不鲜。中世纪的欧洲各国制定了面包的最低价格。近些年政府限制汽油价格，控制房东收取的房租，并规定最低工资。"二战"期间，英国和美国对普遍的物价都进行控制，并规定肉类、汽油和其他消费品的配额。违反者被处以罚款和判刑。

第6章列举了20世纪70年代中期能源危机的研究案例，原油价格在不到一年的时间内从5美元涨到超过40美元。政府制定了汽油和石油产品的最高限价来保护消费者，并防止"价格欺诈"的出现。表 23-2 显示的是立法造成的影响。

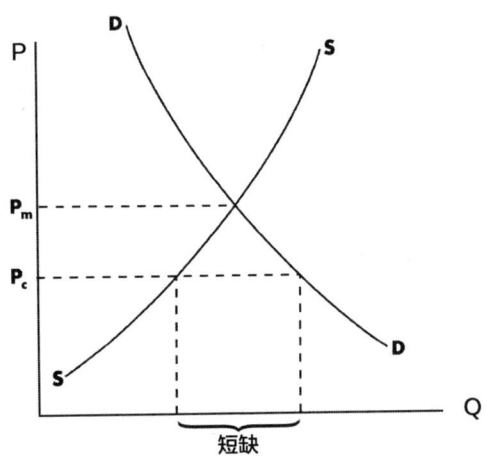

图 23-2　汽油最高限价的影响

1974~1975 年，地方政府对油价上涨的应对策略是制定配额，如图 23-2 所示，P_c 为规定的最高限价，低于市场价格 P_m。低于市场价格意味着需求超过供给，从而造成短缺。加油站排起了长队，有的加油站甚至在上午 10 点就卖光了，加油站每天只能出售一定数量的汽油。黑市应运而生，利润涌向黑心商人。石油公司用于开发新油田增加未来石油产量所需的利润被剥夺了。

自然市场抬高物价并不是不公平或者肮脏，这让消费者通过少买从而自己给自己制定配额，并给石油商传递寻找石油的强烈信号。

限定物价有时候很残酷，第 18 章讲了罗马金币和银币的贬值，在恺撒大帝执政期间，随着国家负担越来越沉重——罗马军队的开支、福利和补贴以及公共建筑费用，货币不停地贬值。罗马皇帝戴克里先于公元 301 年颁布著名的《物价敕令》，制定物价和配额，并对违反者处以死刑。但即使是死刑也无法阻止恶性通货膨胀，到了 4 世纪中叶金币已值 3000 万罗马先令。

第 10 章指出最低工资存在争议，并指出政府制定最低工资会导致失业，尤其是少数族裔和技术不熟练工人的失业，还会迫使公司裁员，使用机器，或者将业务外包。

政府看似用意良好的政策通常产生意想不到的结果，让我们来看几个例子。

自然灾害期间的物价调控

遇到飓风袭击佛罗里达，或者东北部下大雪时，消费者一般会囤积基本必需品来应对断电、交通中断和房屋受到的破坏。商店主通常提高工具、三合板、汽油和发电机的价格。有人将之称为"价格欺诈"，因为他们在危机时对消费者趁火打劫。有人认为这是市场在进行自我调节。比如，假设家得宝有 20 个加热器，通常售价为 400 美元。按照这个价格，第一批到达商店的顾客可能买两个，一个用于楼上，一个用于楼下，这样只要 10 个顾客家得宝的加热器就卖光了。如果家得宝把价格提高到 800 美元，顾客在买第二台加热器之前就要三思。有的顾客可能会和邻居共用来分摊费用。价格越高，越有可能分散到需要的人手中。家得宝赚的比平时多，但是过高的物价会让商家储存更多的货物以应对危机。物价调控一开始可能看起来对消费者很公平，但如果短缺商品的价格过低则让大家都过不上好日子。

——案例分析——

新纽约城的房租管控

> 在很多情况下，房租管控是除了直接扔炸弹之外摧毁一个城市最有效的手段。
>
> ——瑞典经济学家 阿塞尔·林德贝克

纽约州在 1941 年 9 月珍珠港被炸到 1943 年进入全面战时经济期间通过了《战争紧急状态承租人保护法案》，这是一段人心惶惶的艰难时期。在立法者看来，房屋和橡胶、汽油、咖啡、肉类一样也需要管制。战时管制的本意只是暂时的，实际上战争在 1947 年结束后，就取消了对其他商品的管制，大多数城市也取消了对房租的管制。不幸的是，纽约市这座资本主义的首都却是个例外。直至今日，"二战"已经结束 50 多年了，纽约市 200 万出租公寓中只有 1/3 不受价格管控。城市委员会每年都提高比例，并制定复杂的官僚系统。在某些大楼内，公寓房类似，但房租却千差万别。最老的管控涵盖 1947 年之前的建筑，而有的建筑还在时尚区。受管控的房租平均每月为 500 美元，而不受管控的公寓房租为 3000 美元或更高。

房租管控就和物价管控一样，是一部规定房东可以收取租客的最高价格或者"房租上限"的法律。实际上在所有的情形中，如果房东可以自由决定房租，房租上限都低于市场价格。

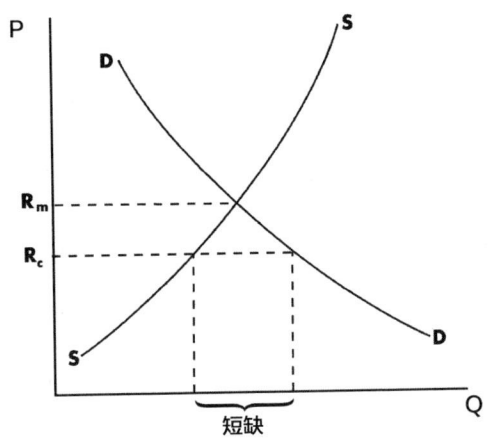

图 23-3　低于市场价格的最高房租的影响

当房租低于市场均衡水平时，需求自然超过供给，加剧出租房短缺的情形。

支持纽约市房租管控的人分为两类：（1）住在房租管控公寓的租客，（2）政府官员认为取消房租管控会让穷人无法承担房租。

但是，这个例子也可以阐述亚当·斯密的"非有意的后果"。在对纽约实行"租金稳定"政策的住房情况进行大量研究之后，经济学家发现纽约市实行长期房租管控产生了意料不到的后果。

◇ 当租金无法维持维护费用时，房东渐渐地降低了对租客的服务，他们无法承担粉刷、维修、修缮费用，或者提供其他服务。

◇ 房租管控让房东管理他们的房子变得无利可图，导致纽约州的 5 个区全部出现了房屋破败不堪无人居住的情况。估计从 1972 年到 1982 年由于缺乏维修,每年有3万套公寓变得无法居住而被弃之不用,这11年中大约损失了33万套公寓。①

◇ "老太太效应"。随着家庭的发展,孩子们逐渐搬走了,家里只剩下父母或者一位老太太,他们有住廉价公寓的强烈动机,即使公寓大到可以多人居住。如果没有房租管控,这些老太太可能会搬到更小、更便宜的公寓。相反,她们一人居住,为了节省供暖和清洁费,会有两三个房间闲置不用。废除房租管控可以释放成千上万间房屋。

◇ 房租管控最大的受益者不是穷人。最近的调查显示,受益最大的是那些相对富裕,尤其是中低收入住在曼哈顿的人。

◇ 要管理房租管控形成的庞大的由志愿者和律师支持的官僚体系。房东和租客的关系水火不容。不讲道德的房东为了提高租金用见不得人的手段赶走租客。对此纽约市的应对措施是制定过分严格的承租人保护法律,结果就是几乎不可能赶走拖欠房租的人。黑市和抢劫应运而生。

纽约市租房市场的不公平现象越来越严重,但是没人想去改变这种体系,理由是这样做租客会遭到驱逐,引发混乱。要取消纽约市房地产市场的管控到底有多难呢?根据最近马萨诸塞州剑桥市的情况来看,取消房租管控并非像想象中那样痛苦。剑桥于1994年在实行房租管控23年后取消了对房租的管控。根据麻省理工学院房地产中心经济学家亨利·波拉科斯基的一项研究,取消房租管控并未给剑桥造成严重后果。相反,在可观的利润和租房市场乐观前景的刺激下,剑桥的住房投资大幅增加,几乎每个人的住宿条件都改善了。

患者的权利:
新的消费者驱动型医疗保险计划

> 市场的基本原则不适用于当今的医保。价格不是由供给和需求决定的……
> ——《美国经济的法外之徒:美国的医保体系》
> 《纽约时报》,1993年10月26日

---

① 瓦特·布拉克,《房租控制》,《财富》经济学百科全书,纽约,华纳出版社,1993。

> 我们的医保是有限自由市场的大杂烩，掺杂了所有类型的政府干预和管制，并且一直走下坡路……健康储蓄账户（HSA）是解决整体医保问题的途径。
>
> ——全食超市 CEO 约翰·麦基

当医保已变成一个全国性问题时，《纽约时报》于1993年推出了一期封面故事，声称美国的医保体系"几乎完全不按基本的经济规律运行"，因此需要政府的特殊介入。记者报道说："价格不是由供给和需求或者生产商之间的竞争决定的。货比三家是不可能的。更高的生产力并没有降低成本。"医保费用在美国一直快速增长，现在已占到了国民收入的18%，是世界上比例最高的国家。

医保服务真的不同于肥皂、汽车和棒球赛的门票吗？

和《纽约时报》的观点相反，供给和需求在医保产业也一直在起作用。医疗成本在增加，很多人不在医保覆盖范围之内，恰恰是因为第6章列出的经济原则不允许这样运行。竞争、激励和责任制的水平都没有达到自由经济的程度。

为什么医保成本增长得这么快？一般来讲，这是因为供给没有满足需求，原因有以下几方面：第一，对"免费"医疗保险（Medicare）和医疗补助（Medicaid）的需求在增加，目前已占到了所有医疗费用的65%；第二，美国医药协会对医学院学生的数量以及护士和护理人员能提供的服务进行了严格的限制；第三，第三方支付体系将受益者和支付者分开了。

医保市场最大的失败之处是责任制。受益者和支付者之间的天然关系在很大程度上被破坏了。使用者原则是谁受益谁付钱（如果你买1块面包，你付1美元，如果你买2块面包，你付2美元）。如果人们不用为使用的商品和服务付费，他们就会倾向于过度使用，且不愿意控制成本。所以关系很明显：如果你使用医生的服务，你付费。如果你使用的多，你多付费。如果你用得少，你不必和享用服务多的人花一样的钱。

不幸的是，付费方和受益方的关系在脱节。越来越多的情形是，有医疗保险的病人不付费，纳税者付费。享受医疗服务和就诊的消费者不买单，而是公司的保险公司买单。问题的主要根源是哪怕只是例行检查，人们普遍用雇主给买的医疗保险来支付医疗费。如果员工知道是别人也就是保险公司来买单，他们就不愿进行比较，也不愿减少看医生或使用急诊室的次数。还好保险公司努力控制一部分住院和看病的成本,但在目前的体系情况下不容乐观。

普惠的医保就是解决之道?

很多有影响力的专家和政治家都倡导大部分国家的做法:全民医疗保险和单一支付制度。单一支付计划由联邦政府实施,这意味着每个人都要交医疗保险费。之所以被称为"单一支付",是因为医疗账单只由联邦政府支付。支持者认为单一支付体系可以降低成本和烦琐的程序。

全民医疗保险违反了经济学福利原则的后面部分(参见第20章):这将纳税者应得的福利让给了不在受益范围之内的人。纳税人应该为比尔·盖茨、大卫·洛克菲勒或者年收入超过20万的人付医疗保险的费用吗?大部分人都认为不应该,我们不应该将福利分配给富人。但这就是"全民"医疗保险干的事——让每个人都加入这个计划,并为之付费(通过税收的形式),尽管对有的人来说支付医疗保险是小菜一碟。

英国和加拿大的医保制度有多好?

单一支付制度的支持者通常将目光转向英国和加拿大。英国国家健康体系(NHS)是由"二战"后执政的社会主义者建立的。在国家健康体系下,病人不直接向医院或为他们的医疗服务支付费用,费用由英国政府来支付。多年来英国国家健康体系被认为是全世界最优秀的医疗保健体系之一,但现在已不是了。由于边际价格为零,需求不受限制,国家医院的医疗服务和医生诊所均实行配额制。在伦敦,有的医院病人通常要等候十几个小时才能轮到自己看病。

加拿大呢?有的支持者认为加拿大是单一支付体系的典范。政府为加拿大公民的所有医疗费用买单,加拿大的医保只占到了国民收入的10%,和美国的17%相比,加拿大医疗体系的成本很低。

但成本低主要是由于医疗技术没有跟进,没有采用最新的医疗设备和程序。加拿大的医疗技术,比如核磁共振和肾脏透析机在发达国家中居于倒数的1/3里。以下是在加拿大接受专家治疗需要等待的时间。

在加拿大接受专家治疗需要等待的中值时间

治疗	等待的时间（周）
骨科	32.2
整形手术	28.6
眼科	30.0
妇科	15.3
耳鼻喉科	16.4
泌尿科	13.0
神经科	20.1
普通外科	10.3
内科	11.1
心血管科	14.1

来源：费莎研究所，加拿大。

所以需要特殊治疗和手术的加拿大人都南下美国，因为美国的等待时间最低，这也就不足为奇了。

什么时候你听到政治候选人或领导人高呼"我们需要全民医疗保险"，这说明此人不懂经济学。

市场解决方案：
更低的价格更高的质量并且不需要等待

要想明白医保在市场原则下是如何运作的，先来看眼睛激光手术和整容手术的例子。大部分医保产品和服务都变得越来越昂贵，但是眼睛激光手术是个例外。过去10年实施了300万次的准分子激光手术（Lasik），且手术一直在改进。激光手术在所有手术中患者满意度最高。1998年，每只眼睛的激光手术费用为2200美元，现在价格已降到每只眼睛1350美元，下降了38%。为什么激光手术代表了"越来越便宜，越来越好"的市场模式，而其他的医疗服务却不是这样？原因很简单。眼睛激光手术不在第三方私人保险公司或者医疗保险和医疗补助涵盖的范围内。因为极少有手术处在真正充满价格竞争和消费者选择的自由市场中，眼睛激光手术是其中之一。

整容手术也能说明选择和竞争会随着时间的推移降低价格、提高服务。患者要为选择性手术自掏腰包，所以要衡量手术的成本和收益。结果，从1992~2001年，整容手术随着通货膨胀不断调整价格，但每年价格都下降。

应该怪谁？

《纽约时报》的作者将美国的医保问题归因于市场，但真正的罪魁祸首却是政府不允许市场自由运行。甚至由雇主缴纳的医疗保险在某种程度上也是政府规定的。过高的公司税让公司给员工提供各种各样的附加福利，这样公司可以减税，员工可以避税。

和医保行业完全不同的是牙医。牙医没有发生医疗行业的那些问题（价格一直在上升，官僚主义，使用医疗设备需要等待很久），很大程度上是因为（1）大部分的牙医服务直接由患者支付，（2）牙科学生的数量不受限制。由于这两个原因，患者责任制和不断扩大的供给降低了看牙医的费用。和《纽约时报》得出的可怕结论相反，市场原则的确在起作用。

如何解决医疗保健问题？

怎样才能改善这种局面呢？模仿加拿大和欧洲的全民医保体系行不通，因为这违反市场原则（如果你想知道每个国家医疗保健体系的弊端，使用市场原则来分析即可）。希拉里·克林顿于1993年提出的医保计划也无法奏效。克林顿的计划是让医疗服务的成本和收入挂钩，受益者不会直接为医疗服务付费，新成立的联邦机构会控制药品和其他相关的医疗服务的价格。造成的结果就是短缺、官僚主义、过高的成本、服务质量降低以及更少的研发。所幸此计划破产了。

奥巴马医改：利与弊

《患者保护与平价医疗法案》一般被称为奥巴马医改，是继 1965 年的医疗保险和医疗补助计划之后，美国医保体系改革力度最大的一次。这项法案由奥巴马总统于 2010 年 3 月 23 日签署成为法律。

奥巴马医改的目的是将医疗保险覆盖范围扩大到没有投保的人，要求保险公司覆盖所有满足新的最低标准的申请者，而且不管申请者之前是否存在医疗保险问题，不分性别为投保者提供一样的标准。奥巴马医改通过各种管制、补贴、新税收和免税额度来执行。2012 年 6 月 28 日，最高法院以 5 : 4 的投票判决奥巴马的医保政策没有违宪。

平价医疗法案的利弊各有哪些？

益处

◇ 大约 3000 万没有医疗保险的美国人通过"奥巴马医改"、医疗保险（Medicare）或者医疗补助（Medicaid）将享受医保。

◇ 之前存在医疗保险问题和年龄未满 26 岁的人都在医疗保险范围之内。

◇ 员工可以在州或联邦交易所（如果有）使用税收抵免和补贴来节省保险费成本。

◇ 不到 25 人的小公司可以通过免税额度来抵消为员工购买医疗保险的费用。

◇ 几百万享受医疗保险（Medicare）的老年人可以省钱，或进行免费体检或预防性健康检查。

◇ 据估计有 4700 万名女性可以享受女性健康服务，包括预防性健康服务和体检服务以及避孕。法律规定很多奥巴马医改的新女性福利都不是自费项目。

弊端

◇ 奥巴马医改可让各州选择退出针对美国贫困人群实行的医疗补助

扩大计划。

◇ 平价医疗法案有 2000 多页，成立了 159 个新的委员会、机构和项目，复杂到如此程度会拖累企业的业绩。

◇ 成千上万家规模超过 50 人的美国公司要在给全职员工买保险和交罚金之间取舍。很多公司将会取消医疗保险计划，而选择交罚金。

◇ 奥巴马医改会危害就业。很多公司会将全职员工数量控制在 50 人以下，或者只雇用兼职员工来逃避高昂的医疗保险计划。

◇ 资助女性的健康服务比如避孕被认为违反宗教自由。

◇ 奥巴马医改需要增加新的税种，比如对资本资产（股票、证券和房地产等）增加 3.9% 的销售税。

奥巴马医改（税收和福利）会从 2013 年到 2020 年缓慢推进，这既有进步也有退步。

推行健康储蓄账户：全食超市的故事

健康储蓄账户（Health Savings Account, HSA）是切实解决医保危机的途径。美国国会于 2003 年颁布实施健康储蓄账户作为医疗保险改革一揽子计划的一部分，早期被称为医疗储蓄账户，克林顿总统于 1996 年将之签署为法律。

健康储蓄账户是一种延税账户，允许为医疗开支而存钱。

举一个最成功的例子来解释健康储蓄账户是如何运作的。全食是全球增长最快的有机食品连锁店，在福布斯全球最适合工作的 100 家公司中位于第 5 位。一直到 2003 年之前，全食实施很慷慨的自选医疗保险项目，该项目成本很高，也不鼓励节约。到了 2003 年，全食面临 700 万美元的赤字，不得不将保费提高了几乎 35%。员工（被称为队友）对全食的医疗项目很不满意。

全食是最早为员工采纳健康储蓄账户的公司之一。为了强调对医保的积极态度，全食实际上将之称为"个人健康账户"，公司为所有全职员工缴纳 100% 的保险费，员工就自动加入此项目了。医疗费用抵扣额度为 3500 ：1000，处方药品的抵扣额度为 2000 美元，公共支付的抵扣额度为 2000 美元（公司和员工共同承担费用）。每位员工发放一个万事达卡，可以用于"健康"支出（公司密切跟踪员工万事达卡的支出情况以确保万事达卡只被用于和医疗相关的支出）。

如果员工没有使用完所有的抵扣额度，剩下的基金就被放到健康储蓄账户，这笔钱一直到取出前都是免税的。在新的法律下，健康储蓄账户是可以转移的，如果员工到了另一家公司可将健康储蓄账户也带过去。健康储蓄账户可以激励员工成为更聪明的医保消费者，因为花不完的费用归自己所有。有两种方式可处理健康储蓄账户中未用的资金。

◇ 可以将钱（免税）存起来用于将来的医疗开销，并且利息也免税。
◇ 年底可以取出健康储蓄账户里的钱，但是需要保持最低余额。

非医疗取款要交全税和15%的税务罚金。全食CEO约翰·麦基说："我们有的员工账户里有8000美元~9000美元，甚至1万美元的存款。他们不必担心因为医疗问题而破产。"[①]

结果不同凡响，周转率降至大约20%。公司医疗费用大幅下降。45%的员工根本不使用他们的健康储蓄账户，为什么呢？因为他们健康，没生病，74%的人花了不到500美元。

全食超市的员工第一次对医疗服务有了货比三家的动机。很高的自付额促使他们货比三家找到最佳的选择，并且驱使他们吃健康食品并且运动。通过减少看医生的次数，他们可以在健康储蓄账户存钱，这被约翰·麦基称为"充分授权范例"。

福雷斯特研究公司称消费者驱动型的健康计划（HSA）是美国医保的未来。

总结

本章要点

1. 过去100年间所有国家的政府管制力量都得到加强。
2. 商业改进局、好管家、安全检测实验室和消费者联盟都能证明私人市场的自我管制。
3. 政府管制有利也有弊。比如，未来避免可能有害的药品进入市场，美国食

---

① 约翰·麦基，《全食超市的消费者驱动医疗计划》，在国家政策网上会议上的讲话，2004年10月。

品药品管理局规定新药要经过漫长的测试期。但是漫长的拖延也让消费者无法更早地使用优质药品，结果造成成千上万人的死亡。

4. 对物价和生产进行管制会增加成本，造成短缺，降低商品和服务的质量。用取消市场管控来代替过度的政府管控，结果物价降低了，商品和服务的数量和质量也提高了。美国已取消管制的行业有交通运输业、天然气和银行业。结果证明允许医生、律师、牙医和药剂师打广告降低了消费价格。

5. 政府在通货膨胀和战争期间对工资、物价和房租进行管控，造成的结果是短缺、黑市、腐败和质量管制的缺失。尽管房租管控逐渐放松，但纽约市依然实行房租管控。

6. 因为美国政府的介入，医保成本急剧上升。通常，病人、医生和医疗保健服务商都缺乏节约的动机。不受政府管控的健康储蓄账户为成本不断攀升的医疗保健提供了出路。

重要术语

酒精、烟草和武器管理局	1938年《食品、药品和化妆品法案》
破产	健康储蓄账户
科斯定理	移民局
消费者保护安全委员会	核能管理委员会
取消管制	职业安全和健康管理局
禁毒署	平等就业机会委员会
经济合作与发展组织	环境保护署
患者保护与平价医疗法案（奥巴马医改）	联邦通信委员会
联邦存款保险公司	哄抬物价
联邦能源管理委员会	劳动生产率
联邦贸易委员会	萨班斯－奥克斯雷法案
食品药品管理局	证券交易委员会

经济学大师

姓名：罗纳德·H.科斯（1910~2013）

背景介绍：罗纳德·科斯出生于英国的米德塞克斯，1931年获得伦敦经济学院学士学位。1951年获得伦敦大学博士学位，随后移民美国，在布法罗大学和弗吉尼亚大学任教。1964年起在芝加哥大学任教，1991年获得诺贝尔经济学奖。

主要著作：科斯仅发表过为数不多的几篇论文，却产生了极大的影响。他主要关注私营领域，以及为什么在一直由国家控制的领域，私企部门的业绩要优于公共部门。比如，他在1974年写了一篇文章驳斥萨缪尔森和其他干预主义者认为灯塔是公共事业的固有观点。萨缪尔森在他的教科书中写道："灯塔发出的光每个人都能看得到，商人无法靠建灯塔来赚钱，因为他无法向每一个使用者收费。"（《经济学》）换句话说，不论船只有没有为这项宝贵的服务付费，没人可以阻止船只看到灯塔发出的光。如果政府没有强制收税或收港口费，没人愿意付费。而芝加哥学派的经济学家罗纳尔多·科斯却指出19世纪前英国有大量个人或公司建造所有的灯塔，通过对停泊在附近码头的船只收取通行费来赢利。三一灯塔就是私人所有、运营灯塔的绝佳例子，三一灯塔于1514年获得运营灯塔的执照，对船只收取灯塔使用费。灯塔的费用被简单地绑定为码头使用费。萨缪尔森建议用公共财政收入支付灯塔使用费，而科斯认为英国从未用过这样的体系，"'三一灯塔'的服务一直是由船只通行费来支付"。（参见《公司、市场和法律》）

科斯早在1960年就在《法律和经济学期刊》发表过一篇更有影响力的文章《社会成本问题》。在发表这篇文章之前，经济学家都接受了A.C.庇古的观点，认为如果农场主甲的奶牛破坏了邻居乙的庄稼，制止这种破坏行为的唯一方式是政府的介入，政府明令禁止甲的奶牛进入乙的农场，或者对甲处以罚款和监禁。但是科斯却反对这种观点，认为在没有政府介入的情况下，农场主甲会和农民乙进行协商，结果对双方都有利。最初在芝加哥大学教师中提出科斯定理时，科斯定理被视为一派胡言乱语，结果经过两个小时的辩论，又被视为真知灼见。科斯定理是乔治斯蒂格勒给起的名字。此后，科斯的论文一直被引用，这也是科斯于1991年获得诺贝尔经济学奖的主要原因。本书列举了好几例科斯定理应用于实际的例子，比如当政府不存在时，私营行业可以提供必需的服务。

第24章 环境经济学

> 我们都知道环境有问题……但我认为情况在好转。
>
> ——比约恩·隆伯格
> 《多疑的环境保护论者》

19世纪初，美国西部估计有600万~1000万头水牛（确切说是北美野牛），水牛是美国印第安人的主要食物来源。但是到了19世纪80年代，水牛几乎灭绝了，仅存不足1000头。灭绝的主要原因是商业猎杀。当时美国和欧洲的工业、制衣和地毯都需要大量水牛皮，由此产生了几千支由专业猎手组成的猎杀队，以及剥皮工人、清理枪支的工人、厨师、铁匠、保安和数不清的马匹和车辆。到处都有出售兽皮的，价格从3美元到50美元不等。每天的交易量为2000张到10万张不等。"野牛"比尔·科迪据说一天就能杀掉1000多头水牛。

而联邦和州政府对保护水牛免于灭绝无动于衷。是南达科塔州的农场主詹姆士·"斯科特"·菲利普挽救了水牛。他买了5头水牛，把它们带回到他位于夏安河边的农场，到1911年斯科特·菲利普去世时，水牛的数量已增至1000~1200头。其他的农场随之效仿，也饲养自己的水牛。两个蒙大拿的农场主花了20多年的时间培育了很多纯种水牛，但是美国政府随后却拒绝购买水牛，农场主只能把大部分水牛运到加拿大。私人土地和公共土地上的水牛数量快速增长，现在估计已超过40万头，水牛再也不是濒临灭绝的物种了。现在，大部分水牛都是和家牛杂交饲养，最后一头野生水牛在美国黄石国家公园灭绝了。

为了纪念美国水牛的特殊历史地位，美国铸币局于1913年到1938年发行了著名的"水牛"25美分硬币,并于2007年发行了很受欢迎的1盎司美国水牛金币。

公地悲剧

美国水牛是一个典型的"公地悲剧"例子。加利福尼亚大学生物学名誉教授加勒特·哈丁1968年发表在《自然》杂志的论文中指出,如果资源为公共所有就会被滥用,为私人所有则不会。比如一块牧地不归任何人所有,每一位牧人都想增加牲口数,结果就是牧场被过度放牧。这块牧场不归任何人所有使得牧人只承担他应承担的实际费用的一小部分。结果就是"公共自由是所有人的灾难"。

以美国水牛为例,因为水牛不归任何人所有,所以水牛被过度捕杀以至灭绝。直到重新确立了土地的产权,也就是私人农场主拥有自己的牲畜,美国水牛的数量才开始增加。

马尔萨斯幽灵

环保人士控诉大肆强调自由资本主义和大企业环境下的经济增长会不可避免地造成资源的过度使用和开发,以及环境的恶化。这种观点最初由托马斯·马尔萨斯牧师于1798年在《人口论》中提出,马尔萨斯担心资源会枯竭,或者资源无法满足不断增加的人口对物质的需求。图24-1是马尔萨斯陷阱。

在马尔萨斯看来,不断增加的人口会对地球上有限的资源造成压力。他得出了人类最终的结果是贫困、凄惨、战争以及人类对地球资源的不善管理。环保主义者担忧空气和水污染、露天开采、全球变暖以及对不可再生资源的过度使用。过度发展和市场失灵都会造成这些问题。很多环保主义者都是杞人忧天派。比如,世界观察研究所于2002年指出:"新千年的美好未来被人类未来所受到的威胁蒙上了一层阴影。"[①] 阿尔戈尔的电影《难以忽视的真相》上映后,引发了人们对全球变暖和冰山融化的担忧。在阿尔戈尔的追随者看来,解决全球变暖在于政府的管理。

---

① 《2002年世界报告》,世界观察研究所,纽约,诺顿出版社。

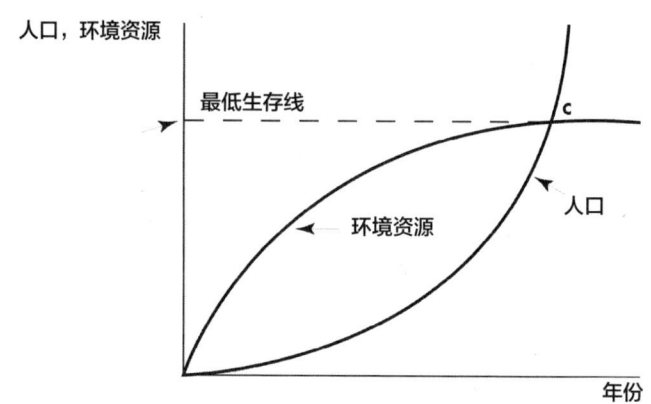

图 24-1 马尔萨斯对人口、环境资源和生存的预测

愤怒的星球还是美丽的世界：自由市场的答案

丹麦统计学教授比约恩·隆伯格是位环保人士，也是绿色和平组织成员，他认同由保罗·欧利希、莱斯特·布朗和诸如世界观察研究所、绿色和平组织、塞拉俱乐部等组织传递的马尔萨斯观点——全球的可再生资源、清洁水源和林地正在枯竭，地球的污染越来越严重，人口呈爆炸式增长。马里兰大学经济学家朱利安·西蒙反对隆伯格的观点。西蒙出版了几本著作，并发表文章认为生活变得越来越好，发达国家的空气污染在降低，挨饿人口在减少，人口增长放缓。

西蒙提出两个反对悲观派的理由：第一，从长期来看自然资源是取之不尽的。物价越来越高一方面反映了资源的稀缺，一方面也鼓励对储备资源和替代资源的开发。此外，企业家和发明家也在不断开发降低成本的新技术，这会发现和开发越来越多的资源。第二，人口的不断增长会提高生活水平，因为会集聚更多有用的知识和训练有素的工人。

隆伯格决定检测西蒙的统计学。1997 年秋天，他和一群学生检测了西蒙的数据，得出的结论是：西蒙是对的。隆伯格改弦易辙，并将他的研究成果写成《多疑的环境保护论者》，引起环保界的一片哗然。

隆伯格和西蒙共同反驳大多数环保主义者的言论：虽然全球人口（超过 60 亿）继续增加，人口增长率在 1964 年达到顶峰，随后开始下降。在过去的 50 年间，灭绝的物种只有 0.7%。全球范围内使用不上水的人越来越少，感染病例也在减少，极度贫困/贫穷的人口在减少，全球很多地方的空气污染都在好转。

关于全球变暖，人们最关切的是资本主义的生活方式正在改变气候，并给生态系统造成永久性破坏。有充分证据表明，在过去 100 年间气温只上升了一点点，但问题依然存在。

◇ 上升的温度中有多少是人为造成的？
◇ 有多少是自然因素？
◇ 什么是控制全球变暖的最佳做法？

很多经济学家（如加里·贝克和理查德·斯特鲁普）都对环保主义者如阿尔戈尔的极度悲观预测持怀疑态度，认为他们夸大了环境问题。

财富效应

自由市场经济学家质疑经济的发展要对环境恶化负责的观点。实际上，他们观察的结果正相反。国民收入和对环境的关注之间存在相关性，被称为财富效应。有一项研究发现，年收入增加到 6000 美元 ~ 8000 美元的国家，空气污染开始下降①。另一项研究表明，改善环境的支出会产生积极影响：环境的改善和收入的增加同时发生。有趣的是，塞拉俱乐部成员的收入几乎是美国平均收入的两倍。②

收入和生态之间的密切关联产生了一个有意思的悖论：发展中国家应该实现经济的最大化发展，而要更快地发展，发展中国家在有能力减少污染之前可能造成过多的污染。要长期改善污染，发展中国家需要在短期内制造更多的污染。

隆伯格认为："环境发展通常是从经济发展而来——只有足够富有才能相对奢侈地关心环境问题。"③ 米尔顿·弗里德曼和其他自由市场经济学家对环境问题则不那么悲观。弗里德曼说："私营行业会降低污染……但是没有现代技术，污染会变得更严重。马的污染要比汽车的污染严重多了……现在美国大部分地方的空气都变得更清洁了。"阿尔伯特·赫希曼曾在 20 世纪 80 年代说过："资本

---

① 理查德·L.斯特鲁普，《生态经济学》，华盛顿特区，加图研究所，2003。
② 詹妮弗·哈特姆，《塞拉读者用数字说话》，2005 年 1/2 月。
③ 比约恩·隆伯格，《持怀疑论的环保主义者》，剑桥大学出版社，2001。

主义成了破坏环境的替罪羊，但是现在我们发现社会主义阵营的情形更糟。"这些经济学家在关于环境的辩论中宣扬政府失灵。最近的研究表明，和发达国家相比，欠发达国家包括苏联国家的污染更严重，卫生标准更低，环境危害更频繁。经济学家特里·安德森和唐纳德·利尔曾举过几个政府管理不善的例子：国家公园比如黄石公园失修严重，美国的公园服务浪费严重（曾修建过33万美元的厕所），加拿大政府摧毁了鳕鱼业，巴西和印度尼西亚强迫移民烧毁原始雨林来种庄稼。

财富创造、废物和外部性

如何在发展经济、提高生活水平的同时不会造成空气和水污染，不会造成垃圾成堆和全球变暖呢？财富的定义是将未成品转化为有用的商品和服务，经济过程中每一个生产阶段实际上都会产生某种形式的废物。

生产商不愿意承担废物和污染处理的全部费用，这就引发了一个严重的问题。当一个人的行为给邻居带来负面影响而又不愿意为这种负面影响赔偿时就引发了负面的外部性问题。比如，钢铁厂在未经许可的情况下向空中或当地的河流中排放污染物，拥有这家钢铁厂的公司不愿意为邻居和社区支付清理污染的费用。问题是如何在不妨碍创造财富的同时将污染降到最低，以下是几种工具。

◇ 使用产权作为激励手段来保护地球资源和空气。
◇ 在没有制定产权的情况下制定合理的规章制度。
◇ 制定价格作为最优化的配额方式以避免对稀缺资源的过度使用从而造成浪费，同时鼓励开发新技术来节约资源。

在本章中，经济分析也可以应用到环境问题中：空气和水污染，对可再生和不可再生资源的过度使用，以及全球变暖。健全经济学原则，比如激励机制、价格理论、边际分析和产权在解决环境问题时都非常有用。

政府监管 vs 产权

"公地悲剧"现象指的是因为财产为公共所有，从而遭到了未曾预料的破坏。

传统解决公地悲剧和环境问题的方式是管制市场。管制措施包括立法禁止猎杀濒临灭绝的物种，禁止污染水和空气，将林地和矿区进行国有化，对污染空气的汽车生产商处以罚款。

美国水牛案提出了另一种解决方式：对被滥用的资源赋予某种形式的产权，鼓励所有者维护和扩大财产。有很多用产权解决公共环境问题的例子。

比如，商业伐木工被指控犯下了严重的危害环境罪。他们被指控造成数万种物种的灭绝，地球上的大片森林被砍伐，以及对生态系统造成了不可逆转的破坏。

当联邦政府在19世纪开放森林时，商业伐木工通常进行清场式砍伐，也不在砍伐过的空地进行林地再造。种树、看护新树林的成本很高。因为伐木工不拥有这块土地，所以他们也没有动机来维护林地。他们砍伐了成千上万英亩的森林后就转移到下一块林地，身后留下的是环境灾难，洪水泛滥，以及生态系统遭到破坏。公众的强烈谴责让政府对商业伐木公司进行监管，责令伐木公司种树，并避免清场式伐木。政府监管在某种程度上奏效了，但市场提出了另一种解决方案：让林业公司拥有这块林地，商业公司现在有维护可持续发展的动机了，即能保护林地也能为未来提供木材产品。像惠好这样的公司已开发出了综合全面的林业体系，既能维持公司的发展，又能维护环境。

控制污染

如果不存在产权或者无法实施产权，污染和其他环境问题就会失控。如果确立了使用和出售资源的权利并能维护这些权利，个体和公司就会避免或者尽量控制环境污染。如果归私人所有的房屋或小溪受到污染，所有者有权将污染者告上法庭索赔。经济学家理查德·斯特鲁普指出在英格兰和苏格兰（不像在美国），公民拥有在当地池塘和小溪钓鱼的权利，他们不遗余力地维护自己的权利，并成立了垂钓者俱乐部和其他协会，如果当地的湖泊和小溪受到污染，他们就会诉诸法律。

在美国，政府管制是更常见的预防空气和水污染的方式。20世纪70年代，在理查德·尼克松总统执政期间国会成立了环境保护署（EPA），并在1970年通过了《清洁空气法修正案》，制定了一系列州、城市和公司的标准和法规。目前环境保护署有1.8万名员工、10个地方办公室和17个实验室。

汽车排放标准，官方名称为《公司平均燃油经济性》（CAFE）是最昂贵的一个联邦政策，是在美国环境保护署和国家公路交通安全管理局的检测基础上制定的，在美国出售的汽车必须符合严格的 CAFE 标准。联邦政府和州政府逐渐提高标准来提高燃油的经济性，降低大多数城市的污染，没有达到标准的汽车制造商必须缴纳"高油耗"税，轻型货车和面包车不用交高油耗税。目前大多数的汽车制造商都符合这些标准，尤其是汽油和电池驱动的混合动力汽车，美国城市的空气污染已得到了大幅改善。

CAFE 标准受到了传统基金会和竞争性企业研究所一些经济学家的批评，因为汽车制造商为了通过越来越严格的燃油经济性检测而选择制造不安全、轻型的汽车。他们指出在不断提高的 CAFE 标准和不断增加的公路死亡率之间存在相关性。[1]

解决污染问题的市场手段

很多经济学家反对联邦政府实施的"命令控制"项目，认为这样的项目效率低下、成本过高并充满风险。他们的影响力催生了以下两种市场激励措施来巩固环保规则。

◇ 污染费。
◇ 交易许可证。

污染费是向污染者收的税，按照他们向空气、水域或者当地垃圾填埋场排放的污染量来惩罚他们。这样的污染税在欧洲很常见，在美国不常见。污染税鼓励公司降低污染。欧洲公司造成的污染越少，所交的税就越少。而在美国罚款则是更常见的惩罚污染的手段。

《清洁空气法案》允许环境保护署向一些污染物，如硫氧化物颁发"排放许可证"。这些许可证可以在污染者之间交易。排放交易也被称为"总量管制和排放交易"，因为政府机构规定了污染物排放量的上限。污染公司被给予一定的信

---

[1] 瑞恩·巴利斯，《CAFE 标准杀人》，国家公共政策分析中心，2006年9月。

用值，表示他们有权排放一定量的污染物。可交易的信用值或许可不能超过规定的上限。排污量超标的公司可以从污染量未到配额的公司处购买信用值。结果所有的公司都想降低排放：排放量越大，面临的成本就越高（要买信用值）；降低排放量可以省钱，有信用值的公司可以利用这些额外的资金在下一轮中进一步降低排放量，并出售更多的信用值。

在很多总量管制和排放交易体系中，环保组织也参与信用值交易，以此来降低排放总量。有时公司通过将信用值捐赠给非营利组织来收回他们的污染信用值。政府机构通常也会降低污染量上限。

可交易许可证在美国的很多州和城市以及欧盟都取得了成功。有研究表明，可交易许可证从 1990 开始在美国降低了 50% 甚至更高的硫氧化物排放量。批评人士指出"总量管制和排放交易"也被滥用，增加了纳税者的负担。[①]

—— 案例分析 ——

拉夫运河丑闻事件（1978）

作者：理查德·斯特鲁普

只有当一所工厂或其他有潜在污染的资产归私人所有时，所有者才会有强烈的动机去承担污染的责任。臭名昭著的拉夫运河（位于纽约尼亚加拉瀑布附近）垃圾倾倒事件可以解释这个道理。在胡克化学公司拥有拉弗运河垃圾处理场时，垃圾处理场的设计、维护和运营（40 年代末和 50 年代）都能达到环境保护署要求的标准。因为胡克化学公司不希望有任何的污染物泄露，泄露的话公司就要花钱治理。

后来垃圾处理场被当地政府以土地征用权的名义以 1 美元的成本收回。胡克化学公司警告当地政府可能存在的化学品危害。但垃圾处理场收回后没有得到有效管理，从而造成化学品泄漏。政府决策人不需要为他们的决策承担个体或集体责任，政府在垃圾处理场上建了一所学校，并将垃圾处

---

① 参见威廉·D.·诺德豪斯的《设计全球气候变暖协议中涉及的经济议题》，在"气候变化"大会上的发言，丹麦，哥本哈根，2009 年 3 月。

理场的保护土层挖走去铺垫另一所学校,将拉夫运河垃圾场的剩余部分卖给了一家房地产开发商,但是没有像胡克公司曾警告当地政府一样警告房地产开发商。①

环保主义者 VS 大公司

我们经常可以看到在诸如砍伐森林和石油开发等议题上,环保主义者和大公司之间拉起了战线。这通常是就业、利润与保护环境或鲸鱼之间的争论。如何决定哪一方更重要呢?

一种方式是采用经济学的视角。奥杜邦协会强烈反对在北极圈国家野生动物保护区进行石油开发。他们的口号是"野生动物保护地不是用来开采石油的!""这将会是一场环境灾难!" 环保组织一般游说国会来禁止或限制大公司对自然资源进行掠夺。但是为什么不买下这片土地,自己来管理呢?

多年来个体和环保组织致力于保护世界各地的野生动物栖息地和风景区。现在美国的大部分州成立了约 300 个土地信托。像大自然保护协会和奥杜邦协会这样的国家性组织拥有众多的土地。成立于 1951 年的大自然保护协会是全球最大的保护美国及全球土地与湖泊的土地信托组织。该组织共有 100 多万成员,1 万多名志愿者,在全世界范围内拥有超过 1.17 亿英亩的土地以及 5000 英里的河流,同时还在 21 个国家和美国的 22 个州有 100 多个海洋保护项目。

以下是一些土地信托组织。

◇ 美国土地保护组织——致力于保护作为永久公共资源的土地和水资源,保护和提升美国的自然、生态、历史、休闲文化和风景遗产。

◇ 军事基地生态管理中心(CEMML)——通过对美国国防部的环境保护、自然和文化资源管理提供专业的服务和技术来支持美国的国家防御任务。

◇ 三角洲土地信托——一家非营利性环境保护和可持续发展组织,

---

① 理查德·斯特鲁普,《自由市场资本主义》,戴维·R. 亨德森编辑,《福布斯经济学百科全书》,Warner books, 1993。

总部位于密西西比州的麦迪逊市，在阿肯色州、路易斯安那州和密西西比州的密西西比河流域的沉积谷地都有分支机构。

◇ 马术土地保护资源——一家非营利组织，旨在提高大众对保护马术活动所用土地的意识。

◇ 森林协会——一家位于美国西南部的土地信托管理组织，服务对象为护林人员、以森林资源为依托的农村社区和商业组织、政策制定者，以及对林业可持续发展进行研究和教育的公共机构。

◇ 大河土地信托——为了公众利益，主要致力于保护和改善密西西比河流域的自然资源，但不限于密西西比河。

◇ 栖息地信托——美国土地信托和保护项目，管理土地和资金的捐赠。

◇ 北部草原土地信托——为土地所有者提供土地保护的信息，这对农业、畜牧业、渔业、野生动物栖息地、提高水资源质量以及空地都非常重要。

◇ 南部平原土地信托——致力于保护和恢复矮草草原生态系统，包括黑尾草原土拨鼠、草原狐和其他重要物种。

◇ 公共土地信托——美国一家全国性的非营利组织，旨在保护供人们娱乐用的公园、自然环境以及空地。

◇ 荒地土地信托——在亚利桑那州、加利福尼亚州、科罗拉多州、蒙大拿州、新墨西哥州和华盛顿州的35个国家荒地保护区拥有180块土地的私营控股权。

◇ 野生动物土地信托——旨在保护野生动物栖息地，设立禁猎区，禁止商业和娱乐性打猎和设陷阱。

土地和水资源为私人所有会起到激励作用，并产生所有权归政府所有所欠缺的富有远见的行为。比如，在20世纪初，西雅图的拉文纳公园归贝克夫妇所有，贝克夫妇将公园改造成了家庭游乐场，每天有几千的客流量，公园尤以高大挺拔的花旗松出名。然而西雅图的领导人担心公园可能管理不善，于1911年将公园买了下来。因为没有个体对公园管理负责，公园渐渐衰败，在市政府买下公园后，公园里高大的树木开始逐渐消失。后来政府终于注意到了偷树这件事，对此却无动于衷,到了20世纪70年代,拉文纳公园已成了瘾君子游荡的危险场所了。

比较拉文纳公园和蒙大拿州西南部的比弗黑德农场。比弗黑德农场归科赫家族所有,农场大部分用来养牛。科赫家族既可以盈利,又和当地的环保主义者密切合作,让他们的家族利益和当地野生动物与环境不冲突。比弗黑德农场除了极大地降低了工人受伤率外还赢得了7次环境奖,是第一个得到野生动物栖息地委员会认证的重建野生动物的农场。

全球变暖:悲剧还是全球公地的问题

全球变暖,也被称为"温室气体效应",是一个复杂的地球逐渐变暖的过程。大气气体(二氧化碳、甲烷、一氧化二氮和氯氟化碳)的浓度变大使得地球吸收更多的太阳光,地球因此变得更暖和。在环境经济学家和诺贝尔奖获得者托马斯·C.谢林看来,从工业革命开始以来,二氧化碳含量增加了约25%,这有可能造成了近年来温度的增高(过去50年间温度平均增高了1℃)。一些环保主义者如阿尔·戈尔预言,如果不采取措施,后果会很可怕。而一些环境经济学家则认为,温度在过去10年间已经下降了,环境灾难被夸大了。

温室气体效应是全球生态系统的悲剧。因为大气不归任何人所有,个体和公司缺乏降低二氧化碳和其他污染物排放的动机。政府和私企应该如何解决这一环境危害呢?

联合国于1997年通过的《京都议定书》是一份重要的政府声明,该协议限定了协议签署国温室气体的排放量,同时实行可交易排放许可证。对排放量的限制各国不同,欧盟各国要降低8%,美国为7%,日本为6%,俄罗斯为0,而澳大利亚的排放量可以增加8%,冰岛可以增加10%。但是成本是什么呢?从2012年开始,189个国家签署了《京都议定书》,美国和澳大利亚没有签署,澳大利亚认为《京都议定书》的限定太过苛刻,影响本国经济发展。2011年,加拿大决定退出,理由是履行《京都议定书》意味着要加倍征收汽油税,这样做付出的经济代价太高了。

其他可能措施包括:

◇ 全球范围内减缓或停止砍伐森林,因为树木能吸收二氧化碳释放氧气。
- ◇ 全球联合行动减少氯氟烃（CFC）的排放量。
- ◇ 采用节约能源的措施。
- ◇ 通过技术改进和升级来提高能源利用率。
- ◇ 从高碳能源转向低碳或无碳能源，尤其是清洁能源。
- ◇ 经济学家建议征收全球性的碳排放税，并实行可交易许可证。

总结

本章要点

1. 大部分环境问题都是因为产权不清晰，导致对有限资源的过度使用，并造成了污染，这被生物学家加勒特·哈丁称为"公共领地的悲剧"。

2. 托马斯·罗伯特·马尔萨斯牧师是第一位担心地球有限的资源能否满足不断增长的人口需求的经济学家。托马斯是最早对环境和经济可持续发展持悲观宿命论态度的人，是提出控制人口增长、限制经济发展这些社会工程师的导师。马尔萨斯派强调环境恶化和全球变暖的威胁论，并建议政府强力介入以及对"不加约束"的资本主义进行监管。

3. 市场经济学家则更加乐观，认为人类可以通过发明新技术来扩大资源供给，从而满足不断增长的人类需求，经济学家朱利安·西蒙将之称为"终极资源"。市场经济学家还认为市场价格能最有效地鼓励人们节约能源，增加供给，发现可替代能源。他们指出了最近取得的成功，比如人口增长放缓，空气和水污染减轻了，生活水平提高了，世界贫困状况锐减。

4. 为了减少污染以及对有限的资源的过度使用，经济学家建议在可能的情况下明晰产权，征收污染费，实施可交易许可证制度。

5. 私企和非政府组织加大了对环境领域的介入力度，以此来保护野生动物栖息地和风景区。

重要术语

清洁空气法修正案　　　　　　可交易许可证
公司平均燃油经济性 (CAFE)　　国家公路交通安全管理局

环境保护署 (EPA)	正外部性
排放许可证	负外部性
外部性	可持续发展
全球变暖	公地悲剧
温室效应	财富效应
马尔萨斯	

经济学大师

朱利安·西蒙，环境保护主义，最后的资源

姓名：朱利安·L. 西蒙（1932~1998）

背景介绍：西蒙出生于 1932 年，1953 年在哈佛大学获得学士学位，1961 年在芝加哥大学获得 MBA 和商业经济学博士学位。1969~1983 年在伊利诺伊大学教授经济学，1983 年起在马里兰大学执教直至去世。

主要著作：《最后的资源》，《人类的状态》。

主要贡献：西蒙因其著作对人口、自然资源和移民问题持积极态度而为人所知。20 世纪 60 年代，他是伊利诺伊大学一名年轻的经济学教授，那时他就担心人口过剩和核战争问题。在研究人口增长时，他发现典型的马尔萨斯悲观论和证据不符。他得出的结论是人口可以被养活，地球也不会被洗劫一空。从供给的角度看自然资源，从长期来看是无限的。稀缺、不可再生资源的价格过高，这促使人们寻找新发现，并进行技术创新。企业家一直都有新的发现，增加了已知自然资源量，或者发明新技术来降低成本，从而可以开发更多的资源。收益递减法则可以无限期被推后，因为土地、劳动、资本和技术从长期来看是不固定的。总之，"杞人忧天者的悲观预测每次都大错特错。几百年来，金属、食物和其他自然资源变得越来越丰富而不是越来越少"。

从需求的角度看，人口越来越多意味着生活水平会逐步提高，因为这增加了有用的知识以及训练有素的劳动力的储量。"终极资源"是人。"人口的增加可不仅仅是多了几张吃饭的嘴而已，而是提高了生产力，增加了有创意的头脑来创造性地解决人类的问题，从长期来看我们会变得越来越好。"在西蒙看来，人口的增长会促使人类采用新技术以及现存的技术。

西蒙在 1980 年因赢了一次打赌而名声大噪，他和斯坦福生物学家、《人口炸弹》这本耸人听闻的著作者保罗·欧利希打了 1000 美元的赌，西蒙预测 5 种基本生活必需品的价格 10 年后会降低，欧利希输了，幸运女神站在了西蒙这边，因为生活必需品在 20 世纪 80 年代降价了。1995 年，西蒙又和奥本大学林学院的教授大卫·索思打赌，木柴会在 5 年内降价。这一次西蒙在 1998 年去世时赌输了，因为木柴的价格从他们打赌时就一直上涨。

名言：我们现在手里有，实际上是我们的图书馆里有为未来 70 亿年不断增长的人口提供食物、衣服和能源的技术。最令人赞叹不已的是这个知识库是在过去两个世纪积累起来的。虽然这 200 年积累的知识库是建立在过去几千年的累积基础之上的。核裂变和太空航行是这个知识库最后增加的内容，也是最近几十年才发明的。（《人类的状态》）

第25章 经济扩张与收缩，是什么造成的经济周期？

> 经济大萧条和大部分的严重失业期都是由政府管理不力而不是私有经济的内在不稳定性造成的。
>
> ——米尔顿·弗里德曼
> 《资本主义与自由》

很多人都担心工作、收入、银行存款、通货膨胀、投资和房地产的价值。国家会经历一般性经济周期，确切地说是经济活动的波动。经济周期的定义是用国内生产总值、就业率、公司利润来衡量的经济波动。经济扩张的特征是GDP、就业率、工资和公司利润都增加；经济紧缩的特征是裁员、利润下降、破产增加、GDP下降。通常情况下，经济周期的经济指标朝同一方向移动。

有多种指标来衡量一个国家的经济。第15章介绍了调整后的总产值（GO调整后），即经济体一年内的支出总额，以及GDP，即一年内生产的最终商品和服务的总值。实际GDP会根据价格的膨胀来调整。

实际GDP的增长率每年差异都很大，实际经济增长的变动幅度从"二战"（1945年）以来变小了。

美国经济看起来极为不稳定，但用实际GDP来衡量的话，美国经济却持续、健康发展。为什么会这样？

图25-1显示的是美国自1947年以来实际GDP（逐渐上升的那条线）和实际GDP的变化情况。很明显，实际GDP的变化看起来不稳定、波动性大；而实际GDP看起来在稳定上升。一切都是角度的问题。

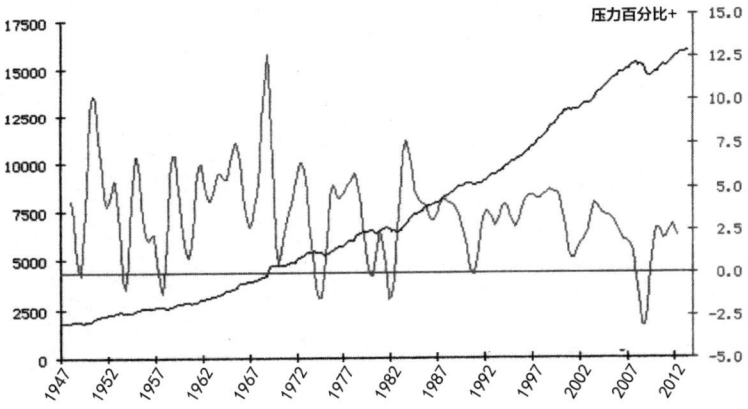

图 25-1　美国自 1947 年以来的实际 GDP 和实际 GDP 变化情况

精确定位经济衰退

图 25-2 突出了自 1947 年以来实际 GDP 的季度增长情况。请注意不时出现的阴影部分，比如 1948～1949 年、1974～1975 年、1980～1982 年、1990～1991 年、2000～2001 年和最近的 2008～2009 年。

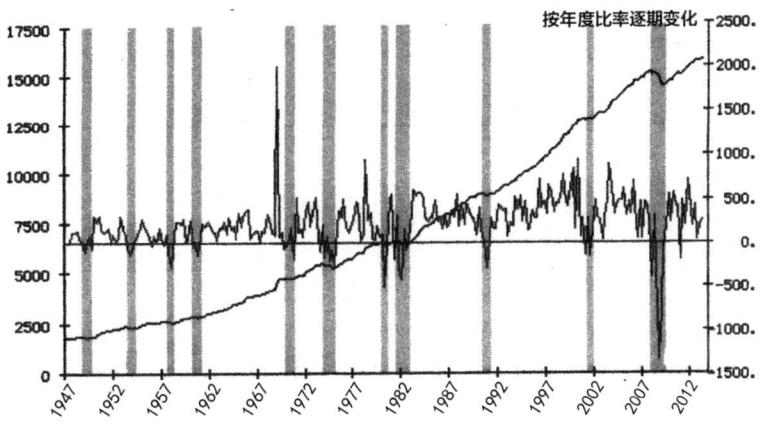

图 25-2　实际 GDP 年增长率的季度变化情况

这些阴影部分被称为经济衰退期，或被一家由经济学家组成的非营利组织美国国家经济研究局称为经济下滑阶段。经济衰退期的定义是实际 GDP 至少连续两个季度出现负增长。美国国家经济研究局决定经济周期波峰和波谷的日期。

经济衰退期的就业和失业

实际 GDP 的下滑会影响经济的各个部门，对此不能掉以轻心。经济周期的主要指标移动方向一致。在经济扩张期，产出和就业增加，失业率下降；而在经济紧缩期，实际产出下降，产生新就业岗位的速度放缓，失业率增加。第 10 章介绍了自然失业率之外的失业。在一个充满活力的经济体中，员工换工作，公司招聘、解雇员工很正常。大部分经济学家都同意美国的自然失业率为 3%~4%，任何试图将失业率降到低于这个数字的努力都会起反作用，并造成通货膨胀。

在一个经济周期内，企业的利润也有起伏变化。图 25-3 显示的是自 1980 年美国企业利润的变化情况。

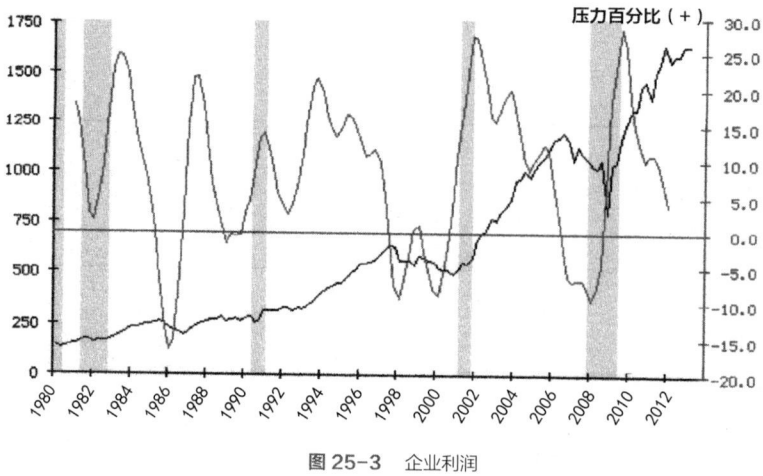

图 25-3　企业利润

如图所示，企业利润是领先经济指标。请注意，企业利润率通常在正式宣布经济衰退之前就下降了，而一旦经济衰退全面展开，突然间企业利润开始抬头，这意味着经济衰退期走向结束。

领先经济指标

经济学家能预测经济衰退吗？一种预测方式是企业利润的增长率。企业利润出现大幅下滑通常是衰退的信号，这意味着实际产出降低，失业率增加。

第17章介绍了领先经济指标，用于讨论后期消费阶段和早期投资阶段的相对影响。位于纽约的非营利组织世界大企业联合会发布了9个国家领先指标的月指数，这9个国家为美洲的美国和墨西哥，欧洲的法国、西班牙、德国和英国，亚太地区的日本、韩国和澳大利亚。世界大企业联合会同时发布同步指标和滞后指标，但领先指标最有意思。

世界大企业联合会列出的美国10个领先指标：

- ◇ 制造业平均每周工作时间。
- ◇ 平均每周申请失业保险。
- ◇ 制造商的新订单、消费品和原材料。
- ◇ ISM新订单指数。
- ◇ 制造商的新订单，除飞机订单之外的非国防物资。
- ◇ 营建许可证，新的私人住房。
- ◇ 股票价格，500普通股。
- ◇ 领先信用指数。
- ◇ 利率差，十年期国债减去联邦基金。
- ◇ 消费者对商业状况的平均期望。

注意：企业利润不在世界大企业联合会列出的10个领先经济指标中，因为企业利润是每季度汇报，而美国领先经济指标是每月发布一次。唯一将企业利润纳入领先经济指标的国家是日本，因为日本按月统计企业利润数据。

消费者预期指数有多重要？

消费者预期指数放在最后，因为其他的经济指标都处于生产的早期或中间阶段，而不是处于最终的消费阶段。其他的 9 个指标都处于制造和批发阶段而不是零售阶段。世界大企业联合会或许是受到凯恩斯思想的影响，认为消费支出驱动经济发展，所以凸显消费者预期指数——唯一和消费相关的指数。

进一步分析会发现，消费者预期指数可能根本不是消费支出指数。统计学家每个月调查 5000 个家庭，询问他们对商业、就业和收入前景的看法，未来购买诸如汽车、房屋和大件家电等昂贵、耐用消费品的计划。唯一一个和当前消费相关的问题是度假计划。调查不会涉及食物、服装、娱乐以及其他快速消费品上的支出。消费者预期指数更像是商业预期指数，或者应该叫商业预期指数。

经济周期发生的原因和解决方案

金钱、技术、企业家精神、政府规章制度这些构成经济结构的主要要素是回答这两个重要问题的基础。

什么造成经济、生活水平、股市的起起落落，这就像一个无限循环的周期。

可以控制经济周期，或者将经济周期的负面影响降至最低？

有很多关于经济周期的理论。货币政策，资产泡沫，不充分消费，诸如 OPEC、地缘政治事件的外部冲击，甚至太阳黑子运动都被认为能影响经济周期的波动。有个理论最令人信服：（1）政府通过货币政策和财政政策对经济进行的干预；（2）诸如能源危机、战争、技术革命等外部冲击，这被称为"真实经济周期理论"。

经济周期的货币理论

很多经济学家都将货币理论看成衡量一个国家是处于经济周期扩张阶段还是紧缩阶段最重要的影响因素。由弗里德曼领导的芝加哥学派，以及由米塞斯和哈耶克领导的奥地利学派都支持这种理论。货币理论认为经济的起伏基本上是由货币供给量和利率变化造成的。

弗里德曼成就卓著，且深具影响力，他逐渐改变了经济学界对货币和货币政策在经济中所发挥作用的看法。经济学界的这一转变确凿无疑。在大萧条期间，凯恩斯和其他很多经济学派都认为货币政策在刺激经济方面几乎无效，通过贴现窗口增发货币或降低利率如同"推绳子"。因此，凯恩斯得出了启动经济的唯一有效机制是通过货币政策增加"有效总需求"，也就是增加公共工程、降税、实行财政赤字的结论。他们认为证据就是"二战"期间，美国政府采取的政策将美国从大萧条中拯救出来。

那么货币政策呢？凯恩斯学派这些年也改变了他们的看法。1955年，凯恩斯学派经济学家萨缪尔森在他广受欢迎的教科书中写道："现在，几乎没有经济学家会认为美联储的货币政策是控制经济周期的灵丹妙药。"[1] 因为这种态度，货币政策被贬低成一种"廉价货币"工具，用来维持尽可能低的利率以适应政府贷款。控制经济周期的重担几乎全部落在了调节政府支出和税收的财政政策上。通货膨胀基本上被视为一种成本驱动现象，因此，"收入政策"（工资/物价控制）对于调控通货膨胀可能有用。

但是，弗里德曼的研究改变了这种看法。在与施瓦茨合著的《美国货币史：1867~1960》中，弗里德曼详尽收集了100多年间的货币、借贷、利率的数据，以及美联储政策，雄辩地证明货币政策可以有效影响经济扩张和经济收缩。弗里德曼得出的结论是经济周期，不论是上升阶段还是下降阶段，都主要和货币供给量的收缩和扩张有关。宽松货币政策引发通货膨胀，经济繁荣；紧缩货币政策引发通货紧缩，经济萧条。同时，弗里德曼也承认货币政策和一国经济的长期增长率无关，经济发展由私人储蓄、投资和技术进步推动。此外，弗里德曼写道："我从不认为财政政策（减税以及政府的赤字开支）是影响经济起伏的重要因素。"[2]

弗里德曼认为战时经济从大萧条中恢复过来主要是由于扩张性货币政策。在"二战"期间货币供应量以20%的速度增加。

越来越多的经济学家和政府官员逐渐接受了弗里德曼的货币主义学说。在20世纪70年代通货膨胀达两位数期间，保罗·萨缪尔森改变了他对货币政策重要性的看法。"货币政策和财政政策都重要。"[3] 到了1955年，萨缪尔森和合著者威廉·诺德豪斯完全倒向了弗里德曼："在美国，财政政策不再是主要的稳定政策工具（用来调控经济周期）。在可预见的未来，稳定政策主要是美联储的货币政策。"[4] 因此，

---

[1] 保罗·萨缪尔森，《经济学》，纽约，麦克格劳-希尔出版社，1955，第3版。
[2] 米尔顿·弗里德曼，引自《20世纪80年代的供给经济学》，亚特兰大联邦储备银行，1982。
[3] 保罗·萨缪尔森，《经济学》，纽约，麦克格劳-希尔出版社，1973，第9版。
[4] 保罗·萨缪尔森、威廉·诺德豪斯，《经济学》，纽约，麦克格劳-希尔出版社，1995，第15版。

在经济周期领域，美联储主席被认为比财政部长还重要，甚至比美国总统还重要。弗里德曼提倡各国将控制货币供应量作为降低通货膨胀、稳定经济的主要手段，世界各国的中央银行都受到弗里德曼的影响。

——案例学习——

货币经济学之父欧文·费雪

欧文·费雪是货币主义经济学之父。费雪是耶鲁大学的高才生，终生致力于货币、经济和股市的研究。费雪精通数学，最早提出了物价指数，在耶鲁大学教授数学。费雪1867年出生于纽约州北部，曾得过肺结核，已婚，并有小孩。费雪曾发明了一种后来称为名片盒的索引文件系统，他将发明卖给了雷明顿兰德公司后变得非常富有。在20世纪20年代股市巅峰期，他的个人资产超过1000万美元。极少有经济学家能像他一样有豪华轿车、专职司机。

在耶鲁大学，费雪首次采用计量经济学模型来预测经济前景和股市。费雪还是世界领导人、公司高管的顾问，经常被报纸称为"华尔街的预言家"。当时，经济繁荣，很多新的消费品上市，比如汽车、冰箱、电话和收音机。费雪是"新时代"的乐观派，并预言经济在"咆哮的20年代"会一直繁荣下去。他坚信美联储的新工具可以避免所有的危机和萧条。他的"量化货币理论"表明只要物价保持相对稳定，20世纪20年代正是如此，就不会发生严重的萧条。费雪在1929年10月16日，股市大崩盘的前两周，立下那句离谱的名言："股价已经立足于永恒的高地上。"[1]

费雪和大萧条

欧文·费雪错了。到了1929年年底，道琼斯工业平均指数蒸发了一半的市值，到了1932年，道琼斯指数跌至40点，跌了90%。自

---

[1] 欧文·费雪，引自《纽约时报》，1929年10月16日。

1930年开始，美国经济就开始衰落，不久后欧洲以及世界各地紧随其后，造成了20世纪最严重的经济灾难。

用传统的经济指标来衡量的话，1929~1933年是场灾难：工业产出下降超过30%，实际GDP下降了25%，差不多一半的商业银行倒闭，失业率超过了30%。在某些城市，比如底特律，一半的成年人失业。此外，20世纪30年代的复苏过程非常缓慢、不均衡。直到20世纪40年代早期军备竞赛达到高潮时，失业率一度超过15%。

遗憾的是，欧文·费雪的财务状况也一直没有恢复。费雪的股票投资组合被洗劫一空，要被迫同时应付高额的债务、损失的资产，以及由于之前的收入终要和联邦税务局纠缠不清。当费雪无法进行按揭付款时，耶鲁大学同意购买他的房子，然后再租给他。费雪后来得了癌症，1947年在落寞中离世。过了整整一代人的时间，费雪的声望才得以恢复。因为费雪对货币理论（量化货币理论）和物价指数所做的开创性贡献，诺贝尔经济学奖得主詹姆斯·托宾称费雪为"最伟大的经济学家"（参见第16章）。

奥地利学派的经济周期理论

奥地利学派提出了更复杂的经济周期货币理论，米塞斯和哈耶克进一步发展了货币理论。奥地利学派的理论可以很好地解释由于人为控制货币供应量和利率而导致的资产泡沫和结构失衡。奥地利学派认为银行信用扩张不仅能刺激短期的商业活动，抬升物价，还能扭曲利率结构和物价信号，造成某些市场的过度投资（不良投资），最终因不可持续而严重破坏经济发展。房地产泡沫、资本密集型产业的不可持续性发展、股市的非理性繁荣，以及其他的结构性问题都重新点燃了人们对奥地利学派经济周期理论的兴趣。

为了理解奥地利学派的理论，我们先来看宏观经济均衡模型（参见第11章和第14章），如图25-4和图25-5所示。

我们首先来看信用和资本投资市场的宏观均衡模型，如图25-4所示。

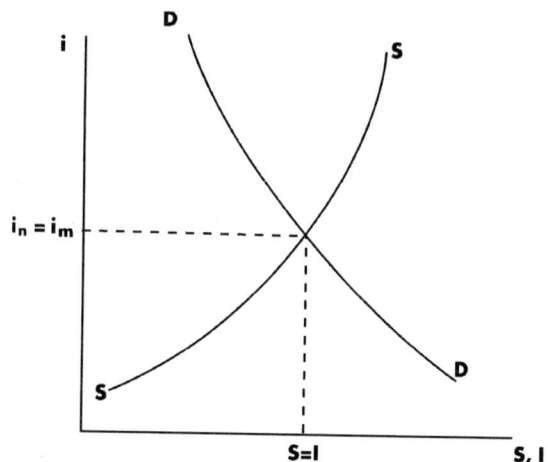

图 25-4 信用和资本投资市场供给和需求的宏观均衡

在米塞斯称之为"均匀运转的经济"中,市场利率(I_m)等于自然利率(I_n)。因此,个体消费者的时间偏好等于投资者和资本家的信用需求。换句话说,储蓄(S)的利率(I_n)等于投资(I)。

我们接着来看总生产结构中的宏观均衡。如图 25-5 所示,总供给矢量和总需求矢量是平行的,并在生产的每一个阶段都是相等的。

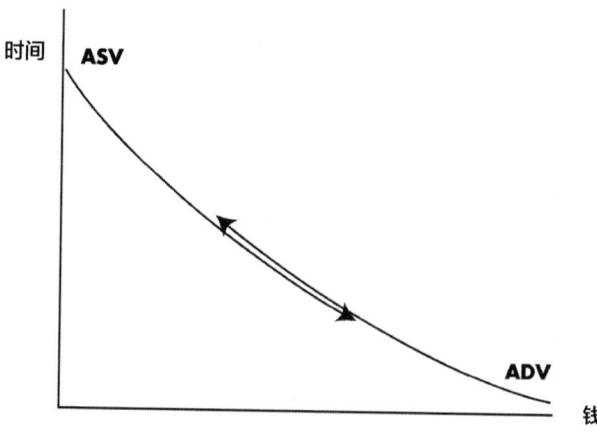

图 25-5 总供给和总需求的宏观均衡

现在假设美联储决定实行宽松货币政策来扩大货币供应量，并人为将利率（Im）调到自然利率（In）之下。图 25-6 显示了宽松货币政策的初步效果。

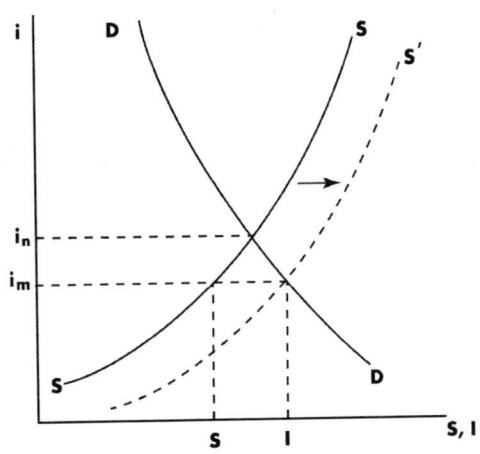

图 25-6　美联储宽松货币政策对信用市场的初步影响

上面已经讲过，随着市场利率（I_m）降到自然利率（I_n）之下，可贷资本的供给量也增加了。低利率鼓励资本投资（I），却抑制储蓄（S）。

能一直维持人为控制的低利率吗（低于自然利率）？奥地利学派认为不能。当中央银行人为地降低利率，扩大货币供给时，就会造成资本品行业和资本资产的结构性失衡。奥地利学派认为宏观经济中包括时间结构，货物要经历漫长而复杂的生产阶段，利率的变化和新钱的注入对某些部门的影响要大于其他部门。奥地利学派经常问"谁最先拿到钱"这个问题，而货币主义派比如弗里德曼则默认新增发的货币是均匀分配的，就像直升机向所有人均匀地撒钱一样。奥地利学派认为先拿到钱的人收益大于最后拿到钱的人。

图 25-7 显示的是总生产结构出现通货膨胀对经济周期四个阶段的影响。总生产结构是指一年内从自然资源到最终的消费品的所有生产阶段的总产值。纵轴是指从最初的基本资源阶段到最后的消费阶段，生产商品或服务的时间或阶段，横轴是指每个生产阶段的总产出或收入。（参见第 3 章和第 14 章）。

我们来看一看奥地利学派视角下的这四个阶段。

第一个阶段：资本品的繁荣。如果美联储降低利率，扩大货币供给，诸如建筑、住房、资本密集型的行业因为对利率更敏感，就会比杂货店更受益，因为购买食物通常不需要对利率敏感。大部分人不会借钱买食物，但是却会按揭买房，企业会贷款扩大业务规模。终端消费品在很短的时间内就被用完了，很难受到利率和货币政策的影响。食物、服装、汽油和娱乐通常是不受利率变化影响的消费品。但是，对诸如采矿和制造机械这样耐用资本品的需求变化幅度却很大。提高或降低贷款利率会严重影响购买机器、工具以及其他资本品的长期成本。

第二个阶段：消费繁荣。资本品的繁荣会溢出到消费阶段，因为利润会被用于购买更多的消费品：新车、家用电器、旅游、娱乐、第二套房子、艺术品和收藏品。第二个阶段是全民扩张阶段。

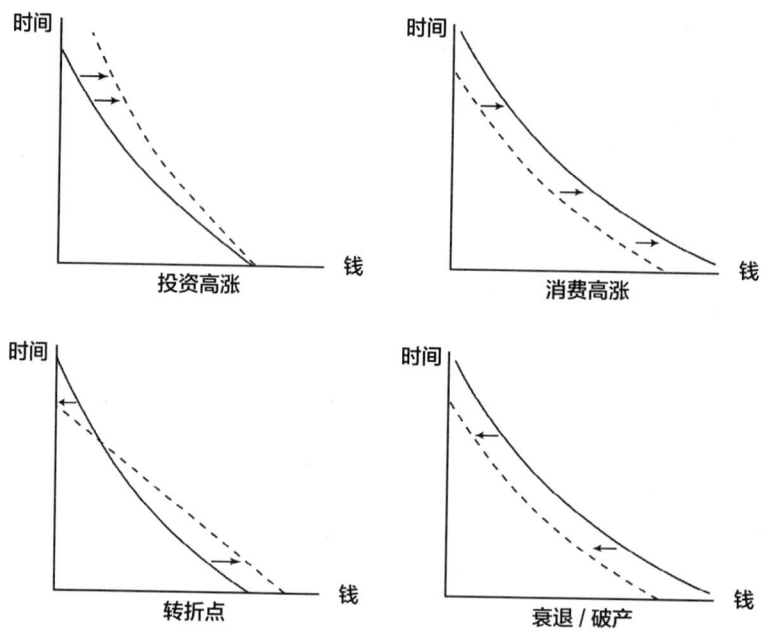

图 25-7　受通货膨胀影响的经济周期的四个阶段

第三个阶段：信贷紧缩。利率（I_m）在全民扩张阶段涨到自然利率之上，造成繁荣期的收益递减。美联储提高利率，这让之前利润丰厚的行业开始紧缩。消费继续扩大，但是资本品市场的紧缩抵消了消费的繁荣，经济整体开始衰退。

第四个阶段：衰退/萧条。这是经济周期的衰退阶段，各个行业都下滑。消费品的下滑没有资本品严重。最终，当利率将至自然利率（I_n）时，经济开始返回宏观经济的均衡状态（ASV 等于 ADV）。

图 25-8 显示的是经济周期两个极端之间的情形。在整个经济周期中，生产的早期阶段（资本品行业、股票、房地产和其他资产）扩张和收缩的强度要大于生产的后期阶段（消费品行业）。请注意，资本品行业的产出、物价、就业和库存的波动幅度要大于消费品行业。请注意 BC/AC 要比 EF/DF 小得多。

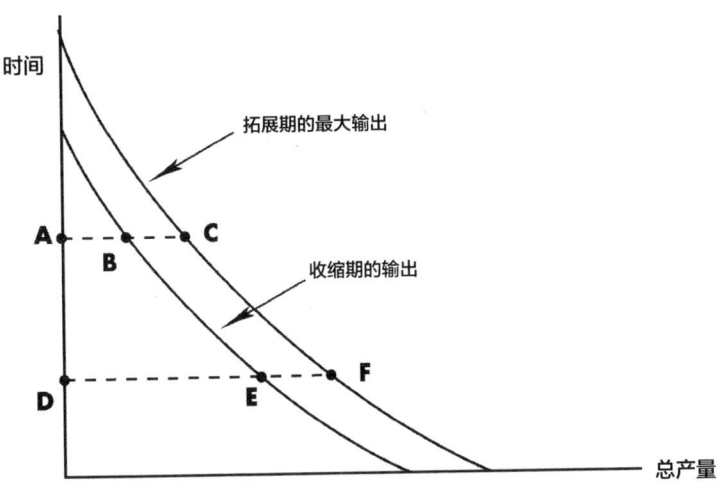

图 25-8　总生产结构扩张和收缩时的产出

奥地利学派的理论解释了为什么投资房地产、股票、商品和制造业的波动幅度要大于投资消费、零售和生活用品，为什么房地产、股市和其他投资领域会出现资产泡沫。

多年来的经济周期可以清晰地显示奥地利学派声称的资产泡沫和不可持续的行业繁荣（参见下面的案例研究）。资本密集型商品和行业的周期性，比如房地产行业、制造业和采矿业，要比消费品行业和政府主导行业的周期性明显得多。奥地利学派的资本理论预测生产过程离最终的消费越远，物价、就业、库存和产出的波动幅度就越大，这是由货币的时间价值（利率）决定的。对美国 1952~1984 年多种价格的研究表明，"工业原材料的价格波动幅度最大，消费价格最稳定，生产价格居中"。① 弗雷德里希·米尔斯于 20 世纪 30 年代和 40 年代在国家经济研究局所做的实证研究和时间序列研究，以及查尔斯·韦豪斯在纽约大学的博士论文都证实经济周期中存在严重的不良投资、结构失衡和时际波动。最近一次，1995~2003 年的高科技经济也支持奥地利学派的理论（见下文案例研究：奥地利学派的经济周期）。

米塞斯认为增加货币数量可以影响消费品，也可以影响生产资料，或者对二者都有影响，这取决于"新增发的货币是被用于消费还是用于生产"②。哈耶克补充道："一切都取决于增发的货币是从哪一点被注入流通过程中的（货币也可以从流通中退出），增发的货币是首先到了贸易商和制造商手里，还是直接到了工薪阶层手里，结果可能会大相径庭。"③ 随后，增发的货币会通过银行、抵押贷款公司、华尔街进入经济体中，产生的影响会通过房地产和股指反映出来。

案例研究：奥地利学派的经济周期

历史上很多的案例都证实了米塞斯－哈耶克提出的经济周期。比如，20 世纪 50 年代和 60 年代早期美国的通货膨胀率相对较低，经济周期也相对稳定，但是到 20 世纪 60 年代末期和 70 年代，当美国的通货膨胀达到高峰时，经济也更加波动。如果米塞斯预测的那样，经济扩张规模更大，同时经济收缩的也更为严重。

20 世纪八九十年代的日本也能说明问题。如果当时的日本银行采取了弗里德曼的货币主义原则，稳定地将货币年增长率维持在 3%~4%，奥地利学派声称日本只会出现轻微的通货膨胀，以及膨胀后的衰退。但是日本银行在 20 世纪 80 年代采取极端的自由货币政策，连续四年都将货币基础提高 11%，并人为维

---

① 马克·史库森，《生产结构》，纽约大学出版社，1990/2007。
② 米塞斯，《对货币和信用的操控》，纽约，自由市场出版社。
③ 哈耶克，《物价和生产》，伦敦，劳特里奇出版社，1995，第 2 版。

持低利率。结果就是20世纪80年代末期日本经济高速发展,紧接着20世纪90年代经济崩溃,此后进入了漫长的萧条期。日本经济学家铃木义男接受了奥地利学派对日本繁荣－衰退周期的分析:"如哈耶克所教的那样,宽松货币并不总能提高商品和服务的价格,但总是会造成经济结构的失衡,尤其是资本市场的失衡……这就是日本(在20世纪80年代)的经历。"① 铃木还做了一个重要的注脚:"在我作为货币经济学家40年的经历中,我从没有像现在这样强烈地感觉到要重拾哈耶克贸易周期理论的精髓。"②

第三个例子是20世纪90年代末和21世纪早期的繁荣－衰退周期。除了电信和计算机行业取得了真正的技术进步外,什么加剧了20世纪90年代末的高科技繁荣和股市泡沫呢?奥地利学派将原因归于美联储。美联储在1995年和2000年之间故意降低利率,向银行系统注入了大量的现金,再加上1997年的亚洲金融危机,1998年俄罗斯经济崩溃,以及1999年千年虫问题的推波助澜。千年虫灾难没有发生,美联储在2000年大幅提高短期利率,减少货币供应量,以此来吸纳流动性资金。结果,美国经济脱节,华尔街尤其是以高科技为主的纳斯达克遭受了自大萧条以来最严重的熊市,熊市持续了3年。《经济学人》(2002年9月28日)最早认为奥地利学派的经济周期理论,虽然早已不再流行,却能用来解释1995~2003年的繁荣－衰退周期。之前的经济周期可以用外源性的油价冲击、政策失误或者生产力的变化来解释,但是"这次的经济周期却不一样……投资引发的繁荣早就埋下了毁灭的种子。最近日本和美国的经济周期都验证了很多'奥地利学派'的特征"。

第四个例子是2000~2006年的房地产泡沫。奥地利学派经济学家将之归因为美联储在2004年的降息,降息鼓励抵押贷款公司和银行向不符合买房条件的人放贷。房价飙升,尤其是加利福尼亚州、内华达州和佛罗里达州的房价,接着在2007~2009年房价又暴跌,引发了世界范围内的信用危机,接着造成世界各国政府以及中央银行的大规模干预。

---

① 铃木义男,引自马克·史库森的《维也纳和芝加哥,朋友还是敌人?》,华盛顿,资本出版社。
② 同上。

政治经济周期

在很多国家,政治选举周期是影响经济周期的重要因素。在大选前夕,现任领导人为了增加自己以及自己所在政党再次当选的概率,会采取财政政策和货币政策来刺激经济,这通常会影响经济周期。扩张性货币政策和财政政策,比如减税、降低失业率、降税,或者政府为了某种利益增加服务性开支,这在短期内非常受欢迎。

比如墨西哥通常就受到总统选举周期的影响而经历6年一次的周期。刚上任时,新总统通常采取紧缩政策,但是当大选临近时,执政党就会扩大开支,增加货币供给量,以此来赢得公众的再次投票。

在美国,投资分析家通常会考虑华尔街出现的4年一次的总统选举周期。这个周期相当明显。自1833年以来,43届美国政府在后两年(大选年和大选前一年)的净市值为746%,而在当选后的前两年净市值为228%。4年一次的总统大选对经济和股市都有影响,正如《投资者年鉴》所说的那样:"战争、衰退和熊市通常在总统任期的上半段出现,繁荣期和牛市在下半段出现……总统为了再次当选,一般会在任期的上半段实施大部分最棘手的项目,在任期的下半段刺激经济发展,这样当选民进入投票厅时都是他们最有钱的时候。"

外部冲击和真实经济周期

真实经济周期理论(Real business cycle,RBC)是较晚出现的用于解释经济波动的理论。该理论的支持者认为是真实的外部因素而不是货币政策和财政政策引发了国内经济问题,比如世界大战、越南和中东的地区战争、1973~1974年和1979~1980年的石油禁运、2001年9月的恐怖分子袭击等。技术进步也会对经济周期产生真实影响,比如计算机革命和互联网。

真实经济周期理论是由费恩·基德兰德和爱德华·普雷斯科特于1982年在他们合作完成的论文《建造时间和总量波动》中提出的,他们因此而获得了2004年度的诺贝尔经济学奖。他们的模型认为技术冲击会造成生产率的随机波动,这又会引发经济波动。这种外部性冲击包括产品创新、坏天气、进口石油的增加、更严格的环保和安全要求，这些冲击会影响公司和工人的决策，反过来又影响他们的购买和生产行为，最终影响总产出。由于这些冲击，真实经济周期理论预测消费和投资的时间分配序列，认为人们对于这种周期无能为力，给出的解决方式是放任自由，政府干预只会雪上加霜。

批评者认为真实经济周期理论忽视了经济周期中的其他重要因素，比如货币政策和财政政策，政府和市场的不完善。

如何解决经济周期

在凯恩斯经济学的影响下，国会于1946年通过了《就业法案》。该法案规定美国政府运用开支、税收和货币供给这些货币和财政工具来稳定经济发展。大部分经济学家都同意使用这种方法让经济衰退的强度和时间都降低了，但不会消除经济衰退。在20世纪50年代和60年代，凯恩斯学派的经济学家坚信政府掌握了控制经济周期的工具，甚至通过微调还可以消除经济危机。货币学派则向全世界保证萧条只是历史。弗里德曼1954年在瑞典做了题为《为什么美国的经济不会再萧条》的演讲，在演讲中他声称强大的货币机构在任何时候都可以注入资金，再加上联邦银行的存款保险的双重保险，美国再发生大萧条的可能性不存在。[1]

20世纪70年代的通胀衰退让经济学家有答案的说法不攻自破。尽管如弗里德曼所预测的那样，美国再也没有发生过大萧条，但是一直以来繁荣和衰退的周期就没中断过。中央银行经常在宽松货币和紧缩货币之间转换并没有帮助维持稳定的货币环境。

如何才能将经济波动幅度降到最低？大部分经济学家都同意下面的原则。

◇ 在增加货币储量（通常是指M2），在利率方面维持相对稳定的货币政策。

◇ 将政府对劳动力、资本和商业的管制降至最低，这样可以更快、更平稳地适应新的经济形势。

---

[1] 米尔顿·弗里德曼，《美元和赤字》，纽约，普伦蒂斯霍尔出版社，1968。

◇ 对外贸易、资本、货币和移民保持相对开放的态度，和外部世界的隔离会使经济更容易受到自然灾害、政府政策和人为错误的影响。

对货币问题的思考

经济学家认为有五种可能的方式来控制通货膨胀和经济周期。

一　货币主义规则

货币学派主张"货币规则"，也就是稳定地增加广义货币的供应量（通常是指 M2），增速和实际 GDP 的长期增速一致。弗里德曼自 20 世纪 50 年代起就提倡货币规则，但是货币政策从未被实施过，因为第一很难衡量合适的货币供应量，第二排除了中央银行有在危机时期进行干预并向市场注入资金的自由裁量权。奥地利学派同样认为 4%~5% 的通货膨胀可以造成结构性失衡和资产泡沫，这一切取决于谁先拿到钱。

二　金价目标

有奥地利学派和供给学派的经济学家支持某种形式的金本位制和自由银行制度。供给学派的阿瑟·拉弗、保罗·克雷格·罗伯茨、斯蒂夫·汉克和斯蒂夫·福布斯都主张"金价目标"的中央银行政策。假设 1 盎司黄金的目标价格为 900 美元，那么中央银行就应该使 1 盎司黄金的价格接近 900 美元。如果黄金价格超过目标价格，那么美联储就应该紧缩信用，直到黄金价格降到 900 美元。如果黄金价格低于 900 美元，那么美联储就应该扩大货币供应量，直到黄金价格涨至 900 美元。批评者认为黄金的波动幅度太大，不适宜作为价格目标，不论是涨还是降都容易做过头。

三　自由银行制度

什么是自由银行制度？两位经济学家乔治·赛尔金和劳伦斯·怀特在这个领域做了大量研究，他们认为自由银行是一种"看不见的手"或者叫货币的自由贸易。在这种体系下，政府对货币领域的态度是完全的放任自由："政府不会控制交易媒介的数量，也没有以政府做后盾的中央银行。没有商业银行进入、开设分支银行的法律壁垒，也没有商业银行退出的法律壁垒……没有存款保证金要求……没有政府存款担保。"

没有政府担保，也没有存款准备金要求以及其他形式的监管，自由银行会不会退化为混乱不堪胡乱发行纸币的"野猫"银行呢？大众如何才能相信自由银行制度可以建立稳定、没有通货膨胀的货币体系？基于对19世纪和20世纪苏格兰和英格兰自由银行的研究，他们声称一个半世纪以来，苏格兰实行自由进入、政府干预程度最低的银行体系，不同银行发行的纸币同时流通，银行倒闭的情形非常少见。此外，发行纸币银行之间的竞争可以为大众提供多种选择，将银行破产的风险降到最低。支持者认为自由银行制度稳定，竞争使得银行不会过度发行纸币，因此通货膨胀会降到最低的程度。虽然在自由银行制度下，黄金不是必需的基准价格单位（白银可以是很好的替代），自由市场体系可以进行自我调节。

批评者认为，自由银行制度的主要缺陷是公众需要对市场有很强的信心才能接受这种放任自由的体系。没有政府调控和存款保证金，自由银行制度的不确定性要远高于实行100%硬币保证金的体系或货币主义规则。有其他安全可靠的货币体系，谁还想要这种充满不确定性的体系呢？实际生活中，谁想要和十几种由私人银行发行的纸币打交道？在自由银行制度下，可能不会有官方的国家银行发行的纸币，形形色色私人银行发行的纸币可能会让人眼花缭乱。

四　加拿大/澳大利亚银行体系

还有一种可能性是模仿加拿大、澳大利亚和新西兰的银行模式。根据世界每年发布的《全球竞争力报告》，全球最稳定、最有利可图的银行在加拿大、澳大利亚和新西兰。在大萧条或2008~2009年金融危机期间，没有一家加拿大银行倒闭，它们的商业银行和其他银行都很少，但在全国范围内设有分支机构，因此不太容易受到经济低迷的影响。加拿大银行拥有大量忠实的存款人和更坚实的资本基础，且比美国的银行受到更严格地监管，流动性更强，杠杆率更低。

五　通货膨胀目标

凯恩斯学派将灵活的"通货膨胀目标"作为他们长期的货币工具，这使得中央银行可以通过注入资金来灵活地应对货币危机，从而维持经济发展。这种模型的货币目标是维持物价水平的稳定，比如 CPI 和 GDP 平减指数。

通货膨胀目标在美联储采取的政策中相对较新，其重点是控制物价膨胀率而不是控制利率。在 20 世纪 70 年代以前，美联储的计划都是实施低利率政策，这样政府可以轻松地还债。1979~1982 年出现转变，当时保罗·沃尔克被要求解决美国的通货膨胀。他立刻改变规则来支持货币主义，主要目标是控制货币供应量，并让利率自由波动。沃尔克猛踩货币刹车，打破了通货膨胀的心理，利率飙升至 21%，随后逐渐下降。沃尔克的货币主义实验于 20 世纪 80 年代结束了，当时由于取消对银行业的管控以及经济全球化，货币供应量和全球经济的关系已破裂。

在接下来的 20 年间，艾伦·格林斯潘出任美联储主席，美联储的政策重心重新回到利率上，通过提高利率来对抗通货膨胀，降低利率来对抗经济衰退。虽然在格林斯潘 19 年的任期内（1987~2006），美联储 7 次改变政策，但格林斯潘基本上都是成功的。格林斯潘的继任者本·伯南克试图再次改变美联储政策，转而实施"通货膨胀目标"，设定了年 2% 的 CPI 目标，并承诺通过货币管理局来执行。

本·伯南克和弗雷德里希·米什金的研究表明，实行通货膨胀目标的国家，其核心通货膨胀率大幅下降：

◇ 新西兰自 1990 年开始。
◇ 加拿大自 1991 年开始。
◇ 英国自 1993 年开始。

新西兰非常成功，在设定通货膨胀目标之前，新西兰的通货膨胀率在 10%~15% 之间波动。现在新西兰的 CPI 降到了 3% 以下（见图 25-9）。

美联储主席伯南克试图模仿新西兰、英国和其他西方国家的成功之处。2007~2009 年的金融危机期间舍弃了通货膨胀目标，但 2013 年再次制定了通货膨胀目标，以此来刺激经济发展。

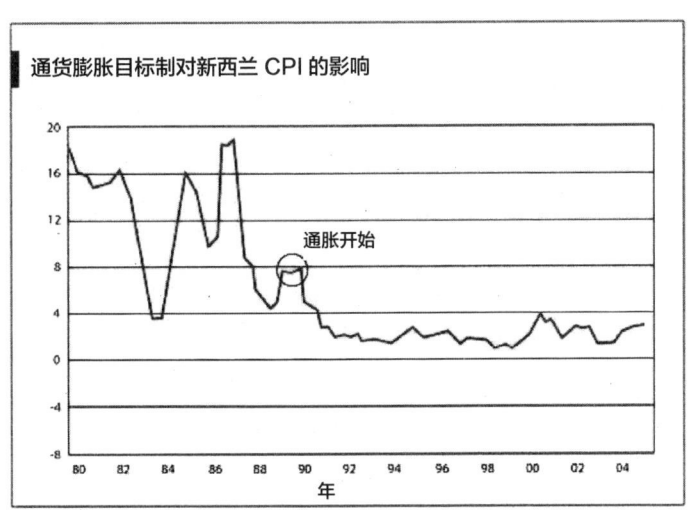

图 25-9　新西兰在制定通货膨胀目标之前和之后的通货膨胀

总结

本章要点

1. 经济周期是指用 GDP、就业率和企业利润来衡量的经济起伏状态。

2. 自从"二战"以来，实际 GDP 增长的波动幅度变小。

3. 位于马萨诸塞州波士顿的国家经济研究局官方规定经济衰退的开始和结束（至少连续两个季度 GDP 是呈负增长）。

4. 位于纽约的世界大企业联合会用领先经济指标指数来预测经济衰退，每月发布一次。但是因为企业利润每季度发布一次，所以领先经济指标中没有包含企业利润这一最佳领先指标。

5. 受到媒体和华尔街密切关注的消费者预期指数是一种误导性的消费者行为指南，说成企业预期指数更确切。

6. 有几种解释经济周期的理论。一种是中央银行货币政策，即宽松货币制造人为的繁荣，紧缩货币造成经济下滑。奥地利学派关于经济周期的理论更复杂，主要关注点是中央银行宽松货币政策所造成的资产泡沫和结构性失衡。

7. 另一种解释经济周期的理论是政治选举周期。战争、经济衰退和华尔街的熊市一般出现在总统任期的上半段，经济繁荣期和牛市出现在下半段，因为总统为了追求连任会刺激经济发展，并过度开支。

8. 按照真实经济周期理论，由于难以预料的冲击，经济繁荣和衰退是随机波动的，这些冲击包括技术、能源危机、自然灾害或者政府管制，而不是货币政策和财政政策。

9. 经济学家提出了不少调控经济周期的途径，比如货币主义规则、通货膨胀目标、金价目标、自由银行制度，以及体制性改进（加拿大/澳大利亚银行体系）。

重要术语

调整后的总产值（GO 调整后）
总生产结构（APS）   放任自由
总需求向量（ADV）   市场利率
总供给向量（ASV）   货币主义
奥地利学派的经济周期理论   货币政策
经济周期 货币规则
资本品繁荣   国家经济研究所（NBER）
世界大企业联合会
居民消费价格指数（CPI）   自然利率
消费繁荣   新时代
宽松货币政策   名义 GDP
有效总需求
1946 年《就业法案》   石油出国组织（OPEC）
均匀运转的经济   总统选举周期
财政政策   通货膨胀目标
自由银行制度   "Pushing on a string"
GDP 平减指数   货币数量理论
金价目标   真实经济周期（RBC）
  实际 GDP
收入政策   衰退
消费者预期指数   硬币

领先经济指标指数	技术冲击
通货膨胀目标	紧缩货币政策
看不见的手	野猫银行
非理性繁荣	

经济学大师

弗雷德里希·哈耶克和奥地利学派的经济周期理论

姓名：弗雷德里希·A. 哈耶克（1899~1992）

背景介绍：弗雷德里希·哈耶克是现代奥地利学派的奠基人之一，出生于奥地利的维也纳，在维也纳大学获得两个博士学位，在米塞斯手下工作（参见第2章），是奥地利经济研究所主任。他是为数不多几位预测到了1929~1933年大萧条的经济学家之一，因为他的远见卓识而成为伦敦经济学院的教授，并一直工作到20世纪40年代末，成为凯恩斯的主要对手。

在"二战"期间，哈耶克写了他最受欢迎的书《通往奴役之路》。哈耶克在第一次婚姻中有两个小孩，经过了痛苦的离婚后娶了他少年时代的心上人。20世纪50年代加入芝加哥大学，成为社会思想委员会的一员，1960年在芝加哥大学写了《自由宪章》。1962年离开芝加哥大学，加入弗莱贝格大学，在弗莱贝格大学继续写作他的三卷本著作《法律、自由和立法》。1974年哈耶克因为经济周期理论以及重要的经济知识而获得诺贝尔经济学奖，这是第一位获此殊荣的自由市场经济学家。获得诺贝尔奖之后，哈耶克继续进行经济学方面的写作——社会主义、通货膨胀、货币改革，他的最后一部著作《致命的自负：社会主义的谬误》是集大成之作。哈耶克于1992年去世。

主要著作：《物价和生产》，《通往奴役之路》，《自由宪章》。

主要贡献：他的著作《物价和生产》介绍了奥地利学派的经济周期理论，这是他从米塞斯那儿学来的，是对凯恩斯革命相反的看法。"二战"期间，哈耶克写了一部经典的政治哲学著作《通往奴役之路》，他在书中警告世界向福利国家主义和国家独裁制的方向发展，这会让各个国家走上通往奴役之路，同时失去政治和经济自由。《读者文摘》将他的书浓缩以后，他的书成为畅销书。

哈耶克随后又写了雄辩有力的文章《知识在社会中的运用》，这扩大了他对社会主义中央计划经济的抨击范围，文章阐释了物价能向消费者和生产商传递重要的信息，而这些专门知识是地方性的，无法被集中起来，对经济发展至关重要，因此无法被行业规划者和技术官僚所复制。哈耶克写道："假设将所有的知识装到一个大脑里……就是无视在现实世界里，每一样事物都重要，都有意义。"哈耶克将市场经济看成是一个可以协调不同活动的有机体，这不同于凯恩斯和大部分经济学家的观点，他们将经济体看成是一台机器，随着时间的流逝会瓦解。

第 26 章 全球化、保护主义和自由贸易

> 我们处在一个国际劳动力分工的时代，自由贸易是国与国之间进行友好往来的前提。
>
> ——路德维希·冯·米塞斯
> 《全能政府》

1994 年 1 月 1 日见证了历史上最激进的自由贸易实验。美国和加拿大这两大世界一流经济体和墨西哥这个苦苦挣扎的第三世界国家签订了《北美自由贸易协定》（North American Free Trade Agreement，NAFTA），由此这三个国家之间建立了自由市场。《协定》取消了美国、加拿大和墨西哥之间大部分的产品关税，并在差不多 14 年的时间内逐渐取消了其他关税。很多类的进口关税都被取消了，包括汽车和汽车零部件、计算机、纺织品和农产品。《协定》同时保护这三个国家的知识产权（专利、版权和商标），并商定取消投资限制。

支持者声称《协定》可以扩大这三个国家之间的贸易额并增加就业机会，并认为《协定》是一项大胆尝试，证明全球化可以将一个发展中国家变成一个现代化国家。支持者认为随着墨西哥工资和就业水平的提高，非法移民就会下降；批评者则认为为了利用墨西哥的廉价劳动力，美国工厂迁往墨西哥，这会摧毁美国的制造业和就业机会。美国总统候选人罗斯·佩罗曾做出著名的预测："你将会听到工作被从美国吸走的巨大声音。"

谁对谁错？在签订《协定》后的第 10 年，《商业周刊》总结道："这个伟

大实验在很多层面都取得了压倒性的成功。"① 为了利用墨西哥的廉价劳动力，美国和其他国家的投资额一年就增加了 120 亿美元，贸易额增加了 3 倍，从 520 亿美元增加到现在的 1610 亿美元。墨西哥的人均收入增加了 24%，超过 4000 美元。墨西哥从世界第 15 大经济体上升到第 9 大经济体。墨西哥总统毕森特·福克斯对《商业周刊》说："《北美自由贸易协定》对我们来说是很大的推力，给我们带来了就业、知识、经验和技术转让。"②

美国方面呢？并没有给美国造成严重的制造业岗位流失。在长达 10 年的时间内（1994~2004），美国的就业人口从 1.203 亿人增加到 1.5 亿人，失业率显著下降。同时自《北美自由贸易协定》签署后，美国的国内制造业产出却大幅增长。进口确实损害了一些行业，比如缅因州的制鞋业和南卡罗莱纳州的制衣业，但是消费物价更低，意味着消费者有更多的钱购买其他物品，这会刺激其他地区的就业。人们可能会丢了制鞋的工作，但是可以找到其他的制造业或服务业工作。如同第 10 章所讲的，增加的就业岗位总是超过消失的工作岗位。

墨西哥依然面临很多挑战——较低的工资、不充分就业以及来自中国的竞争，仅举几例：《北美自由贸易协定》的成功引发了全球自由贸易流动，比如 20 世纪 90 年代中期的乌拉圭回合谈判，以及中国在 2001 年的入世。其他自由贸易协定也接踵而至，比如 2004 年的智利，2012 年的哥伦比亚。

贸易、全球化和货币

本章要讨论以下几个问题。

◇ 国家之间的贸易有多重要？
◇ 为什么大部分经济学家支持自由贸易？取消国家之间经济壁垒的成本和收益是什么？
◇ 货币增值或贬值如何影响一个国家？
◇ 贸易逆差有影响吗？

---

① 《商业周刊》，2003 年 12 月 22 日。

② 同上。

国际贸易的规模和范围

国际贸易是大宗生意,增长速度要快于国内产出的增长速度。随着越来越多的国家放松对货币的管制,降低进口关税,贸易额大幅上升。研究表明,贸易量的增加会增加国家的数量。(见案例分析"自由贸易会导致政治分裂主义吗?")

国际贸易的增长和国内 GDP 增长的关系见图 26-1。

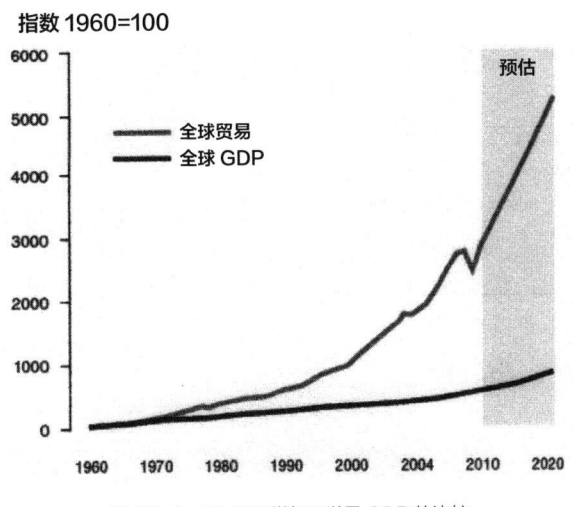

图 26-1 国际贸易增长和世界 GDP 的比较

来源:WTO,剑桥经济学。

国际贸易的规模和影响因国家的不同而有很大的差异。以下是最新的数据。

国家	进口占 GDP 的比例(始于 2017 年)
巴西	13%
美国	18%
阿根廷	20%
中国香港	22%
印度	30%

（续表）

英国	34%
法国	30%
中国	27%
德国	45%
加拿大	32%

和其他国家相比，美国的进口量还算少的，但从图26-2可以看出进口呈上升趋势。20世纪60年代，美国的进口额只占到GDP的4%，而目前这一比例上升到了14%以上。

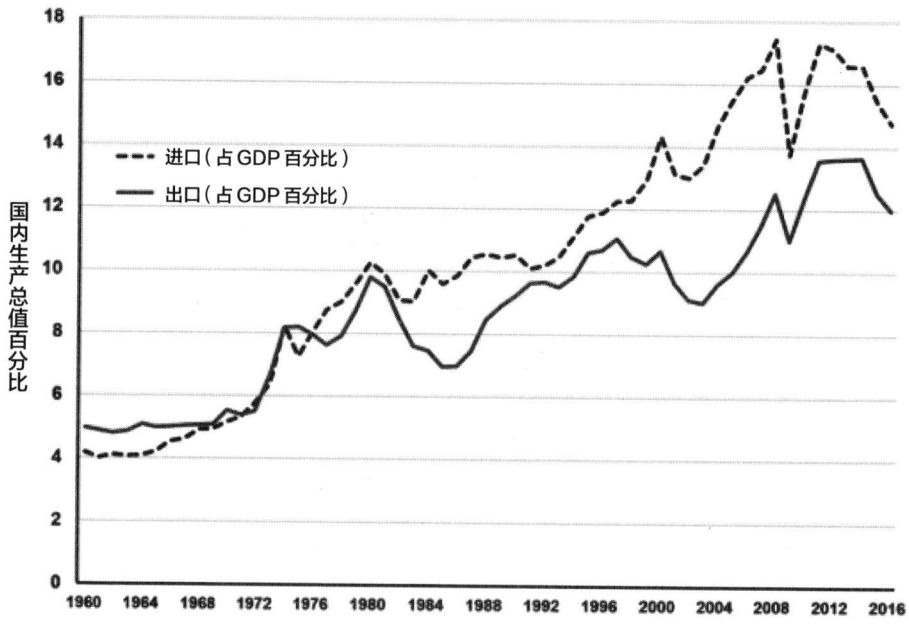

图26-2 美国商品进出口占GDP的比例[①]

---

① 杜格拉斯·A.欧文，《饱受炮轰的自由贸易》，普林斯顿大学，2005。

―― **案例分析** ――

自由贸易会导致政治分裂主义吗？

加利福尼亚州斯坦福（美国商业新闻社）2001年1月29日，整个世界在20世纪变得拥挤不堪。出现了不少新国家，很多都是小国家，比如斯里兰卡、柬埔寨、布隆迪和吉布提。为什么出现了很多小国家，它们还能生存下去？在最近的一篇研究文章中，斯坦福商学院经济学家罗曼·瓦茨亚格给出的解释是自由贸易让小国家可以发展它们的经济。随着贸易取代计划经济，会出现更多的小国家。瓦茨亚格和合著者哈佛大学的艾尔波托·艾莱斯那以及布朗大学的恩里科·斯波劳雷认为市场全球化和政治分裂主义是共存的。

研究者在研究了半个世纪以来的国家成立情况后发现，世界上的国家数量从1946~1995年几乎增加了2倍，而人口数量少于500万的国家数量也从74个增加到了192.87个，58个国家人口少于250万，35个国家的人口数量少于50万。"世界上一半以上的国家人口数量少于马萨诸塞州的人口。"瓦茨亚格说。更有意思的是对61个样本国家所做的研究发现，同样是在这50年间，全球进出口贸易额占GDP的比例增加了近40%。

经济学家在分析了1870年至今的政治和经济概况后发现世界上的国家数量和自由贸易之间密切相关。经济学家同样发现在保护主义盛行期间相反的关系也成立。比如，在1870年到20世纪20年代期间，关税额在缓慢上升，同时国家的数量保持不变或下降。

交换和贸易的益处

第2章讲了原材料如何被加工成可以被消费者和公司使用的商品和服务的生产过程。很多产品是在没有交换、贸易和货币的情况下生产出来的，并且有的社会和社群里倾向于这样做，比如古代的埃及和中国，南美洲的印第安人，寺院，中世纪的庄园，封建庄园，部落氏族以及边疆农场。这些社会一般都采取集权制。

交换和贸易在社会中是自发形成的。比如，在农业社会，农民生产的产品超过了自身的需要，他们在市场上将多余的面粉、鸡蛋或鲜花卖给需要的人。也就是说，所有的贸易都是生产过剩的结果。

贸易的多种好处：举个巧克力棒的例子

如果交易完全是自愿的，所有的信息都是透明的，贸易给买家和卖家都带来好处，请看下面的例子。

一位老师拿了一个巧克力棒走进教室，售价是1美元。老师问学生："有人愿意花1美元买这个巧克力棒吗？"有个学生举了手。老师走过去对学生说："你想要哪一个，是1美元还是巧克力棒？"学生回答说："巧克力棒。"

老师说："你想要巧克力棒，而我想要这1美元。"

商品或服务的交易过程中总包含价值的反向不平等。学生想要巧克力棒而不是1美元，老师恰恰相反。同样的，在社会中必须存在价值的不对等。人们进行交易和以物易物正是因为他们的资源和品位不同。

交易越多，每个交易者的满意度也会越高。物品和服务的交易能提高生活水平。

交易和国际贸易为公司、消费者和社会带来了很多利益。

◇ 经济发展：交易和贸易改善了买家和卖家/生产商和消费者的状况。

◇ 专业分工：贸易鼓励个体、公司和国家进行专业分工。

◇ 效率：社区、州和国家之间竞争加剧会降低成本和价格，并提高交易量。

◇ 社会福利（亚当·斯密的"看不见的手"）：比较优势法则认为不太合格的个体也能在市场中存活并发展下去。贸易增加了相对贫困国家的比较优势。

比较优势法则

第 2 章简要介绍了比较优势法则。比较优势法则说的是贸易可以让贸易双方都受益,即使一方生产某种产品的成本相对较低。重要的不是绝对成本而是机会成本。英国古典学派经济学家大卫·李嘉图用下面这个著名的英国布匹和葡萄牙红酒的例子清晰阐述了比较优势法则。我们一起来看看这个例子。

劳动小时数	英国	葡萄牙
一单位的布匹	50	25
一单位的红酒	200	25

可以看出英国不论是生产布匹还是红酒都没有绝对优势,葡萄牙生产布匹和红酒的成本更低。英国需要 50 个劳动小时来生产一单位的布匹,200 个小时来生产一单位的红酒。而葡萄牙只要 25 个小时就可以生产一单位的红酒或布匹,在葡萄牙,生产布匹和红酒更容易。

很明显,葡萄牙生产红酒和布匹的效率更高。乍一看,葡萄牙应该向英国出口红酒和布匹。但是,大卫·李嘉图却说明葡萄牙和英国都应该进行专业分工和贸易。理由是:假设葡萄牙用生产布匹的 25 个工作小时用于生产红酒,结果是增加了一单位红酒的产量,却减少了一单位布匹的产量。而与此同时,英国用生产红酒的 100 个工作小时用于生产布匹,结果是增加了两个单位的布匹,减少了半个单位的红酒。如果将专业分工后这两个国家的最终产出累计相加,结果就是增加了一个单位的布匹和半个单位的红酒。这一切都是贸易带来的。

李嘉图得出的结论就是即使一国比另一国有天然的优势,但两国之间的贸易增加了总产出。因此,自由贸易让两个国家都受益。

医生和秘书的例子

举个更现代的例子能更好地解释比较优势法则(参见第 2 章)。假设一个顶级外科医生也是城里打字最快的人,他能每分钟打 150 个字,也善于组织。很明显他在医疗服务和打字/文秘工作方面都有绝对优势。就算他是打字高手,他也会雇用一个秘书来为他打字并安排他的预约。为什么呢?因为不用从事文秘工作他可以挣更多的钱。假设他当全职外科医生每年能挣 50 万美元,如果他花一半的时间来做秘书的工作,作为外科医生他一年能挣 25 万美元。作为医生失去的收入就是他的机会成本,这个机会成本可不低。而雇用一个秘书,他就可以将他的成本大幅降下来,即使这个秘书没有他高效。花 5 万美元雇用一位全职秘书为他工作的话,他一年能挣 45 万美元(50 万美元减去秘书的 5 万美元薪水)。医生的比较优势是做手术,而秘书的比较优势是做秘书的工作。雇用一个秘书,外科医生和秘书两人都受益。

大部分经济学家支持自由贸易

由于自由贸易政策能带来更低的价格、专业分工、增加贸易量这些好处,大部分经济学家都支持自由贸易政策。亚当·斯密在《国富论》里也阐述国家之间应进行自由贸易并放宽限制。"如果外国提供给我们的商品比我们自己生产更便宜,那就从外国购买。"他写道,"不论是玻璃、温床、暖墙还是葡萄,苏格兰都能生产。"但如果苏格兰生产的红酒价格是从法国进口红酒的 30 倍,"那禁止红酒进口的法律还合理吗,这样做的目的仅仅是为了鼓励在苏格兰生产红酒?"

斯密反对只支持国内生产商的重商主义政策,这是以国内消费者的利益为代价的。他公开反对不参与国外竞争的制造商掌握的垄断权利。"在重商主义体系中,几乎总是要为生产商的利益而牺牲消费者的利益。"

思想会产生后果,斯密、李嘉图和其他古典经济学家逐渐说服立法者降低关税和其他贸易壁垒。法国的经济学家弗雷德里希·巴斯夏坚定不移地支持自由贸易,成立了全国性的自由贸易协会。巴斯夏在 1846 年写过非常著名的寓言《制蜡人的请愿书》来讽刺贸易保护主义。故事讲的是法国的制蜡人制定法律,规定关闭全国所有的窗户和百叶窗来驱逐他们的头号对手——阳光,以此变得更加富有,巴斯夏用这种荒诞的故事来抨击保护主义。

也是在 1846 年,英国议会废除了《谷物法》。《谷物法》对小麦和其他农产品征收很高的关税。《谷物法》的废除不能完全说是古典经济学家在理论上取得了胜利,主要是为了减轻爱尔兰的饥荒,很多爱尔兰人由于土豆大饥荒都挨饿。

尽管时有反弹,包括1828年的《厌恶关税法》和1930年的《斯姆特-霍利关税法》,但是贸易关税一直在下降的趋势非常明显。在美国历史的早期,关税几乎占到了美国政府税收的全部。到了1910年,关税只占到50%,目前占政府税收的比例不足2%。

自由贸易不仅在美国,在欧洲和全世界都取得了胜利。欧盟成立于战后,现在十几个欧盟国家之间几乎实现了资本、劳动力和货币的无障碍流通。北美、南美、亚洲和欧洲国家之间纷纷签订自由贸易协定。此外,很多经济学家都认为日本、中国香港和亚洲其他国家战后发展迅速是因为美国向国外的廉价商品打开了大门。

经济学家都赞同自由贸易原则。对专业经济学家进行的几次调查表明,超过95%的经济学家支持自由贸易,这个比例在任何类别中都是最高的。

谁说美国不再出口制成品?

媒体通常抱怨美国正在失去制造业领地,不再出口电视机和汽车,仅仅出口小麦和好莱坞电影而已。根本不是这样的!下面是美国出口的部分商品清单。

	价值(百万美元)2016年
农产品	134883
加工制造产品	1454624
飞机和飞机零部件	83036
汽车和卡车	110074
化学品	186259
香烟	1119
服装	3063
鞋子	788
家具	6223

（续表）

一般工业机械	58705
钢材产品	12602
珠宝	11735
金属矿、制造和机械	51187
纸张	14605
摄影器材	6120
发电机	33741
打印耗材	4497
纸浆和废纸	8551
光盘和磁性媒体	1956
橡胶轮胎和胶管	3403
科学仪器	46783
轮船、船只	1992
特殊工业机械	38056
电视机、VCR和电子产品	4862
纺织材料	11806
玩具、游戏、体育用品	9160
木材加工产品	2065
原油、丙烷、汽油和其他燃料	88647

美国的大部分电视机、汽车、服装、鞋子和石油产品都是进口，但是让人惊讶的是美国也出口价值几十亿美元的这些产品。

保护主义的各种形式

尽管全球范围内经济学家对自由贸易都持支持态度，但一些组织和政府官员却支持各种形式的保护主义。

◇ 对和本国产品有直接竞争关系的商品征收很高的关税。
◇ 对可能席卷国内市场的外国廉价商品规定配额。
◇ 进口替代：有的国家，尤其是发展中国家，为了促进国内工业化，禁止国外商品比如汽车、鞋子和牙膏进入本国。
◇ 为了保护现存企业和国外竞争而给予补贴。
◇ 为了防止外国产品以过低价格在本国销售而实施的反倾销。
◇ 为本国制造商出口特定商品而实施的特定税收减免。比如，很多国家对本国出口公司实施5年税收减免政策。
◇ 汇率：有的政府为了鼓励出口而维持很低的本国汇率。

支持限制贸易的观点

为什么要采取贸易保护主义措施呢？下面是理由和经济学家的回应。

理由1：新生工业。新生工业没有一定的经济规模，也没有更成熟的国外竞争对手所具备的商业智慧。为什么不给新生工业一个机会呢？通过限制或对国外产品征收关税，政府可以在他们遭遇残酷的外国竞争之前给他们时间来占领市场。

回应：补贴或关税的优势可能会让新兴产业永远都缺少竞争的动力。此外，如果一个国家在一个新兴行业中有天然的相对优势，为什么国外资本就不能进入市场为这个新兴市场融资？

理由2：国家安全。石油、白金和其他商品在战争或国家处于紧急状态时可能对一个国家的正常运行至关重要。如果允许进口，国内工业在国家危机时刻不能提供重要产品，而这些关键进口可能突然受到限制。记者帕特·布坎南说过："为了美国最重要的经济利益考虑，美国不应该放弃任何的防御武器。"

回应：大部分经济学家都认为储存基本商品以及进口常用的国外商品比实施保护主义能更有效地保护国家经济利益。

理由3：保护国内就业以及最低工资。商会和工会游说立法委员要摆脱国外竞争以避免就业机会流失到国外，或者避免廉价劳动力降低较高的工会工资，美国经济学家阿兰·托奈尔逊就持这种观点。他在《外交》杂志上发文（1994年7/8月）

说:"美国的五大行——汽车、钢铁、机床、半导体和纺织业因为精巧设置的贸易法而在很大程度上不需要进口。这些行业通过占领国内及一些国际市场份额带来了就业,重振美国的竞争力,证明放任自由经济思想是错的。"

在东京于1981年同意自愿遵守进口限制后,美国的汽车制造商卷土重来。美国三大汽车制造商推出新车型,比如小型货车。对新工厂和设备的投资使美国汽车行业的生产率和汽车质量大幅提高。同样,在里根政府于1984年通过双边协议限制成品钢的进口后,美国钢铁行业的投资和生产率也一路飙升,使得美国成为世界上成本最低的钢铁生产商。对机床、半导体、纺织业的进口限制也取得了和钢铁行业类似的效果:增加研发费用,增加投资,降低成本,增加就业,重组。美国在这些行业提高了自身的竞争力。帕特·布坎南总结道:"传统观点是错的。"

保护主义措施的成本 – 收益分析

回应:这就是故事的全部?布坎南和托纳尔逊没有提及这五大行业运行的环境。20世纪80年代,里根时代被罗伯特·巴特利称为"丰盈的7年",事实上几乎所有的行业在此期间都经历了大规模扩张。自由贸易批评家都卷入"后此,因此所以"(在此之后,因而必然由此造成)的争论中。仅仅因为一件事情(出口限制)和另一件事情(经济复苏)同时发生,不代表一件事情是另一件事情发生的原因。或许还有更强有力的因素在起作用。实际上,在大衰退期间(1981),国会大幅削减个人、公司和投资者税率,以此来激发"供给面"革命。此外,美联储在1982年的夏天一反高利率的紧缩货币政策,而是实行低利率的宽松货币政策。这种低利率和减税的大环境一直持续到差不多20世纪80年代,极大缩小了进口限制的影响。当然也不能忘了自1985年以来汇率的影响,以及美元因美国的出口和国外的竞争而持续贬值的因素。

和钢铁相关的行业复苏主要得益于经济的腾飞,以及"供给面"革命——减税、取消管制和适应性货币政策,而不仅仅是因为保护主义。至少布坎南和托纳尔逊无法用证据支撑受保护行业要比其他行业发展得更好的观点。

当然,这并不是说美国生产商没有从进口补贴中受益,毫无疑问他们从进口补贴中受益,但是补贴并非那么重要。汽车、钢材和纺织业在没有进口限制的情况下也一样发展得很好。即使在没有进口配额的20世纪80年代,这些行业的大部分领军人物已经意识到世界正在朝全球自由贸易的方向快速前进。以福特为例,福特已经决定迎头追赶日本和德国,制造高科技汽车。渐渐地,越来越多"美国"商品的零部件在国外制造。尽管纺织业和家电业面临各种各样的限制和管制,但是越来越多的鞋子和服装在亚洲和拉丁美洲制造——这些都是美国企业。全球自由贸易是一种简单的无法改变的事实,如果美国的制造商还未意识到全球自由贸易势不可当,他们就会直接步入破产的轨道。

亨利·黑兹利特在《一课经济学》中认为优秀的经济学家会看一项政策是如何影响所有群体的,而不是只看一个群体。让我们把这"一课"应用到自由贸易中。进口补贴的确对美国经济中受到高度保护的行业起到了保护作用,保住了这些行业的上万份工作,使工资和收入高于原来的水平。但是经济体中的其他群体呢,进口限制是保护还是损害了他们的利益?让我们来看一看消费者。根据国际经济研究所1990年的研究,因为1990年的进口保护政策,美国消费者要为商品和服务多支付700亿美元。现在,美国的经济体量为6万亿美元(那时的GDP),但是看起来没有这么高。实际上,这说明美国的自由贸易程度已经非常高了。不管怎样,每份受到保护的工作其消费者成本平均为17万美元。经济学家胡弗鲍尔和埃利奥特总结道:"这比受保护行业的平均年薪还要高,比目前或提议的劳工调整计划的成本还要高。"[1]

关税和配额也以很多不易察觉的方式影响着美国经济。比如,在20世纪80年代早期对日本汽车制定的自愿进口配额,就极大增加了对日本大型高档汽车的进口量。因为昂贵汽车的利润更高,所以日本汽车制造商就把昂贵汽车出口到美国。对成品钢的进口限制迫使美国汽车制造商对投入品支付更高的价格。受到伤害的是消费者。国际贸易委员会1985年的一份调查表明,自1981年以来美国消费者因为日本进口汽车过高的价格多支付了157亿美元。

很明显,大部分生产商都从关税和配额中受益,损害的是消费者的利益。为什么消费者不大声疾呼抗议呢?可能是因为消费者没有意识到二者之间的关系。正如公共选择经济学家所证明的,行业和劳工比起消费者来说更善于游说。此外,

---

[1] 加里·克莱德·胡弗鲍尔、金百莉·安·埃利奥特,《衡量美国保护主义的成本》,华盛顿,国际经济研究所,1994。

消费者同时也是生产商，也可能就在受保护的行业就业。保护主义的故事在美国、日本、德国屡见不鲜。大家都赞同推动出口而不是进口。

另一种解决方案

尽管针对保护主义的争论纷扰不休，但是有一些经济学家和记者已经提出另一种刺激国内生产的方案：取消公司所得税来刺激制造业的生产力。美国的汽车、钢铁和纺织业在面对全球竞争时倍感压力，其中一个原因是他们缺少资本采用最新的技术，重建市场。想象一下如果取消企业所得税和资本收益税，简化流程和管制会对美国的工业产生多大的影响。比起一般对贸易保护主义和公平交易的呼声，这样做可以大幅增加生产力，降低零售价格。

勒纳对称原理：发展中国家应该促进出口还是设立自由贸易区？

实行"支持出口"的政策，通过税收减免、补贴和关税鼓励出口，同时通过税收、关税和配额抑制进口是新兴市场和发展中国家的常用做法。很多亚洲和拉丁美洲国家多年来都实行这种"支持出口"的做法。是这种重商主义政策明智，还是应该像中国香港一样设立对进口和出口没有限制也不征收关税的自由贸易区？

阿巴·勒纳于20世纪30年代中期在伦敦经济学院读研究生期间曾写过这方面的文章，被称为"勒纳对称原理"。勒纳发现一个重要的贸易原则：当政府采用鼓励出口的政策时，也会同时扩大进口。同样，任何限制进口的举措也会限制出口。此外，降低进口关税也会鼓励出口。

数据也支持勒纳对称原理。数据表明不论制定了怎样的贸易限制，出口和进口是同向移动的。

为什么会这样呢？出口和进口的关系是通过外汇市场完成的。当出口商将商品卖到国外，他们是用外汇结算的。外汇反过来使得出口商有钱购买进口商品。出口顺差会导致外汇储备过剩，降低货币价格，使得进口货物更具吸引力。我们再反过来看这件事。假设日本降低了对美国进口产品的关税，日本消费者现在能以更低的价格买到更多的美国产品。对美国的出口商来说，他们的出口量增加了，因为他们是用日元结算，所以美国出口商手中的日元越多，他们反过来就会购买越多的日本商品。因此，日本进口额的增长会带来更高的出口额。

研究表明，如果国家能设立取消对进口和出口征收关税或进行限制的"自由贸易"区，他们的收益实现会最大化。中国香港和巴拿马就是两个实行"自由贸易"区的例子。

贸易逆差重要吗？

国际贸易还担心贸易（仅商品）和经常账目（商品和服务）逆差变大是一种风险，应该避免。如图 26-3 所示，美国自从 20 世纪 80 年代以来经常账目的逆差就越来越大。

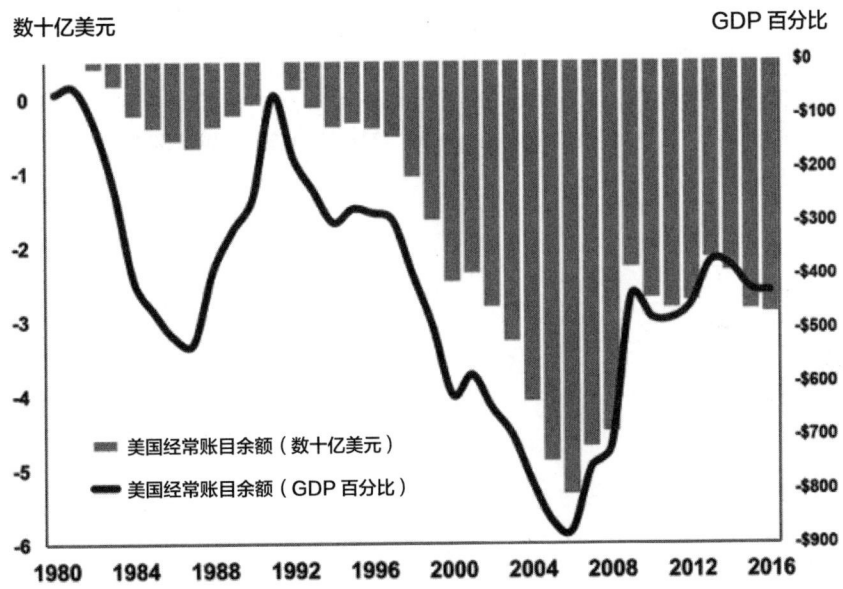

图 26-3　美国经常账目逆差，1980~2016

需要指出的是，当一个国家出现经常账目逆差时，其他国家就会出现贸易顺差。日本多年来一直是贸易顺差。近年，中国的经常账目顺差非常高。

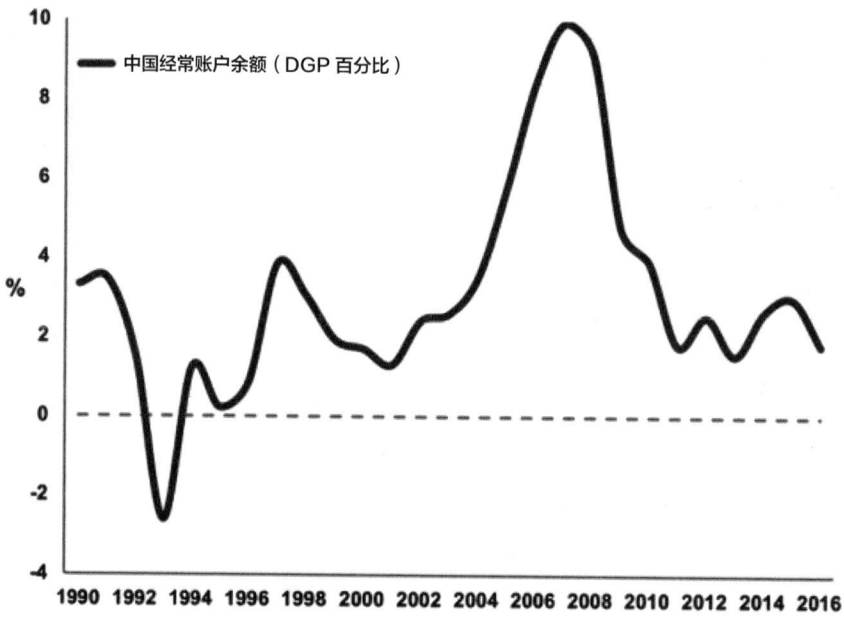

图 26-4　中国经常账目顺差

美国和中国（还有其他国家）之间的贸易失衡让人担忧吗？经济学家指出国家之间会出现自然的贸易失衡，比如纽约州的橘子贸易是逆差，佛罗里达州的橘子贸易是顺差，但这两个州都不会把这种情况视为对本州经济的威胁。但是政治家和记者却总是对美国和中国以及其他国家不断增长的贸易逆差喋喋不休。难道美国人应该为他们的国家成为"世界上最大的债权国"而感到担忧吗？

国际收支平衡

分析国际收支失衡应该从分析一个国家的国际交易额开始。国际收支平衡取决于以下三种衡量标准。

◇ 贸易平衡。商品的出口额减去进口额。如果出口额大于进口额，则为贸易顺差。如果进口额大于出口额，则为贸易逆差。

◇ 经常账目平衡。商品和服务的出口额减去进口额。
◇ 资本账户。所有资产的交易，包括投资组合和直接投资。

国际金融的第一堂会计课是：国际收支平衡总是平衡的，也就是说，它的和为零。经常账目赤字意味着别处有资本账目盈余。换句话说，如果美国的经常账目是赤字，出口的商品和服务小于进口，那么一定有净资本从国外流入美国。

想想你自己的情况。如果你花的比你挣的多，你就得借钱或者卖掉一些资产来补收支的差额。国际金融也是同样的道理。像美国这样的经常账目赤字国家需要向其他国家借钱或者卖掉一部分资产，而经常账目盈余的国家再从其他国家购买资产，或者用他们的储蓄向国外放贷。

国际金融的基本公式如下：

出口－进口＝储蓄－投资

贸易顺差的国家（比如中国和日本），他们的国内储蓄大于国内投资。过剩的储蓄被用来投资或者向国外放贷，表现形式为资本账目赤字。美国的资本账目有盈余，说明美国的储蓄少于投资。20世纪80年代，日本用储蓄购买美国的房地产和公司，使日元流入美国，现在中国走同样的路线。只要外国人觉得美国是诱人的投资之地，大部分经济学家不会认为贸易赤字是个问题。

问题：如果由于美国国内动荡，或者出现了美元危机，或者其他地方出现了更好的投资机会，外国人对投资美国失去了信心，这会对美国产生什么样的影响？

美国和外币的起起伏伏

国际金融和国际收支平衡总是和货币价格的变化密切相关。1971年之前，国际金融体系实行的建立在1944年"布雷顿森林协定"基础上的固定汇率制。在"布雷顿森林协定"下，所有的主要货币都和美元以固定汇率挂钩，而美元则和黄金直接挂钩，一盎司黄金为35美元。美国于20世纪60年代实行通货膨胀政策，在海外发行了过多的美元。在此之前，固定汇率制一直运行良好。外国人要求用廉价的美元兑换黄金，美国国库的黄金大量流失。理查德·尼克松总统于1971年8月15日宣布对工资进行90天的冻结，关闭向国外买家开放的黄金窗口，并允许美元和国外货币进行浮动。

此后，美元和其他主要货币的汇率长期以来一直下跌，只有在拉丁美洲，美元比较坚挺。

为什么美元长期以来处于下跌的市场？以下因素决定了货币的价值。

◇ 货币型通货膨胀。如果一国货币供应量的膨胀速度快于其他国家，那么一段时间后它的货币就会贬值。货币型通货膨胀肯定是决定货币长期价值最重要的因素。欧元从20世纪90年代中期就比美元坚挺，是因为欧洲中央银行比美联储的通货膨胀率低。

◇ 利率。中央银行可以通过提高或降低短期利率来影响货币的短期强度。政府有时候通过大幅提高利率来企图避开货币危机。

◇ 经济发展。一国GDP的强劲非通胀性增长通常受到外汇交易商的青睐，而GDP的衰退则不被看好。

购买力平价理论

根据购买力平价理论，一国货币必须在所有国家都有同样的购买力。1美元在美国购买的商品数量应该和在英国买到的一样多。如果不是这样的话，商人就可以利用这种机会从而获利。比如，如果一台DVD在美国卖到20美元，在伦敦卖到40美元（按照现在的汇率应该是30英镑），那么美国出口商通过在美国购买DVD，然后在伦敦以双倍的价格出售，从而获得丰厚的利润。但是，目前美元在伦敦对大部分商品的购买力只有美国的一半，比如服装、食物、电影、房地产等，而且多年来一直如此。这是为什么呢？

最常用的一个比较不同国家之间购买力的指标是巨无霸指数，经济学家每年都会公布巨无霸指数。

案例研究

巨无霸指数

2013 年 2 月

摘自 Economist.com

牛肉又在划分全球的金融市场：汇率战的幽灵。德国联邦银行行长延斯·魏德曼最近担心中央银行企图振兴萎靡不振的经济举措会导致汇率染上越来越多的政治色彩。太平洋投资管理公司的债券基金经理比尔·格罗斯则认为整个世界都将进入竞争性贬值的旋涡中，这让人想到了 20 世纪 30 年代，那时为了刺激出口故意让货币贬值，从而拉动经济发展。汉堡经济学对此又该如何解释呢？

巨无霸指数是《经济学人》为了分析汇率而提出的一个非严肃性的指标，其秘密武器就是购买力平价理论（PPP），按照购买力平价理论，物价和汇率从长期来看会调整到同样篮子里装着同样售价商品的程度。我们的篮子里装的是一个巨无霸，麦当劳几乎在全球各地用相同的原料生产相同的产品（几乎是全球各地，因为印度的土帮主巨无霸里用的是鸡肉而不是牛肉）。

在市场汇率下，加拿大的巨无霸售价为 5.39 美元，而美国的售价只有 4.37 美元。按照我们的分析，和美元相比加元的价值差不多高出了 24%。而在墨西哥，一个巨无霸在外汇市场上的价格是 2.90 美元，和美元相比，墨西哥比索比它的长期价值低了 33%。美元在南边的邻国买到的巨无霸要比在北边邻国买到的多。

巨无霸指数说明货币在挪威、瑞士和巴西尤其价值过高。巴西货币雷亚尔持续坚挺让巴西财政部长圭多·蒙迪嘉烦躁不安，蒙迪嘉于 2010 年率先吹响了"货币战争"的号角。巴西对购买巴西债券的外国买家用征税来进行资本管控，但雷亚尔依然被高估。同年 12 月，随着巴西出口额的骤降，巴西创下了经常账目赤字纪录，巴西的经济发展也呈下滑趋势。2001 年，瑞士通过将瑞士法郎和欧元绑定来解决法郎被高估的问题。此举终止了瑞士法郎对欧元的升值,但没有终止对美元的升值。

用我们的标准来衡量,新兴国家比如俄罗斯、中国和印度的货币相对太便宜了。汉堡经济学的批评者认为贫穷国家的平均物价就应该比富裕国家的低,因为他们的劳动力成本也低。购买力平价指标说明从长期来看汇率会变化而不是说物价现在就是对的,像中国这样的新兴国家会越来越有钱。即使如此,一直被低估的人民币几乎没有向公平价值的巨无霸指数移动。很多人认为这是中国人民银行操纵的结果,中国依赖出口增长来支撑发展。年均14%的出口增长率使中国在12月份实现了远超预期的361亿美元的贸易顺差。

日本引发了最近对货币战争的讨论。日本新一届政府计划通过财政和货币刺激政策来复苏经济,在未来几个月内让日元贬值。巨无霸指数显示日元在7月份接近和美元的公平价值,目前已贬值19%。这让日本的出口商吃到了美味佳肴,却让其竞争对手不好消化。

欧洲人尤其不安。按照我们的衡量标准,欧元现在对美元的价值上涨了12%,而在2012年夏季欧元还接近公平价值。欧元最近几个月变得坚挺是因为对欧元区解体的顾虑消退了,但是很多欧洲人开始指责货币操纵。欧洲中央银行对于振兴失调的经济几乎毫无作为,而包括美联储和英格兰银行在内的其他中央银行已经对他们的经济有所行动了。如果单一货币持续升值,欧元区的出口商将会陷入困境。

总结

本章要点

1. 国际贸易的发展快于国内产出。随着各国放松对外汇的管制并降低进口关税,贸易快速发展。

2. 自由贸易能促进签署自由贸易协议国家的商业和经济发展。

3. 国际交易和贸易能带来以下好处:(1)更快速的经济发展;(2)专业分工;(3)效率;(4)社会福利得到提高。

4. 相对优势法则说明所有国家,包括本身没有什么人力或物力的国家都能从贸易中获益。

5. 支持贸易保护主义的理由有确保关键资源对国家的安全，国外竞争会造成就业机会流失以及工资的降低。大部分经济学家都认为这些理由有误导性。没有证据表明北美自由贸易协定和其他贸易协定会损害国家利益。相反，公司和消费者都能从中受益。

6. 以阿巴·勒纳命名的勒纳对称原理说明出口和进口总是同向发展的。

7. 只要外国人愿意对美国进行投资，大部分经济学家都认为不必警惕贸易逆差。但是如果外商对美国失去信心，那就会为美国和美元带来严重后果。

8. 购买力平价理论说明一种货币在所有国家的购买力应该是一样的。《经济学人》发布了巨无霸指数作为衡量大部分国家的购买力平价。当然，国家的购买力发生变化不是一两年就能实现的。

重要术语

国际收支平衡	看不见的手
巨无霸指数	比较优势理论
资本账目	勒纳对称原理
北美自由贸易协定（NAFTA）	成本–收益分析
机会成本	经常账目赤字
购买力平价	自由贸易区
价值的反向不平等性	进口替代
贸易赤字	幼稚产业

经济学大师

罗伯特·蒙代尔 自由贸易和全球化

姓名：罗伯特·A. 蒙代尔（1932~ ）

背景介绍：哥伦比亚大学教授罗伯特·蒙代尔在提倡全球化、自由贸易、供给面减税以及欧盟和单一货币方面很有影响力。蒙代尔于1932年出生于加拿大，毕业于位于温哥华的英属哥伦比亚大学，于1956年获得麻省理工学院博士学位。他的职业生涯也不寻常，先后在十几家大学和机构教书或任职，包括麻省理工学院、华盛顿大学、芝加哥大学、斯坦福大学、约翰·霍普金斯大学、布鲁金斯学会、伦敦经济学院、日内瓦高级国际研究院、中国人民大学以及国际货币基金组织。在1974

年加入哥伦比亚大学之前，蒙代尔是芝加哥大学的教授，以及《政治经济学期刊》的编辑。虽然蒙代尔和货币学派差异很大，但芝加哥学派算是又出了一位诺贝尔经济学奖得主。蒙代尔于1999年获得诺贝尔经济学奖。蒙代尔除了在哥伦比亚大学教书之外，部分时间是和他的第二任妻子及儿子生活在他的第二故乡意大利。

主要贡献：罗伯特·蒙代尔是供给派经济学和全球化的理论奠基人之一。蒙代尔于20世纪70年代提出了滞涨的巧妙解决之道：制定紧缩货币政策和高利率政策来抑制通货膨胀，让美元变得坚挺，大幅降低边际税率来抑制经济衰退。蒙代尔的建议在20世纪80年代被里根政府和美联储主席保罗·沃尔克采纳。他最近告诉记者："减税不会造成负面后果。"

蒙代尔坚信降低边际税率并减缓政府开支可以降低赤字，降低利率，刺激经济的长期发展。"货币政策和财政政策都是经济杠杆，货币政策不可能成为高通胀发展的引擎，但财政政策却可能……美国的税收和开支体系会抑制美国的发展潜力，因为这种体系惩罚成功奖励失败。"

蒙代尔支持在教育、研发和基础设施而不是政府福利项目上的开支。他提倡降低最高边际所得税率，大幅降低资本收益率，并降低公司所得税。这样的政策会大幅提高储蓄率，促进经济增长。蒙代尔预测："收入（GDP）储蓄率的提高，比如从10%提高到15%，将使经济增长率提高50%，比如从2.5%提高到3.75%。"

蒙代尔对货币政策的视角也与众不同。和货币主义学派不同，供给学派如蒙代尔坚决支持提高黄金在国际货币问题中的作用。1999年获得诺贝尔经济学奖之后蒙代尔在纽约告诉记者："黄金在完全弹性的货币体系中起到稳定的作用。"在蒙代尔看来，黄金在防止通货膨胀卷土重来中发挥着重要作用。他预测中央银行不会卖出黄金。"黄金在全球的中央银行体系内都处在最核心的位置。"

为了表彰蒙代尔的贡献，瑞士银行将蒙代尔视为欧共体货币——欧元的主要倡议者。蒙代尔认为欧元是大陆维度下的超级货币，将会撼动美国的霸主地位。单一货币的好处包括更低的交易成本、更强的货币稳定性，以及公共货币政策。蒙代尔提倡开放的全球经济、更多的国际贸易，以及更少的国家货币。最终，蒙代尔期望的理想货币体系是由黄金做后盾的全球通用货币。在严格的金本位制度下，"实际的流动资金平衡是在经济衰退期产生的，在通货膨胀期受到限制"。蒙代尔是乐天派，对全球的股票市场、金本位、全球化和精简政府规模持积极态度。

第 27 章 发展经济学：资本主义、社会主义和民主

> 印度政府几乎什么都管，所以印度几乎没有进步；香港政府几乎不插手，香港生活水平翻了几番。
>
> ——约翰·邓普顿

20 世纪 30 年代，共同基金大鳄约翰·邓普顿在环球旅行时注意到了大英帝国统治下亚洲两个极端贫困的国家和地区：印度和中国香港。40 年后，邓普顿于 20 世纪 70 年代重返印度和中国香港。香港发生了天翻地覆的变化。"香港的生活水平在 40 年间提高了 10 多倍，然而加尔各答的生活水平几乎丝毫未提高。"[①]

现在中国香港和印度都已脱离英国的统治，但是两者之间的差异却愈发明显。中国香港的财富集中程度最高，而印度尽管最近取得了一些进步，但贫困集中程度也最高。

发展经济学家彼得·鲍尔曾在一篇文章中写道："这个地区土地少得可怜，人口密度全球最高，通过自然增长和大规模移民人口增长非常快，所有的石油和原材料都需要进口，甚至是大部分的水资源也要进口，政府不参与制定发展规划，不进行外汇管制，也不限制资本的进出，你如何评价这个地区的经济前景？"[②]

鲍尔说的是香港。几十年来，香港的经济前景一片惨淡。"二战"结束后，

[①] 约翰·邓普顿，引自威廉·普罗克特的《邓普顿奖》，纽约，双日出版社，1983。

[②] 彼得·鲍尔，《香港的经验》，摘自《平等、第三世界和经济幻觉》，伦敦，韦登菲尔德尼科尔森出版社，1981。

香港是个贫穷落后的弹丸之地，人均收入是英国的1/4。凭借向遥远的西方出口廉价的产品，香港成为东南亚的动力库。尽管700万香港人住在只有400平方英里的土地上，拥挤不堪，但现在香港居民的收入已超过英国，在亚洲仅次于日本。是什么打破了贫困的恶性循环？在鲍尔看来，香港的经济奇迹不在于拥有金钱、自然资源、外国援助甚至是正规的教育，而是"工业，企业，节俭、能干、积极进取的人"。香港"过多的人口"成了资产，而不是负担。[1]

同样重要的是，英国没有干预香港的决策。多亏了英政府官员郭伯伟，除了在廉租房和教育方面，香港采取了放任自由的经济政策，郭伯伟称之为"积极的非干预主义"。香港放任自由政策的成功是中国在1997年接手香港后采取基本不干预立场的重要原因。香港这个小岛继续依靠稳定的货币、自由港口和低税收而繁荣。香港的最高所得税为18%，没有资本收益税。香港经常在弗雷泽研究所的经济自由度指数排名中位列第一。

印度的富有和贫穷

印度完全是另一个版本。虽然由于外包印度的中产阶级在扩大，但印度有10亿贫困人口。和中国香港不同，印度有丰富的自然资源，比如森林、鱼类、铁矿、煤炭和农产品。印度自从1947年独立后便实现了粮食的自给自足，但严重贫困持续存在。

有人将印度的经济问题归为印度反资本主义的文化、宿命论的种姓制度、人口过多，以及炎热潮湿的气候（夏天可达约49℃）。但是弗里德曼却将之归为其他原因，"正确的解释……不是宗教或社会态度，或是人口素质，而是印度采取的经济政策"。[2] 实际上在印度独立后的10年内，贾瓦哈拉尔·尼赫鲁和印度的其他领导人都深受伦敦经济学院哈罗德·拉斯基和费边学社的影响，费边学社提倡苏联的中央计划经济。和苏联一样，印度也制定了5年规划，将重工业进行国有化，制定了替代进口的法律。印度领导人还仿照英国民事服务的传统，管控外汇，向新企业颁发营业执照。

---

[1] 彼得·鲍尔，《平等、第三世界和经济幻觉》。

[2] 米尔顿·弗里德曼，《弗里德曼论印度》，新德里，公民社会中心，2000。

直至今日，印度的官僚主义作风依然让人望而生畏。据《经济学人》（2006年6月3日）的报道，运输货物的卡车在印度的两大城市加尔各答和孟买之间要经过12个收费亭，14个检查站，这两个城市相距1340英里。由于路线过长以及运输延误，这两个城市之间的运输时间为一周。公民社会中心主任、印度经济学家帕尔特·沙描述了他最近返回印度，在新德里辛苦找公寓的经过，由于租房管控，他先要排半天的队交电话费，接着再排半天的队交电费。"不论是哪一层面的公共服务，腐败都是常态。"[1] 印度著名作家吉塔·梅达写道。印度在弗雷泽研究所的经济自由度指数排名约为第100位。

1991年，因为无法偿还外债，印度放弃了实行40年的经济孤立和计划经济，取消了对企业的管制。印度卖掉了很多国有公司，降低关税和税率，取消了大部分的物价和外汇管制。结果，印度在20世纪90年代和21世纪初期成为全球发展最快的经济体之一，经济年增长率接近10%。而这种高速发展不是以穷人的利益为代价。富人变得更富，贫困率也大幅下降。

印度能赶得上中国香港吗？西方经济学家鼓励印度削减政府开支（目前印度政府开支为GDP的10%），进一步降低关税和税率，对国有企业进行私有化改制，消除繁文缛节，恢复政府的诚信。如果这些目标都能实现的话，印度可能会实现亚当·斯密所谓的"遍及最底层民众的普遍富裕"。[2]

发展经济学

我们通过现代印度和中国香港对比来介绍发展经济学。本章将回答以下几个问题。

◇ 什么是发展中国家打破"贫困的恶性循环"，实现经济强劲发展，提高居民生活水平的关键要素？

◇ 发达经济体要怎样才能加速发展过程？

◇ 外国援助、世界银行和国际货币基金组织如何助力或损害发

---

[1] 吉塔·梅达，《蛇梯棋：现代印度纵览》，伦敦，密涅瓦出版社，1997。
[2] 亚当·斯密，《国富论》，纽约，现代图书馆，1965/1776。

展中国家的发展？

◇ 中央集权的社会主义经济能在全球化经济中蓬勃发展吗？

中央计划经济和社会主义

第17章主要讲了经济增长的古典模型，以及储蓄、生产性投资和技术在提高一国生活水平方面发挥的积极作用。

在20世纪30年代的大萧条之前，资本主义发展的古典理论在经济学家和政治领导人中间占主导地位。但共产主义于1917年接管俄罗斯，开始实施将俄罗斯的工业和农业全部进行国有化的社会主义中央计划经济。成熟的社会主义国家在没有私有财产、交换和竞争的情况下能繁荣发展吗？奥地利学派的经济学家米塞斯和哈耶克认为社会主义中央计划经济行不通。米塞斯在《社会主义》一书中认为社会主义经济无法有效地计算价格和生产。他举了修建铁路的例子："应该修建铁路吗，如果需要的话，应该修建几条铁路？"① 在充满竞争的货币经济中，这个问题可以通过计算货币来回答。但是在社会主义制度下如何计算？米塞斯得出的结论是："这只是黑暗中的摸索。社会主义完全舍弃了理性经济。"②

20世纪30年代大萧条的冲击，以及目睹苏联和纳粹德国所取得的经济成就，经济学家和政治领导人开始质疑自由经济的优点。西方的"自由"经济遭受萧条和大规模失业的困扰，而德国和俄罗斯却看似创造了经济奇迹。美国和欧洲最终从大萧条中恢复过来，但这是在"二战"之后政府快速扩张，并进行大规模公共工程建设和战时生产的结果。波兰经济学家奥斯卡·兰格和美国经济协会主席弗雷德·泰勒都反对米塞斯和哈耶克的观点，认为中央计划经济委员会可以通过反复试验来决定价格。中央计划经济在战时可以实现奇迹。甚至奥地利学派的约瑟夫·熊彼特也宣称："社会主义能行得通吗？当然能行得通。"他又补充道："资本主义秩序会摧毁它自身，而社会主义中央计划经济则有可能是资本主义的接班人。"③

---

① 路德维希·冯·米塞斯，《社会主义国家的经济计算》，奥本山市，米塞斯研究所，1990/1920。
② 同上。
③ 约瑟夫·熊彼特，《资本主义、社会主义和民主》，纽约，哈珀与罗出版社，1950，第2版。

米塞斯和哈耶克看似输掉了在20世纪三四十年代与社会主义者的辩论。"二战"之后，英国政府将煤矿、天然气、铁路、造船业和钢铁行业进行国有化。欧洲和拉丁美洲的国家也开始进行大规模的社会主义实验，将一个又一个行业进行国有化，限制外资，提高税收，进行工资－物价管制，过度扩大货币供应量，建立国家福利体系。

所谓的苏联经济奇迹

美国中央情报局在20世纪六七十年代披露的数据让经济学家相信苏联式的社会主义中央计划经济取得了高速发展，发展速度快于西方的市场经济。受这些数据的影响，保罗·萨缪尔森在他非常受欢迎的著作中写道：从20世纪20年代，苏联的发展速度快于所有的工业国家。直到1989年，萨缪尔森宣称："和很多怀疑论者之前持有的观点相反，苏联经济说明社会主义控制的经济可以运行，甚至可以繁荣发展。"①

一代人之后，随着柏林墙的倒塌以及苏联共产主义在1989~1991年的解体，经济学家转变了看法，保罗·萨缪尔森在他的教科书中也出现了180度大转变，认为苏联中央计划经济是个"失败的模型"。②

基于对苏联档案的研究，历史学家开创性地描述了20世纪30年代俄国人的日常生活："随着对市场的取消，食物和衣服出现短缺，所有的消费品都变成地方性的了。农民纷纷逃离集体制的农村，大城市很快出现严重的住房危机，一家人几十年来挤在小小的集体公寓内……这是个缺乏基本生活必需品、人满为患、需要没完没了地排队、家庭破碎的世界。政府承诺的社会主义的富饶如此空洞……政府的官僚主义作风通常将日常生活变成了噩梦。"这和萨缪尔森描述的欣欣向荣的苏联经济大相径庭。

---

① 保罗·萨缪尔森、威廉·诺德豪斯，《经济学》，纽约，麦格劳－希尔出版社，1989，第13版。
② 保罗·萨缪尔森、威廉·诺德豪斯，《经济学》，纽约，麦格劳－希尔出版社，1995，第17版。

—— 案例分析 ——

新加坡 vs 中国香港
放任自由 vs 中央计划经济——哪一方赢了？

《新西兰先驱报》评论

2002 年 5 月 23 日

自从经济自由度指数发布以来，中国香港和新加坡一直位于前列。

新加坡和中国香港应该有取得佳绩的共同点，但应该也有差异，所以经济自由度指数的编辑才把二者放在一起，了解它们的异同对我们也有启发。

麻省理工学院经济学教授阿尔文·杨在他 1992 年的文章中介绍了新加坡和中国香港的现代发展历程。杨注意到了两者明显的相似之处。新加坡和香港都曾在英国治下，都是贸易港口，制造业在"二战"之后都迅速发展，金融服务业在 20 世纪 80 年代迅速发展，1960 年新加坡和中国香港的人均 GDP 也差不多，随后的增速也差不多。此外，新加坡和中国香港都接收了大量从中国大陆过来的移民。

相似之处到此为止，他们的差异造成了中国香港和新加坡的不同。杨的观察是"香港政府实行放任自由政策，而新加坡政府自从 20 世纪 60 年代早期就通过强制性国民储蓄来积累实物资本，并邀请大量外资进入新加坡"。

新加坡和中国香港一直长期位于经济自由度指数的前列，经济迅猛发展，这些差异有影响吗？今年经济自由度指数的编辑认为这些差异有影响，而且差异造成的影响在未来会更大。新加坡的经济发展并没有超过中国香港，但是发展成本却比中国香港高得多。

中国香港多年来的投资率一直很稳定，为 GDP 的 20%，而新加坡的投资率从 1960 年的 11% 增加到了 1984 年的 42%，1992 年的投资率为 36%，尽管新加坡政府要求公民进行强制性投资，但新加坡并没有实现更快的发展，可以说新加坡政府有效地挥霍掉了所有的强制性储蓄。

问题是如何做到的，为什么要这样做？新加坡制定的"工业目标"挥霍掉了这些年的储蓄。正如杨说的那样："新加坡是它自己制定的目标政策的受害者，迫使经济发展不断走到商品生产的成熟能力之前，这导致生产率逐渐下降。"

杨发现新加坡是世界上制造业内部结构调整最频繁的国家之一。由此造成的结果是"新加坡也是全球实物资本回报率最低的国家之一。新加坡这种资本聚集驱动发展的日子也不多了"。多年来，新加坡政府大规模地进行经济改革，是世界上发展新行业最快的国家，然而这是以非常低的全要素生产率和投资回报率为代价。

杨的研究为我们描绘了一幅类似中央计划经济的图景，政府竭尽全力想做得最好，却是以牺牲效率，最终以民众的福祉为代价。工业目标仅仅是新加坡制定的引人关注的政策之一。

比如，新加坡政府偶尔会"调整"一下期刊，因为《亚洲华尔街日报》，以及它的姐妹刊《远东经济评论》违反新加坡的出版法而限制其发行。从法制的角度看，新加坡的做法欠妥当，不出所料也会招致提倡言论自由人士的批评。限制印刷媒介的发行也会直接妨碍商业运行，造成的严重影响也不仅限于出版领域。现代市场经济依赖经济和商业信息的自由流动。尤其在资产市场（比如股票和证券市场），实时信息对于操作至关重要。干涉经济和商业信息的自由流动已成为一种成本高昂、问题最严重的干预形式。即使新加坡的政策是只审查政治刊物，但在现代经济的背景下，要做到只审查政治内容而不抑制经济信息和意见的自由流动是不可能的。

金融服务在新加坡变得越来越重要，大力发展金融业的同时又审查金融信息，这样的自我矛盾变得愈发明显。如果做不到同时舍弃，新加坡需要舍弃工业目标和信息审查中的一种。

虽然中国香港的放任自由政策也有自身的问题，却让中国香港成为世界上最自由的经济体。与此同时，中国香港在没有进行强制性储蓄和工业目标的情况下取得了让人称美的发展，而类似这样的政策不仅会妨碍经济自由，从长期来看也不会助长经济发展。

新的研究结果表明自由经济发展得更快

自从苏联模式失败后,经济学家就试图用科学的方式找到发展中国家经济发展的驱动因素。佛罗里达州詹姆斯·格沃特尼和奥本大学罗伯特·罗森的研究结果表明,经济自由度最高的国家生活水平也最高。

格沃特尼和罗森将经济自由度定义为:"经济自由度的关键要素是个体的选择,自愿交换,自由竞争,保护个体和财产。"他们在五大领域用38个指标对123个国家编制了经济自由度指数。

◇ 政府开支规模和税收政策。
◇ 法律结构和产权的安全性。
◇ 健全的货币。
◇ 自由进行国际贸易。
◇ 对信用、劳动力和商业的管制。

按照格沃特尼和罗森的研究,以下是经济自由度排名前十的部分国家和地区(美国除外)。

国家/地区	经济自由度指数	世界排名
中国香港	90.3	1
新加坡	87.1	2
新西兰	83.5	3
瑞士	82.5	4
加拿大	79.8	5
格鲁吉亚	79.8	5
爱尔兰	79.8	5
毛里求斯	79.8	5
阿拉伯联合酋长国	79.8	5
澳大利亚	79.3	10

（续表）

英国	79.3	10
美国	77.5	16

他们的主要研究成果也证实了亚当·斯密的模型。

◇ 自由经济国家发展得更快。

◇ 经济自由度高的低收入国家要比经济自由度低的低收入国家发展得快。

◇ 一个国家要想发展，居民实现高收入，产权得到保护、合同得以执行、法制得以遵守的法律体系是至关重要的。格沃特尼的结论是："由法制、产权得到保护、司法体系独立、法院公正组成的法律体系是政府最重要的职能，也是自由经济和公民社会的核心要素，远比其他的要素重要。"

格沃特尼指出很多国家缺乏有效的法律体系,造成的结果就是腐败、产权得不到保护、合同无法有效执行、监管不一致，这些情况在拉丁美洲、非洲和中东尤其严重。"缺乏有效的法律体系不可能获得市场体系带来的诸多好处，比如贸易、分工、扩大市场、大规模生产。"

格沃特尼得出的总结论是："研究发现经济自由度和人均收入、经济发展、更长的寿命、更低的婴儿死亡率、民主机构的发展、公民自由、政治自由，以及其他积极的社会和经济发展呈正相关。"[1]

发展经济学的风向变化

直到 20 世纪末发展经济学才从支持政府转而支持市场。"二战"后，经济学家开始关注亚洲、非洲和拉丁美洲贫穷国家的命运，将这些国家称为"第三世界"，正式的说法是"欠发达国家"。通常这些国家的特点是识字率低，失业率

---

[1] 詹姆斯·格沃特尼、罗伯特·罗森，《2004 年世界经济自由度年度报告》，温哥华，弗雷泽研究所，2004。

高，人口增长率高，商品经济。很多国家经受高通货膨胀率、短缺、黑市、内乱和资本外逃之苦。贫困国家如何才能实现亚当·斯密普遍富裕的目标呢？

20世纪30年代之后人们不再相信资本主义，再加上战后马歇尔计划显示了政府援助的成效，新的主流经济发展思想变成了政府驱动增长。成立了诸如世界银行、国际货币基金组织和进步联盟的国际发展组织来帮助欠发达国家。

麻省理工学院的W.W.罗斯托写了《经济成长阶段：非共产党宣言》，此书很快成为第三世界规划的风向标。罗斯托按照经济发展将所有的社会分为五种类型。

◇ 传统社会。
◇ 起飞创造前提条件阶段。
◇ 起飞阶段。
◇ 向成熟推进阶段。
◇ 高额群众消费阶段。

罗斯托认为资本投资和他所谓的"社会间接资本"（比如道路、桥梁、码头和其他基础设施）是经济发展的关键。平均投资率为5%的传统经济如果能将国民收入的10%用于投资就可以实现"起飞"。他受到斯大林统治时期苏联的影响，"一个实行共产主义的国家可以长期是第一梯队的工业大国"。凯恩斯/罗斯托的发展理论可以用哈罗德－多马经济增长模型解释，哈罗德－多马经济增长模型以罗伊·哈罗德和埃弗塞·多马命名，按照这个模型，国家资本－产出率决定经济发展，固定资本的增长会提高利润，促进经济发展。此模型认为扩大资本存量和技术进步才是经济发展的关键，不论扩大资本存量是通过增加国内储蓄，国外援助，私人投资，政府开支，还是货币通胀实现的，这种模型几乎完全忽略了企业家运用资本和新想法创造财富的作用。因为欠发达国家无法打破"贫困的恶性循环"，无法从内部实现发展，所以罗斯托和其他发展经济学家坚持认为发展中国家只有通过政府开支或外国援助实施大规模投资项目才能打破贫困的恶性循环。

索洛经济增长模型

1956年罗伯特·索洛提出了一个经济增长模型，该模型质疑资本投资对经济发展的积极作用。索洛因索洛经济增长模型获得了 1987 年的诺贝尔经济学奖。

图 27-1 为索洛经济增长模型。

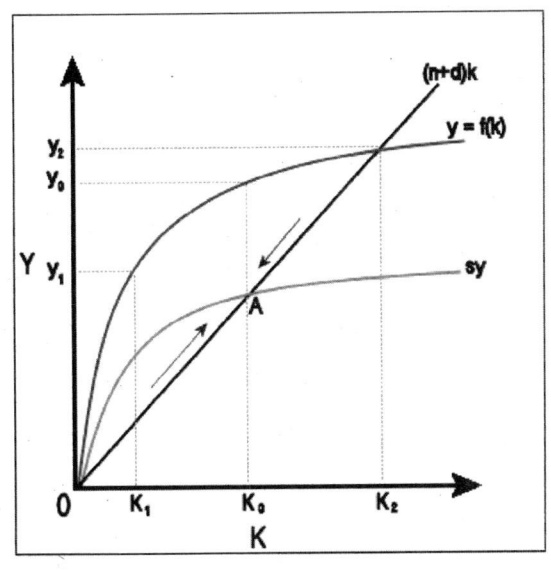

图 27-1　索洛经济增长模型

图 27-1 最开始是新古典生产模型，人均产出是由人均投资（人均资本）决定的。因此，

$$y = f(k),$$

这是图 27-1 上面的那条曲线，其中，

n= 人口增长率

d= 贬值

k= 人均资本

y= 人均产出／收入

s= 储蓄率

索洛在他对美国数据的研究基础上得出了两个主要结论。

◇ 资本投资和储蓄随着收益递减而下降。虽然增加储蓄和投资依然可以刺激经济发展，但是更高的储蓄和投资率只会带来较低的经济增长率。

◇ 在经济发展过程中，技术进步比储蓄/投资发挥的作用更大。

对国外援助的反对意见

伦敦经济学院的彼得·鲍尔是正统发展经济学的激烈批评者。战后，鲍尔独自一人向国外援助、中央计划经济和国有化宣战。他注意到像英国这样的工业国家拒绝"贫困的恶性循环"的说法，"纵观历史，不论是在西方还是第三世界，无数的个体、家庭、组织、社会和国家都在没有外部援助的情况下从贫穷走向了富裕。"① 他反对先进资本主义国家的进步是建立在贫困国家之上的观点，认为国外投资是推动第三世界发展的关键因素。国家计划可不是什么仁道的发展模式，鲍尔认为权力集中在一小撮政治精英手中只会不可避免地造成腐败和权力滥用。

鲍尔曾在他的经典文章《香港的故事》中描述了香港如何从极端的贫穷落后发展成了太平洋湾第二繁荣的飞地，这一切都是在有限的自然资源情况下实现的。

随着苏联社会主义模式的失败，到1993年，世界银行发布了东亚经济奇迹的报告，并得出了这样的结论："每个国家的快速发展主要是因为实行了市场友好的经济政策，从而更好地实现了资源积聚和分配。"②

—— **案例分析** ——

穷人的小额信贷和乡村银行

肢体健全的穷人不想要或不需要慈善……他们需要的是金融资本。

---

① 彼得·鲍尔，引自詹姆斯·A.多恩、斯蒂夫·汉克、艾伦·沃尔特斯编的《发展经济学》，华盛顿，加图研究所，1998。

② 世界银行，《东亚奇迹》，纽约，世界银行，1993。

——2006年诺贝尔和平奖获得者 穆罕默德·尤努斯

多年来自由市场经济学家都反对国外援助项目，国际货币基金组织的贷款，以及世界银行的项目，因为这会造成浪费和权力滥用。彼得·鲍尔多年来一直不遗余力地反对政府发展项目。过去50年来他坚称对发展中国家的政府援助只会阻碍发展中国家的经济发展。

如果取消了世界货币基金组织的贷款、外国援助以及世界银行，要如何才能减轻贫困呢？鲍尔和其他古典自由主义经济学家提倡降低贸易壁垒，增加外商投资，建立财产制度、法制和稳定的货币政策，鼓励自由市场经济，限制政府规模。

私人领域的小额信贷

市场支持派对私人领域不断涌现的"小额信贷"的成功保持沉默，"小额贷款"是指独立的银行或机构将极少量的钱借给个体经营者，最出名的要数格莱珉银行了，又被称为乡村银行，由穆罕默德·尤努斯于1983年在孟加拉这个全球最贫穷的国家成立，尤努斯是孟加拉吉大港大学的经济学教授。由于尤努斯所做的革命性贡献，他和乡村银行一道获得了2006年的诺贝尔和平奖。

乡村银行给每个贷款人的贷款额为30~200美元不等。申请人不需要识字就可以申请，也不需要抵押担保或信用担保。不可思议的是，乡村银行已向几百万的孟加拉赤贫人口发放了25亿美元的小额贷款。这些贷款不是无息贷款，乡村银行是一家营利性的私营自助式银行，贷款利率为20%。而坏账率不足2%。这样的佳绩是因为乡村银行做出了贷款人必须加入互助小组的要求，如果小组中有人不还款，那么这个小组的所有人都没有资格再申请贷款。这给个体带来了必须还款的社会压力。

银行向个体经营者放贷，贷款者绝大多数是女性，她们只需要几美元就可以购买工具和材料。贷款者可能是制作竹椅的，卖羊奶的，或者是拉人力三轮车的。避免了其他高利贷者高得吓人的利息（利息通常为一个月20%）。这些贷款者最终可以摆脱贫困，随着生意逐渐发展起来，他们可以将赚的钱用于买新房子或者维修已有的房子（通常需要 300 美元的乡村银行住房贷款）。上万的乡村银行贷款者拥有了自己的土地、房子甚至是手机，不再忍饥挨饿了。尤努斯还计划发行私股，最终乡村银行这个除贫项目会上市。

尤努斯的乡村银行非常成功，所以其他小额信贷机构也在世界各地如雨后春笋般出现。小额信贷已得到认可，甚至连世界银行和其他政府机构也开展几百万美元规模的小额信贷业务。

向世界银行说不

尤努斯不愿和世界银行有任何关系。尤努斯在他的自传《穷人的银行家》曾这样描述世界银行："乡村银行从来不想也没有接受过世界银行的任何捐款。因为我们不喜欢这家银行的行事作风。"他也同样不喜欢国外援助："大部分富裕国家进行国外援助项目主要是雇用自己国家的人，销售他们的产品，减少贫困是附加的……援助项目造成了严重的官僚主义作风，而这很快就变成了腐败和缺乏效率，结果损失更大……援助的钱通常流向政府，政府扩大了支出，而这通常会损害市场经济的利益……国外援助成了大国的慈善，但贫穷的国家却变得更加贫穷。"这种说法真是一针见血。

国家资本主义的崛起
《经济学人》2012 年 1 月 21 日

在过去 15 年中，大型企业的总部正在改变新兴经济体的城市。中国中央电视台的大楼就像巨大的外星人跨越北京的上空；马来西亚石油公司总部 88 层的石油双子塔矗立在吉隆坡，俄罗斯银行系统的发动机——俄罗斯外贸银行气派的办公大楼坐落在莫斯科新金融区的中心。这些建筑标志着一种新型混合模式企业的崛起。他们依靠政府支持，但却像私有跨国公司一样运作。

国家资本主义不是什么新概念，东印度公司就属于这种形式。国家资本主义正在大规模地复苏。20世纪90年代大多数新兴市场的国有企业规模都和政府部门差不多。当时人们预测，随着经济的成熟，政府会关闭这些企业或将其私有化。然而，事实证明，他们不但没有被削弱，还占据了主要产业和主要市场。以储量来计算，全球十大石油和天然气公司都是国有企业，国有企业占到了中国上市公司市值的80%，俄罗斯为62%。而且他们还在继续扩张，比如中国移动有6亿用户。新兴国家的国有企业在2003~2010年间获得了外商直接投资的1/3。

西方国家在走下坡路，而新兴市场国家却方兴未艾。中国不再认为国有企业是通往自由资本主义的过渡形式，而认为它是一种可持续发展模式，中国可以重新设计资本主义让其更好地运行。越来越多的新兴国家领导人认同这种中国的做法。巴西政府在20世纪90年代主张私有化，现在却介入巴西石油公司和矿业巨头淡水河谷公司这样的大公司，并将众多的小企业合并成国有企业。南非也在考虑这种模式。

这种发展模式引发了两个问题：这种模式有多成功？它会对新兴市场以及其他国家造成怎样的后果？

收益递减法则

支持者认为国家资本主义能维持稳定，促进经济发展。20世纪90年代，俄罗斯在叶利钦当政时疯狂地实行私有化，这向很多新兴国家敲响了警钟。他们可是意识到政府缓解由资本主义和全球化带来的挑战，不仅仅是通过提供像桥梁、道路这样的硬件基础设施，还可以建设旗舰企业这样的软性基础设施。

李光耀当政时的新加坡是这种理念的最早实践者。新加坡允许外国企业进入，同时学习西方管理经验，但是政府也拥有大量的企业。现在是中国走在了前列。当全球精英聚集瑞士旅游胜地达沃斯时，中国政府和企业展示了密切的关系。西方的政府代表通常和私有部门相悖，而中国代表这边，双方的意见基本一致，并且都是爱国的口吻。

这种新模式不同于50年前英国以及其他国家灾难性的国有化浪潮。中国的基础设施企业在世界各地赢得合约。最好的国有企业都把目光投向国外，通过在国外的证交所上市或者兼并国外企业获得所需的技术。政府也是有选择性地持有企业股份。总的来说，中国已放松了对经济的控制：政府只关注主导产业。

创造百花齐放的局面

仔细观察这种模式就能发现它的很多缺点。政府青睐一些企业的时候，其他企业就会受到冷落。2009年，中国移动和另一个国有大企业中石化的利润达到330亿美元，这比中国私营企业前500强的利润总和还高。国有企业占有的资本和人才如果被私营企业使用将会产生更好的效果。研究表明国有企业利用资本的效率更低，增长速度更缓慢。在很多国家，受宠爱的国有企业浪费大把的资金，而私营企业却为筹集资金而焦头烂额。

这样做的代价也会增加。国有企业善于复制别人的东西，部分原因是可以利用政府的支持获取他们所需的技术，一旦需要他们有原创，则他们的竞争力就会下降。国有企业更加谨小慎微，世界上的创新中心一般都是小的初创企业形成的网络。

这种模式也不能确保稳定的局面。只有在有力政府的领导下，国家资本才能正常运转。很多亚洲国家都有很浓厚的中国文化，而非洲和巴西则没有。印度煤炭公司根本没有效率可言。在国家资本主义盛行的地方，总是让有关系的自己人而不是有创意的外来者得益。在俄罗斯，由前克格勃官员组成的小集团控制克里姆林宫和商界。这种模式会导致任人唯亲，不平等，最终的不满情绪，就像穆巴拉克在埃及推行的国家资本主义那样。

新兴国家通常通过国家行为来启动经济的增长。回顾一下20世纪50年代的日本和韩国，19世纪70年代的德国，以及独立战争后的美国。但这些国家不约而同地发现了这种体制的局限性。中国人应该明白，吸取历史经验教训最好的方式是眼光放长远。

这种模式的缺陷可能多年后才能显现出来，同时这种模式会产生各种各样的问题。比如，在新兴市场国家，投资者要十分小心，有的可能将赌注押在政府上，有的押在企业上。实行国家资本主义的政府非常多变，他们很少关注小股东的利益。有的投资者可能会发现他们在新兴市场国家的子公司或合资企业可能和有政府背景的企业竞争。

另一个问题是这种模式对全球贸易体系的影响,当共和党候选人表示入主白宫后的第一件事就是宣布中国操控汇率,这个贸易体系就会面临风险。当一些企业明里暗里享受政府的支持时,贸易很难实现公平。西方政治家对这些国家偏袒自己企业的行为已经失去了耐心。

新兴国家想要在世界上取得一席之地,国家资本主义的优势很明显。这种模式让他们拥有私营企业很多年才能建立起来的实力。但国家资本主义的危害远大于好处。从自身利益出发,也为了全球贸易的公平性,实行国家资本主义的国家需要松开他们牢牢控制的国有企业的资源,并将其转给私人投资者。如果这些国有企业真如他们所夸耀的那样好,那他们就应该丢下政府这个拐杖。

去国有化——私有化的故事

随着东欧共产主义阵营的解体,随之而来的首要问题是如何推翻社会主义,重新建立自由民主的资本主义体系。去国有化、私有化和取消管制成了响亮的口号。出生于奥地利的管理学大师彼得·德鲁克早在1969年就谈及私有化,但直到20世纪70年代末期英国首相玛格丽特·撒切尔夫人主张卖掉资产,私有化才变成现实。撒切尔夫人先是在1979年卖掉了英国石油公司,但1984年卖掉了英国电信公司才真正拉开私有化的序幕。成百上千万英国民众受到鼓励以低价购买股票,英国电信公司上市的股票价格一飞冲天,公众对私有化的支持也空前高涨。此外,电话服务也得到极大改进。在进行私有化之前,英国的电话系统一潭死水,装一部电话需要几个月的时间,很多出故障的公共电话几个月也得不到维修。而这一切在英国电信公司在伦敦证券交易所上市后全部得到了改变。

随着越来越多的工人和消费者变成股东,英国和世界各地有越来越多的人支持私有化,结果政府收益和企业利润都提高了。私有化在国外尤其开展得轰轰烈烈,已经成为一个充分发展的全球产业。按照《国际私有化》杂志的统计数据,估计全球有10万家大中型企业出售资产,产生1万亿美元的收益。能卖的都被国家给卖了:石油公司、公共事业、电话公司、银行、邮局、酒店、餐馆、机场、铁路、采矿、垃圾处理、监狱、消防、出租车、农场、超市、教堂、电影院。每个大陆上的每个国家，包括印度、俄罗斯、中国、越南、墨西哥和秘鲁都一部分或大部分的国有企业进行了私有化。

苏联解体后俄罗斯推行的私有化却饱受争议。数十万家国有企业，从小小的零售商店到大型工业企业都变成了私企。新环境竞争激烈，大部分的企业都倒闭了，工人下岗。而发展壮大的企业也没能让工人受益。腐败的官员和有权势的商人成为新企业的主要持股者。很多年后，私有化在俄罗斯成了一个肮脏的词。

社保的私有化

不管怎样，私有化在全球愈演愈烈。对政府退休计划进行私有化，也就是针对老年人的社会保障，尤其受到欢迎。20世纪80年代早期，由于经济大萧条，智利的国有养老金制度搁浅，在智利劳工部长荷西·皮涅拉的推动下，智利建立了个人退休计划。

智利是世界上第一个将养老金制度私有化的国家，在深化国家资本市场、提高储蓄率、刺激经济发展方面取得了巨大成功，智利从1982年以来年均经济增长率为5.4%。目前，智利93%的劳动力可以参与20个独立的私人养老基金。世界各地的养老金专家都在研究智利的养老金模式，想弄明白为什么私营领域在社会退休金方面要比政府做得好。荷西·皮涅拉声称已有30个国家采取了某种形式私营退休金体系，他相信中国是下一个进行改革的国家。但是，2008~2009年的金融危机打击了对社保私有化的热情。

总结

本章要点

1. 在20世纪30年代的大萧条之前，大部分的经济学家和政府领导人都接受古典经济发展模式，强调储蓄、资本积累、自由贸易、健全货币和有限政府规模的重要性。

2. 在苏联和纳粹德国取得了所谓的经济成功之后，很多发展中国家都实行苏联式的中央管制经济，包括对主要行业进行国有化，进口替代，工资和价格管制，通货膨胀，以及5年计划。

3. 苏联模式在 20 世纪 90 年代早期失败后，很多经济学家发现更大的经济自由度，比如自由贸易、去国有化、取消管制、控制货币供应量、减税，都能刺激经济发展，降低贫困。

4. 索洛经济增长模型代替了哈罗德-多马经济增长模型：通过国外援助、政府开支人为刺激资本积累并不一定会实现可持续经济发展。外资和技术才是关键因素。

5. 私营领域向穷人提供的小额信贷（比如乡村银行的做法）可以有效降低很多发展中国家的赤贫情况。

6. 发展中国家国有企业和政府服务（包括退休金）的私有化程度在不断扩大。

重要术语

哈罗德-多马经济增长模型	私有化
国际货币基金组织	罗斯托经济发展阶段
进口替代法	索洛经济增长模型
欠发达国家	第三世界
小额信贷	贫困的恶性循环
积极不干预政策	世界银行

经济学大师

卡尔·马克思，穆罕默德·尤努斯和世界贫困问题

姓名：卡尔·马克思（1818~1883）

背景介绍：卡尔·马克思是最著名的市场资本主义批评者。马克思 1818 年初生在德国的特里尔，他的父母原是犹太人，后改为信奉基督教。马克思在大学期间受到了哲学家乔治·黑格尔和路德维希·费尔巴哈的影响，他拒绝了宗教信仰，成为一名非常激进的社会主义者，在德国耶拿大学获得了希腊哲学的博士学位。马克思在 20 世纪 30 年代遇到了他的终生挚友和资助者弗雷德里希·恩格斯。1848 年，马克思和恩格斯在巴黎写出了《共产党宣言》，《共产党宣言》宣传消灭私有财产，用暴力推翻西方的民主。马克思在欧洲大陆遭到放逐，于 1849 年移居伦敦，此后马克思和他的妻子终生住在伦敦，他们患有严重的疾病，生活极端贫困（马克思大部分的经济来源为恩格斯和其他朋友的资助），过早去世。马克

思有 3 个子女。马克思从事兼职工作，也投身到共产主义政治运动中去，但他大部分的时间都花在了辉煌巨著《资本论》的写作上了，《资本论》于 1867 年马克思 49 岁时出版。他研究各种各样的问题，并一直更新他的著作，但没有完成《资本论》的后两卷，后两卷在马克思去世后由恩格斯出版。马克思于 1883 年去世，安葬在伦敦的海格特公墓。

主要著作：《共产党宣言》（与恩格斯合著），《资本论》。

主要贡献：马克思总是和社会主义以及集权共产主义紧密联系在一起，但是马克思却几乎没有社会主义是如何运行的论著。马克思严厉批评市场资本主义。虽然马克思也承认工业资本主义带来了商品和贸易的极大发展，但他却认为自由企业让人异化，具有剥削性，隐含危机。不论马克思认为资本主义有多可怕，他却能在被全球化异化的工人阶层和知识分子阶层引起共鸣。现在社会学家也看到了马克思思想的价值，比如单调的工作、贪婪、欺诈、超负荷工作、物质主义的问题，唯利是图的资本主义社会缺少社区精神。马克思还提出了经济决定论的观点，即国家文化的法律、政治、宗教和商业结构都要符合经济社会的既得利益。

缺点：马克思没有看到资本主义内在的激励制度——消费者的选择和企业家对利润的追逐。具有讽刺意味的是资本主义将工人从贫困、垄断、战争和压迫中解救了出来，并实现了马克思的关于希望、和平、富裕、休闲以及"完整的人"的千年愿景。

尤努斯，乡村银行，小额信贷革命
姓名：穆罕默德·尤努斯（1940~ ）
背景介绍：穆罕默德·尤努斯获得了 2006 年诺贝尔和平奖，乡村银行创始人，小额信贷革命之父。尤努斯出生在孟加拉，1965 年获得富布赖特奖学金前往美国学习，并获得范德堡大学经济学博士学位，随后返回孟加拉在吉大港大学任教，在 1974 年目睹了孟加拉的饥馑灾难后决定为消灭贫困而战。1976 年他提出了向贫困人群提供小额贷款的想法。尤努斯注意到穷人会以极高的利息向高利贷者借款。他向吉大港大学附近一个小村庄里的 42 名以制作竹编家具为生的女性每人借出了 27 美元，这是他借出的第一笔钱。尤努斯意识到以合理的利率进行小额贷款可以让很多穷人受益，而这是传统银行不愿意做的事，因为贷款数额太小，又充满风险。尤努斯在 20 世纪 70 年代末开了一家进行小额信贷的银行，到了 1982 年就有 2.8 万名成员了。到目前为止，超过一亿的穷人从乡村银行（成立于 1983 年）和其他小额贷款银行的小额信贷中受益。尤努斯和乡村银行因为扶贫而做的贡献获得了 2006 年的诺贝尔和平奖。

主要著作：《穷人的银行家》，《创造没有贫穷的世界》。

主要贡献：世界银行、国际货币基金组织以及西方政府几十年来投入了几十亿美元用于消灭贫困，均以失败告终。但尤努斯和乡村银行却证明以盈利为目的的商业银行能在世界范围内帮助扶贫。他们是如何做到的呢？答案就是建立"互助小组"来确保还款。互助小组成员一起申请贷款，如果有组员不还款，整个小组都要为此负责。这就强化了组员之间的相互支持，坏账率不到 5%。小额信贷涉及各种各样的项目，包括住房和教育。超过 96% 的小额信贷借给了女性。尤努斯说："我的确相信自由市场经济的力量，要使用资本主义工具……我认为向失业者直接提供援助不是解决贫困问题的最佳方式……人类都有成为企业家的潜质。"

第28章 经济学家是做什么的？

> 经济学正在经历发现的黄金期。这么说一点也不夸张，实证经济学家用大量详细的可在实际中运用的结果来描述经济学和社会，这些发现可以和其他自然学科的发现进行比较。
>
> ——黛安娜·科伊尔
>
> 《有灵魂的科学》

第27章结束时重点提到了孟加拉乡村银行和小额贷款革命的创立者穆罕默德·尤努斯，尤努斯于2006年获得了诺贝尔和平奖，这是首位获得诺贝尔和平奖的经济学家。从20世纪60年代开始，诺贝尔奖委员会为经济学领域颁发了几十次诺贝尔奖，但只给一位经济学家颁发了诺贝尔和平奖。贫困问题是世界上最难解决的问题之一，通过商业和小额贷款实现和平是解决极端贫困问题的新途径，诺贝尔奖委员会考虑到了商业与和平之间的关系。

英国经济学家凯恩斯于1930年经济大萧条的一开始写下了《我们后代的经济学前景》这篇积极乐观的文章，凯恩斯希望经济学家可以从他们的象牙塔里走出来，变得和"牙医一样"能干又有用。很多经济学家变成了非常有用的实践家，但是凯恩斯不知道经济学的新疆域能拓展到何种程度，发挥多大的影响力。凯恩斯一生都不曾知道经济学家可以告诉投资者将股指基金进行多样化组合可以降低风险并将受益最大化，政府官员改变他们拍卖债务的方式就可以节省几百万美元，宗教狂热和冲突在不同信仰之间引入自由竞争后可以得到缓解，立法者通过给隐藏的武器颁发许可证从而降低犯罪率，或者对污染许可证进行竞拍从而解决环境问题。

以经济学作为职业

对大部分的职业经济学家来说,他们的工作并没有什么创造性,却很有价值。根据美国劳工部的统计,2008 年,美国约有 1.5 万名非从事学术研究的经济学家,他们的平均工资约为 8.3 万美元。大部分的人在政府和诸如学术界、大型企业和华尔街等领域工作。大部分的工作要求经济学家熟悉统计学、数学和计算机编程等高级学科。为政府或大型企业工作的经济学家,他们需要收集和研究统计数据来预测趋势,预估国家或是行业的发展,为产品和服务制定价格,分析政策和提案。

现在经济学在大学里是很受欢迎的专业,几万的毕业生会以经济学作为职业,或在相关领域比如商业、金融、国际事务以及政府部门工作。很多企业高管、证券分析师以及政府官员都从经济学专业中获益,并通过经营企业、给企业当顾问以及改进政府政策等方式将所学的经济学理论应用到现实世界。

并不是所有的经济学家都能提出切合实际的建议,很多是教授经济学,做理论研究。实际上,我猜只有一小部分的学院派经济学家从事应用经济学。从事学术研究的经济学家尤其是在著名高校的研究生院以及进行博士研究的经济学家,他们主要研究非常抽象的数学建模,这和现实世界的问题无关。

要想在高中教经济学,需要本科或研究生学位,但是要想在大学从教,则必须有博士学位。而如果想在常青藤大学任教的话,大部分的教授都是美国或欧洲前十大学的博士毕业,还要耐得住寂寞花大量的时间写同行评审期刊文章,而这些文章只有一小撮的同事才会读。成为受欢迎的老师或者是畅销书作者没有在顶级经济学期刊上发表文章重要。要爬到学术圈的顶点需要聪明的大脑以及专著。对大部分刚刚起步的经济学家来说在文科大学教书写作可能是回报最大的选择。

选择经济学专业

你应该选择经济学作为你的专业吗？基于以下理由我强烈推荐你选择经济学作为你的专业。经济学的学科范围很广，涉及很多领域，比如数学、统计学、货币、证券、商业、新闻学和政治学。就算你从事其他行业，会发现经济学在你的职业生涯中也很有用。

经济学宽广的覆盖面在我年轻时深深吸引了我，我对经济学很着迷，以至于我在20世纪70年代读了经济学的学士、硕士和博士学位。我发现经济学的学位为我开启了很多的选择。我在政府部门、私企和非营利性基金会工作。有经济学硕士学位在手，我的第一份工作是在美国中央情报局当经济分析师，职责是为白宫和其他联邦机构做研究，撰写情报简报。后来我到私企工作，成为企业内部通讯的总编辑，在通货膨胀的70年代进入到了巨额融资的新世界。对货币政策和国际贸易的了解使我更好的成为一名证券分析师。我环球旅行，根据我的经验开始写经济学和投资方面的书。最终，我开始了我自己的出版事业，而且非常成功，所以我和我的全家于1984年搬到了巴哈马群岛，在那儿生活了两年。后来我们在伦敦买了套房子，随后经常在暑假游历欧洲。当我返回美国后，我开始在位于佛罗里达州温特帕克市的罗林斯学院任教，并开始编写将理论和实践融合在一起的教材和实用金融学书籍。这本《经济逻辑》就是我在写作方面的成果。在罗林斯学院任教和写投资内参18年后，2001年，我被邀请成为一家非营利组织——经济教育基金会主席。在基金会，我在经济学中受到的训练依然派上了用场。几年后，我写了一本讲述从亚当·斯密到现代经济学大师事迹的书——《现代经济学的发展》，2004年，这本书为我取得了哥伦比亚商学院副教授的职位。当联邦政府采用GO作为官方季度统计数据时，查普曼大学任命我为总统研究员。所以，你可以看到选择经济学这个专业可以为一个人带来多么难以预料却收获丰厚的人生之路。

从悲观的学科说起……

经济学已经有几百年的历史了。20世纪大家习惯称经济学为"悲观的科学"，这种打趣的说法是英国批评家托马斯·卡莱尔于19世纪50年代提出的。卡莱尔抨击古典经济学家对贫困、危机和最低工资铁律的预测。即使又过了一个世纪，到了20世纪70年代，全球经济都遭受不断上涨的通货膨胀和失业问题的双重冲击，经济学家也因对利率、通货膨胀或下一次经济衰退的不准确预测而备受批评。弗里德里希·哈耶克在1974年接受诺贝尔经济学奖时声称："此刻，我们也没什么好骄傲的：我们把事情搞得一团糟。"①

20世纪90年代早期，经济学家经历了一个自恋的自我检讨的阶段。比如，在1991~1992经济衰退期间，哈佛教授罗伯特·J.巴罗就这样评价经济学："为什么经济要比预期的更脆弱？明年的经济会怎样？政府应该怎样出手相助？这些问题的正确答案取一级近似就是：'我不知道，没什么。'"②经济顾问委员会主席赫伯特·斯坦也不甘示弱，承认"我越来越诧异于我的无知……我不知道增加预算赤字会刺激还是削弱国民收入。我不知道是M1还是M2控制支出水平。我不知道增加高收入人士的个人所得税能增加多少的税收……我不知道如何选赚钱的股票。"③一年后，获得让人觊觎的约翰·贝茨·克拉克奖的普林斯顿大学教授保罗·克鲁格曼放话："不知道如何让贫困国家变得富有，在经济跑偏时将之带上正轨，使之继续增长……没人知道为什么美国经济在1973年之前可以保持3%的年均生产增长率，随后就跌落至1%。没人知道为什么日本"二战"后可以从战败国一跃成为世界经济大国，而英国却慢慢地跌落至三流的水平。"④这些话是由被《经济学人》称为"同时代最杰出的经济学家"所讲的。

成为经济学帝国主义

幸运的是，经济学的自我挫败感已在过去10年间得到了扭转。21世纪变得更加乐观、实干。经济学也不再悲观，发生了改头换面的变化，并迅速进入新的领域，需要用"帝国主义科学"来描述这个新发现的黄金时代。就像一支侵略军，亚当·斯密建立的学科横扫整个社会科学——法律、金融、政治学、历史、社会学、

---

① 弗里德里希·哈耶克，《知识的潜妄》，诺贝尔奖演讲词，1974年12月11日。
② 罗伯特·巴罗，《减税》，《华尔街日报》，1991年11月21日。
③ 赫伯特·斯坦，《无知的年代》，《华尔街日报》，1993年6月11日。
④ 保罗·克鲁格曼，《兜售繁荣》，纽约，诺顿出版社，1994。

环境学，甚至是宗教。所以，称呼 21 世纪的经济学为帝国主义科学丝毫不为过。整本书都在讲述经济学的扩张。

谁开始的这种扩张呢？一些历史学家认为科罗拉多大学博尔得分校的经济学教授肯尼斯·鲍尔丁是跨学科之父，鲍尔丁于 1993 年去世。鲍尔丁共发表了 1000 多篇文章，涉及 20 多门学科，涵盖范围从资本理论到贵格教义。但是现实和鲍尔丁理解的学科之间的相互依赖大不相同。经济学开始主导其他学科。我认为经济学的帝国主义在很大程度上归因于芝加哥学派的经济学家加里·贝克尔，贝克尔在芝加哥大学的社会学院、商学院和经济学院都担任教职，于 1992 年获得诺贝尔奖，他是首批将研究领域扩展到一般认为是社会学领域的经济学家，比如种族歧视、犯罪、家庭组织和吸毒。他独特的研究视角在芝加哥大学延续到了由史蒂文·莱维特率领的年轻一代那里。很多经济学院和商学院都设立了解决问题的研究中心，比如芝加哥大学商学院的应用经济学工作室。经济学家比以前更重视实证研究。（参见第 6 章）

7 个有效的经济学工具

过去几十年在从事经济学写作的过程中，我常常惊讶于经济学可以通过各种方式有力地影响金融、商业、法律、宗教、政治、历史以及其他的社会科学。

经济学可以改变个体的生活和一国的状况，国家经济和个体生活变好还是变坏取决于是遵守还是违反了经济学的基本原则。经济政策可以改变历史的进程。

基本的经济学原则有哪些？下面是经济学研究的七项基本原则，运用这些原则可以解决各种纷繁复杂的问题，并将改变世界。这些原则我们在本书中一再提及，7 个有效的经济学工具就当是全书的总结。

◇ 责任。经济学是一门关于责任的学科。市场经济下，谁享受劳动果实谁买单。用户付费概念有助于培养自我约束、勤劳、节俭以及其他美德。如果是他人付款，那使用者就不太会关注成本。消费者不必为使用的商品付费，就会造成成本过高、浪费和欺诈的后果。所有权对责任制至关重要。花别人的钱总没有花自己的钱谨慎。自己的东西会倍加珍惜，别人的东西或者公共物品一般会被过度使用或者容易遭到破坏。

威廉姆·格雷姆·萨姆纳曾说:"傻瓜在自己的家里,比聪明人在别人家里更聪明。"这种说法在家里、工作场所和政府机构都适用。

◇ 有效利用和成本－收益分析。在资源不充分必须要做选择的情况下,我们必须精打细算。最成功的家庭、企业和政府都能够做到为了更美好的明天而投资,绝不入不敷出,尽量避免负债过多。节俭是美德。竞争和利益驱动是最有效地降低成本和避免浪费的方法。衡量成本和收益有助于最有效率地利用资源。

◇ 储蓄和投资。不论是企业还是个人生活要想取得长期的成功,投资和储蓄都不可或缺。一家企业的标语是:"如果明天你还想有生意做,就不能用昨天的机器来做今天的工作。"是时候纠正负债过多、消费过度和浪费的消费型社会心态了,并提倡节俭以及有效利用投资资源等行为。

◇ 激励。激励很重要。向下倾斜的需求曲线法则说明如果你越鼓励某种事物,你得到的越多,你越打击某种事物,你得到的越少。利益驱动机制就是通过激励作用,生产价格更低、质量更好的产品,从而促进经济发展。自由竞争的价格机制是最佳解决经济危机的方式。在没有政府干预的情况下,价格机制会主动发挥作用,更高的价格会抑制消费,并鼓励扩大供给量,从而迅速改变短缺的局面。税收对激励制度也会产生重大影响。美国总统卡尔文·库利奇曾说过:"你不能通过对成功征税来实现繁荣。"

◇ 竞争和选择。经济自由创造了机会和选择:能够自由地迁徙,获得更好的教育,在新的行业里竞争,找工作,雇用和解雇,以及买卖。变得繁荣的最佳方式是生产人们想要的产品。拉丁文里有句谚语"do ut des"(我付出,所以你也要付出)。不论是对工人来说还是对企业家来说,最快速的赚钱方式是生产更多的消费者需要的产品。

换句话说,垄断只会导致更高的价格和更少的服务。竞争创造公平的环境，降低价格，甚至会形成单一价格，也就是说不论你的经济情况和社会地位如何，对同一件商品支付的费用是一样的，这也被称为非歧视原则。消灭贫困的秘诀是机会均等，而不是强制性的财富和收入均等。自由人在财富和收入面前是不均等的，财富均等的人是没有自由的。

◇ 企业家精神和创新。个体和国家的成功都离不开有开创性的技能和战略，而这些技能和战略通常和传统观点相左。技术进步的根源是什么？约瑟夫·熊彼特曾诙谐地说："在资本主义社会，经济进步意味着混乱"，是对市场进行创造性的破坏，这主要是指企业家为了寻找超额利润而进行的创造性破坏。社会必须拥抱变革，有时候甚至是剧烈的变革，因为这会带来创新和开创性的技能。

◇ 社会保障。社会保障原则是指应该努力帮助需要帮助的人。这是所有有良知的宗教和经济学家都提倡的原则。诺贝尔和平奖获得者尤努斯通过他的乡村银行来践行这条原则。但福利不是随便发放的。我们必须牢记福利原则的另一面：政府有义务拒绝向不需要帮助的人群提供帮助。帮助独立的个体是在打击他们的积极性。这条原则适用于家庭、教堂和政府项目。如果政府设立了一个面向所有人的社会保障制度，不管个体的经济情况如何，那就等于助长个体的懒惰行为，任由高成本、低效率的状况大行其道。想象一下某个教区的所有人，不论贫富，均能领取教堂救济，会出现什么情况？政府项目如果关注的是需要帮助的人群，这可以彰显社会的爱心，但如果免费或以较低的价格向所有人提供福利，这只会抑制个体的自我约束能力，并使事情变得更糟。

责任、有效利用资源、储蓄和投资、激励、竞争、企业家精神以及社会保障适用于所有的人和国家。经济教育基金会创始人伦纳德·里德曾说："在和平的前提下，应该让每个人做自己喜欢做的事。"政府的作用是维护和平，保护公民的生存权、自由权和财产权。好的政府提倡契约精神，制止不公正行为，制定稳定的货币和财政政策，睦邻友好。本杰明·富兰克林说得对："没有哪个国家是被贸易摧毁的。"此外，健全的经济不可能建立在不健全的货币体系之上。凯恩斯说："欲颠覆现存社会的基础，没有比放任货币泛滥更微妙与更可靠的手段。"世界上最和平、最幸福、最富裕的国家是法律最少干涉公民私人事务的国家。伟大的中国古代哲学家老子曾说："治大国如烹小鲜。"这7条原则就是经济学思维的力量所在。未来属于健全的经济学。

经济学家常用的重要研究方法

经济学家发展出了很多非常有用的研究方法，并因此取得了许多新成就。本书使用的方法有实证研究，数据挖掘，模拟，实验，制度激励，以及检测理论是否有效的统计方法。实证研究和计量经济学在经济学领域尚属新生事物，却渐渐改变了经济学的面貌，尤其是计算机可以计算复杂的数学模型，且费用很低。一直以来，对于如何获取新知识、构建更合适的政策还存在广泛的争议。经济学家是应该使用纯演绎推理和理论特别强的抽象研究方法，还是致力于假设检测和数据挖掘？每种研究方法都有其自身价值，在我看来，将这二者结合起来才会做出最大的贡献。

行为经济学是一个新领域，也创造了一些有价值的研究工具，但大部分是借用心理学的研究方法，致力于实现个体和社会的目标。这是为数不多经济学借鉴其他社会学科研究方法的例子，通常情况下是其他社会学科向经济学学习。这种借鉴在分析2008~2009年的金融危机时成效尤为显著。

应用经济学致力于解决全球很多问题，得到了史无前例的关注。让我们看一看几个成功的经济学案例吧。

投资者能跑赢大盘吗？

应用经济学在金融理论方面取得了第一个突破性成就。芝加哥大学经济学硕士研究生哈里·马科维茨写了在1952年3月的《金融期刊》上发表的一篇投资组合理论的文章。这是有人首次将股市和投资组合中的经济风险进行量化。现代投资组合理论由此发展起来，并提出了三个原则：（1）投资者要想实现高于平均水平的利润，就要承担高风险；（2）多元化投资可以增加收益，降低风险；（3）市场相对来说更有效，换句话说，基本无法预测股价的短期波动，而要想长期跑赢大盘就算不是不可能，也非常难，这就是有效市场理论。这一理论曾掀起经济学界的一次革命，现已被学术界普遍接受。行为经济学试图改进这些研究结果，并找到了几种跑赢大盘的方法，当然这是目前的说法。

华尔街的职业经理人对这些"象牙塔"里的研究学者不屑一顾，但是在马科维茨发表文章之后，金融经济学家所做的大量研究已证实了现代投资组合理论。股市指数基金让经济学界从有效市场理论获利，深受经济学家的青睐，现在也是华尔街规模最大的共同基金。

公共选择理论：改善型的新政府

弗吉尼亚大学的詹姆斯·布坎南和戈登·塔洛克于1962年出版了《同意的计算》一书，此书改变了政治学家对金融和民主的看法。现在公共选择学派已列入每一个经济学院的课程里了。

布坎南和其他公共选择学派的理论家都认为政治家和商人一样，都受利益驱动。他们想方设法地扩大自己的影响力，制定政策的目的都是为了再次当选。令人遗憾的是，市场中的激励和约束因素在政府中常常是缺失的。选民几乎没有动机去限制立法者的滥用职权，而立法者会更倾向于有权势的利益群体。结果，政府一方面资助既得利益群体，一方面向公众征税，并制定各种规章制度，而这会增加成本，造成浪费。

公共选择学派已将争论从"市场失灵"转到了"政府失灵"。布坎南和其他公共选择学派经济学家提出了一系列的宪法秩序原则，要求帮倒忙的公共部门要更负责，要保护少数族裔的权利，将权力下放给地方政府，限制任职期限，增税要采取绝对多数制。

经济学走进法院

经济学家理查德·A.波斯纳在芝加哥大学法学院任教，同时也是美国联邦第七上诉法院的首席法官，他在1972年出版了《法律的经济分析》一书，书中综合了罗纳德·科斯、加里·贝克尔、F.A.哈耶克以及其他芝加哥大学经济学家的思想。现在很多大学都成立了"法律和经济学"中心。波斯纳法官认为："不论是现在还是过去，甚至是在古代，每一个法律领域，每一个法律机构，法律案件、律师、法官和立法者的行为都是经济分析磨盘里的谷物。"

经济学家将成本－收益分析和社会保障原则应用到各种各样的法律问题上——反垄断、劳动、歧视、环境、商业规则、惩罚和奖赏。我们在前面的章节中讨论了芝加哥大学前法学教授约翰·R.洛特对持枪者和犯罪关系所做的大量研究。他运用激励原则论证了备受争议的观点：公民持枪可威慑犯罪。

芝加哥大学的加里·贝克尔是运用价格理论解决当代社会问题的先驱，比如教育问题，婚姻和离婚，种族歧视，慈善和吸毒问题。因此，他将一本面向普通大众的书起名为《生活中的经济学》也就不足为奇了。但贝克尔也承认："这本书不怎么受经济学家的待见"，而且批评者对这本书的批评"有时相当刻薄"。几十年过去了，世界各地在解决社会问题时都在效仿加里·贝克尔。

经济学家在其他学科领域也取得了重大进展，这些学科有会计学、历史、宗教、管理学、公共基础设施、社会学甚至是拍卖设计学。本书列举了几十个用经济学方法解决个人、社会和国家问题的案例，范围涵盖个人财务问题，公司管理问题，以及国内和国际问题。经济学家甚至提高了预测未来的能力，行为经济学家沃顿商学院的杰里米·西格尔以及耶鲁大学的罗伯特·席勒对股市和房地产所做的预测就是最好的证明。

当今的挑战

什么样的经济学思想会在新千年大行其道？未来前景如何？ 2008~2009年的金融危机对经济学这门学科，以及用经济学解决宏观经济问题来说都是一大挫折。如同《经济周刊》的封面故事所说："经济学家没能预测这场自20世纪30年代以来最严重的经济危机。现在，经济学家对如何应对这场危机也无法达成一致。"人们不禁要问：要经济学家有何用？其实人们不能期望经济学家可以精确地预测未来。世界太复杂了。但是，经济学家作为一个集体，应该警告人们可能出现的危险。当灾难发生时，他们应该知道如何应对。而人们关注经济学家正是因为经济学家大言不惭地声称可以防止经济重蹈大萧条的覆辙。如今距离大萧条已经70年了，经济学家对如何防止大萧条依然没有达成一致。

希望读者可以在本书中找到答案。加拿大、澳大利亚和新西兰这几个国家说

明稳定的货币和银行体系确实可以存在，我们也可以从中学习如何实现稳定的宏观经济。（参见第 19 章和第 25 章）

最后，我们有理由保持乐观。凯恩斯在大萧条最严重的时候写下了《我们孙辈的经济问题》这篇著名的文章，他说："从长远来看，人类终将解决经济问题。"他设想 100 年后取得的进步将大大超出我们的想象，人类社会经济发展已经到了只需关心这样的实际问题："摆脱压迫的经济束缚后，应该如何利用自由？科学和复利的力量将为他赢得闲暇，而他又该如何消磨光阴，更明智惬意地生活呢？"

总之，经济学和经济学的未来美好光明。如果我们真能在未来 100 年内解决"经济问题"，我们该感谢谁呢？答案可能就在瑞士经济学家里昂·瓦尔卡富有诗意的话语中：

> 想要快速丰收，就种萝卜和生菜；
> 有魄力种橡树，就要告诉自己：
> 我为儿孙带来了树荫。

经济术语表

支付能力（Ability to pay）：应根据一个人的支付能力对其征税。

绝对优势（Absolute advantage）：用比其他生产者更少的投入生产某种物品的能力。

调整后的总产值（Adjusted Gross Output）：参见总产值。

总需求（Aggregate demand）：在一个指定时期及物价的经济体系内对最终物品及服务的需求总和，此概念最初由英国经济学家凯恩斯提出。

总需求向量（Aggregate demand vector）：所有生产阶段中的物品和服务的支付距离和方向。

总需求结构（Aggregate Production Structure）：一年内所有产品和服务由原材料到最终产出的生产过程。

总供给（Aggregate supply）：在一个指定时期及物价的经济体系内对最终物品及服务的供给总和，此概念最初由英国经济学家凯恩斯提出。

总供给向量（Aggregate supply vector）：所有生产阶段中的物品和服务的生产距离和方向。

反托拉斯法（Antiturst laws）：起诉大公司限制市场竞争的法律。

套利交易（Arbitrage）：利用两个或多个市场间同样物品或金融工具的价格差异从而获利的行为。

奥地利学派的经济周期理论（Austrian theory of business circle）：一

种关于经济周期波动的货币理论，该理论认为人为控制的低利率和宽松货币会造成不稳定的繁荣－萧条经济周期。

国际收支（Balace of payments）：一个国家的国际交易账目表，包括进出口总额，资本和其他金融资产的流动。

贸易平衡（Balance of trade）：一国的国际收支中关于商品（有形）进出口的部分。

资产负债表（Balance of sheet）：反映企业在某一特定时期财务状况比如公司的资产、债务、股东权益的财务报表。

商业银行（Bank, commercial）：接受支票存款和储蓄，销售旅行支票并提供其他金融服务的金融机构。

自由银行学派（Banking school）：19世纪的英国学派，该学派提出了在货币自由兑换的基础上实行自由银行和真实票据的学说。

以物易物（Barter）：物品和服务的直接交换，不需要使用货币。

熊市（Bear market）：大部分的股票价格都下跌的证券市场，股市弥漫着悲观和消极的情绪。

受益原则（Benefit principle）：也被称为责任制或用户付费原则，谁使用物品或服务谁付费。

买卖价差（Bid-ask spread）：在任意给定时间，愿意买入和卖出某种证券的价格差。

金银复本位制（Bimetallism）：以金银两种金属同时作为本位货币的货币制度。

账目价值（Book value）：是指所有资产已清算，扣除债务后股东所享有的预估权益。

债券（Bond）：公司承诺于指定日期对持有者还本付息的有价证券。

牛市（Bull market）：大部分的股票价格都上涨的证券市场，股市充满乐观和积极的情绪。

企业（Business, firm）：以追求利润为目的将各种生产要素加工成商品或服务的私营组织。

资本（Capital）：所有用来生产商品或服务的建筑、设备和技术。

资本品（Capital goods/resources）：人类制造的用于生产其他商品或服务的物品，比如建筑、设备和机器。

资本投资（Capital investment）：投入企业经营的资本。

卡特尔（Cartel）：由生产商或供给方组成了抬高价格并限制竞争的企业集团。参见工会，OPEC。

现金流量表（Cash flow statement）：一种财务报表，记录企业的现金进出情况。

因果律（Causality）：认为人类行为都是有目的的并且造成一定的结果。

其他条件不变（Ceteris paribus）：假使其余情况均相同或均保持不变。在经济学或金融学中指一种经济变量对另一种经济变量的影响，假设影响第二种变量的经济变量都不变。

加权 CPI(Chain-weighted CPI)：将每年消费者消费习惯的变化也考虑在内的 CPI。

需求变动（Change in demand）：参见需求下降和需求上升。

供给变动（Change in supply）：参见供给下降和供给上升。

商品和服务的循环流量图，经济活动的循环流量图（Circular flow of goods and services, or Circular flow of economic activity）：用以说明家庭和企业在市场交换商品、服务和资源的经济模型。

古典经济学（Classical economics）：指在 20 世纪 70 年代边际革命之前由亚当·斯密、大卫·李嘉图、托马斯·马尔萨斯、约翰·斯图尔特·穆勒以及其他经济学家提出的理论和政策。

封闭式基金（Closed-end mutual fund）：投资公司发行的份额固定的、可以以高于或低于基金净值的价格进行交易的基金。

科斯定理（Coarse theorem）：由罗纳德·科斯提出，在牵涉社会成本的外部性问题时，私人双方可以在没有政府介入的情况下以"次优"的方式解决冲突。

抵押品（Collateral）：可以被债权人接受的用于偿还债务的任何物品。

计划经济（Command economy）：是一种主要的经济功能，比如生产什么，如何生产，为谁生产主要是由政府指令决定的经济体系，有时也被称为"中央计划经济"。

同值同酬（Comparable worth）：指男性和女性的工作技能和职责相同，则薪资也应相同。

比较优势（Comparable advantage）：比较优势原则指的是一个国家应该生产机会成本比其他国家低的物品。

竞争（Competition）：指两方或多方为了获得第三方的生意而提出最优惠条件的行为。

互补品（Complements）：和另一种物品一起使用的产品，比如汉堡包和做汉堡包的面包。

集中率（Concentration ratio）：通过某一行业的公司数量来衡量这个行业总产出的方法。

消费者预期指数（Consumer Expectations Index）：由密西根大学每月发布的消费者对经济、就业和自身财务状况所做调查的消费者信心报告。

消费品（Consumer goods）：由消费者购买和使用，而不是由生产商购买用于制造其他物品的物品。

居民消费价格指数（Consumer Price Index，CPI）：一揽子消费商品和服务的加权平均价格，比如交通、食品和医疗。

消费者剩余（Consumer surplus）：消费者愿意支付的最高价格和实际支付价格之差。

消费（Consumption）：在宏观经济学中是指个体或国家在一定时期内用于消费品上的总支出。严格说来，消费仅仅是指在特定时期内使用、享受或"吃完"的物品。消费支出包括所有购买的消费品，很多消费品会超出特定的时期，比如家具、衣服和汽车。

谷物法（Corn laws）：指在1815~1846年期间，英国和爱尔兰为了保护当地谷物种植者免于受到价格更低的国外进口谷物的竞争而制定的贸易法。

股份有限公司（Corporation）：股东只对持有的股票价值负责的法人实体。

成本收益分析（Cost-benefit analysis）：计算和比较项目收益和成本的过程。

成本驱动通货膨胀（Cost-push inflation）：一般物价水平的上升是由工资和原材料成本上升造成的。

成本（Costs）：参见机会成本。

生产成本（Costs of production）：所有用于生产物品和服务的资源，并支付资源所有者费用。

创造性破坏（Creative destruction）：由奥地利学派经济学家约瑟夫·熊彼特提出，用以描述破坏或重置某些资源用以创造新的生产技术从而提高生产力的动态过程。

信用（Credit）：（1）在货币理论中是指借别人的钱，并承诺随后会偿还（通常有利息）。最典型的例子有银行发行的短期贷款，供方信贷，商业票据。（2）在国际收支中指通过出口赚到的外汇。

通货学派（Currency school）：19世纪的银行学派，该学派主张的通货原则是发行的纸币和金属货币的数量不能超过金和银的储备量。

经常项目赤字(Current account deficit)：指一国的进口货物及服务总额大于出口货物及服务总额，结果是成了其他国家的债务人。

无谓损失（Deadweight loss）：对资源无效配置（比如由税收或垄断造成的无谓损失）所造成的损失。

养老金固定收益计划（Defined-benefit pension plan）：雇主在员工退休后每月支付固定数额的养老金计划。

养老金固定缴款计划（Defined-contribution pension plan）：雇主或公司每年预留一定数额或比例的资金用于支付员工养老金的计划。

通货紧缩（Deflation）：货币供给量持续下降，更通俗的说法是一般物价水平下降。

需求（Demand）：指人们在某一特定时期内在各种可能的价格下愿意并且能够购买商品的数量。

需求下降（Demand decrease）：需求量的下降，向需求曲线的左侧移动。

需求上升（Demand increase）：需求量的增加，向需求曲线的右侧移动。

需求拉动通货膨胀（Demand pull inflation）：凯恩斯学派的概念，是指一般物价水平上升主要是由总需求的增加造成的（比如收入或货币供给量的增加）。

折旧（Depreciation）：将有形资产的成本分摊到使用期限内。

派生价值或派生需求（Deprived value or deprived demand）：中间产

品或服务的价值是由终端需求替代品的需求变化决定的。

影响需求的决定因素（Determinants of demand）：影响消费者购买商品、服务和资源的因素。

影响供给的决定因素（Determinants of supply）：影响生产商购买商品、服务和资源的因素。

边际收益递减（Diminishing marginal returns）：在其他生产要素不变的情况下，增加一种生产要素会降低生产过程中的边际产出，通常被称为"递减收益法则"。

分配（Distribution）：总产出和总收入在个体或部门之间的分布情况（比如劳资之间的收入分配）。

劳动分工（Division of labor）：指工人只参与主要生产任务的一步或几步（比如在流水线上的工作）。

多德弗兰克法案（Dodd-Frank Law）：全称为多德－弗兰克华尔街改革和消费者保护法案，一部加强对金融市场和服务监管的联邦法案。

重复计算（Double counting）：一个生产阶段的产品或服务的价值被计算了不止一次。

精简（Downsizing）：削减成本的做法，包括减少员工数量和部门数量，从而改进公司的收入和资产负债表。

耐用品（Durables）：使用期限超过三年的消费品。

经济逻辑（Econologic）：根据经济学原则做出的逻辑选择。

经济增长（Economic growth）：一国一段时期内总产出的增加。经济增长通常用国家实际GDP或人均实际GDP的年增长率来表示。

经济附加值（Economic Value Added, EVA）：指公司的实际或经济利润状况，是从公司的营业利润中扣除资本的机会成本后的所得。

经济模型（Economic model）：指通过一组变量以及变量之间的逻辑和/或数量关系来描述经济过程的理论机构。

经济租金（Economic rent）：在没有扭曲生产或工作意愿的前提下，对生产资料（土地、劳动力、资本）支付的报酬超出了所有者的预期。参见卖家租金。

经济学（Economics）：研究财富以及财富如何被创造出来或破坏的学科，

或者是研究稀缺资源如何在竞争端被分配的学科。

规模经济（Economies of scale）：成本优势随着产出的增加而增加；产出越高，边际成本越低。

有效市场理论（Efficient market theory）：这种投资理论认为由于市场竞争太过激烈，股票现价总是能反应所有的相关信息，因此不可能跑赢大盘，也被称为"随机漫步理论"。

弹性（Elastic）：价格变动对商品和服务的供给和需求产生重要的影响。

需求弹性（Elasticity of demand）：对某种商品或服务的需求变动程度同该商品或服务价格变动的反应程度，也被称为需求的价格弹性。

供给弹性（Elasticity of supply）：对某种商品或服务的供给变动程度同该商品或服务价格变动的反应程度，也被称为供给的价格弹性。

就业（Employment）：参见充分就业。

企业家（Entrepreneur）：组织、管理并承担企业风险的人。

均衡价格（Equilibrium price）：买家的需求数量和卖家的供给数量一致时的市场出清价格。

资本净值（Equity）：资产或证券的价值。

纳税公平原则（Equity principle of taxation）：应向相似的个体或群体平等征税的原则。

均匀运转的经济（Evely rotating economy）：由奥地利学派的经济学家路德维希·冯·米塞斯提出的理论体系，该理论认为市场交易总是在重复，物价没有变动，也就是说物价完全稳定。

交易（Exchange）：为了得到其他的物品或服务而同他人交换物品或服务。当人们自由进行交易时，期望的结果是生活得更好。

兑换利率（Exchange rate）：一国货币同他国货币交易时的利率或价格。

交易型开放式指数基金(Exchange traded funds,EFTs)：一种在证券交易所交易的投资基金，类似股票，持有诸如股票、商品、债券以及投资组合的资产。

销售税（Excise Tax）：对特定商品和服务征的税，比如香烟和汽油。

出口（Exports）：在一国生产的商品或服务卖给其他国家的消费者。

外部性（Externality）：工业活动、商业活动或政府行为对他者产生积极或消极的影响，这种影响却没有在成本上反映出来。

生产要素（Factors of production）：用于生产物品和服务的资源（土地、劳动力、资本和企业家精神）。

美国联邦储备系统（Federal Reserve System）：美国的中央银行和货币机构。

法定货币（Fiat money）：一国政府宣布的成为法定货币的纸币，本身没有价值，也没有金银储备做后盾。

财政政策（Fiscal policy）：涉及（1）商品和服务的购买以及在转移性支付上的开支，（2）税后种类和数量。

固定加权 CPI（Fix-weighted CPI）：假设消费者每年消费习惯没有变化的 CPI。

固定资本品（Fixed caipital goods）：诸如机器和工具的耐用资本品，可以在生产过程中被重复使用。

单一税（Flat〈income〉tax）：不论收入如何，所有人支付同样的边际税率。

自由银行体制（Free banking）：银行股可以自由发行自己的纸钞（钞票），并且不用遵守大部分企业都需遵守的规章制度。

充分就业（Full employment）：这个术语有多种含义，从历史的角度看是指没有非自愿性失业时的就业程度；现在经济学家用自然失业率来衡量最高水平的长期就业率。

格拉斯－斯蒂格尔法案（Glass-Steagall Act）：《1933年银行法》的条款限制商业银行的证券业务，并限制其附属机构从事证券交易活动。

金本位（Gold standard）：一种货币体系，规定货币价值是由以固定汇率可自由兑换的黄金数量决定的。

半成品（Goods in process）：仍在生产阶段没有制造完成不能出售的物品。

政府（Government）：以制定规章制度、征税、贷款来控制公民行为，分配福利，并为公民服务的国家、州和地方当局。

绿钞（Greenback）：内战后对美国货币的称呼，美国政府在内战期间发行的绿色不可兑换的法定货币。

国内生产总值（Gross Domestic Product,GDP）：一个国家一年内生

产的所有最终产品和服务的价值。

GDP平减指数（GDP Deflator）：一种衡量全新的、在国内生产的最终产品和服务价格水平的指标。

实际国民生产总值（Gross Domestic Product,real）：由GDP平减指数修正后的GDP。

总产值（Gross Output,GO）：一国一年内各生产阶段生产的所有商品和服务的总价值，它是国民收入核算的上限。

国民生产总值（Gross National Product，GNP）：由一国居民的劳动和财产在一年内所创造的所有产品和服务的市场总值。

地租（Ground rent）：向建筑用地所收的租金。

哈罗德-多马经济增长模型（Harrod-Domar growth model）：由罗伊·哈罗德和埃弗塞·多马提出的经济增长模型，认为以固定的资本-产出比率为基础，经济增长是由增加了一国资本存量的增加造成的。和索洛经济增长模型做比较。

启发式模型（Heuristic model）：基于经验、有根据的猜测或直觉的理论模型。

横向合并（Horizontal integration）：一个行业的几家企业合并成一家企业（和纵向合并做比较）。

人力资源（Human capital or resources）：人们带到工作中的健康、力量、教育、培训和技术。

休谟-李嘉图现金流动机制（Hume-Ricardo specie flow mechanism）：以英国经济学家大卫·修谟和大卫·李嘉图命名，用来衡量在严格金本位制度下通货膨胀对现金流的影响。

恶性通货膨胀（Hyperinflation）：由货币贬值造成的物价急剧上涨。

不完全竞争（Imperfect competition）：没有严格遵从完全竞争市场规则的市场类型。不完全竞争的例子有垄断、寡头垄断、垄断性竞争、买方垄断和买方寡头垄断。

进口（Imports）：从国外卖家处购买商品或服务。

进口替代法（Import substitution laws）：发展中国家采取的一种国家战略，限制并对进口品征收关税以此来鼓励基本物品在本国生产。

收入弹性（Income elasticity of demand）：用来衡量对某种物品的需求对实际收入变化的应对程度。

无弹性（Inelastic）：价格变动对物品和服务的供给和需求影响非常小。

通货膨胀（Inflation）：持续增加货币供给量；更通俗的说法是一般物价水平上涨。

通货膨胀目标（Inflation targeting）：由中央银行确定通货膨胀水平的政策。

通胀期衰退（Inlfationary recession）：经济衰退但一般物价水平却上涨，也被称为滞涨。

首次公开募股（Initial Public Offering, IPO）：在证券市场向公众发行公司的股票。

利率（Interest rates）：为借款所支付的费用，通常用本金一年的百分比表示。

中间投入（Intermediate Inputs, II）：在生产的中间阶段所生产的物品和服务的总值。

不同阶段之间（Interstage）：生产的不同阶段之间。

阶段内（Intrastage）：在生产或行业的一个阶段。

库存（Inventories）：库存商品、在制品、原材料、库存的成品、为销售做准备，即将进入生产或消费的下一个阶段。

投资银行（Investment banking）：一种银行类型，通过担保新债务和承销股票从而为企业提供资金。

投资资本品（Investment in capital goods）：将储蓄用于建造新工厂、购买新机器等来提高经济的生产力。

投资（Investment）：购买证券，例如股票或债券。

投资资本（Investment capital）：投资在企业上的钱。

资本资源投资（investment in capital resources）：企业购买新厂房和设备的投资。

人力资源投资（investmeng in human capital）：用于提高员工生产力的投资，包括提高员工的技术和能力、教育、健康和流动性。

看不见的手（Invisible hand doctrine）：由苏格兰经济学家亚当·斯密提出，指的是追求私利的个人会让整个社会受益。

凯恩斯定律（Keynes's Law）：由英国经济学家约翰·梅纳德·凯恩斯提出的理论，指的是经济体的总供给或总产出是由总需求决定的（即需求创造供给）。和萨伊定律做比较。

劳动力市场（Labor force or market）：有工作或者希望有工作的群体。

工会（Labor union）：为了改善就业条件，增加工资聚集起来的工人。

拉弗曲线（Laffer Curve）：根据亚瑟·B. 拉弗命名，旨在说明税率和政府税收之间的关系。

放任自由经济学（Laissez faire）：法语"不管"的意思，该观点反对政府除了最低限度维持和平、保护产权外对经济活动进行的干预。

土地（Land）：用于生产物品和服务的自然资源，或大自然的馈赠。

需求法则（Law of demand）：需求量与价格之间呈负相关。

供给法则（Law of supply）：价格和供给量直接相关。

勒纳对称定理（Lerner's symmetry theorem）：一种国际贸易理论，认为进口关税最终会起到出口关税的作用。

流动性（Liquidity）：买卖证券的数量。

流动性陷阱（Liquidity trap）：英国经济学家约翰·梅纳德·凯恩斯描述的情形：由于之前的利率太低，储蓄率太高，以至于货币政策对刺激经济无效。

可贷资金市场（Loanable-funds market）：储户可以进行储蓄，借贷方可以贷款的市场（如银行、保险公司等）。

劳伦兹曲线（Lorenz Curve）：描述一国收入或财富分布的曲线。

宏观经济学（Macroeconomics）：研究整体经济现象，比如失业率的变化、国民收入、经济增长、总产值、国内生产总值、通货膨胀和物价水平。

"制造"经济（"Make" economy）：用于生产成品和服务的中间生产阶段。

边际成本（Marginal cost）：制造或生产一个新增产品而产生的成本增量。

劳动的边际生产力（Marginal productivity of labor）：在其他投入要素不变的前提下，每增加或减少一个劳动单位造成的产出的变化。

边际消费倾向（Marginal propensity to consume）：增加的收入用于购买商品和服务的比例。

边际储蓄倾向（Marginal propensity to save）：收入总额增长中用于储蓄而不是消费的工资增长的比例。

边际效用（Marginal utility）：消费者多消费一单位商品或服务获得的额外的满足感。

收益的边际效用（Marginal utility of income）：每增加一单位收益所增加的效用（满足感）。

应付保证金（Margin requirement）：金融工具持有者要缴纳的保证金以应对部分或全部的投资信用风险。

市场（Market）：买家和卖家对相同或类似的产品设定价格，并进行物品（和／）或服务交易的场景。

市值（Market capitalization）：由当前股票价格乘以流通股数量得出的上市公司的总值。

市场经济（Market economy）：一种经济体系，大部分的商品和服务通过家庭和企业之间的交易实现了自由交换。价格是由市场上进行交易的买家和卖家共同制定的。

营销渠道（Marketing channels）：在销售过程中物品从生产端向消费端的转移或移动。

生产资料（Means of production）：参见生产要素。

支付能力调查（Means testing）：对个人或家庭的收入情况是否符合政府项目，比如对医疗补助和食品券所做的调查。

交换媒介（Medium of exchange）：货币的一个功能，人们将物品和服务换成钱，再用钱去获取其他的物品和服务。

方法二元论（Methodological dualism）：社会科学和自然科学的割裂。

微观经济学（Microeconomics）：经济学分支，研究个体消费者和企业的市场行为以理解他们的决策过程（比较宏观经济学）。

混合经济（Mixed economy）：非社会主义国家的主要经济组织形式。混合经济主要依赖其经济组织的定价体系，但也运用各种干预措施（比如税收、开支和管制）来解决宏观经济的不稳定性和市场失灵问题。

货币主义者（Monetarist）：主要把货币政策当作影响经济波动关键因素的经济学家（尤其是欧文·费雪和米尔顿·弗里德曼的追随者）。

基础货币（Monetary base）：一国的硬币、钞票（纸币）以及银行储备金（美联储银行账户中的存款）数量。

货币政策（Monetary policy）：中央银行控制货币、利率和信用的目标。货币政策运用的工具主要有公开市场操作、法定准备金和再贴现率。

货币主义规则（Monetarist rule）：中央银行以和实际经济增长速度一致的比率稳定地增加货币供应量。

货币（Money）：一种商品和交换媒介，被大众普遍接受、用于购买其他商品和服务，是价值标准，具有存储价值。

货币市场（Money market）：指买卖短期信用工具的机构，比如买卖国库券和商业票据。

货币乘数（money multuplier）：经济体中基础货币和货币供给量之间的数量关系。

货币供给（Money supply）：作为直接支付手段的金融工具的供给。

垄断竞争（Monoplistic competition）：只有极少数生产商或卖家提供相似但不相同产品和价格的市场结构。

垄断（Monoply）：某个市场中通过政府法令或提高效率造成的对某种商品或服务的独家控制。

现代资产组合理论（Modern portfolio theory）：竞争市场是有效的投资理论，战胜市场意味着承担更高的风险，投资者应该在各种不相关的投资中分散投资。

乘数（Multiplier）：由英国经济学家约翰·梅纳德·凯恩斯提出的用于计算消费者、企业或政府增加的支出最终能增加多少的总收入和国民产出。

国债（National debt）：联邦财政赤字的净累积。

国民收入（National income）：用于生产国民生产总值的生产要素所产生的总收入，是国民生产净值加上政府补贴再减去间接商业税。

自然垄断（Natural monoply）：指在一个行业内，由于固定资本的固定成本太高，第二家企业进入根本无利可图。

自然利率（Natural rate of interest）：在没有中央银行干涉的情况下，对可贷资金的需求等于自愿储蓄的供给。

自然失业率（Natural rate of unempolyment）：由米尔顿·弗里德曼提出，用来衡量临时失业人员的比例，其他人则充分就业。

自然资源（Natural resources）：用于生产物品和服务的"大自然的馈赠"，包括土地、树木、鱼、石油、矿产、肥沃的土壤、用于种植庄稼的气候环境，等等。

资产净值（Net Asset Value, NAV）：资产总值减去共同基金和交易型开放式指数基金的负债。

国民生产净值（Net National Product, NNP）：国民生产总值减去贬值。

非耐用品（Non-durables）：使用期限不超过3年的消费品。

规范经济学（Normative economics）：规范经济学关注的是"应该怎样"，如公共政策的价值判断和目标；实证经济学，与此相反，关注的是"是什么"，分析经济体中的事实和行为。

奥巴马医改（Obamacare）：正式名称是《患者保护与平价医疗法案》（2010），该法案加大对医疗服务的监管力度。

奥卡姆剃刀定律（Occam's razor）：几条最简单的假设通常能更好地解释无法接受的事实。

寡头（Oligoply）：只有几家生产商或卖家的市场结构。

开放式基金（Open-ended mutural fund）：每天在市场上以资产净值买进或卖出股票的投资公司。

公开市场操作（Open-market operations）：中央银行吞吐国债。

机会成本（Opportunity cost）：做出某种选择后必须放弃的次优选择。

期权（Option）：使持有者可以在一定期限内以固定的价格（履约价格）购买股票、商品、房地产以及其他的金融工具。

石油输出国组织（Organization of the Petroleum Exporting Countries，OPEC）：成立于1961年旨在控制石油销量的组织，成员有阿尔及利亚、印度尼西亚、伊朗、伊拉克、科威特、利比亚、尼日利亚、卡塔尔、沙特阿拉伯、阿联酋和委内瑞拉。参见卡特尔。

节约悖论（Paradox of thrift）：由凯恩斯提出的概念，认为储蓄的增加会降低国民产出和个人的收入，从而造成储蓄的下降。

帕累托最优（Pareto optimality）：以意大利经济学家帕累托命名，指在资源分配过程中要想使所有人的情况都变好，至少会让一个人的情况变坏。

完全竞争（Perfect competition）：指严格遵守规则的市场或行业内，没有卖家能影响价格，进入或进出门槛很低，所有的卖家提供同样的物品，有大量的卖家和买家，总能获取到价格信息。

个人收入（Personal Income，PI）：个人从所有渠道获得的收入，包括从参与生产获得的收入，政府和企业支付的费用。

飞利浦曲线（Philips curve）：由 A.W. 飞利浦提出的经济学概念，认为通货膨胀和失业之间存在稳定的反向关系。

实物资本（Physical capital）：用于生产物品和服务的制造物品。

庇古税（Piguovian tax）：以亚瑟·庇古命名，指对污染环境和增加社会成本的企业所征的税，又被称为负外部性。

人头税（Poll tax）：对每个成年人征收的税，和其收入和拥有的资源无关。

市盈率（Price Earnings Ratio，P/E）：公司当前股价与每股收益之比。

需求价格弹性（Price elasticity of demand）：参见弹性。

询价者（Price searchers）：卖家（买家）通过卖（买）的数量来影响价格。

受价者（Price takers）：卖家（买家）接受给他们的价格。

私有化（Privatization）：产权或企业从政府所有转为私人所有。

生产价格指数（Producer Price Index，PPI）：在生产的中间阶段由国内生产商接受的加权平均售价。

生产商（Prodcuers）：使用资源制造产品和服务的人。

生产（Production）：制造供使用物品的过程，尤其指一种商品或一个行业的总产出。

生产资源（Productive resources）：在生产商品和服务过程中所使用的自然资源（土地）、人力资源（劳动力）、人造资源（资本）。

生产力（Productivity）：一定时期内单位投入与产出（商品和服务）比。

利润（Profit）：在生产和销售商品和服务过程中总收入和全部成本的差，是冒险的回报。

损益表（Profit and loss statement）：反应一定时期内，通常为一个财政季度或财年内所发生的收入、成本和开支的财务报表。

累进税（Progressive taxation）：高收入人群缴纳的税率更高。

财产税（Property tax）：由家庭和企业为土地和房屋所付的税。

公共选择（Public choice）：关于政府官员如何做决策的经济理论。

公共物品（Public goods）：向整个社会提供的、效用不可分割的物品，不论个体是否想消费这种物品。比如，用于消除天花的公共医疗可以保护所有人，而不是仅仅为疫苗付费的那部分人群，公共物品通常由政府提供，和私人物品相反。

购买力平价（Purchasing Power Parity，PPP）：根据每个国家的购买力来衡量一国货币的相对价值。

需求量（Quantity demanded）：消费者以某种价值购买某种商品的总量。

配额（Quota）：限定某种商品的进出口量。

量化宽松（Quantitative Erasing，QE）：一种通过购买政府债券、抵押债券以及其他资产来刺激经济的中央银行货币政策。

供给量（Quantity supplied）：生产商生产的并以一定价格出售的产品数量。

货币数量理论（Quantity theory of money）：认为物价水平直接和货币供给量的变动相关。

股市随机漫步理论（Random walk theory of the stock market）：参见有效市场理论。

理性预期（Rational expectations）：这种理论认为人们根据自己的理性期望做决策，并根据过去的经验来调整决策。

真实票据理论（Real bills doctrine）：这种理论认为银行应该根据经济和贸易活动的需求进行放贷，而不是基于投机的目的进行放贷。

真实经济周期理论（Real business cycle）：经济周期波动是由外生因素或对市场体系的冲击造成的，比如能源危机。

回归定理（Regression theorem）：由奥地利经济学家路德维希·冯·米塞斯提出的理论，认为法定货币（纸币）的价值大于其生产成本是因为货币过去是由金银等有价商品来担保。

寻租（Rent seeking）：由戈登·塔洛克提出，指私企通过游说获得的特权（租金），具有负面社会价值。

资源（Resources）：所有用于生产物品和服务的自然的、人类的、人造的资源，参见生产资源。

收入（Revenue）：企业通过出售商品和服务获得的所得。

迂回（Roundaboutness）：指先生产资本品，再用资本品生产消费品的过程。

纳税的牺牲原则（Sacrifice principle of taxation）：每个纳税者在缴纳自己份额的税款时做出了均等的牺牲。

《萨班尼斯-奥克斯雷法案》（Sarbanes-Oxley Act）：全称是公众公司会计改革和投资者保护法，此法案对上市公司提出了新的标准。

储蓄（Saving）：个体、企业和经济体没有用完全部的收入（或产出）。

萨伊定律（Say's law）：由法国经济学家J.B.萨伊提出，认为需求是由物品和服务的生产或供给决定的（简言之，供给创造需求，或者是出售X创造了对Y的需求），和凯恩斯定律比较。

稀缺性（Scarcity）：人类相对无限的欲望与用以满足人类欲望的有限资源之间的不平衡造成的状态。

二级市场（Secondary market）：投资者从中而不是从发行公司处购买证券和其他金融产品的市场（比如纽约证券交易所和纳斯达克）。

卖家租金或经济租金（Seller or economic rent）：卖家愿意出售商品或服务的最低价格与实际售卖价格的差。

卖空（Selling short）：卖出当前并不拥有的证券或其他金融产品，目的是随后以低价买进。

单一（土地）税（Single〈land〉tax）：由美国经济学家亨利·乔治及其追随者提出，认为政府应只征收一种税来取代经济租金，通常以地租为唯一课税对象。

索洛经济增长模型（Solow growth model）：由罗伯特·索洛提出的经济发展模型，此模型关注劳动生产力、资本积累、人口增长以及技术进步的重要性，

和哈罗德 – 多马经济增长模型做比较。

支出乘数（Spending multiplier）：消费者、企业或政府的支出和经济体产出之间的数学关系，和货币乘数做比较。

滞涨（Stagfaltion）：参见通胀期衰退。

生活标准（Standard of living）：让个体或群体维持现状或适当状态对基本生活品、舒适品或奢侈品的最低需求。

股票（Stock）：公司所有权凭证。

股票分割（Stock spit）：公司对流通股份数进行分拆。

替代品（Substitutes）：可以互相取代的产品，比如黄油和人造黄油。

供给（Supply）：生产商愿意以及能够以各种价格在一段时期内销售的商品和服务。

供给下降（Supply decrease）：供给总量下降，向供给曲线的左侧移动。

供给上升（Supply increase）：供给总量增加，向供给曲线的右侧移动。

供给派经济学（Supply-side economics）：一种经济学派，认为经济增长是通过降低税收并减少不必要的管制从而刺激人们创造财富造成的。

关税（Tariff）：对进口商品征的税。

总成本（Total cost）：用于生产商品的资源成本与数量的乘积。

总收入（Total revenue）：商品的销售价格与需求数量的乘积。

贸易（Trade）：参见交易。

贸易协定（Trade agreement）：对商品和服务贸易条款的国际协定。

贸易逆差（Trade deficit）：国家的进口额大于出口额。

贸易顺差（Trade surplus）：国家的出口额大于进口额。

权衡（Trade-off）：为了得到一件事物而放弃另一件事物。

公地悲剧（Tragedy of the commons）：在公共领域（没有个人产权）内个体不受市场制约，过度使用公共资源。

失业（Unemployment）：人们愿意并且能够以当前的工资水平工作，但却没有工作。

"使用"经济（"Use" economy）：随着时间的推移被用完或消耗完的

成品或服务（参见GDP）。

单位电耗（Unit electricity）：物价变化对商品或服务的销售收入没有影响。

可变成本（Varialbe costs）：随企业活动而变化的成本。

货币周转率（Velocity of money）：货币供给一年转手的速度。

纵向合并（Vertical integration）：不同生产阶段的合并，这些生产阶段通常由不同的公司经营（和纵向合并做比较）。

认股证（Warrants）：持有者可以在一定期限内以一定的价格从发行商购买证券（通常是普通股）。

财富（Wealth）：用来满足我们当前或未来需求的物品和服务的价值。

财富增加或损失（Wealth gain or loss）：由于某种行为（如税收）的边际社会收益不等于边际社会成本造成社会没有实现最大效用的情形。

野猫银行（Wild-cat banking）：在1861年至1863年不是由联邦政府监管的银行体系时期，各州而不是联邦政府授权的非正常银行业务。

营运资本（Working capital）：有两种意思，（1）对经济学家来说，是指在生产过程中的未完成的中间品；（2）对会计来说，是指企业日常的运营资本，流动资产减去流动债务所得。

译后记

翻译马克·史库森的《经济逻辑》是一个非常愉快的过程，因为就像是跟随作者从零开始一点一滴地构筑经济学大厦一样，虽然过程相对漫长，但翻译完全书后，我对经济学有了一种豁然开朗、了然于胸的感觉。

马克·史库森有多重身份：经济学家、教授、作家、企业家、投资专家。作为经济学家，史库森被评为全球最伟大的在世经济学家之一，已然是经济学泰斗了；作为教授，史库森在大学教授经济学和金融学，2019 年被查普曼大学评为最受欢迎的教授；著作等身，出版超过 25 本著作，还是专栏作家、主编，电视节目常客；自己开公司，同时还担任世界 500 强企业顾问。读这样一位经济学家的著作，经济学确实不再是一门沉闷的科学，而是变得生动活泼，因为作者融合了自己多年的知识经验，融入企业家、资本金、消费者和投资者的视角，对经济学条分缕析，如庖丁解牛，读来清晰易懂。

本书原本是美国多所大学的经济学教材——通行 20 年至今，但对于一般读者而言，这也是一本不可多得的经济类普及读物，可以很好地满足大家对经济学相关知识的需求。本书从基本概念入手，从创造财富、个体经济行为、公司行为一直讲到宏观经济、政府管理、经济体制，层层递进，面面俱到，诚如作者所言，读了这一章就会猜到下一章讲什么。本书先讲微观经济学，再讲宏观经济学，读者会发现微观和宏观就像两条平行线，互相映照，一个国家的治理也可以从公司运行的角度理解，都要评估投入产出，所以作者提出了涵盖微观经济学和宏观经济学的模型：资源 – 生产 – 分配 – 消费/投资，可以很好地从整体上理解经济学。

在讲到重要经济学理论时，作者会解释这个理论是如何提出的，把理论放到具体的历史背景中，从而让经济学理论不再枯燥难啃。而且每章最后还会介绍重要的经济学大师，分析不同的经济学家和不同的经济流派，他们的利弊，以作每章内容的补充。

对于经济学学者来说，本书就像宝藏，总有可以挖掘的地方；对于非经济学专业的读者，本书可以让您迅速而全面地了解经济学。甚至在读完本书后，读者可能会不由自主地将书中的经济学原理应用到生活之中，指导自己的投资理财，从经济学的角度分析社会问题，等等。那么，作为译者，我当然是极开心和欣慰的了。

本书不仅是一座辉煌的经济学大厦，还引人深思，对于以前不理解的问题，读完本书会有新的认识。希望本书可以帮您更好地理解经济，理解社会，理解生活，像经济学家一样思考。

2021 年 1 月 11 日

苏娜

马克·史库森
Mark Skousen

美国哥伦比亚大学经济学教授,查普曼大学经济学和金融学教授,格兰瑟姆大学本杰明·富兰克林管理学院主席——为表彰其在经济学领域取得的成就,该校已将学院更名为"马克·史库森商学院"。作者集经济学家、企业家、教授、学者等多种身份于一身,已出版20多部著作,代表作有《经济逻辑》《生产的结构》《现代经济学的历程》《经济思想的力量》等,是享誉世界的20位在世经济学家之一。

出品人：许　永
出版统筹：海　云
责任编辑：许宗华
特邀编辑：黎福安
责任校对：雷存卿
封面设计：海　云
版式设计：万　雪
印制总监：蒋　波
发行总监：田峰峥

投稿信箱：cmsdbj@163.com
发　　行：北京创美汇品图书有限公司
发行热线：010-59799930

创美工厂
微信公众平台

创美工厂
官方微博